U0504246

濮文起，1951年生，天津市人，北京大学历史系毕业，陕西师范大学人文社会科学高等研究院特聘研究员、中华宗教文化交流协会理事、中国宗教学会名誉理事、天津社会科学院研究员，曾任天津社会科学院宗教文化研究所所长、哲学研究所所长；主要从事中国民间宗教史、中国民间宗教思想史、宝卷学、宗教文化研究，已出版《中国民间秘密宗教》《民间宗教与结社》《秘密教门：中国民间秘密宗教溯源》《河北民间宗教史》《天津宗教史》《天津民间宗教史》《识佛丛书》《中国民间秘密宗教辞典》《新编中国民间宗教辞典》《宝卷初集》《民间宝卷》《关帝文献汇编》《关帝文献续编》《中国历史观音文献集成》《中国会党史料集成》等著作、工具书、大型宗教历史文献资料丛书30部（套），在《世界宗教研究》《世界宗教文化》《宗教学研究》《文史哲》《中国文化研究》《史学月刊》《天津社会科学》《当代宗教研究》《贵州大学学报》《澳门理工学报》等杂志发表论文百廿余篇；荣获省部级哲学社会科学一、二、三等奖多项，主持完成国家社会科学基金重点项目"当代中国民间宗教调查与研究——以河北民间宗教现实活动为例"（07AZJ001）、国家社会科学基金重点项目"中国民间宗教通史"（16AZJ006）。目前，担任国家社会科学基金重大招标项目"中国民间宗教思想史"（18ZDA232）首席专家，正在主持该项重大课题研究工作。

作者与夫人在湄洲岛妈祖祖庙　2002 年

作者（左）与周一良先生　1998 年

作者（前左二）、李世瑜先生（左四）、俄罗斯科学院院士李福清（右三） 1990 年

作者（左）、马来亚大学苏庆华博士（中）、马西沙教授（右） 1994 年

作者（左）与香港永惺法师（右） 2004 年

作者（右一）、李世瑜先生（右二）、弘阳教普荫堂当家张八爷（中） 1989 年

作者与天地门教、太上门教当家、道爷合影　1991 年

天津社会科学院莫振良教授（左一）、作者（左三）与天地门教当家师傅　2008 年

韩祖宫

韩祖宫无生老母塑像

国公营观音寺无生老母塑像

西大乘教普亮塔

西大乘教普亮塔于成功画像

董计升墓碑

杓峪山天地门教信众朝拜队伍　2008 年

杓峪山杓峪庵天地门教信众朝拜活动　2008 年

天地门教法会上的库楼飞亭　1991 年

元宵节天地门教请圣仪式　1992 年

天地门教信众排队上供求顺　1992 年

正月元宵节夜太上门教举办过金桥银桥仪式　1991 年

作者（左）与天地门教会头（右）　2008 年

作者与天地门教信众 2008 年

天地门教"师傅林"三位师傅坟墓 2014 年

天地门教"师傅林"功德碑　2014年

作者与"师傅林"所在地干部交谈　2014 年

历史与现实

中国民间宗教探索

濮文起　著

商务印书馆
创于1897　The Commercial Press

图书在版编目（CIP）数据

历史与现实：中国民间宗教探索 / 濮文起著. —
北京：商务印书馆，2022
ISBN 978-7-100-21007-2

I.①历… II.①濮… III.①民间宗教－研究－中
国 IV.①B933

中国版本图书馆CIP数据核字（2022）第057787号

权利保留，侵权必究。

历史与现实：中国民间宗教探索

濮文起 著

商 务 印 书 馆 出 版
（北京王府井大街36号 邮政编码 100710）
商 务 印 书 馆 发 行
北京富诚彩色印刷有限公司印刷
ISBN 978－7－100－21007－2

2022年8月第1版 开本 680×960 1/16
2022年8月第1次印刷 印张 42 1/2 插页 16

定价：258.00元

陕西师范大学中国语言文学世界一流学科建设成果

国家社会科学基金重点项目"中国民间宗教通史"（16AZJ006）
阶段性成果

国家社会科学基金重大项目"中国民间宗教思想史"（18ZDA232）
阶段性成果

陕西师范大学人文社会科学高等研究院资助出版

引　言

自古以来，在中国人的宗教信仰世界，除了儒、释、道三教之外，还有一种在下层社会盛行的民间宗教信仰，且绵绵不绝，生生不息，至今仍在乡村社会流传，形塑着民众的思想与行为。

20世纪80年代以来，随着中国改革开放的时代潮流滚滚向前，民间宗教信仰研究也冲破学术禁区，成为宗教学领域的一个研究热点。笔者有幸生逢其时，忝列其中，围绕着中国民间宗教信仰的历史与现实，从理论与实际相结合视角，进行了三十多年的探索。

呈现在读者面前的这部文集，记录了笔者的学术研究轨迹，代表了笔者的学术研究思想，反映了笔者的学术研究追求。这部文集共分为九个部分：

一、民间宗教史的宏观阐述与民间宗教断代史、地域史的特色揭示；

二、民间宗教教派的考镜论证；

三、民间宗教历史人物的分析评介；

四、民间宗教组织体系的作用阐释、民间宗教张扬女性价值的发掘彰显、民间宗教运动异化物"神圣家族"的辨正论述；

五、民间宗教宝卷文本的深耕解读与民间宗教思想的理论探讨；

六、当代民间宗教活动的调查研究与对策建议；

七、以妈祖信仰为中心的民间信仰试析；

八、佛教文化探微；

九、青少年宗教信仰研究。

在每部分前，均写有类似"导读"的简短说明，向读者提示每部分所要表达的研究对象与学术观点。此外，本文集还设有一个附录，收录了三篇文章，第一篇是田野调查体会，第二篇是治学心得，第三篇是祝贺李世瑜先生八秩寿诞。此次整理出版，除对行文和注释，按照现在通行格式，作些修订外，所有文章仍然保持原貌，并注明出处，以示尊重学术研究的发展规律。

　　三十多年的学术研究实践，使笔者深深感知：宗教研究，特别是中国民间宗教研究是一个颇具政治敏感性和学术艰难性的独特领域。面对政治上的敏感性，以马克思辩证唯物主义、历史唯物主义为指导，坚持实事求是，坚持与时俱进，坚持以人民为中心，是笔者奉行不渝的学术理念；面对学术上的艰难性，笔者则始终坚信与竭力践行马克思的治学箴言："在科学上没有平坦的大道，只有不畏劳苦沿着陡峭山路攀登的人，才有希望到达光辉的顶点。"①

---

① 马克思：《法文版序言》，《资本论》第一卷，人民出版社，1975年，第26页。

目　录

六　田野调查与对策建议

七　民间信仰试析

八　佛教文化探微

九　青少年宗教信仰研究

附　录

后　记

一 何谓民间宗教？

什么是中国民间宗教？或者说中国民间宗教是什么？《中国民间宗教试论》以马克思主义辩证唯物论、历史唯物论为指导，从理论与实际相结合、历史与现实相结合视角，围绕着中国民间宗教的历史分期、特色品质、社会功能、深远影响，进行学理阐释。

在中国民间宗教发展史上，明清时期的华北民间宗教占有重要地位。《明清时期华北民间宗教论纲》从发生学视角，阐述了产生于华北的无为教、黄天道、东大乘教、西大乘教、弘阳教、天地门教、八卦教、在理教等民间宗教教派对明清时期民间宗教世界信仰潮流的引领作用；又从历史学视角解析了华北民间宗教在明清时期民间宗教信仰世界领袖地位的确立，既有其深刻的历史与社会根源，也有其独特的内在原因；还从宗教学、社会学视角揭示了华北民间宗教的发展规律与社会功能，以及如何历史、客观、辨正、理性地审视作为中国传统文化重要组成部分的民间宗教，在中国历史上和现实社会中所发挥的巨大作用与深远影响。

面对近代中国"数千年未有之大变局"，民间宗教也作出了积极地回应。《晚清民间秘密宗教概说》不仅论述了清中叶被残酷镇压的无为教、黄天道、弘阳教、八卦教等民间宗教重要教派在大江南北的复兴运动，而且还阐述了灯花教、真空道、末后一着教以及由学术团体转化的黄崖教与刘门教等新兴教派的传教活动，揭示了新老教派在晚清社会继续发挥了抚慰下层民众痛苦心灵和策动下层民众反抗清朝封建专制统治与西方侵略势力的两种社会功能。

进入民国时期以后，民间宗教运动仍然如火如荼。《民国时期民间秘密宗教简论》除了介绍了一心天道龙华圣教会、世界红卍字会、红枪会等新出现的教派之外，还从经卷教义、仪式修持、组织形式、社会成分、流布地域方面，论述了民国时期民间宗教的特点与规律，又从性质与功能方面，揭露了民国时期民间宗教一些教派在政治、经济、思想文化上的落后性、反动性与破坏性。

对中国历史上与现实中客观存在的民间宗教活动如何解释？《解释与改造：中国历史上与现实中的民间宗教问题》先是按照文化人类学理论，将民间宗教确定为"下位层次宗教"；然后依照宗教学理论，将民间宗教确定为与儒、释、道三教并列的中国第四大宗教；最后根据发生学理论，将民间宗教确定为位列儒教之后的中国第二大宗教。在此基础上，该文又从宗教社会学视阈，分析了民间宗教在中国历史上曾发挥了抒发下层民众宗教情感，寄托下层民众理想追求和策动、组织、领导农民暴动、农民起义的两种社会功能。

对至今仍在现代社会中尚存的民间宗教信仰及其影响如何改造？《解释与改造：中国历史上与现实中的民间宗教问题》以历史唯物主义理论为指

导，首先解释了中国历史上民间宗教产生与发展的社会根源、思想根源。在此基础上，该文根据历史经验，向人们提出警示：对民间宗教这种传统文化的改造，不能一蹴而就，不仅要有战略眼光，而且还要有正确政策，特别是要充分发挥社会主义制度的优越性，在综合治理的基础上，更新民族文化，提高国民素质。

中国民间宗教试论

中国民间宗教，历来命运多舛，聚讼纷纭。坚持"实事求是"和"与时俱进"的思想原则，在"形上之思"与"形下之史"的结合上，阐释民间宗教是什么，厘清民间宗教的历史分期，认知民间宗教的特殊品质、社会功能、深远影响，从而理性、客观、公正地恢复民间宗教在中国宗教中的应有地位，是本文致思与言述的主旨。

一、民间宗教是什么？

在传统中国的信仰版图中，如果说儒、释、道是三座耸立的山峰，承载着这三教的是厚重的民间信仰的话[1]，那么，处于这两者之间的则是流行于下层社会，被广大民众信奉，由数以百计的各种名目教派组成的生生不息的民间宗教。

自古以来，中国就是民间宗教的汪洋大海，其源头可以上溯到远古时期的自然崇拜、祖先崇拜、天帝崇拜等。但是，作为一种成熟的民间宗教，即应该包括宗教经典、宗教教义、宗教仪式、宗教教规、宗教组织诸要素的民间宗教，则始于东汉末年的五斗米道和太平道，至今已有 1800 多年历史。

从发生学意义上说，民间宗教是中国的第二大宗教；从宗教学意义上讲，民间宗教又是中国的第四大宗教。之所以说民间宗教是中国的第二大宗

---

[1] 卢云峰、李丁：《台湾地区宗教的格局、现状及发展趋势》，载金泽、邱永辉主编：《中国宗教报告（2011）》，社会科学文献出版社，2011 年，第 226 页。

教，是指它早于佛教在中国流行，又先于道教或可说是道教的母体；之所以又讲民间宗教是中国的第四大宗教，是指它不仅与儒、释、道三教并肩而坐[1]，而且拥有比儒、释、道三教更为广泛的男女信众。

因此，民间宗教也是中国"宗教百花苑"中的一员。它与世界上所有宗教一样，亦是一种借助心力，企羡超越有限、追求无限，实现终极关怀的合理性过程，或者说是一种思想实践。

二、历史分期

中国民间宗教按其发展轨迹，可以分为五个历史时期。

1. 肇兴始创期：从东汉末至元末

从东汉末到元末是中国民间宗教的肇兴始创期。在此期间，相继产生了六个颇具代表性的教派，这就是东汉末年问世的五斗米道、太平道，南北朝时期产生的大乘教、弥勒教，宋代出现的明教和元末诞生的白莲教。这些教派虽然思想渊源各异，对中国历史发展的影响大小有别，但是它们均发挥了一个共同的社会功能，即除了抚慰下层民众痛苦心灵之外，还都在中国历史舞台上，担当了农民暴动、农民起义的策动者、组织者和领导者的角色。

2. 迅速发展期：明代

明代成化十八年（1482），无为教的诞生，是中国民间宗教发展史上的一个重大事件。它开启了中国民间宗教发展史的新纪元，由其创教经典《五部六册》所阐释的民间宗教思想，引领了明中叶以后中国民间宗教运动的发展方向。在无为教宗教思想的启迪下，黄天道、东大乘教、西大乘教、弘阳教等一批教派在明中末叶相继出现。这些新兴教派与传统的白莲教相互激荡，竞相发展，由此兴起了一场空前的民间宗教运动，于是中国民间宗教步

---

[1]　何光沪：《中国文化的根与花》，任继愈主编：《儒教问题争论集》，宗教文化出版社，2000年，第317页。

入了迅速发展期。

3. 极度繁盛期：清代

明清鼎革之际，是一个天崩地坼的时代。在这种社会形势下，民间宗教进入了一个极度繁盛期。顺治年间，作为明末清初民间宗教运动的"理论回响"，大乘天真圆顿教创始人弓长与其弟子木人，以《龙华宝经》等经卷为载体，构建了一套民间宗教思想理论体系①，并由此孕育了各种名目的教派，如清初的天地门教、八卦教、张保太大乘教、先天道，清中叶的清水教、混元教、收元教、三阳教、西天大乘教、天理教，清末的青莲教、末后一着教、真空道等，约有百余种。这些教派思想成熟、组织完备、人才济济，以不畏强暴，百折不挠的精神，将民间宗教思想流播下层民众之中，掀起了一场比明代规模更加宏大的民间宗教运动，而由民间宗教策动、组织、领导的农民暴动、农民起义，无论是在数量上，还是在规模上，也都超过了以往任何朝代。

4. 急剧分化期：晚清至民国

晚清政府颁布的废庙兴学令、民国政府不断出台划拨寺庙财产，以振兴教育的政策，致使佛教、道教大部分寺庙被拆除、占用，大批僧人道士流向社会；而"五四"新文化运动提倡新文化，反对旧文化，一大批知识精英批评和检讨的目标主要是儒家思想和社会礼教，对于流传在乡村社会的民间宗教则冲击不大。于是在儒、释、道三教急遽衰退的形势下，民间宗教却乘机向前发展，产生了一批以近代社团形式命名的新教派，如红枪会、世界红卍字会、道德学社、万国道德会等数十种。其中，有的教派顺应历史潮流，积极投入反帝反封建斗争；有的教派仍然持守慈悲传统，继续在社会上兴办公益事业；有的教派则依附中外反动势力，被历史潮流所淘汰。

5. 复兴重建期：20 世纪 80 年代至今

从 20 世纪 50 年代初至 70 年代末，由于众所周知的原因，民间宗教活

---

① 濮文起：《一套独具特色的宗教思想体系——中国民间宗教理论探析》，《求索》2005 年第 2 期。

动暂时进入沉寂阶段。自80年代始，在社会生态环境日益宽松的形势下，民间宗教以"道德复振"运动为旗帜，重新登上中国宗教信仰舞台，是为中国民间宗教的复兴重建期。

三、特殊品质

1. 包容性

中国传统文化具有很强的包容性，其典型表现就是起源于印度的佛教的中国化和儒、释、道的相互融会与相互补充。但是，在士人社会和三教上层的观念里，三者虽奥旨相通，但毕竟还有各自的形态和地盘，并且事实上也有主辅之分。所谓"主"者，儒家思想耳。即使是主观上厌弃儒家入世取向的方外老僧、隐逸高道，也决不能从根本上反对儒家为全社会制定的行为准则；更有许多人在视儒家修齐治平主张和伦理道德规范为天经地义的同时，出入佛老，也是多少带有鉴赏、玩味的心态。[①]

只有民间宗教才将儒、释、道看作一个整体，并将三教作了最为和谐的处理。在民间宗教中，儒家的道德信条、佛教的果报思想、道教的修炼方术有机地结合在一起，实现了真正的"三教合一"。不仅如此，民间宗教还容纳了丰富多彩的民间信仰资料，它不排斥任何神明，而是让各路神明汇聚一堂，任凭广大信众根据各自需要，自由地选择，再经过民间宗教家有意识地强化、扩大神明的特殊功能，从而形成既源于民间信仰，又高于民间信仰的谱系化神明信仰，如民间宗教创造的女神——无生老母，以及经过民间宗教改造的改天换地之佛——弥勒佛，就是最为典型的例子。由于无生老母的横空出世，民间宗教便以这位女神作为从有限追求无限的本体，构建了一套以弥勒佛与龙华三会为信仰核心的宗教理论体系。正是在这种意义上，中国传统文化不仅通过儒、释、道三教，而且还通过民间宗教展示了"海纳百川，有容乃大"的包容性。

特别值得一提的是，民间宗教在创造无生老母，为人们规划的人间天

[①] 张新鹰：《台湾"新兴民间宗教"存在意义片论》，《世界宗教文化》1996年第3期。

堂 —— 云城①的过程中，不仅给广大信众提供了一个安全温馨的精神家园和思想归宿，显示了民间宗教伦理思想的创新性和超越性，而且还充满了诗化境界，具有素朴的美学价值。在民间宗教理论中，云城是无生老母居住的地方，"以（已）无寒暑，以（已）无凋变，有楼台殿阁；有八功德水，充满池中；有七宝行树，金绳界道；有玻璃合成，金银琉璃；有水流风灯，演出摩诃；有鹦鹉舍利加陵频伽共命之鸟，演音歌唱无生曲调，细巧灵音，美耳中听；有天乐迎空，异香满室；有天花乱坠，地涌金莲，步步莲开"。②云城本来在天上，将来要降到人间。届时，弥勒佛要召开龙华三会，九十六亿皇胎儿女 —— 人类要在这里与无生老母团聚。如此美妙安详的人间天堂，对于挣扎在社会底层的广大民众来说，怎么能没有极大的吸引力?! 当下层民众为了实现云城降世而举旗造反，遭到封建统治者残酷杀戮时，那些被捕的教派领袖和骨干人物便表现出蹈死如饴的乐观无畏精神。他们将朝廷"问成活罪，能免地狱，不能上天；问成绞罪，即不挂红上天；问成斩决，即挂红上天；问成凌迟，即穿大红袍上天"。③这种为信仰而赴死的情怀，是封建统治者所无法理解的，只能发出这样的感叹："迷而不悟，直至俯首就戮之时，嬉笑自若，尚云转生。"④

2. 持续性

民间宗教之所以能够历尽磨难而千年不衰，总是处在不断生成变化进程之中，究其原因，主要是因为以"宝卷"等经卷作为载体的民间宗教教义思想始终在民间流传。对此，清朝乾隆帝弘历看得非常清楚。他认为欲防止"邪教"孳生蔓延，加强保甲，仍属于皮毛，只有搜缴"邪经"，销毁"邪教"思想，才是万全之策。为此，弘历在乾隆十一年（1746）七月，专门颁发了一道谕旨，训导各省官员，务必尽心竭力，搜缴邪经、伪谶。但是，乾隆帝的用心是徒劳的，"宝卷"等各种民间宗教经卷，虽不断遭到封建当局

---

① 云城，又称云城圣地，亦称真空家乡、无极理天、还源家乡、都斗太皇宫、安养国。
② 《销释接续莲宗宝卷·红梅十六枝品第三十四》，濮文起主编：《民间宝卷》第3册，黄山书社，2005年。
③ （清）黄育楩：《续刻破邪详辩》卷一，《清史资料》第3辑，中华书局，1982年。
④ （清）托津等：《平定教匪纪略》卷四十一，上海古籍出版社，2002年。

的搜缴、焚毁，但一直以各种形式在民间广泛传播。

3. 开放性

民间宗教的开放性，不仅表现在向儒、释、道三教开放，而且还体现在向基督教、伊斯兰教开放。其具体表征，便是在许多教派教义思想中，大力倡导儒、释、道、耶、回"五教合一"，乃至"万教合一"。进入 20 世纪 80 年代以后，民间宗教以一种更加开放的精神，在自己的教义思想中，增添了改革开放时代的新内容。如普明大佛道在其创教经卷中，有一部《共产主义真经卷》，反复宣扬"弥勒掌教""跟党走""跟毛主席思想走"。

4. 适应性

与儒、释、道三教不同，民间宗教自问世时，就被封建统治者视为"异端""邪教""教匪"，严厉查禁和坚决镇压。为了能够生存和发展，民间宗教形成能够适应任何社会制度的特殊品质。如在理教自清初创立以来，便主张戒食烟酒，鸦片战争以后，在理教又力主戒食鸦片，并为此制成戒烟药膏，免费发放，使许多戒除鸦片瘾者受益，因而被晚清政府允准公开传教。又如清初产生的天地门教，为下层民众治病，分文不取，被称为"穷人的宗教"。1947 年，天地门教流行的河北沧州一带，已是共产党领导的解放区，于是天地门教便在其《请圣经》中，写进"共产主义普延全世界"的祝词。进入 21 世纪，活跃于福建莆田、仙游一带的三一教，更是堂而皇之地声张自己的法律诉求，表达了一种希望跻身合法宗教，享有信仰自由的政治愿景。

四、社会功能

民间宗教具有强烈的社会关怀，曾在中国历史上发挥了积极的社会功能，其主要表现是"挽劫救世"的宣教和解脱民众于倒悬的信仰运动以及反抗封建暴政的活动。其中，"挽劫"是路径，"救世"才是目的，而"救世"则始于"救己"，中经"救人"，最后达致"救世"。

1. 三期末劫

"挽劫"中的"劫"，本为佛教表示时间单位的名词，全称"劫波"，传入中土以后，被华夏世人或解释为"成败"："天地之外，四维上下，更有天地，亦无终极，然皆有成有败。一成一败，谓之一劫"[1]；或解释为"劫变"，即通常人们所说的天灾人祸；或解释为过去、现在、未来三世，称为三劫。[2]

民间宗教吸收了后两种解释，即"劫难"与"三世"思想，并将其融合、诠释为"三期末劫"，极力宣扬每当"三期末劫"降临，就会天灾人祸接踵而至，尘世人民痛苦不堪。

2. 挽劫救世

面对"三期末劫"带给人民的无穷灾难，民间宗教提出"挽救劫难，力拯众生"的教义思想及其一系列的实践活动。民间宗教的"挽劫救世"，是通过先"救己"，再"救人"，最后"救世"逐步实现的。

（1）救己

大多数民间宗教教派的创始者，都是因为人生苦旅，心灵无依而参师访友，经过一番修炼、体悟而后才创立教派的，如明代无为教创立者罗清、清代天地门教创立者董计升等。其子女与弟子也都是先从师学道，实现"救己"，再去传教收徒，如罗清子佛正、女佛广与异性弟子，董计升子孙与"林传八支"、"山传八支"弟子，均在罗清、董计升去世后，继续传教。以天地门教"林传八支"第八支为例，自清初至今，已传承十三代。

（2）救人

民间宗教的"救人"分为精神或心理上的抚慰和物质或生理上的救助两个方面。

民间宗教在精神上、心理上"救人"，主要表现在对下层民众的道德教化。

在中国传统社会，下层民众的道德教化，主要由两种力量担当，一是生活在乡村社会的宗族、士绅，一是活跃在乡村社会的民间宗教信众。前者是

---

① （唐）魏徵等：《隋书》卷三十五，志第三十，中华书局，1974 年。
② （宋）释志磐：《佛祖统记》，《大正藏》第 49 册，大正一切经刊行会，1934 年。

自觉地担当，通过宣扬封建伦理纲常，维护封建统治秩序；后者则是自然地担当，通过传播教义思想，规范信众做人准则。

民间宗教对下层民众的道德教化，途径和手段灵活多样，主要有举办道场、法会，传授丹术修炼，吸收信徒，唱念经卷、歌词等。其中，利用各种场合，向下层民众唱念经卷，是最常用的途径和手段。因其具有贴近下层民众心理的草根性和在现实生活中追求改变自己命运的实用性，故很容易与下层民众在心理上产生共鸣。特别是经卷中所宣扬的注重内在的自我超越，注重协调人人关系、圣俗关系、人际关系，以及笃信与践行"祸福无门，惟人自召"的伦理说教，更是赢得了下层民众的追慕认同与真诚皈依。

民间宗教在物质上、生理上"救人"时，主要采取三个手段：

一是直接以食物或钱财救助。明季无为教在运河沿岸建立了数十座庵堂，"粮船来南，多以米粮资其食用，或粮船水手有疾病流落者，各庵之人，亦资其盘费"。[1]清中叶天理教对于"有告贷者，辄给之，乡村仰食者万余家"。[2]

二是为缺医少药的广大民众无偿医治。明末以来，弘阳教在民间行医，为人治病，并向民众施药、舍粥。清代在理教，定时向寡妇发放救济款物，又对死亡贫民施舍棺木。民国时期的世界红卍字会更是在全国各地兴办了众多医院、施诊施药所，在动荡不安、战乱频仍的民国社会，为解决广大民众的疾病问题作出了贡献。

三是传授信众坐功运气，习练拳棒。明末以来，三一教传授"九序心法"，使习练者能够收到却病延年之功效。清代天地门教向信众"派功"，使信众在焚香磕头的过程中，心灵得到净化，身体得到锻炼。雍正、乾隆年间，京城一带的弘阳教也传授"静养工夫，教人右手扣着左手，右脚扣着左脚，舌头抵著上牙根，可以疗疾延年"。[3]

（3）救世

一切宗教组织的世俗精神，都是以爱、向善为核心而体现它的凝聚力量

---

① 《朱批奏折》，雍正六年正月二十九日，江苏巡抚陈时夏奏折。
② （清）兰簃外史：《靖逆记》第五卷，"林清"，上海书店，1987年。
③ 《清高宗实录》卷二百六十九，乾隆十一年六月癸未，《清实录》第12册，中华书局，1985年。

和社会功能，并由此燃起救世之火。① 当然，民间宗教也不例外。

民间宗教"救世"的途径有二，一是对现实世界采用"批判的武器"，揭露和批判世人道德沦丧，劝导人们学好做好；二是对现实世界采取"武器的批判"，策动、组织、领导下层民众举行反抗封建专制统治的农民暴动、农民起义。

东汉末年，太平道策动的黄巾大起义，动摇了刘汉王朝的统治根基。五斗米道在汉中建立起政教合一的天师道政权，"雄据巴、汉，垂三十年"。② 元朝末年，以白莲教为旗帜的红巾军大起义，推翻了元朝统治。明永乐十八年（1420），山东白莲教女教首唐赛儿发动了反抗明朝统治的农民起义，使永乐帝朱棣极为震惊，急忙调动军队前往镇压。天顺、成化年间，白莲教教首刘通、石龙、李原相继率领荆襄山区百万流民举行起义，迫使明政府撤销了封山令，在荆襄山区设置了州县里甲，承认了流民开垦山地的既成事实，为荆襄山区经济的进一步开发创造了有利的条件。天启二年（1622），东大乘教传头徐鸿儒、于弘志分别领导了山东、北直农民起义，被明朝统治者惊呼为"二百六十年来未有之大变"。清乾隆三十九年（1774），山东清水教教首王伦率领徒众在运河两岸举行起义，揭开了清中叶民间宗教大规模武装反抗清朝统治的序幕。嘉庆元年（1796），混元教、三阳教、西天大乘教组织、领导了先后有四五十万农民参加，遍及川、陕、鄂、甘、豫五省，历时九年的农民大起义，促使清朝由盛转衰。嘉庆十八年（1813），天理教教首李文成、林清相继在河南滑县和北京率众起义，特别是天理教徒攻打紫禁城的壮举，震撼了朝野，被嘉庆帝称为"汉唐宋明未有之事"。③

对民间宗教策动、组织、领导的这些农民起义，封建统治者进行了疯狂镇压。

黄巾起义失败后，太平道徒被斩首者达十万余人。唐赛儿起义失败后，四千名教徒被擒，均被斩杀。荆襄流民起义失败后，先是，白莲教首领刘通等四十人被磔于京师，参加起义的教徒，男子十一岁以上者，均被斩杀；接着，白莲教另一首领石龙等七十三人被磔于市，并斩其家属五十二人；最

① 麻天祥：《中国宗教哲学史》，人民出版社，2006年，第88、90页。
② （晋）陈寿：《三国志》卷八，魏书八，"张鲁"，中华书局，1974年。
③ 《仁宗本纪》，赵尔巽等：《清史稿》，中华书局，1977年。

后，石龙部将李原也战败被俘。"兵刃之加，无分玉石；驱迫不前，即草薙之，死者枕藉山谷。其解去湖贵充军者，舟行多疫死，弃之江浒，臭不可闻，怨毒之气，上冲于天。"① 东大乘教起义失败后，磔斩起义领袖徐鸿儒等十八名及其父徐东明、母傅氏；于弘志则在保定被枭首示众。清水教起义失败后，王伦举火自焚，其家属，不分男女老幼，被当局尽行处斩；同族五服亲属，一并流徙三千里，入籍为民。混元教、三阳教、西天大乘教起义期间，清军所到之处，杀人如麻，起义军领袖除战死和少数投降外，凡是被捕者，均凌迟处死。天理教失败后，攻入紫禁城的大部分教徒被斩杀，林清被凌迟处死。李文成战败后，举火自焚，其祖坟茔被清军掘焚；其他首领被生擒，押解京师，凌迟处死，共有二万名信徒被杀，二千多名信徒被俘，数千名信徒被烧死。

这就是中国民间宗教发展史，一部以千百万民间宗教信众鲜血染红的中国民间宗教发展史。封建统治者对民间宗教教首或起义领袖，动辄就处以凌迟极刑，其凶狠程度，已经达到了登峰造极的地步。时至今日，每当人们阅读这段血腥史，都会在毛骨悚然、不寒而栗的同时，无不痛恨封建专制制度的黑暗、残暴与毫无人性。

当然，民间宗教除了发挥积极的社会功能之外，也发挥过消极的社会功能。其中，留给后世记忆最深的便是一些教派首领由传教敛钱而富甲一方，继而问鼎政治，觊觎神器，为实现政治野心，不惜铤而走险，如明末清初的东大乘教王氏家族、清初的八卦教刘氏家族等。明清时期民间宗教运动中出现的这些"神圣家族"，可以为今天提供一面识别那些企图以宗教达到个人目的、实现个人野心的镜子。从这一点来说，这些民间宗教运动的异化物，还是颇有借鉴价值的。

此外，在民间宗教一些教派中盛行的扶乩、走阴、按体、幻术、星相、术数等迷信活动，低俗诡异，骗钱害人，既污染了社会生态环境，又使许多信众上当受骗，其负面、消极的社会功能，自不待言。这些教派唯利是图，缺乏理性的信仰，并不是民间宗教的主流，更不是民间宗教的全部。

---

① 《明宪宗实录》卷九十八，成化七年十一月己未，《明实录》，上海书店，1984年。

五、深远影响

首先，民间宗教有力地冲击了封建社会的主流意识形态。

明清时期，作为民间宗教思想载体的各种经卷，在乡村社会广泛流传，其宣扬的教义思想，严重地冲击了封建社会的主流意识形态，致使封建统治者想方设法全力搜缴、销毁。为此，许多帝王都反复谕令地方官在查办民间宗教"邪教案"时，要特别注意搜缴、销毁"妖书邪经"。在贯彻落实皇帝谕旨的地方官中，以清嘉庆、道光年间的直隶官僚黄育楩最具典型。

黄育楩在担任巨鹿知县和沧州知州期间，将当地民间并寺庙所藏的明末民间宗教经卷六十八种，"摘出各经各品妖言"，又将清代北方各地民间宗教所"提出无数妖言，其妄谬有更甚于邪经者"，"择其主意所在之处，详为辩驳"，写成《破邪详辩》一书。此书刊印后，经作者和各地官府散布的有数以万计。封建统治阶级以此种方式集中诋毁民间宗教，在清代是仅见的，在历史上也是突出的，足见当时意识形态领域斗争的激烈程度。

其次，民间宗教为明清时期通俗文学的繁荣发展提供了丰厚的创作素材。

据《中国古代小说百科全书》著录，描写民间宗教的小说共有 31 部，涉及的教派有弥勒教、明教、白莲教、无为教、三一教、八卦教等。其中，以下几部小说最有代表性。

元末明初罗贯中著，明末冯梦龙改编的《三遂平妖传》是中国历史上最早以民间宗教活动为题材的长篇小说。该小说描述的是北宋贝州弥勒教教首王则率众起义，文彦博得"三遂"——马遂、李遂、诸葛遂智之力，予以平定的故事。在该小说中，王则等人被描写成"一班妖人"。在冯梦龙补本中，还出现了弘阳教最高崇拜混元老祖形象；同时又通过描写蛋子和尚，反映了"真空家乡，无生老母"信仰。

明万历年间，潘镜若著作的《三教开迷归正演义》，大力歌颂林兆恩，宣扬三教合一思想，对三一教的传播，发挥了重要作用。明末沈会极目睹了天启二年（1622）东大乘教起义的全过程，以小说形式再现了这段历史，于天启四年（1624）著《平妖全传》。该小说虽对发生在明末的这起民间宗教起义事件，极尽攻击诬蔑之能事，但通过作者描述，也能折射出当时"官逼民反"的社会现实。

清康熙四十三年（1704），吕熊著《女仙外史》是一部描述与神化明初白莲教领袖唐赛儿起义、称帝施政的小说。该小说旨在告诉人们：唐赛儿领导的农民起义，是"千秋事业"，可以"流芳青史"。

苏庵主人著，乾隆年间问世的《归莲梦》，是一部完全虚构的反映民间宗教活动的长篇小说。该小说塑造了一位名叫白莲岸，希望"轰轰烈烈做一成家创业之人"的女教首形象。

不著撰人，光绪年间刊行的《永庆升平》《永庆升平后传》则是一部反映康熙年间清廷剿灭八卦教的长篇小说。

此外，在《西游记》《聊斋志异》等文学作品中，也都留有白莲教、无为教等教派活动的记述。这些反映民间宗教活动的文学作品，不论是从正面，还是从负面描写民间宗教活动，均在社会上产生了广泛影响，对民间宗教传播与发展，起到了推波助澜的作用。

第三，民间宗教在当代中国的迅速复兴。

最能说明民间宗教巨大而深远的影响的事例，莫过于民间宗教在当代中国的迅速复兴。

据笔者多年田野调查和相关学者的研究成果证明：进入 20 世纪 80 年代以来，随着中国"以经济建设为中心"新时期的开始，广大农民在基本解决温饱的同时，精神生活也迅速向传统的民间宗教信仰回归，于是民间宗教便适应广大农民的信仰需求，借助日益宽松的社会生态环境，重新登上中国宗教信仰舞台，并以"道德复振"活动为旗帜，在广大农民信众中形成了巨大的吸引力和凝聚力，发挥着越来越大的道德教化功能和社会人心整合作用。

但是，活跃在当代中国广大乡村社会的民间宗教，并不是中国历史上民间宗教的简单复兴，而是带有鲜明的时代特色。其中，最值得关注的是，遍布当今中华大地的大多数教派，自 21 世纪始，改变了传统的总体上与封建统治当局处于对立状态的离异性格，在其教义思想与实践活动中，明确地提出了"归属"党和政府管理的合法性诉求①，希望能像佛教、道教等五大宗教

---

① 据笔者多年调查与研究，造成民间宗教与封建统治当局离异的根本原因有二：一是分散的社会经济。在中国传统农业文明时代，乡村社会经济是具有高度分散性的小农经济。因此，在此基础上生成的乡村社会结构，也具有高度的分散性。这种分散的乡村社会经济和社会结构，必然导致对

那样，在党和政府的领导下，为经济社会发展贡献力量。

马克思说："人类始终只提出自己能够解决的任务，因为只要仔细考察就可以发现，任务本身，只有在解决它的物质条件已经存在或者至少是在形成过程中的时候，才会产生。"[①] 按照马克思阐释的这个历史唯物主义原理，分析民间宗教在当代中国提出的"归属"党和政府管理的合法性诉求，可以说是民间宗教反映广大农民在基本解决温饱的基础上，在信仰追求上发出的"时代呐喊"，是一种与时代同步，力图超越自己的"信仰自觉"。

马克思又说："问题就是公开的、无畏的、左右一切个人的时代声音。问题就是时代的口号，是它表现自己精神状态的最实际的呼声。"[②] 在新世纪新阶段的形势下，民间宗教希冀宗教改革的强烈愿望，可以说既是当代中国最为突出的社会问题之一，也是民间宗教在精神生活世界最实际的呼声。对此，如何按照马克思关于"问题和解决问题的手段同时产生"[③] 的方法论原则，谋划出一套切实可行的问题解决方案，正在考验着中国特色社会主义者的政治智慧。

原载《世界宗教研究》2013 年第 1 期

（接上页）统治当局的离异性。二是残暴的专制制度。生活在封建社会的广大民众，深受统治当局残酷的经济剥削和政治压迫。当广大民众为了寻求精神解脱而投身民间宗教信仰时，常常被统治当局诬为"异端""邪教""教匪"，施与严刑峻法，给予血腥镇压。因此，如此恶劣的社会政治环境，必然导致民间宗教对统治当局的离异性。民间宗教在当代中国提出的"归属"党和政府管理的合法性诉求，其现实根据有三：一、从经济上看，改革开放以来，党和政府采取了一系列惠农政策，使广大农民深受其益。因此，广大农民衷心感谢和真诚拥护党和政府的领导；作为广大农民信仰的民间宗教，必然要反映广大农民对党和政府的感恩心情。二、从政治上看，党和政府的宗旨是全心全意为人民服务。因此，在当代中国多元宗教文化共存并存的国势国情下，作为广大农民信仰的民间宗教，必然相信党和政府倾听它们的迫切要求。三、从法律上看，《中华人民共和国宪法》规定保护公民的宗教信仰自由。因此，作为广大农民信仰的民间宗教，必然盼望党和政府能将宪法落实到宪政，使它取得合法地位。

① 《马克思恩格斯选集》第 2 卷，人民出版社，1972 年，第 83 页。
② 《马克思恩格斯全集》第 40 卷，人民出版社，1982 年，第 258 页。
③ 《马克思恩格斯全集》第 44 卷，人民出版社，2001 年，第 107 页。

明清时期华北民间宗教论纲

在中国民间宗教发展史上，明清时期是一个最为繁兴的时代，而处于这一历史时期的华北民间宗教又占有举足轻重的地位。因此，深入探讨这一历史时期华北民间宗教的特点与规律，有助于认识民间宗教的历史作用与深远影响。

一

在明清时期的民间宗教中，许多对全国影响巨大的教门，均发轫于华北而后才流布各地。

明朝初年，华北民间宗教与全国各地一样，主要是元末以来流传下来的白莲教及其传教与斗争活动，尚未显露出自己的特色与优势。但是，自明中叶始，华北民间宗教异军突起，出现了一个名叫无为教（又称罗祖教简称罗教）的新兴教门。无为教的诞生，在民间宗教发展史上，具有划时代的意义。从此，以无为教为蓝本的各种教门，相继在华北产生，诸如黄天道、东大乘教（又名闻香教）、西大乘教、红阳教、龙天道、大乘天真圆顿教等不下十余种。这批教门首先在华北站稳脚跟，接着以破竹之势传入江南，并衍生出众多支派，如由无为教衍变的龙华会，由黄天道衍变的长生教等，在明末浙江、江苏、江西、福建等地普遍流传。

入清以后，华北民间宗教尤以明代不可比拟的气势向纵深发展。首先是明代中叶以后建立的各种教门，基本上流传下来，并采取新的方式与手段，加快了传播进程，因而拥有更为广泛的徒众。如无为教在漕运水手中积极活动，使漕运水手中的秘密结社组织青帮，也纳入了该教门的信仰世界。又如东大乘教改名清茶门，从乾隆中叶始，以直隶滦州石佛口和卢龙县安家楼为据点，纷纷南下，在华北和江南广大地区传教。其次是涌现出一大批新教门。如清初问世的天地门教（又称一炷香教）、在理教、八卦教，清中叶产生的清水教、天理教、收元教、白阳教、青阳教，到了清末，又出现了皈一道、一贯道、九宫道。这些教门均是有清一代华北民间宗教中颇具影响的大教门，至于由这些教门衍变的宗支派系就更多了，大约有数十种。这些教门流行于华北城乡的各个角落，又远播于西北、东北、江南、东南等广大地域，最迟到清中叶，在全国范围内已形成了一个以华北为中心的民间宗教信仰世界。

不仅如此，由明中叶无为教开创的教门林立局面，还导致了一场空前的民间宗教运动，首先在华北，紧接着在全国轰轰烈烈开展起来。

"白莲教、无为教、罗教蔓引株连，流传愈广，踪迹诡秘。北直隶、山东、河南颇众。值此凶年，实为隐忧。"① 这条出自万历十五年（1587）都察院左都御史辛自修的上疏史料，真实地记载了当时华北民间宗教运动情状。但是，仅仅过了 28 年，即万历四十三年（1615），又有礼部《请禁左道以正人心》言：

> 有罗祖教、南无净空教、净空教、悟明教、大成无为教，皆讳白莲之名，实演白莲之教。有一教主，便有一教名。愚夫愚妇转相煽惑，宁怯于公赋而乐于私会，宁薄于骨肉而厚于伙党，宁骈首以死而不敢违其教主之令。此在天下处处盛行，而畿辅为甚。不及令严为禁止，恐日新月盛，实烦（繁）有徒，张角、韩山童之祸将在今日。②

五年之后，即万历四十八年（1620），同样的焦虑再见于《神宗实录》："四方各有教首，谬称佛祖，罗致门徒，甚至皇都重地，辄敢团坐谈经，十百成群，环视聚听，且以进香为名，踵接于路"；"旌旗蔽日，金鼓喧天"；

---

① 《明神宗实录》卷一八二，万历十五年正月庚子，《明实录》，上海书店，1984 年。
② 《明神宗实录》卷五三三，万历四十三年六月庚子，《明实录》，上海书店，1984 年。

"以为缁衣黄冠之流者正在酝酿，以成绿林、黄巾之变者也"。[1]到了天启二年（1622），"全国已是遍地皆传教之所，尽人皆受教之人"。[2]这些惊心动魄的描述，足以证明整个明末社会已经完全淹没于民间宗教运动的汪洋大海之中了。

由明中叶华北民间宗教兴起的全国范围内的民间宗教运动，并没有因为王朝更替，江山易主而终止。

清顺治三年（1646），吏部给事中林起龙曾上书："近日风俗大坏，异端蜂起，有白莲、大成、混元、无为等教，种种名色。"[3]康熙年间的王逋在所著《蚓庵琐语》中也说："今民间盛行所谓教门者，说经谈偈，男女混杂，历朝厉禁，而风愈炽"；"山东、山西则有焚香白莲，江西则有长生圣母、无为、糍团、圆果等号，各立门户，以相传授。"清初思想家颜元更是描述道："迨红巾、白莲始自元明季世，焚香惑众，种种异名，施禁施出。至今若'皇天'，若'九门'，若'十门'等会，莫了穷诘。家有不梵刹之寺庵，人或不削发之僧尼，宅不奉无父无君之妖鬼者鲜！口不诵无父无君之邪号者鲜矣！风俗之坏，于此为极。"[4]由此可见，从清朝统治伊始，以华北民间宗教为中坚的民间宗教运动，就以强劲之势在全国范围内展开，而且规模越来越大，一直持续到清王朝的最后完结，这可从有清一代屡兴"邪教"案中得到证实。

明中叶无为教开创的教门林立局面，以及由此而导致的民间宗教运动，给明清两代统治者造成了前所未有的社会问题，引起了他们的极度恐慌，必欲痛剿而后快。万历末年，明廷严禁无为教，又逮捕监禁了东大乘教主王森，对民间宗教运动进行剿杀。清朝统治者对民间宗教运动的镇压，比明朝更为严酷。自顺治朝始，清廷就严密注视民间宗教运动的发展动向，"如遇各色教门，即行严捕，处以重罪，以为杜渐防微之计"。[5]顺治十八年（1661），清廷下令镇压江苏溧阳大乘教活动。此后，清廷屡兴"邪教"案。

① 《明神宗实录》卷五九四，万历四十八年五月己巳，《明实录》，上海书店，1984年。
② 《明清史料》乙编，天启二年六月初九日，刘征奏疏，商务印书馆，1936年。
③ （清）蒋良骐：《东华录》，顺治三年六月丙午，中华书局，1980年。
④ （清）颜元著，王星贤、张芥尘、郭征点校：《习斋四存编·存人编》，中华书局，1987年。
⑤ （清）蒋良骐：《东华录》，顺治三年六月丙午，中华书局，1980年。

清廷在查办"邪教"案时，采用了中世纪极为野蛮残忍的屠杀手段，教首或被凌迟枭示，或斩立决，其追随者，或充军荒蛮，或杖责枷号，其家属则一律给官为奴。即使已故多年的教主，也要刨棺锉尸，以儆示世人。民间宗教运动的勃兴与发展，始终是以血流成河、白骨遍野为代价的。

抽刀断水水更流。面对封建统治阶级的血腥镇压，民间宗教非但没有随之消沉，反而与农民革命运动结合起来，在天灾人祸接踵而至，社会动乱之际，组织和策动了一次又一次的农民暴动或农民起义，率领农民大众与封建统治阶级展开了血与火的战斗。纵观明清时期农民战争史，其中大多数农民暴动和农民起义，都深深打上了民间宗教的印记，都是由民间宗教运动直接或间接转化的。如明天启二年（1622）徐鸿儒、于弘志领导的山东、北直东大乘教及其分支棒槌会大起义，清乾隆三十九年（1774）王伦领导的山东清水教起义，嘉庆元年（1796）刘之协、王聪儿、姚之富领导的川楚陕混元教、西天大乘教、三阳教大起义，嘉庆十八年（1813）林清、李文成领导的直鲁豫天理教大起义，道光十五年（1835）曹顺领导的山西先天教起义，以及近代爆发的义和团运动等。这些主要由华北民间宗教组织和策动，中心区同样在华北大地的农民革命运动，都以其英勇悲壮的斗争事迹名垂史册。

任何事物都有其正负两面。以华北为中心的民间宗教运动，从一开始，就出现异化。那些自我标榜"救世主"的教首，大多因创教而致富。明万历时，东大乘教主王森创教前是个穷皮匠，创教后被门徒奉为佛祖，依靠教徒纳献，成为滦州一带的豪门地主。在此之前的无为教、黄天道，其创教者罗清与李宾及其后裔，也因教徒"馈送颇多"，富甲一方。清代八卦教创始人刘佐臣与其子孙，"有地数十顷"，家中藏银万两，还捐钱买官，当上了州同或知县。

为了保住既得利益，防止教权与财富旁落，这些教首在教内实行森严的教阶制同时，还推行了教权的家族世袭制，于是一个个"神圣家族"先后出现了，如上述黄天道中的李姓家族、东大乘教中的王姓家族、八卦教中的刘姓家族等。在这些"神圣家族"统治的教门内部，创教祖师及其子孙既是至高无上的宗教权威，"职掌"着广大信徒彼岸世界的"命运"，又是尘世中的大地主、大富豪，过着形同王侯般的腐朽生活。这些"神圣家族"统治各自教门的时间，少则三五代，多则七八代，长达一二百年之久。

它们已将民间宗教运动变为少数人发财致富的工具，从而给农民大众造成了更为严重的经济剥削；又把一个个凡夫俗子推上了神灵的宝座，从而为农民大众套上了新的精神桎梏。明清时期民间宗教运动中出现的这种异化现象，是秦汉以来封建等级制与宗法制的一种表现形式，只不过是披上一件神秘的外衣而已。

二

明清时期华北民间宗教领袖地位的形成与确立，既有其深刻的历史与社会根源，也有其独特的内在原因。

华北是中国民间宗教的发祥地之一。早在东汉末年，巨鹿（今河北平乡）人张角就创立了太平道，并于中平元年（184）发动了著名的黄巾大起义。在此后漫长的岁月里，尽管华北没有产生过新的民间宗教教派，但像弥勒教、大乘教、摩尼教等这些具有民间宗教性质的外来宗教，都在华北广泛流传，且由此发生过多次震动全国的大事件。如北魏延昌四年（515），冀州（今河北冀州）僧人法庆利用大乘教发动起义[1]；隋大业九年（613），唐县（今河北唐县）人宋子贤以弥勒教为号召，"举兵欲袭击乘舆"[2]，想杀掉隋炀帝；宋仁宗庆历七年（1047），贝州（今河北清河）宣毅军小校王则又假称弥勒出世，举兵造反等。[3]

南宋末年，白莲教从江南传到华北。元朝初中叶，白莲教在华北迅速发展，赢得广大下层民众的狂热崇拜，其声势可与江南白莲教平分秋色。元朝末年，华北白莲教首韩山童首义永年白鹿庄，点燃了红巾军大起义的烈火。明朝初年，华北继续盛传着白莲教，以白莲教策动的反明起义不断发生。其中，著名的有永乐年间山东唐赛儿起义，成化末弘治初山西王良、李钺起义等。直到明中叶，白莲教仍在华北顽强地活动，拥有广大信徒。这一切均说明，自东汉末年太平道被镇压后，华北一直流传着各种形式的民间宗教，有

---

① （宋）司马光：《资治通鉴》卷一四八，中华书局，1974年。
② （唐）魏徵等：《隋书》，《五行志》，中华书局，1974年。
③ （元）脱脱等：《宋史》，《明镐传》，中华书局，1977年。

着悠久的传统和深厚的底蕴，是一方滋生民间宗教的肥田沃壤。

明朝自成祖朱棣迁都北京后，其统治中心也从江南转移到华北。为了满足皇族利益，巩固专制统治，成祖迁都不久，便诏令在京畿建立皇庄。到成化时，畿内皇庄已占地 12800 多顷。正德时，皇庄增至 300 处，37000 多顷的农民土地尽入了皇室贵族的无底私囊。上行下效，勋戚、宦官、大官僚也如狼似虎地侵占民田，建立官庄。弘治初，畿内官庄就有 332 处，占地 32100 多顷。到了正德十六年（1521），顺天各府官庄猛增为 290900 顷。官庄绝不限于畿内，而是遍布华北乃至全国各地。[①] 伴随着皇庄、官庄猛烈扩大，地方上的豪强势家、一般地主兼并土地也非常严重。土地高度集中，使大量农民失去土地，沦为流民。如山西繁峙县原有农民 2160 余户，到正统时，逃亡达一半以上。其他像河南、山东、北直等地，农民破产逃亡的情况也相当普遍。到了明中叶，华北各省布满了流民。再加上此时华北地区发生了大地震等自然灾害，使流民队伍不断扩大。无地流民或向人烟稀少的漠北地区迁徙；或向深山老林的荆襄山区发展，其背井离乡之苦，开荒垦地之艰，使广大农民饱受了人间苦难，终使阶级矛盾和阶级斗争日益尖锐与激化。于是，在南方爆发了荆襄流民大起义；在华北则发生了杨虎、刘六、刘七领导的农民大起义。

明朝自朱元璋起，历代皇帝都笃信宗教。"太祖崇奉佛教"，"至隆极重"。此后，"历朝因之不替"。到了明中叶，武宗不但佞佛，且信番僧，而世宗则独崇道教。他"好鬼神事，日事斋醮"。世宗在位几半世纪，他对道教的疯狂崇信，影响波及了整个社会生活。神宗继位后，"与两宫慈圣首建慈寿、万寿诸寺，俱在京师，穷丽冠海内，至度僧为替身出家"。又"大开经厂，颁赐天下名刹殆遍"。[②] 神宗在位也几半世纪，又使佞佛之风甚嚣尘上，从而形成了一个佛教空气弥漫的宗教氛围。

中唐以来出现的儒释道三教合一的历史趋势，到了宋代，形成高潮，因而带动了三教的各自更新。其结果不仅使三教中的神祇日益世俗化、民间化，而且使许多民间信仰的杂神也一变昔日受人冷落的地位而被大加封崇。

---

① 郑天挺主编：《明清史资料》上册，天津人民出版社，1980 年，第 183 页。
② （明）沈德符：《万历野获编》卷二七，中华书局，1980 年。

孔子、释迦、老子不再高高在上，民间小神也可以与它们比肩受奉。这种文化现象一直持续到明中叶，由于王学的兴起，又给人们的思想起到了推动、解放的作用，致使各种思想流派竞起，使明代中叶以后的思想界充满了时代的新气息。

明中叶以来出现的风雨飘摇的社会形势，封建统治者鼓起的宗教信仰狂热，以及王学兴起所引发的思想解放运动，都使处于明朝统治中心的华北民间宗教首沐其风，再加上华北本来就是滋生民间宗教的一方沃土，这一切便构成了华北民间宗教异军突起的社会与历史根源，或者说必不可少的外部条件。而一批代表和反映下层民众宗教情感与美好追求的民间宗教实践家与理论家的应运而生，则是华北民间宗教从此独执牛耳的内在原因。在这批民间宗教实践家与理论家中，最著名、最有代表性的是罗清、弓长、木人，他们为中国民间宗教思想体系的最终形成，做出了历史性的贡献。

罗清，又名因，亦名梦鸿。明山东莱州府即墨县（今山东省青岛市即墨区）人。正统七年（1442）生，嘉靖六年（1527）卒。罗清幼小失怙，跟随叔父母长大。十四岁从军，驻守北直密云卫。二十七岁左右退伍，到处拜访佛教大德名师，又深研《金刚般若波罗密经》。经过十三年苦苦参悟，于成化十八年（1482）悟道成真，创立无为教，并陆续写成"五部经"，即《苦功悟道卷》《叹世无为卷》《破邪显正钥匙卷》《正信除疑无修正自在宝卷》《巍巍不动泰山深根结果宝卷》。

罗清创立无为教后，开始在北京一带建堂传教，信者日众。正德初年，被人评告入狱，经太监张永等人周旋获释。后得宫中权贵与太监资助，将"五部经"在内经厂刊印，从此流行天下，无为教也迅速传遍华北，流布全国。

罗清是明清时期民间宗教第一位继往开来的大实践家与宗教改革家。他创立的无为教是明清时期涌现的数以百计的民间教门之滥觞，他所撰写的"五部经"，集宋元以来民间宗教思想之大成（另文专论），被后起的各种教门奉为共同经典而竞相效仿[①]，成为明清时期民间宗教的"圣经"。

弓长，即"张"字拆写。号弓长祖，又号天然子。明北直隶霸州（今河

---

① 如《西大乘教五部经》《红阳教五部经》等。

北霸州市）人。弓长是东大乘教创始人王森三传弟子、东大乘教北京总传头张翠花高足。天启四年（1624），创立大乘天真圆顿教，自任九宫教主。

木人，又称目人，即李某。明北直隶潞陵（今属河北）人。崇祯十五年（1642），参拜弓长，成为弓长得意门徒。

弓长精通无为教以来流传的民间宗教教义思想，曾向木人演述，而木人善能属文，将其师所述精蕴记录整理三部宝卷。清顺治九年（1652），写成《古佛天真考证龙华宝经》；顺治十一年（1654），写成《销释木人开山显教明宗宝卷》；顺治十六年（1659），写成《销释接续莲宗宝卷》。原稿均经弓长校订，陆续刊行。

弓长、木人师徒是继罗清之后的两位民间宗教理论家。弓长创立的大乘天真圆顿教及其宗教实践，对明末特别是有清一代的民间宗教产生了巨大影响，木人撰写的三部宝卷（又称"李祖三经"），对无为教以来流传的民间宗教教义思想进行了经典性的总结，从此民间宗教开始有了自己完整的思想体系，结束了自五斗米道、太平道以来缺乏成熟的思想体系的局面。

这套思想体系概括起来就是：以无生老母为最高崇拜，以真空家乡为理想境界，以弥勒佛和龙华三会为信仰核心，主张三教归一，强调三期末劫，重视末后一着的普度功效，以及用九宫八卦作为资助形式等。

这套思想体系一经问世，便立即在清初的华北大地传播起来，随后风靡全国，有力地指导了有清一代的民间宗教。这套思想体系还为清代民间宗教培育了一大批领袖人物，他们运用这套思想体系创立新的教门，招收新的徒众，领导新的斗争，从而使清代成为民间宗教最为兴盛的时期。

三

在中国宗教发展史上，作为正统宗教的佛教与道教，忽而佛教受宠，道教失势；忽而道教兴隆，佛教衰微，这主要是基于封建皇帝的好恶来决定的。与此不同，明清时期华北民间宗教的崛起与兴盛，并不仰赖于封建统治阶级的态度，而主要是取决于社会的治乱。纵观明清时期华北民间宗教发展史，每当天灾人祸接踵而至或社会动荡之际，都是华北民间宗教的繁盛期，这便成为明清时期华北民间宗教的发展规律。用这条规律证诸整个中国民间宗教发展史，同样适用，因此带有普遍性。把握这条规律，对于认识明清时期华北民间宗教乃至中国民间宗教的历史作用与深远影响，都会收到"纲举目张"之效。

明清时期华北民间宗教的历史作用是巨大的。首先，如上所述，明清时期华北民间宗教，以它的领袖地位，将大江南北的民间宗教信仰统一在自己的旗帜之下，从而形成了一个独立于正统思想儒释道之外的信仰世界。

在中国古代社会，作为社会主体的农民大众，被压在社会最底层，形同牛马，终生贫困。这种情况，到了明清时期，更为严重。因此，农民大众迫切要求改变自己的悲惨命运，却找不到出路。

对于尚未跨入现代社会大门，根本接触不到科学思想而又深受封建神学影响的农民大众来说，宗教是他们的唯一信仰，用宗教的思维方式思考与行动，是千百年来形成的思维定式。但是，作为封建统治阶级大力扶植的正统宗教，到了明清时期，尽管寺庙宫观遍布天下，佛经道籍汗牛充栋，由于佛道的繁文缛节、陈规陋习以及靡费腐化等，很难符合农民大众的信仰心理。因此，这一时期出现的各种教门，因其教义简明，仪式便行，经卷易懂，尤其是它们积极的入世精神和离经叛道的斗争性格，以及组织内部的扶危济困等机能，正好适合了农民大众的宗教情感，集中反映了农民大众的精神需求，直接代表了农民大众的反抗意志，也体现了农民大众"相亲相友相助"的现实要求，因此受到了农民大众的狂热崇奉，并由此造成了明清时期汹涌澎湃的民间宗教运动。这是封建社会晚期阶级矛盾和阶级斗争日益尖锐化、激烈化的曲折反映，也是农民大众对理想王国的企羡与追求。

这种客观存在的文化现象充分说明，农民大众决不是一群没有理想与追求的愚夫愚妇，他们也有自己的信仰，自己的组织，自己喜闻乐见的文化，这就是民间宗教。民间宗教作为一种思想形态，以其独特的风骨与品格流行于世，受到了农民大众的拥护与欢迎，这本身就是对封建统治阶级的正统思想儒释道的严重挑战与巨大威胁。

正因为如此，明清两代的封建统治者在查办"邪教"时，每次都把搜缴、焚毁集中反映民间宗教教义思想的经卷——宝卷作为重要任务。明万历末年，朝廷在取缔无为教时，宣布"罗祖五部经"的罪状是"俚俗不经，能诱无知良民，听从煽惑，因而潜结为非，败俗伤化，莫此为甚"[1]，下令烧书毁板。随后，其他教门的宝卷也遭到同样的厄运。入清以后，宝卷更是成为"邪说""妖书"的同义语。在清朝统治者眼中，"谋逆之原，由于聚众；聚众之原，由于邪说"。清朝对宝卷的缴毁已经达到了除净务绝的程度，乃至道光年间直隶出现了一个名叫黄育楩的官僚，以攻击宝卷为己任。他在巨鹿知县和沧州知州任上，将搜缴当地民间并寺庙收藏的明末印刊的六十八种宝卷，"摘出各经各品妖言"，又将清代华北各地教门所"提出无数妖言，其妄谬有更甚于邪经者"，"择其主意所在之处，详为辩驳"[2]，写成《破邪详辩》一书，自费广为散发，企图以此消弥民间宗教在农民大众中的影响。但是，这些做法都是徒劳的，民间宗教思想已经深入民心，并作为一种下层文化，以其顽强的生命力汇入中国传统文化的历史长河之中。[3]

其次，以华北民间宗教为中心的整个明清时期的民间宗教，之所以不见容于封建统治阶级，主要不是思想信仰不同，而是政治原因。民间宗教不仅能给农民大众以精神寄托，而且更重要的是能在社会动荡或社会转折之际，及时提出适合农民大众反抗意志和追求美好理想的政治口号与斗争目标。尽管这些政治口号与斗争目标是"披上宗教的外衣出现"，但仍掩盖不住"要掀起巨大的风暴"的真实目的。[4]

明朝末年，在华北民间宗教中普遍流传一个谶语，即"木子当来，牛八退位"。[5]"木子"即李姓，喻指李自成及其领导的农民起义军；"牛八"即朱姓，喻指朱明王朝。在明末天下大乱的形势下，这个谶语表明了华北民间宗教憎恶腐败的朱明王朝，渴望李自成建立农民政权的政治立场，从而使这个谶语装进了具体的阶级内容，带上了鲜明的阶级色彩。有一个活跃在燕南赵北（今河北南部）的名叫龙天道的教门，甚至动员其徒众参加李自成起义军，兵合一处，攻打北京，然后在"燕南赵北"放下云城（民间宗教的理想

① （明）沈榷：《南宫署牍》卷四，汉学研究中心据日本尊经阁文库藏明泰昌刊本影印。
② （清）黄育楩：《破邪详辩》卷一，《清史资料》第 3 辑，中华书局，1982 年。
③ 从目前海内外尚存的近百种明中叶至清初的宝卷来看，明清两代的封建统治阶级并没有将其销毁殆净。1996 年秋，笔者应邀赴甘肃定西地区鉴定新发现的一批宝卷时，又发现了九种从未著录过的孤本，更证实了上述看法。
④ 《马克思恩格斯选集》第 4 卷，人民出版社，1972 年，第 251 页。
⑤ 李世瑜藏《家谱宝卷》第七品。

王国），与无生老母欢聚一堂，共享人间之快乐。①

可是，本来是诅咒"牛八将尽"，预言"木子当来"的华北民间宗教，当清兵乘乱入关，定鼎中原后，它便从民族利益出发，又倡言"清朝以（己）尽""日月复来"②，打出了反清复明的旗帜。清初华北地区的各种教门，其中的大多数都以这个政治口号为号召，招揽徒众，发展组织，并不时举行抗清斗争。

随着清王朝专制统治的逐渐巩固，从清中叶起，华北民间宗教不再以"复明"为号召，而是以"复大顺"（明末李自成大顺政权）为旗帜，重新燃起了重建农民政权的烈火。乾隆三十九年（1774）山东清水教起义，即是这种"复大顺"的一种尝试。乾隆末年，这一口号由华北流传江南，于是引发了嘉庆元年（1796）的混元教、西天大乘教、三阳教大起义。这场起义，历时九载，纵横驰骋楚、川、豫、陕、甘五省，沉重地打击了清朝统治，促使清朝由盛转衰。嘉庆十八年（1813），天理教领袖李文成自称李自成转世，率领义军在豫北与清军浴血奋战，而另一天理教领袖林清则在京郊指挥徒众攻打紫禁城，试图夺取中央政权，声势震撼清廷，被嘉庆帝称为"汉唐宋明未有"的"非常之事"。③

进入近代社会以后，面对不断加深的民族灾难，华北民间宗教则树起了"奉天伐暴"，"杀贪官，毁教堂"④的大旗，在自己的教义思想中增添了反洋教的新内容，最后酿成了轰轰烈烈的义和团运动。

综上所述，这些爆发在明清时期著名的农民大起义，其对历史的推动作用是不言而喻的，而民间宗教在组织与策动这些农民大起义中所发挥的积极作用也是无法抹煞的。这就充分证明，正如正统宗教是封建统治阶级的阶级斗争工具一样，民间宗教是农民大众进行阶级斗争的工具。

但是，民间宗教既然是一种宗教，而且是一种与正统的佛教、道教有着千丝万缕联系的宗教，那么，它也就脱离不了一切宗教的羁绊。在民间宗教信仰中，农民大众尽管是它的主要解救对象，但这个对象同样是被否定的。

---

① 濮文起：《〈家谱宝卷〉表微》，《世界宗教研究》1996 年第 3 期。
② （清）那彦成：《那文毅公奏议》卷四十一，《续修四库全书·史部》，上海古籍出版社，2002 年。
③ 《仁宗本纪》，赵尔巽等：《清史稿》，中华书局，1977 年。
④ 《朱批档》，光绪十八年十一月三日，裕禄折。

农民大众不仅由无生老母所创造，受无生老母所支配，而且农民大众的被解救，也只有依靠她老人家的慈悲方可实现。即使农民大众在走投无路，揭竿而起时，也要祭起"弥勒佛当有天下"的大旗，才敢于向压迫他们的贪官污吏乃至皇帝老子开战。这就是说，民间宗教非但没有把农民大众从自然异己力量和社会异己力量支配下解放出来，反而给农民大众增加了无生老母这一新的精神异己力量，尽管这位至上神和救世主既不像佛教的释迦那样庄严肃穆，也不像道教中三清那样冷漠高远，而是时时向人间流露出慈母般的关怀与爱抚，但她仍是一种"超人间力量"，在本质上与佛、道正统宗教并无根本差异。

作为正统宗教的佛禅与神仙道教，虽然也是以"超人间力量形式"来反映人间的力量，以"颠倒的世界观"来观察现实世界，但它们要比民间宗教思辨、理智、严肃、高雅，更具道德人本主义的精神，而民间宗教则保留了更多的原始巫术宗教的色彩。民间宗教以它那荒诞不经、格调低下猥琐的说教、欺骗、愚弄农民大众，严重地阻碍着农民大众的觉醒；又以它那种阿Q式的精神胜利法，鼓动起农民大众的宗教狂热，对中华民族民族性的形成起着非常消极的作用；它对封建专制制度的离异与反叛，无论是采用批判的武器，还是实行武器的批判，都没能改变黑暗的现实世界，却在民间掀起了一场新的造神运动和偶像崇拜狂潮，为农民大众套上了一具更为沉重的精神枷锁，因而造成了农民大众长期的沉醉与麻木、愚昧与落后，并且对历史造成了潜移默化的影响，成为中华民族思想解放运动的重要障碍和中华传统文化中最顽固最落后的营垒。

然而，我们又不要过分地诅咒或诋毁这样一种下层宗教。试问：对于生活在封建末世，身为封建专制制度与大自然灾害双重奴隶，且又被剥夺了享受文化权力的农民大众来说，当他们需要精神寄托之时，除了从无生老母那里寻求点慰藉，又怎能像官僚士大夫那样远足深山古刹进香膜拜，或家居深宅大院研读佛经道籍呢？当他们铤而走险之际，除了打出"弥勒佛当有天下"大旗，还能有别的什么思想武器，将形同散沙的自身凝聚、组织起来，进而向黑暗的封建专制制度冲击呢？质言之，民间宗教是封建社会的产物，民间宗教之所以经久不衰，在下层社会有着广泛深厚的群众基础，完全是残暴的封建专制制度造成的。因此，对于民间宗教这样的下层宗教，应该进行理性的认识，即从封建社会生活本身出发来认识，深挖产生它的根源，改变乃至铲除滋生它的土壤。只有这样，才能消除它的影响。

原载《史学月刊》1998 年第 6 期，

中国人民大学复印报刊资料《宗教》1999 年第 1 期全文转载

晚清民间秘密宗教概说

　　道光二十年（1840）第一次鸦片战争以后，随着中国逐步沦为半殖民地半封建社会，作为主要反映与代表封建社会下层民众人生理想和现实要求的民间秘密宗教，也进入了一个新的发展阶段，因而表现出鲜明的时代特点，发挥了重要的社会功能，对晚清历史与社会发展造成了巨大而深远的影响。

一

　　在清代民间秘密宗教发展史上，清中叶曾是一个民间秘密宗教运动空前兴盛和清政府大兴"邪教逆案"的历史时期。经过长达半个多世纪血与火的生死搏斗，民间秘密宗教中的绝大多数教门被清政府残酷镇压，遂使民间秘密宗教运动在嘉庆末道光初暂时转入低潮。但是，自鸦片战争始，在民族灾难和阶级压迫日趋深重的形势下，先是那些在清中叶遭受清政府严厉查禁的教门乘机而起，立即在全国范围内掀起了一场民间秘密宗教运动。

　　道光二十三年（1843）三月，青莲教漏网骨干李一沅、陈玉贤、彭德源等人秘密会聚湖北汉阳，决定复兴青莲教，并按"五行十地"重建组织，分头向各地传教，其教势很快遍及川、陕、甘、湘、鄂、苏、浙、桂、粤、皖、赣、滇、贵等省。[①] 随后，斋教也在江南各地重新活跃起来。所谓斋教，即清中叶南传无为教各种支派的统称。雍正、乾隆年间，各省无为教均遭到当局多次镇压。为躲避迫害，无为教在南方的各种支派便纷纷改换名称，分

---

① 濮文起：《中国民间秘密宗教》，浙江人民出版社，1991年，第100页。

别以老官斋教、龙华会、大成教、大乘教、三乘教、糍粑教、金堂教、观音教、一字教等名称在各地流传。从嘉庆时起，清政府因上述各教派皆吃斋且多为不法，故将其统称为"斋教"或"斋匪"。据清档记载，自道光二十六年（1846）起，至光绪中后期止，在广东、广西、江西、福建等省，都有斋教的频繁活动，并出现了斋教部分教派与会党融合的趋势。[①]与此同时，主要流布于福建的三一教和盛行于浙江的长生教等教门也都先后从衰微走向复兴。在此期间，有的教门如青莲教福建分支先天道和三一教等，还随着移民传入台湾和东南亚一些国家，在海外华人区域流传。

与此遥相呼应的北方教门复兴运动也如火如荼。八卦教这个在清中叶震撼华北大地的重要教门，虽屡经乾隆、嘉庆两朝严厉查禁，受到沉重打击，但其余党仍不屈不挠，秘密传教。特别是它的分支离卦教于咸丰年间重整旗鼓，再次崛起于河南、山东两省，令世人瞩目。此外，像黄天道、红阳教、龙天道、天地门教、在理教等这些明代中末叶和清初诞生的老牌教门，也在直隶等省重新兴盛起来。

同治末年，黄天道徒开始修复嘉庆时被清政府拆毁的该教创教祖师李宾墓地——直隶万全碧天寺。光绪元年（1875）庙成，并更名普明寺（李宾号称普明佛转世，教内尊称普明祖）。该庙殿宇六进，规制宏丽，正殿内雕有黄天道五祖塑像，为万全庙宇之冠，是晚清北方民间秘密宗教中唯一的一座公开庙宇。[②]红阳教此时也开始从秘密走向公开，重建佛堂，定时举行"晾经会"，展览所藏宝卷，并不时为信徒举办各种道场法会。[③]龙天道则继续以其传世经典《家谱宝卷》中的宗教谶纬思想影响其他教门。[④]天地门教与在理教自清初创立时起，就是两个比较安善的教门，前者以"说唱好话"为特征，后者则以"戒食烟酒"为宗旨。尽管如此，在清中叶清政府大规模清剿民间秘密宗教过程中，这两个教门也未能幸免。此时，天地门教亦开始重新传教，其传播地区，已从直鲁两地扩展到东北地区[⑤]；在理教则以天津为中

① 马西沙、韩秉方：《中国民间宗教史》第7章，上海人民出版社，1992年。
② 李世瑜：《现在华北秘密宗教》第1章，台北古亭书屋，1975年。
③ 李世瑜：《天津红阳教》，《民间宗教》第2辑，台北南天书局，1996年。
④ 濮文起：《〈家谱宝卷〉表微》，《世界宗教研究》1996年第3期。
⑤ 濮文起：《天地门教调查与研究》，《民间宗教》第2辑，台北南天书局，1996年。

心，扩展到直隶乃至东北广大地域。

不仅如此，伴随着这场由南至北的民间秘密宗教复兴运动，此一时期，还涌现出大量新教门，其中著名的有灯花教、先天道、红莲教、真空道、黄崖教、刘门教、九宫道、末后一着教、皈一道、圣贤道、普渡道等。这些新教门大多与老教门有着组织上和思想上的渊源，如灯花教、先天道、末后一着教均由青莲教派生而来，而普渡道又为先天道分支；九宫道与八卦教有着千丝万缕的联系；圣贤道则是离卦教的易名。这里尤其值得一提的是，黄崖教与刘门教这两个由学术团体转化而成的教门，分别以各自独特的宗教思想和鲜明的政治倾向，使这一时期的民间秘密宗教运动大放异彩。于是，清代民间秘密宗教运动历经鸦片战争前短暂的沉寂之后，由于西方列强的不断入侵和清朝政府的日益腐败，终于又步入了一个老教门竞相复兴，新教门大量涌现，从而再度获得充分发展的历史时期。

二

晚清民间秘密宗教在教义思想方面，承袭了明中叶以来民间秘密宗教中流传的宗教思想。这种宗教思想，就是以无生老母为最高崇拜，以弥勒佛为信仰核心，以真空家乡为理想境界，主张三教归一，强调三期末劫，重视末后一着的普度功效。尽管这一时期出现了像黄崖教、刘门教这样两个以宗教化的儒家陆王心学为信仰核心的教门，但是它们并不代表民间秘密宗教的主流，绝大多数教门崇奉的仍然是上述传统的教义宗旨。然而，在仪式与经卷方面却发生了明显的变化，这就是在仪式方面倡行设坛扶鸾（又称扶乩），并由此在经卷方面产生了一种新的体裁即坛训（又称鸾书）。

约在明初，民间秘密宗教中出现了一种名叫"宝卷"的经卷，它是民间秘密宗教记载教义、仪式、规戒等方面知识的专门典籍，也是民间秘密宗教从事宗教活动的依据。明末清初，是民间秘密宗教刊刻宝卷的鼎盛时期，几乎是"每立一会，必刻一经"。[1] 当时，刊刻的宝卷，不仅数量大，而且装帧

① （清）黄育楩：《破邪详辩》卷一，《清史资料》第 3 辑，中华书局，1982 年。

考究，较之佛道经卷尤有过之。正因为如此，明末清初的封建统治者在查办民间秘密宗教时，每次都把搜缴、焚毁宝卷作为重要任务，这就遏制了宝卷的编写与刊行，此种状况一直持续到嘉庆年间。此后，民间秘密宗教中的一些教门，虽然也编写了一些宝卷，但主要是对明末清初宝卷的抄袭或改编，没有太大的发展。

鸦片战争以后，随着民间秘密宗教运动的再度勃兴，一种更适合民间秘密宗教迅速发展需要的经卷——坛训应运而生。坛训均为扶鸾的产物，与宝卷内容大同小异，但编写与制作却比宝卷简单，多是十言韵文，偶有五言、七言者，字数多者一二千，少者几百，因此很便于流传。此风一开，立即风靡全国。最迟至清末，鸾堂（举行扶鸾仪式的场所）几遍国中，设坛扶鸾成为民间秘密宗教的一项主要活动。举凡宣讲教义、吸收信徒、求医问药、聚敛钱财，乃至组建教门、发动起事等，都要设坛扶鸾。降坛"显圣"垂训的神灵，主要有无生老母、弥勒古佛、吕祖洞宾、关圣帝君、观音菩萨及各教门创教祖师等，由此产生的坛训多如牛毛，编印坛训的"善书局"也随之大量出现。这一时期，坛训的编写与制作数量之大，流布之广，影响之深，都是宝卷无法比拟的，因而构成了晚清社会的一大景观。

此外，晚清民间秘密宗教在组织结构上也趋向复杂。这一时期，在一些老教门中，虽然还流行着明末清初形成的"内安九宫，外立八卦"的组织形式，但在大部分新教门中，已经抛弃了这个传统，开始建立独自的组织系统。如先天道，其道内教职从上至下有家长、十地、顶航、保恩、引恩、证恩、天恩、众生八个等级。又如九宫道，其教首李向善将其组织分为十八"天"、五大"会"，他自己则以中皇天、天督的名义统一号令各"天""会"。十八"天"各"天"，均设天督一人，负责掌管全"天"道务。"天"之下分若干"总盘"，设正、副总盘主各一人。"总盘"下又分若干"分盘"，设正、副分盘主各一人，下辖若干"小盘"，每"小盘"设正、副小盘主各一人，管辖二十四名道徒。五大"会"各会设总领一人，下设若干"直属大头绪"，辅佐总领掌管全"会"道务。"会"下辖若干支会或分会，分别设正、副会主负责本支会道务。如此繁杂的组织系统，对内可以严密控制徒众，对外可以迅速扩大教势。晚清民间秘密宗教中的大多数新教门之所以能在极短的时间内，使自己的教势跨越数省，乃至遍及全国，组织结构上的这种明显变化，是其重要原因之一。

三

与以往的民间秘密宗教相同，晚清民间秘密宗教也在下层民众中发挥了精神寄托和心灵慰藉的社会功能。

鸦片战争以后，在西方列强和清朝政府的双重剥削与压迫下，下层民众更加困苦。广大农民和其他劳动群众面对现实中的苦难，迫切要求改变自己的悲惨命运，但是他们却找不到出路，只能仰望苍天，希望在那里寻求救星。而此时仍处于正统宗教地位的佛教与道教，由于其教义与仪式异常繁缛，经卷深奥难懂，再加上其本身的急剧衰落，已缺乏吸引力。于是，教义通俗易懂、仪式简明易行的民间秘密宗教，再度拨动了下层民众的心弦。这一时期的民间秘密宗教，无论是老教门，还是新教门，都成为下层民众争相皈依的对象。尤其是一些教门还兴办了一些慈善公益事业，甚至建立起"理想王国"，更使下层民众趋之若鹜。如光绪年间的在理教，经常向寡妇发放救济款物，对死亡贫民施舍棺匣，掩埋倒毙街头的无主尸体，特别是大量发放戒食鸦片药物，或配备医生施治，都受到了下层民众的欢迎。此时，真空道也以帮助人们戒除鸦片烟瘾而声著南北，刘门教则以年终发放米票、四季施衣施药以及施棺、施义地等慈善活动蜚声西南。又如黄崖教于咸丰年间在山东肥城境内黄崖山垒石为寨，建立起财产公有、教养兼施、君师合一、士农商兵相结合的村社式的"理想王国"，成为齐鲁大地上的一方乐土，来归者达两千家，人数累万。光绪年间，普渡道以广西田林三川洞云帘寺为据点，建立起强大的寺院经济，道徒耕织自给，成为远近闻名的"洞天福地"。

然而，更为重要的是，晚清民间秘密宗教组织还继承和发扬了以往民间秘密宗教的叛逆性格与战斗精神，在晚清历史上组织和策动了一次又一次的农民暴动和农民起义，沉重地打击了清朝封建专制统治和西方侵略势力。

咸丰七年（1857）十二月，灯花教白号军攻陷贵州思南府（今贵州思南），杀死知府福奎，全省震动。咸丰八年（1858）二月，灯花教黄号军又在乾溪梅林寺起义。此后，灯花教号军以崇山峻岭为据点，纵横驰骋于黔省及黔川、黔湘、黔鄂边毗地区，与清政权斗争达十余年之久，直到同治七年（1868）六月，才被清廷剿除。几乎与此同时，离卦教女教首部姚氏为配合捻军作战，于咸丰十一年（1861）八月，在山东归德府（今属河南商丘）马牧集北金楼寨发动教民举行反清起义，附近农民纷纷参加，屡次打败清军。同治元年（1862）四月，清军统帅僧格林沁亲率装备有新式洋枪的大军前来镇压。义军以金楼寨为据点，与僧格林沁率领的优势清军激战三个月，毙敌一千多，终因寨墙被敌炮轰破，义军与清军肉搏，全部壮烈牺牲。[1] 同治五年（1866）二月十五日，福建崇安境内斋教发动起义。数千名斋教徒"头裹白巾、红巾、绿巾"，手持刀矛及书写"天国普有"的旗帜，突然杀入崇安县城，归附者颇众。二十一日，又攻入建阳县城。二十六日，义军一部回师崇安县城，另一部则入九龙山，闽浙总督左宗棠急调六路大军分头进剿。二月底，义军避入大浑岚角一带，被清军围困，"兜剿捕杀"，近千名义军突出岑阳关，向江西上饶、铅山一带奔逸。三月初三日，义军被阻，遂与清军"刀矛搏刺，枪炮环应"，进行了一场殊死战斗，义军不支，退入平顶山，被清军"悉数扑灭"。[2] 是年十月，黄崖教首张积中面对山东当局的清剿，官逼民反，率领教徒在黄崖山起义。山东巡抚阎敬铭先是对义军劝降未成，遂动用武力镇压，张积中与所部两千多人全部殉难，无一投降。

进入光绪朝以后，民间秘密宗教中的许多教门又把斗争矛头指向作恶多端的外国教会，掀起了规模浩大的反洋教斗争。光绪十七年（1891）十月初，金丹道、在理教在热河东部发动了大规模的武装暴动，旨在"杀贪官，毁教堂"[3]，表明了这次起义具有反对封建统治和打击天主教会侵略势力的双重性质。金丹道为青莲教北传直隶的分支，在热河东部平泉（今属河北）、建昌（今属辽宁）、赤峰（今属内蒙古）、朝阳（今属辽宁）一带有着广泛的群众基础。在理教本是比较安善的教门，在此之前，没有参与过任何一次农民暴动或起义。在蒙古王公贵族和外国天主教势力的双重压迫下，在理教也奋而起事，以响应金丹道领导的武装暴动。这次起义历时两个多月，后被清军血腥镇压。光绪二十一年（1895）六月，福建古田又爆发了斋教领导的

---

① 涂宗涛：《〈含晶道人自订年谱〉及其史料价值》，《天津社会科学》1991年第4期。
② 马西沙、韩秉方：《中国民间宗教史》第7章，上海人民出版社，1992年。
③ 《朱批档》，光绪十七年十一月初六日，恩溥折。

反洋教斗争，"聚集多人，顿成巨案"。[①] 此后，在全国各地的反洋教斗争中，都可以看到民间秘密宗教的活动踪迹，它们如涓涓细流，终于在光绪二十六年（1900）汇合成汹涌澎湃的义和团运动。

四

晚清政府对民间秘密宗教的镇压，比其前辈更加残酷。一方面，清当局继续使用铁血政策，大肆屠杀敢于举旗造反的教门领袖及其徒众。青莲教复兴不久，就遭到了上自皇帝下至各地督抚大员的全力剿捕追杀。道光二十五年（1845），李一沅等青莲教头目和骨干二十余人，先后在甘肃、陕西、湖广、四川等地被捕处死。[②] 同治元年（1862）七月，清军"破金楼，屠其众，擒郜姚氏，斩于军前，士卒剖其胎而食之"。[③] 同治七年（1868），灯花教起义失败，教首刘仪顺等人，或被枭首示众，或被处于凌迟极刑。光绪十七年（1891），热河金丹道武装暴动失败后，其教首杨悦春同样被凌迟处死。为了镇压义和团运动，清政府不惜与帝国主义相勾结，使成千上万的义和团民倒在血泊之中。

另一方面，晚清政府继续企图从思想上消弥民间秘密宗教在下层民众中的影响。这一时期，清当局除了颁布大量上谕，严禁民间秘密宗教活动之外，还于光绪九年（1883）重刊《破邪详辩》一书。该书为道光年间直隶官僚黄育楩编著，集中代表了清代封建统治阶级攻击、诋毁民间秘密宗教的政治立场。该书包括《破邪详辩》三卷、《续破邪详辩》一卷、《又续破邪详辩》一卷、《三续破邪详辩》一卷四部分、卷首一卷，录康熙"圣谕"、《大清律例》禁邪类条文、道光帝关于王法中等案上谕。该书四部分陆续刊刻于道光十四年（1834）正月、十九年（1839）九月和二十一年（1841）七月，均为黄育楩自费刊刻，为北京五云堂书坊刊本。据作者《又续破邪详辩》自序，得知尚有一种道光年间直隶省城刻本。该书刊印后，经作者和各地官府

---

① 《军机处录副奏折》，光绪二十一年九月十八日，边宝璚片。

② 邵雍：《中国会道门》第4章，上海人民出版社，1997年。

③ 涂宗涛：《〈含晶道人自订年谱〉及其史料价值》，《天津社会科学》1991年第4期。

散布者数以万计。在全国民间秘密宗教运动迅猛发展的形势下，荆州将军府于光绪九年（1883）再次刊印该书，还请出宗室祥亨作序，称赞此书"洵为有功世道之书"，借以在更大范围内抵制民间秘密宗教的影响。但晚清当局的任何对策都是徒劳的，直到清王朝最后灭亡，民间秘密宗教也没有被彻底消灭。

五

民间秘密宗教作为思想观念上的一种意识形态和作为客观存在的一种社会组织，以极其活跃的姿态，在晚清社会历史上打上了深深的印记。与以往任何历史时期的民间秘密宗教一样，晚清民间秘密宗教也曾抒发了下层民众的宗教情感，并成为下层民众追求人生理想的思想源泉和反抗封建暴政与帝国主义侵略的战斗旗帜。但是，随着时代的前进，在近代科学与文明进步潮流的荡涤下，古老的民间秘密宗教越发暴露出它的格调低下和荒诞不经。它对晚清封建专制制度的离异与反叛以及对帝国主义侵略的反抗斗争，无论是采用批判的武器，还是采用武器的批判，都没能改变黑暗的现实世界，反而在民间掀起了一场新的造神运动和偶像崇拜狂潮，为下层民众套上了一具更为沉重的精神枷锁，并对社会发展造成了非常消极的影响。进入民国以后，民间秘密宗教运动继续发展，绝大多数教门迅速走向反动，既说明了作为封建社会产物的民间秘密宗教，只要产生它的根源和滋生它的土壤依然存在，民间秘密宗教活动就永远不会终止；同时也说明了民间秘密宗教由于它本身固有的愚昧与落后，必然被中外反动势力所利用，也必然被历史所淘汰。

原载《天津社会科学》1998年第5期

民国时期民间秘密宗教简论

民间秘密宗教是封建社会的产物。1912 年，中华民国成立，虽然结束了两千年的封建帝制，但并未铲除民间秘密宗教赖以生存的社会土壤。因此，进入民国以后，民间秘密宗教非但没有随着封建制度的灭亡而寿终正寝，反而乘着军阀割据的混乱时代，以空前的规模发展起来，从而在全国掀起了一场新的民间秘密宗教信仰狂潮，对民国时期的政治、经济、思想文化及社会生活产生了巨大影响。

一、民国时期民间秘密宗教概况

民国时期的民间秘密宗教主要由两部分组成。

一是传统的或者说原始的教派。这些教派有的产生于明代中末叶，如无为教、黄天道、大乘教、红阳教、龙华会、长生教、龙天道、三一教等；有的出现于清初或清中叶，如天地门教、在理教、先天道、收圆教、青莲教、太上门教、义和拳教等；更多的则兴起于清末，如真空道、皈一道、普渡道、圣贤道、一贯道、九宫道、同善社等。

明清时期，这些教派屡遭统治当局的严厉查禁与残酷镇压，经常处于秘密状态，只能从事地下传教活动。它们中的大多数教派的教义曾抒发和寄托了明清时期下层民众、特别是广大农民的宗教情感与美好愿望，因此，得到了下层民众的狂热信奉。有些教派，如无为教、大乘教、龙天道、义和拳教等，还曾代表下层民众的反抗意愿，组织和策动了一次又一次农民暴动和农民起义，沉重地打击了封建专制统治和帝国主义侵略。

进入民国以后，这些教派中的大多数仍保持传统风习，以原始的传教方式，牢牢地扎根于民间，秘密地从事布道收徒活动。但也有一些教派在军阀政府的扶植下，从秘密走向公开或半公开，并在政府备案注册，建立起全国性的组织系统。

如清光绪年间出现的九宫道，本为直隶一个名叫李向善（法号普济）的八卦教徒在山西五台山南山极乐寺创立。九宫道创立初期，李向善将信徒分为十八"天"、五大"会"，他则以"中皇天""天督"的名义，统一号令各"天""会"。民国元年（1912），李向善死后，九宫道虽然分裂，但各派势力依然兴旺不衰，教势日炽。其中，十八"天"多在华北地区活动，五大"会"多在东北地区活动。当时，九宫道各派都处于秘密状态。自民国十五年（1926）始，九宫道各派争相与北洋军阀勾结，先后在北京建立了各种名目的"佛教会"，并在直隶、河南、山东、长春、沈阳、唐山、青岛、天津等省市建立分会。这些公开活动机构的建立，扩大了九宫道的社会影响，使其组织迅速发展，成为当时北方最大的教门。

再如光绪三十二年（1906）产生的同善社，为四川永川县（今重庆永川区）先天道徒彭汝珍创立。同善社创立初期，彭汝珍即秘密派遣弟子向全国各地发展道徒。宣统二年（1910），同善社传到北京。民国六年（1917），同善社得到北洋政府批准，在内务府备案，公开成立总社，名"洪信祥"。总社最初设在北京，后迁到彭汝珍原籍永川龙水镇。北洋政府还饬令各地地方政府对同善社予以扶助，于是一批军政官吏、地方豪绅纷纷入社。民国九年（1920），同善社又在汉口设立总事务所，协助总社督导省社组织。到民国十二年（1923），全国均设有同善社的省社组织。在北洋政府的支持下，短短十几年内，同善社便为自己编织了一张上自繁华都市，下至穷乡僻壤，几遍全国的组织网，成为一个号称拥有道徒三百万的宗教王国。

又如清初创立的先天道，到民国时期也由秘密走向公开，在北京、天津等大城市挂出"先天道院"招牌，并凭借军阀政府和地方反动势力以及日伪的支持，向全国发展。其流布地域有江西、贵州、云南、四川、广东、广西、湖南、安徽、浙江、福建、台湾、山西、山东、直隶、河南、陕西、甘肃及东北各省，几乎囊括了全国绝大部分省市。

以禁戒烟酒为其教义宗旨的在理教，清初创立时及以后相当长的时间内，只是在天津一带秘密从事布道活动，并没有获得长足的发展。进入民国以后，在理教才在上海、北京、直隶、江苏、山东、河南、安徽、江西及东北、内蒙古等地迅速流传起来，并于民国二十二年（1933）在南京成立了全国领导机构——中华全国理教联合会，各地也相继建立分会，全国在理教公所达三千个以上，成为民国时期颇有影响的教门。

二是民国时期涌现的各种会、社，如一心天道龙华圣教会、红卍字会、红枪会、悟善社、广善社、万国道德社等，不下数十种。这些五花八门的会、社可以分为两类，一类是传统教门的变体，且带有武装，以红枪会为代表；另一类则为各种新兴团体，以红卍字为典型。

红枪会是民国初年军阀暴政的产物，"溯其渊源，远则为白莲教的支裔，近则为义和团的流派"。[①] 该会最初产生于山东，后迅速流行于河南、直隶、山西、陕西及东北诸省，并延及西南四川等地。红枪会从抗拒盗匪、保家安良开始，继而抗捐抗税，反对军阀暴政，因而大获人心，奉之者众。在民国十五年（1926）至十七年（1928）间，直、鲁、豫三省各县，都有红枪会活动，少则数万，多则十万、数十万不等。民国十六年（1927），大革命失败后，红枪会并没有随之消沉，曾在共产党发动下举行过山东阳谷坡里革命暴动等。抗日军兴，红枪会又在华北等地区数十万、数百万地重建起来。

红枪会是民国时期各种会门武装的统称或代名词，其他名称的会门武装尚有几十种。它们或沿用传统的白莲教和义和拳教的原名，如金钟罩、铁布衫、白羽会、顺刀会、虎尾鞭、红灯照、义和门、如意门等；或按其法术、战术特点命名，如毛篮会（也叫大仙会，会众多为妇女，谓交战时，左手提毛篮、右手摇魔杖，能使枪弹落入篮内）、哼哈会（谓交战时，一哼一哈，便能打败敌人）、撮子会（谓神师持水一碗，可避枪弹）、月明会（昼伏夜出）、扇子会（谓扇面用红笔写符，能使弹打不中）、孝帽会（交战时，戴孝帽装哭）、丧棒会（交战时摇动一对丧棒，哗哗作响）、捏子会（交战时，以大拇指与食指捏在一起，所谓掐诀念咒）等；或以武器、服饰特点命名，如红枪会、黄枪会、白枪会、绿枪会、黑枪会、蓝枪会、钢叉会、拖刀会、白头会（又名孝衣会、麻衣会）、长发会等。此外，还有天门会、无极会、忠

---

① 李大钊：《鲁豫陕等省的红枪会》，《李大钊选集》，人民出版社，1959 年。

孝团、孙百灵会等。[①] 这些会门名称虽异，实则均为清代白莲教各种教派的变体，所不同的是它们都是带有武装的民间秘密宗教组织。

民国十年（1921），山东地方军阀、官僚刘绍基、吴福森等人在济南创立了一个名叫"道院"的新兴教门团体，并于当年在天津、北京、济宁三处设立了分院，以济南道院为总院。该道院极力主张信徒修炼外功，于是一种体现"以慈为用"的组织红卍字会，便于道院创立的次年，即民国十一年（1922），在济南总院与天津、北京、济宁分院产生了，时称济南红卍字会为总会，天津、北京、济宁三处红卍字会为分会。

民国十一年（1922）至民国十二年（1923），道院又相继在山东、直隶、安徽等地设立了 60 处分院，每分院皆附设红卍字会分会。民国十二年，道院将总院移于北京，改北京道院为中华总院，红卍字会总会附之，济南道院则改称母院。民国十九年（1930），香港分院与红卍字会分会建立，并由此传到南洋、日本、朝鲜与欧美。至民国二十九年（1940），道院已在国内外设立 400 余处分院，每院均设有红卍字会分会。民国时期，由于道院常以红卍字会的义义在社会上举办各种慈善事业，如救济灾荒、安置难民、兴建学校等，因而使红卍字会名声大著，乃至成为道院的代称。其实，红卍字会只是道院组织系统中的一种附设机构，用他们自己的话说，红卍字会是"院为本体，会为行用"。[②]

二、民国时期民间秘密宗教的特点与规律

民国时期的民间秘密宗教虽是明清时期民间秘密宗教的延续与发展，但又在经卷教义、仪式修持、组织形式、社会成分、流布地域六个方面表现出自己的时代特点。

1.在经卷教义方面。宝卷是明清时期民间秘密宗教记载教义、仪式、戒规等方面知识的专门典籍，也是这一时期民间秘密宗教从事各种宗教活动的

---

① 申仲明：《民国会门武装》，《中华民国资料丛编·增刊》，中华书局，1984 年，第 13 页。
② 《道院纪要》，1940 年，第 8 页。

依据。民国时期的民间秘密宗教，除一些传统教门继续吟诵、翻刻宝卷外，大多数教派包括相当数量的传统教门和所有的新兴会、社都热衷于坛训的编写、制作与传播。坛训在编写与制作方面都比宝卷简单，多是十言韵文，偶有五言、七言，字数多者一二千，少者只有几百，很便于民间流传。这一时期坛训的编写与制作数量之大、流布之广，是宝卷无法比拟的。

以无生老母为最高崇拜，以弥勒佛为信仰核心，以真空家乡为理想境界，主张三教归一，强调三期末劫，重视末后一着的普度功效，是明清时期以白莲教为主流的各种民间秘密教派共同信奉的教义宗旨。民国时期民间秘密宗教的教义思想，从整体上并没有超出这种信仰体系，只是在神灵称谓和部分教义上作了一些变换与补充。其中，最突出的莫过于无生老母称谓的变化与教义上的三教归一扩展为五教归一。

无生老母是明清时期民间秘密宗教的至上女神。到了民国时期，这一偶像被一些教派变换名称。如一贯道将无生老母改称"明明上帝无量清虚至尊至圣三界十方万灵真宰"，或称"无极老母""育化圣母""维皇上帝""明明上帝"，简称"老母"；红卍字会则改称"至圣先天老祖"，简称"老祖"。称谓虽变，但其神格与职能依旧，仍是创世与拯世的母性上帝。

三教归一是明清时期民间秘密宗教极力主张的教义宗旨之一。进入民国以后，一些教派则把三教归一扩展为五教归一，并得到民间秘密宗教中大多数教派的赞同。所谓五教，即儒、释、道三教再加上耶（天主教、基督教）、回（回教，即伊斯兰教）二教。如一贯道认为，儒教"存心养性，执中贯一"；释教"明心见性，万法号一"；道教"修心炼性，抱元守一"；耶教"洗心移性，默祷亲一"；回教"坚心定性，清真返一"；"五教圆通""庶民得幸"。[①] 红卍字会认为："五教教主皆老祖炁胞之化身，而各尽其明道之职责也。故其说法，虽因时、因地、因人、因事之不同，而其明道为觉世救人本旨则一，故基曰博爱、回曰清真、儒曰执中、释曰慈悲、道曰清净，合此五者，而道之全体大用以备。"又说："老祖与五教教主忧之，创道救世，先弭教争，故平列五教，以正人心之趋向。"[②] 在这里，随着三教归一扩展为五

---

① 李世瑜：《现在华北秘密宗教》，上海文艺出版社，1990 年，第 59 页。
② 《道院纪要》，1940 年，第 13 页。

教归一，无生老母也上升为统领五教教主、驾驭世界万神之地位。

2.在仪式修持方面。与明清时期民间秘密宗教不同，民国时期的民间秘密宗教在仪式修持方面更注重设坛扶乩与修炼外功。所谓扶乩，本是一种巫术，我国古已有之，被明清时期民间秘密宗教中的一些教派所利用。进入民国以后，民间秘密宗教中的大多数教派，特别是各种新兴会、社，已把设坛扶乩作为吸揽会众、致人崇信的主要手段。大凡组建教门、宣讲教义、吸收信徒、求医问药、聚敛钱财，都要设坛扶乩。此种仪式，一般在夜间举行，通宵达旦，灯烛辉煌。降坛"显圣"的神灵，主要有无生老母（先天老祖）、济公活佛、弥勒古佛、吕祖洞宾、关圣帝君、观音菩萨等。由于民间秘密宗教的大力提倡，这种巫术活动风靡大江南北，不仅流行于农村，也风行于都市，甚至波及知识界，并与当时传入我国的西方"灵学"相结合，打着科学的幌子，将设坛扶乩内容公诸报刊。如民国七年（1918）在上海创刊的《灵学丛志》，民国九年（1920）在北京创刊的《灵学要志》，以及民国十二年（1923）在上海建立的"心灵科学书局"，都是专门刊登设坛扶乩内容的刊物和出版有关内容图书的出版社。

何为外功？一贯道的说法颇具代表性："劝善成人，使众生普渡，人人向善，行济人利物之事，存拯灾救世之心，先正己后正人，此种功德，即为外功。"[1] 而修炼外功最重要的就是度人，即济急救难与劝人入教。民国时期的民间秘密宗教，无论是传统教派，还是新兴会、社，都争相举办慈善事业，如开设粥厂、暖厂，施舍棉衣、药品、棺木，救济难民，兴办医院、学校等，盖源于此。尤其劝人入教，被称为修炼外功的首要功德。民国时期民间秘密宗教发展迅速，其根本原因之一，就是各种教派极力鼓动教徒度人入教，借以扩大教势。

3.在组织形式方面。早期民间秘密宗教组织比较简单，只是到了明末清初，才形成"内安九宫，外立八卦"的组织形式，并被清代民间秘密宗教中的大多数教派所采用。进入民国以后，民间秘密宗教组织愈趋复杂。如一贯道自张光璧于民国十九年（1930）接续道统后，便建立起上自师尊下至道亲共有九层教阶的组织系统。又如一心天道龙华圣教会更以封建政权机构的

[1] 李世瑜：《现在华北秘密宗教》，上海文艺出版社，1990年，第68页。

形式建立自己的组织，内设八大部十二朝臣、六大宰相、十八罗汉、九十六大贤；外设总会，下设总务、文书、会计、庶务、交际、教义、赈济、宣传八组。各地也设立与之相应的组织机构，受总会领导，负责本地道务，省设分会，县设支会，村镇设佛堂，而创始人马士伟则自称"马皇上"。其他教派如先天道、九宫道、同善社等，也都以教阶繁杂、等级森严著称于民国社会。它们利用这种半是宗教、半是封建政权的组织形式，把各自教派建成一个个独立王国。

4. 在社会成分方面。民间秘密宗教本是封建社会下层民众的秘密结社组织。民国以前，民间秘密宗教主要由农民、一般劳动群众组成，间或有僧侣、军士、游民，甚至宗室权贵、官僚地主参加，但他们只占少数。进入民国以后，民间秘密宗教的社会成分发生了明显变化，特别是一些新兴会、社，大都以军阀、官僚、地主、士绅、资本家为教首或骨干，这些会、社已成为他们聚敛钱财、扩大个人势力、实现个人野心的工具。

5. 在流布地域方面。明清时期的民间秘密宗教，尽管教派数以百计，但它们均有各自的活动区域。如无为教主要流行于华北地区、运河两岸及福建沿海与台湾；黄天道、红阳教、大乘教也以华北为根据地，只有少量分支在江南活动；天地门教与八卦教的活动中心在华北，先天道的布道范围在江南，而在理教只在天津一带和直隶、山东等地拥有信徒。以上是明清时期民间秘密宗教中颇具号召力与影响力的大教派，至于那些小教派，它们的活动范围仅限于一州一县。如陕西华阴的五圣教、浙江江山的清风教、江西万安的纯阳教、安徽云山的当阳教、山西黎城的飞升教、江苏徐州的清净教、山东德州的玄玄教、山东东平的真武教、湖南岳州（今湖南岳阳）的玄圣教等等。[①]

民国时期的民间秘密宗教，已经打破了这些地域上的界限。无论是传统教派，还是新兴会、社，都以全国为布道区域目标，特别是那些依靠军阀政府和日本帝国主义的教派，凭借政治靠山，把自己的教派扩展到全国乃至海外。如先天道、一贯道、真空道、同善社等均是教徒遍及全国的大教门，而红卍字会更成为国际性的宗教集团。

---

① （清）陈众喜：《众喜宝卷》卷四，七十二教，濮文起、宋军：《宝卷初集》第 21 册，山西人民出版社，1994 年。

民国时期的民间秘密宗教，尽管有以上特点，但它仍未脱离民间秘密宗教的发展规律。纵观中国两千多年的民间秘密宗教发展史，每当天灾人祸或社会动乱之际，都是民间秘密宗教的兴盛时期。民国时期，先是军阀混战，继而日寇侵华，战祸频仍，再加上连年水旱灾害，使社会极其动荡不安，人民遭受蹂躏。于是，古老的民间秘密宗教便乘机活跃起来，并以更为荒诞离奇的面目在民国历史舞台上作了充分表演。

三、民国时期民间秘密宗教的性质与社会功能

如果说明清时期的民间秘密宗教在下层民众反抗封建专制统治的斗争中，曾发挥过组织和领导作用，因而具有一定的正义性的话，那么，民国时期的民间秘密宗教，除红枪会等少数会门武装外，绝大多数教门日益暴露出它们的落后性、反动性与破坏性。特别是那些在全国颇具影响的大教门，如一贯道、九宫道、同善社、一心天道龙华圣教会等，都已成为逆历史潮流而动的邪恶势力。

在政治上，它们在民国时期的各个阶段，都充当了极其卑劣的角色。北洋军阀统治时，它们几乎毫无例外地勾结军阀、官僚、政客，因而获得了公开布道的特权。抗日战争爆发后，它们又都投入日本帝国主义的怀抱，横行于整个沦陷区，成为日寇侵华的帮凶。解放战争时，它们又公开与人民为敌，从事各种破坏活动。有的还搜罗国民党溃兵枪支，企图组织武装与人民解放军对抗。有些教首如同善社的彭汝珍、一心天道龙华圣教会的马士伟等人，还利用当时天下大乱的形势，称孤道寡，自封皇帝，妄图实现封建帝制复辟。

在经济上，它们打着普度众生的幌子，通过传道收徒和教徒供奉，鲸吞了人们大量财产。同善社教首彭汝珍不但家藏金银财宝，而且还在各地置有田宅。一心天道龙华圣教会教首马士伟在"该会内另设内宅，设置富丽堂皇，高悬'正大光明'匾额，有若宫室，并有美妇数十人"，系"马士伟嫔妃"[①]，过着形同帝王的腐朽生活。此外，一贯道、九宫道等教门大小教首，

---

① 李世瑜：《现在华北秘密宗教》，上海文艺出版社，1990年，第167页。

也因传教而成为腰缠万贯的富翁。盛行于广西百色地区的普渡道，还利用教徒供奉，建立起强大的寺院经济实体。据广西右江民族师范专科学校历史系王熙远先生调查，仅田林县三川洞普渡道堂所占土地就遍及三川洞屯、堡上、香维、三川洞河上游一带，还有一座油茶山、几十块油茶林，并据有三川洞河作为道堂产业，凡河内鱼虾，外人不得染指。此外，还有大量牲畜、农具。该道堂常年顾佣长、短工为其耕种土地，管理油茶，堂主俨然是一个实力雄厚的大地主。该道堂且有一大笔丰厚的费金收入，诸如香烛费、入道费、请经费、道场费、恩证恩本费，每项费金，少则数十，多则上千。堂主又用这些费金放债取利，又成为一个资金雄厚的大债主。

在思想文化上，它们以落后腐朽的宗教观念，欺骗、愚弄广大群众，又以自我造神的传统手段，成佛作祖，使广大群众成为它们的精神奴隶。它们教唆、恫吓、强迫广大群众进行残酷的自我修炼，严重地摧残了人性，戕害了人们的身心健康。它们编写、制作的各种坛训和出版的各种灵学杂志，充斥于城乡的各个角落，严重地污染了社会文化环境和社会文化心理。它们像一个四处扩散的恶性肿瘤，毒化着社会意识形态，已经成为民国时期阻碍科学与民主思想传播的一种最落后最腐朽的思想文化。

民国时期民间秘密宗教中绝大多数教门的衍变、扭曲与沉沦，固然有其深刻的社会根源，但是，军阀政府、日本帝国主义和各种反动势力的扶植、支持与利用，则是导致民间秘密宗教在民国时期迅速走向反面的直接动因。而以红枪会为代表的各种会门群众能在民国时期积极地投入反抗军阀暴政和抗击日本帝国主义侵略的斗争洪流，主要是由于中国共产党的正确引导与有力改造，才使它们步入正途，赢得了历史的肯定。

原载《天津社会科学》1994 年第 2 期

解释与改造：中国历史上与现实中的民间宗教问题

解释世界与改造世界既是人类实践的两大问题，也是所有知识体系或理论所肩负的两大任务。对中国历史上与现实中客观存在的民间宗教活动如何解释？对至今仍在现代社会中尚存的民间宗教信仰及其影响如何管理改造？这是当代中国从事哲学社会科学研究，特别是从事宗教学研究的学者不能回避，也无法回避，且必须给予阐释的问题。

一

按照文化人类学家的说法，可以将人类文化分为上位层次文化和下位层次文化。依此类推，作为人类文化源头和重要组成部分的宗教，也可以分为上位层次宗教和下位层次宗教。在中国封建社会，儒、释、道三教可以说是上位层次宗教，它们反映和代表的是官僚士大夫的信仰追求和理想境界，是封建专制统治者大力提倡和极力保护的宗教；与儒、释、道三教既有渊源关系又有重要区别的民间宗教，可以说是下位层次宗教，它们反映和代表的是下层民众的信仰追求和理想境界，是被历代封建专制统治者严厉禁止和坚决镇压的宗教。如果从宗教学意义上说，民间宗教也可以说是与儒、释、道三教并列的中国第四大宗教；从发生学意义上说，民间宗教又是位列儒教之后的中国第二大宗教，这是因为民间宗教早于佛教在中国流行，又先于道教或可说是道教的母体。[1] 因此，不管怎么说，民间宗教是中国历史上一种客观

① 何光沪：《中国文化的根与花》，任继愈主编：《儒教问题争论集》，宗教文化出版社，2000年。

存在的社会现象。

中国民间宗教源远流长。东汉末年出现的五斗米道和太平道，可以说是中国民间宗教发展史上最早出现的两大教派。此后，隋唐时代与北宋时期的弥勒教，宋元时代的明教、白莲教等，都是其中的荦荦大者。进入明代以后，与作为正统宗教的儒、释、道三教的急剧衰颓不同，民间宗教却获得了空前发展。以成化年间北直隶诞生的无为教为滥觞，接连出现的黄天道、东大乘教、西大乘教、龙华教（无为教支派）、弘阳教、龙天道（东大乘教支派）、大乘天真圆顿教（东大乘教支派）、长生教（黄天道支派）以及由学术团体转化形成的三一教等一大批教派迅速流布大江南北。这些教派与元末流传下来的白莲教相互激荡，构成了一个充满生机活力的民间宗教世界，导致了一场下层民众宗教运动的勃兴。逮至清代，民间宗教步入了更为繁盛的历史时期，这不仅表现在明代产生的诸大教派均以各种形式流传下来，而且还表现在产生一大批新的教派，如清初问世的天地门教①、清茶门教②、八卦教、张保太大乘教、在理教、张进斗龙华会、老官斋教③等，清中叶出现的清水教、义和拳教、收元教、三阳教、西天大乘教、五盘教、天理教、白阳教等，清末产生的青莲教、先天道、灯花教、真空道、九宫道、一贯道等，以及由这些教派衍生分化的宗支派系，有近百种。特别是由两个学术团体转化形成的刘门教和黄崖教，为清末民间宗教世界添加了新气象，而由洪秀全等人借用西方基督教新教某些教义创立的上帝教，更是在晚清民间宗教世界放射出耀眼的光彩。到了民国时期，明清时代产生的许多教派仍然大行其道，尤其是肇始于清末的一贯道，依靠日伪势力，引领民间宗教之风骚，大盛于繁华都市乃至穷乡僻壤。清初出现的在理教和清末面世的先天道、真空道、九宫道等，也纷纷建立全国性组织。此外，这一时期还涌现大量冠以会、社名目的新教派，如一心天道龙华圣教会、世界红卍字会（道院）、救世新教会、红枪会、同善社、悟善社、广善社、万国道德社等，不下数十种。这些五花八门的会、社大致分为两类，一类是传统教派的衍变，且带有武装，以

---

① 又称一炷香教。

② 入清以后，东大乘教为躲避官府追查，改名清茶门教。

③ 老官斋教，简称斋教，因"入会之人，乡里皆称为老官"而得名，本明代无为教在江南支派龙华教入清以后的异名。又称一字教，则因"入教男妇俱以普字派为法派命名"。

红枪会为代表；一类则为各种新兴教派团体，以世界红卍字会为典型。于是，由这些新老教派构成了一个更加诡异神奇、光怪陆离的民间宗教世界。[①]
溯源抚流，可以确定，中国民间宗教是一个拥有悠久历史传统，与儒、释、道三教并存于世，且充满顽强生命力的宗教。

从根本上讲，与世界上所有宗教一样，中国民间宗教也是社会苦难的产物。

东汉末年，政治黑暗，经济凋敝。朝廷内，宦官与外戚尔虞我诈，轮番乱政；地方上，豪强地主与军阀为非作歹，鱼肉农民。又逢连年灾荒，人祸加天灾，以致出现"死相枕藉"，"民相食"的人间惨剧。正是在这种广大民众痛苦万状，已无生路的形势下，五斗米道、太平道适应下层民众的信仰需求相继问世。南北朝时期，王朝更迭频仍，战乱不息，生灵涂炭，饱受战祸的下层民众无不渴望太平，于是宣扬弥勒下生后的世界将变成天堂的弥勒教应运而生。明教是唐朝初年传入中国的摩尼教经过武宗禁断后，仍在民间秘密流传而至北宋初年的变体，同样是经济剥削和政治压迫日趋严重而造成的直接结果。至于元末出现的白莲教，则是天下大乱，民不聊生的直接产物。进入明中叶以后，随着土地兼并日趋剧烈，致使下层民众无法存活，社会矛盾日益尖锐，因此以无为教为代表的一大批教派先后涌现，并由此兴起了一场持续明清两代直至民国时期的民间宗教运动。在此期间，接连产生的数以百计的各种教派，更是封建专制残暴统治以及近代西方资本主义列强疯狂侵略所造成的社会苦难的必然产物。

与中国正统的儒、释、道三教一样，民间宗教从其出现时起，也有自己的教义思想，并最终形成一套成熟的民间的宗教思想理论体系。

东汉末年的五斗米道和太平道是先秦以来流行于世的黄老之学、谶纬思想与神仙方术杂糅之果。其中，五斗米道以《老子》为主要经典，主张教内一律平等；太平道则受《太平经》启发，以黄天为至上神，信奉黄帝和老子，认为黄帝时代的天下是太平世界，是人类最美好的时期。隋唐时代与北宋时期的弥勒教利用佛教弥勒信仰，宣扬弥勒下生后的世界，将变成天堂，"广博严净""丰乐安稳"，只有享乐，没有痛苦。宋代的明教张扬"明王出

---

① 濮文起：《秘密教门：中国民间秘密宗教溯源》，江苏人民出版社，2000 年。

世"思想，而元末的白莲教则是南宋初年出现的佛教净土宗的异端，其教义核心是"弥勒下生，明王出世"。进入明中叶以后，中国民间宗教在教义思想建设上发生了质的飞跃。首先是无为教借用儒、释、道三教的某些宗教思想，提出了一个崭新的宇宙观与创世说——"真空家乡，无生老母"①；接着，以无为教为型范建立的黄天道、东大乘教、西大乘教、弘阳教及其宗支派系又在吸收儒、释、道三教某些宗教思想，以及摩尼教、明教遗留下来的西方基督教"千年王国"信仰的基础上，先后提出了"三世三佛与弥勒下生说"、"入教避劫"说、"内丹"修炼功夫，按"九宫八卦"建立组织，以及"十八子当立天下与云城降世"等思想观点；最后，经过明末产生的大乘天真圆顿教集其大成，终于清初构建了一套成熟的中国民间宗教思想理论体系②。其主要内容有：以无生老母为最高崇拜的宇宙观与创世说，以弥勒佛与龙华三会为信仰核心的历史观与救度论以及为此而编造的神灵谱系，以入教避劫为劝道手段，以十八子之谶与云城降世为理想境界，以内丹修炼方术为修持功夫，以九宫八卦建立组织等。③ 从此，这套民间宗教思想理论体系以其所独具的集中反映与代表下层民众宗教情感和理想追求，且简明通俗而又亲切感人的鲜明特色，跻身于中国传统宗教思想理论殿堂，成为一种尽管人们在主观上并不承认，但在客观上却长期影响和形塑着清代以来下层民众思想与行为的意识形态。

二

从宗教社会学的角度看，民间宗教曾在中国历史上发挥了两种社会功能。

首先，从社会苦难土壤中生长起来的民间宗教，曾在漫长的中国封建社会和半殖民地半封建社会，发挥了抒发下层民众宗教情感，寄托下层民众理

---

① 濮文起：《罗清论》，《天津社会科学》2000 年第 4 期。
② 濮文起：《弓长论》，《中国文化研究》1998 年冬之卷。
③ 大乘天真圆顿教构建的民间宗教思想理论体系，其流传与信奉情况，是针对清代乃至民国时期民间宗教世界的主流而言，并不是所有的教派都以此为准绳，如在理教、刘门教、黄崖教等均有自己的教义思想，但它对整个封建社会后期和半殖民地半封建社会时期的民间社会的影响是巨大的。

想追求的社会功能。

东汉末年，五斗米道主张信徒要互助互爱，"诚信不欺诈。"信徒有病，则"自首其过"。为此，特设"静室"，做病人思过之所。又设有"鬼吏"，主为病人请祷。对犯法之人，不随便处罚，"三原然后乃行刑"，比孔子的"不二过"要宽容得多。五斗米道还在境内大路边建立"义舍"，以供过往之人食用。不过，只能"量腹取足"，不可多吃多占，"若过多，鬼辄病之"。此外，五斗米道还实行禁酒等利民措施。因此，"民夷便乐之"[1]，深受境内百姓的欢迎，成为下层民众心目中的一方乐土，仅从关西经子午谷逃奔汉中的就有数万家。而太平道提出的"致太平"理想，追求的是一种既无剥削压迫，又无饥寒病灾，更无诈骗偷盗，人人自由幸福的太平世界。因此，对于那些生活在社会底层的广大民众具有极大的吸引力。于是，"十余年间，众徒数十万，连接郡国，自青、徐、幽、冀、荆、扬、兖、豫八州之人，莫不毕应"[2]。隋唐时代与北宋时期，弥勒教宣扬弥勒下生信仰，正迎合了下层民众的精神需求，因而入其教者众。宋代的明教提倡互助互用，"始投其党，有甚贫者，众率财以助，积微以至于小康矣。凡出入经过，不必相识，党人皆馆焉。凡物用之无间，谓为一家"[3]，"故其党不劝自盛"[4]。特别是明教追求光明，鞭挞黑暗的教义思想，颇受下层民众的拥护，使其流传甚炽，尤以闽浙一带为盛，仅温州一地就有明教斋堂四十余处。[5] 到了元末，白莲教以"明王出世，弥勒下生"的教义思想昭示天下，遂使下层民众"酷信弥勒之真有"，纷纷入教，借以实现"冀其治世，以苏其苦"的理想。[6]

明中叶无为教出现以后，继承了五斗米道、太平道以来各种教派的这一传统，因而赢得了下层民众的狂热信奉。对此，无论是正统佛教还是封建统治者都对无为教的兴盛表示震惊和恐慌。万历初期，佛教名僧憨山德清在山东传教时，得到地方豪族黄氏支持，而无为教在下层民众中广泛传播，与憨

---

① （晋）陈寿：《三国志》，《张鲁传》，中华书局，2011年。
② （南朝宋）范晔：《后汉书》，《皇甫嵩传》，中华书局，2009年。
③ （宋）方勺：《青溪寇仇》，中华书局，1983年。
④ （宋）释志磐：《佛祖统纪》卷四十四，江苏广陵古籍刻印社，1992年。
⑤ （清）徐松：《宋会要辑稿》一六三册，刑法二，禁约，中华书局，1997年。
⑥ （明）吴宽：《平吴录》；（明）祝允明：《九朝野记》卷一。

山德清分庭抗礼。面对此种状况，憨山德清一面攻击无为教为外道，"绝不知有三宝"；一面与无为教争夺信徒，号召"凡为彼师长者，率徒众来归，自此始知有佛法"①。南方净土宗大师莲池袾宏与密藏道开更是对威胁佛教的无为教大加挞伐。莲池袾宏指斥无为教创立者罗清及其所著《罗祖五部经》②说："有罗姓人，造五部六册，号无为卷，愚者多从之，此讹也。彼所谓无为者，不过将万行门悉废置，而不知万行即空，终日为而未尝为者，真无为也。彼口谈清虚，而心图利养，名无为而实有为耳。人见其杂引佛经，更谓亦是正道，不知假正助邪，诳吓聋瞽。""凡我释子，宜力攘之！"③密藏道开则诬蔑无为教信徒"蚊虫鹐聚，邪淫混杂，贪味卑污，莫可名状。而愚夫愚妇，率多乐从其事，而恣其贪淫，虽禁之使不归向，有不可得。此其教虽非白莲，而为害殆有甚于白莲者乎！"④与此同时，万历十五年（1587），都察院左都御史辛自修在是年正月庚子上奏朝廷的折子中也说："白莲教、无为教、罗教，蔓引株连，流传愈广，踪迹诡秘，北直隶、山东、河南颇众。值此凶年，实为隐忧。"⑤针对此种形势，为了维护明朝专制统治，礼部上奏朝廷《请禁左道以正人心》：

> 有罗祖教、南无净空教、净空教、悟明教、大成无为教，皆讳白莲之名，实演白莲之教。有一教名，便有一教主。愚夫愚妇转相煽惑，宁怯于公赋而乐于私会，宁薄于骨肉而厚于伙党，宁骈首以死而不敢违其教主之令。此在天下处处盛行，而畿辅为甚。不及令严为禁止，恐日新月盛，实烦（繁）有徒，张角、韩山童之祸将在今日。⑥

这些惊心动魄的描述，足以说明无为教在下层民众中广泛流传的繁盛

---

① （明）福征：《憨山大师年谱疏》卷上，万历十三年，国光印书局，1934 年。

② 即《苦功悟道卷》一卷一册、《叹世无为卷》一卷一册、《破邪显正钥匙卷》上下两册、《正信除疑无修正自在宝卷》一卷一册、《巍巍不动泰山深根结果宝卷》一卷一册，濮文起、宋军：《宝卷初集》第 1、2、3 册，山西人民出版社，1994 年。

③ （明）莲池袾宏：《莲池大师全集》，正讹集。

④ （明）密藏道开：《藏逸经书》，五部六册条。

⑤ 《明神宗实录》卷一百八十二，万历十五年正月庚子，《明实录》，上海书店，1984 年。

⑥ 《明神宗实录》卷五百三十三，万历四十三年六月庚子，《明实录》，上海书店，1984 年。

景况。

继无为教之后相继建立的黄天道、东大乘教、西大乘教、弘阳教等教派，同样在下层民众中拥有广大信众。黄天道流播华北、江南；东大乘教信众遍布北直隶、河南、山东、山西、陕西、四川，不下二百万人；西大乘教除流传华北各省外，还远及江西、安徽、四川等地；弘阳教的信众则遍及华北、东北、湖北和四川。下层民众纷纷加入这些教派，既为了寻求精神寄托，更为了实现理想追求。下层民众这种对人生的美好憧憬，步入清代以后，便表现得更加强烈。清初思想家颜元曾对当时下层民众信仰民间宗教态势做过如下实录："迨红巾、白莲始自元明季世，焚香惑众，种种异名，施禁施出。至今若'皇天'、若'九门'、若'十门'等会，莫可究诘。家有不梵刹之寺庙，人或不削发之僧尼，宅不奉无父无君之妖鬼鲜矣！口不诵无父无君之邪号者鲜矣！风俗之坏，于此为极。"[1] 颜元说的是明清鼎革之际的民间宗教信仰状况，等到清朝定鼎中原后，伴随一大批新的教派面世，又掀起了一场新的民间宗教信仰狂潮。

清初，天地门教、八卦教问世不久，便首先在它们的发祥地鲁西北和鲁西南流传起来。最迟到清中叶，这两大教派的虔诚信众就已遍及华北。在此期间，作为八卦教支派与流裔的震卦教、离卦教、坎卦教、清水教和天理教，深深扎根于乡村社会，在抒发下层民众宗教情感和寄托下层民众理想追求方面，表现出比八卦教更加鲜明的特色。其中，天理教甚至以分配土地为号召，吸引了广大农民，"是以相从者众"[2]。清茶门教在直隶、河南、山西、湖北、江南（今江苏、安徽、上海）等省扎根串连，信徒颇众。张保太大乘教倡教之初，正值"三藩"平定之后。历时八年的"三藩之乱"，使云、贵、川、湘、鄂等省人民饱受战乱之苦，渴望"明主"盛世出现。因此，张保太大乘教便很快由其诞生地云南大理府太和县（今云南大理）传遍西南地区，接着又向长江中下游流传，在湖北、湖南、江南三省拥有广大信众，并将其教势渗透江西、广东、安徽、河南、陕西、山西等省。在理教最初只是在天津一带流传，自清中叶始，由于该教派凸显了戒食烟酒和社会救济功能，因

---

[1] （清）颜元：《习斋四存编·存人编》，上海古籍出版社，2000年。
[2] 《军机处录副奏折》，嘉庆十八年十二月，托津奏折。

而以天津为中心迅速传向全国。^①张进斗龙华会以及由其派生的混元教、三阳教、西天大乘教，在民间到处宣称它们将要建立的是"新天新地新乾坤，新人新书新星辰，新人新象新时辰，新人新世新长人"^②的崭新世界，因而使下层民众趋之若鹜，其信众遍布川、楚、陕、甘、豫五省。老官斋教从清初到清中叶一直控制着江南七八个省份的成千累万的信众，而其支派五盘教、青莲教、先天道、灯花教则于清后期将教势扩展到西南四川、贵州等省，成为这些地区下层民众竞相皈依的理想去处。真空道以戒吸鸦片为宗旨，在清末的江西、广东、福建、江苏、浙江拥有广大信众。黄崖教在山东肥城境内的黄崖山建立起一个财产公有、教养兼施、君师合一、士农商兵相结合的村社式的"理想王国"，成为清末齐鲁大地上的一方乐土，来归者达两千家，人数累万。人们在此安居乐业，其业绩可与东汉末年五斗米道在汉中建立的农民政权相媲美。刘门教在四川举行年终发放米票、四季施衣施药以及施棺、施义地、放生息灾愆等"济幽救阳"活动，同样吸引了众多信徒。上帝教力图实现的那种"有田同耕，有饭同食，有衣同穿，有钱同使，无处不均匀，无处不饱暖"的太平世界，更是在下层民众中引起了强烈共鸣，得到了下层民众的积极景从。

其次，从社会苦难土壤中生长起来的民间宗教，曾在漫长的中国封建社会和半殖民地半封建社会，发挥了策动、组织与领导农民暴动、农民起义的社会功能。

东汉末年，五斗米道在汉中建立政教合一政权，据险自治二十余年，在政治、思想、经济等方面实践着农民阶级渴望的理想王国；而太平道则在中原大地发动、领导了黄巾军大起义，从根本上动摇了东汉王朝的专制统治。在弥勒教盛行的隋唐时代与北宋时期，弥勒教曾于隋大业六年（610）组织数十人企图入宫夺取政权^③；接着，大业九年（613），又有弥勒教徒宋子贤自称弥勒佛出世，"将为无遮佛会，因举兵欲袭击乘舆"，想杀掉隋炀帝。^④唐玄宗开元元年（713），贝州（今河北清河）王怀古预言弥勒佛下生，将取代

① 濮文起：《羊宰论》，《世界宗教研究》2001年第1期。
② 《军机处录副奏折》，乾隆二十二年十一月二十四日河南巡抚胡宝瑔奏折，附胡二引进供词。
③ （唐）魏徵等：《隋书》，《炀帝纪》，中华书局，1973年。
④ （唐）魏徵等：《隋书》，《五行志》，中华书局，1973年。

李唐江山。宋仁宗庆历七年（1047），涿州（今河北涿州）人王则倡言"弥勒佛当持世"，举兵造反，杀官据城。[1] 由明教策动和领导的农民起义，则有北宋末年的方腊起义和南宋初年的钟相、杨幺起义。至于由白莲教策动的元末红巾军大起义，更是推翻了蒙古贵族的黑暗统治。

进入明代以后，由白莲教策动和领导的农民起义，此起彼伏，从未停止。其中，著名的有永乐十八年（1420）山东唐赛儿起义和天顺八年（1464）刘通、石龙领导的荆襄流民大起义。无为教等各种教派出现以后，继承了民间宗教策动、组织和领导农民起义的斗争传统。万历二十八年（1600），无为教徒赵古元在徐州运河两岸率众起义；万历三十四年（1606），另一无为教徒刘天绪在南京率众起义；特别是天启二年（1622）东大乘教徒徐鸿儒、于弘志分别在山东和北直隶领导的农民起义，给明王朝以沉重打击，被明朝统治者称为"二百六十年未有之大变"[2]。

清初问世的民间宗教思想理论体系，更加突出了民间宗教策动和组织农民起义的战斗品格。因此，在这套民间宗教思想理论的影响与形塑下，各大教派发动和领导的农民起义无论是在次数上还是在规模上都超过了以往任何朝代。乾隆三十九年（1774），清水教在山东揭竿而起，与清军在运河两岸浴血奋战，从此拉开了清代民间宗教大规模武装反抗封建专制统治的序幕。嘉庆元年（1796），混元教、三阳教、西天大乘教策动、领导了川陕楚农民大起义。这场大起义，历时九年，组织和动员了四五十万农民投入反清斗争，纵横驰骋川陕楚甘豫五省广大地区，拖住了清王朝十六个省的数十万兵力，歼灭了大量清军官兵和数百名高中级将领，大大削弱了清王朝的军事力量；这场大起义还使清王朝耗费白银一亿五千万两[3]，造成国库空虚，财政支绌的窘状，促使清王朝在取得了暂时的胜利之后，终于告别了辉煌的"康雍乾盛世"而走向衰落。在这场大起义平息后不久，即嘉庆十八年（1813），天理教又在豫北率众起义。当天理教首李文成率领起义农民与清军在豫北鏖战之时，另一教首林清则派人乘仁宗颙琰外巡木兰时攻打皇宫，试图夺取

① （明）陈邦瞻：《宋史纪事本末》卷三十二，中华书局，1977 年；（元）脱脱等：《宋史·明镐传》，中华书局，1985 年。
② （明）沈国元：《两朝从信录》卷十六，北京大学图书馆藏。
③ 陈锋：《清代军费研究》，武汉大学出版社，1992 年，第 268 页。

中央政权，声势威震朝野，被颙琰称为"汉唐宋明之所未有"的"非常之事"①，可见其影响之巨大。咸丰元年（1851），上帝教率众在广西金田起义，开始了一场雄踞半壁河山达十四年之久的太平天国革命。此后不久，灯花教领导十数万号军转战黔川、黔湘、黔鄂边毗地区，坚持武装反抗清朝统治达十四年之久，称为轰动朝野的"元恶巨憝"。同治五年（1866），黄崖教在山东省肥城境内的黄崖山率众起义，其与清军的浴血奋战和失败后的宁死不屈精神，惊天地，泣鬼神，震动齐鲁大地。而光绪二十六年（1900）由义和拳策动的抗击帝国主义八国联军的义和团运动，则在晚清历史上谱写了一曲悲壮的爱国主义颂歌。到了民国时期，更是爆发了由多种教门组织和领导的反抗军阀暴政与反抗日寇侵略的红枪会运动。

凡此种种，足以说明，民间宗教曾在东汉以降的1800多年的封建社会和半殖民地半封建社会中，既发挥了抒发下层民众宗教情感，寄托下层民众理想追求的社会功能，又发挥了策动、组织与领导农民暴动、农民起义的社会功能。民间宗教两种社会功能的发挥，自有其内在逻辑。大体上说，平常年代或者说和平时期，民间宗教主要是发挥了抒发下层民众宗教情感、寄托下层民众理想追求的社会功能。可是，每当天灾人祸接踵而至或社会动乱之际，民间宗教就会立即与斗争思想相结合，成为农民暴动、农民起义的策动者、组织者和领导者。人们只要以此来观察中国历史上的民间宗教，便可以一目了然，洞悉其中的发展规律和所谓的堂奥与秘密。

三

对民间宗教在中国历史上的作用如何解释？笔者认为，只有以历史唯物主义理论为指导，才能得出符合客观实际的答案。

在漫长的中国封建社会，生活在社会底层的广大民众，深受残酷的经济剥削、政治压迫和精神奴役。尽管如此，他们也有自己希求的生活目标和企羡的理想境界。但是，他们却找不到出路，只能仰望茫茫苍天，把真实的

① 《仁宗本纪》，赵尔巽等：《清史稿》，中华书局，1977年。

欲求移入神天世界，来取得在现实社会中不易获得的欲求补偿。然而，作为封建统治阶级正统宗教的儒、释、道三教，却不能从根本上满足下层民众的这种精神需求。特别是明中叶以后，儒、释、道三教不仅更加远离民众，而且已经迅速衰颓，其中佛教日益贵族化，成为上层官僚士大夫谈禅清议的工具，而道教更为荒诞，竟以房中术和成仙秘方直登庙堂，甘当皇帝和贵族手中的玩偶。人间的苦难和对这种苦难的叹息与抗议，很难通过这些正统宗教的形式抒发出来。信仰无真空，于是在这种历史条件下，民间宗教正好迎合了下层民众的精神需求，因而充当了下层民众抒发宗教情感的主要角色。

自古以来，中国就是一个农耕大国，是小农经济的汪洋大海。在这种经济形态世世代代生活的下层民众务实求存，注重的是现世的人生快乐，表现在社会行为方式上，盛行的则是"鸡犬之声相闻，民至老死，不相往来"，很像一盘极不容易凝聚起来的散沙。可是，当下层民众这种低水平的田园生活被打破，面临生死抉择时，那么又是靠什么力量将其凝聚起来，为自己的生存而去斗争呢？当然，儒、释、道三教决不可能为他们服务，于是民间宗教便承担起这个责任，成为下层民众把形同散沙的自身团结起来的凝聚力与举行暴动或起义的推动力。试看东汉以来连绵不断的农民暴动和农民起义，大多与民间宗教有关，或是由民间宗教策动，或是由民间宗教组织，其中还有不少是直接由民间宗教领导的，这是客观存在的历史事实。

正是基于上述分析，我们承认民间宗教具有某种历史意义上的合理性和正义性。但是，我们在没有苛求那个时代的民间宗教做出超越历史局限的业绩的同时，也决不能忽视它对下层民众消极、愚昧、落后的深刻影响。用历史发展和现代科学理念来解析，便可以清楚地看出：首先，民间宗教始终缺乏儒、释、道三教那种思辨、理智、严肃、高雅的道德人本主义精神，而是保留了更多的原始巫术宗教的色彩。当它在发挥抒发下层民众宗教情感，寄托下层民众理想追求的功能时，常用的一个手段，就是鼓动下层民众念经诵咒。所谓念经，就是念诵各个教派编写的宝卷。[1] 在大部分教派的宝卷中，其"开经偈"都有念诵宝卷可以祈福禳灾的偈语。如《佛说皇极结果宝卷·开经偈》："收圆宝卷初展开，诸佛菩萨降临来；大众志心齐声和，现在

---

① 濮文起：《宝卷学发凡》，《天津社会科学》1999 年第 2 期。

增福又消灾。"这就是说，下层民众只有经常念诵宝卷，做到心灵与神灵相通，才能"诸佛菩萨降临来"，收到"增福又消灾"之功效。所谓咒语，本是巫术的一部分，咒的本义是祝福或祈愿，是用神秘语言支配某种力量，使平常的事物具有巫术的能力。民间宗教常用的咒语是"真空家乡，无生老母"八字真言，认为念诵八字真言，就是向无生老母发出一种求救信号，可以得到无生老母的救助，逢凶化吉，遇难呈祥。然而，事情并不这么简单。民间宗教又认为，福祸是与善恶相感应的，下层民众念经诵咒就是为了明晓这个道理。在民间宗教看来，高车驷马、钟鸣鼎食的皇亲国戚，峨冠博带、奴仆成群的官僚士绅，与胼手胝足、为人役使、土里求食、终身劳苦的农民大众以及各类贱民，都是前世修善遇做恶的报应："善是善，恶是恶，针上对针；贫和富，善和恶，各怨各人。"[1] 因此，要想来世享福，就得今世修善。如种善因，就得善果，升入天堂，永享富贵；若种恶因，就得恶果，转入地狱，罪重的送无间地狱受苦，最轻的转入六道轮回，接受无常生死的折磨。由此看来，民间宗教的福祸观仍未脱离佛、道二教的窠臼，即富贵是修善之福果，贫穷是做恶之罪业。为此，民间宗教鼓励下层民众去当善男信女，为了获得"神灵的恩宠，能够有求必应"而"刻苦忏悔自己"，[2] 把创造美好生活的积极性消融在祈祷"云城降世"的虚幻中，把个人与集体的关系异化为人与神的关系。因此，在这一点上，民间宗教与佛、道二教一样，"是麻醉人民的鸦片"，"是一种精神上的劣质酒"。[3] 它为下层民众带来的是长期的沉醉与麻木、愚昧与落后，延误乃至阻碍了下层民众的觉醒。

其次，当民间宗教发挥策动、组织与领导农民暴动、农民起义的社会功能时，往往在此之前，先要鼓动起下层民众的宗教狂热，掀起一场造神运动和偶像崇拜狂潮。例如明末东大乘教创立者王森，原是下层社会的一个穷苦皮匠，依靠创教传教而迅速将自己变为一方富豪和被下层民众崇拜的精神偶像。他以信徒所献巨万香金，在北京、顺天（今北京大兴区）、永平（今河北秦皇岛、唐山）等地置田数千亩，父子均一妻数妾，奴婢成群，富埒王侯；他又以弥陀佛化身自诩，教内"立大小传头会首名色，此牵彼引，云合

---

① 《泰山东岳十王宝卷》。
② 费尔巴哈语，转引自叶小文：《宗教精神追求的误区与我们的反思》，《新华文摘》1991年第4期。
③ 《列宁全集》第10卷，人民出版社，1960年，第62页。

响应，顶礼皈依"①，成为成千上万信徒争相膜拜的现世弥陀。又如清初八卦教创立者刘佐臣，也是以传教敛钱起家，他的子孙继承其衣钵，采取了名目繁多的敛钱方式，如根基钱、扎根钱、跟帐钱、种富钱、四季钱、香火钱、进身孝敬钱等等，并规定教徒"以出钱多寡定来生福泽厚薄"②。被愚弄的穷苦徒众只是用银钱换来一张廉价的"通往彼岸世界"的"门票"，而刘氏家族却得到了实实在在的巨大现实利益。到了清朝中叶，刘氏家族已经成为山东单县一带的大地主，过着形同王侯般的腐朽生活。为了稳固这些既得利益，刘氏家族在教内掀起了一场自我造神运动。刘佐臣被奉为弥勒佛转世，后来又演化为孔夫子再生，"后尊古佛乃儒童菩萨，二转孔丘夫子，三转佛名弥勒教主"，号称"圣帝老爷"。③他还被比光被万物、普照生灵的太阳，教内把每年二月初一作为太阳的生日，集体做会，焚香膜拜。教徒每日三次朝拜太阳，同时口念《愚门弟子歌词》："愚门弟子请圣帝老爷眷恋……照应弟子，弟子与圣帝老爷磕头。"④他的子孙被称为"圣裔"，是他的转世和化身，既能安排人们死后的归宿，又是现实世界的"救世主"。教内设有先天、中天、后天牌位，称刘佐臣为先天老爷，称其曾孙为后天老爷。

像东大乘教、八卦教这样的世袭掌握教权的"神圣家族"在明清时代的民间宗教世界还有很多。当他们由于财势和威望过于显赫，因而引起统治者注意并对其进行查禁、镇压时，这些"神圣家族"常常是利用其徒众的斗争情绪，煽惑下层民众掀起反抗封建专制统治的暴动或起义，而他们自己则临阵脱逃或作壁上观。明天启二年（1622），东大乘教派徒徐鸿儒、于弘志分别在山东和北直隶率领农民起义，而东大乘教第二代教主王好贤却躲在家里，坐看时局变化。当于弘志、徐鸿儒先后失败后，王好贤则携带妻妾儿子及大量细软南逃。同样，八卦教刘氏世袭传教家族也没有直接策动、组织过农民暴动、农民起义，倒是他们的信徒王伦、林清和李文成，以清水教和天理教的名义，于乾隆三十九年（1774）和嘉庆十八年（1813）领导了震撼清廷的农民起义。民间宗教在封建社会，特别是在明清时代和近代社会策动、

① （明）黄尊素：《说略》。
② 《朱批奏折》，道光十三年九月一日，山东巡抚钟祥奏折。
③ 《军机处录副奏折》，乾隆五十三年六月十七日，直隶按察使富尼善奏折。
④ 《军机处录副奏折》，乾隆五十六年，震卦教徒毛有伦供词。

组织和领导的绝大部分农民暴动、农民起义，均可以作如是观。由此看来，民间宗教之所以能在一定历史条件下，具有策动、组织与领导下层民众反抗封建专制统治的社会功能，绝不能归因于民间宗教本身，只能归因于当时尖锐的社会矛盾和下层民众实现"云城降世"即"人间天国"的现实愿望，即在民间宗教形式掩盖下的社会政治理想。因此可以说，民间宗教对封建专制制度的离异与反叛，对近代西方资本主义列强的仇视与排斥，无论是采取批判的武器，还是实行武器的批判，都没能改变黑暗的现实世界，反而为下层民众套上了一具更为沉重的精神枷锁。

四

对历史遗留下来的民间宗教，中国共产党早在第一次国共合作时期，就对那些"代表小农利益而抗捐抗税，反抗官府"[1]的红枪会组织采取了积极引导和教育、改造的政策，并派出大批干部深入红枪会组织内部，成功地将它们融入了"打倒帝国主义，打倒贪官污吏，打倒劣绅土豪"[2]的国民革命洪流中，使其成为一支重要的反帝反封建的革命力量，在国民革命军北伐战争中发挥了积极作用。抗日战争爆发后，中国共产党又立即派出大批干部深入红枪会组织内部，进行争取教育工作，领导他们对日作战，为取得抗日战争的伟大胜利作出了贡献。[3]而对红枪会以外的其他教派在民国时期的或投靠军阀、官僚、政客以对抗进步潮流，或依侍日伪势力以破坏抗日，或与蒋家王朝沆瀣一气以对抗人民解放战争，或固守封建传统以保生存的各种表演，以及由这些表演给社会所带来的危害，由于中国共产党当时尚未取得全国政权，不具备解决这一社会问题的主客观条件。但是，一旦时机成熟，中国共产党便开始着手解决这一社会问题。

---

① 《中国共产党第五次全国代表大会决议案》，李忠杰、段东升主编：《中国共产党第五次全国代表大会档案文献选编》，中共党史出版社，2015年，第11页。
② 《民国日报》1927年3月9日。
③ 濮文起：《秘密教门：中国民间秘密宗教溯源》，第五章第四节"红枪会"，江苏人民出版社，2000年。

1949 年 1 月，中国共产党领导下的华北人民政府鉴于民间宗教在抗日战争和解放战争期间的种种劣迹，颁布了取缔封建会道门的布告。此后，各地人民政府也相继发布了取缔封建会道门命令。中华人民共和国成立以后，根据党中央指示和《中华人民共和国惩治反革命条例》，在镇压反革命运动中，将反动会道门头子作为重要打击对象之一，全国城乡开展了大规模的取缔封建会道门活动。各地在充分揭露反动会道门的反动性、欺骗性的基础上，镇压惩办了一批首恶分子，动员广大道徒登记退道，给予反动会道门以沉重的打击，反动会道门的势力有了很大削弱，保证了新生的人民政权的巩固和社会主义建设事业的顺利发展。

经过解放初期的这场政治运动，民间宗教虽元气大伤，不敢再像解放前那样大行其道，但仍有一些教派潜行默运，从事非法活动，特别是在偏远乡村表现得尤为突出。进入 20 世纪 60 年代以后，在以阶级斗争为纲的社会形势下，随着社会主义教育运动，尤其是"文化大革命"的全面展开，迫使民间宗教呈现暂时沉寂的局面，这是当时特殊形势下出现的特殊情况。

然而，自 20 世纪 80 年代始，民间宗教便乘着改革开放而带来的社会转型之机，又重新复活。据学者田野调查①和有关资料披露，除西藏等少数地区外，中国大陆的广大乡村和部分城镇都出现了民间宗教信仰流行和民间宗教组织异常活跃之态势。究其原因，既有经济方面的原因，也有社会大转型期人们信仰危机方面的原因，既有历史影响方面的原因，也有现实社会问题方面的原因。笔者认为，其中最根本的原因，乃是传统文化的巨大影响力。民间宗教是一种从封建社会土壤中产生，并经封建社会的阳光雨露培育而成长起来的传统文化。按照文化学理论分析，无论是作为观念形态的民间宗教信仰，还是作为外在制度化的民间宗教组织，或是以运动状态出现的各种民间宗教活动，都属于这种文化的不同表现形式。作为一种文化，既然已经产生，并曾长期在民间社会流传，影响与形塑了下层民众的思想与行为，那么它就必然具有一定的独立性和相对的稳定性。几场急风暴雨式的革命或改造，固

---

① 王熙远：《桂西民间秘密宗教》，广西师范大学出版社，1994 年；濮文起：《天地门教调查与研究》，《民间宗教》第 2 辑，台北南天书局，1996 年；林国平：《福建三一教现状调查》，《民间宗教》第 3 辑，台北南天书局，1997 年；李利安：《一处罕见的民间宗教"活化石"：太兴山民间宗教历史遗存调查》，《世界宗教研究》2003 年第 3 期。

然会对它的外在组织形式和某些活动起到了取缔与遏止作用，但是积淀在人们心中的信仰观念，是绝不会轻易消失殆尽的。只要滋生这种文化的封建土壤尚未根本铲除，遇有适宜的气候，它还会在人们心中复活，并以各种形式表现自己。由此可以充分说明，民间宗教是中国传统文化中的一种既落后又顽固的文化，它在历史上的流行和对现实社会的影响，已经成为中华民族思想解放运动的重要障碍。对此，一切关心祖国前途与命运的公民，都应给予高度重视与警惕，及时遏止民间宗教信仰和各种民间宗教组织活动在当代社会的继续流传与扩大。当然，对民间宗教这种传统文化的改造，不能一蹴而就，要有战略眼光，还要有正确政策，特别是要充分发挥社会主义制度的优越性，在综合治理的基础上，更新民族文化，提高国民素质。唯有如此，才能使人们在精神上获得一个全新的世界，向人类憧憬的锦绣前程迈进！

原载《天津社会科学》2004 年第 6 期

二 教派考镜论证

　　在中国民间宗教发展史上，明成化十八年（1482）无为教的出现，使民间宗教运动进入新阶段，具有领航性意义。《明代无为教与其教义思想简论》首先阐述了无为教创立者罗清的宗教生涯与罗清口述、其弟子整理的《五部六册》所蕴藏的宗教思想；接着，阐释了罗清传人释大宁、秦洞山、孙真空、明空对罗清宗教思想的继承与发展；最后，揭示了由罗清开创的无为教，到万历年间，终于形成了一套完整的教义思想体系以及对明中叶以来民间宗教信仰世界的巨大影响。

　　黄天道是深受无为教的启迪而继无为教之后出现的一个重要教派。《明代黄天道及其教义思想简论》先是介绍了黄天道创立者李宾的宗教生涯与其所著《普明宝卷》蕴涵的宗教思想；其次，阐释了李宾传人撰写的《普静宝卷》《太阳宝卷》，对黄天道宗教思想的继承与发展；最后，叙述了黄天道虽在乾隆二十八年（1763）被清廷严厉查办，但其宗教思想仍在民间广泛流传及其对后世民间宗教世界的巨大影响。

天地门教，又称一炷香教，是清初在鲁西北出现的清代民间宗教世界中的重要教派。但是，中外学者在论述清代民间宗教时，很少提到天地门教，间或有人谈及，也往往语焉不详，这主要是由于天地门教的文字资料不多所致。20世纪80年代末，笔者采用人类学的田野调查理论与方法，深入到至今仍有天地门教活动的某些乡村社会。经过二十多年不懈努力，终于掌握了许多鲜为人知的珍贵资料，从而对该教派有一个较为全面的了解。《天地门教钩沉》《天地门教调查与研究》《天地门教抉原》三篇文章集中反映了笔者对该教派逐步洞悉其内中秘密的学术探索轨迹。

在民国时期民间宗教世界，世界红卍字会兴办一系列公益慈善事业，使成千上万民众得受其救助。《民国时期的世界红卍字会》首先论述了世界红卍字会的母体——道院，其次阐释了体现道院"以慈为用"的慈善团体——世界红卍字会，最后则介绍了世界红卍字会在动荡不安的民国时期开展的各种公益慈善活动，特别是彰显了世界红卍字会在日寇制造惨绝人寰的南京大屠杀过程中，积极掩埋被难同胞尸体的高尚的人道主义精神。

德教虽是产生于20世纪30年代末广东潮州的民间宗教教派，但并未在国内造成较大影响，却于40年代后期传入东南亚以后，在海外华人世界广泛流传，成为侨居东南亚潮籍商人借以保持生意联系及通过慈善事业提升个人社会地位的民间宗教组织。《德教在东南亚》从经典教义、仪式修持以及开展公益慈善事业等方面，对德教在东南亚的流传进行简明阐述。

明代无为教与其教义思想简论 ①

明中叶无为教的出现与其教义思想的流传，曾对明清时期的宗教信仰世界造成了巨大而深远的影响，因而在中国民间宗教思想发展史上具有划时代的意义。

一

无为教的创立者为罗清，又名因，亦名梦鸿，法名普仁，法号悟空，后世信徒尊称罗祖、罗大士、无为教祖、无为居士、无为道人等。②

罗清生于明正统七年（1442）十二月初一日③，山东莱州府即墨县（今山东青岛市即墨区）。④ 家境贫寒，世代隶属军籍⑤，即祖祖辈辈当兵。他三岁丧父，七岁丧母，跟随叔婶长大。⑥

---

① 本文为南开大学承担的国家 985 工程哲学社会科学创新基地建设项目"中国思想与社会研究"子项目"中国宗教思想史"的阶段性成果。

② 郑志明：《无生老母信仰溯源》，台北文史哲出版社，1985 年。

③ "老古佛，来托化，以罗为姓；为众生，降山东，普度众生。仗父母，恩德重，怀胎持戒；正统时，七年间，处世为人。十二月，初一日，子时出现；离母胎，不食荤，菩萨临凡。"《苦功悟道卷》附兰风作《祖师行脚十字妙颂》，明万历二十四年注本。

④ "罗祖家，在山东，莱州人氏；我住在，即墨县，一里离城。"《三祖行脚因由宝卷·山东初度》，濮文起主编：《民间宝卷》第 2 册，黄山书社，2005 年。

⑤ "祖倍（辈）当军，密云卫古北口司马台悟（雾）灵山江茅峪居住。"《巍巍不动泰山深根结果宝卷》卷尾。

⑥ "生下祖，三岁时，了了父亲；七岁上，又丧母，撇下单身。可怜儿，无父母，多亏叔婶；蒙抬举，养育祖，长大成人。"《苦功悟道卷》附兰风作《祖师行脚十字妙颂》，明万历二十四年注本。

十四岁时，代叔从军，戍守北直密云卫（今北京密云区）。[①] 明代卫所军人过着比一般农民更为凄苦的生活，乃至"弊衣菲食，病无药，死无棺"[②]。幼小失怙和艰辛的军旅生涯，使罗清饱尝了人间苦难，时常思考着人生苦难之迷，极需精神上的慰藉。为了寻找答案，他于成化六年（1470），将"军丁退了"，让"子孙顶当"，[③] 开始了参师访友，自创教派的艰难历程。

罗清自修习佛教净土与南禅始，进而杂糅道教清净无为和宋明理学思想，经过十三年的"苦功悟道"，终于成化十八年（1482）"悟道明心"，参悟出"无为法"，并因此将其所创教派称为无为教。[④]

罗清创教后，首先在密云卫古北口司马台建造经堂，传法布道，并将家眷移居附近石匣城。[⑤] 他的最初信徒，多为戍边、运粮军丁与漕运水手及驻军下层军官乃至高级将领。[⑥] 接着，又到北京传教度人[⑦]，因而引起官府注意，于正德初年被逮入狱。[⑧] 羁入"天牢"期间，罗清决心将自己的悟道所得写成经卷，"流通天下，普度群迷"。是时，恰有太监张永皈依了无为教，罗清便命张永差人赶赴五台山，把他的两个弟子福恩、福报接到牢中，"书写五部经文"[⑨]，这就是由罗清口授，福恩、福报笔录整理的《罗祖五部经》。[⑩] 其后，经门徒奔走，通过张永、党尚书等权势协助，罗清得以出狱。

---

① 明万历年间密藏道开撰《藏逸经书》"五部六册"记载："正德间，山东即墨县有运粮军人姓罗名静者，早年持斋，一日遇邪师，授以法门口诀，静坐十三年，忽见东南一光，遂以为得道，妄引诸经语作证，说卷五部，曰苦功悟道、曰叹世无为、曰破邪显正钥匙、曰泰山巍巍不动，其一则余忘之矣，破邪卷有上下二册，故曰六册。"此说认为罗清是运粮军人，不是戍守兵士，姑存一说。

② （清）张廷玉等：《明史》《张鹏传》，中华书局，1974 年。

③ 《三祖行脚因由宝卷·山东初度》，濮文起主编：《民间宝卷》第 2 册，黄山书社，2005 年。

④ "到成化，六年间，参师访友；朝不眠，夜不睡，猛进前功。茶不茶，饭不饭，一十三载；到成化，十八年，始觉明心。"《苦功悟道卷》附兰风作《祖师行脚十字妙颂》，明万历二十四年注本。《苦功悟道卷》附周如砥"北檀州罗祖部卷追思记"，清康熙九年重刊本。

⑤ 《军机处录副奏折》，嘉庆二十一年三月二十一日，直隶总督那彦成奏折。

⑥ 马西沙：《罗教的演变与青帮的形成》，王见川、蒋竹山编：《明清以来民间宗教的探索》，台北商鼎文化出版社，1996 年。

⑦ 王见川：《台湾的斋教与鸾堂·龙华教源流探索》，台北南天书局，1996 年。

⑧ 《三祖行脚因由宝卷·山东初度》，濮文起主编：《民间宝卷》第 2 册，黄山书社，2005 年。

⑨ 《三祖行脚因由宝卷·山东初度》，濮文起主编：《民间宝卷》第 2 册，黄山书社，2005 年。

⑩ 《罗祖五部经》，又称《罗祖五部六册》，即《苦功悟道卷》《叹世无为卷》《破邪显正钥匙卷》《正信除疑无修正自在宝卷》《巍巍不动泰山深根结果宝卷》。濮文起主编：《民间宝卷》第 1 册，黄山书社，2005 年。

罗清获释后，仍在密云一带传教。后来，又曾回山东老家传教收徒。[①]其信徒成分，也由最初的下层军丁、水手扩展到社会各个阶层。其中，既有权势太监，也有著名僧人；既有生员，也有官吏。当然，下层农民、手工艺者占据大多数。嘉靖六年（1527）正月二十九日，罗清"坐化归天"，享年八十有五[②]，安葬在北京檀州（今属北京密云区）附近。[③] 他的葬礼相当隆重，门下释大宁为其举行法会，京城著名人物，如翰林院中书鹿成王秉忠，尚衣监太监单玉，僧录寺左善世文奈，武当山灵应观道士抱一子首阳、灵应观道士冲虚子，腾骧左卫左所正千户李敬祖，府学生员何仲仁等都前来赴会，诵念祭文，极尽赞颂[④]；密云卫总兵官杨都司还助板捐棺，并在墓地建塔树碑，塔高十三层，名"无为塔"，碑书"无为境"。[⑤] 由此可见，罗清与其宗教思想通过无为教的流传，已在当时的社会各界拥有相当高的威望和相当大的影响。

罗清的宗教思想，集中体现在由他口授，弟子福恩、福报笔录整理的《罗祖五部经》中。目前见到的最早的《罗祖五部经》，是正德四年（1509）刊本。[⑥]

第一部经《苦功悟道卷》一卷一册，不分品，计8867字。该部经卷详细地叙述了罗清十三年"昼夜不停"参悟无为大道的十八个过程，故又称"十八参"。

第二部经《叹世无为卷》一卷一册，不分品，计11754字。该部经卷叹息世间三灾八难，师徒面色不常，父子恩爱不久等等，反复讲述"虚空"道理，宣扬世人要想脱离苦海，只有赶快参拜"明师"，加入无为教一途。

第三部经《破邪显正钥匙卷》一卷上下两册，二十四品，计23487字。该部经卷认为"一切有为之法"，均属邪见偏执，必须破除，同时弘扬罗清参悟出来的"无为正法"，以此作为一把打开通向悟道明心大门的钥匙，交给信奉者。

① 　王见川：《台湾的斋教与鸾堂·龙华教源流探索》，台北南天书局，1996年。
② 　《三祖行脚因由宝卷·山东初度》，濮文起主编：《民间宝卷》第2册，黄山书社，2005年。
③ 　《苦功悟道卷》，附周如砥"北檀州罗祖部卷追思记"，清康熙九年重刊本。
④ 　《苦功悟道卷》，附"北京众士赞祖塔之文"，清康熙九年重刊本。
⑤ 　《军机处录副奏折》，乾隆三十三年九月二十一日直隶总督杨廷璋奏折。
⑥ 　李世瑜：《民间秘密宗教史发凡》，《世界宗教研究》1989年第1期。

第四部经《正信除疑无修正自在宝卷》一卷一册，二十五品，计13959字。该部经卷从正面阐述了无为教教义，以坚定信奉者的信心，并批判了白莲、弥勒等害人邪法，告诫信徒不可轻信上当。

第五部经《巍巍不动泰山深根结果宝卷》一卷一册，二十四品，计14298字。该部经卷探讨了宇宙本原、世界生成，教导人们要"识得本来面目"，要求信徒崇奉"无为教主"与"无为大道"，要像泰山那样巍巍不动，坚定不移。

《罗祖五部经》共计五部六册，故又称《五部六册》，计72365字。[1] 从以上介绍中，人们可以看出，《罗祖五部经》阐扬的是一套有内在逻辑联系的宗教思想体系。它从罗清苦功悟道，明心见性开始；接着痛述世间无穷苦难，感叹人生苦短，不可留恋，盼望早得解脱，快入正道；继之历数各种邪见杂法骗人害人，障道败法，并一一加以批驳；在破除邪见的同时，阐明无为大法、无极正道；最后劝导世人坚定信仰，"顿悟成真"，与无边的虚空合为一体，像泰山那样巍然不动，才能彻底解脱，纵横自在，安享极乐。

在这套宗教思想体系中，最为闪光耀目的则是罗清提出的宇宙观与创世说。

罗清认为，"真空"（又称"无边虚空""本来面目"等）是宇宙的最高本体，世界万物是由它派生出来的，即由原始本原的"真空"幻化出宇宙的万有——大千世界：

> 老君夫子何处出？本是真空能变化；山河大地何处出？本是真空能变化；五谷田苗何处出？本是真空能变化；三千诸佛何处出？本是真空能变化；……盘古初分何处出？本是真空能变化；春秋四季何处出？本是真空能变化。[2]

显而易见，罗清是把"真空"当作宇宙的根本和永恒的真理。

在此基础上，罗清提出，人们只要"晓得真空法"，悟通"无为大道"，

---

[1] 据《罗祖五部经》明万历四十三年罗清嫡孙罗文举校正本统计。

[2] 《苦功悟道卷》。

就可以回到出身之地 ——"家乡"（亦称"自在天空"），一座温暖如家的天堂。人们一旦回家还乡，就会享受天堂胜景，无生无死，安然快乐。[①] 然而，世人为什么不知回归"家乡"呢？罗清认为，原来他们从家乡坠落尘世以后，被世间"虚花景象"所迷惑，失掉了本性，再也找不到出身之路，因而沉沦苦海，困入六道轮回，受尽各种磨难。[②] 因此，罗清将人们受苦受难的世间称为"流浪家乡"，奉劝世人切莫留恋这个家乡，为转瞬即逝的享乐和荣华所诱惑，应该赶紧参修"无为大道"，"晓得真空法"，回归人们本来的"家乡"。罗清在这里借用了中国传统观念中的"思乡"情结，把他的宇宙观生动地讲给群众。值得注意的是，罗清在他的宇宙观中，还没有把"真空"与"家乡"作为一个宗教概念 ——"真空家乡"提出来，他这里所说的"家乡"并不在彼岸天国，而是仍在人的心性之中，真正把"真空家乡"作为民间宗教梦寐以求的理想境界，是其后世信徒。[③]

那么，谁是"真空"的真正主宰？罗清则为人们塑造了一个前所未有的至上神 ——"无极圣祖"。他认为"无极圣祖"既是"无边虚空"的真正主宰，也是万能的造物主："大千界，天和地，无极执掌；…… 五湖海，大洋江，无极变化；…… 天和地，森罗象，无极神力；…… 日月转，天河转，无极神力"[④]；同时又是尘世众生的救世主："无极圣祖大慈大悲，恐怕众生作下业障，又转四生六道，不得翻身，故化显昭阳宝莲宫主太子，叹退浮云、一切杂心，显出真心参道，究这本来面目，出离轮回生死苦海，又化现鹿王善友恶友金牛太子，劝化众生。"[⑤] 但是，罗清并没有到此打住，而是进一步提出"母即是祖，祖即是母"[⑥]，即母与祖为一义，祖与母集一身，于是一位慈祥如母的至尊女神也就呼之欲出了。罗清在这里又借用了中国传统观念中的"恋母"情愫，把他的创世说形象地宣示于群众。同时也可以看出，罗清显然是吸收与改造了明初以来流传于民间宗教世界的老母信

---

① 《巍巍不动泰山深根结果宝卷·流浪家乡受苦品第二十二》。

② 《苦功悟道卷》，《巍巍不动泰山深根结果宝卷·不知家乡无边好事退道品第二十》。

③ 濮文起：《弓长论》，《中国文化研究》1998 年冬之卷。

④ 《正信除疑无修正自在宝卷·执相修行落顽空品第九》。

⑤ 《正信除疑无修正自在宝卷·无极化现度众生品第五》。

⑥ 《巍巍不动泰山深根结果宝卷·一字流出万物的母品第四》。

仰，如明初宣德五年（1430）刊行的《佛说皇极结果宝卷》①中就有"老母"信仰的演述，该部宝卷比正德四年（1509）面世的《罗祖五部经》要早近八十年。罗清的异姓传人正是在《罗祖五部经》基础上，正式提出了"无生老母"信仰。

纵观罗清的宗教思想，可以说是融主观唯心论与客观唯心论为一体的混合物。他之所以这样进行理论思维，是基于建构一套完整的宗教思想体系的需要。罗清在阐述自己的"悟道"经验时，推崇与弘扬的是佛教南禅的"我心我佛"的顿悟法，即成佛了道，不必坐禅，不必苦行，也不必念佛念经，只要主观觉悟即可，这是一种典型的主观唯心主义。但是，当他阐述自己的宇宙观与创世说时，则又撷拾与彰显儒、道、佛的"无极""太极""道"与"虚空"理论："无极是太极，太极是无极"；"太极是生两仪，两仪生四像，四像生八卦，八卦为乾坤世界；理即是道，道即是理；理即是善，善即是理；理即是太极，太极即是理；太极即是善，善即是太极；未有天地，先有太极"；"大道无边是无极，虚空本是无极身；未有天地先有道，大道本是无极身。"②不仅如此，罗清又由此引出了一位创造世界万物的至上神——"无极圣祖"，掌管宇宙本原和最高本体。这种把"无极""太极""道"与"虚空"以及"无极圣祖"外在化、客体化的宇宙观与创世说，证明罗清又是一位十足的客观唯心主义者。

然而，罗清又如何将这两种世界观合而为一呢？他宣称："想当初，无天地，先有本体；想当初，无日月，先有吾身。想当初，无仙佛，先有本体；想当初，无菩萨，先有吾身。想当初，无僧俗，先有本体；想当初，无男女，先有吾身。……未曾初分先有我，今朝因何不承当；未有天地先有我，今朝因何不承当。"③这就明确地告诉人们，罗清是将"本体"和"吾身"同等看待的，即把二者都看成宇宙万物的本原和"先天"就存在的绝对神秘体，于是唯心主义的两种世界观便如此这般地被罗清合而为一了，从而为他建构一套完整的宗教思想体系作了自圆其说的理论论证。

正如恩格斯所说："创立宗教的人，必须本身感到宗教的需要，并且懂

---

① 《佛说皇极结果宝卷》，濮文起主编：《民间宝卷》第1册，黄山书社，2005年。
② 《巍巍不动泰山深根结果宝卷·未曾初分无极太极鸡子在先品第十七》。
③ 《破邪显正钥匙卷·破大道本无一物好心二字品第二十三》。

得群众对宗教的需要。"① 罗清正是这样一位以毕生精力寻找自我解脱之路和助人解脱之路的民间宗教家。他在《罗祖五部经》中所表现出来的宗教思想，既是时代的产物，也是佛教、道教日益世俗化的结果，更是对明初以来民间宗教信仰的整合与改造。他以一位民间宗教改革家的气魄，将佛、道、儒玄妙的哲学思想通俗化，又把明初以来的民间宗教信仰理论化，从而建构起一套更符合下层民众迫切需要的新的宗教思想体系，并采用一种群众喜闻乐见的宗教文学形式——宝卷② 表述出来，因此使他立即从一个默默无闻的退伍军丁，一跃而成为引领明清两代民间宗教世界潮流的显赫人物。

二

嘉靖六年（1527），罗清去世后，其传人有两支。

一支是罗氏世袭传教家族。罗清生有一子一女，子罗佛正，女罗佛广。罗清物故后，罗佛正继承教权。此后，经罗清孙罗文举、重孙罗从善，七传至清雍正、乾隆年间之罗明忠，皆为无为教主。女罗佛广于罗清死后，从密云卫石匣城来到蓟州（今天津蓟州区）境内的盘山怪子峪出家为尼，并建无为庵一座，"前殿供佛家，后殿供罗祖"③，自创教派，取名大乘教，继续传播无为大道。罗佛广是继罗清之后无为教的重要领袖，在民间宗教传说中，她的地位比其同胞兄弟罗佛正要高，被后世信众尊为"机留女"。从目前掌握的史料来看，罗氏子孙只是在传播罗清宗教思想方面发挥了重要作用。但是，在诠释与发展罗清宗教思想方面，则无法与罗清的另一支传人即异姓弟子相比。

据罗清七代传人明空所撰《佛说三皇初分天地叹世宝卷·应科接续传灯人七名品第六》介绍，罗清的另一支传人，即第一代李心安，著有《三乘语录》上中下三卷；第二代秦洞山，著有《无为正宗了义宝卷》上下两卷；

① 恩格斯：《布鲁诺·鲍威尔和早期基督教》，《马克思恩格斯全集》第19卷，人民出版社，1965年，第329页。
② 濮文起：《宝卷学发凡》，《天津社会科学》1999年第2期。
③ 《军机处录副奏折》，嘉庆二十一年三月二十一日，直隶总督那彦成奏折。

第三代宋孤舟，著有《双林宝卷》上下两卷；第四代孙真空，著有《销释真空扫心宝卷》上下两卷[1]；第五代于昆冈，著有《丛林宝卷》；第六代徐玄空，著有《般若莲花宝卷》；第七代明空，著有《佛说大藏显性了义宝卷》上下两卷、《销释童子保命宝卷》上下两卷、《佛说三皇初分天地叹世宝卷》两卷。[2]

罗清除罗氏家族和异姓弟子这两支传人外，还有一位名叫释大宁的传人。大宁和尚是明中叶著名的佛教僧侣，于正德十三年（1518）恭遇罗清，为罗清的宗教思想所折服，遂拜罗清为师，皈依无为教。相对于大宁和尚的亲承师教，另有一些佛教僧侣是基于体悟的印证而私淑罗清宗教思想的，如万历年间号称南禅临济宗二十六代传人的兰风和尚与其法嗣王源静，曾对《罗祖五部经》进行评释与补注，因而使《罗祖五部经》增添了更为浓重的佛教南禅色彩。经兰风、王源静整理注释的《罗祖五部经》，更名为《金刚般若经注解全集》，简称《开心法要》，其内容由原来的五部六册扩充为十六册，即《苦功补注开心法要》二卷二册、《叹世补注开心法要》二卷二册、《破邪补注开心法要》四卷四册、《正信补注开心法要》四卷四册、《泰山补注开心法要》四卷四册。

现据仅存释大宁、秦洞山、孙真空、明空所著宝卷，将这些异姓传人对罗清宗教思想的诠释和发展略作分析介绍。

释大宁，籍贯不详。为阐师说，撰写了《明宗孝义达本宝卷》[3]上下两卷，十八品。在该部宝卷中，大宁和尚基本上是继承师说，有些词句乃是一字不差地照抄《罗祖五部经》。但是，大宁和尚在两个方面拓展了罗清的宗教思想。一是更着意地趋奉宋明理学，认为心者有二，即道心与人心，极力将佛儒化，将儒融于佛中。二是正式提出"无生父母"是诸佛之本源，万物

---

[1] 《销释真空宝卷》，濮文起主编：《民间宝卷》第 2 册，黄山书社，2005 年。

[2] "度传灯，共七位，续祖源根。头一位，心安祖，遗留语录；心安集，共六部，刻本开通。洞山祖，留了义，通传大道；上中下，三册经，印造流通。孤舟祖，十七年，留下宝卷；留双林，上下卷，刻造通行。旧儿峪，孙祖师，受苦无数；留真空，二册经，万载标明。昆冈祖，闻妙法，三十七载；留丛林，上下卷，接续传灯。玄空祖，在山中，苦修数载；留般若，七部经，刻造通行。西天有，四七祖，东土立世；无为门，有七位，续祖传灯。"泽田瑞穗：《增补宝卷研究》，日本国会刊行会，1975 年，第 332 页。

[3] 《明宗孝义达本宝卷》，濮文起主编：《民间宝卷》第 2 册，黄山书社，2005 年。

之根基，人人之家乡，而东土众生则是"离故乡，在外边，认影随形；真父母，在家中，每日盼望"①。所以，无生父母捎出书信给众儿女，苦苦叮咛，及早还乡。② 在创世说方面，大宁和尚比其师大大向前跨了一步，即明确提出了无生父母信仰。

秦洞山，北直永平府迁安县人，在其所著《无为正宗了义宝卷》中叙述了他的痛苦童年和坎坷经历："洞山思量痛伤情，今得人身苦无穷。自幼不幸亡父母，撇我无靠过光阴。与世无亲谁相顾，只有姐夫大恩人。饥寒苦楚犹嫌可，更有叔婶歹心人。终朝折磨难禁受，担惊受怕无投奔。少吃无穿不打紧，官差催逼不稍停。有心待要逃躲去，怕失家业污祖名。无计奈何权住世，安分守己听命行。惧怕生死三涂苦，行住坐卧念道心。夏月耕田为活计，冬月看经把道攻。早办粮草先完粮，后随亲朋应世情。修城垒垛当夫役，不敢失误一时辰。"③ 由此可知，秦洞山自幼父母双亡，孤苦伶仃，务农为业，曾被强征修城垒垛，是一个生活在社会底层的穷苦农民。一次偶然的机会，他遇到传习无为教的赵公师，遂被罗清的宗教思想所吸引，从此皈依了无为教。

秦洞山所著《无为正宗了义宝卷》，现存上卷，二十四品。在该部宝卷中，秦洞山弘扬了罗清主张的"三教合一"思想："夫中国有三教者，儒、释、道是也。自伏羲画卦而儒教始于此，自老子著《道德经》而道教始于此，自汉明帝梦金人而释教始于此。三教者，儒以正设教，道以尊设教，佛以大设教是也。一切天下之人，不过善恶两途。三教圣意，无非教人改恶从善。"④ 在宇宙观方面，秦洞山与罗清的宗教思想一脉相承，推崇真空、无极思想：

> 太真空，无极道，先天之祖；诸佛母，为正大，万物之根。未有天，未有地，先有大道；无山河，无人缘，先有真空。空在前，物在后，真空大道；有天地，和人伦，无极发生。发春秋，并四季，能生

---

① 《明宗孝义达本宝卷·化贤劝愚品第九》。
② 《明宗孝义达本宝卷·返妄皈真品第十四》。
③ 喻松青：《明清白莲教研究》，四川人民出版社，1987年，第233—234页。
④ 《无为正宗了义宝卷·明教品第六》。

万物；玄妙道，无为法，灌满乾坤。尽虚空，遍十方，流通三界；恒沙类，诸世界，普运四生。道无常，理无尽，穿山透海；无极道，为正主，执掌乾坤。从无始，至如今，此为断灭；无生有，有尽无，妙用无穷。①

这种真空、无为的宇宙观，决定了秦洞山与罗清一样，对宇宙万物采取虚无的态度，在信仰方面则表现为否定佛像，不立寺院和一切有形的修行。因此，秦洞山在该部宝卷结尾提出了"打破三千界，推倒太须弥"的精辟见解，表现出他蔑视旧世界，并敢于反抗的无畏精神。在修持方面，秦洞山也与罗清一样，反对学仙参玄、吐纳按摩、服饵炼养、采补精气、行气闷息、符箓念咒、炼炉炼丹等道教功夫，而是热衷于儒家伦理纲常的修行与恪守。该部宝卷约有一半内容宣扬人伦五德、安贫乐道、克己复礼、仁义信爱等儒家的基本信条。其中，对忠孝的宣扬尤为着力，认为"孝乃人间宝，行者得固坚。臣忠君无虑，子孝父心宽"②。"事君则忠，事亲则孝，忠孝双全，此乃何不立身之道矣。"③

孙真空，俗名孙三，浑名傻瓜。籍贯不详。从《销释真空扫心宝卷》中介绍，估计也是北直人。半路出家，住在"刚山旧儿峪寺"。孙真空在《销释真空扫心宝卷》中，发展了罗清的宗教思想，编造出无生父母安天立地，生化东土众生，以及普度原人，返本归源的完整神话故事："起初在家之时，思衣得衣，思食得食，无寒无暑，无烦无恼，又无忧虑。""只（自）从古佛安下乾坤，立就世界，观看东土并无一人住世，因此才将自己本家儿女发到下方，串彀住世。""想当初，未曾起身，无生父母，眼含着痛泪，两手摸顶，重重嘱咐，你到东土，莫要贪尘恋世，迷了真性，不得还乡。"岂料本家儿女"到了东土，改作众生，只贪红尘，男女配合，华花世界，饮酒食肉，贪欢作乐，各赌刚强，认定聪明，夸会夸能，专习琴棋书画，再不思本来家乡也，不肯思想无生的父母"④。尽管如此，无生父母不以为忤，反而大

---

① 《无为正宗了义宝卷·混源一体品第二十四》。
② 《无为正宗了义宝卷·行孝品第二》。
③ 《无为正宗了义宝卷·立身品第三》。
④ 《销释真空扫心宝卷》卷上。

发慈悲，委派孙祖师（孙真空自诩无生父母代理人）设立南无教（无为教异名），普度众生，回归家乡。孙真空在编造无生父母创世与救世的神话故事之后，又吸收了佛教龙华三会思想，特别强调龙华三会普度众生的作用，并透露出无生老母信仰的信息："劝大众，早念佛，修行进步；无生母，龙华会，久等儿孙。"①

然而，与罗清对炼内丹、修长生等道教功夫一再否定的态度不同，孙真空则强调吸阴阳瑞气，采日月精华、结圣胎、炼内丹的道教方术："四季花，生长在，无根树上；一季青，一季白，一季鲜红。一根上，发现出，金枝玉叶；除尘病，浊云散，满树都青。只朵花，夺天地，阴阳瑞气；又采着，金乌玉，日月精华。按四时，运周天，坎离八卦；有天龙，合八部，十二宫辰。满宫排，众菩萨，各执音乐；四下里，无量数，护法天真。撒青龙，放白虎，阴阳相配；有龟蛇，相盘绕，借气成真。若有了，只些事，空中显相；花蕊中，结个果，执掌乾坤。只果中，本来是，牟尼宝贝；才是个，主中主，丈六金身。"②

明空，俗姓陈，名仲智，父名陈敖，母张氏。北直永平府东城卫中所（今河北卢龙）人。陈氏隶属军籍，他曾"应役祖差，被本官守备选壮丁为边外尖哨"。万历三十九年（1611）二月，移居罗清当年居住过的石匣城，遇到无为教传人徐玄空，受到"玄空祖指点"，皈依了无为教。③

明空在《佛说大藏显性了义宝卷》中，将罗清的宗教思想融会贯通，发扬光大，其重要贡献有二：一是将仍处于朦胧状态的无生老母信仰具体化、定型化，通过对无生老母的生动描绘——以慈祥的老婆婆面目出现，终于确立了无生老母在人间的尊贵形象，使她变成了千百万下层民众狂热崇奉的女性最高神。二是正式把佛教的"三佛三会说"纳入无为教教义思想中："过去佛，青阳头会，贤圣劫，执掌乾坤，九十二亿在红尘，阎浮世界迷真性，天宫有分我来寻，我佛九劫功满回宫院；现在佛，红阳二会，庄严劫，独自为尊，升天教主下天宫，花开一转无人惺，九十二亿随佛生，我佛一十八

---

① 《销释真空扫心宝卷》卷上。
② 《销释真空扫心宝卷》卷上。
③ 《佛说大藏显性了义宝卷》卷首，转引自马西沙、韩秉方：《中国民间宗教史》，上海人民出版社，1992年，第232页。

劫圆满回宫殿；未来佛，白阳三会，星宿劫，执掌天宫，九十二亿在红尘，阎浮世界迷真性，厌（燕）南照（赵）北，一粒金丹，我佛八十一劫超凡圣。"[1] 此外，明空在该部宝卷中，还进一步阐发了修炼内丹的内容，又特别强调尘世众生必须加入无为教，并为此制定了一套具体入教仪式，因而使无为教更加规范化。

罗清的宗教思想，经过这些异姓传人的继承与发展，到万历年间，逐步形成了一套完整的无为教教义思想体系，这就是以无生老母为最高崇拜，以真空家乡为理想境界，以龙华三会与未来佛即弥勒佛为信仰核心，主张三教归一，注重内丹修炼，以及规范化的入教仪式等。

三

罗清及其宗教思想的出现，为下层民众指明了一条"成佛了道"的捷径 —— 既不必远足深山古刹进香膜拜，也不须家居念经习法，只要皈依无为教，一经明师指点，便可"顿悟成真"，回归家乡，伴祖长生，因此得到了下层民众的狂热信奉。

罗清在世时，无为教已由北直传播山东、河南乃至江南。罗清物故后，被其信徒尊称"罗祖"，他所建立的无为教也因此被人们称为"罗祖教"，简称"罗教"，亦称"罗道"。此后，罗清子女及其异姓传人通过传播无为教，使罗清的宗教思想更加深入人心。其结果是，不仅孕育出一批又一批民间宗教理论家与实践家，而且引发了一场空前的民间宗教运动。

嘉靖三十二年（1553），一位名叫李宾的退伍军丁，在罗清宗教思想的启迪下，建立了黄天道。不久，"蓟州皮工"王森受罗清之女罗佛广大乘教影响，建立了东大乘教。隆庆年间，年轻尼姑归圆，通过熟读《罗祖五部经》，颇有领悟，建立了西大乘教，并依法撰写了《大乘教五部经》。[2] 万历年间，

---

[1] 《佛说大藏显性了义宝卷·正首菩萨治世品第十九》，转引自马西沙、韩秉方：《中国民间宗教史》，上海人民出版社，1992年，第234—235页。

[2] 《大乘教五部经》，又称《大乘教五部六册》，即《销释大乘宝卷》《销释圆通宝卷》《销释圆觉宝卷》（两册）《销释收圆行觉宝卷》《销释显性宝卷》，是了解西大乘教教义思想的重要资料。

韩太湖自称"罗祖转世"，建立了弘阳教。李宾、王森、归圆、韩太湖都是深受罗清宗教思想影响相继涌现的著名民间宗教家，由他们先后建立的黄天道、东大乘教、西大乘教、弘阳教都是继无为教之后先后崛起并与无为教不分伯仲的大教派。这些教派与罗清后继者们传习的无为教相互激荡，于明末又衍生出众多的宗支派系，如活跃于江南地区的无为教支派龙华教与黄天道支派长生教，盛行于华北、西北及江南广大地域的东大乘教支派龙天道与大乘天真圆顿教等不下十余种，由此，构成了一个异常活跃的民间宗教世界，从而对传统的信仰领域与现实统治秩序造成了极大的震动与威胁。

面对罗清与无为教在下层社会的巨大影响，首先是佛教界惊恐万状，大张挞伐。万历初期，名僧憨山德清在山东传教时，得到地方豪强黄氏支持，而无为教在下层民众中广泛流传，与憨山德清分庭抗礼。对此，憨山德清一面攻击无为教为"外道"，"绝不知有三宝（佛、法、僧）"；一面争夺无为教徒，号召"凡为彼师长者，率徒众来归，自此始知有佛法"[1]。南方净土宗大师云栖袾宏指斥罗清与其《罗祖五部经》：

> 有罗姓人，造五部六册，号无为卷，愚者多从之，此讹也。彼所谓无为者，不过将万行门悉废置，而不知万行即空，终日为而未尝为者，真无为也。彼口谈清虚，而心图利养，名无为而实有为耳。人见其杂引佛经，更谓亦是正道，不知假正助邪，谁吓聋瞽，凡我释子，宜力攘之！[2]

密藏道开则诬蔑无为教徒"蚊虫鹟集，唱偈和佛，邪淫混杂，贪昧卑污，莫可名状。而愚夫愚妇，率多乐于从事，而恣其贪淫。虽禁之使归向，有不可得。此其教虽非白莲，而为害殆有甚于白莲者乎！"[3] 密藏道开还对兰风和尚居然评释《罗祖五部经》，公开为无为教张目恨之入骨，称其为"近代魔种"[4]。

---

① （明）福征：《憨山大师年谱疏》卷上，万历十三年，国光印书局，1934 年。
② （明）莲池袾宏：《莲池大师全集》，正锷集。
③ （明）密藏道开：《藏逸经书》，五部六册条。
④ （明）密藏道开：《藏逸经书》，冰壶集条。

罗清宗教思想与无为教的传播与发展，也引起了明朝统治者的恐惶。万历十五年（1587）正月庚子，都察院左都御史辛自修上奏朝廷："白莲教、无为教、罗道教，蔓引株连，流传愈广，踪迹诡秘，北直隶、山东、河南颇众。值此凶年，实为隐忧。"[①] 万历三十一年（1603）十一月癸酉，康丕扬奏请禁止"白莲教、无为教、罗道教"[②]。万历四十三年（1615）六月庚子，又有礼部《请禁左道以正人心》云：

> 有罗祖教、南无净空教、净空教、悟明教、大成无为教，皆讳白莲之名，实演白莲之教。有一教主，便有一教名。愚夫愚妇转相煽惑，宁怯于公赋而乐于私会，宁薄于骨肉而厚于伙党，宁骈首以死而不敢违其教主之令。此在天下处处盛行，而畿辅为甚。不及令严为禁止，恐日新月盛，实烦（繁）有徒，张角、韩山童之祸将在今日。[③]

封建统治阶级的这些描述，足以证明由罗清开创的这场信仰主义领域的变革，已在下层社会形成了一场汹涌澎湃的民间宗教运动，并且随时有可能转化为反抗封建专制统治的农民武力反抗运动[④]，最终导致明朝统治者对无为教的全面查禁。万历四十六年（1618），明朝统治者严令"再不许私习无为教，自取死罪"，并明令销毁《罗祖五部经》，不准再行翻刻流传。[⑤]

但是，与封建统治者和正统佛教的主观愿望相反，无为教不仅没有被扫荡殆尽，反而以更顽强的生命力在民间流播，其中，最为典型的事例，就是《罗祖五部经》的一再刊行。据不完全统计，《罗祖五部经》自明正德四年（1509）首次刊行始，到万历四十六年公开查禁止，在近一个世纪的时间内，共有十几种刊本在社会上流行。万历四十六年，《罗祖五部经》被明令毁板后，仅仅过了十年，又有崇祯二年（1629）刊本问世。入清以后，在清朝统

① 《明神宗实录》卷一八二，万历十五年正月庚子，上海书店，1984年。
② 《明神宗实录》卷三九〇，万历三十一年十一月癸酉，上海书店，1984年。
③ 《明神宗实录》卷五三三，万历四十三年六月庚子，上海书店，1984年。
④ 如万历二十八年（1600），无为教江苏教团领袖赵一平（又名古元）率领徒众起义，占领淮阴、徐州新河口等，驰骋运河两岸。万历三十四年（1606）冬，无为教江苏教团另一领袖刘天绪率领万余名徒众占领南京等。
⑤ 《南宫署牍》卷四。

治者同样严禁无为教与《罗祖五部经》的情况下，又出现了八九种刊本①。一套经卷如此反复刊行，特别是在封建统治者一再严令禁止的形势下，那些罗清宗教思想的信奉者冒着被杀头毁家的危险，仍然不断集资刻印，这不但在中国民间宗教发展史上是仅见的，即使正统的佛、道二教也是不能望其项背的。这充分说明了罗清宗教思想的深远影响，乃至晚清江西寻邬人廖帝聘受罗清宗教思想启示，模仿《罗祖五部经》，也陆续撰写了《廖祖四部五册》②，并据此建立了以戒食鸦片为主旨的真空道。因此可以说，罗清已被明清两代的民间宗教世界奉为共同的精神领袖，而他演述的《罗祖五部经》则成为民间宗教的圣经，被人们竞相翻刻传诵。

原载《贵州大学学报》2008 年第 2 期

---

① 明正德四年（1509）刊本、正德九年（1514）刊本、正德十三年（1518）刊本、嘉靖二十八年（1549）刊本、万历元年（1573）刊本、万历十四年（1586）刊本、万历二十三年（1595）刊本、万历二十四年（1596）刊本、万历二十五年（1597）刊本、万历二十九年（1601）刊本、万历四十年（1612）刊本、万历四十三年（1615）刊本、万历四十六年（1618）刊本、万历刊本（未注明年代）、明刊本（一、未注明年代）、明刊本（二、未注明年代）、明刊本（三、未注明年代）、万历二十四年（1596）补注本（即《开心法要》本）、崇祯二年（1629）会解本、清顺治九年（1652）刊本（即《开心法要》本）、康熙九年（1670）刊本、康熙十一年（1672）刊本、康熙十四年（1675）刊本、康熙四十一年（1702）刊本、康熙本（未注明年代）、嘉庆元年（1796）刊本。马西沙、韩秉方：《中国民间宗教史》，上海人民出版社，1992 年，第 178—180 页。
② 《廖祖四部五册》，即《报空宝卷》（又称《真空宝卷》或《首本经卷》）一部一册、《无相宝卷》（又称《无相真经》）一部二册、《三教宝卷》（又称《三教真经》）一部一册、《报恩宝卷》（又称《报恩真经》）一部一册。

明代黄天道及其教义思想简论 [①]

对中国民间宗教来说，明末清初是一个"新宗派、新宗教、新先知数以百计出现的时代"[②]。在这些林林总总、名目繁多的民间宗教教派中，黄天道是一个承前启后、继往开来的民间宗教教派。黄天道创立者李宾与其后继者构建的教义思想，以及在明末清初所表现出来的截然不同的政治倾向，对明末以来的民间宗教产生了深远的影响。

一

黄天道创立者李宾，乳名解愁子[③]，明正德八年（1513）生。[④] 北直[⑤] 怀安县（今河北怀安）人。父李用，母王琳。[⑥] 七岁时，随父母从怀安县迁居万全卫（今河北张家口万全区）膳房堡。[⑦] 青年时代，在家务农。正德，嘉靖年间，北方蒙古族部落屡次犯边，明政府为此派兵驻守长城，以防边患。

---

① 本文系南开大学承担的国家 985 工程哲学社会科学创新基地建设项目"中国思想与社会研究"子项目"中国宗教思想史"的阶段性成果。
② 恩格斯：《启示录》，《马克思恩格斯全集》第 21 卷，人民出版社，1965 年，第 11—12 页。
③ 李世瑜：《现在华北秘密宗教》，上海文艺出版社，1990 年影印，第 16 页。
④ 连立昌等：《元明教门》，福建人民出版社，2002 年，第 179 页。
⑤ 明朝称直接隶属于京师的地区为直隶。洪武初年，朱元璋建都南京，以相当于今天的江苏、安徽、上海地区为直隶。永乐初年，朱棣移都北京后，将相当于今天的北京、天津、河北省大部和河南、山东小部地区为直隶。于是，自永乐初年起，便将直隶于北京的地区称为北直隶，简称北直；直隶于南京的地区称为南直隶，简称南直。
⑥ 连立昌等：《元明教门》，福建人民出版社，2002 年，第 171 页。
⑦ 连立昌等：《元明教门》，福建人民出版社，2002 年，第 175 页。

嘉靖九年（1530），李宾十八岁时，应征入伍，戍守野狐岭。嘉靖十三年（1534），李宾在一次抵御蒙古入侵的战争中，痛失左目。医治好后，继续在军中服役。后因被诬欠短粮草，受尽酷刑，经大家帮助，补足粮草，被释放回家。[①] 戍边的艰苦生活，痛失左目与被诬受刑的身心折磨，遂使李宾宗教情感油然而生。嘉靖十七年（1538），李宾与其妻王氏开始吃斋念佛，并在万全卫地藏寺拜传习无为教[②] 的周玄云为师[③]，开始修习无为教。经过近二十年的"明修暗炼"，李宾终于在嘉靖三十七年（1558）"悟道成真"，自号"普明虎眼禅师"，创立了黄天道[④]，以"普度九十二亿原人"为己任。

李宾创立黄天道后，便在宣化府属万全卫、怀安县、蔚州（今河北省蔚县）等地讲经说法，传教度人。《普明遗留考甲文簿》记载了李宾最初在宣化府收徒建会情况。据该资料介绍，李宾共建有二十四会，各设会主，即万全右卫会主左天成、吴家庄会主陈聚虎、洪庙儿会主蔡岳、张贵屯会主陈田武、孔家庄会主吕景清、杜家庄会主杜时美、膳房堡会主王世英、新开口会主郭准、头百户会主郭子清、七马房会主刘宝、岳家庄会主秦正、白岔沟会主牛胜、李怜庄会主李朝、窑子头会主赵越、胡家庄会主杨的宽、蔚州城会主杨瑗、潮淘里会主田忠、孟稍岭会主周云、芦子沟会主陈明、广灵县会主赵花、皂里宠会主彭景、辛庄儿会主席中朝、吉家庄会主张添库、宣府城会主李汉英，每个会下又有8个分会[⑤]，共计192个分会。由此可见，黄天道在宣化府的流传盛况。

李宾创立黄天道四年之后，即嘉靖四十一年（1562）[⑥]，死于膳房堡，葬在碧天寺。据清乾隆年间查办黄天道案的直隶总督方观承上报朝廷的奏折中

---

① 李世瑜：《现在华北秘密宗教》，上海文艺出版社，1990年，第16—17页。

② 无为教是明清时期最大最有影响的民间宗教教派，又称罗教、罗祖教、罗道教等。明成化十八年（1482），山东莱州府即墨县人罗清创立。其主要经卷是《五部六册》，即《苦功悟道卷》《叹世无为卷》《破邪显正钥匙卷》（两册）《正信除疑无修正自在宝卷》《巍巍不动泰山深根结果宝卷》。

③ 《普明古佛遗留灵符真宝经》："普明传法是何人？你怎么修炼来？传法是周祖玄云，传与我卯酉香功。"

④ 《佛说利生了义宝卷》："戊午年，开道场，普明佛，归本乡，身体舍弃在龙天上。""戊午年，受尽苦，丹书来召；大开门，传妙法，说破虚空。"《普静如来钥匙通天宝卷·钥匙佛如来蕴空妙法第十六》："普明佛，戊午年，通传大道"；"普明佛，戊午年，开荒下种。"戊午年，即嘉靖三十七年。

⑤ 连立昌等：《元明教门》，福建人民出版社，2002年，第176页。

⑥ 《太阳开天立极亿化诸佛归一宝卷》，濮文起主编：《民间宝卷》第2册，黄山书社，2005年。

介绍："膳房堡之西碧天寺，四面环山，基址颇大。寺门镌刻'祇园'二字。一、二、三层供立佛、坐佛等像。三层东、西两壁，绘画李宾平生事迹。后层高阁上匾额中间，题'先天都斗宫'，东边题'玉清殿'，西题写'斗牛宫'。阁前石塔十三层，高三丈六尺，周十二步，称为'明光塔'，以李宾号普明，其妻号普光也。"① 由此可见，当年碧天寺的繁盛景况。

李宾死后，被教内尊为普明佛、普明老祖、普明如来佛、无为祖等，又被信众比作太阳，故名太阳圣翁，俗名古佛老爷爷。在黄天道宝卷中，普明被说成迦叶所化："迦叶如来化普明"；又认为普明是弥勒佛化身："皇极古佛即普明如来"，"弥勒化普明"②；亦称普明乃药师古佛化现，肩负着普度众生的重任："普明禅师，流传三元二义，普度九十二人缘。"③

李宾死后，黄天道传人有两支。

一支是其妻王氏与其两女及次女之女。

王氏，法号普光。北直顺天府昌平州顺义县（今北京顺义区）人。嘉靖元年（1522）或嘉靖二年（1523）生。④ 隆庆三年（1569），"通传妙法"。万历四年（1576）死，被教内尊为普光祖、普光尊、普光如来佛，又被信徒比作月亮，故名太阴圣母，俗称老母奶奶。王氏死后，与李宾合葬碧天寺。⑤ 从此，碧天寺成为黄天道圣地，三百余年，香火不绝。

李宾与王氏生有二女，都嫁与康家。王氏死后，先由长女大康李氏、法号普净承继教权；大康李氏死，又由次女小康李氏、法号普照接续传灯；小康李氏死，将教权传与其女米康氏，法号普贤。这就是黄天道内崇拜的五位"佛祖"，即普明佛、普光佛、普净佛（俗称大姑奶奶）、普照佛（俗称二姑奶奶）、普贤佛（俗称米姑奶奶）。

约从清康熙初年起，黄天道教权复归李氏家族，由李宾胞兄李宸四世孙李蔚执掌，被信众尊为普慧佛。李蔚死后，传其弟李贲；李贲死后，传其孙李昌年。乾隆八年（1743），李昌年死，教权由李蔚孙李遐年继承，直到乾

---

① 《军机处录副奏折》，乾隆二十八年三月二十九日，直隶总督方观承奏折。
② 《普明如来无为了义宝卷》《虎眼禅师遗留唱经卷》。
③ 《太阳开天立极亿化诸佛归一宝卷》。
④ 《普明古佛遗留灵符真宝经》："普光佛在于何处？什么年降生？什么年的法？壬午、癸未降凡间，度众生无边无涯。"壬午即明嘉靖元年（1522），癸未即嘉靖二年（1523）。
⑤ 《军机处录副奏折》，乾隆二十八年四月十六日，钦差大臣兆惠奏折所附李遐年供词。

隆二十八年（1763）清廷严办黄天道止，教权一直掌握在李氏家族手中。

李宾、王氏在世时，曾亲传一位异姓继承人①，即黄天道另一支传人 —— 郑光祖。

郑光祖，字云僧，号明镜。北直顺天府昌平州顺义县人。生年不详。父母早丧，务农为生。嘉靖后期，拜李宾夫妇为师，法号普静。万历六年（1578），开始传教，万历十四年（1586）去世。教内奉为普净佛、钥匙佛，尊为黄天道九祖②，是除万全李氏家族之外的另一支黄天道教首，曾使黄天道远播江南，并衍生出著名的长生教。③

二

明嘉靖三十七年（1558），即李宾创教的当年，便吐经《普明如来无为了义宝卷》④，上下两卷，三十六分。该部宝卷所表现出来的宗教思想，深受无为教影响，卷中充斥着"无为""无生"的说教："无为奥妙，好一个黄天圣道"⑤；"悟彻无为生前理，万姓原是一华生"⑥；"无为妙法一性空，能生万像众群真"⑦；"无为祖发慈心，独驾孤舟化贤人；有缘得千里来会，无缘得对面难逢"⑧；"返本还原，同证无生大道"⑨；"修行了义，妙达无生，依时取真经，时时熬炼要放松"⑩；"访悟无生大道，参拜明眼真师"。⑪上述内容可以说

① 《普静如来钥匙通天宝卷·钥匙佛如来开内外五行分第五》："弥勒佛，拨开得乾坤转，三元圣祖，三心一转，普明、普光、普静现，收元了道进朝元。"
② 普静为黄天道九祖之说，出自长生教。该教派认为，黄天道与长生教传自达摩祖师，至六祖慧能，此后教法湮没无闻。无生老母"忆念悲哀""暗传妙法"，派太初古佛于嘉靖年间临凡北直，是为七祖普明，续传普光为八祖，又传普静为九祖。
③ 濮文起：《秘密教门：中国民间秘密宗教溯源》，江苏人民出版社，2000年，第84—87页。
④ 目前，我们能够见到的《普明如来无为了义宝卷》，是经过李宾外孙女普贤删改后的刊本，濮文起主编：《民间宝卷》第2册，黄山书社，2005年。
⑤ 《普明如来无为了义宝卷·开经偈·桂枝香》。
⑥ 《普明如来无为了义宝卷·龙尊王如来分第四》。
⑦ 《普明如来无为了义宝卷·宝火如来分第七》。
⑧ 《普明如来无为了义宝卷·宝月如来分第八》。
⑨ 《普明如来无为了义宝卷·开经偈》。
⑩ 《普明如来无为了义宝卷·释迦牟尼如来分第一》。
⑪ 《普明如来无为了义宝卷·现无愚如来分第九》。

与无为教教义思想一脉相承，也在行无为法，追求的也是无生境界。

《普明如来无为了义宝卷》还接受了无为教的三世三佛思想，认为"九十二人缘，过去佛度了二亿，此是道尼；见（现）在佛度了二亿，乃是僧尼释子；后留九十二亿，皇极古佛本是圣人转化，全真大道乃是在家菩萨悟道成真"。"皇极古佛即是普明如来"。① 其目的是为了神化李宾，将他说成是受无生老母差遣临凡普度众生的救世主。

与无为教相比，《普明如来无为了义宝卷》更重视修炼内丹，以冀长生的道教理论。在该部宝卷中，大讲阴阳、日月、宫卦、丹药、铅汞、采补、调息、性命、长生等道教功夫，通过"昼夜行功"②，兼修性命，达到结丹，一旦丹成，就突破了凡与圣、生与死的界限，即"还丹一粒，神鬼难知，超凡入圣机；包天裹地，运转须弥，功圆行满，体赴瑶池"。③ "炼金丹九转以后，牟尼宝辊上昆仑；金书诏身入紫府，赴蟠桃永续长生"④，这种长生不死的幻境，又被描绘成"天无圆缺""人无生死""无饥无饿""无染无污"，"寿活八万一千岁，十八童颜不老年"⑤，可谓理想至极。其终极目标是为了脱离凡尘，回归家乡，去见无生老母，享受家乡的无穷快乐。

在李氏传人中，只有李宾次女小康李氏即普照留有经卷。小康李氏撰《太阴生光普照了义宝卷》，上下两卷，二十四分。明折装本。原为郑振铎先生收藏，现藏国家图书馆，仅存上卷。从上卷内容来看，作者首先对其亲生父母李宾夫妇，即普明、普光极尽盛赞与崇拜："从原始以来，光明照耀。诸佛、菩萨、罗汉、圣僧、洞府群仙，仗光明而成道。"

其次，自诩为"阴光之首，群星领袖，万圣班头"，暗指自己是继普明、普光、普净之后的黄天道领袖，她要继承祖先，"普复乾坤"，为善男信女点破"出身大路玄机"，"万劫不朽之道"。最后，她告诫门徒："一不谈国王兴废，二不论士马刀兵，三不说年岁浅薄"⑥，引诱门徒进行脱离现实的内丹修炼，以达成仙善果。

---

① 《普明如来无为了义宝卷·释迦牟尼如来分第一》。
② 《普明如来无为了义宝卷·释迦牟尼如来分第一》。
③ 《普明如来无为了义宝卷·宝光如来分第三》。
④ 《普明如来无为了义宝卷·普明如来无为了义分第三十六》。
⑤ 《普明如来无为了义宝卷·离垢如来分第十二》。
⑥ 《太阴生光普照了义宝卷·辟邪显正分第十二》。

小康李氏之女米康氏即普贤曾对其外祖父李宾所撰《普明如来无为了义宝卷》进行过删改，并于万历二十七年（1599）刊行。在删改过程中，米康氏将自己置于与外祖父相同的地位，甚至与其夫自况为"无生父母"，把信仰者比作失乡儿女，要带领他们一起回归彼岸世界的"真空家乡"，同证无生妙境。① 尽管如此，米康氏并没有改变外祖父的宗教思想，而是在提高普明神圣地位的同时，也抬高了自己在神坛上的作用，以利于黄天道的弘扬。

黄天道另一支传人郑光祖即普静曾撰写《普静如来钥匙佛宝卷》。与《普明如来无为了义宝卷》一样，我们现在能见到的《普静如来钥匙宝卷》，也是经过郑光祖弟子删改后的刊本。郑光祖原本为万历十四年（1586）刊刻，六卷五十四分。后经其弟子删定为上下两卷，三十六分，并改名《钥匙经》。② 民国二十一年（1932），五台山普济印刷善书流通处曾印有铅印本。

《普静如来钥匙宝卷》，又称《普静如来钥匙佛通天宝卷》，简称《普静宝卷》或《钥匙佛宝卷》。该部宝卷虽经删定，但郑光祖的宗教思想仍未改变。首先，该部宝卷不仅继承了李宾的三世三佛思想，而且有所发展，公然提出了贬低过去佛、否定现世佛、颂扬未来佛的勇敢论断："燃灯佛子，兽面佛心；释迦佛子，人面兽心；弥勒佛子，佛面佛心。"③ 其中，对现世佛的否定，也就意味着对现实世界的否定，因而具有浓烈的愤世、叛逆精神。其次，该部宝卷建立了由普明、普光、普静组成的所谓黄天道"三普"道统，对凝聚黄天道信众发挥了重要作用。

李宾传人除上述三部宝卷外，目前存世的还有《太阳开天立极亿化诸佛归一宝卷》《普静如来钥匙真经宝忏》。

《太阳开天立极亿化诸佛归一宝卷》，简称《太阳宝卷》，四册，三十六品。折装本。该部宝卷在卷末即《太阳化诸佛如来归一品第三十六》中，以拆字法透露作者，又以干支纪年告知写作年代："太阳老祖出身偈，虎眼禅师亲授持；直指单传称夫子，前法会卷谨遵依；享邑非衣皆欢喜，何人转卷透天机；干一十口门中后，付东一土木童儿；丙申代笔四恩卷，现出燕南一宝珠；卞和三进濮（璞）中玉，君王断背十分悲；上天不负男儿志，出

---

① 《普明如来无为了义宝卷·普明无为了义如来分第三十六》。

② 《普静如来钥匙佛通天宝卷·序》。

③ 《普静如来钥匙佛通天宝卷·钥匙佛如来开三乘分第十八》。

身宝卷代天题；幸际康熙真明主，丁未孟春上元期。"该段偈语所说的"享邑"为郭姓，"非衣"为裴姓，"干一"为王姓，"十口"为田姓。由此可知，该部宝卷先是郭姓、裴姓两位黄天道门徒从虎眼禅师即李宾那里受持，然后由王姓、田姓两位黄天道门徒"转卷"，从"丙申"即清顺治十三年（1656）开始"代笔"撰写，直到丁未即康熙六年（1667）完成，其间经历了十一年。

在该部宝卷中，作者首先把普明、普光分别比作太阳圣翁和太阴圣母："太阳圣翁，外阳而内阴；太阴圣母，外阴而内阳。乃阳不独立，阴不单行，阴阳交泰，藏中和之气。"① 其次，缕述了黄天道道统："说三普者，普明、普光、普静。"认为三普"昼夜常明，普照四大神州，度化群迷，诸佛万祖，都在光中所现"②，是"亿化诸佛归一"的现身佛和救世主。通观全卷，只是在阐述黄天道的基本教义，没有什么大的发展或突破。

李宾夫妇在世时，反对"只求有相的有为之法"，如念经垒忏，修庙建塔等。但是，李宾夫妇相继死后，郑光祖则一反祖训，在提倡修炼内丹的同时，广行道场。明万历年间刊行的《普静如来钥匙真经宝忏》（四卷），就是为举办道场所编，其内容多为道经所载，没有什么创新。

三

为了取悦封建统治者，黄天道在传教初期，曾在政治上颂扬皇权，极尽阿谀奉承之能事。《普静如来钥匙宝卷·序》云："净手焚香告上天，文武康太（泰）得自然；愿保四方同安乐，有道皇王万历年。"接着，又为皇亲国戚、满朝文武祈福祝寿："一报天地盖载恩，二报日月照临恩，三报皇王水土恩，四报父母养育恩，五报五方常安乐，六报六国永不侵，七报文武迁高转，八报人民永安乐，九报九祖升天早，十报三教范师恩。"因此，有明一代，黄天道从未被朝廷查禁，曾在北直、山西一带广为流传。但是，进入清

---

① 《普明如来无为了义宝卷·普明无为了义如来分第三十六》。
② 《太阳开天立极亿化诸佛归一宝卷·太阳化三普如来归一品第三十五》。

代以后，由于清廷在北方实行了极其残暴的"剃发令""逃人法"和"圈地"等政治、经济政策，损害了扎根于直隶、山西一带的黄天道的切身利益，因而促使黄天道放弃了拥戴清政权的立场，提出了"走肖（赵姓）传与朱家，朱家传与李子（黄天道李氏家族）"①的天下禅让说，企图以谶纬思想鼓动人心，达到其登基称帝之目的。当然，这只是在教内说说而已，并没有什么实际意义。因为依据黄天道当时的宗教实力，它的这种宗教预言是根本实现不了的，不过是一种痴心妄想而已。好在它宣扬的这个谶语，只是在教内秘密流传，尚未引起清廷的注意。

然而，好景不长。乾隆八年（1743），直隶官府查获丁至、孙耀宗等人在山西传习黄天道，因此案并未深究到万全县李氏传教中枢，故仅将丁至、孙耀宗二人照律流徒，烧毁了搜缴的黄天道经板、经卷、偈语等物。②十九年后，即乾隆二十七年（1762），孙耀宗从流地返回直隶后，继续从事传教活动，再次被直隶官府侦破，并由此深究到万全县黄天道李氏传教家族及其该教派圣地——碧天寺。乾隆二十八年（1763），清廷派遣协办大学士兆惠作为钦差大臣亲往万全县碧天寺主办此案。是年四月初六日，兆惠亲临碧天寺，"饬令多集人夫"，将明光塔连夜拆毁，并未发现普明夫妇棺尸，"随将弥勒殿中间深掘入土一丈六尺有余，始行锹获尸骨"，"随将二尸骸骨囊至郡城，投弃城外车道，寸磔扬灰，宣示众庶。其碧天寺屋宇，并令拆为平地，以涤邪业"，"康李氏二女、米康氏外孙女三塔"，"查验拆毁，所获尸骸，悉照普明，一律碎锉"。对于身为贡生，却充当黄天道教首并已死去的李蔚，兆惠更是决不放过，称其"生当会首，死窃佛号，诳诞僭妄，莫此为甚"。同样要"毁坟起棺，锉尸示众"。其他人犯，如碧天寺住持李继印，"照大逆凌迟律处死"；曹生泰因"实属同恶相济"，故也"一体凌迟处死"；教徒王进贤、吴自显等则被斩立决。③一场对死人的寸磔扬灰和对活人的血腥屠杀，就是因为宗教信仰的不同而在"乾隆盛世"的历史舞台上粉墨登场了。

经过乾隆年间的这次沉重打击，相传七代，历时二百余年的李氏传教家族遂至衰落。但是，李氏传教家族的被清除，并不意味着黄天道的被彻底消

---

① 《军机处录副奏折》，乾隆二十八年四月初七日，兆惠等奏折。
② 《军机处录副奏折》，乾隆八年四月初九日，署直隶总督史贻直奏折。
③ 《军机处录副奏折》，乾隆二十八年四月十三日，兆惠等奏折。

灭。乾隆三十三年（1768）七月，直隶怀来县黄天道头目崔有发、阎兆贵、梁万明欲复兴黄天道，案发被捕。乾隆五十二年（1787），在山西长子县也发现田景盛传播黄天道。嘉庆十八年（1813），直隶万全县人直隶怀来县黄天道头目崔有发、阎兆贵、梁万明欲复兴黄天道，案发被捕。直隶万全县人任时花、任时贵兄弟随李春治修习黄天道被逮。嘉庆二十五年（1820），山西天镇县又出现黄天道复兴活动。[1] 到了光绪元年（1875），黄天道终于再度大兴，碧天寺重建落成，更名普明寺。直到民国时期，膳房堡周围村庄仍有为数众多的黄天道寺庙。[2]

黄天道创立之初，主要在北直宣化府和山西大同府一带流传。明末，黄天道传入京畿；清初，黄天道在京畿一带已经颇为盛行。当时的思想家颜元曾在其所著《四存篇·存人篇》中记载："直隶隆庆、万历前，风俗醇美，信邪者少。在万历末年，添出个黄天道，如今大行，京师府县以至穷乡山僻都有。"自康熙年间始，黄天道传遍华北，并远播江南。黄天道对明末以来的民间宗教世界影响深远，尤其是其教义思想中浓烈的愤世、叛逆精神，对明末清初的东大乘教、八卦教等民间宗教教派更是发挥了宗教思想上的启迪作用。

原载《贵州大学学报》2009年第5期

---

[1] 马西沙、韩秉方：《中国民间宗教史》，上海人民出版社，1992年，第423页。
[2] 李世瑜：《现在华北秘密宗教》，上海文艺出版社，1990年，第10—18页。

天地门教钩沉

　　民间宗教在中国历史发展中的作用与影响，已引起越来越多中外学者的关注。但中外学者在论述清代民间宗教时，很少提到天地门教，间或有人谈及，也往往语焉不详，这主要是有关天地门教的文献资料不多所致。

　　20 世纪 80 年代末，笔者采用社会学的实地调查方法，深入到至今仍有活动的某些乡村，对该教进行了一次较为全面的考察。通过两年多的挖掘与整理，终于掌握了一批鲜为人知的珍贵资料，经过一年的比较研究，始知天地门教不仅在清代民间宗教中占有重要地位，而且对清代乃至近代社会下层民众的精神生活产生过深远影响。本文拟从源流、组织、经卷教义、仪规修持诸方面，将天地门教的有关情况昭示于世。

一

　　天地门教，又名一炷香教，亦称顺天教、金丹如意道，明末清初山东商河县（今惠民县）董家林村人董计升创立。

　　董计升，字四海，创教后，号明扬。生于明万历四十七年（1619）正月初一子时，卒于清康熙二十九年（1690）四月初四寅时[①]，享年七十有一。董氏家族世代务农。董计升的童年与少年时代，正值社会极其动荡不安的明朝末年，同时又是民间宗教活动十分活跃的时期。当时的山东境内，胶东一带盛行无为教，而鲁西北则流传东大乘教（闻香教），苦难的生活和民间宗教

---

① 《百代流芳》墓碑。

活动的影响，使董计升萌生了出家修炼的念头，希冀从宗教信仰中，寻找躲避苦难与永生的途径。于是他在 20 岁左右东渡黄河，来到章邱县（今山东济南章丘区）境内的韵峪庵出家学道。在此期间，他可能读到白莲教某些支派的宝卷[①]，从中受到启发，经过 10 余年的苦苦修炼，即所谓"自参自解，自悟自明"，终于"练就大法，豁然贯通"[②]，于"明末清初，得道离山"。[③]董计升在 31 岁时，即清顺治七年（1650）自创教门，即《天地经》中所说的"清时立教，天地法门"。

董计升创立天地门教之后，便开始明传办道。他先后收了八个弟子，该教经卷《心经》称之为"八大圣师"，依次是李修真、张希玉、马魁元、马开山、刘绪武、杨年斋、石龙池、黄少业。因这八个徒弟是董计升在董家林村所收，故称"林传八支"，又称"林传八支七姓"。"八大圣师"按照董计升所授八卦方向，分别到各地传教。《四字经》说："八大圣师，随祖落世；替祖保教，化度良贤。八方兴起，各有领袖；各奔前程，后辈接连。"

清康熙二十三年（1684），即董计升 65 岁时，因其声誉日隆，被章邱县境内的雪山寺主请去，主持寺务。董计升在上方井修炼时，又收了八个徒弟，号称"山传八支"，依次是徐明扬、董成所、邱慧斗、郝金声、于庆真、蔡九冈、邢振邦、杨超凡。六年之后，董计升在雪山寺物故。临终遗言，立顾铭馨在石龙庵坐山。顾铭馨接任教主位后，执掌天地门教 35 年，于雍正三年（1725）三月初六日去世。自此以后，教主之位虚悬，天地门教八支各成系统，各自活动，各支之间只靠教义维系，没有直接统属关系。

天地门教按八卦分掌宗派的办法，并不是董计升首创，而是源于东大乘教。东大乘教为明嘉靖后期时北直隶滦州（今河北滦州）石佛口人王森所创，是明末重要的白莲教支派。董计升生当明末清初，而天地门教的发祥地又在东大乘教及其分支大乘天真圆顿教颇为流行的鲁西北，因此董计升在自创教门的过程中，自然会接受东大乘教以八卦收徒党的办法，来建立自己的组织体系。他中年时，在董家林村收李修真等八人为徒，自任教主；步入老

---

① 董计升没有留下著述，故无法考证他读过哪些宝卷。我的推测主要根据该教组织体系与教义思想，详后。

② 《心经》。

③ 《根本经》。

年，又在雪山寺收徐明扬等八个徒弟，将衣钵传给顾铭馨，都可以说是对东大乘教组织体系的继承与发挥。

天地门教虽然继承了东大乘教的组织体系，实行"派分八支"，但它并没有在组织内部因袭东大乘教的家族世袭制，而是实行"传贤不传子"的承继制度。董计升在世时，董氏家族没有一人位居八支首领之列。董计升去世后，九宫教主之位又异姓弟子顾铭馨执掌。顾铭馨死后，天地门教虽未再设九宫教主，但各支首领仍遵从祖训，在所属宗派内亦执行教权的"传贤"制。道光年间，董计升后裔董坦企图改变祖制，曾在董家林村建立董氏家族世袭九宫教主的宗教王国，结果很快化为泡影。此后，再没有人敢重蹈覆辙。

另外，天地门教组织内部也不像东大乘教那样等级森严，其教阶只有四层，即教主、圣师、当家师傅和一般教徒。董计升虽被徒众奉为弥勒佛化身，但徒众称之为"董老师"（或"老师傅"），这比起自诩"法王石佛"的东大乘教主王森来，要世俗得多，亲近得多，更能体现下层民众的平等意识。董计升的亲传弟子虽被徒众奉为"随祖降世"、"替祖保教"的"圣师"，但亦被徒众称为"老师"，如"修真老师""希玉老师""开山老师"等等。徒众与他们之间的关系，没有东大乘教徒晋见传头（王森之下的教首）的惕怵心理，只有学生求教老师的崇敬情感。至于"当家师傅"，因为也是"传贤"制的产物，所以他们与徒众之间，只是一般的领导与被领导关系，没有尊卑贵贱之分，教徒之间，互称师傅，或道亲、道友。教内以能者为师，故该教有"一岁为师，百岁为徒"之美谈。

此外，因董计升主张夫妻双修，共同传教，故天地门教内有不少女教徒。为此，董计升设立了女当家，称"金传二支"，俗称"二当家""二师傅"，董计升妻王氏是金传二支之首。各地"二师傅"，有的是"当家师傅"之妻，更多的则是虔诚信奉天地门教者。她们与男"当家"地位平等，共同传教，成为天地门教迅速发展的主要助力。

董计升在执教 40 年中亲传 17 位弟子，即林传八支、山传八支与坐山教主顾铭馨。这 17 位弟子按九宫八卦方向到各地传教。《根本经》对此描述说："真香一炷，云游天边。云南贵州，湖广四川。浙江福建，山东河南。山西六府，直隶河间。州城府县，保定顺天。口里口外，桥河两边。家家户户，村村店店。烧香磕头，礼拜青天。"这显然是夸大虚美之词。实际上，天地门教的传播地区，主要在山东、直隶以及东北诸省。它传播迅速，信者趋之若鹜，则是清代其他民间宗教所无法比拟的。据清代档案记载，天地门教自清初倡教始，至道光十六年（1836）止，已"世愆七代"。^① 至少在清末，天地门教已传到北京。而东北地区"自吉林至山海关内外，以迄张家口一带"，其信仰者"实繁有徒"。^② 另据笔者调查该教时，常听教徒说，时至今日，仍有北京和远至华中、东北地区的信徒到董家林村上香朝拜。由此可见，最迟在清末，天地门教在上述地区已有广泛的群众基础。然而，由于天地门教对"随同修习之人，往来各听自便，并不相强"^③，对信徒采取"来不推，去不留"的做法，致使该教始终没能如后起的八卦教那样，形成一股强大的宗教力量，只是靠教义维系的松散的民间宗教组织。

二

与明清时代的绝大多数民间宗教不同，天地门教没有印本经卷，该教自称"无咒无经"^④，"少经无卷"^⑤，"原人持诵"的是"无字真经"。^⑥ 所谓"无字真经"，乃是天地门教早期传人创作的口头经卷，大部分靠口传心授，代代相传，只有少数写本留世。笔者搜集的天地门教经卷，主要是从当家师傅口述中得到的，这些经卷对探寻天地门教内部秘密极为重要。

天地门教经卷在形式上有经、佛、赞、咒、曲五种，如《大经》《心经》《根本经》《了愿经》《天地经》《大清十字佛》《大赞》《小赞》《往生咒》等。其中，经、佛的内容偏重于宣讲道统、教义，供教徒修持时吟诵；赞、咒主要用于举办各种道场；曲则是劝化世人为善除恶时念唱。这些经卷分别采用四言、五言、六言、七言、八言、九言、十言的句式，长者二三千字，短者只有几百字，不分品，一气呵成，既通俗易懂，又朗朗上口，很适于缺少文

---

① 《军机处录副奏折》，道光十九年十月十二日，吏科给事中周春祺奏折。
② 《朱批奏折》，光绪二十一年三月二十五日，增琪奏折。
③ 《录副档》，嘉庆二十四年十二月十七日，章煦折。
④ 《心经》。
⑤ 《佛偈》。
⑥ 《大经》。

化的下层民众接受与掌握。

　　天地门教经卷全能配上曲牌吟唱，常用的曲牌达 20 余个，即大韵、娃子曲、桂枝香、吹千秋、上小楼、靠三音、老君词、三换头、四换头、皂罗袍、晃影、红衲袄、金字经、红罗苑、慢娃、驻云飞、朝天子、落金锁、挂金锁、山坡羊、黄莺儿、浪涛沙等。伴奏的乐器，即该教所说的法器，早期只有渔鼓与简板，清末民初，才逐渐被龙头琴、铙、钹、鼓、镗钗、笙、管、笛、箫等乐器所取代。

　　从已发掘的天地门教经卷来看，该教教义并没有什么创造，而是沿袭了明代以来白莲教的一般信仰。它也以无生老母为最高崇拜，以弥勒佛为信仰核心，以龙华三会为理想境界。该教认为，无生老母既是世界与人类的创造者，又是人类的救世主。她看到人类遭受种种劫难，常常流露出慈母般的关切与爱抚："家乡老母想起，一阵两泪纷纷。婴儿姹女落世，思量直到如今。"[1] "灵山会，常赞叹，收圆无生母；想婴儿，盼姹女，常将痛泪痕。"[2] 为了使人类免除劫难，回到"真空家乡"——天堂，无生老母派遣弥勒佛降临尘世，化为人身，救度群黎："末劫残年临近，绝然不找出身。所差一人下界，跟找大地儿孙。"[3] "这一番，差何人，前去临东度；无名祖，奉天命，请愿下红尘。"[4] "天差教主，重整乾坤。老祖奉命，转下昆仑。性自东度，脱化董门。"[5] 由此可见，在天地门教那里，董计升是弥勒佛化身，他"归山学道，借假修真"[6]，乃至创立天地门教，都是为了使人类"早赴中原，龙华三会"[7]，回到"真空家乡"，永享幸福平等之快乐："功果圆满，随佛上升。灵山会上，对上合同。陪伴老母，永不临东。逍遥自在，极乐无穷。"[8]

　　然而，如何实现这一理想境界呢？天地门教却抛弃了白莲教信仰中那些具有叛逆性、战斗性的思想，承袭了其克己顺受，即所谓安善的性格，为人

---

[1]　《了愿经》。
[2]　《三教》。
[3]　《了愿经》。
[4]　《三教》。
[5]　《天地经》。
[6]　《天地经》。
[7]　《大经》。
[8]　《心经》。

们描绘了一条通过自我修养，达到改恶从善，回归人类本性，然后"随祖超凡入圣，佛榜挂号标名"的途径[1]，而这一教义在天地门教建立之初，就已经确立了。

天地门教建立前后，正值明清鼎革之际。当时的华北大地，尤其是北直、山东一带，先是明朝军队与李自成农民军交战，继而成为抗清义军与清朝军队的主要战场。兵荒马乱，土地荒芜，白骨遍野，血流殷地，一副惨不忍睹的景象。在这种历史氛围孕育的天地门教，并没有像同时代的其他民间宗教那样打出"反清复明"的旗帜招揽徒众，而是对清朝表示"依礼正行"[2]，帮助清王朝"教化民心"。[3]

那么，天地门教用什么来"教化民心"呢？除了倡导封建伦理道德之外，别无他途。在天地门教经卷中，字里行间充斥着这种说教。如《五大恩》中说："师命为徒坐法坛，唤醒当人玄妙玄。稳稳坐在法坛上，几种大恩紧相连。上是青天下是地，地为方来天为圆。阴阳相合生万物，养育大地众良贤。二报地母恩情重，晨夕叩拜谢无盘。三报皇王水土远，种地早耕果课完。有道皇王有道世，太平天子太平年。君正臣忠民安乐，黎民百姓乐自然。四报父母恩情重，偎湿就干整三年。……智慧君子孝父母，敢报劬劳理当然。五报师傅香一炷，了灾不辞忙和闲。……道理撒遍满天下，不度无缘度有缘。"这分明是康熙皇帝圣训"敦孝弟以重人伦""私乡党以息争讼""明礼让以厚风俗""完钱粮以省催科"的通俗解说，正与封建统治者倡导的伦理道德一拍即合。因此，天地门教的社会作用已无异于佛、道正统宗教了。对此，连清统治者也有同感，认为"此教实止图免灾难，其唱念歌词系劝人为善为好，委无煽惑敛钱不法别情"[4]，对其信仰者从未从严处置，"凡能具结改悔，赴官投首，准其免罪"[5]。有清一代，天地门教从未参与过任何一次农民暴动或农民起义，正是其教义使然。

---

① 《往生咒》。
② 《心经》。
③ 《大清十字佛》。
④ 《朱批奏折》，嘉庆二十四年十一月一日，直隶总督方受畴奏折。
⑤ 《军机处录副奏折》，道光十九年十月十二日，吏科给事中周春祺奏折。

三

任何宗教不仅有其思想，而且有仪规修持。因为从仪规修持中透露的宗教观念，比起少数宗教理论家的思想更能体现宗教的特质。天地门教也规定了自己的仪规修持，并通过仪规修持使其教义传播开来。

所谓仪规，包括仪式与规戒两个方面。天地门教的仪式，主要有吸收信徒和举办圣会两种。其中，尤以举办圣会最为庄重，也最能体现天地门教的教义思想。

天地门教举办圣会亦分两种，一是"报恩圣会"，于每年四月初四即董计升忌辰举办，地点一般设在佛堂，规模较小，举办的目的是纪念董计升的立教恩德，同时也为所有天地门教信徒超度先人亡灵。二是"阖会大众圣会"，于每年十月十五地藏母诞辰和元宵节举办。其中，元宵节圣会场面大，人员多，时间长（正月十四、十五、十六三天），红火而热烈。届时，要高搭彩棚，供上"天地三界十方万灵真宰"即无生老母、"天地君亲师""南无道德师祖"即董计升夫妇、儒释道各种神灵，以及"上祖吾皇万万岁"牌位，悬挂"十殿阎王图"和"老子八十三化图"，摆上清茶美酒、供果香烛。白天鼓乐喧天，香烟弥漫，善男信女顶礼膜拜；夜晚烟花竞放，犹如白昼，男女老少喜庆元宵。辛勤一年的农民借此机会欢乐一番，祈求神灵保佑来年风调雨顺，五谷丰登，大人孩子无灾无病。

天地门教吸收信徒，最初并不讲究，如董计升收李修真为徒时，堆土插草为香，磕头拜师，仪式比较简单。随着天地门教迅速发展，其入教仪式也日益规范化。有欲入教者，先须有本师，即引进师介绍，待当家师傅允准后，择日（一般在举办大小圣会时）举行收徒仪式。届时，佛堂正中摆上"天地三界十方万灵真宰"和"天地君亲师"牌位，供桌上设摆香炉和供品。当家师傅带领本师、徒弟直跪供桌前，先由当家师傅取香一根，向老师傅（董计升）禀告，然后把香给本师，由本师点燃供上。本师再取香一根给徒弟，让徒弟自己点燃供上，即所谓"赤子单传一根"。[①]在香烟袅袅上升之

---

① 《了愿经》。

际，当家师傅向新教徒提出各种问题，如为何入教？能否遵守教规，诚心修炼？新教徒须一一回答，当家师傅首肯，从此便成为天地门教正式教徒。但因该教对教徒采取"来不推，去不留"的做法，故这种问答式的誓愿对教徒并没有多大的约束力。

在清代民间宗教中，天地门教是少数不主张戒食荤酒的教门之一，正如《三教》中所说："吃酒肉，不忌口，门是方便门。"那么，天地门教的戒律是什么呢？《佛偈》中说：

> 别的门教，吃斋把素；天地门教，酒肉齐行。……吾师传法，也有戒律；吃斋巧会，吃斋不同。眼要吃斋，非礼勿视；非礼勿听，两耳装聋。开口不说，非言非语；鼻孔吃斋，嗅气不成。手要吃斋，钱财不取；足要吃斋，粪地不行。身要吃斋，王法不犯；心要吃斋，意马上绳。吾师传法，浑身戒律；只怕世中，男女不能。……积善之家，天降吉庆；积恶之家，天理不容。学好走的，祖家大道；逢凶化吉，福寿康宁。

由此可见，天地门教戒律是以儒家伦理道德作为蓝本，把儒家的非礼勿视、非礼勿听、非礼勿言、非礼勿动的道德说教作为戒律，并辅以佛教的因果报应，从精神上驱使广大教徒按照封建宗法观念去言和行。

但是，应当看到，天地门教戒律在长期的历史发展中，对该教教徒确曾发挥了某些道德约束作用。如旁花不纳、邪财不取、邻里和睦、家庭美满、与人为善等具体戒条，都被该教信徒视为美德而奉行不渝。这在以小农经济为基础的封建社会中，无疑是一种调整人际关系，达到团结互助，求取生存而采取的必要手段。

天地门教认为，其信徒"俱是前天龙华三会人"[1]，要想避免三灾（水、火、风）、五魔（狐狸、黄鼬、刺猬、长虫、老鼠）的缠绕，就得按照教内规定的修持法则进行修炼。只有这样，才能"幸赴龙华三会"，否则就会死掉。天地门教的修持主要有：一是在董计升忌辰时，要到董家林村其坟前崇拜；二是每日烧香磕头，名曰"功夫"，或曰"四合功""长远功"；三是为

---

[1] 《了愿经》。

人治病祈福，天地门教内有一个规矩，即有病不吃药，烧香上供，念经派功，求"天地君亲师"保佑，特别是求老师傅保佑，这对于那些久病不愈，尤其是精神或心理方面的病人，更相信其念经派功的治疗功效。

四

天地门教为什么自诞生之日起，就教化信徒甘当顺民，因而成为有清一代民间宗教中最为保守的教门呢？

在天地门教问世的清顺治年间，华北大地就已存在着多种民间宗教，如无为教、黄天道、红阳教、西大乘教、东大乘教等。这些民间宗教均产生于明代中末叶，"皆讳白莲之名，实演白莲之教"[1]。值得注意的是，这些教门创立初期，为了取得合法地位，大都攀附上层社会，如正德年间的无为教曾受到武宗的恩宠而风光一时；嘉靖年间的黄天道因为皇亲国戚歌功颂德而获准在北京刊行宝卷；隆庆年间的西大乘教信徒中，竟有神宗之母李太后；万历年间的东大乘教与红阳教也曾因结交宫廷权贵而大行其道。这些教门便乘机混迹佛、道间，"四方各有教首，谬称佛祖，罗致门徒，甚至皇都重地，辄敢团坐谈经，十百成群，环视聚听"，且以进香为名，踵接于路，旌旗蔽日，金鼓喧天，形成了一种对明朝政权的异己力量，因而引起了明朝统治者的极大恐慌，"以为缁衣、黄冠之流者正酝酿之以成绿林、黄巾之变者也"。[2] 于是，下令严加禁止。这些教门虽被查禁，但以无为教为代表的教门竞相攀援上层社会的风习，却随着明末清初民间宗教活动的蓬勃发展而流传下来。天地门教创立伊始，便表示拥护刚刚建立的清王朝，正是这种传统风习的影响与延续。

自汉以降，儒学始终是封建统治阶级崇奉的正统思想，佛、道二教又始终是封建统治阶级倡导的正统宗教。为了从思想上、精神上束缚下层社会广大民众，达到封建王朝长治久安之目的，儒、释、道互相结合，发挥了很

---

① 《明神宗实录》卷五三三，万历四十三年六月庚子，《明实录》，上海书店，1984年。
② 《明神宗实录》卷五九四，万历四十八年五月己巳，《明实录》，上海书店，1984年。

大的作用。儒学提供了"善"与"恶"的标准；佛教"因果"说告诉人们犯"恶"和行"善"在死后和来世的报应；道教则说神鬼监视着人们的一言一行，一"念"之"善"，神必佑之，一念之"恶"，鬼必缠之，人们必须遵守社会规范。儒、释、道用世俗化的形式，将这种半是劝诱、半是恐吓的宗教说教渗透到下层社会的各个角落，因此在广大民众中形成了恪守封建伦理纲常的被动意识、保守的惰性心理、安分守己的依附性格，以及追求稳定、平安的生活态度。

作为主要是抒发下层民众宗教情感的民间宗教，其教义也明显地反映了这种落后意识与人生态度。民间宗教除了在社会动荡之际，具有策动农民暴动、起义这一特殊性格外，其他与佛、道二教基本相同。在平静的岁月里，民间宗教作为儒、释、道的补充，在下层社会发挥了儒、释、道所起不到的作用，明中叶以来出现的无为教、黄天道、西大乘教、东大乘教、红阳教等，都曾充当过这种角色。这就是中国民间宗教的双重性格——反叛与安善兼而有之。天地门教创立之时，引导人们只关心今生福禄与来世安排，企盼在现实的皇权统治下，改变痛苦的人生境遇，正是民间宗教双重性格中安善性格的集中表现。这也是天地门教为何能在有清一代大多数民间教门不断遭到查禁与镇压的形势下，反而行教如常的根本原因。

正因为如此，天地门教在清代民间宗教中占有重要地位。因为天地门教建立于清初，并未像其他民间教门那样屡遭禁断，所以明末以来流传的有关无生老母、弥勒佛、龙华三会等白莲教信仰，及其以八卦收徒的组织形式，便以它为媒介在清代民间宗教中传播开来，特别是对清代华北地区影响巨大的八卦教，还与它有师承关系（另文专论）。因此可以说，天地门教是明末白莲教到清代白莲教各种支派的过渡桥梁。

也正因为如此，天地门教对有清一代，尤其是对清代华北地区下层社会的影响，较之其他民间教门要大得多，也深远得多。天地门教不仅是清代华北地区唯一从未改换名称，亦未变更教义的教门，而且是清代华北地区主要教门之一。天地门教虽不是正统宗教，但它却发挥了比正统宗教更为有力的社会功能。一方面，它鼓动起下层民众对无生老母的狂热崇拜，尽管无生老母不是正统宗教的神仙佛祖，她披的是民间服饰，但她同样是宗教偶像。另一方面，它以封建伦理道德与因果报应、鬼神观念相结合的宗教思想教化下层民众，因而造成了下层民众长期的愚昧、麻木与落后，延误了下层民众的觉醒，对历史发展造成了非常消极的影响。

令人深思的是，时至今日，在我国北方的某些乡村，天地门教仍有着相当数量的信徒。据笔者对现存天地门教的调查与研究来看，之所以造成这种社会现象，除了历史原因之外，现实乡村教育不力和乡土民众科学知识贫乏也是重要原因之一。因此，类似天地门教这样古老的民间宗教便容易复兴并传播起来，而人们对命运的非理性理解和文化心理的适应性，也使他们极容易转入民间宗教信仰中去。因此，要成功地指导乡土民众步入现代社会，就应该打破城乡文化以及理想的意识形态与乡民社区自身观念体系的长久隔离。①

原载《天津社会科学》1993 年第 1 期

---

① 庄孔韶：《福建陈靖姑传奇及其信仰的田野研究》，《中国文化》1989 年第 1 期。

天地门教调查与研究

前　言

　　天地门教创立于清初鲁西北，清中叶以后，迅速传遍华北诸省，并远播东北等地，在下层社会有着深厚的群众基础和顽强的生命力，是清代华北地区最大的民间宗教之一。

　　近年来，天地门教在清代乃至近现代社会中的作用，已引起了有关学者的注目，并发表了一些涉及该教的著作，但某些论述总觉语焉未详。究其原因，笔者认为这些著作依据的资料基本是清代档案，而清代档案对天地门教的记载又不如其他民间宗教如八卦教那样系统、周详，这就给研究者探讨天地门教造成了困难。

　　从事任何研究，必须详细地、全面地占有资料。要想对天地门教进行深入研究，仅仅依靠现存清档是不能奏效的，应该另谋他途，从民间挖掘资料。于是，笔者自1989年春季始，采用社会学的田野调查法，深入到至今仍有天地门教活动的河北省南部某些乡村，与该教信徒广交朋友，直接参与他们的各种宗教活动，因而取得了他们的信任，掌握了许多鲜为人知的珍贵资料，尤其是记录下该教一直口传心授的大量经文、咒语。1991年春，笔者又实地考察了天地门教的发祥地山东省惠民县联伍乡董家林村（清代属商河县），通过与该教创教祖师董计升后人接触、了解，进而掌握了董计升生卒年月的第一手资料。经过两年的调查与研究，并参证有关文献档案，使笔者对天地门教创立的历史环境、源流组织、宗教思想、聚会仪式、戒律规范、信徒构成、社会功能、现实活动以及与清代华北地区其他民间宗教师承关系等问题，有了一个比较清晰的了解。现整理报告如下，以飨读者。

一、天地门教创立的历史环境

天地门教是在怎样一种历史环境与传统风习下创立的呢？这是首先应当说清的。

对此，天地门教经卷《大明十字佛》中有过生动描述：

> 自大明，天启爷，世道衰微；
> 大众生，男和女，没有好心。
> 父不慈，子不孝，兄弟不睦；
> 夫不贤，妻不正，并无一心。
> 将仁义，礼智信，全抛无有；
> 就知道，钱中用，使心用心。
> 贪酒花，恋财气，迷了本性；
> 为名利，损坏了，天理良心。
> 有圣人，空留下，诗书经卷；
> 良言语，不能劝，世人回心。
> 人不正，天不顺，末劫轮尔；
> 降三灾，生五魔，搅乱人心。

在天地门教《四字经》中，也有类似描述："自从明终，天意不顺；五魔出世，缠绕人烟。"这正是明清鼎革之际，天下大乱，道德沦丧的真实写照。

明末清初，华北大地尤其是北直、山东一带，先是明朝军队与李自成农民军，继为抗清义军与清朝军队的主要战场。当时，兵荒马乱，土地荒芜，白骨撑天，血流殷地。明末活跃在"燕南赵北"（今河北西南部）的龙天道曾在其《家谱宝卷》（卷下）中记录了这段历史：

> 壬午、癸未、甲申、乙酉，这四年苦痛伤情。眼睁睁子母不顾，你东我西，夫妇不能相顾。壬午年，粮米短缺，斗米万千。木子当来，牛

八退位，先受魔障。癸未年，山西、陕西大变乾坤，人民遭殃。甲申年四月间，牛八退位，有影无踪。燕京大闹，皇城内外，尽都火焚。大兵盗宝，扫就路，古月又来占乾坤。忧愁土寇着慌，反乱世界。人民惊怕，人死大半。

......

下元甲子，三年五载，百病齐侵，父逃子散，夫妇不能相聚。十三省州府县店道乡村，人民都作无头之鬼。人吃人肉，白骨遍地。......

田地抛荒，牛羊死尽，苦上加苦。①

壬午即明崇祯十五年（1642），癸未即明崇祯十六年（1643），甲申即清顺治元年（1644），乙酉即清顺治二年（1645）。"木子"是指李自成，"牛八"是指朱明王朝，"古月"合而为胡，是指清王朝。《家谱宝卷》（卷下）以生动的语言，描绘了一幅惨不忍睹的历史画卷。

对此，清初的封建统治者也不讳言：

比年以来，烽烟不靖，赤地千里。由畿南以及山东，比比皆然。②

山东地土荒芜，有一户之中，止有一、二人，十亩之田，止种一、二亩者。③

然而，清朝统治者为了维护满洲贵族的特权地位，在定鼎北京不久，便颁布了"圈地令"，致使北直、山东、山西大量良田被满洲贵族圈占，而"剃发令"的强制推行，更是伤害了汉族人民的民族感情，因而激起了北直、山东人民的反抗。其势如燎原烈火，并势连苏北、山西：

近来，土贼窃发，民不聊生，如直隶顺德府，山东济南府、德州临清州，江北徐州，山西潞安州、平阳府、蒲州八处。④

---

① 李世瑜藏本。
② 《清世祖实录》卷十四，顺治二年二月戊辰，《清实录》第 3 册，中华书局，1986 年，第 128 页。
③ 《清世祖实录》卷十三，顺治二年春正月己丑，《清实录》第 3 册，中华书局，1986 年，第 119 页。
④ 《清世祖实录》卷二十，顺治二年九月己巳，《清实录》第 3 册，中华书局，1986 年，第 181 页。

而且，这些反清起义彼伏此起：

> 北直接壤山东、河北一带，盗贼日炽，商贾不前，耕桑失时。兵到，则东剿西逋；兵撤，则勾连复起。①

这就是天地门教创立时的历史环境。可是，在这种历史氛围中孕育的天地门教，并没有像同时代出现的其他民间教门那样，至少应该打起"反清复明"的旗帜以招揽徒众，而是在清朝尚未一统天下之际，便匍匐在新的封建王朝脚下，表示"依礼正行"②，帮助清王朝"教化民心"③，因而成为有清一代民间宗教中最为保守的教门。这是为什么呢？笔者认为主要是由于传统风习的影响与民间宗教的双重性格所致。

在天地门教问世的清顺治年间，华北地区就存在着多种民间教门，如无为教、黄天道、红阳教、西大乘教、东大乘教（闻香教）等。这些民间教门均产生于明代中末叶，"皆讳白莲之名，实演白莲之教"。值得注意的是，这些教门创立初期，为了取得合法地位，大都攀附上层社会，如正德年间的无为教曾得到太监的资助而使其五部真经刊刻行世，嘉靖年间的黄天道也因为皇亲国戚歌功颂德而使其宝卷在北京刊行，隆庆年间的西大乘教信徒中竟有神宗之母李太后，万历年间的东大乘教（闻香教）与红阳教也曾因结交宫中权贵而大行其道。这些民间教门便乘机混迹佛、道间，"四方各有教首，谬称佛祖，罗致门徒，甚至皇都重地，辄敢团坐谈经，十百成群，环视聚听"。这些民间教门且以进香为名，踵接于路，旌旗蔽日，金鼓喧天，形成了一种对明朝政权的异己力量，因而引起了明朝统治者的极大恐惶，"以为缁衣、黄冠之流者正酝酿之以成绿林、黄巾之变者也"④，明廷于是下令严加禁止。这些民间教门虽被查禁，但以无为教为代表的民间教门竞相攀附上层社会的风习，却随着明末清初民间宗教运动的蓬勃发展而流传下来。天地门教创立伊始便表示拥护刚刚建立的清王朝，正是这种传统风习的影响与延续。

---

① 《清世祖实录》卷四十五，顺治六年八月丁酉，《清实录》第3册，中华书局，1986年，第361页。
② 天地门教《心经》。
③ 天地门教《大明十字佛》。
④ 《明神宗实录》卷五三三，万历四十三年六月庚子，《明实录》，上海书店，1984年。

自汉以降，儒学始终是封建统治阶级崇奉的正统思想，佛、道二教又始终是封建统治阶级倡导的正统宗教。为了从思想上、精神上牢笼下层社会民众，达到封建王朝长治久安之目的，儒、佛、道互相结合，发挥了很好的教化作用。儒学提供了"善"与"恶"的标准，佛教"因果"说告诉人们犯"恶"者来世变牛变马，死后堕入十八层地狱，行"善"者死后进入西方极乐世界，来世也能投胎好人家；道教则告诉人们神鬼监视着人们的一言一行，一念之"善"，神必佑之，一念之"恶"，鬼必缠之，人们必须遵守这种社会规范。因此，在广大民众中形成了一种恪守封建伦理纲常的被动意识、保守内向的惰性心理、安分守己的呆板性格以及追求稳定而平安的小康日子的生活态度，致使中国古代农民长期处于愚昧、保守，甚至驯服、麻木、自卑之中。

生长在中国封建社会土壤中的民间宗教，深受这种落后意识与人生态度的影响，除了在社会动乱之际，具有策动农民暴动、农民起义这种特殊性格之外，其他方面与佛、道二教基本相同。在平静的岁月里，民间宗教作为儒、佛、道教的补充，在下层社会发挥作用，明中叶以来涌现出来的无为教、黄天道、西大乘教、东大乘教、红阳教等，都曾充当过这样的角色。这就是中国民间宗教的双重性格 —— 叛逆与安善兼而有之、交替表现的性格。天地门教创立之时，无视明末清初激烈的阶级、民族斗争，厌倦举旗造反的社会动乱，引导人们关心今生福禄与来世安排，企羡在新的封建王朝统治下，改变痛苦的人生境遇，正是民间宗教安善性格的典型表现。

二、天地门教的源流组织

（一）创教祖师董计升生卒年月与创教时间考

有一种说法，认为天地门教创始人董计升生于明万历四十七年（1619），卒于清顺治七年（1650），只活了 31 岁，并由此断定天地门教创立于明朝末年，这是根据清代档案记载而下的结论。[1]

---

[1] 马西沙：《清代八卦教》，中国人民大学出版社，1989 年，第 33 页。

　　据笔者实地考察，除了董计升生年与这种说法相同之外，其卒年与创教时间均与这种说法相左。根据有二：

　　其一是天地门教经卷《心经》。该部经卷是笔者从天地门教内部获得，由当家师傅口授整理，是了解天地门教产生与发展的直接资料。关于董计升的生卒年月与创教时间，《心经》是这样记载的：

> 吾师奉命，辞别无生。受那如意，下了天宫。
> 漂漂荡荡，自行投东。投胎转世，济南山东。
> 商河宝县，董家林中。大明己未，元旦新正。
> 子时半夜，认母降生。金乌玉兔，十数余冬。
> 四大缠绕，路遇迷蒙。有人高叫，半悬空中。
> 得香一炷，下苦修行。三十二岁，得了功成。
> ……
> 康熙庚午，圣朝大清。四月初四，老祖知情。
> ……
> 四十年整，才满回程。金童接引，圣驾回宫。
> 七十二岁，涅槃归空。

　　其二是清末光绪年间董计升后人、门徒为董计升与其妻王氏所立"百代流芳"墓碑。此碑是 1991 年笔者在山东省惠民县联伍乡董家林村董计升后人猪圈旁发现，几经周折，才将碑文录下，是说明董计升生卒年月的实物资料。碑文如下：

> 万历四十七年正月初一日子时生
> 皇清处士讳计升字四海四世祖行四董公之墓
> 康熙二十九年四月初四日寅时卒
> 天启三年九月初九日□□生
> 皇清待赠孺人王老太君之墓
> 康熙二十九年八月二十四日申时卒
> 九世孙邑庠生毓春奉祀

光绪二十八年岁次壬寅花时中浣穀旦立 ①

《心经》上的"大明己未，元旦新正。子时半夜，认母降生"，"康熙庚午，圣朝大清。四月初四，老祖知情"，"七十二岁，涅槃归空"，与墓碑上的"万历四十七年正月初一日子时生"，"康熙二十九年四月初四日寅时卒"正相一致。由此可以确定，董计升生于明万历四十七年（1619）正月初一，卒于清康熙二十九年（1690）四月初四，享年七十有一（《心经》上所说的七十二岁，乃是民间虚岁记法）。天地门教的创立时间，也不是明朝末年，而是《心经》是所说的"三十二岁，得了功成"（这里的三十二岁仍是民间虚岁记法）。恰好是清顺治七年（1650），即董计升三十一岁时创立天地门教。由此可以确定，董计升创立天地门教的时间是在清初。

（二）董计升家世与创教历程

董计升，字四海，创教后，号明扬。"百代流芳"墓碑称董计升为四世祖、兄弟排行第四。据董氏家谱记载，一世祖董随、二世祖董天亮、三世祖董进增、四世祖董计升。所居村落原名常王庄，属清代武定府商河县，因董计升创教成名，改称董家林 ②，董氏家族世代在此居住。

董氏家族世代为农，董计升的童年与少年时代，正值草木为枯、易子而食的明朝末年，同时又是民间宗教十分活跃的时期。当时的山东境内，胶东一带盛行无为教，而鲁西北则流传闻香教。苦难的生活和民间宗教的熏陶，使董计升萌生了出家修炼的念头，希望从宗教的神秘主义中寻找躲避苦难和永生的途径。于是，在他二十岁左右，背井离乡，东渡黄河，来到章邱县境内的韵峪庵出家学道。对此，天地门教经卷《根本经》有过描述：

> 舍妻抛地，子女孙男。丝毫不挂，弃舍归山。
> 隐姓埋名，不知那边。寻找出路，旷野深山。

---

① 碑文上有两字残缺，无法辨认，用"口"表示。
② 天地门教经卷《三教》中说："一段光，星落在，山东武定府；商河县，常王庄，改叫董家林。"

在此期间，董计升可能读到民间宗教的某些宝卷①，从中受到启发，开始了自创教门的历程。为此，他有过一场装讽悟道的表演，这在天地门教的许多经卷中都有介绍。如《往生咒》：

> 佛祖怜悯慈悲，天命老祖临东。
> 借假修真成道，法力奥妙无穷。

《了愿经》：

> 假装疯魔一道，修出真性披身。

《天地经文》：

> 归山学道，借假修真。

《四字经》：

> 借假修真，修炼如意。

董计升经过十余乃年的苦苦修炼，即所谓"自参自解，自悟自明"，终于"炼就大法，豁然贯通"，②于"明末清初，得道离山"③，在他三十一岁时自创教门，即《天地经文》中所说的"清时立教，天地法门"。

（三）天地门教名称由来与流衍

天地门教名称很多，不下十余种，如一炷香、天门一炷香、如意门一炷香、金丹如意道、花会、灯会、老人会、还愿会、天地门、天地会、顺天教

---

① 董计升没有留下著述，故无法从中考证他读过哪些经典。笔者这一推测，主要是根据天地门教教义，详后。
② 天地门教《心经》。
③ 天地门教《根本经》。

等。究竟哪一种是天地门教初创时的名称？

笔者认为天地门教初创时的名称应是金丹如意道。据已故董计升十世孙、惠民县天地门教第十二代传人董泰刚说："无生老母令董四海下凡，创立金丹如意道。"董泰刚为董计升嫡系子孙，世居董家林，又为天地门教传人，此种口碑资料当为可靠，亦与天地门教经卷吻合。如《心经》："吾师奉命，辞别无生；手拿如意，下了天宫。""通天如意，三教一同。"又如《根本经》："僻静之处，打坐参禅；参禅打坐，炼成金丹。"又如《四字经》："借假修真，修炼如意；明时劝道，清时开传。"又如《大明十字佛》："清如水，明如月，分文不取；来不推，去不留，如意德心。"另据清代档案记载："此教因随同学习之人往来各听自便，并不相强，又称如意门。"① 从上述口碑与文字资料中可以看出，董计升自创教门时，深受无为教的影响，同时也吸取了道教的修炼方术。因清初禁止无为教，董计即道教中的修炼术语金丹命其教名。

天门一炷香、如意门一炷香，简称一炷香，是金丹如意道的通俗叫法，也是流传最广的教名。一炷香，系佛教用语，焚香敬礼之意。天地门教经卷中"真香一炷"词句用次数最多，作用也最大。如《心经》在讲述董计升修炼时，忽然听到"有人高叫，半悬空中"。于是，"得香一炷，下苦修行。三十二岁，得了功成。"又如《根本经》在讲述董计升传道时说："明末清初，得道离山。真香一炷，云游天边。"《大经》也有同样的叙述："炼出真香，随身携带，南寻北找，单找原人。"《三教》亦说："炼成了一炷香，洒遍满天下；南里寻，北里找，单找有缘人。"

笔者在调查天地门教时，曾多次亲身体验该教举行的各项宗教活动，不论是规模盛大的道场如正月十五圣会，还是一般的日常祭典如许愿还愿等，在举行各项仪式时，首先焚上一炷香。据该教信徒说，燃上一炷真香，不仅可以请来天上诸路仙佛和各位师祖，而且"真香逢愿了愿，逢孽一扫除根"②。既然董计升是靠"真香修炼，慧眼耀睁"③，并因此而立教，且"传下真

① 《军机处录副奏折》，嘉庆二十四年十二月十七日，章煦折。
② 天地门教《了愿经》。
③ 天地门教《心经》。

香，普撒乾坤"①，逢愿了愿，逢孽扫除，那么，用"一炷香"作为教名，就更符合广大信徒的宗教心理。因此，一炷香教名便流传开来，反而比董计升创教初期的金丹如意道教名叫得更响。

天地门一名，在该教经卷中，也多次提到，如《大明十字佛》：

> 老师傅，幸落在，山东鲁地；弃红尘，苦修炼，道德清心。
> 独立下，方便道，天地法门；了三灾，除五魔，善劝人心。

《天地经文》中亦有"清时立教，天地法门"的叙述。又，天地门教教义思想中最崇拜天地，认为没有天没有地，人类就无法生存，天地之恩，无穷无尽，要经常"设摆香茶美供，酬谢天地之恩"②。因此，该教信徒家中都常年供奉"天地君亲师"牌位。该教并有《五大恩》经卷，专门讲述天、地、君、亲、师大恩大德，要信徒们知五恩报五恩。另据该教信徒传说，董计升下凡时，背上刻有"天地君亲师"五个大字，于是该教就加以供奉，故又称其教为天地法门。

从天地门教三种名称的由来可以看出，"天地门"宗于儒家尊天法祖思想，"一炷香"源于佛教，而"金丹如意道"取材于道教，儒佛道三教合一，通过该教三种名称表现出来，既反映了明末清初的思想潮流，也透露了该教的宗教思想。由于该教"派分八支"③，各支传人所用教名各有习惯，故大体说来，山东一带称一炷香，河北一带称天地门，董计升创教初期的教名金丹如意道，则因年代久远较少使用了。

至于花会、灯会、老人会、还愿会、天地会等，则是天地门教名的流衍。花会、灯会是因天地门教在元宵佳节办会时连放三夜灯花而得名。老人会系因天地门教为有丧之家办会、还愿会系因天地门教为许愿"灵验"之人办会，故此得名，由此也可以看出天地门教的部分社会功能。天地会是教外群众对该教的一种称谓，系因该教举办各种法会而得名，与清代南方盛行的

---

① 天地门教《天地经文》。
② 天地门教《了愿经》。
③ 《军机处录副奏折》，道光十九年十月十二日，吏科给事中周春琪奏折。

民间结社毫无关系。

顺天教一名源于《三教》："独一人，驾孤舟，设立顺天教；吃酒肉，不忌口，门是方便门。"所谓"顺天"，当然是服顺大清之天，在伦理道德上维护封建秩序。从这一教名，也可以看出天地门教的政治倾向。

（四）天地门教的组织体系与传播地区

董计升于清顺治七年（1650）创立天地门教之后，便开始明传办道。他先后收了八个徒弟，按照八卦方位确定他们的传教方向与组织体系。《心经》上说：

> 真香一炷，奥妙无穷；八大圣师，各将船撑。
> 修真李师，位居正东；传下真香，大道升腾。
> 希玉张师，道坐丙丁；兴开大道，道业兴隆。
> 魁元马师，正西道兴；真香灵应，搭救众生。
> 开山马师，道坐坎中；降妖除魔，斩鬼除精。
> 绪武刘师，东北虚登；镇守巽地，年斋杨公。
> 龙池石师，坤地道兴；西北奥妙，少业黄公。
> 四面八方，各劝门生；处处兴旺，代代升腾。

八大圣师依次是李修真、张希玉、马魁元、马开山、刘绪武、杨年斋、石龙池、黄少业。以上八个徒弟是董计升在董家林时所授，故称林传八支七姓。八大圣师都是山东、河北一带的贫苦农民和手工业者，只有李修真家道殷实。据天地门教信徒说，李修真为董家林邻村豆腐王村人，起初并不信奉天地门教，只因董计升保住了他家的一场麦子没被大水冲走，才皈依了董计升，成为董计升的大弟子。从此，李修真抛家舍业，一直跟随董计升云游布道。张希玉，商河县张家道门人；马魁元，河北盐山县人；马开山，河北庆云县大马务村人，木匠；刘绪武，今惠民县庙黄村人；杨年斋，今济阳县新桑家杜村人；石龙池，今商河县李石村人；黄少业，今济阳县平庄村人。八大圣师按照董计升所授八卦方位，分别到各地传教，即《四字经》上

所说的:

> 八大圣师，随祖落世；替祖保教，化度良贤。
> 八方兴起，各有领袖；各奔前程，后辈接连。

现以笔者在河北省沧州调查的天地门教组织系统为例，介绍一下该教的传承世系。沧州为马开山传教地区之一。清初，马开山领受师命后，便按照坎卦方位向北传教。他先后在天津、清河、沧州收了四个徒弟，依次是孙泰和、赵宪武、刘候平、李龙江。李龙江即是沧州天地门教的传人。其当家师傅世系如下：

李龙江（沧州南门外小李庄人）→刘立三→涂品一→涂宗禹（道号圣先，经卷主要由他传下开的）→涂永庆→涂永升→涂大经→陈世明→涂恩庆→涂本金→涂国忠→涂恩柱→涂德龙→涂德文→涂尚义→×××，至今已有十六代。

同时，因董计升创教后主张夫妻双修，共同传教，故天地门教中有不少女信徒。为此，天地门教创立时，董计升就设立了女当家，称金传二支，俗称二师傅，董计升妻王氏是金传二支之首，正如《大明十字佛》中所说："老天爷，不忍地叫民受罪；亲差下，二圣人，教化民心。"这里所说的"二圣人"是指董计升与其妻王氏。沧州天地门教在李龙江时，已设立二师傅，其世系如下：

崔氏→刘氏→孙氏→邱氏→赵氏→赵氏→高氏→郑氏→张氏→王氏→王氏→林氏，至今也已传了十三代。

清康熙二十三年（1684），即董计升六十五岁时，因其声誉日隆，被章邱境内的雪山寺主李公请去，主持寺庙。董计升在上方井修炼时，又收了八个徒弟，号称山传八支，依次是徐明扬、董成所、邱慧斗、郝金声、于庆真、蔡九冈、邢振邦、杨超凡。六年之后，董计升在雪山寺物故。临死遗言，立顾铭馨在石龙庵坐山，即接任教主之位。

关于顾铭馨接续衣钵，还有一段戏剧性的故事。《根本经》说：

> 祖身故去，无人坐山。

人心不服，万事由天。

天意公断，拈阄在先。

……

道法公断，铭馨监管。

……

替师掌教，扫孽除奸。

《佛偈》中描述得更为具体、生动：

天命老祖轮东渡，八大圣师将船拉。

法船行到雪山寺，树木山林青压压。

师徒大家进古洞，修真养性炼道法。

有位师傅本姓顾，表字铭馨双眼瞎。

老祖命他将柴打，漫山坡前瞎划拉。

摸着枝杆下把攥，未从动手将他扎。

打柴一捆回家转，师兄道弟眼皮眨。

众人打了盆和碗，一口同音赖着他。

顾师听说忙承认，无故叫他受降吧。

老祖早知其中意，何不今日显道法。

叫声铭馨睁双眼，玻璃掉在土地下。

明眉大眼好福分，后来就是你当家。

老祖说罢涅槃去，师兄道弟将阄抓。

天命顾师来掌教，众人一齐不服他。

一怒出了雪山寺，走上草峪炼道法。

石龙庵上出妖孽，晴天白日打呱啦。

吓得众人漫散了，惊动山下山主家。

请了顾师来到此，见面挖眼将皮扒。

腰断三截石龙坏，师傅一部好道法。

降龙伏虎一部道，师傅大道人敬夸。

读来颇似禅宗六祖慧能故事重演。由此可见，董计升物故后，教内争夺教主的斗争相当激烈。

顾铭馨接任教主后，执掌天地门教三十五年，于清雍正三年（1725）三月初六日去世。可能接受乃师教训，也可能未来得及指定由谁接续传灯，顾铭馨死后，教主之位虚悬。从此，天地门教八支自成系统，各自活动，各支之间只靠教义维系，没有直接统属关系。

天地门教按八卦分掌宗派的办法，并不是董计升首创，而是源于大乘天真圆顿教。该教创于明天启四年（1624），创始人张某，人称弓长祖，河北霸县人，为东大乘教教主王森三传弟子。入清以后，该教按九宫八卦把其教分为三宗五派、九杆十八枝。三宗五派是乾卦宫、坤卦宫、震卦宫、巽卦宫、坎卦宫、离卦宫、艮卦宫、兑卦宫，另外还有中央宫、戊己宫。中央、戊己两宫由教主张某即弓长祖掌握，其他三宗五派则由他的八位弟子分掌。八位弟子受命按各宫方位，分别到全国各地开教度人，各宫都必须度进九亿六千三百万教徒才算足数。《销释接续莲宗宝卷》就是该教专讲分宗定派、三宗五派九杆十八枝的经卷，在明末清初民间宗教中流传颇广，影响很大。

董计升生当明末清初，在创立天地门教过程中，自然会接受当时颇为流行的以八卦收徒党的办法，来建立自己的组织体系。他中年时，在董家林收李修真等八人为徒，自任教主；步入老年，又在雪山寺收徐明扬等八个徒弟，将衣钵传给顾铭馨，都可以说是对大乘天真圆顿教九宫八卦组织体系的继承与发展。

董计升四十年中亲传了十七位弟子，即林传八支、山传八支与坐山教主顾铭馨。这十七位弟子按照九宫八卦方位到各地传教。《根本经》对此有如下描述：

真香一炷，云游天地。
云南贵州，湖广四川。
浙江福建，山东河南。
山西六府，直隶河间。
州城府县，保定顺天。
口里口外，桥河两边。

> 家家户户，村村店店。
>
> 烧香念佛，礼拜青天。

以上描述，显然是夸大之词，正如该教内部传说顺治皇帝是由董老师傅送往山西五台山出家的故事一样，都是为了尊大自己的一种宣传手段。实际上，天地门教的传播地区主要在北京、山东、直隶及盛京、吉林诸省。但它传播迅速，信者趋之若鹜却是清代其他民间宗教无法比拟的。据清代档案记载，天地门教自清初倡教始，至道光十六年（1836）止，已"世怂七代"。[①]至少在清末，天地门教已传到北京。而东北地区"自吉林至山海关内外，以迄张家口一带"，其信仰者"实繁有徒"。[②]另据笔者调查该教时，常听信徒说，时至今日，仍有北京和远至华中、东北的信徒到董家林上香朝拜。由此可见，最迟在清末，天地门教在上述地区已拥有众多信徒。

三、天地门教教义、仪式、戒规、经卷

（一）天地门教教义

天地门教的宗教信仰是什么？我们最好还是从其经卷中寻找答案。

《了愿经》：

> 家乡老母想起，一阵两泪纷纷。
>
> 婴儿姹女落世，思量直到如今。
>
> 末劫残年临近，绝然不找出身。
>
> 所差一人下界，跟找大地儿孙。
>
> ……
>
> 共有千门万户，各家认祖归根。
>
> 后有收圆大会，逍遥共受福臻。

---

① 《军机处处录副奏折》，道光十九年十月十二日，吏科给事中周春琪奏折。

② 《朱批奏折》，光绪二十一年三月十五日，增琪奏折。

《三教》：

> 灵山会，常赞叹，收圆无生母；
> 想婴儿，盼姹女，常将痛泪痕。
> 这一番，差何人，前去临东度；
> 无名祖，奉天命，请愿下红尘。
> 一段光，星落在，山东武定府；
> 商河县，常王庄，改叫董家林。
> 独一人，驾孤舟，设立顺天教；
> 吃酒肉，不忌口，门是方便门。

《往生咒》：

> 随祖超凡入圣，佛榜挂号标名；
> 幸赴龙华三会，立名永绪长生。

《心经》：

> 功果圆满，随佛上升；灵山回首，对上合同。
> 陪伴老母，永不临东；逍遥自在，极乐无穷。

《天地经文》：

> 天差教主，重整乾坤。老祖奉命，转入昆仑。
> 性自东度，脱化董门。归山学道，借假修真。
> 传入真香，普撒乾坤。

《大经》：

> 炼出真香，随身携带；南寻北找，单找原人。

......

　　早赴中原，龙华三会；千门万户，标名挂号。

　　上述经文中所说的"家乡老母""末劫残年""天差教主，脱化董门""南寻北找，单找原人""早赴中原，龙华三会""认祖归根""永绪长生"，均源于明代中叶白莲教的宗教信仰。那么，白莲教的宗教信仰又是什么呢？

　　与佛、道两个上层社会官僚士大夫提倡的宗教不同，生长在下层社会即农民大众中的民间宗教的集大成者白莲教，一方面由于历代封建统治者的严厉禁断，一方面也由于本身的宗教素质不高，其宗教理论体系的最后形成，曾走过漫长、曲折的历程。自东汉末年最早的民间宗教太平道、天师道出现以后，大约经过千年的孕育，到南宋时才犹如百川汇海定型为白莲教。但诞生不久的白莲教，还未来得及建构自己的宗教理论体系，便卷入了激烈的政治斗争，成为元末农民大起义的旗帜。朱明王朝建立后，严禁白莲教，白莲教被迫转入地下，又为生存而抗争。自明朝中叶始，历代皇帝笃信宗教，非佛即道，或佛道相兼，在全国上下掀起一场宗教信仰狂潮。而此时的明朝，政治腐败，经济凋敝，灾害频仍，民不聊生。于是，白莲教乘势而起，开始营造自己的宗教理论体系，其主要标志是改头换面的白莲教——无为教创始人罗清《五部经》的问世。此后，又经过白莲教另一支派大乘天真圆顿教弓长、木人等人的丰富和发展，使其日臻完善。大约明代末叶，一个系统的白莲教教义终于形成了。这就是由"真空家乡，无生老（父）母"——宇宙观与创世说；"燃灯、释迦、弥勒三佛掌世与青阳、红阳、白阳龙华三会"——历史观与现实解脱论；"入教避劫"与"十八子之谶"——组织与动员农民起义的战斗口号等内容组成的宗教理论体系。

　　"真空家乡，无生老（父）母"，这八个字概括了白莲教的宇宙观与创世说。白莲教认为，宇宙之初，混然一团，什么也分不出来，称作混沌。在混沌之上，有一个地方，叫云城，也就是"真空家乡"即天堂。那里住着一位无生无灭、不增不减、不垢不净、至仁极慈的能够创造一切也能毁灭一切的神，称为"无生老母"即上帝，她开始使混沌分出天地日月、两仪四像、五行八卦，创造了山川河海、草木禽兽和万物之灵人类。

无生老母开天辟地，创造了人类，本想让人类在世界上好好生活。但是，世界上还有一种对立的力量——魔鬼。魔鬼使人失去本来灵性，生出奸歹险恶之心，成了坏人，世界因此弄得乱七八糟。于是，无生老母又造了九十六亿好人，称原人，又叫佛子、贤良子、皇胎儿女，将他们降到世上，希望他们重新整顿这个世界。可是，这次又使她很伤心。这九十六亿原人同样受了魔鬼的迷惑，玉石不分了。无生老母一气之下，决定派遣燃灯佛、释迦佛、弥勒佛三位佛祖依次降临人世，把原人度回云城，回到自己的身边。

为此，无生老母把世界从时间上分成三个时期，即认为宇宙自开辟起到最后为止，必须经历三个时期，这三个时期依次是青阳时期、红阳时期、白阳时期，又称龙华初会、龙华二会、龙华三会。青阳时期（龙华初会）代表过去，命燃灯佛掌世；红阳时期（龙华二会）代表现在，命释迦佛掌世；白阳时期（龙华三会）代表未来，命弥勒佛掌世。每期之末，将要道劫并降，降道度回原人，降劫收杀恶人。

于是，燃灯佛、释迦佛先后下降凡尘，执行老母神圣旨意。但是，由于燃灯、释迦二佛办理不力，在青阳时期（龙华初会）和红阳时期（龙华二会）仅度四亿原人还剩下九十二亿原人留在尘世受难，而且许多恶人也没有消灭。这时青阳、红阳时期已经过去，龙华初会、龙华二会也已经召开，无生老母就将度会九十二亿原人的任务，都交给了弥勒佛，命他在白阳末期一次完成，叫作"末后一着"。亦称"总收圆"。与青阳、红阳二期不同，白阳末期度会的九十二亿原人不是回归云城，而是要将云城降临人间，弥勒佛要在云城降临凡世时，召开龙华三会，届时九十六亿原人与无生老母团聚一堂，称为"归根认母"。在云城降临之际，要降下大劫，又称三期末劫，即水、火、风三灾齐降，所有恶人都被消灭。大劫过去，龙华三会召开之后，那将是一个黄金铺地，永享幸福生活的极乐世界。

这个任务既重且大，弥勒佛将如何完成呢？首先，他要亲自下凡，化为人身。白莲教许多支派教主自称"弥勒佛转世"，即源于此。还要天上的星宿神佛诸如观音、济公、达摩、地藏、老君、吕祖、关帝、太白金星、孔子、唐僧以及五百罗汉、二十八宿等一齐下凡化为人身，称作"知识"，帮助弥勒佛办理"末后一着"。化为人身的弥勒佛要开创一个教派，他就是祖师，那些知识担任传道师，到各地建立佛堂，大开普度，并宣称他的道是唯一的无生老母降下的最后一次真正的大道，所有其他教派都是邪门歪道，已经加入其他教派的，这次也都要重新加入他的道。否则，就会永堕苦海，不能参加龙华三会，也就不能永享幸福快乐。

为了组织和动员农民起义，白莲教又提出了"入教避劫"与"十八子之谶"的战斗口号。

"劫"作为一种宗教观念，原出于佛教。佛教大力宣传劫难，其目的是为了说明世界成坏无常，灾难重重，从而为其逃避现实、寻求死后精神解脱的说教提供理论根据。白莲教吸收了佛教的劫难观念，但却给予了新的解释与改造。在白莲教的劫难思想里，已经看不到佛教的那种消极遁世的劫难观念，看到的只是充满积极涉世的斗争精神。白莲教把劫难解释为封建社会现实弊端的反映。如大乘天真圆顿教在其经卷《古佛天真考证龙华宝经》中说："说下元，甲子年，末劫来临。辛己年，又不收，黎民饿死。癸未年，犯三幸，瘟疫流行。""四大天王不管世，天神放了四风轮。地水火风一齐动，折磨大地苦众生。"下元甲子即明天启四年（1624），癸未年即崇祯十六年（1643），这些年头，确实是天灾人祸相继而来，人民生活极端困苦，社会极其动荡不安，所谓末劫，即是这一现实的综合反映。

在劫难面前，白莲教主张要顺应天意，"入教避劫"，为改变自己的苦难现实去斗争。而各地的白莲教教首都是无生老母差遣下凡救度众生的弥勒佛，只有听从他们的召唤，才能幸赴龙华三会，步入人间乐园。

所谓"十八子之谶"，即李姓当主天下之意。它作为"入教避劫"口号的补充、升华，更具革命性与鼓动性，在民间有广泛的影响，曾被明代许多次农民起义所采用，甚至被统帅百万雄师的李自成所接受，成为明末农民大起义的战斗口号。

以上就是白莲教宗教信仰的概貌，以此与天地门教经卷中所表现出来的宗教信仰相比较，就不难看出，所谓"家乡老母"即"真空家乡，无生老母"的缩写；"末劫残年"即"三期末劫"的沿用；"天差教主，脱化董门"即"弥勒佛转世"的翻版；"南寻北找，单找原人"、"早赴中原，龙华三会"、"认祖归根"、"永绪长生"，更是照搬白莲教的宗教概念。由此可以说明，天地门教是遵循白莲教宗教信仰建立起来的民间教门，或者说是白莲教的一个支派，但它却是清代白莲教支派中最为保守的支派，它抛弃了白莲教宗教信仰中那些具有叛逆性、战斗性的思想，却因袭了白莲教宗教信仰中克己顺受即所谓安善的性格。它的整个教义，贯穿着一条封建伦理道德的主线，其本质就是鼓吹"忠孝"二字，为清政府教化顺民。我们仍以其经卷为证，如《大明十字佛》：

世俗人，为什么，落灾落难；心不正，气不顺，烦恼伤心。
生瘾病，长歹疮，疼痛难忍；投明师，烧真香，全要真心。
改了恶，从了善，灾消病退；既学好，既得要，一扑纳心。
头一件，在堂前，顺情孝道；别辞勤，别辞劳，竭力尽心。
二一件，兄弟们，一心伙计；兄疼弟，弟敬兄，全要一心。
三一件，夫妇和，教训儿女；别动打，别动骂，善劝齐心。
在外边，积阴功，多行方便；戒律着，再别起，争斗之心。
世俗人，总待咱，千般不好；要忍耐，总和人，莫起歹心。
讲道德，说仁义，挑选话重；中不偏，永不移，上和天心。
讲天堂，说地狱，不离方寸；或修福，或做业，自在本心。
善贤习，恶而退，天地之理；天有心，地有心，万物有心。
看草木，心一坏，枝叶不旺；世上人，为什么，不长好心？
贤孝心，良善心，感动天地；凶恶心，奸狡心，怒恼天心。
自古来，善恶报，分毫不差；智慧人，参的透，速速回心。
忙了来，别忘了，道德二字；闲了来，润呼吸，与不欺心。
眼不观，非礼色，花红柳绿；耳不听，非礼言，就不动心。
口不说，是非话，不丧德性；足不走，是非地，定性稳心。
养成了，精气神，精气不散；长上了，智慧灯，见性明心。
一世里，保平安，洒落吉庆；到后来，陪师祖，方才称心。
念这份，十字佛，普劝大众；或修福，或做业，自在本心。

又如《五大恩》：

师命为徒坐法坛，唤醒当人玄妙玄。
稳稳坐在法坛上，几种大恩紧相连。

上是青天下是地，地为方来天为圆。

阴阳相合生万物，养育大地众良贤。

二报地母恩情重，晨夕叩拜谢五盘。

三报皇王水土远，种地早耕果课完。

有道皇王有道世，太平天子太平年。

君正臣忠民安乐，黎民百姓乐自然。

四报父母恩情重，偎湿就干整三年。

养育幼子协肩抱，淘气领在外边玩。

娇生惯养成人大，不知花费多少钱。

智慧君子孝父母，敢报劬劳理当然。

五报师傅香一炷，了灾不辞忙和闲。

智慧君子自参谢，烧香本是忙挪闲。

道理撒遍满天下，不度无缘度有缘。

有缘千里来相会，无缘对面不相言。

人有好心天不昧，天爷师傅偏疼咱。

念到此处算分偈，剪断节说就算完。

这分明是康熙皇帝圣训："敦孝弟以重人伦""私乡党以息争讼""明礼让以厚风俗""完钱粮以省催科"的通俗解说，正与封建统治者倡导的伦理道德一拍即合。因此，连清廷也认为"此教实止图免灾难，其唱念歌词系劝人为善为好，委无煽惑敛钱不法别情"。[①] 对其信仰者，从未从严处置，"凡能具结改悔，赴官投首，准其免罪"[②]，有清一代，天地门教从未参与过任何农民暴动或农民起义，对封建官府逆来顺受，自甘屈辱，正是其教义使然。

（二）天地门教仪式

任何宗教不仅要有思想，而且应该有仪式。因为从仪式中透露的宗教观念，比起少数宗教理论家的思想更能体现宗教的特质。天地门教既然是宗

---

① 《朱批奏折》，嘉庆二十四年十一月一日，直隶总督方受畴奏折。

② 《军机处录副奏折》，道光十九年十月十二日，吏科给事中周春琪奏折。

教，当然也规定了自己的仪式，并通过仪式把其教义传播开来。

据笔者调查，天地门教仪式主要有吸收信徒和举办圣会两种，其中，以举办圣会最为庄重，也最能体现天地门教的教义思想。

天地门教举办的圣会亦分为两种：一是报恩圣会，于四月初四董计升忌日举办，地点一般在佛堂，规模较小，举办的目的主要是为了纪念董计升立教恩德。二是阖会大众圣会，于十月十五地藏母诞辰和元宵节举办。其中，元宵节圣会场面大、人员多，红火而热烈。其整套仪式如下：

元宵节圣会共举办三天，自正月十四晨始至十六止。

先于正月十三夜，由当家师傅带领教徒在佛堂焚香磕头，把办会之事禀告于天，请求诸神保佑万事周全。

十四清晨，教徒们一边准备供品，一边高搭彩棚，所需供品和搭棚材料为教徒捐舍或借用。如不搭棚，可用明房三间。

彩棚坐南朝北。棚前五米处，左右各竖立一面黄旗，上画飞虎，俗称"二虎把门"，中间竖立两面红旗，上书"清道"。棚门两旁悬挂大红宫灯两盏。棚顶插有两杆"阖会进香旗"，旗为三角旗，红底白边，中间嵌绣阴阳八卦图案。一进棚门，正中摆设屏桌一面，俗称前坛。上供两块牌位，左为"中国共产党万岁万万岁"，右为"上祖吾皇万岁万万岁"，两边左设日值、时值，右设年值、月值各两块牌位。屏桌背面，自左至右，供有巡坛、韦陀、监坛三块牌位。屏桌右前方设小供桌一条，上摆三代宗亲之灵位，左前方亦设小供桌一条，上摆革命烈士之灵位（自抗日战争到对越自卫反击战牺牲的革命烈士）。棚内左侧悬挂《十王图》右侧悬挂《老子八十三化画传》两套彩绘，俗称吊挂。两套吊挂均出自民间画匠之手，人物形象虽呆板，但能给人以一种阴森恐怖之感。

按早期天地门教没有吊挂之类，如《心经》所说，天地门教"无影无像"，山东一带的天地门教一直保持这个传统。但河北一带的天地门教都有吊挂，大概始于马开山北上传教时期。笔者所见的吊挂重制于清同治二年（1863），可见在此以前就有，因年久破旧而重制。

《十王图》全称《十殿阎君图像》（俗称"水路"），共有十幅。每幅画的主体均为一王，下衬恶人在地狱受刑图像，如有的下油锅，有的割舌头，有的锯身躯等，宣传恶必有报，教人行善修好。十殿阎王依次是一殿秦广王、

二殿楚江王、三殿宋帝王、四殿五官王、五殿阎罗王、六殿卞城王、七殿泰
山王、八殿平等王、九殿都司王、十殿轮转王。《老子八十三化画传》，原有
十幅，现存八幅，缺十至二十化、二十九至三十五化，现存者尚有缺字或无
法辨认之字。其内容如下（缺字或无法辨认之字用"□"表示）：

一化无极生太极	二化现金身
三化尊宗□	四化历劫运
五化开天地	六化隐生灵
七化受王图	八化辨真文
九化垂经教	……
廿一化过函谷关	廿二化教令尹
廿三化会青牛	廿四化□太微
廿五化游诸天	廿六化入阗宾
廿七化王子□	廿八化□□象
……	三十六化藏日月
三十七化游于阗	三十八化留神钵
三十九化诸国□	四十化到天竺
四十一化教舍卫	四十二化授□□
四十三化莫□施	四十四化叩天真
四十五化说浮屠	四十六化授真华经
四十七化赐□丹方	四十八化□□□
四十九化弘释教	五十化教天□□
五十一化教□云星	五十二化训卫生
五十三化教薄书	五十四化传道书
五十五化□沉表	五十六化传正□
五十七化游琅琊	五十八化说斗经
五十九化教飞升	六十化受三同
六十一化授法文	六十二化极□灾
六十三化授神经	六十四化爸□谦
六十五化建岁□	六十六化彰云宝

六十七化□□□　　六十八化黄天原

六十九化帝梦佛　　七十化赐丹方

七十一化□□□　　七十二化传丹诀

七十三化□衣钵　　七十四化□□□

七十五化刻三泉　　七十六化云龙富

七十七化明崖壁　　七十八化□□□

七十九化珍龙角力　　八十化像□□□

八十一化夜间起祥光　　八十二化风□□□

八十三化雷电风雨试

　　从现存六十五化的内容看，似乎是据《老子化胡经》所绘制，而十殿阎王亦出自道教之手。由此可以说明天地门教虽主张"三教一同"，但它更深受道教的影响。①

　　屏桌后约 3 米，设一大条案，俗称后坛，又称大坛，长约 2 米，上摆香炉、木鱼、磬、蜡台、供品（馒头、素菜、糕点、水果、酒、茶等）和一佛牌木架。牌架共分三层，上层神牌自左至右为：太上道德老君、南无释迦文佛、南无燃灯古佛、南无弥勒尊佛、大成至圣先师孔子五位；中层自左至右为：南无地藏菩萨、南无药王菩萨、南无文殊菩萨、南无观世音菩萨、南无普贤菩萨、南无药圣菩萨、南无收圆菩萨七位；下层自左至右为：本境城隍土地、五方五帝真君、玄天上帝荡魔天尊、中元中品赦罪天尊、上元上品赐福天尊、下元下品解厄天尊、敕封大帝伏魔天尊、五湖四海龙神、家宅六神福德九位，总共二十一块神牌。牌架右边悬挂一大型靠壁，长约 2 米，宽约 2 尺，上书"天地三界十方万灵真宰之座"，即无生老母神牌；牌架左边亦悬挂一大型靠壁，长宽相同，上书一对老年夫妇，老年夫妇两侧左马右猿，意为锁住心猿意马，上书"南无道德师祖之座"，即董计升与其妻王氏神牌。大坛左侧悬挂两幅稍小靠壁，上记该教建设情况及捐资者姓名。大坛右侧备有凳子，上放天地门教的法器即乐器，念经时由道爷（专门从事奏乐吟诵经

---

① 笔者在调查天地门教时，当家师傅曾说过天地门教与道教接近之类的话。又，《（民国）天津市概要》记载天津的天地门教号称道教，也属于这种情况。

文的教徒）使用。

一切准备工作就绪，大约已到上午 10 时左右。这时，当家师傅便带领教徒跪在大坛前焚香诵经，请圣赴会。然后，由会头 ① 双手捧持请圣神牌在前，当家师傅率领教徒尾随其后，走出彩棚。刹时，鼓乐喧天，鞭炮齐鸣，众人徐徐来到十字路口，一齐向西方跪下，鼓乐暂息。当家师傅手捧真香，口念《请圣经》：

真香一炷，诚心叩请：
古佛古母、末耶老母、元始老母、
圣始老母、燃灯古佛、释迦文佛、
未来弥勒尊佛、亨哈宿佛、无量尊佛、
一切主（诸）佛，闻香赴会，
率领八大金刚、五百罗汉、
三千揭谛，临坛赴会。
真香一炷，诚心叩请：
元始天尊、无极老祖、太上老君，
闻香赴会，
率领八万四千真人、十万八千散仙、
名山洞府一切贤真，临坛赴会。
真香一炷，诚心叩请：
大成至圣孔子先师，闻香赴会，
率领三千徒众、七十二贤、
盘古至今一切圣贤，临坛赴会。
真香一炷，诚心叩请：
天盘督天教主、玉皇大帝，闻香赴会，
率领三元大帝、五斗真君、
二十八宿、九曜星官、森罗万象、
风云雷电、一切神明，临坛赴会。

---

① 会头，专门从事办会之人，过去常由家道殷实之人担任，一般不在天地门教。

真香一炷，诚心叩请：

云盘元通教主、观世音菩萨、

普贤菩萨、文殊菩萨、药王菩萨、

药圣菩萨、一切众菩萨，闻香赴会，

率领金童玉女，杨柳洒开，圣水降下，

普润乾坤，临坛赴会。

真香一炷，诚心叩请：

地盘幽冥教主、地藏王菩萨，闻香赴会，

率领东岳天齐、十殿阎佛、十八狱主、

七十五师、土公土母、一切地祇，临坛赴会。

真香一炷，诚心叩请：

人天教主、当今皇帝，闻香赴会，

率领忠臣良将，治国安邦。

真香一炷，诚心叩请：

圣盘都会教主、收圆菩萨，闻香赴会，

率领五盘圣中一切主尊，临坛赴会。

真香一炷，诚心叩请：

南山当家老师，闻香赴会，

率领过去一切仙佛，临坛赴会。

真香一炷，诚心叩请：

五洲感应，韦陀护法，

率领监坛、巡坛、十二循环，临坛赴会。

真香一炷，诚心叩请：

东海龙王，闻香赴会，

率领五湖四海一切龙神，临坛赴会。

真香一炷，诚心叩请：

本县城隍、当方土地，闻香赴会，

率领家宅灶王、一切路神，临坛赴会。

真香一炷，诚心叩请：

阖会三代宗亲，闻香赴会，

率领过去一切先人，临坛赴会。

从天地门教所供神牌和《请坛经》中，我们可以看出该教以无生老母为最高崇拜，以董计升为弥勒佛化身，并通过这种直感方式，在广大教徒心灵上树立起对无生老母和董计升至高无上的信仰与崇拜。同时，还表明它在历史上与现实中都积极靠拢统治当局，力求取得合法地位的政治倾向。

《请圣经》念毕，化纸鸣炮，然后在鼓乐声中，由当家师傅率领众教徒请圣入棚。进棚以后，众人在大坛前跪下，当家师傅手捧真香一炷插入香炉，带领众人吟唱《请坛经》：

> 持祖道德妙真经，香焚炉中，
> 执符三界叩请神灵，请玉帝万圣下了天宫。
> 无名老祖率领师尊，今良辰赴圣会拥护门生，
> 善男信女普沾恩情，增福寿保平安福寿康宁。

> 持祖道德妙经文，来请孤魂，
> 焚香化纸咒语经文，来召请三代亲一切亡魂。
> 地藏菩萨即闻五恩，放回那众灵魂好将法闻，
> 接引菩萨方便路神，接引王头引路转家门。

吟唱完毕，便由当家师傅带领道爷唱念经文，间或向进香的善男信女布道。道爷唱念经文称作功课，又分早功课、晚功课。早功课前，要请"执符神"护持办会，晚功课后坛时，要在大坛前送"执符神"，即将神牌烧掉，第一天仪式结束。

第二天，即正月十五，圣会进入高潮。早功课开坛之后，本村和邻村的男女老幼，甚至远至几十里之外的男女信徒，都带上供品、香蜡纸锞，来此烧香、化纸、上供：或求来年风调雨顺、人口平安，或为疾病许愿、还愿。笔者曾目睹了当时的场面，只见彩棚内香烟缭绕，人头攒动，伴以震耳欲聋的鼓乐声和诚惶诚恐的祈祷声，呈现在眼前的是一幅幅虔诚的面孔。其中，既有满脸皱纹的老人，也有稚气未退的少年，既有留着新潮发式、穿着时髦

服装的青年男女，也有身着国家制服、血气方刚的职工，而彩棚外更是信徒云集，敬候进棚上香。威慑心魄的宗教力量，在这里充分表现出来。

正月十六，即第三天，早功课开坛之后，主要有两项活动，一是邀请本村教徒赴会，中午会餐。因故未能赴会的教徒，由圣会派人将食物送到他家。再有余食余款，余食再平分一次，余款留作翌年使用。笔者也曾与他们在一起会餐，饮酒啖肉，谈笑风生，一派知足长乐的祥和气氛。二是烧花送圣，"收圆结果"，"扫愿结坛"。所谓"花"，乃是一纸糊楼阁，内有一纸糊神仙，掌管阴间亡灵钱库。纸糊楼阁柱上写有疏文，俗称"疏瓢子"，疏文如下：

　　疏
　　南赡部洲×××省××县××村信士×××暨领阖庄人等虔诚敬祝
　　皇天大帝
　　诸佛菩萨众位神圣之座前
　　是日谨设清茶五碗素筵一席明香三炉阉香叩愿
　　国泰民安永免刀兵之苦
　　风调雨顺不被旱涝之灾
　　共产党普延全世界 [1]
　　是日笙歌万国普天同庆
　　天朗气清万民同欢
　　如有丢笔错字请誊录仙师更正改清
　　具疏人
　　具疏时　年　月　日

这个仪式在午前举行，由当家师傅带领全体教徒，将"花"由彩棚内抬出，伴以鼓乐与诵经声，缓缓抬到十字路口，即请圣地点，将"花"烧掉，称作"上表挂号"。同时，教徒们也大量化纸，为祖宗亡灵送钱，并鸣放鞭

---

[1]　此语系1947年加写进去的文字。

炮。然后，便是送圣，由当家师傅吟诵《送圣经》：

圣会收圆结果，钱财无量功德，
奉送佛祖转回程，临走多留祥瑞。
拥护善男信女，出于无是无非，
吃穿二字上天给，天降荣华富贵。

阖会人，众信士，义秉心虔；焚明香，香烟起，投于天盘。
趁此时，众佛祖，圣驾未退；阖会人，降心事，重复一言。
居南赡，部洲内，人民中国；河北省，住沧县，方向西南。
×××，可称为，佛经之地；善男女，众信士，不怕花钱。
皆因为，这一年，平安吉庆；无是非，无灾害，四季安然。
才许下，办一道，灯节圣会；酬天地，谢佛祖，师傅恩典。
有信士，真弟子，操办灯会；×××，×××，比辞忙闲。
×××，×××，不辞辛苦；率领着，众阖会，信女善男。
灯节会，规定于，十四开起；十四五，到十六，立会摆坛。
上香茶，供美酒，坛前献意；酬地母，谢龙天，一切圣贤。
阖会人，将心意，表于天地；焚明香，化纸钱，送圣回还。
有一段，瑞祥光，起在云雾；乘着风，跨着凤，转回天盘。
送古佛，与古母，无生老母；老君爷，无极祖，率领回还。
送孔子，七十二，大贤归位；送天盘，玉皇帝，五帝三元。
送云盘，观音母，圆通教主；送地盘，天齐爷，阖佛回还。
送人盘，当今主，忠臣良将；送圣盘，收元祖，三教五盘。
送南山，老师傅，众位师祖；韦陀爷，率领着，监坛巡坛。
送龙王，四海内，龙神归位；送城隍，土地爷，灶君回还。
送阖会，三代亲，高升仙界；佛榜上，标名号，永不临凡。
第一报，上天恩，极其广大；第二报，地母恩，养育良贤。
第三报，当今主，人天教主；第四报，父母恩，理之当然。
第五报，老师傅，真香一炷；保佑着，阖会人，四季安然。
众师祖，临行走，多留祥瑞；保阖会，佑黎民，过太平年。

再求下，老和少，消灾去苦；逢凶事，变吉利，万事周全。

老师傅，降忏悔，放灯化彩；度残灵，三代亲，入圣超凡。

做生意，和买卖，一本万利；生一本，增万利，多赚银钱。

有出门，在外边，求财望喜；参军人，得高升，喜报三元。

年少者，多增福，老年添寿；一辈辈，接续着，子孝孙贤。

万事吉，百事顺，平安吉庆；从今后，一年里，强似一年。

《送圣经》吟诵完毕，即往佛堂向本师祖叩拜，圣会全部结束。

在三天圣会期间，每天夜晚均放灯，十四称鬼灯、十五称神灯、十六称人灯。灯是由绵纸包裹棉籽浸油而成。十四夜间，由当家师傅带领众教徒，由彩棚向大田走去，一路将灯放在路边、田埂、坟头，点点灯火如天上繁星撒满大地，远远望去，煞为好看。十五夜间，仍由当家师傅带领众教徒，从彩棚走出，绕村一周，将灯火撒遍全村，象征着迎神驱鬼。十六夜间，放灯进入高潮，男女老幼倾村出动，跟着放灯队伍一路竞相燃放烟花、鞭炮。银花火树，划破天空，欢声笑语，笼罩全村，辛勤劳作一年的农民借此欢乐一番，祈求新年风调雨顺，人寿年丰。

天地门教吸收信徒，最初并不讲究，如董计升收李修真为徒时，堆土插草为香，磕头拜师，仪式比较简单。随着天地门教势力迅速发展，其入教仪式也日益规范化。新人入教，先须有本师即引进师介绍，待当家师傅允准后择日（一般在举办大小圣会时）举行收徒仪式。届时，佛堂正中摆上"天地三界十方万灵真宰"和"天地君亲师"牌位，供桌上设摆香炉和供品。当家师傅带领本师、徒弟直跪在供桌前，先由当家师傅取香一根，向老师傅（董计升）禀告。然后，把香给本师，由本师点燃供上。本师再取香一根给徒弟，让徒弟自己点燃供上，即所谓"赤子单传一根"[1]。在真香袅袅上升之际，当家师傅向新教徒提出各种问题，如为何入教？能否遵守教规，诚心修炼等？新教徒须一一回答："为治病免灾而入教。""能遵守教规，诚心修炼。"当家师傅点头为是，从此他便成为天地门教正式教徒。

在调查天地门教时，笔者曾亲眼看见一名青年教徒带其五岁儿子入教，

---

[1]　天地门教经卷《了愿经》。

父亲便是儿子的本师。因儿子年幼无知，当家师傅只让这个小孩跪在佛堂，由小孩父亲代替行礼和回答问题，最后小孩磕了三个头，就算入教了。这个小孩入教，是因智力低下。其父亲认为儿子入了天地门教，就会把病治好，变得聪明。

（三）天地门教戒律

任何宗教制定的戒律都是为其教义服务的，天地门教也不例外。与清代大多数民间教门不同，天地门教并不主张戒食荤酒，正如《三教》中所说："吃酒肉，不忌口，门是方便门。"那么，天地门教的戒律是什么呢？《佛偈》中说：

> 别的门教，吃斋把素；天地法门，酒肉齐行。
> ……
> 吾师传法，也有戒律；吃斋巧会，吃斋不同。
> 眼要吃斋，非礼勿视；非礼不听，两耳装聋。
> 开口不说，非言非语；鼻孔吃斋，嗅气不成。
> 手要吃斋，钱财不取；足要吃斋，粪地不行。
> 身要吃斋，王法不犯；心要吃斋，意马上绳。
> 吾师传法，混身戒律；只怕世中，男女不能。
> 心好何在，持荤用素；天堂地狱，原是两层。
> 积善之家，天降吉庆；积恶之家，天理不容。
> 学好走的，祖家大道；逢凶化吉，福寿康宁。

由此可见，天地门教戒律是以儒家伦理道德作为蓝本，把儒家的非礼勿视、非礼勿听、非礼勿言、非礼勿动的道德说教作为该教戒律，并辅以佛教的因果报应，从精神上迫使广大教徒按照封建宗法观念去视、听、言、动，做到"王法不犯"，甘当封建统治下的顺民。

但是，正如任何事物都有其两重性一样，天地门教戒律在长期的历史发展中，也曾对该教教徒发挥了某些道德约束作用，如旁花不纳、邪财不取、邻里和睦、家庭美满、与人为善、奉公守法等具体戒律，都被该教教徒视为美德而奉行不渝。这对于以小农经济为基础的封建社会，不能不说是一种调整人际关系，达到团结互助，为求生存而采用的必要手段，因此有其合理因素。

此外，天地门教在举办各种仪式时，还制定了一些具体戒律，如衣冠整齐，以朴素为尚；进屋上炕，不许脱鞋；低头走路，不许东瞧西看；精神集中，不许闲言碎语；进门当家师傅在前，出门当家师傅在后；吃饭、喝酒时，须先由当家师傅敬奉佛祖；遇事先禀告佛祖，事后须汇报交旨；不到一定时间，不许随便解手；接香要接下半截等，以此来显示天地门教的庄重与礼貌，博得群众的尊敬和信任。

（四）天地门教经卷

天地门教自称"无咒无经"[①]，"少经无卷"[②]，"原人持诵"的是"无字真经"。[③]

所谓无字真经，乃是天地门教早期传人创作的口头经卷，大部分靠口传心授，代代相传，只有少数写本留世。笔者搜集的天地门教经卷，主要是从当家师傅口述中得到的，这些经卷对探寻天地门教内部秘密极为重要。

天地门教经卷在形式上有经、佛、赞、咒、曲五种，如《大经》《心经》《根本经》《了愿经》《天地经文》《大明十字佛》《大赞》《往生咒》等。其中，经、佛的内容偏重于演讲道统、教义，供教徒修持时诵读；赞、咒主要是用于举办各种道场；曲则是劝化世人为善除恶时念唱。这些经卷分别采用四言、五言、六言、七言、八言、九言、十言的句式，长者二三千字，短者只有几百字，不分品，一气呵成，既通俗易懂，有朗朗上口，很适于缺少文化的农民接受与掌握。

天地门教经卷全能配上曲牌吟唱，常用的曲牌达二十余个，即大韵、娃子曲、桂枝香、吹千秋、上小楼、靠三音、老君词、三换头、四换头、皂罗袍、晃影、红衲袄、金字经、红罗苑、慢娃、驻云飞、朝天子、落金锁、挂金锁、山坡羊、黄莺儿、浪淘沙等。伴奏的乐器即天地门教所称的法器，有龙头琴、铙、钹、鼓、铛钗、笙、管、笛、箫等。

---

① 天地门教经卷《心经》。
② 天地门教经卷《佛偈》。
③ 天地门教经卷《大经》。

天地门教在布道时，除了吟诵自己的经卷之外，还常用佛、道的某些经典和劝世歌词。下面一段经文生动地记录了这种情况：

> 想当初，老师祖，降临凡尘；无经卷，无影像，劝化原人。
> 有僧家，和道家，谈理论道；你无有，经和卷，怎立法门。
> 老师祖，回言道，头头是道；我自有，经和卷，仔细听云。
> 论修行，不分经，加功进步；我当人，正正心，传送经文。
> 打开了，宝藏库，真经无数；理对理，真对真，出众超群。
> 头顶着，金刚经，冷言发语；足蹬着，涅槃经，出苦离尘。
> 眼观着，观音经，救苦救难；耳听着，法华经，仔细搜寻。
> 鼻闻着，孔雀经，千变万化；舌谈着，弥陀经，转大法轮。
> 手托着，梁王赞，拔积三代；身披着，大藏经，出苦离尘。
> 怀揣着，拔苦经，功成好大；浑身的，玄妙经，普接祥云。
> 左肩上，三关经，一身法力；右肩上，太皇经，仔细搜寻。
> 参一参，解一解，一身之体；明一明，悟一悟，常养精神。
> 参得透，识得破，朝西大路；越昆仑，破朝夕，得见真人。
> 到后来，跟师祖，归家认祖；到灵山，伴古佛，永不东临。[①]

从这段经文，可以看出天地门教几同佛、道的宗教本质。

四、天地门教的信徒构成

（一）农民与一般劳动群众

与清代其他民间教门一样，天地门教教徒的主体是生活在下层社会的农民大众。

天地门教创立初期，中国正处于清朝定鼎之初。在长达半个世纪的社会大动乱中，农民阶级与地主阶级、清政府与三藩叛乱势力之间进行了一场纵

① 天地门教《佛偈》。

横交错的大搏斗。这场斗争最终还是以农民阶级的失败而告结束。清政权巩固了，农民阶级再度陷入苦难的深渊。为了改变眼前的悲惨境遇，农民阶级便祈求神灵的庇佑，依附于超人的权威，用精神的解脱，补偿现实的痛苦。在这种历史条件下诞生的天地门教，正适应了农民阶级的这种要求，首先在山东、直隶一带农村流传起来。

董计升在董家林所收的八个弟子中，只有李修真一人是个中小地主，其他七位除马开山是个小手工业者外，有六位是山东、河北的贫苦农民，占了董计升林传八支的大多数。"八大圣师"按照八卦方位向各地传教时，所收徒弟仍是世代为农的庄户人家。此后，不论中国政局有什么样的巨大变动，也不论社会制度有什么样的根本改变，天地门教历代传人始终以乡村为主要活动基地，以农民为主要布道对象。

天地门教教徒中，有相当数量的劳动妇女，为此，该教在组织上设立二师傅自成系统以统领女教徒。在中国封建社会，劳动妇女深受神权、政权、族权、夫权的深重压迫，生活在社会的最底层。而在天地门教中，劳动妇女却能享受与男子同等的地位，既没有尊卑之分，也没有贵贱之别。因为世上的女子与男子同为"家乡老母"的"婴儿姹女"，"俱是前天龙华会上人"[1]，只要好好修行，就可以与男人一起"幸赴龙华三会"。

天地门教的这种男女平等观念，深受广大劳动妇女的欢迎，吸引了众多劳动妇女入教修行。广大劳动妇女入教修行，除了与男人具有同样的寻求精神寄托之外，还有一个争取自身解放，借以施展聪明才智的深层意识，而天地门教在这方面满足了广大劳动妇女的思想渴求。

天地门教教徒中，还有不少未成年的少年儿童，他们或受父母影响而入教，或因疾病入教，或无灾无病由父母带领入教，当然也有的是自愿入教。笔者曾看见许多十五六岁的青少年，每当天地门教举办各种宗教活动时，他们都踊跃参加，其虔诚之态度，比起成年教徒毫不逊色。据说，父母让子女入教，一是为了无灾无病，二是为了学好。

---

[1] 天地门教《佛偈》。

（二）道士

天地门教中有不少道士，且多为天地门教传人。董计升山传八支中的邱慧斗[1]、杨超凡二人即为道士。邱慧斗为山东历城县郑家码头三官庙道士，杨超凡为山东章邱县峰峪关帝庙道士，二人师从董计升后，成为早期天地门教的重要传人。

此外，直隶南宫县三官庙，山东禹城县龟台寺、三官庙、七圣堂的道士都传习天地门教，并递衍多代。他们在寺庙内设天地台，焚香膜拜，定期做会，编造劝善歌词，"用渔鼓、简板拍唱，劝人修善"。信徒多人，跪一炷香，望空祈祷，以图治病获福。[2]

也有一些无度牒的云游道士传习天地门教，他们走到哪里，就把天地门教教义传布到哪里。乾隆四十年（1775），清廷在盛京发现有三股天地门教传教活动，其中一股即为玉皇庙云游道士袁道仁所传。嘉庆二十二年（1817），清廷又在承德和河间发现天地门教活动，经过追查，方知其传人全为云游道士。[3]

这些云游道士也大都举办道场，为人消灾祈福。教徒们往往数十成群，于期赴会，或持念珠，或持木鱼、磬鼓、简板之类。相对席地而坐，击打乐器，口唱劝善歌词。他们多为庄户人家，"每月各带干粮，做道场二、三次，并无经卷、图像"[4]。

因天地门教内有不少道士，且多为传人，有的学者便因此断言天地门教是世俗化道家教派。[5] 笔者的看法与此不同，即天地门教不是道家的流衍，而是白莲教发展到清代的一个最为保守的支派。对此，笔者已在天地门教教义中有过论述，下面再就白莲教的信徒构成进一步说明。

众所周知，元代是白莲教大发展时期，到了元朝末年，南北各产生了一位白莲教领袖，北方是韩山童，南方是彭莹玉，而彭莹玉原为袁州南泉山慈化寺和尚，改习白莲教后，曾策动其弟子周子旺起义。起义失败后，继续传

---

① 清代档案记载为曲星斗，实为一人。《朱批奏折》，道光三年十二月十五日，署山东巡抚琦善奏折。
② 《朱批奏折》，道光七年八月十四日，直隶总督那彦成奏折。
③ 马西沙：《清代八卦教》，中国人民大学出版社，1989年，第33—34页。
④ 《军机处录副奏折》，嘉庆二十四年七月二十七日，直隶总督方受畴奏折。
⑤ 马西沙：《清代八卦教》，中国人民大学出版社，1989年，第33—34页。

播白莲教，被信徒尊为彭祖家。入明以来，白莲教遭到禁止，于是以各种名目出现的白莲教支派应运而生，其中，有些支派即为僧侣所创，如西大乘教的创始人为保明寺尼姑归圆。还有一些僧侣直接以白莲教为号召，组织民众起义，如明洪武年间江西新淦彭玉琳、陕西汉中李普治，均自称弥勒佛降生率众而反。另有一些僧侣帮助白莲教编纂宝卷，为传播白莲教作出了贡献，如西大乘教的许多宝卷，即出自全真道士刘香山、柳斗璇父子之手。

这些僧侣改奉白莲教，说明了他们对佛、道说教的绝望。由于这些僧侣多为贫苦农民出身，他们遁入空门决不是官僚士大夫式的良心发现或弃官避祸，而是为生活所迫。他们进入佛、道，既为了寻求精神寄托，也为了解决最低生活。但元末的社会大动荡，尤其是明代掀起的多次禁佛毁道运动，打破了这些僧侣寄身佛门道院的迷梦，把他们抛向社会，成为没有生活保障的游方僧。严酷的现实，使这些僧侣认识到佛、道的虚伪与无能，而宣扬反叛、抗争的白莲教，正符合他们的宗教情感与现实要求。于是，背叛佛、道，改信白莲，使他们走上了新的人生道路，从而成为白莲教队伍中的组成部分。由于这些僧侣具有比一般农民较高的宗教素质，况且佛、道也是白莲教的主要思想来源，因此当他们一旦加入白莲教，对白莲教教义的理解要比一般农民快捷得多，深刻得多，使他们立即成为众望所归的精神领袖或核心人物。封建统治者为何咒骂他们为"妖僧""妖道"，其根本原因就在这里。

正如以上举例介绍的彭莹玉、归圆、刘香山等佛、道僧侣，不能将他们所属的白莲教及其支派说成是世俗化佛教或世俗化道教教派一样，也不能将天地门教内拥有众多道士作为判断它为道教流衍的标准，而是应该从元明以来的白莲教信徒构成中寻找答案。只有这样，才能不会被有清一代民间教门的表面现象所障目。

五、天地门教的宗教活动与社会功能

（一）朝拜圣地与增强教势

董计升去世后，其出家修炼、收徒传教之地及其故里，均被天地门教徒视为圣地。特别是故里董家林，每年朝拜者络绎不绝，四月初四即董计升忌日前后，更是人山人海。

天地门教内有个规定，凡是教徒，一生中至少有一次要到董家林朝拜。各地朝拜者一般在四月初四以前来到董家林，有的套车，更多的是步行。朝拜者既有鲁西北的教徒，也有河北、天津一带的教徒，还有远至内蒙古等地的教徒，黑龙江、辽宁的教徒或寄信求教，或面向董家林方向磕头遥拜，或聚众办会以示纪念。朝拜者自带猪、羊、香、烛、纸等供品，在四月初四齐集董氏墓地，设摆供品，烧香化纸，磕头礼拜。经天地门教教徒捐资修建的董氏墓地，碑亭林立、苍松翠柏，蔚为壮观。

各地教徒除朝拜董氏墓地外，还向董氏后人求教。对朝拜者来说，董氏后人无论大人小孩都是师傅。董计升去世后，其后人也传习天地门教，并按九宫八卦排列座次，号称九把椅子，即九个教首，第一把椅子统领其他八把椅子。道光年间，第一把椅子董坦以天地门教总教首自居，号称从北京到南京都是董坦的兵，结果被朝廷侦知，锒铛入狱，最后瘐死狱中。董坦想改乃祖传贤不传子的传统，企图借用乃祖名望，建立起由董氏家族世袭充任教主的宗教王国，并为此制造舆论，因而引起清廷注意，弄了个身败名裂的下场。董坦事件出现后，并没有影响各地教徒对董氏后人的尊重。而董氏后人也似乎从中吸取了教训，只在董家林推举一位当家师傅，平时主持教务，四月初四负责接待各地朝拜者，协助从事朝拜活动，并向各地朝拜者传授教义与经文。

自顾铭馨去世后，天地门教失去统一领导，各支自成系统，竞相发展。天地门教通过这种一年一度的朝圣活动，把各支教徒联系起来，既交流了教义思想，互通了各地信息，又联络了宗教情感，丰富了宗教知识，因而促进了该教的迅速发展，增强了该教的凝聚力。自清初至今，天地门教为什么能遍布华北、东北、华中等地，这种朝圣活动恐怕是其原因之一。

（二）烧香磕头与消灾祛病

天地门教规定教徒每日要烧香磕头，名叫"功夫"，或称"四合功""长远功"。只有这样，才能了三灾（水、兵、火）除五魔（狐狸、黄鼬、刺猬、长虫、老鼠），"幸赴龙华三会"，否则，就会死掉，堕入轮回。

所谓功夫，即包括天地功 360 个头、老师傅功 660 个头（其中，董计升 360 个、董王氏 300 个）、八大圣师功 81 个头、三代宗亲功 1800 个头，农忙时，可分别减为 33、60、81、180 个头。磕头一般在室内中堂案前，案上供奉"天地君亲师"或"天地吾师"牌位，一般是上香后，跪直双手合十，点头为磕，但虔诚的教徒要在地上磕。

笔者在调查天地门教时，曾走访了一些教徒，目睹了他们烧香磕头的情景。只见教徒点燃香烛后，便按照天地功 360 个头、老师傅功 660 个头、八大圣师功 810 个头、三代宗亲功 1800 个头的顺序磕下去，总共磕了 3630 个头，以一秒钟一个头计算，一个小时才全部磕完。当时，正值隆冬，且屋内没有取暖设备，一场功夫下来，他们都已是大汗淋漓，满面红光，浑身充满了活力，毫无疲劳之态。笔者问他们感觉如何？他们均回答：舒服极了，该教教徒正是通过这种宗教活动，既使自己的心灵与天地沟通，又使自己的身体得到了锻炼，收到了精神升华与强身健体的功效。

此外，据有关资料记载，清末传到北京的天地门教"规矩极严，以敬佛为宗旨，不杀生，不言命，吃长斋，焚香，日日坐功运气，其终向望死后脱下皮囊，往西天成佛作祖"[1]。由此可见，天地门教的某些分支是以修炼气功来达到超生了死的虚幻境界的，也可以说明董计升倡兴天地门教时，曾将"坐功运气"作为教徒的宗教活动之一。

（三）念经派功与祈福治病

天地门教内有一个规矩，即有病不吃药，烧香上供，念经派功，求"天地君亲师"保佑，特别是求老师傅保佑。这对于久病不愈，尤其是那些涉及精神或心理方面的病人，更相信念经派功的治疗功效。

天地门教不但给教内人看病，还给教外人看病，主要由当家师傅担任。在给教外人看病时，当家师傅首先问病人做了什么错事没有？告诉病人，只要烧香服理，知错改错，过后无错；只要信受教理教规，就会灾消病退。然后上供烧香，念诵《根本经》或《心经》等经卷，求老师傅保佑。最后是派功夫，名叫"平安功夫"，要磕 3300、6000、8100 或 33、60、81 个头。假

---

① 〔法〕包士杰：《拳时北京教友致命》卷二，北京救世堂，1929 年。

若有大灾大难如家里死人，为免灾难殃及子孙，这家便请天地门教派功夫，称为360炷香。这个功夫极大，每炷香要磕1200个头，360炷香要磕432000个头。当家师傅为教外治病祈福不收钱，但要吃供，倘有灵验，主家还要宴请当家师傅举办一次还愿会。届时，主家摆上香烛、美供，当家师傅便带领道爷携上法器，临场吟诵《了愿经》。

此外，天地门教还有一个称为"教生"的宗教仪式，借此为人祈福治病。许愿人家或因疾病，或因灾难，或求家庭平安，事先须养一口猪，大小无关，不许打骂，养到一定时日，由许愿人家请天地门教举行"教生"仪式。

首先，许愿人家设摆美供（酒、菜、馒头、茶、饭），把猪捆好，放在供桌前地上，头朝东。然后，许愿人家焚香燃烛，将心事向天地佛祖表明，由当家师傅主持仪式。当家师傅亦先将此事禀告天地佛祖，再指派徒弟把一盅酒浇到猪左耳朵上，如许愿人家一家和睦，没有错误，猪耳朵很快地摇摆，如错误很大，且没有悔改之心，猪耳朵就不会摇摆，翌日再继续举行，直到猪耳朵摇摆为止，才把猪杀死。据当家师傅对笔者说，"教生"的目的是劝人改恶从善，处事家和人和万事和。

笔者调查天地门教时，曾亲历三件事：

一是教内人，农民兼看风水。有一天，他请当家师傅到他家念经派功，祈福治病，原因是最近他家遇事总是不顺遂。笔者恰逢此事，也随之前往。大约从晚八时开始念经，一直念到子夜方告结束。念诵的经卷有《大经》《根本经》《天地经文》等七八部。最后由他设宴款待当家师傅与众位道爷，笔者亦被邀入席，推杯换盏，直到凌晨才踏上漆黑的路返程。事后得知这家没再发生不遂心意的事。

二是教外人，妇女，今年五十岁，年轻时守寡，有一子三女。她含辛茹苦把儿子养大，并为长女、次女择婿，为独子娶妻。但儿媳进门不久，便与她反目，分家单过。尽管如此，儿媳还是接三岔五地找碴，指桑骂槐，寻衅闹事，把她气得死去活来，儿子也无可奈何。她有一孙子，今年只有三四岁。最近每到夜里，孩子就哭喊腿疼，儿子与儿媳曾抱着孩子请乡村医生诊治，也不见效。她虽恨透儿媳，但心疼孙子，得知此事后，就请当家师傅为孙子治病，当家师傅马上答应。当时，笔者正住在当家师傅家里。当家师傅大约晚九时走出家门，到夜间十二时才回来。笔者问他怎样为孩子治病，他笑着回答:"我给孩子妈妈讲做人儿媳、为人之母的道理,直讲到她灵魂开窍,痛哭流涕,向婆母赔礼道歉,保证今后孝顺婆母为止。"笔者听后,没有再追问。翌日早晨,正当我们吃饭之际,这位妇女登门报信,说自己孙子一夜没闹腿疼。

三是当年农历四月初四,我们一行三人赴沧州拍摄天地门教法会录像时,当报恩圣会仪式进行到生疏时,由一名教徒用崭新的铁筛子,迅速把余烬一下子抄走,分送给善男信女,据说食用此种灰烬,可以包治百病。此外,当仪式刚刚结束后,所供"供尖"(供品)即被人们一抢而光,分送给疾病患者,据说食用这种供尖,亦可降福祛病。

天地门教的这种念经派功,为人祈福治病的宗教活动,揭掉其神秘面纱,实际上是一种心理或精神疗法。在封建社会中,被宗教神学统制的下层社会广大农民,有病无钱医治,只好企求神灵的保佑,而磕头礼拜本身就是一种活动筋骨的运动,如果患上头疼感冒,一场功夫下来,汗出透了,不好才怪呢。于是,他们就把功劳归于仙佛的庇佑和心灵的虔诚。如今,封建社会虽然早已进了历史博物馆,但是封建主义残余依然存在,特别是在那些科学文化尚未普及的乡村角落,宗教神学还占有一定市场。一些农民若遇到烦恼之事,出现心理倾斜时,或有病不能马上到县里、市里就医时,他们自然地求助于活跃在乡村的民间宗教,以求心理上的平衡和身体上的康复,天地门教正发挥了这种社会功能。

疏灰与供尖,本为纸与面,即使病人服食,也不会产生毒副作用,何况健康之人食用更加无妨,这里关键的是心理或精神上的作用。至于孩子当天夜间不闹腿疼之事,以后笔者才得知,其实那是一种巧合。孩子腿疼,原是淘气所致,白天贪玩,尚不觉疼,一天玩耍下来,已是疲惫不堪,再加上腿被扭伤,夜间自然会哭闹。由于小孩白天照玩不误,夜间继续哭闹,缺乏医学常识的年轻父母,又遇上不负责任的乡村医生,再加上因憎恶儿媳而误认孙子腿疼是儿媳缺德而致的奶奶,于是演出了笔者在上面介绍的那场颇具神秘色彩的人间喜剧。事实上,孩子经过几天自我调治,腿已经逐渐不疼了,假若那天晚上当家师傅不去念经说理,孩子也不会哭闹了。神圣的光圈罩在了当家师傅的头上,儿媳知错改错却是意想不到的客观效果。

（四）养生送死与宗教福利

生活在封建社会下层的广大农民，是封建专制制度与大自然灾害的双重奴隶。他们在求生存的过程中，经常遭受的磨难，除了各种疾病外，还有贫困、年老、孤苦、死亡等养生送死各种问题亟待解决。与清代多数民间教门一样，天地门教也向广大农民伸出了救援之手，在民间发挥了养生送死的作用。

天地门教认为善男信女只有"逢苦救苦，逢难救难"，才能"早赴中原，龙华三会"①。为此，天地门教兴办了一些宗教福利事业。其中，主要的是为先人超度亡灵、相看阴阳宅地、为死者念经发送等。

每当传统节日，天地门教都要设摆美供，供上"三代宗亲之灵位"，为乡邻超度先人亡魂，借以慎终追远，福荫子孙，这是民间孝道观念的具体表现。天地门教还有一些相看风水的堪舆师傅，乡邻盖房，请他们相看地脉，乡邻死人，也请他们选择理想的阴宅，时生者与死者都得到安宁，满足了农民的精神需要。乡邻办理丧事，天地门教便前往帮助料理，主持丧葬仪式，念经发送，入土为安。天地门教做这些工作，分文不取，带有宗教福利的性质，因此受到了乡村农民的欢迎，扩大了它在民间的影响。

此外，怜老惜贫，扶助孤苦，也是天地门教经常做的宗教福利工作。每当夏收或秋收季节，天地门教徒都能帮助孤儿寡母或年迈体弱的乡邻收割入仓。假若乡邻断炊遇难，他们也能送粮周济。这种乡里互助的遗风至今犹存，恐怕也是天地门教在民间具有顽强生命力的原因之一。

六、天地门教与八卦教的师承与变异

（一）董计升与刘佐臣的师徒关系

在说明董计升与刘佐臣的师徒关系之前，首先应该搞清李亭（一作"廷"）玉究竟是何人？

据《浩然纲鉴》说，李亭玉是八卦教的创教祖师，河南归德府白阳县

---

① 天地门教《大经》。

人。父乐天，母唐氏。^①这一说法在民间流传很广，影响很大。另据清代档案记载，刘佐臣为八卦教的创教祖师，其父原名李乐天，祖籍河南，寄居山东曹州府单县后，遂改姓更名刘奉天。^②以上两种说法正相吻合，即八卦教的创教祖师原名李亭玉，祖籍河南，迁居山东后，随父改姓更名刘佐臣。因此，在没有发现更新的资料以前，可以说李亭玉与刘佐臣实为一人。

在确定李亭玉即刘佐臣之后，接着就应该搞清董计升与刘佐臣的师徒关系究竟起于何时？

《浩然纲鉴》说，李亭玉即刘佐臣"生在大明天启二年乙未……到了十二岁，得了董老师的指教"。如果按照这种说法，刘佐臣十二岁时，是明崇祯七年（1634），那一年，董计升才十五岁，还未出家修炼，更谈不上创立天地门教，也不可能指教刘佐臣，这显然与史实不符。笔者在前面已经考证，董计升于清顺治七年创立天地门教，并开始明传办道，招收八大弟子。刘佐臣从师董计升当在顺治七年以后，是时，刘佐臣已三十岁左右，在"得了董老师的指教"之后，又经过自己悟道，于四十岁左右即康熙初年创立八卦教，随后便按八卦收徒，"姬、郭、张、王、陈、郜、柳、邱，九宫师徒，携手办道，教化世界"^③。这倒比较符合事实。至于《浩然纲鉴》把刘佐臣师从董计升、创立八卦教及按八卦收徒的时间均提前到明崇祯年间^④，这是清代民间宗教常用的托古附会的手段，无非是借以神化自己的教主，光大自己的教派。对此，我们应该善于识别，予以澄清。

通过以上简单分析，我们可以看出刘佐臣创立八卦教之前，有一个随父自豫迁鲁，改姓更名，而后师从董计升，于康熙初年自创教门的过程。刘佐臣既然"得了董老师的指教"，那么，在他创立八卦教的过程中，必然有所师承，也必然在八卦教中留下天地门教的种种痕迹，但他又有明显变异。下

① 马西沙：《清代八卦教》，中国人民大学出版社，1989年，第51页。
② 马西沙：《清代八卦教》，中国人民大学出版社，1989年，第57页。
③ 马西沙：《清代八卦教》，中国人民大学出版社，1989年，第51页。
④ "……崇祯六年，无生老母临凡，手托金箸银碗，大门讨饭，点化李祖。在此村南，以土为炉，插草为香，金童引进，玉女代保，禀香过愿，赐与他真传实授。又传与内外灵文，叫他收度八大头绪……崇祯十年，收下姬秀林、郭玉清、张哲先。崇祯十二年，收下王济世、陈义贤。十五年，收下郜皇载。十六年，柳方生、邱廉惠。十八年，批下千经万卷，留下家谱金囊万留金，又批下灵文九道，按宫卦传授。"转引自马西沙：《清代八卦教》，中国人民大学出版社，1989年，第51页。

面，笔者将分别介绍。

（二）组织体系的师承与变异

天地门教创立时，董计升按八卦收徒，先后收了林传八支与山传八支，即所谓"派分八支"，自任九宫教主。董计升还规定天地门教传贤不传子，没有在教内实行家族世袭制，并身体力行，临死前传位顾铭馨坐山。顾铭馨物故后，天地门教没有再设九宫教主，八支虽互不统属，各自发展，但各支传人仍是遵从祖训，传贤不传子。董计升后人董坦曾试图改变祖训，建立董氏家族世袭九宫教主的宗教王国，结果很快化为泡影。此后，再没人胆敢重蹈覆辙，一方面说明了天地门教慑于清廷的血腥镇压，另一方面也说明了天地门教内传统力量的强大。

刘佐臣创立八卦教时，也是"分八卦，收徒党"①，显然是受了董计升的启发，师承天地门教的组织体系。但刘佐臣却改变了天地门教传贤不传子的规定，在八卦教内实行了九宫教首世袭制。自康熙初年至嘉庆二十二年（1817）间，刘佐臣及其子孙刘儒汉、刘恪、刘省过、刘大洪、刘二洪、刘廷献、刘成林六代充当九宫教首，历时一个半世纪，其他八卦卦长和徒众则如臣属之奉君主，始终处于被支配、被统属的地位。在这种风习的影响下，八卦卦长也全部实行家族世袭制，到乾隆中叶，八卦教内至少出现了离卦郜家，震卦王家、侯家、布家，坎卦张家、孔家八九个世代掌握教权的家族。

天地门教各支传人均被称为圣师，其下一律称当家师傅，教徒之间互称师傅或道亲，并有一岁为师、百岁为徒的美谈，教内没有形成严格的等级制。而八卦教却不然，卦长之下，设六爻，掌爻称指路真人。指路真人下设开路真人、当来真人、总流水、流水、点火、全仕、传仕、寿仕、秋仕等教职。诸等教职不仅分工不同，而且代表着各自在教中的地位、权限和利益。全仕以上可传授徒弟，流水以上可经营账目，真人以上可动用钱粮，并掌教内生杀大权。点火专管出钱人的姓名单子，用火烧了，使阴司记账。传仕专管送信。寿仕、秋仕是最低教职，只有"来世"才有好处：秋仕托生秀才，寿仕托生举人。没有教职的徒众，在教内地位最低，只有不断地祈祷、纳

---

① （清）戚学标：《纪妖寇王伦始末》，《鹤泉文钞》卷下。

钱，才能福至心灵，得到"赐封"。^①这是一个尊卑有序，教职繁多，责守分明，由少数世代传教家族严密统治的地下宗教王国，而教皇则是刘氏世代子孙。

为什么刘佐臣及其子孙宁可冒着杀头的危险世代承袭教权？什么是这种现象背后的真正动因？恩格斯在论述早期基督教时曾说过："在宗教狂热的背后，每次都隐藏着实实在在的现世利益。"^②恩格斯的这段精彩论断，同样适用于以刘氏家族为代表的八卦教上层统治集团。

八卦教经过刘佐臣、刘儒汉、刘恪祖孙三代的惨淡经营，到乾隆中叶刘佐臣曾孙刘省过掌教时，刘氏家族已成为单县一带的大地主。乾隆三十七年（1772），清政府查抄刘家时，不仅起获了刘省过12000两白银，而且发现刘省过"有田庄数处，地数十顷"，"家道殷实"。^③这些田庄地产、雪花白银，均是刘氏祖孙利用宗教手段敛钱而致。他们敛钱的名目繁多，如根基钱、扎根钱、跟帐钱、种福钱、四季钱、香火钱、进身钱等等，并且规定教徒"以出钱多寡定来生福泽厚薄"^④。被愚弄的穷苦徒众只是用银钱换来一张廉价的通往彼岸世界的门票，而刘氏家族却得到了实实在在的巨大现世利益。

刘氏教首不仅利用穷苦徒众供奉的巨额银钱过着形同王侯的腐朽生活，而且用来捐纳为官。康熙四十五年（1706），刘儒汉为捐纳选授知县就输银1700两，外加1040担大米，共合4600余两白银。其三弟刘儒清也以捐纳成为候选教谕，其子刘恪亦为捐职州同。刘省过掌教时，紧步父祖后尘，同样以捐纳成为县丞。至此，刘氏家族三世捐纳为官，花费穷苦徒众供奉的银两何止成千上万。刘氏教首捐钱买官不仅是为了掩饰"邪教"教首的身份，而且主要是为了打通另一条通往权力和金钱的道路，从而提高和巩固刘氏家族在八卦教中的教首地位。

与此同时，八卦各卦掌教也纷纷效法，以同样的手段攫取现世利益。如离卦郜家、震卦王家世代向教首刘氏汇送大笔款项，仅离卦长郜大汇送给刘省过的白银就多达1950两，其家资丰厚，由此可见。又如坎卦卦长张柏是直

---

①　马西沙：《清代八卦教》，中国人民大学出版社，1989年，第90页。

②　《马克思恩格斯全集》第22卷，人民出版社，2006年，第526页。

③　《朱批奏折》，乾隆三十七年五月十六日，山东巡抚徐绩奏折。

④　《朱批奏折》，道光十三年九月一日，山东巡抚钟祥奏折。

隶容城县的地主，他雇用的长工同时又是他的门徒。八卦教就是由这样一些"神圣家族"构成了它的上层统治集团，这已与其师天地门教相差甚远了。

（三）宗教思想的师承与变异

天地门教的最高崇拜是无生老母，理想境界是真空家乡，董计升被称为转世弥勒，徒众向往的是"幸赴龙华三会"。它主张在"末劫残年"之际，善男信女都加入天地门教，每天"向天地前上供、焚香、求祷"①，"每饭必两手上拱，乃敬重无生老母之意"②，借以去恶存善，克己顺受，才能躲避三灾五魔的缠绕，在龙华三会降世之日，与无生老母团聚。它始终以忠孝作为教义宗旨，它的最终目的是为清朝政府教化顺民，因而成为有清一代华北地区最为保守的民间教门。

八卦教创立之初，"止是给天地烧香磕头"③，"要敬天地，孝顺父母，和睦乡邻。吃饭要往上举手，先供天地"。④ 这显然是脱胎于天地门教。它的最高崇拜也是无生老母，刘佐臣亦被奉为弥勒佛转世。这显然又是来源于天地门教。但八卦教的弥勒佛则是孔子转化："后尊古佛乃儒童菩萨，二转孔丘夫子，三转佛名弥勒教主。"⑤ 而刘佐臣则是再生孔子，号称"圣帝老爷"。他还被比作光被万物，普照生灵的太阳，教内把每年二月一日作为太阳的生日，集体作会，焚香膜拜。教徒每日三次朝拜太阳，同时口念《愚门弟子歌》："愚门弟子圣帝老爷眷恋……照应弟子，弟子与圣帝老爷磕头。"⑥ 他的子孙被称为"圣裔"，是他的转世和化身，既能安排人们的归宿，又是现世世界的"救世主"。教内设有先天、中天、后天牌位，称刘佐臣为先天老爷，称其曾孙刘省过为后天老爷。⑦ 由此可见，刘佐臣及其子孙比起董计升及其传人的"法力"更大，作为老师的天地门教只能对作为学生的八卦教甘拜下风了。

---

① 《朱批奏折》，嘉庆十九年五月二十八日，山东巡抚同兴奏折。
② 《军机处录副奏折》，道光十九年十月十二日，给事中周春祺奏折。
③ 《史料旬刊》第三十期，阿里衮折。
④ 《军机处录副奏折》，乾隆五十一年八月九日，山东巡抚明兴奏折，附供单一。
⑤ 《军机处录副奏折》，乾隆五十三年六月十七日，直隶按察使富尼善奏折，附手抄经卷两本。
⑥ 《军机处录副奏折》，乾隆五十六年，震卦教徒毛有伦供词。
⑦ 马西沙：《清代八卦教》，中国人民大学出版社，1989年，第93页。

八卦教还师承了天地门教的末劫观念，但已与天地门教消极保守的"入教避劫"有着质上的区别。它的末劫观与白莲教中流行的谶纬说相结合，变成排满兴汉的宗教预言。刘佐臣及其子孙不但自称"末劫"收元祖师和无生老母在人间的代理人，而且造出"平胡不出周刘户"之谶。这里的"胡"字代表清王朝；"周"字代表历史上的周朝，是指华夏民族；"刘"字代表历史上的两汉王朝，是指汉民族。八卦教刘氏教首以汉室后裔自居，以推翻胡人即清王朝为己任，这就使它带上了极其浓烈的离异、叛逆的政治色彩，成为华北地区最不安分的民间教门，因而引起了清朝统治者的极大惊恐，兴起了一起又一起的八卦教案。刘氏教首及其家族或惨遭杀戮，或充军荒蛮，但他们仍不屈不挠，潜行默运，并从清朝中叶始充当起策动和组织农民暴动、农民起义的角色，一直到清朝灭亡为止，震撼华北大地的历次反清起义，如王伦起义，林清、李文成起义，乃至义和团斗争，都留下了八卦教的深刻印记。这是其师天地门教始料未及的。

（四）戒律规范的师承与变异

八卦教不仅师承了天地门教不忌荤酒，以儒家伦理道德作为教内戒律规范，而且比天地门教更进一步，把程朱理学鼓吹的"存天理，灭人欲"的道德说教宗教化。请看它是如何表述的：

> 仁者不杀谓之良，良善慈悲为仁常。
> 义者不盗谓之温，温柔正道为义常。
> 礼者不淫谓之恭，恭敬不偏为礼常。
> 智者不毁谓之俭，俭者从宽为智常。
> 信者不欺谓之让，让心不失为信常。①

从上述韵文中可以看出，八卦教是把仁义礼智信、杀盗淫毁欺作为它的五行五戒，而将温良恭俭让作为教徒处理内外人际关系的道德标准。它还向

---

① 《军机处录副奏折》，乾隆五十三年六月十七日，直隶按察使富尼善奏折，附手抄经卷两本。

入教者指明，参加八卦教是"归顺于礼"①。这里的"礼"即"非礼勿视、非礼勿听、非礼勿言、非礼勿动"，并将这四句话变成四条禁令："耳上思却听邪言""眼上思却观色多""鼻上思却闻香馨""口上思却邪言"。② 如不遵守这四条"正道"，就会变成骡马畜牲、鱼鳖虾蟹，落在屠夫渔翁之手，下四种地狱，永世不得超生。在这里，宗教化了的儒家伦理与佛教的因果报应有机地结合在一起，变成禁锢八卦教广大教徒的精神枷锁，其目的是为了维护以刘氏为首的世袭传教家族的特权地位，也是八卦教上层统治集团控制广大徒众的有效手段。

（五）传教经书的师承与变异

天地门教号称无字真经，这是由它的创教人董计升的文化程度与经济状况规定的。董计升出身农家，没有受到什么文化教育，当他创立天地门教之后，又缺乏经济资助，不可能编印经书传世，只能靠口传心授传播。又由于天地门教的历代传人也大都是贫困农民，亦无能力编印经书，致使至今没有印本经书留世。③

八卦教就不同了，从现存刘佐臣编著的《五圣传道》（亦称《五女传道》）来看，说明他是一位粗通文墨的农村小知识分子。因为该部经书内容通俗，文字流畅，且以农家妇女纺纱织布来比喻修炼"长生大道"，恰好证明他是一个长期生活在农村，并受到一些私塾教育的中等庄户人家之子。等到刘佐臣"山东、河南多有徒弟"④，开始形成刘氏家族世袭教权的局面出现以后，情况就更不同了。刘氏家族不仅成为山东单县一带的大地主，使其子孙受到较好的文化教育，而且世代捐纳为官，更具备了编印经书的条件。于是，诸如《乾坎艮震巽离坤兑八卦八书歌》（又称《八卦教理条》）《乾元亨利贞春夏秋冬九经歌》《愚门弟子歌》《灵山礼采茶歌》《西皇经》（又名《传教成全书》）《扫心经》以及各种教内《理条》等经书，也就随着八卦教的迅

---

① 《军机处录副奏折》，嘉庆十八年九月三十日，王普仁供词。
② 《军机处录副奏折》，乾隆五十三年六月十七日，直隶按察使富尼善奏折，附手抄经卷两本。
③ 笔者在调查天地门教时，曾就何谓无字真经向当家师傅询问。他对笔者说，真经无字，有字不能称为真经。又说农民不识字，有经也没用。还说历代师祖一怕官府查抄，一网打尽；二怕子孙不肖，胡乱糟蹋；三怕传至外人、外教而泄密，故不立文字经书。
④ 《军机处录副奏折》，乾隆九年九月初五日，山东巡抚喀尔吉善奏折。

速发展而编印问世了。

与天地门教的"无"字经书相同，八卦教的"有"字经书在宣扬宗教思想的同时，还讲述修炼气功的理论和方法，这显然是与天地门教一脉相承。但是，当天地门教的大部分分支已经不再"坐功运气"之时，八卦教却保留了这个传统，以此作为吸引信徒的手段，这倒是值得回味的一种历史现象。

结　论

笔者的调查与研究所揭示的是，盛行于有清一代，并至今仍在中国北方乡村流传的天地门教信仰及其活动。通过田野调查，终使口碑实物资料与文献档案记载有机地联系起来，并由此得出以下看法：

1. 中国不仅有一部正统宗教即佛教和道教发展史，而且还有一部被封建统治者视为异端邪教的民间宗教发展史，且源远流长，历近两千年而不衰。在笔者从事民间宗教研究过程中，曾试图揭示民间宗教的发展规律，以昭示世人。[1] 最近两年来，通过对天地门教的调查与研究，使笔者又加深了对民间宗教发展史的认识，这就是两千年的民间宗教发展史恰似一个葫芦。如果说东汉末年的太平道、天师道是这个葫芦的"尖"，那么，自此而始至南宋初年白莲教问世以前近千年的民间宗教发展史则是这个葫芦尖下面的"小肚"；南宋初年白莲教的诞生，在民间宗教发展史上具有划时代的意义，它是近千年民间宗教的集大成者，宛如这个葫芦小肚下面的"细腰"；白莲教经过宋元时期的大发展，到明初遭到严厉禁断，从此开始演化为名目繁多的各种支派，兴起了一场汹涌澎湃的民间宗教运动，尤以清代为盛，这后一千年的民间宗教发展史，好像这个葫芦细腰下面的"大肚"，天地门教正是"大肚"的组成部分。

笔者之所以产生这种看法，主要是基于对民间宗教发展史的宏观认识和本质分析。马克思主义认为，在判断任何事物时，绝不能被其表明现象所迷惑，应该透过现象看本质，对民间宗教也应采取这种态度和方法。众所周

---

[1]　濮文起：《中国民间秘密宗教》，浙江人民出版社，1991 年。

知，判断一个教派究竟属于哪种宗教，主要看它的最高崇拜和信仰核心是什么？正如佛教的最高崇拜是释迦牟尼，道教的最高崇拜是三清，它们的信仰核心分别是西方极乐世界与羽化飞仙一样，明清时代白莲教的最高崇拜是无生老母，它的信仰核心是龙华三会。因此，凡是以无生老母为最高崇拜，以龙华三会为信仰核心的各种民间教派，都可以归于白莲教的旗帜之下，或者说是白莲教的各个支派。它犹如一块试金石或一道分水岭，把明清时代民间宗教与其他各种正统宗教区别开来，这是笔者把明清时代民间宗教运动又称之为白莲教运动的主要论据。

2. 民间宗教深深根植于封建社会土壤，统治阶级的思想风习直接或间接地影响了民间宗教的成长，从上述天地门教的介绍中，可以看到这种影响的明显痕迹。同时，民间宗教又是人间苦难与专制制度的产物，苦难为民间宗教的发展提供了温床，而专制制度则造成了民间宗教与封建政治制度的离异。明清时代，为什么民间宗教受到下层社会民众那么狂热的信仰？为什么一次又一次的农民暴动或农民起义大多由民间宗教组织和策动，其根本原因就在这里。所谓异端邪教，这是封建统治者强加在民间宗教头上的政治术语，恰好说明民间宗教不见容于封建统治者，不仅仅是思想信仰的不同，而主要是政治因素。

漫长而黑暗的中国封建社会，究竟给下层民众带来些什么呢？除了残酷的经济剥削和政治压迫之外，还要在精神上给予百般奴役，在文化上进行肆意剥夺。贫困无告的农民大众仰望苍天，只能从民间宗教的无生老母那里寻求点慰藉，从龙华三会那里得到点寄托，虽然这点慰藉和寄托是那样虚幻，又是那样不可企及。但是，对于一个终身胼手胝足，身为专制制度与大自然灾害双重奴隶，且又缺乏文化的下层民众来说，又怎能像官僚士大夫那样远足深山名刹进香朝拜，或家居深宅大院研读佛经道籍呢？中国民间宗教之所以经久不衰，在下层社会民众中有着广泛深厚的基础，完全是封建专制制度造成的。

3. 据笔者实地考察及有关资料披露，进入20世纪80年代以来，除西藏外，中国大陆的广大乡村都出现了民间宗教复兴的态势。这一社会现象的出现，紧紧与中国政治文化进程的巨大动荡相关，也受到世界性宗教狂热的影响与波及。从笔者对现存天地门教的调查与研究来看，造成这种社会现象的主要原因是乡村教育的不力和乡土民众中科学知识的贫乏。因此，类似天地门教这样的民间宗教便很容易在非科学思维的乡村民众中传播，而人们对命运的非理性理解和文化心理的适应性，也促使他们最容易转入最有吸引力的民间宗教信仰中去。

由此笔者想到，农民问题不但过去是，现在仍然是中国革命与建设的主要问题。农民问题解决好了，就为国家的安定与繁荣奠定了坚实的基础。因此，要想成功地指导乡土民众步入现代社会，就应该打破城乡文化以及理想的意识形态与乡民社区自身观念体系的长久隔离。只有这样，才能使全体国民步调一致地走向未来。而社会科学工作者对中国传统文化与宗教信仰的研究，也应该摒弃过去的那种经院式的争论，主动到乡村基层做田野工作和参与观察，并同书斋研究有机地结合起来。如果这样做，肯定会使社会科学研究充满活力，同时也能为社区规划和社会发展提供重要的决策根据。

1991 年 5 月完稿于天津社会科学院民间宗教研究中心
原载台湾《民间宗教》第 2 辑，台北南天书局，1996 年

天地门教抉原 ①

引 言

在中国民间宗教发展史上，产生于清初鲁西北的天地门教，是一支对下层民众的信仰生活和社会生活产生了巨大作用和深远影响的重要教派。但是，长期以来，无论是官修正史，还是文献档案，乃至文人笔记，都对天地门教活动少有记载，这对中国民间宗教史研究，特别是对中国下层民众信仰史研究，不能不说是一种缺憾。

为了让更多的人了解这桩历史悬案，笔者自 20 世纪 80 年代末叶始，便采取人类学的田野调查方法，不断深入到至今仍有天地门教活动的河北、山东等地的乡村社会，与该教派当家与信众广交朋友，并直接参与他们举办的各种活动，因而取得了他们的信任，不仅从中发掘了许多记录该教派内部情况的珍本秘籍，为恢复这支尘封已久的民间宗教教派的历史面目，奠定了翔实的资料基础，而且观察了该教派现实活动的诸种表现，为探索该教派现实活动的特点与规律，积累了具体、生动的实证资料。

现据笔者 20 年的田野调查资料，从组织传承，经卷与教义、仪式、修持，历史作用与现实影响三个方面，对天地门教进行抉原梳理。不当之处，静候时贤、同道哂正。

---

① 本文系 2007 年度国家社会科学基金重点项目"当代中国民间宗教调查与研究 —— 以河北民间宗教现实活动为例"（批准号 07AZJ001）阶段成果之一。

一、天地门教的组织传承

（一）天地门教创立者董计升及其宗教生涯

1. 董计升世系年甲

1991 年春，笔者在董计升故里山东省惠民县董家林村（清代属山东武定府商河县）调查时[①]，于董计升后人猪圈旁发现一通埋藏多年的墓碑，用清水洗掉泥垢后，碑阳字迹立即显露，碑额镌刻四个大字"百代流芳"，碑文从右至左如下：

> 万历四十七年正月初一日子时生
> 皇清处士讳计升字四海四世祖行四董公之墓
> 康熙二十九年四月初四日寅时卒
> 天启三年九月初九日□□[②]生
> 皇清待赠孺人王老太君之墓
> 康熙二十九年八月二十四日申时卒
> 九世孙邑庠生毓春奉祀
> 光绪二十八年岁次壬寅花时中浣穀旦立

《百代流芳》墓碑可以说是记载董计升生卒年月的实物资料。

另据天地门教经卷《心经》在叙述董计升的生卒年月时说，"大明己未，元旦新正，子时半夜，认母降生"；"康熙庚午，圣朝大清，四月初四，……涅槃归空"。[③] 这里所说的董计升生卒时间，与《百代流芳》墓碑上的记载正相一致。由此可以确定，董计升生于明万历四十七年（1619）正月初一，卒于清康熙二十九年（1690）四月初四，享年七十有一。

碑文说董计升为"四世祖"，那么，从董计升往上推，其曾祖、祖父、父亲，即前三世是谁？在此后的调查中，笔者访获一部《董氏家谱》，遂使

---

① 董计升故里，在其生前，称常王庄；在其死后，改称董家林。
② 碑文中有两字残缺，无法辨认，用"□"表示。
③ 《心经》，濮文起主编：《民间宝卷》第 6 册，黄山书社，2005 年。

这个问题得以解决。

据该部家谱记载，一世祖董随，明代北直枣强县（今河北省枣强县）人。二世祖董进增，始从北直迁至山东。董进增生有三子，长子董奇、次子董伟成年以后，分别定居章丘县张家林和商河县长目林，三子董尚文则随其母定居商河县常王庄，以上三兄弟为三世祖。董尚文只生一子，即董计升，是为四世祖。至于碑文说董计升"行四"，是指董计升在董氏家族叔伯兄弟大排行中排行第四。

2. 董计升宗教生涯

董氏家族世代务农。董计升的童年与少年时代，正值社会极其动荡不安的明朝末年，同时又是民间宗教活动十分活跃的历史时期。当时的山东境内，胶东一带盛行无为教，而鲁西北则流传东大乘教，苦难的生活和民间宗教活动的影响，使董计升这位不甘沉沦的青年农民萌生了出家修炼的念头。于是，他在 20 岁左右东渡黄河，来到章邱县（今山东济南章丘区）境内的韵峪庵出家学道。在此期间，他可能读到民间宗教某些教派的宝卷①，从中受到启发，经过十余年的刻苦修炼，即所谓"自参自解，自悟自明"，终于"练就大法，豁然贯通"②，于"明末清初，得道离山"③。在他31岁时，即清顺治七年（1650）创立了天地门教，即《天地经》中所说的"清时立教，天地法门"④。

董计升创教"未满一载"⑤，便开始传道收徒。他先在商河县一带收了李修真等8人为徒，天地门教内部称为"林传八支"。此后，董计升便偕李秀真等弟子在山东境内传道。⑥经过十余年的努力，到顺治十七年（1660），天地门教已在山东境内流传。康熙四年（1665），董计升选定章邱县境内杓峪山⑦作为传道基地，又先后收了徐明扬等八人为徒，天地门教内部称为"山传八支"。在此期间，还有一名法号通山的尼姑拜董计升为师，天地门教内部称为"九股"，此人便是天地门教分支如意门的创始人。

---

① 笔者的这种推测，主要源于天地门教的教义思想，详后。
② 《心经》，濮文起主编：《民间宝卷》第 6 册，黄山书社，2005 年。
③ 《根本经》，濮文起主编：《民间宝卷》第 6 册，黄山书社，2005 年。
④ 《心经》，濮文起主编：《民间宝卷》第 6 册，黄山书社，2005 年。
⑤ 《如意宝卷》，笔者收藏。
⑥ 《如意宝卷》，笔者收藏。
⑦ 杓峪山，坐落于山东济南章丘区绣惠镇境内，距董计升故里董家林 60 公里。

天地门教的迅速流传，必然引起官府的注意。因枯峪山上，"朝日聚伙成群，来往不断"，"章邱县衙役借端生事"，诬告董计升"招兵买马，蓄谋造反"，章邱县官府得报后，立即将董计升缉拿，关进监内。后经天地门教"九股"传人谭西堂多方营救，董计升得以获释。①

这场官司过后，董计升在谭西堂陪同下，来到上方井雪山寺②，在三教堂重立道房，讲经说法，直到康熙二十九年（1690）四月初四日逝世。

董计升的葬礼是非常隆重的。谭西堂早已为他准备好了棺木，董计升之子董悦悟也从故里赶来守灵。九月初九日，是董计升灵柩下葬的日子，对此，天地门教经卷《如意宝卷》做了具体描述：

> 众人们，等日期，发葬已定；九月九，合会人，各尽孝诚。
> 日期到，各处里，统有信到；定烟火，写下戏，同来接灵。
> 山高大，路不平，行灵难走；共同议，凑人桥，递手擎灵。
> 人倚人，将立棺，擎到山下；合会人，哭声震，同来接迎。
> 少师傅，手执幡，头前引路；众师徒，统哭的，感叹伤情。
> 走三里，灵已到，点上香火；行五里，开了戏，也是接灵。
> 常王庄，有贼匪，成群结伙；要想偷，道中财，秩序不宁。
> 王学礼③，手提棍，挡住贼寇；台上站，喊一声，好似雷鸣。
> 贼害怕，不敢动，各自散去；合会人，心放下，一路上平。
> 将灵棺，抬到了，兴隆宝地；修活坟，棺葬在，宝穴之中。
> 修群墙，盖山门，七星北斗；一个人，一块砖，圈住坟茔。
> 制稻田，四十亩，道房盖上；立伙房，定条例，来往人行。
> 众人尊，悦悟师，当家正道；合会人，传香火，道教兴隆。④

---

① 《如意宝卷》，笔者收藏。
② 上方井雪山寺坐落枯峪山，为北宋名臣范仲淹所建。宋元时期，山东章丘枯峪山的雪山寺与江苏镇江的金山寺、浙江杭州的灵隐寺齐名。
③ 王学礼，董计升在枯峪山时所收弟子，因其身材高大，勇武有力，被董计升委派为天地门教枯峪山传教基地看家护院。
④ 2001年夏季，笔者在河北省保定地区调查天地门教时，从当家师傅手中访获一部名叫《如意宝卷》的天地门教经卷，经过几年时断时续的披阅研究，写成《〈如意宝卷〉解析——清代天地门教经卷的重要发现》一文，发表于《文史哲》2006年第1期。

从此，董计升故里常王庄改称董家林，其坟茔和构峪山等董计升传道收徒之处，均被天地门信徒视为圣地。经天地门教信徒修建的董氏墓地，苍松翠柏，碑石林立，每年朝拜者络绎不绝，特别是每年四月初四董计升忌日，更是徒众麋集，到董氏墓地烧香膜拜。

（二）董氏家族总坛与九宫八卦的组织体系

1.董氏家族总坛

董计升生有一子，名悦悟，字天亮。董计升去世后，董悦悟子承父业，继续在董家林传习天地门教，因而形成被天地门教内部称为"总坛"的董氏家族当家师傅传承世系。在《根源记》《董氏家谱》《董祖立道根源》《圣意叩首之数》[1]等天地门教经卷中，都有董氏家族当家师傅传承世系的记载，现整理如下：

第一代，董计升，名吉生（计升），字四海，号名扬；

第二代，董天亮，字悦悟；

第三代，董兴孔，字仲尼；

第四代，董谦，字禄吉；

第五代，董志宁，字福山；

第六代，董国太，字少统；

第七代，董坦，字心平；

第八代，董化龙，字玉清；

第九代，董希圣，字如防；

第十代，董太兴。

董计升生当明末清初，按一代30年计算，到第十代传人，已至民国时期。

在天地门教信众心目中，因"总坛"的历代当家师傅均是董计升的嫡传子孙，故对他们非常尊重，向董氏当家师傅请教董计升宗教思想，是各地天地门教信众信仰生活的重要内容之一。但是，"总坛"没有号令各地天地门教信众的权利，只是在向各地天地门教信众传授董计升宗教思想方面发挥作

---

[1]　濮文起、莫振良：《〈董祖立道根源（支排记）〉读解 —— 一部记载清代天地门教组织源流的经卷》，《浙江社会科学》2008 年第 9 期；濮文起：《〈圣意叩首之数〉钩玄 —— 清代天地门教经卷的又一重要发现》，《世界宗教研究》2009 年第 3 期。

用，真正掌握天地门教教权的则是董计升的异姓传人，即"九宫教首""林传八支""山传八支"和"九股"。

2. 九宫八卦的组织体系

为了使天地门教迅速流传，董计升在杓峪山期间，曾采取了一项重大决策，即按九宫八卦建立组织，派遣弟子按照八卦方位到各地传道。在笔者访获的《心经》《如意宝卷》《天地宝卷》^①《根源记》《董祖立道根源》《圣意叩首之数》等天地门教经卷中，对董计升的这个重大决策均有程度不同的记载，现介绍如下：

董计升建立九宫八卦的组织体系后，自任九宫教首，其后继人已内定为顾明心，"林传八支"——李修真、刘绪武、张锡玉、杨念斋、石龙池、黄绍业、马魁元、马开山，"山传八支"——徐明扬、董成所、邱慧斗、郝金声、于庆真、蔡九冈、邢振邦、杨超凡和"九股"——通山，则分别按照八卦方位被授予教权，分赴各地传道。在董计升各支传人的努力下，天地门教首先在山东流传起来；接着，迅速传入直隶，成为燕赵大地下层民众竞相景从的民间宗教教派之一。清中叶以后，随着山东人大规模闯关东，天地门教又进入东北地区，在垦荒民众中传播。

康熙二十九年（1690），董计升逝世后，顾明心继为九宫教首。顾明心执掌天地门教 35 年，于雍正三年（1725）三月初六日去世。顾明心死后，九宫教首之位虚悬。从此，天地门教各支传人自成系统，各自在所属地区活动；各支传人之间，只靠教义维系，没有直接统属关系。因此，天地门教始终是一个庞大却松散的民间宗教组织。

与明中叶以来大多数民间宗教教派创立者不同，董计升是一位主张教内平等，反对教权世袭的宗教家。他生前与死后的称号——董老师或董老师傅，较少偶像崇拜的色彩，更多的是乡土社会的温情。在他的影响下，各支传人均称当家师傅，信徒之间则互称师傅或道友、道亲，因而教内没有形成森严的等级制。他还规定天地门教"传贤不传子"，并身体力行，于弥留之际，将教权传与异姓弟子顾明心。顾明心死后，天地门教没有再设九宫教

---

① 濮文起：《〈天地宝卷〉探颐——清代天地门教经卷的又一重要发现》，《贵州大学学报》2008 年第 6 期。

首，各支传人虽互不统属，各自在所属地区发展，但他们始终恪守祖训，传贤不传子，此一传统，一直延续至今。①

此外，因董计升主张夫妻双修，共同传教，故天地门教内有不少女信徒。为此，董计升设立了女当家，称"金传二支"，俗称"二当家""二师傅"，董计升妻王氏是金传二支之首。各地"二师傅"，与男"当家"地位平等，共同传教，成为天地门教迅速发展的主要助力。

笔者 20 年的田野调查发现，在董计升的各支传人中，"林传八支"第八支马开山、"九股"通山的传道业绩最为显赫。

康熙初年，马开山从其师董计升那里领授的是坎卦，于是自山东出发，北上直隶沧州、天津一带传教。此后，马开山一支在直隶沧州、天津一带道脉源长，日益兴盛。天津一带的天地门教历代传人自称"北林"，而将山东一带的天地门教组织称为"南林"。对此，天地门教经卷《圣意叩首之数》中有明确记载。

该部经卷有两种抄本，笔者将其称为甲本、乙本。

甲本记载："四小枝，显吾赵师，盐山县赵码头；太和孙师，海峰县；平猴刘师，沧州巨官庄；龙江李师，盐山县城；旺山宋师，沧州王□□②；会吉师傅；立凡师傅；桂林师傅；董荣师傅。"③乙本则记载："八小枝圣师：泰和孙师傅，盐山县白家庄；龙江李师傅，海峰县城子内；海山李师傅，海峰县；平侯刘师傅，沧州聚官庄；显武赵师傅，盐山县赵码头；海山刘师傅；名云刘师傅；学如赵师傅；当家明心顾师傅；金声贺师尊。"④这里所说的"四小枝"或"八小枝"，乃是马开山在直隶沧州一带传授的弟子，即孙泰和、李龙江、李海山、刘平侯、赵显武、刘海山、刘名云、赵学如、贺金声，顾明心则被众位传人奉为当家师傅。

乙本又记载："北林：桂林王师傅、永平刘师傅、泰山孙师傅、和达王师傅、存意张师傅、耀林孙师傅、俊儒尚师傅、魁如尹师傅、秀玉阁师傅、

---

① 濮文起：《秘密教门：中国民间秘密宗教溯源》，江苏人民出版社，2000 年，第 171 页。

② 此处"□"为脱字

③ 《圣意叩首之数》甲本，第 5—6 页，笔者收藏。

④ 《圣意叩首之数》乙本，第 3 页，笔者收藏。

念山刘师傅、胜伯王师傅、玉山候师傅、显武赵师傅。"① 这里所说的是马开山在天津一带传授的自称"北林"的弟子，即王桂林、刘永平、孙泰山、王和达、张存意、孙耀林、尚俊儒、尹魁如、阎秀玉、刘念山、王胜伯、侯玉山、赵显武。其中，赵显武既是"八小枝"传人，也是"北林"传人；王桂林既是"四小枝"传人，也是"北林"传人。

对于"南林"，甲本则记载："南林，天成谢师、玉还苏师、平义屠师、旺全曹师、道安张师、成亮王师、道行石师。"② 这里所说的是"南林"的历代传人，即谢天成、苏玉还、屠平义、曹旺全、张道安、王成亮、石道行。

乙本还记载："天地如意八枝九股：头世祖郝老先师，二世祖清环老先师，三世祖胜云老先师，四世祖道远老先师，五世祖继文老先师，六世祖兆兴老先师，七世祖平意老先师，八世祖平心老先师。"③

据《如意宝卷》记载，董计升在山东章邱杓峪山传道时，曾有一位法名通山的尼姑上山拜师求道。这位尼姑俗姓高，离城县冯连村人，及长，出家朝阳庵为尼。后仰慕董四海的人格魅力和宗教思想，遂拜董四海为师，也传习天地门教。此时，因董计升已按八卦派遣弟子到各地传教，遂将尼姑通山这一支定为"九股"。这里记载的就是"九股"的历代传人，即第一代郝姓，第二代清环，第三代胜云，第四代道远，第五代继文，第六代兆兴，第七代平意，第八代平心。笔者认为，第一代"郝"姓，疑为"高"姓，即《如意宝卷》记载中的高姓尼姑。从"九股"八代传人有名无姓的记载来看，可以说明如意门始终是以出家尼姑掌教。

二、天地门教的经卷与教义、仪式、修持

（一）经卷

天地门教自问世至今，一直没有自己的印本经卷。该教派自称"无咒无

---

① 《圣意叩首之数》乙本，第 69 页，笔者收藏。
② 《圣意叩首之数》甲本，第 6 页，笔者收藏。
③ 《圣意叩首之数》乙本，第 72 页，笔者收藏。

经"①，"少经无卷"②，"原人持诵"的是"无字真经"。③ 所谓"无字真经"，乃是天地门教创立者董计升与其历代传人创作的口头经卷，一部分靠当家师傅口传心授，代代相传，一部分则由当家师傅整理成卷，传抄留世。在笔者搜集的天地门教经卷中，既有口头经卷，也有抄本经卷，前者是笔者从当家师傅口述中获得，后者则是当家师傅为笔者提供，这些经卷是探寻天地门教教义、仪式、修持的第一手资料。

天地门教经卷在名称上有"经""赞""偈""咒""词"以及"宝卷"等。"经"有《心经》《大经》《天地经》《根本经》《了愿经》《太阳经》等，"赞"有《大赞》《小赞》《坐坛赞》《跪坛赞》《震坛赞》《老君赞》《观音赞》等，"偈"有《佛偈》《道偈》《根本偈》《功课偈》《坐坛偈》《跪坛偈》，"咒"有《往生咒》《觅魂咒》《护身咒》《北斗咒》《点法咒》《练法咒》《行针咒》《天意福咒》等，"词"有《佛词》《唱词》《坐坛词》《八德词》等，"宝卷"则有《如意宝卷》《天地宝卷》《临凡宝卷》等。此外，还有一些其他名称的经卷，如《根源记》《杓峪问答》《董祖立道根源》《圣意叩首之数》等。其中，"经""偈"的内容偏重于宣讲组织传承、教义思想，供当家师傅传道时吟诵；"赞""咒"主要用于仪式、修持；"词"是当家师傅劝化世人为善除恶时念唱。这些经卷分别采用四言、五言、六言、七言、八言、九言、十言的句式，长者二三千字，短者只有几百字，不分品，一气呵成，既通俗易懂，又朗朗上口，很适于缺少文化的下层民众接受与掌握。"宝卷"和其他名称的经卷，有分卷分品的，如《如意宝卷》一卷、四十六品；一般是"经""赞""偈""咒""词"的汇编，篇幅较长，大多在一万字左右，如《天地宝卷》等，有的经卷，如《圣意叩首之数》竟有八万字之多。

天地门教经卷全能配上曲牌吟唱，常用的曲牌达 20 余个，即大韵、娃子曲、桂枝香、吹千秋、上小楼、靠三音、老君词、三换头、四换头、皂罗袍、晃影、红衲袄、金字经、红罗苑、慢娃、驻云飞、朝天子、落金锁、挂金锁、山坡羊、黄莺儿、浪淘沙等。伴奏的乐器，早期只有渔鼓与简板，清末民初，才逐渐被龙头琴、铙、钹、鼓、铛钗、笙、管、笛、箫等乐器所取代。

---

① 《心经》，濮文起主编：《民间宝卷》第 6 册，黄山书社，2005 年。
② 《佛偈》，濮文起主编：《民间宝卷》第 6 册，黄山书社，2005 年。
③ 《大经》，濮文起主编：《民间宝卷》第 6 册，黄山书社，2005 年。

（二）教义

在天地门教诸多经卷中，都明确昭示董计升的宗教思想源于道教。如《如意宝卷》中说："如意圣祖，自万历四十七年三月，以凭丹书，投胎认母，降生于山东省济南府商河县董家长王庄村，姓董名四海。""当时是，顺治七年；梦神人，来献丹书，受指引，明亮心田；见本性，修心立教，传大道，盖地普天。"经文所说的"丹书"是道教术语，"以凭"即理论根据，由此可以推测董计升在三十二岁创教之前，曾阅读了一些道教经典，并以悟道所得，创立了天地门教。

又如《天地宝卷》，先是说董计升的大彻大悟来自《道德经》——"天赐真如意，悟自道德经；左童右金女，陪伴奉差公；辞别无生母，红尘救众生；性落商河县，董家一林中"；接着说董计升修炼内丹，依据的是《道德经》——"耳目紧封闭，悬炉来用功；展开花栏卷，原是道德经"；最后说董计升经过修炼，达到功果圆满，回到真空家乡，与无生老母团聚，归功于《道德经》——"修行功果满，回家见无生；久住龙华会，献上道德经"。[1]由此可见道教的根本经典《道德经》对董计升宗教思想形成的重大影响。

上述说法，足以说明董计升在创立天地门教之前，确实曾从道教中汲取思想营养，并用于创立与传播天地门教的实践中，因而使天地门教蒙上了浓重的道教色彩，特别是道教的内丹术，始终是天地门教告诫其信众必须践行的修持原则，再加上天地门教自己的对外宣传[2]，因此有些学者便把天地门教视为"世俗化道教教派"。[3]但是，这只是表面现象，如果从本质上看，天地门教教义并没有什么创造，而是沿袭清初以来流行于下层社会的民间宗教思想理论。

与主流宗教佛教、道教相比，成熟的民间宗教思想理论形成较晚。它发轫于明中叶的民间宗教教派无为教，中经黄天道、东大乘教、西大乘教、弘阳教等教派的丰富与发展，最后由明末崛起的大乘天真圆顿教集其大成，于清初构建起一套独具特色的宗教思想体系，这就以无生老母为最高崇拜，以

---

① 《天地宝卷·坐坛经》，笔者收藏。
② 如前引《如意宝卷》的说法："众人尊，悦悟师，当家正道；合会人，传香火，道教兴隆。"
③ 马西沙、韩秉方：《中国民间宗教史》第十五章"一炷香教：世俗化道教教派"，中国社会科学出版社，2004 年。

真空家乡为理想境界，以弥勒佛与龙华三会为信仰核心，以入教避劫为劝道手段，以内丹方术为修持功夫等。[1] 通观天地门教经卷，其中演述的都是民间宗教的这种思想理论，由此证明董计升在创立天地门教的过程中，曾汲取了清初以来流行于世的民间宗教思想理论，并依此构建了天地门教的教义体系。如《天地宝卷》说：

击木鱼，正金身，先将意安；西来意，悟佛性，经卷一篇。
讲讲今，论论古，今古一路；言言凡，论论圣，凡圣一般。
说当初，混沌时，无有日月；有伏羲，和女娲，炼石补天。
三皇祖，来传法，治掌世界；有五帝，来为君，立下人烟。
西域佛，传留下，三皈五戒；说太上，效老君，炼成金丹。
孔圣人，传留下，仁义礼智；讲道德，说人伦，义礼为先。
……
西域佛，分法下，婴儿姹女；临东土，来投胎，落在海圈。
含英王，出富贵，争名夺利；每日里，用心机，名利都贪。
全不想，造下孽，招架不起；既知道，得罪了，十帝阎君。
生了死，死了生，反来复去；只落的，荒郊外，白骨朝天。
西域寺，叹怀下，无生圣母；想婴儿，合姹女，泪道不干。
信香盒，忙拿着，揭去盒盖；申酉卯，三时火，焚起香烟。
无名祖，在古洞，正然打坐；猛抬头，观见了，一股香烟。
让香头，一伸手，拦住香尾；早知道，皮囊里，肺腑之间。
无名祖，离了坛，不敢打坐；出了洞，驾祥云，到母灵山。
叫童儿，进古洞，启禀圣教；你就说，我贫道，前来相参。
有童儿，进古洞，双膝跪下；无名祖，在洞外，前来相参。
无生母，听见说，发香一炷；无名祖，尊法旨，趋到里边。
无名祖，参圣母，忙打稽首；圣性娘，传贫道，使用哪边。
无生母，闻听说，满眼垂泪；都只为，临东土，那些枝干。
我有心，差你去，下去寻找；找婴儿，和姹女，好回灵山。

---

[1] 濮文起：《一套独具特色的宗教思想体系——中国民间宗教理论探析》，《求索》2005 年第 2 期。

无名祖，听见说，忙打稽首；圣性母，听贫道，诉说一番。

红尘内，出妖魔，精灵最广；有山灵，和水怪，多年狐仙。

行动了，附着人，胡言乱语；不是男，就是女，真假难辨。

无生母，听见说，圣面带笑；尊道人，只管去，将心放宽。

我有道，镇洞宝，明香一炷；带下去，将心用，披在身边。

有了灾，有了难，烧香一炷；望空中，多保佑，顺你心间。

无名祖，接法宝，辞拜圣母；出古洞，驾祥光，下了天宫。

有修真，和养性，忙打前站；有正直，和公道，跟随前走。

有真心，和实意，不离方寸；众徒弟，来相助，忙将经担。

师徒们，驾祥光，来的好快；来到了，红尘内，花花世间。

改了头，换了面，董字为姓；武定府，商河县，立下标杆。

一炷香，传出去，了灾去苦；斩的妖，除的邪，立刻见痊。

了好了，三灾苦，除去八难；并不图，人来谢，半文铜钱。

要真心，和实意，烧香一炷；敬天地，敬父母，孝顺为先。

有一辈，传一辈，传流接续；明朝末，清朝初，立到这咱。①

　　该篇经文从伏羲、女娲开天辟地说起，接着是三皇、五帝"治掌世界"，"立下人烟"，佛、道、儒相继出世，教化众生。但是，人们仍争名夺利，处于生死轮回之中。无生老母不忍婴儿、姹女——众生在尘世受苦受难，决定传授"无名祖"明香一炷，临凡降世，普度众生。该篇经文演述的宗教思想，可以说与民间宗教思想理论如出一辙，或者说是民间宗教思想理论的天地门教简明版，只不过是将领授无生老母圣命临凡拯世的"弥勒佛"改换为"无名祖"。这位"无名祖"托化董姓，是为董计升，他秉承无生老母旨意，创立了天地门教，传教收徒，以一炷香为众生了灾除难，然后"各找出身路，安养得团圆，同到安养处，陪母见收源"②，即回归真空家乡，陪伴无生老母，永享幸福快乐。

　　与清初以来其他民间宗教教派在各自教义思想中，或凸显佛教的成佛作

---

① 《天地宝卷·根本偈》，笔者收藏。
② 《天地宝卷·坐坛五字经》，笔者收藏。

祖，或强调道教的羽化飞仙不同，天地门教更为推崇儒家的伦理道德。

如《如意宝卷》说，"老天差我来立教"，"替天推行孔子道"。"吾立得，孔子之道；不能讲，怪力乱神"。"师立教，明明的，孔子之道；除三灾，了五苦，普结善缘。以理批，改行为，不言神鬼；富和贫，一例看，永不择嫌。分不受，毫不取，替天行道；一身法，并无有，狂语非言"。从这些经文中，可以充分说明天地门教的宗旨是极力宣扬儒家思想，它要以儒家伦理教化信众："诚敬天地将香烧，父母堂前当行孝，尊兄弟和睦务勤学，谨尊王法圣谕六条[1]，守本份先立德行后立道，那才得自在逍遥。""先立美德后学道，诵经休昧谕六条。父母大恩最为高，和睦乡里才为妙。无理不行与人交，心内藏舌气暗消。以理待人有老少，再不触犯王法条。"从中可以看出，天地门教教义思想的旨趣，是要为封建专制统治教化顺民，表现出它鲜明地拥护封建统治秩序的政治倾向。因此，连清廷都认为："此教实止图免灾难，其唱念歌词系劝人为善行好，委无煽惑敛钱不法别情"，对天地门教信众从未从严处置，"凡能具结改悔，赴官投首，准其免罪"。[2]

综上所述，可以清楚地看出，天地门教以无生老母为最高崇拜，以无名祖即董计升为信仰核心，以宗教化的儒家伦理劝导信众，以"安养"即真空家乡为理想境界，以为清朝"教化民心"[3]为政治依归，由此便构成了天地门教简明通俗的教义体系。

（三）仪式

天地门教经卷中记录了大量举行仪式的经文，如《圣会偈》《请圣经》《请圣偈》《坐坛经》《坐坛赞》《坐坛偈》《坐坛词》《跪坛偈》《送圣经》等，均为举行仪式而作。

据笔者调查，天地门教的主要仪式是举办圣会，分为两种，一是报恩圣会，于四月初四董计升忌日举办，规模较小，举办的目的主要是为了缅怀董计升立教恩德；二是阖会大众圣会，于正月十五元宵节举办。其中，元宵节

---

[1] 这里所说的"圣谕六条"，即明洪武三十年（1397）户部奉旨颁布的《圣谕六言》："孝顺父母，尊敬长上，和睦乡里，教训子孙，各安生理，毋作非为。"

[2] 《军机处录副奏折》，道光十九年十月十二日，吏科给事中周春祺奏折。

[3] 《大清十字佛》，濮文起主编：《民间宝卷》第6册，黄山书社，2005年。

圣会场面大、人员多，红火而热烈，最能体现天地门教的信仰追求。现以河北省沧县天地门教元宵节仪式为例，介绍如下：

元宵节圣会共举办三天，自正月十四晨始，至正月十六夜止。

正月十四晨 7 时左右，当家师傅带领信众开始布置佛堂。其布局如下：

佛堂坐南朝北，走进佛堂，正中摆设屏桌一面，俗称前坛。上供两块牌位，左为"中国共产党万岁万万岁"，右为"上祖吾皇万岁万万岁"，两边左设日值、时值，右设年值、月值各两块牌位。屏桌背面，自左至右，供有巡坛、韦陀、监坛三块牌位。屏桌右前方设小供桌一条，上摆"三代宗亲之灵位"，左前方亦设小供桌一条，上摆"革命烈士之灵位"。①

佛堂东西墙壁上，分别悬挂《十王图》和《老子八十三化画传》彩绘，俗称吊挂。屏桌后约 3 米，设一大条案，俗称后坛，又称大坛，长约 2 米，上摆香炉、木鱼、磬、蜡台、供品②和一佛牌木架。牌架共分三层，上层神牌自左至右为：太上道德老君、南无释迦文佛、南无燃灯古佛、南无弥勒尊佛、大成至圣先师孔子五位；中层自左至右为：南无地藏菩萨、南无药王菩萨、南无文殊菩萨、南无观世音菩萨、南无普贤菩萨、南无药圣菩萨、南无收圆菩萨七位；下层自左至右为：本境城隍土地、五方五帝真君、玄天上帝荡魔天尊、中元中品赦罪天尊、上元上品赐福天尊、下元下品解厄天尊、敕封大帝伏魔天尊、五湖四海龙神、家宅六神福德九位，总共二十一块神牌。

牌架右边悬挂一大型靠壁，长约 6 尺，宽约 2 尺，上书"天地三界十方万灵真宰之座"，即无生老母神牌；牌架左边亦悬挂一大型靠壁，长宽相同，上书一对老年夫妇，老年夫妇两侧左马右猿，意为锁住心猿意马，上书"南无道德师祖之座"，即董计升与其妻王氏神牌。

大坛左侧悬挂两幅稍小靠壁，上记该地天地门教建设情况及捐资者姓名。

大坛右侧备有凳子，上放天地门教法器（乐器），念经时由道爷③使用。

上午 10 时左右，圣会仪式开始。当家师傅带领信众跪在佛堂大坛前焚

---

① 自抗日战争到对越自卫还击战牺牲的本村革命烈士。
② 馒头、素菜、糕点、水果、酒、茶等。
③ 道爷，专门从事奏乐吟诵经文的信徒。

香诵经，请圣赴会。然后，由会头①双手捧持请圣神牌在前，当家师傅率领信众尾随其后，走出佛堂。刹时，鼓乐喧天，鞭炮齐鸣，众人徐徐来到十字路口，一齐向西方跪下，鼓乐暂息。当家师傅手捧真香，念诵《请圣经》：

真香一炷，诚心叩请：古佛古母、末耶老母、元始老母、圣始老母、燃灯古佛、释迦文佛、未来弥勒尊佛、哼哈宿佛、无量尊佛、一切诸佛，闻香赴会，率领八大金刚、五百罗汉、三千揭谛，临坛赴会。

真香一炷，诚心叩请：元始天尊、无极老祖、太上老君，闻香赴会，率领八万四千真人、十万八千散仙、名山洞府一切贤真，临坛赴会。

真香一炷，诚心叩请：大成至圣孔子先师，闻香赴会，率领三千徒众、七十二贤、盘古至今一切圣贤，临坛赴会。

真香一炷，诚心叩请：天盘督天教主、玉皇大帝，闻香赴会，率领三元大帝、五斗真君、二十八宿、九曜星官、森罗万象、风云雷电、一切神明，临坛赴会。

真香一炷，诚心叩请云盘元通教主、观世音菩萨、普贤菩萨、文殊菩萨、药王菩萨、药圣菩萨、一切众菩萨，闻香赴会，率领金童玉女，杨柳洒开，圣水降下，普润乾坤，临坛赴会。

真香一炷，诚心叩请：地盘幽冥教主、地藏王菩萨，闻香赴会，率领东岳天齐、十殿阎佛、十八狱主、七十五师、土公土母、一切地祇，临坛赴会。

真香一炷，诚心叩请：人天教主、当今皇帝，闻香赴会，率领忠臣良将，治国安邦。

真香一炷，诚心叩请：圣盘都会教主、收圆菩萨，闻香赴会，率领五盘圣中一切主尊，临坛赴会。

真香一炷，诚心叩请：南山当家老师，闻香赴会，率领过去一切仙佛，临坛赴会。

真香一炷，诚心叩请：五洲感应，韦陀护法，率领监坛、巡坛、

---

① 会头，专门从事办会之人，过去常由家道殷实之人担任，一般不在天地门教。

十二循环，临坛赴会。

真香一炷，诚心叩请：东海龙王，闻香赴会，率领五湖四海一切龙神，临坛赴会。

真香一炷，诚心叩请：本县城隍、当方土地，闻香赴会，率领家宅灶王、一切路神，临坛赴会。

真香一炷，诚心叩请：阖会三代宗亲，闻香赴会，率领过去一切先人，临坛赴会。[①]

《请圣经》念毕，化纸鸣炮，然后在鼓乐声中，由当家师傅率领信众请圣步入佛堂，在大坛前跪下，当家师傅手捧真香一炷插入香炉，带领信众吟唱《请圣偈》：

持祖道德妙真经，香焚炉中，执符三界叩请神灵，请玉帝万圣下了天宫。

无名老祖率领师尊，今良辰赴圣会拥护门生，善男信女普沾恩情，增福寿保平安福寿康宁。

持祖道德妙经文，来请孤魂，焚香化纸咒语经文，来召请三代亲一切亡魂。

地藏菩萨即闻五恩，放回那众灵魂好将法闻，接引菩萨方便路神，接引王头引路转家门。

吟唱完毕，便由当家师傅带领道爷唱念经文，间或向进香的善男信女布道。道爷唱念经文称作功课，又分早功课、晚功课。早功课前，要请"执符神"护持办会，晚功课后坛时，要在大坛前送"执符神"，即将神牌烧掉，第一天仪式结束。

第二天，即正月十五，圣会进入高潮。早功课开坛之后，本村和邻村的男女老幼，甚至远至几十里之外的男女信徒，都带上供品、香蜡纸锞，来此烧香、化纸，上供：或求来年风调雨顺、人口平安，或为疾病许愿、还愿。

---

① 《请圣经》，濮文起主编：《民间宝卷》第 6 册，黄山书社，2005 年。

笔者曾多次目睹了这种场面，只见佛堂内香烟缭绕，人头攒动，伴以震耳欲聋的鼓乐声和诚惶诚恐的祈祷声，呈现在眼前的是一副副虔诚的面孔。其中，既有满脸皱纹的老人，也有稚气未退的少年，既有留着新潮发式、穿着时髦服装的青年男女，也有身着国家制服、血气方刚的职工，而佛堂外更是信徒云集，敬候进堂上香。威慑心魄的宗教力量，在这里充分表现出来。

正月十六，即第三天，早功课开坛之后，主要有两项活动，一是邀请本村信众赴会，中午会餐。因故未能赴会的信徒，由圣会派人将食物送到他家。再有余食余款，余食再平分一次，余款留作翌年使用。笔者也曾多次与他们在一起会餐，饮酒啖肉，谈笑风生，一派知足长乐的祥和气氛。二是烧花送圣，"收圆结果"，"扫愿结坛"。所谓"花"，乃是一纸糊楼阁，内有一纸糊神仙，掌管阴间亡灵钱库。纸糊楼阁柱上写有疏文，俗称"疏瓢子"，其疏文如下：

> 疏
> 南赡部洲　省　县　村信士暨领阖庄人等虔诚敬祝
> 皇天大帝
> 诸佛菩萨众位神圣之座前
> 是日谨设清茶五碗素筵一席明香三炉阉香叩愿
> 国泰民安永免刀兵之苦
> 风调雨顺不被旱涝之灾
> 共产党普延全世界[①]
> 是日笙歌万国普天同庆
> 天朗气清万民同欢
> 如有丢笔错字请誊录仙师更正改清
> 具疏人
> 具疏时年月日

这个仪式在午前举行，由当家师傅带领信众，将"花"由佛堂抬出，伴

---

① 此语系 1947 年加写进去的文字。

以鼓乐与诵经声，缓缓抬到十字路口，即请圣地点，将"花"烧掉，称作"上表挂号"。同时，信众也大量化纸，为祖宗亡灵送钱，并鸣放鞭炮。然后，便是送圣，由当家师傅吟诵《送圣经》：

> 圣会收圆结果，钱财无量功德，
> 奉送佛祖转回程，临走多留祥瑞。
> 拥护善男信女，出于无是无非，
> 吃穿二字上天给，天降荣华富贵。

> 阖会人，众信士，义秉心虔；焚明香，香烟起，投于天盘。
> 趁此时，众佛祖，圣驾未退；阖会人，降心事，重复一言。
> 居南赡，部洲内，人民中国；河北省，住沧县，方向西南。
> □□□，可称为，佛经之地；善男女，众信士，不怕花钱。
> 皆因为，这一年，平安吉庆；无是非，无灾害，四季安然。
> 才许下，办一道，灯节圣会；酬天地，谢佛祖，师傅恩典。
> 有信士，真弟子，操办灯会；□□□，□□□，比辞忙闲。
> □□□，□□□，不辞辛苦；率领着，众阖会，信女善男。
> 灯节会，规定于，十四开起；十四五，到十六，立会摆坛。
> 上香茶，供美酒，坛前献意；酬地母，谢龙天，一切圣贤。
> 阖会人，将心意，表于天地；焚明香，化纸钱，送圣回还。
> 有一段，瑞祥光，起在云雾；乘着风，跨着凤，转回天盘。
> 送古佛，与古母，无生老母；老君爷，无极祖，率领回还。
> 送孔子，七十二，大贤归位；送天盘，玉皇帝，五帝三元。
> 送云盘，观音母，圆通教主；送地盘，天齐爷，阎佛回还。
> 送人盘，当今主，忠臣良将；送圣盘，收元祖，三教五盘。
> 送南山，老师傅，众位师祖；韦陀爷，率领着，监坛巡坛。
> 送龙王，四海内，龙神归位；送城隍，土地爷，灶君回还。
> 送阖会，三代亲，高升仙界；佛榜上，标名号，永不临凡。
> 第一报，上天恩，极其广大；第二报，地母恩，养育良贤。
> 第三报，当今主，人天教主；第四报，父母恩，理之当然。

第五报，老师傅，真香一炷；保佑着，阖会人，四季安然。

众师祖，临行走，多留祥瑞；保阖会，佑黎民，过太平年。

再求下，老和少，消灾去苦；逢凶事，变吉利，万事周全。

老师傅，降忏悔，放灯化彩；度残灵，三代亲，入圣超凡。

做生意，和买卖，一本万利；生一本，增万利，多赚银钱。

有出门，在外边，求财望喜；参军人，得高升，喜报三元。

年少者，多增福，老年添寿；一辈辈，接续着，子孝孙贤。

万事吉，百事顺，平安吉庆；从今后，一年里，强似一年。①

《送圣经》吟诵完毕，即往佛堂向师祖叩拜，圣会全部结束。

在三天圣会期间，每天夜晚均放灯，十四称鬼灯、十五称神灯、十六称人灯。灯是由绵纸包裹棉籽浸油而成。十四夜间，由当家师傅带领信众，由佛堂向大田走去，一路将灯放在路边、田埂、坟头，点点灯火如天上繁星撒满大地，远远望去，煞为好看。十五夜间，仍由当家师傅带领信众，从佛堂走出，绕村一周，将灯火撒遍全村，象征着迎神驱鬼。十六夜间，放灯进入高潮，男女老幼倾村出动，跟着放灯队伍一路竞相燃放烟花、鞭炮。银花火树，划破天空，欢声笑语，笼罩全村，辛勤劳作一年的农民借此欢乐一番，祈求新年风调雨顺，人寿年丰。②

（四）修持

1. 修炼内丹

天地门教为其信徒规定的第一项修持是修炼内丹。

近年，笔者在一位当家师傅手中访获一部名叫《杓峪问答》的天地门教经卷。经笔者初步考证，这是一部董计升留下的专门讲述修炼内丹理论与方法的经卷。③

《杓峪问答》共 36 页，十章，约一万字。在该部经卷中，董计升从洞晓

---

① 《送圣经》，濮文起主编：《民间宝卷》第 6 册，黄山书社，2005 年。

② 濮文起：《天地门教调查与研究》，《民间宗教》第 2 辑，台北南天书局，1996 年。

③ 濮文起：《〈杓峪问答〉探析 —— 清代天地门教经卷的又一重要发现》，《南开学报》2009 年第 2 期。

何为"金丹大道"开始，然后，从修炼的"炉鼎"——"玄关"，修炼的"药物"——"先天祖气"，修炼的"火候"——"调和神息"，修炼的"真宰"——"一心清静"，修炼的"妙用"——"身心不动"，一步一步地向其信徒铺陈阐述。他还通过阐述修炼过程中出现的各种现象，谆谆告诫信徒，只要照此步骤，一步一步地刻苦修炼，就可达到修炼的最高境界——"忘神合虚"，成为一位"入圣超凡，逍遥自在"的"大丈夫"。董计升阐述的这套内丹修炼理论与方法，经过他与其弟子传授，便成为一项重要修持，在天地门教信徒中流传起来。

据文献记载，清末传到北京的一支天地门教，"规矩极严，以敬佛为宗旨，不杀生，不言命，吃长斋、焚香，日日坐功运气，其终向望死后脱下皮囊，往西天成佛作祖"①。这是清末基督教人士留下的北京天地门教修炼内丹的记录。

又据笔者调查，自清初以来就流传在天津地区的天地门教，特别重视修炼内丹。为笔者提供《杓峪问答》的那位当家师傅说，清朝初年，董计升传道时，途中曾遭遇一位响马劫持，这位响马被董计升用道法降服，遂拜董计升为师，从此结束响马生涯，跟随董计升传道，这位响马就是天地门教"林传八支"第八支传人马开山。因马开山身材高大，且会武功，董计升就将修炼内丹的理论与方法传授与他。马开山在杓峪山领授师命，北上直隶沧州、天津一带传道收徒。其中，沧州长支孙泰和从其师马开山那里学会了修炼内丹的理论与方法后，又将此传与天津弟子。此后，代代相传，至今已历十五世（自马开山始）。为笔者提供《杓峪问答》的那位当家师傅，就是第十五代传人。那位当家师傅每天都在夜间修炼内丹，并将自己的感悟传与其弟子。他曾对笔者说，自从修炼内丹以后，不但心清气正，而且身体健康。笔者在调查中发现，他确实在当地群众中有较高威望，尤其是当地天地门教信徒遇有心理障碍或生理疾病，都向他询问、讨教、治疗，且往往有奇效。其影响所及，就连外乡外县的天地门教信徒也慕名前来求教。对此，他的原则是，来者不拒，有求必应。因此，颇受当地天地门教信徒拥戴。

---

① 〔法〕包士杰：《拳时北京教友致命》卷二，北京救世堂，1929 年。

2. 派功叩首

天地门教为其信徒规定的第二项修持是派功叩首。

在清代民间宗教发展史上，天地门教修持，除修炼内丹外，还以"派功叩首"著称于世。但是，当家师傅如何"派功"？信徒又如何"叩首"？长期以来，由于史料缺乏，再加上天地门教对此视为内中秘密，轻不示人，因此，外界犹如雾里看花，一直将其视为玄妙之阈。

2008 年春，笔者从一位青年当家师傅手中获得一部名叫《圣意叩首之数》的经卷，且有两个抄本，笔者将其称为甲本、乙本。经过认真、反复研读，笔者认定这是一部专门讲述天地门教"派功叩首"内中理数的经卷。

《圣意叩首之数》中的"圣意"，顾名思义，是指"神圣旨意"；"叩首之数"，即叩首的数量。该部经卷经名明确告诉人们，这是一部在神圣旨意启示下，由当家师傅根据信徒不同需求，向信徒"派功叩首"的经卷。

所谓"派功"，即派遣功夫，由当家师傅执掌。《圣意叩首之数》记载的功夫有十余种，其中，"悔过功""疗病功""驱邪功""真言功""戒尺功""五盘功"，常被当家师傅派遣。当然，当家师傅所派功夫不同，叩首的数量也不同，有的功夫，还要"跪香"。

现以"疗病功"为例，介绍天地门教"派功叩首"的具体内容。

生老病死乃人生之常态，特别是在因贫穷而缺医少药的乡村，广大农民常因无钱治病而死亡。扎根于乡土社会的天地门教，深知广大农民饱受各种疾病的折磨与煎熬。因此，在它规定的"派功叩首"修持中，便有一种"疗病功"。

生儿育女是一个家族中的大事，尤其在封建社会，"不孝有三，无后为大"的观念，已经成为上自朝廷王室贵族，下至民间平民百姓的共识。天地门教的"疗病功"，首先关注的就是妇女生产过程和生产以后的病状。如婴儿横生，《圣意叩首之数》甲本规定当家师傅派遣四天功，每天叩首 600 或 6000个，跪香 60 炷，然后再叩首 600 或 6000 个[①]；《圣意叩首之数》乙本则规定当家师傅派遣四天功，每天叩首 66 个，跪香 60 炷，然后再叩首 66 个交功。[②]

---

① 《圣意叩首之数》甲本，第 61 页，笔者收藏。
② 《圣意叩首之数》乙本，第 35 页，笔者收藏。

婴儿倒生,《圣意叩首之数》甲本规定当家师傅派遣四天功,每天叩首 810 或 8100 个,跪香 80 炷,然后再叩首 810 或 8100 个交功①;《圣意叩首之数》乙本则规定当家师傅派遣四天功,每天叩首 81 个,跪香 80 炷,然后再叩首 81 个交功。② 婴儿斜生,《圣意叩首之数》甲本规定当家师傅派遣四天功,每天叩首 600 或 6000 个,跪香 60 炷,然后再叩首 600 或 6000 个交功③;《圣意叩首之数》乙本则规定当家师傅派遣四天功,每天叩首 66 个,跪香 60 炷,然后再叩首 66 个交功。④ 如婴儿产下无奶,《圣意叩首之数》甲本规定当家师傅派遣四天功,每天叩首 600 或 6000 个,跪香 10 炷,然后再 600 或 6000 个交功⑤;《圣意叩首之数》乙本则规定当家师傅派遣四天功,每天叩首 66 个,跪香十炷,然后再叩首 66 个交功。⑥ 当然,以今天的科学眼光来看,天地门教的这种"疗病功"根本无助于产妇的顺利生产,也根本解决不了婴儿产下无奶,但是,对于缺医少药的乡村农民来说,通过修持这种"疗病功",至少在精神上有所慰藉,在极力否定自己的过程中,祈求神灵庇护,使母子转危为安。

此外,在河北沧州一带,还流传着"天地功""老师傅功""八大圣师功""三代宗亲功",分别叩首 360、660、810、1800 个。

20 世纪 90 年代中叶,笔者在河北沧州一带调查天地门教时,曾目睹当家师傅"派功",信徒"叩首"的情景。点燃香烛后,便按照天地功叩首 360 个、老师傅功叩首 660 个、八大圣师功叩首 810 个、三代宗亲功叩首 1800 个的顺序叩拜下去,总共叩首 3630 个,以一秒钟一叩首计算,一个小时才全部叩完。时值隆冬,且屋内没有取暖设备,一场"功夫"下来,他们已是大汗淋漓,满面红光,浑身充满了活力,毫无疲劳之态。笔者问他们感觉如何?他们均回答:舒服极了!天地门教正是通过这种修持活动,既使自己的心灵与天地沟通,又使自己的身体得到了锻炼,收到了精神升华与强身健体的功效。⑦

---

① 《圣意叩首之数》甲本,第 61 页,笔者收藏。
② 《圣意叩首之数》乙本,第 35 页,笔者收藏。
③ 《圣意叩首之数》甲本,第 61 页,笔者收藏。
④ 《圣意叩首之数》乙本,第 35 页,笔者收藏。
⑤ 《圣意叩首之数》甲本,第 61 页,笔者收藏。
⑥ 《圣意叩首之数》乙本,第 35 页,笔者收藏。
⑦ 濮文起:《天地门教调查与研究》,《民间宗教》第 2 辑,台北南天书局,1996 年。

三、天地门教的历史作用与现实影响

（一）历史作用

与明末清初出现的龙天道、八卦教等民间宗教教派所具有的那种愤世、抗争的性格不同，天地门教自创立时起，便是一支具有安善性格的民间宗教教派。该教派除了在教义中极力维护封建统治秩序外，还以宗教戒律形式，规范信众的日常行为。

在对信众的规戒方面，天地门教反对戒食荤酒，正如该教派经卷《三教》中所说："吃酒肉，不忌口，门是方便门。"[①]那么，天地门教的戒律是什么呢？《佛偈》中说：

> 吾师传法，也有戒律；吃斋巧会，吃斋不同。
> 眼要吃斋，非礼勿视；非礼不听，两耳装聋。
> 开口不说，非言非语；鼻孔吃斋，嗅气不成。
> 手要吃斋，钱财不取；足要吃斋，粪地不行。
> 身要吃斋，王法不犯；心要吃斋，意马上绳。
> 吾师传法，浑身戒律；只怕世中，男女不能。
> 心好何在，持荤用素；天堂地狱，原是两层。
> 积善之家，天降吉庆；积恶之家，天理不容。
> 学好走的，祖家大道；逢凶化吉，福寿康宁。[②]

由此可见，天地门教的戒律，是以儒家伦理为蓝本，把儒家的非礼勿视、非礼勿听、非礼勿言、非礼勿动的道德说教，作为自己信众的戒律，并辅以佛教的因果报应，从精神上引导广大信众按照封建宗法观念，去视、听、言、动，做到"王法不犯"，甘当封建统治下的顺民。

此外，天地门教在长期的历史发展中，还对其信众提出了一些具体的道

---

① 《三教》，濮文起主编：《民间宝卷》第 6 册，黄山书社，2005 年。
② 《佛偈》，濮文起主编：《民间宝卷》第 6 册，黄山书社，2005 年。

德要求。

如天地门教经常告诫信众：旁花不纳、邪财不取、邻里和睦、家庭美满、与人为善、奉公守法等等。这些道德要求，都被其信众视为美德而奉行不渝。这对于以小农经济为基础的封建社会，不能不说是一种调整人际关系，达到团结互助，为求生存而采用的必要手段，因而发挥了某些道德约束作用。

又如天地门教在举办仪式时，对参加人员规定：衣冠整齐，以朴素为尚。进屋上炕，不许脱鞋。低头走路，不许东瞧西看。精神集中，不许闲言碎语。进门，当家师傅在前；出门，当家师傅在后。吃饭、喝酒时，须先由当家师傅敬奉佛祖。遇事，先禀告佛祖；事后，须汇报交旨。不到一定时间，不许随便解手。接香，要接下半截等等。天地门教以诸如此类的规定，显示自己的庄重与礼貌，因而博得了民众的尊敬和信任。

正因为如此，天地门教才能在清朝统治者严厉查禁和残酷镇压民间宗教活动的恶劣形势下，获得了长足发展。据清代档案记载，天地门教自清初倡教始，至道光十六年（1836），已"世愆七代"。[①] 至少在清末，天地门教已传到北京，而东北地区"自吉林至山海关内外，以迄张家口一带"，其信徒"实繁有徒"。[②] 步入民国时期，天地门教继续在山东、直隶和东北地区民间社会大行其道，下层民众对其倡导的理想境界和信仰追求仍然趋之若鹜。

（二）现实影响

天地门教自清初问世以后，除有过一段短暂的沉寂外[③]，三百多年来，一直在乡村社会流传。特别是步入 20 世纪 80 年代以后，随着我国改革开放国策的强劲推行和由此带来的社会巨大变化，天地门教也在乡村社会日益活跃

---

① 《军机处录副奏折》，道光十九年十月十二日，吏部给事中周春琪奏折。

② 《朱批奏折》，光绪二十一年十月十二日，增琪奏折。

③ 20 世纪 50 年代初，在全国大规模取缔反动会道门的运动中，天地门教与全国各种名目的民间宗教教派一样，也被人民政府明令禁止活动。但是，天地门教潜行默运，在部分群众中仍很有市场。对此，公安部门虽曾多次查禁，但直到 20 世纪 60 年代初，天地门教也没有完全停止活动。进入 20 世纪 60 年代中叶以后，在以阶级斗争为纲的社会形势下，随着社会主义教育运动，尤其是"文化大革命"的全面展开，天地门教无论是在时间上，还是在空间上，都无法从事活动，因而呈现 20 世纪 60 年代中叶至 70 年代末叶天地门教活动暂时沉寂的局面。

起来，并表现出某些特点与规律。天地门教现实活动的特点，主要表现在以下几个方面：

一是公开建造殿堂、道房。如河北省黄骅市某乡天地门教建造的"慈善堂"、沧县某乡建造的"圣会堂"和天津市静海县某乡建造的"道房"等。这些宗教活动场所，均由天地门教信众自愿捐款修建，有的殿堂，如黄骅市某乡的"慈善堂"巍峨宏丽，成为当地一处引人入胜的宗教景观。每届农历三月十五"天地圣会"期间，"慈善堂"吸引了成千上万的天地门教信众前往进香朝拜。[1] 2009 年春，天地门教信众还将董计升墓地修葺一新，并于是年农历四月初四举行了"天地门教重修董老师墓法会"。[2]

---

[1] 濮文起：《秘密教门：中国民间秘密宗教溯源》，江苏人民出版社，2000 年，第 185 页。

[2] 董计升墓地占地 4 亩，坐落董家林村南，形同庙宇，青砖砌成的围墙环绕一周。门楼坐北朝南，为歇山式屋脊，门高 3.2 米，宽 4.5 米。大门两边前方 5 米处，分别矗立一根盘龙石柱，高 4.5 米，直径 60 厘米。大门右侧前方 1 米处，矗立一方硕大的"功德碑"，其石料采自章丘县长白山上方井，石成锥形，高 2.3 米，底座宽 1.4 米，上端宽 70 厘米，厚 70 厘米，重达 3 吨。碑阳为"重修董老师墓碑记"，其文曰："董老师，讳计升，字四海，生当明末清初。悲天悯人，创教拯世。非僧非道，惟以劝人为善行好；无影无像，励行克己复礼为尚。四十余载，大道弘传，恩润当时；三百多年，道脉源长，泽被后世。时值盛世，感念共产党之英明伟大；构建和谐，颂歌党中央之高瞻远瞩。慎终追远，发炎黄子孙之美德；感恩怀德，实崇高人生之泉源。弟子发心，重修先师祖墓；众缘和合，祈愿国泰民安。公元二〇〇九年仲春，林传八支天津弟子敬立。"碑右侧镌刻"捐款芳名"，共有 45 人捐款，捐款数目少则 100 元，多则 2 万多元，总计 128300 元。步入大门，门洞右侧是一间门房，长 12 米，宽 5.2 米，高 4 米。走过门房，左侧果木泛绿，地表绿草茵茵。墓地正中央是青砖垒砌的董计升坟茔，左侧则是董计升之子董悦悟坟茔，规模稍小，同样是青砖垒砌。坟茔前树立两块"百代流芳"墓碑，一块是 2006 年河北省邢台地区的天地门教信徒所立，碑文为董计升的世系年甲、"林传八支"各支师傅姓名与"林传八支"三支历代传人姓名；一块是 2008 年天津市津南区的天地门教信徒所立，碑阳镌刻董计升与其妻的生卒年月日，碑阴则镌刻"天地君亲师"五个大字。墓碑前置有一尊生铁铸造的硕大香炉，炉腰雕有"国泰民安，和谐永存"八个大字，为"林传八支"天津弟子刘宏喜等三人捐铸。坟后建有一座道房，长 18 米，宽 5.2 米，高 4 米，为青砖仿清建筑。道房共有两间，一间供奉"天地君亲师"牌位，一间供奉"观世音菩萨"塑像。2009 年 4 月 28 日（农历己丑年四月初四）早晨，笔者驱车来到董家林村。当笔者尚未走入墓地时，就已经看到来自河北、天津、辽宁等地的各种款式的旅游汽车整齐有序地停靠在村中的开阔地上，粗略计算，约有上百辆。与此同时，笔者还看到围绕着董计升墓地，俨然是一个大型集贸市场，各种摊点星罗棋布，各种工业产品、农副产品应有尽有，有买有卖，生意兴隆；乡镇歌舞团高搭戏台，男女青年手拿麦克风歌唱流行歌曲，震耳欲聋，响彻云霄，观者如水如云；而那些占卜算卦者则堂而皇之地摆起地摊，生意亦是兴旺。笔者在熙熙攘攘的人流中穿行，当来到董计升墓地时，只见香烟弥漫，信众如潮。他们跪在董计升坟茔四周，有的焚香化纸，有的摆放糕点、鲜果、水酒等各式供品，人人脸上诚惶诚恐，个个口中念念有词，威慑魂魄的信仰力量，在这里充分显现出来。上午 8 时，"天地门教重修董老师墓法会"隆重举行。参加这次法会的有天地门教"林传八支"长支、二支、三支、五支、八支和"山传八支"长支以及"九股"的当家与信众。法会简单、紧凑，大约 30 分钟，即告结束。随之，便

二是整理、印制经卷。各地天地门教当家师傅，有的请书法较好的信徒，将整理好的经卷誊写清楚，然后复印装订成册；有的则请懂得电脑的信徒或家中孩子，将整理好的经卷输入电脑，打印装订成书。经卷的整理、印制和流传，使天地门教在乡村社会乃至城镇社会更大范围内流传起来。

三是民营企业家跻身天地门教，并大多成为当家师傅。天地门教在流传的过程中，有些民营企业家积极皈依天地门教，由于他们具有一定的经济实力或社会影响，当然还必须具备一定的天地门教素养，所以便很快被当地天地门教信众推为新的当家师傅，成为当地天地门教的领袖人物。在这些当家师傅的领导下，当地天地门教得到迅速发展。

四是"信而不仰"与"信仰而不归属"。所谓"信而不仰"，是指某些天地门教信徒只是崇信该教派所宣扬的伦理道德，但对该教派所崇拜的各路神灵却不仰视膜拜；所谓"信仰而不归属"，是指某些乡民只是信仰天地门教所宣扬的教义思想，但并不加入该教派组织。笔者曾询问那些"信而不仰"者，他们均说："我们崇信的是天地门教宣扬的伦理道德，遵照这些传统伦理道德修为，可以做个好人。"笔者也曾询问那些"信仰而不归属"者，他们则说："关键是在心灵上信仰天地门教，至于是否加入这个教派组织，并不重要。"

既严守传统，又与时俱进，是天地门教现实活动的规律。

所谓严守传统，是指现实中的天地门教仍然严格遵守自董计升以来就确定的"劝人为善行好"，不能"煽惑敛钱"①的修为原则，并始终以拥护现实政权与其制度作为它的政治诉求。所谓与时俱进，是指现实中的天地门教能够跟上社会经济、政治发展形势，在其教义、仪式中，增添进新的内容，如笔者在上述天地门教仪式中所介绍的对中国共产党的尊崇和对革命烈士的祭祀。又如笔者在调查天地门教过程中，常听到当家师傅和一般信徒说，他们衷心拥护共产党领导，衷心拥护改革开放，衷心拥护构建社会主义和谐社

（接上页）是信众祭拜活动。整个祭拜活动，一直持续到夜幕降临，仍有许多信众在墓地祈祷膜拜，一天下来，估计约有两三万人。据董家林村民讲，从农历四月初一起，就开始有来自山东、河北、天津等地天地门教信众陆续前来祭拜，到四月初四达到高潮。此后，各地信众的祭拜活动仍不绝于屡。摆放道房的两个功德箱，半个月开封后，箱中已有面值1元的人民币6700多张。

① 《朱批奏折》，嘉庆二十四年十一月一日，直隶总督方受畴奏折。

会。他们还说，正是共产党领导的改革开放，才使他们这些祖祖辈辈从土里刨食的农民大众过上了温饱生活，而社会主义和谐社会的构建与达成，也正是他们这些长期生活在社会底层的农民大众梦寐以求的理想社会。

天地门教的当代表现虽然有诸多特点，但和其历史表现亦有一脉相承之处。人生的价值选择笼罩在对神灵的崇拜之下，行善的信念与对幸福的诉求纠结在一起，通过认同官方价值体系而为自己赢得生存的空间，天地门教的这些性状从始至今都没有改变。

民间宗教的生存境遇是艰难的，然而民众对道德、伦理和幸福的强烈信念，使得它们一脉不息。天地门教的教义不免芜杂，对庞杂的诸神的信仰亦不妨视为一种"错觉"。然而，信众却在这种信仰中安顿着自己的心灵，一辈又一辈地过着不乏意义的生活。

原载《宗教学研究》2011 年第 1 期，中国人民大学复印报刊资料《宗教》2011 年第 1 期全文转载。该文最初在黄克剑先生主编的《问道》第 3 辑（福建教育出版社，2009 年）发表，此次出版，作了一点修改。

民国时期的世界红卍字会

世界红卍字会是民国时期的民间宗教组织 —— 道院践行"以慈为用"而建立的慈善团体。在灾害频仍、战乱不已的民国社会，这个慈善团体"以救济灾患，促进世界和平为宗旨"，举办了各种形式的慈善活动，在中国近代慈善事业发展史上写下了不可忽视的一页。

一

在了解世界红卍字会之前，必须先要知晓道院。

民国五、六年（1916—1917）间，山东滨县（今山东滨州）知事吴福森和驻军营长刘绍基等人公余之时，在县署仙祠设坛扶乩，"所示训语，大率教人以立身处世之道"。[①]民国六年（1917）冬，刘绍基奉命调防济南，又在府东大街14号设坛扶乩。至民国九年（1920），"坛务渐盛……是时在坛者，都为四十八人，五教信徒具备……于是有奉训筹设道院之举"。[②]民国十年二月初九日，道院正式建立，办公地点设在南关上新街。是年十一月，道院经北京政府内政部核准立案，作为合法宗教组织公开传教。

为什么要建立"道院"？据道院所编《道院纪略》解释说：

> 道院者，研究大道之学府，又度人之基地也，故此道字，非僧道之

---

① 《道院纪要》，第4页。
② 《道院纪要》，第5页。

道，而院亦非庵观寺院可比。盖冶万教于一炉而探其本源，明其修习，使人类出迷证觉，进于大同，是道院所由设也。①

这就是说，建立道院是为了探究万教之本源，使人类明白修行之道，从而出迷证觉，进入大同世界。

为了"冶万教于一炉而探其本源"，道院造出了一位至上尊神——至圣先天老祖，又称太乙老祖，简称老祖，认为老祖是万教之源："老祖为万物所本，万教所出，万法所生，万德所萃，万性所总，万形所托，以言乎始，莫始于此已！所谓终者何？始点即终点，终无所终，始无所始，即始即终，非终非始。万有于何归藏？万教于何归宿？万法于何归一？万德于何归元？万性万形，于何归宗？曰：皆归于老祖之一胞。"②

那么，道院又是如何"冶万教于一炉而探其本源"？道院认为："教本万有不齐，道院独尊五教，何也？曰：五教教义精审，范围最大，故言五教，即赅万教矣。"这里所说的五教，即儒、释、道、基、回。道院认为，在万教即遍布于世界的各种宗教中，唯有儒、释、道、基、回五教赅综周全。因此，它"独尊五教"。但是，五教又源于老祖："五教教主皆老祖炁胞之化身，而各尽其明道之职责者也。故其说法，虽有因时、因人、因事之不同，而其以明道为觉世救人本旨则一。故基曰博爱，回曰清真，儒曰时中，释曰慈悲，道曰清净，合此五者，而道之全体大用以备，故道能统教，教不能统道，中庸所谓修道谓教是也。"③ 这就是说，道院所崇奉的至圣先天老祖，才是"大道"的本源，儒、释、道、基、回五教，"只是各尽其明道之职责者也"。

通过以上分析，可以清楚地看出，道院是一个典型的民间宗教组织。它的至上尊神——至圣先天老祖，相当于明清时代民间宗教信仰中的无生老母；它主张的五教归一，是在明清时期民间宗教倡行的儒、释、道三教归一教义思想的基础上，又增添了基、回二教；由此反映出在封建帝制被推翻、中国社会已经进入一个新的历史条件下，道院对传统民间宗教信仰既有继承

---

① 《道院纪要》，第6页。
② 《道院纪要》，第18页。
③ 《道院纪要》，第13页。

又有发展的时代特点。

作为民间宗教组织，道院也定有一套仪式、修持与规戒。

扶乩垂训是道院的主要仪式。道院认为：

> 究天人之际，汇体用之通，启性命之微，践道慈之实，而必设乩垂训，何也？曰：此道与法之别也。法与道分，法所以翊道也！然法自为法，而不混之曰道，何也？曰：道之体，无声无息，法之用，有象有迹：道为"寂然不动"，如喜怒哀乐未发之中，法则"感而遂通"，如发而中节之和。盖法乃随缘，道则不变。惟不变而可以随缘，故道有取资于法，惟随缘而终于不变，故法必归宿于道。法之动机，在明道也，道体自然，非法不悟。道院乩训之颁，其法接自纂灵，神化冥冥，无象无形，而赖有迹之纂灵以宣者，良以人皆具有万物皆备之法宝焉。……是故道院为明道而用法，仙佛为弘法而取给于乩训。……乩训出于道，研训可以明道，其揆一也。[1]

因此，扶乩垂训便成为道院的主要仪式。举凡传授经文、训导弟子、吸收信徒、处理道务等，道院均借扶乩垂训为准则。"扶乩时，耶苏教降坛用英文，穆罕默德用回文，在中国都用汉文，到日本用日文。"[2]

道院的修持称修功，分内外两种："内功，从静坐入手；外功，以行慈为先。静坐为性命兼修之圣功，必法天道之自然；行慈为痌瘝在抢之仁德，必除人我之界限。"[3]

关于内功，又称坐功，其要诀为"系心一处"。这个"一处"，乃是"一阳初动处，万物未生时"，即指沓如寂如、无声无息的老祖。只要全神贯注地想着老祖，"达到静极，忽然一动，真阳现矣"，这时便与老祖合为一体，进入了"视无色，听无声。内观其心，心无其心；外观其形，形无其形；远观其物，物无其物。我与天地万物，上下同流，融成一胞，打成一片"的境

---

[1] 《道院纪要》，第15页。
[2] 济南市政协文史资料委员会编：《济南文史资料选辑》第4辑，济南市政协文史资料委员会，1984年，第26页。
[3] 《道院纪要》，第11页。

界，道院将这种"系心一处"的内功称之为"方便法"。①

关于外功，以行慈为先。行慈就是救苦救难，也叫作"化劫"。其内容有二：一是度人，即劝人入教，使世人知道"众生之苦，来自积业；苦由业生，业由妄生；妄由心生。心之动念为觉，觉则性灵，灵则气通，气与天地通，而天人为一"②，从而达到"以葆育众生之生趣，改造众生之生活，延长众生之生命，使相生相养于自然之天而已"③之目的。二是从事慈善事业。"当前（指民国时期）而论，人心窳败，灾劫频仍，猿鹤虫沙之众生，一举目便感到吾侪性分内应干事业，仿佛有无数呼声哀告于前，不容不鞭策良心，尽其能为"④，为解救受苦受难的众生捐献款物。

此外，道院还采用基督教手段，让人们进行忏悔，称为"省过"。"省过时，先由主坛自省，诸方依次对牌默诉于主坛，主坛默求老人省赦。省时，主坛跪于前，省者跪于后，低告求赦。"⑤

道院的戒规有十戒、三十戒、二十四守等。其中，以十戒为最基本的戒律，即戒不伦、戒不德、戒不善、戒不义、戒不慈、戒隐善、戒残害、戒诡秘、戒嫉侮、戒轻亵。⑥

从道院规定的这套仪式、修持、戒律中，同样可以清楚地看出，既有对明清时代民间宗教信仰的继承，如扶乩垂训、内功外功、十戒，也有对佛教禅宗、道教丹术的阐扬，尤其是借用基督教忏悔方法，这是其他民间宗教组织所没有的。

与明清时代和民国时期的其他民间宗教组织不同，道院建有一套完备的组织体系，称为"合五统六"。所谓"合五"，即以大道统摄儒、释、道、基、回五教，"创道救世，先弭教争，故平列五教，以正人心之趋向"。⑦所谓"统六"，是将道院内部分为六院，"曰统院，所以总庶机也；曰坐院，所以指内功也；曰坛院，所以示乩训也；曰经院，所以藏经典也；曰慈院，所

---

① 《道院纪要》，第 20—22 页。
② 《道院纪要》，第 26 页。
③ 《道院纪要》，第 28 页。
④ 《道院纪要》，第 29 页。
⑤ 世界红卍字会中华总会：《世界红卍字会史料汇编》，第 2 页。
⑥ 《道院纪要》，第 11 页。
⑦ 《道院纪要》，第 13 页。

以励外行也；曰宣院，介修人也。而以统院为总揽，余五院为分任，故六院各设掌籍，而统院掌籍实为院长（简称统掌）"。[1]

道院的内部称呼，凡申请入院的叫"求修"，入院之后叫"修方"，修方之间互称"同修"。修方应常到道院行礼、诵经、习坐，习坐每次约半小时。

道院的主要经典为《太乙北极真经》，由扶乩垂训编纂而成。为了扩大影响，道院专设出版机构慈济印刷所，除大量印行《太乙北极真经》《太乙午集正经》等由设坛扶乩降神垂训整理的坛训外，还出版《道德杂志》《道德月刊》《哲报》《卍字日日新闻》《灵光报》《胞与月刊》等。

道院建立的当年，便在天津、北京、济宁三处设立了分院。由于北洋军阀的支持，道院于民国十一年（1922）至十二年（1923），又相继在山东、直隶、安徽等地设立了 120 个分院。民国十二年（1923），道院将总院迁往北京，改北京道院为中华总院，济南道院则改称母院。当时，许多割据一方的大军阀被推为该地道院统掌或责任统掌、名誉统掌，如萨镇冰任福州道院统掌，憨玉琨任西安道院统掌，卢永祥任杭州道院名誉统掌，齐燮元任南京道院统掌，江朝宗任北京道院统掌，萧耀南任武昌道院名誉统掌，陈调元任铜山道院统掌等等。民国十三年（1924），道院在日本神户建立分院。民国十九年（1930），香港分院建立，并由此传到南洋、朝鲜与欧美。到民国二十九年（1940），道院已在国内外设立分院四百余处，涉及山东、直隶、安徽、江苏、上海、河南、山西、陕西、宁夏、辽宁、吉林、黑龙江、湖南、湖北、浙江、江西、福建、广西、四川、贵州、甘肃和香港等地与日本、朝鲜、泰国、新加坡、马来西亚及欧美等国家。为了便于管理，道院又在国内北平设立总主道院，在天津设立中央主院，在奉天设立远东主院，在上海设立淞沪代主院，在烟台设立中央代主院，在太原设立西北行主院，以统辖该地区道院活动。其发展速度之快，流布地域之广，是民国时期其他民间宗教组织无法比拟的。

---

[1] 《道院纪要》，第 6 页。

二

道院认为："自古修人，皆首重以道自度，故内功为体，慈行者道之施为也，法施、财施，皆属乎外，故外功为用。无内不足以筑基，无外不足以圆成。"[1] 于是，一种体现"以慈为用"的慈善团体——世界红卍字会便于道院创立的次年，即民国十一年（1922），在济南总院和天津、北京、济宁分院产生了，时称济南世界红卍字会为总会，天津、北京、济宁三处为分会。民国十二年（1923），道院总院迁往北京后，世界红卍字会也随之在内务部立案，定名为世界红卍字会中华总会，办公地点设在西城西单牌楼舍饭寺17号。此后，凡是各地设立道院分院之处，皆附设世界红卍字会分会。

这个慈善团体为何以"卍"命名？据上海市档案馆收藏有关世界红卍字会资料解释："以卍字表示慈济所及，应上下四方周围，无所不包，无所不至……集中社会一部分人力物力，以救人群物类之痛苦。质言之，即有力者卖力，有钱者出钱。损一己之享受，谋大众之安乐……共登仁爱之域，庶几永无掠夺之争，共庆和平之福。"[2] 又据欧彬所著《修程见闻录》解释，"卍"字本梵文，读音"万"。《楞严经》谓："即时如来从胸卍字涌出宝光，其光晃昱有千百色。"《华严音义》谓："卍本非字，周长寿二年，权制此文，著于天枢，音之为万，谓吉祥万德之所集也。"《华严经》谓："如来胸臆有大人相，型如卍字，名吉祥海云。"《卍地经论》有金光万字之语，以卍为万，盖取万德圆满之意。因此，欧彬概括说：

> 卍字之取义，当系取佛心卍字之意。佛说："一切众生皆有佛性"，信如是说，即佛之性，即圣之心，即无名之道体，包含万有，固不可以其出于佛心，而以为其专指佛教也。至于取其红色之意，即所谓"勿失其赤子之心"之旨。卍字之形，四面同象，寓有循环之理，用表大同之道。

---

[1] 《道院纪要》，第8页。
[2] 世界红卍字会中华总会：《世界红卍字会史料汇编》，第2页。

世界红卍字会自称是"纯粹世界性之团体，不涉党派，不谈政治，不作慈善团体以外之企图，专以救济灾患，促进世界和平为宗旨"[1]。事实上也是如此，世界红卍字会自问世以来，便是一个由下野军政要员和士绅、官吏、富商自行组织、自愿捐献，专门从事救济工作的独立的慈善团体。当然，发起组织世界红卍字会的人士大多信奉道院，但他们在中华总会所从事的工作，均为慈善事业，并没有夹杂着传道的言论与行为。

世界红卍字会的组织机构，即道院"合五统六"组织体系中的"慈院"。中华总会设董事十五人，内推董事长一人，设会长一人、副会长若干人，均由董事会公举产生。总会下设总务、储计、防灾、救济、慈业、交际六部。各省、市、埠、镇、县、镇设分支各会，组织亦同，唯各部改称各股。由于举办某些大型慈善事业，单靠一个分会难以进行，因此有些分会联合建立办事处，如上海建有"东南各会联合总办事处"，芜湖建有"全皖总办事处"，宁波建有"全浙办事处"，青岛建有"岛沂潍周联合办事处"，福州建有"全福联合办事处"，济南建有"全鲁联合办事处"，等等。据说，道院原拟设红、黄、蓝、白、黑五支卍字会，"互相联系而各成系统，均奉老祖，共宣教化"。[2] 因此，在上海、天津、大同、烟台等地，除设立世界红卍字会外，还有世界黄卍字会、世界蓝卍字会和世界白卍字会等慈善团体从事各种慈善活动。

为了加强管理，世界红卍字会定有严格的规章制度。国内的世界红卍字会，定有《世界红卍字会中华总会会则》，包括总则、会员、组织、经费、慈业、会期、分会、附则八章六十六条；《世界妇女红卍字会简章》，包括总则、组织及职员、经费、会议、奖惩、附则六章二十三条；《卍字会会员领证办法》等。全国各地的世界红卍字会分会，也根据中华总会要求，制定自己规章制度，如《世界红卍字会青岛分会简章》十二条等。对于国外的红卍字会，则定有《世界红卍字会大纲》九条、《世界红卍字会会纲》八纲十九目等。

世界红卍字会凡遇事必开会，故会议繁多。为此，世界红卍字会制定

---

[1] 世界红卍字会中华总会：《世界红卍字会史料汇编》，第2页。

[2] 中国人民政治协商会议烟台市委员会文史资料研究委员会编：《烟台文史资料选辑》第9辑，烟台市政协文史资料研究委员会，1988年，第141页。

了完备的会议制度。如南京档案馆收藏的世界红卍字会中华总会第十三届公会记录，便完整地反映了它的会议制度的完备与翔实。这份记录包括以下内容，一、"代表姓名录"，有主席许德辉、何素璞和代表112名；二、"执事人姓名录"，有主席许德辉、何素璞和文书2名、记录2名、招待28名；三、会议规则十条；四、议事录议案目次十九条；五、"开会秩序"五条；六、闭会秩序六条；七、议案十二条；以下则是会议讨论与通过结果记录。其会议秩序之严谨，讨论态度之认真，会议议而有决、决而有责、责而有行、行而有果之效率，在民国时期的慈善团体中是非常少见的。

世界红卍字会的成员，主要由当时的士绅、官吏、富商及市民组成。其中，下野军政要员成为该会领导，掌管会务。如第一任世界红卍字会中华总会会长钱能训（1869—1924），浙江嘉善人。清光绪进士。历任清朝中央和地方要员。进入民国以后，官至北京政府国务总理。又如第三任世界红卍字会中华总会会长熊希龄（1870—1937），湖南凤凰人。清光绪进士。进入民国以后，曾任北京政府国务总理兼财政总长。民国二十一年（1932），熊希龄任世界红卍字会中华总会会长，并连选连任三次，是担任会长时间最长的人物。再如王人文（1863—1941），云南大理人。清光绪进士。历任贵州、广西、奉天、广东、四川等地方官员。进入民国以后，曾任参议会议员。熊希龄逝世后，王人文被推举为第四任世界红卍字会中华总会会长。

又据香港世界红卍字会中华总会所存档案资料披露，民国二十六年（1937）3月，各地世界红卍字会曾向南京国民政府社会部填报其成员组成情况，内容包括姓名、别号、年龄、籍贯、职务和经历等项。通过对这些资料进行整理，共得有效样本325人。其中，商人139人，占42.7%；政府公务人员82人，占25.2%；学校校长和教师25人，占7.6%；原本在地方从事慈善事业者25人，占7.6%；军人23人，占7%；地方议员9人，占2.7%；医药人员6人，占1.8%；地方士绅6人，占1.8%；另有和尚一人、道士一人和孔庙奉祀官1人（河南滑县）。从中可以看出，地方商人是各地世界红卍字会的主力，其次是政府行政人员，这两种人占去了70%。因此，可以说，世界红卍字会成员主要是地方商人和政府官员。[①]

① 世界红卍字会中华总会：《世界红卍字会史料汇编》，第16—18页。

三

世界红卍字会的慈善事业分为永久性（或称固定性）和临时性两种。

固定性慈善事业包括兴办医院、施诊施药所、施棺所、育婴堂、贫儿习艺所、孤儿院、恤养院、残废院、贷济所、恤嫠局、恤产局、平民工厂、粥厂、防疫所、中小学校等。据世界红卍字会所留资料统计，民国十一年（1922）至民国二十六年（1937），世界红卍字会在全国共兴办医院 16 所、施诊施药所 175 处、施棺所 39 处、育婴堂 18 所、贫儿习艺所 4 处、孤儿院 5 所、恤养院 2 所、残废院 2 所、贷济所 51 处、恤嫠局 12 个、恤产局 14 个、平民工厂 3 座、粥厂 30 处、防疫所 11 处、中学 1 所、小学 84 所。[1] 世界红卍字会兴办的这些慈善事业，使成千上万的贫民百姓得受其惠。

兴办医院、设立施诊施药所，是世界红卍字会永久性慈善事业重用内容之一。 如设在北平宣武门内舍饭寺门牌 17 号的卍字医院，民国十一年（1922），开始应诊。最初，只设有中医。民国十二年（1923），增设西医。贫民就医，完全免费；一般平民，则酌收费用。民国十八年（1929），该医院改组为"世界卍字医院"，并在卫生局立案。民国三十三年（1944）至民国三十四年（1945），该医院每月治疗内外科病人多达 4000 人，最少时也有 2000 人。该医院每月所需行政费 230 元、医药费 400 元，完全由世界红卍字会中华总会供给。[2]

为了加强管理，世界红卍字会中华总会专门为该医院制定了《世界卍字医院简章》，包括名称、院址、宗旨、组织人员、诊治科目、诊例、经费、设置、章程共计九条十四款，严格规定了从院长、副院长到医生、司药、干事的职责与中西医各科院内外诊治办法、诊治时间以及就诊者需要注意的各种事项等。[3]

又如世界红卍字会南京分会兴办的施诊施药所，民国三十一年（1942）夏季，曾向民众施送各种暑药如下：自制卍宝丹 2000 服、救济水 9600 瓶、

---

① 《世界红卍字会中华总会一览》。
② 世界红卍字会中华总会：《世界红卍字会史料汇编》，第 71 页。
③ 世界红卍字会中华总会：《世界红卍字会史料汇编》，第 72 页。

卍灵丹 500 盒、长春丹 3000 服、截疟丸 2000 服、保阳丹 200 服、天中茶 500 服、疟疾散 2000 瓶以及痢疾丸、福星散、万金油、霍香精等各种时令药品，共价值 3000 元。[①]

注重平民教育，是世界红卍字会慈善事业的又一项重用内容。从中华总会到各地分会均克服困难，创造条件，兴办平民学校。据各地分会提供资料统计，民国十一年（1922）至民国二十一年（1932），各地分会共兴办小学 62 所，所有学杂费和书籍文具全免。十年中，学生毕业人数累计 5331 名，在读学生人数 6857 名。[②]

民国二十二年（1933），世界红卍字会中华总会在北平北郊青龙桥开办卍字中学，专门招收由各地分会及慈幼院保送的品行兼优学生。到民国二十五年（1936），该校已有学生 3 班 140 名。该校"延聘教师，不独务求学识卓越、经验丰富，且注意其人品，除音乐、美术教员外，一律住校，以便在课外与学生随时研究功课"。教学方法则"采用自学扶导主义，注意分团研究，未授之课，学生须先预习，已授之课，务使学生明了谙熟，然后接授下课"。[③] 该校除教授学生科学文化知识课外，还特别重视学生的道德培养。据世界红卍字会中华总会会长熊希龄所写《卍字中学第一年前半年概况》报告，该校经过对学生进行"身心之修养，德行之培植"，学生都知修养身心、端品励行、正己化人、安祥有礼，都能做到"对教师亲爱如自己尊长"，"同学间互相和睦，殊少私争吵闹等事"，"恪守学校生活固定的规则"，"颇知奋勉求学，虽星期日，亦多不愿出校，仍在讲堂温习功课"，"自省过失，不文过"，"作事皆恳切，时常劳动，自己洗涤衣服，缝缀破绽"，"一律不购零食，省俭小费"。[④]

临时性慈善事业又分为救济与赈济两种。"对于历次兵灾，总、分各会联合救济队组织，恪守国际战时公法之旨，驰赴战区救济，不分国籍，不论种族，无不实施救济与收容、医疗、掩埋等工作。"[⑤] 民国时期，战乱频繁，

---

① 世界红卍字会中华总会：《世界红卍字会史料汇编》，第 73 页。
② 世界红卍字会中华总会：《世界红卍字会史料汇编》，第 74 页。
③ 世界红卍字会中华总会：《世界红卍字会史料汇编》，第 74 页。
④ 世界红卍字会中华总会：《世界红卍字会史料汇编》，第 75 页。
⑤ 《世界红卍字会中华总会一览》。

每当军阀开战,世界红卍字会都派出救济队前往战区救治受伤兵民,收容妇孺,掩埋尸体。

如民国十三年(1924)直奉战争时,世界红卍字会总会和南京分会派出救济队前往北京、天津、杨村、山海关及江浙昆山、浏河、宜兴、嘉兴、上海、丹阳、常州、杭州等处救济,并在北京天坛、南京下关、天津、镇江相继设立临时医院,共治疗伤兵 7000 余名,收容伤兵 8000 余名,掩埋尸体 3000 余具,各处分设收容所 50 余处,收容妇孺 25000 余名。[1]

民国十四年(1925)长江一带及直鲁豫各省发生战争,世界红卍字会中华总会与各地分会组织救济队三十支分赴各地救护,共救护伤兵难民 115900 余人,掩埋尸体 5000 余具,收容妇孺 50000 余名。[2]

民国十五年(1926)京汉、京奉、津浦各铁路及南口等地均发生战争,世界红卍字会北方各分会组成东西两路救济队,分赴榆关、德州、驻马店救护。是年,北伐战争爆发,南方各分会组织联合救济队前往救护。计平汉方面救护伤亡及难民 186500 余人,南口附近掩埋尸体 1600 余具,医治伤兵病民 1000 余人,北平收容难民 12600 余人。南方各分会在组织联合救济队乘江永轮赴九江救护时,因轮船失火,南联队督队长王春山等 40 余人遇难。[3]

民国十六年(1927)北伐战争中,世界红卍字会平津济联合救济队会同南宁救济队在江宁镇秣陵关一带救护伤兵难民 15250 余人;上海、镇江、江宁各救护队共设立临时医院 7 处;合肥分会收容伤兵 4000 余人,掩埋尸体 1500 余具;龙潭分会医治伤兵 1960 余人,掩埋尸体 3256 具。[4]

民国十七年(1928)"五三"济南惨案发生后,世界红卍字会中华总会派员进城办理救济事宜,医治伤兵 1500 余人,掩埋尸体 500 余具。又会同各团体与日军交涉营救被扣押的国民党军团营长官,护送被难国民党军 900 余人由青岛乘轮赴沪。济南分会还派员调查伤亡及房屋被焚之灾户,共发赈济洋 10000 余元。[5]"该会南联救济队又携带赈品,开抵泰安,实施救济。"济

---

① 《道慈纪实》(甲)国内之救济,第 4 页。
② 《道慈纪实》(甲)国内之救济,第 5 页。
③ 《道慈纪实》(甲)国内之救济,第 5 页。
④ 《道慈纪实》(甲)国内之救济,第 6 页。
⑤ 《世界红卍字会中华总会一览》。

宁方面的赈务，则由"京津两会派员携款南下，会同上海、杭州、无锡，常州、南京、江宁、徐州、蚌埠各会募集巨款，推举徐州分会会长杨易灵、陈照然，率领救济队员携带赈款前往济宁，会同济宁分会职员实施查放。""京津济联合救济队前赴山东德县实施救济工作，一时医院及收容所成立多处，而受伤兵民赖以生存。"①

民国二十一年（1932）"一·二八"淞沪抗战爆发后，日军在上海闸北、吴淞肆虐。战事结束后，"吴淞区内，灾情奇重，居民流离四散"，"镇区房屋被毁殆尽"。世界红卍字会中华总会立即在吴淞向受灾最重的六百户人家发放赈票。②

民国二十二年（1933），长城抗战爆发不久，世界红卍字会上海总办事处决定派出救济队赴榆关、热河等地救济难民、伤兵。③

从民国十三年（1924）至民国二十六年（1937），世界红卍字会共组成救济队132支，救治受伤兵民741800多名，收容妇孺370000多名，掩埋尸体33700多具。④

此外，便是赈济工作。每当国内发生水、旱、虫、震、雹、火、兵、匪等天灾人祸，世界红卍字会都能及时拨款拨粮实施赈济。

如民国十三年（1924）河北、察哈尔、湖南、湖北、江西、福建等省发生水灾，总会联合各地分会组织各省水灾赈济处，筹募赈款，采购米粮、面粉、棉衣、药品等物，分赴各灾区散放，救济灾民总计约100000余人，掩埋尸体100余具。⑤

民国十四年（1925）上海"五卅"惨案发生后，世界红卍字会中华总会派出副会长万亚博"携带各项物品及恤款三千元，由北平兼程赶往沪滨，分访各地被难受伤同胞家属，一一慰问，分别抚恤，并由总商会、总工会筹商善后以及永久救济方法"⑥

① 邵雍：《中国会道门》，上海人民出版社，1997年，第302页。
② 《红卍字会在淞放赈》，《申报》1932年6月15日。
③ 《世界红卍字会上海总办事处为救济对出发榆关热河等处救济难民募捐启》，《申报》1933年2月9日。
④ 《世界红卍字会中华总会一览》。
⑤ 《道慈纪实》（甲）国内之赈济，第1页。
⑥ 上海市档案馆：《世界红卍字会慈善工作报告书》。

　　民国十七年（1928）山东利津黄河决口后，世界红卍字会中华总会募集赈款 10000 余元、赈粮 1500 余石，由济南分会派员驰往灾区散放，赈济灾民 20000 余名。是年，天津分会受国民政府河北、山东赈灾委员会委托，代购粮食 6000 石，散放静海、青县、沧县（今河北沧州）及宁河、宝坻等灾区，赈济灾民 345000 余人。与此同时，北平分会受阎锡山等人委托，在四郊及城厢二十四区散放玉米面 430000 余斤，赈济灾民 310000 余人。①

　　从民国十三年（1924）至民国二十六年（1937），世界红卍字会共募集赈款 2108300 多元、赈米 32288 多石、杂粮 150490 多石、面粉 40740 多袋、赈衣 130180 多套、布 600 匹，食盐 10000 斤，赈济 7657990 多人，资遣 484060 多人，收容 258890 多人，掩埋尸体 3260 多具。②

　　对于国外发生的自然灾害，世界红卍字会也及时给予赈济。

　　如民国十三年（1924）日本东京、横滨等地发生大地震后，世界红卍字会中华总会派出专人前往慰问，并在南京、芜湖采购大米 2000 石，交该国政府赈济，一面携款救济驻在东京、横滨、神户等地华侨。③三年后，日本关西发生地震，世界红卍字会中华总会又拨发赈款 5000 元。④民国二十二年（1933）美国加利福尼亚州发生地震，世界红卍字会中华总会拨款 100000 元，由会长熊希龄等携款面致美国驻华公使转汇美国赈济。⑤

　　世界红卍字会经费均由会员摊认，每逢各省、市、县灾患发生，即由总、分各会会员分等出资捐集。自民国十一年至民国二十六年（1922—1937），共捐款 2100000 元。⑥

　　此外，世界红卍字会还通过发行证券的方式，向社会筹集款项。民国十三年（1924）一月，世界红卍字会曾发行一种永远赈济基本券，每券全张一元二角，分条一角二分，其目的是"为广行善业，救济灾荒"，并在《申报》刊登广告，号召市民"买券助赈"，担保"天官必赐福"。⑦

---

① 邵雍：《中国会道门》，上海人民出版社，1997 年，第 302 页。
② 《世界红卍字会中华总会一览》。
③ 《道慈纪实》（乙）国际之赈济，第 3 页。
④ 《道慈纪实》（乙）国际之赈济，第 3 页。
⑤ 《道慈纪实》（乙）国际之赈济，第 4 页。
⑥ 《世界红卍字会中华总会一览》。
⑦ 《申报》1924 年 1 月 18 日。

民国二十六年（1937）"七七"事变爆发后，在中国人民全面抗战的形势下，世界红卍字会又积极地投入了救护伤员、赈济难民与掩埋尸体工作。上海"八一三"抗战开始后，世界红卍字会东南各会联合总办事处组织联合救济队，在淞沪前线救护伤员，掩埋死者，并发放棉衣1000余套、棉被500条、棉胎500条，馒头、大饼、面包14600只、萝卜干3坛，救济战区人民。据《抗战两月来红卍字会工作》报道，该会累计设立伤兵医院4所、收容所8处，救济难民200000、伤兵2000余人。[①]特别是在南京大屠杀发生后，世界红卍字会南京分会掩埋队立即投入搜索掩埋尸体工作。

据《世界红卍字会南京分会掩埋组掩埋地址及男女人数一览表》报告，自民国二十六年（1937）十二月二十三日起，至民国二十七年（1938）三月三日止，掩埋队共掩埋尸体31649具。"城内计掩埋男女幼童尸体一千七百九十三具。其中，多属民人，而军人仅占百分之二十。死亡情形，其各不一，有被枪决后用火烧者，有被刺刀刺死者，亦有用铁丝捆绑树上窒息而死者，有枪决后丢入水塘中者，并有青年女性被轮奸而死者。所有被刺而死但多属女性，而男尸多被捆绑枪决。其中，壮年者诸多，老弱无几。而每一尸堆处多至壹佰数十具，情状惨极，诚素所罕见矣。""城外计掩埋男女幼童尸体二万九千八百五十六具。其中，多属士兵，而民人仅占千分之十五。所有尸体多被捆绑，其状有被枪决后用火烧者，有枪决后丢于水塘中者，亦有溺毙者，而每一尸堆处多至数千具。以上均系糜烂不堪，远埋颇不易。其状之惨，数百年来所少见矣。"[②]世界红卍字会南京分会的这份掩埋工作报告，不仅为人们提供了日本帝国主义制造南京大屠杀的罪恶实录，而且真实地表现了世界红卍字会高尚的人道主义精神。

原载《贵州大学学报》2007年第2期

---

① 《大公报》1937年10月24日。
② 庄志龄：《世界红卍字会关于南京大屠杀后掩埋救济工作报告》，《档案与史料》1997年第4期。

德教在东南亚

　　20 世纪 30 年代末，中国广东潮州出现了一个名叫德教的民间宗教组织。40 年代后期，德教开始传入东南亚，并迅速兴盛起来，成为当今东南亚地区的主要宗教社团，其社会作用已引起海外学者的瞩目。

　　德教创立于 1939 年，创始人为广东潮阳县商人杨瑞德。与同一时期许多民间宗教组织一样，德教创立时，也有自己的公开活动场所，名叫"紫香阁"。此后，以"紫"字起头的会阁，相继在潮州、汕头出现，如紫清阁、紫和阁、紫澄阁等。这一时期，德教以会阁为单位各自单独活动，其传教范围也仅限于潮、汕一带，并未在国内造成较大影响。

　　1945 年第二次世界大战结束后，德教开始向东南亚发展。1947 年，东南亚第一所会阁紫辰阁在泰国建立。自 20 世纪 50 年代起，德教又传入马来西亚、新加坡。随后，各种名目的德教会阁如雨后春笋在东南亚广大地域涌现出来，其中尤以马来西亚、新加坡的德教会阁最为繁盛。

　　据马来亚大学陈志明博士调查，马来西亚、新加坡的德教会阁，经过 20 多年的发展，到 70 年代初期，已经衍化为紫系、济系、赞化系、振系与其他派系五个系统，共有 65 所会阁。

　　紫系会阁直接源于中国德教，即每一会阁的名称，均以"紫"字冠头。1952 年，紫新阁在新加坡建立，这是中国德教在马来西亚、新加坡建立的第一所会阁，也是该地区德教会凤之母体。70 年代初期，紫系会阁已建有 22 所。到 80 年代初，又增至 29 所。

　　济系会阁乃出自本施，甲崇祀济公而得名。第一所济系会阁济德阁于 1952 年在马来西亚建立。到 60 年代中叶，济系会阁共有 8 所。

　　赞化系会阁亦出自本地，是受紫、济二派系影响而产生的。该派系第一所会阁赞化阁于 1957 年在槟城大山脚建立，到 60 年代后期，赞化系会阁达到 11 所。

振系会阁大多数出现在 70 年代，该派系会阁来源有三，一是由当地善社转化，二是由本系派生，三是由其他派系分裂组合。80 年代初期，振系会阁亦达到 11 所。

除以上四个派系外，陈志明博士将散布于马来西亚、新加坡的其他会阁归之为其他派系。其他派系虽出现较晚（70 年代），且为数不多（6 所），但它在德教组织中却具有重要作用。如 1972 年建立在大山脚的紫济阁，其所供神祇之云石牌位，在东南亚德教神灵崇拜中颇具代表性。又如 1981 年在新加坡建立的紫经阁，为一专司收集与出版德教文献、经典之中心，因而取名"德教圣经流通处"，对扩大德教思想在东南亚的进一步流传发挥了重要作用。

陈志明博士的这种划分，主要是根据各派系会阁建立时间的先后和崇祀神灵的异同。如紫系和济系建立最早，分别以孚佑大帝和济公活佛为崇祀中心，而赞化系建立稍后，最崇祀老子，如此等等。但它们均视其本身为德教会阁，"并接受德教之基本教义"，"采用了同样的经卷"。[①]

德教在中国流传时，并未建立一个统一的组织，会阁与会阁之间，没有隶属关系。传入东南亚的最初八九年内，德教仍延续这个传统。1956 年，紫系会阁率先打破这种格局，建立了"南洋德教总会"，简称"南总"，总会办事处设在紫新阁，马来西亚、新加坡的 18 所紫系会阁成为该总会的团体会员。70 年代初期，"南总"一分为二，马来西亚紫系会阁单独建立"马来西亚德教联合会"，简称"德联"。80 年代初期，"南总"共有 6 个团体会员（新加坡紫新阁、中国香港紫启阁与紫高阁、泰国曼谷紫真阁、日本神户紫瀛阁、美国三藩市紫根阁），"德联"已有 25 个团体会员。"南总"与"德联"的成立，"十分重要，因为它使各紫系德教会在庞大的组织下团结一致"[②]，提高了德教在东南亚及其他国家与地区的声望，也促进了德教在上述

---

① 〔马来西亚〕陈志明著，苏庆华译：《马新德教会之发展及其分布研究》，马来西亚代理员文摘有限公司，1991 年，第 24 页。

② 〔马来西亚〕陈志明著，苏庆华译：《马新德教会之发展及其分布研究》，马来西亚代理员文摘有限公司，1991 年，第 28 页。

地区与国家的发展。

与紫系相比，济系和赞化系的统一组织，不但建立的时间比较晚，而且规模也不大。1967年1月，赞化系"德教联谊会"成立，其宗旨"乃促进赞化系友阁之团结和协调彼此间之活动"①。济系迟至1982年6月才举办第一届"济阙联欢"，"其宗旨乃促进团结，协调友阁之活动，以讨论德教事务"。②至于60年代末、70年代初，才出现的振系和其他派系，至今尚未有建立统一组织的尝试。

80年代末，紫系"德联"曾呼吁："以德门一家亲观念，互忍互让，互谅互解，开会讨论，将事情解决，以免有损德誉，影响发扬国内德教之前途"③，试图建立一个跨派系的统一组织，但至今尚未实现。其中，既有主观上的原因，也受客观上的制约。

德教传入东南亚之后，每所会阁乃至日后出现的"南总""德联"等统一组织，一如其他公开团体，均在政府注册登记，成为合法宗教社团，并以现代方式加以组织，即会阁设董事会，派系则建理事会。

如紫系每所会阁均设有董事会，由阁长、副阁长、总务、文书、财政及其他职位组成。阁内不设宣教士或专门神职人员，其宗教仪式由阁长或执委主持。此外，尚设有顾问等职。阁长与副阁长通常是由那些比较富有且具影响力的城市商人充当，顾问一职则由阁长聘请社会名流如著名商人、政治领袖及其他华社领袖担任。每所会阁均有正式会员，互称德友。每名德友都要经过个人申请、董事会批准，方能成为正式会员，同时要交纳会费。

再如紫系"德联"设有理事会，其会长依照各会阁建立年代先后顺序，由各阁长轮流担任，理事则从各阁代表中选出。但为了行政上的便利，总务与财政职务通常是由与会长同一会阁者担任。其经费来源，乃出自会员阁。

德教在东南亚广泛流传之后，虽在组织上采取了现代形式，但在教义、仪式、修持、经卷诸方面，仍沿袭了中国民间宗教的传统，并没有根本性的

---

① 〔马来西亚〕陈志明著，苏庆华译：《马新德教会之发展及其分布研究》，马来西亚代理员文摘有限公司，1991年，第42页。

② 〔马来西亚〕陈志明著，苏庆华译：《马新德教会之发展及其分布研究》，马来西亚代理员文摘有限公司，1991年，第36页。

③ 〔马来西亚〕陈志明著，苏庆华译：《马新德教会之发展及其分布研究》，马来西亚代理员文摘有限公司，1991年，第6页。

改变。

中国民间宗教发展到明末清初，已经形成了比较成熟的理论体系，这就是以无生老母为最高崇拜，以弥勒佛为信仰核心，以真空家乡为理想境界，主张三教归一，强调三期末劫，重视末后一着的普度功效，并为此建构了一个以无生老母为最高主宰的神灵世界，以解救众生。民国时期，民间宗教把教义略作修正与补充，将三教归一扩充为儒、释、道、耶、回五教归一，而在仪式、修持方面，则更注重设坛扶乩与劝人入教。①

德教继承了中国明清以来民间宗教的"三期末劫"思想，认为"人间面临末劫"②，"惟有立善积德，方能渡人渡己"③，从而达到理想境界——"一个充满爱、和平与欢乐的世界"④，这正是真空家乡的翻版。又极力推崇中国民国时期民间宗教的"五教归一"说，宣扬德教的"教义乃所有宗教之基本教义"，因此特别张扬"五教同宗"⑤，鼓吹"五教之融合，乃济世手段"。⑥它还仿照中国民间宗教的神灵谱系，组成了一个名叫"德德社"的神明社会，"以拯救世人"⑦，同样将人们的命运和理想全都交由神界掌握。所不同的是，"德德社"的主神不再是无生老母最为信赖的弥勒佛，而是晚近才升格为"玄旻高上帝玉皇大天尊"的关圣帝君。

20世纪20年代，中国民间宗教世界出现了一部名叫《洞冥宝记》的典籍，其第三十八回云：玉皇大帝上表辞职，无生老母允准，立命三教圣人会议，公推关圣居摄，于甲子年（1924）元旦受禅登极，继任为苍穹苍第十八代圣主。此说一出，立即被一些教门所接收，德教即是其中之一。这大概与

---

① 参见濮文起：《民国时期民间秘密宗教简论》，《天津社会科学》1994年第2期。
② 〔马来西亚〕陈志明著，苏庆华译：《马新德教会之发展及其分布研究》，马来西亚代理员文摘有限公司，1991年，第19页。
③ 〔马来西亚〕陈志明著，苏庆华译：《马新德教会之发展及其分布研究》，马来西亚代理员文摘有限公司，1991年，第17页。
④ 〔马来西亚〕陈志明著，苏庆华译：《马新德教会之发展及其分布研究》，马来西亚代理员文摘有限公司，1991年，第19、17、62页。
⑤ 〔马来西亚〕陈志明著，苏庆华译：《马新德教会之发展及其分布研究》，马来西亚代理员文摘有限公司，1991年，第60页。
⑥ 〔马来西亚〕陈志明著，苏庆华译：《马新德教会之发展及其分布研究》，马来西亚代理员文摘有限公司，1991年，第60、19页。
⑦ 〔马来西亚〕陈志明著，苏庆华译：《马新德教会之发展及其分布研究》，马来西亚代理员文摘有限公司，1991年，第19页。

德教为商人所创，传入东南亚之后，亦被商人所掌握，而关帝又被商界奉为财神不无关系。

在德教组成的这个"德德社"中，关圣帝君为最高主宰，他凌驾于五教教主之上，是人世的救世主。其次是五教教主，并称"师尊"，他们"精诚合作"，在关帝统率下"拯救世人"。再次为孚佑大帝、济公活佛、观音菩萨、杨筠松、柳春芳、宋大峰等各路仙佛。他们常常扮演降鸾示谕的角色，把关帝与五教教主的旨意转告世人。其神灵结构与中国民间宗教大同小异。

为了使德友从直观上感知"德德社"的存在，德教还把"德德社"的神灵绘成图像，据以上等级，按中、左、右，或上、中、下的顺序，张挂在大部分德教，尤其是紫系与赞化系的会阁内，或以云石神牌的形式，安奉在会阁的祭坛上，以供德友顶礼膜拜，意在表现人对神的依赖、敬畏、景仰、皈依和服从。

德教自创立时起，就撷取了民间宗教倡行的扶乩巫术。1939年，杨瑞德"与友人虔设香案，以其家藏珍存之柳乩，祷请仙佛降鸾训诲"①，得到杨筠松、柳春芳二位道教神祇乩谕，而创立德教第一所会阁紫香阁。此后，潮州、汕头一带会阁的相继出现，以及《德教心典》等经书的先后问世，均由扶乩而来。德教传入东南亚之后，这种巫术也随之在各系会阁中盛行起来。举凡大至设立新阁、组建总会、颁布经书、劝捐募款，小至求医问药、驱祸祈福等，都要通过扶乩，祷请仙佛降鸾启示。其所请仙佛有吕祖（孚佑大帝）、济公、观音等，一如中国民间宗教。有的会阁吸收会员，也要通过扶乩，由神明谕准，甚至为德友看病，亦要降鸾开方。可以说扶乩降鸾已成为德教大多数会阁的主要宗教仪式。

除扶乩降鸾外，每逢诸神宝诞，德教会阁都要例行祭祀。仪式由阁长主持，集体膜拜，诵读《德教心典》。但仪式较中国民间宗教简单，供品仅有花、果、茶等素食，不奉祭肉类，不烧金纸，只有阁长焚香，故阁内清洁，并不象中国民间宗教佛堂那样烟雾弥漫，法器也只有木鱼与磬。

不论是扶乩降鸾，还是诸神宝诞庆典，均在会阁举行。会阁一般是现

---

① 〔马来西亚〕陈志明著，苏庆华译：《马新德教会之发展及其分布研究》，马来西亚代理员文摘有限公司，1991年，第17页。

代化的两层楼建筑，既宽敞明亮，又庄严肃穆。正厅有一供奉诸佛仙尊的祭坛，两边墙上悬挂宣扬教义的条幅。一些会阁并设有祖先祠堂、会议室、诊疗室、幼稚园等。

德教还参照中国民间宗教的修持法则，制定七大信条，作为德友的行为准绳。七大信条是：1. 教不离德，德不离身；2. 不欺不伪，不贪不妄，不骄不怠；3. 毋侵损相害，无是非讼扰；4. 持志洁净，怡愉自得；5. 父慈子孝，兄友弟亲，夫义妇顺；6. 戒酒，戒淫，戒赌，戒烟；7. 立身行道，扬名后世。又以中国民间宗教的规戒为蓝本，制定了十章八则，令教友遵守。十章是：孝、悌、忍、信、礼、义、廉、耻、仁、智。十章后又演化为德教"十大纲领"，即孝以顺敬双亲，劬劳报恩；悌以手足情深，恭兄友弟；忠以尽责力行，事持坚贞；信以践约崇实，言出必行；礼以伦常崇守，蹈矩循规；义以公道合理，贯彻初衷；廉以俭朴不苟，清白毋贪；耻以私欲有戒，心身知辱；仁以天道博爱，毋轻伤残；智以聪明悉辨，力学求知。八则是：不欺、不伪、不贪、不妄、不骄、不怠、不怨及、不恶。这七大信条、十章（十大纲领）、八则，融合了儒、释、道三教的伦理道德，即明清以来民间宗教主张的三教归一思想，其目的就是规范德友"立善积德"，当一名安分守己的公民。

德教的主要经书是《德教心典》，1942 年，通过扶乩，由"德教诸佛仙真奉旨颁布"于中国广东汕头的紫和阁。该部经书计有祝香词、起赞、经文及收经文四个部分，略述了德教的基本宗旨、教义及原则，其形式和内容与当时民间宗教世界盛行的坛训毫无二致。此外，尚有《德教概说》《德教意识》《德教圣典问答》等。前两部也出现在 40 年代的广东潮汕，第三部则于60 年代在东南亚出版，均为坛训式的经书。

在中国古代与近代历史上，民间宗教除了在社会动荡之际，具有策动和组织农民暴动这一特殊性格外，其他与正统的佛教、道教基本相同，这就是安善的性格。德教创立伊始，即承继了这种性格。传入东南亚之后，又将这种性格发扬光大。从上述论述中可以看出，德教宗旨乃崇奉以关圣帝君为首的各路神明，借用神的名义弘扬道德，以慈善济世。正如槟城紫云阁章程所说："以崇奉德德社诸佛仙尊之硕德伟绩，嘉言懿行，笃志为善，联络感情，本互助之旨，发展一切慈善福利事业，但不参加政治活动。"怡保济德阁宗旨说得更为简明:"本阁以提倡道德,纠正风纪,遵从当地政府法律,服务社会,共谋人群幸福,而主要目的乃公开于各族人士祈拜仙佛。"[①] 因此,德教在东南亚的主要社会功能,就是行善布施,举办各种慈善事业。

德教大多数会阁,尤其是紫系与赞化系会阁均不分肤色,为大众提供免费中医诊疗,怡保的济德阁和新加坡的济芳阁还聘请西医为德友与大众义务治疗。许多会阁为生活困难的德友或非德友子女提供学费和颁发奖学金,丁加奴的紫孚阁、威省爪夷的紫仪阁、太平的紫平阁甚至开办了幼稚园。规模较大的会阁,如丰盛港的紫林阁、大山脚的赞化阁及威省北海的紫威阁,专门为青年们提供乒乓球、羽毛球、象棋等体育器具,并办有民间舞蹈训练班。淡边的紫祥阁还主办太极拳班,传授太极拳术。此外,各个会阁尚有八仙游及常年阁庆联欢宴、猜灯谜等文娱活动。遇有德友婚丧嫁娶、红白喜事,大部分会阁也要选派代表出席。一些会阁还成立了仪仗队,以出席德友丧礼。总之,一切有"惠益贫病,矜孤恤寡,赈济灾黎等慈善事业"[②],德教大多数会阁都热心兴办,因而使德教成为华人社会扶危济困,团结互助的纽带,在东南亚获得了较好的声誉,其教势超过了佛教等宗教。

德教能在东南亚兴盛起来,有着深刻的历史根源和思想根源。

东南亚是华人比较集中的聚居地区之一。侨居海外的华人,虽然远离祖国,但对家乡都有一种割不断的亲情,他们对来自桑梓的包括民间宗教在内的中国文化,具有一种天然的认同感。德教兴起于中国广东潮州,传入东南亚后,又主要在潮籍华人中流传,就是明证。

信仰无真空。德教教义通俗易懂,仪式简单易行,在与其他宗教的竞争中,占有明显的优势,因而德教会阁迅速成为广大华人抒发宗教情感,寄托美好愿望的理想去处。

德教能在东南亚广泛流传,还有着更为重要的社会根源与经济根源。

德教大力倡行以"德教的精神"劝导众人,"遵从当地政府法律,服务社会,共谋人群幸福",这无疑对广大华人信徒起到了某些道德约束作用,

---

① 〔马来西亚〕陈志明著,苏庆华译:《马新德教会之发展及其分布研究》,马来西亚代理员文摘有限公司,1991年,第14页。

② 〔马来西亚〕陈志明著,苏庆华译:《马新德教会之发展及其分布研究》,马来西亚代理员文摘有限公司,1991年,第12页。

发挥了协调人际关系，稳定社会秩序的功能。因此，当地政府均允许德教会阁注册备案，成为合法的宗教团体。

德教为商人所创，传入东南亚之后，教权亦为商人掌握，且多为商界翘楚，"商界领袖之介入与领导"，"保证了德教会之旺兴及慈善活动之成功推行"。[①] 但是，隐藏在这种宗教热诚背后的却是对实实在在的经济利益和社会地位的追求。大批德教会阁的建立，不仅为商人提供了一个商讨共同利益的场所，为商业联系带来了利益，而且"商人们通过慷慨捐款，可达致成名和执掌领导层地位"[②]。正如陈志明博士所说：德教"大体上是一种潮籍商人借以保持生意联系及通过慈善事业提升个人社会地位之组织"[③]。这才是德教在东南亚至今未衰且尚有向前发展势头的根本原因所在。

原载《天津社会科学》1995 年第 1 期

---

① 〔马来西亚〕陈志明著，苏庆华译：《马新德教会之发展及其分布研究》，马来西亚代理员文摘有限公司，1991 年，第 56 页。

② 〔马来西亚〕陈志明著，苏庆华译：《马新德教会之发展及其分布研究》，马来西亚代理员文摘有限公司，1991 年，第 55 页。

③ 〔马来西亚〕陈志明著，苏庆华译：《马新德教会之发展及其分布研究》，马来西亚代理员文摘有限公司，1991 年，第 85 页。

三 人物分析评介

　　明清时期的民间宗教之所以在中国民间宗教发展史上占有极其重要地位，除了这一历史时期的社会经济、政治、文化、思想等诸多外在因素外，能给当时与后世民间宗教信仰运动造成巨大而深远影响的民间宗教实践家、理论家的大量涌现，也是不容忽视的内在因素之一。其中，罗清则是一位首开明清时期民间宗教运动、信仰潮流的实践家与理论家。《罗清论》从罗清宗教生涯、罗清宗教思想、罗清宗教影响三个方面，对这位民间宗教实践家、理论家进行了学理阐述与事实论证，从而确定了他在明清时期民间宗教发展史上不可摇撼的"祖师"地位。

　　王森是明后期著名的民间宗教家之一。《王森论》论述了他开创的东大乘教，无论是在教义思想，还是在组织、领导农民起义诸方面，都在历史上留下了深深的印记。特别是东大乘教对封建专制制度的叛逆思想与举旗造反活动，对当时与后世的民间宗教产生了巨大而深远的影响。

仅仅在世上活了二十八年的明末民间宗教家韩太湖，却以其超人的胆识和能力，为信仰主义领域增添了耀眼的光彩。因此，被当时与后世信众尊为"飘高祖"。《韩太湖论》诠释了这位创立弘阳教的民间宗教家如何在社会底层挣扎、崛起，最终扬名天下的历史文化历程。

作为明末清初民间宗教运动的"理论回响"，大乘天真圆顿教创始人弓长以《龙华宝经》为载体，构建了一套民间宗教思想理论体系，从而结束了民间宗教长期没有系统理论的时代。《弓长论》论述了弓长的传奇人生，推阐了他为筑造民间宗教思想理论所做出的杰出贡献。

与清代众多民间宗教家所宣扬的宗教思想不同，在理教的创立者羊宰卓而不群，另辟信仰蹊径，他以观音菩萨为最高崇拜，"以儒之忠孝为入德之始，道之清修为修身之本，释之慈悲为成道之基，盖萃三教于一室，汇众理于一门"。戒除烟酒，则是其主要戒律。《羊宰论》阐释了羊宰与其传人创立、传播在理教的艰难历程以及久传不衰的根本动因。

《陈众喜论》论释了一位名叫陈众喜的富家子弟，在清道光年间为传播长生教贡献了自己一生的曲折历程以及他所著《众喜宝卷》对晚清民间宗教信仰世界的巨大影响。

灯花教创立者刘仪顺是晚清民间宗教世界中的一位杰出的农民起义领袖人物。《刘仪顺论》论述了他以传统的民间宗教思想理论为旗帜，以其建立的灯花教为手段，组织和率领十数万号军在贵州地区武装反抗清朝专制统治的斗争事迹。

罗清论

明代中叶，一位名不见经传的退伍军丁，以其狂热的宗教热忱和超人的宗教睿智，向传统的信仰主义展开了大胆挑战，从而在中国民间宗教发展史上开创了一个崭新的时代，对当时与后世的下层民众宗教运动造成了巨大而深远的影响，他就是受到明清时期民间宗教世界普遍尊崇的无为教创教祖师罗清。

一

罗清，又名因①，亦名梦鸿。② 山东莱州府即墨县（今山东青岛市即墨区）人。③ 生于明正统七年（1442）十二月初一日。④

罗清家境贫寒，世代隶属军籍。⑤ 三岁丧父，七岁亡母，跟随叔婶长大。⑥ 十四岁时，代叔从军，戍守北直隶密云卫（今北京密云区）。明中叶的卫所军人，过着比一般农民更为凄苦的生活，乃至"敝衣菲食，病无药，死无棺"⑦。幼小失怙与艰辛的军旅生涯，使罗清饱尝了人间的苦难，时常思考着

---

① 《三祖行脚因由宝卷·山东初度》，濮文起、宋军：《宝卷初集》第 4 册，山西人民出版社，1994 年。
② 《军机处录副奏折》，乾隆三十二年九月二十一日，直隶总督杨廷璋奏折。
③ 《三祖行脚因由宝卷·山东初度》，濮文起、宋军：《宝卷初集》第 3 册，山西人民出版社，1994 年。
④ 《苦功悟道卷》附兰风作《祖师行脚十字妙颂》，明万历二十四年刊本。
⑤ 《巍巍不动泰山深根结果宝卷》卷尾，濮文起、宋军：《宝卷初集》第 4 册，山西人民出版社，1994 年。
⑥ 《苦功悟道卷》，濮文起、宋军：《宝卷初集》第 1 册，山西人民出版社，1994 年。
⑦ （清）张廷玉等：《明史》卷一百六十，列传第四十八，《张鹏传》，中华书局，1974 年。

人生真谛与生死之谜，因而萌发了对宗教的狂热追求。[①] 为此，他于成化六年（1470）毅然将"军丁退了"，让"子孙顶当"[②]，踏上了参师访友，寻求了脱生死、悟道明心之路。

然而，罗清面临的信仰世界却是如此一番景象：被明朝统治者大力扶持与提倡的佛、道二教，尽管寺庙宫观遍天下，但是由于其繁文缛节和糜费腐化，已日趋衰微；而在下层社会秘密流传的以白莲教为主流是各种民间教派，因其鲜明的叛逆性格而被明朝统治者严令禁止。在这种形势下，罗清另辟门径，全力投入创立一种新的宗教理论，建立一种新的宗教组织的活动中。

与历史上一切有创见的宗教思想家一样，罗清对已有的各种宗教信仰和思想意识也不是一概排斥，而是依据自己的亲身体悟，决定取舍、改造与重构。他首先从修习佛教净土开始，"每日家，念弥陀，不肯放舍；行也念，坐也念，猛进功程"[③]。结果是坚持了八年，也不见功效，最后悟出迷念佛号是无济于事的"顽空境界"。[④] 接着，他转向对南禅的参究。经过三年的刻苦读经，使其豁然贯通："诸佛法身，在人方寸。佛念自家佛，心明动外心。若能明这个，何用远追寻。自性西方，不从外得，弹指便登极乐国。"[⑤] 即一个人能否成佛，完全取决于个人内心是否觉悟，一旦顿悟，就可成佛，"弹指便登极乐国"。

但是，罗清并未囿于佛教一家之言，即使对他启悟最大的南禅，也绝不为其所拘。于是，他又汲取了道教"清静无为"思想，将其与南禅"顿悟"融为一体，主张摒弃一切有作为的向外求索，高扬端赖内心的主观省悟，并把这种悟道方法称之为无为法门。[⑥] 值得称道的是，罗清不愧为中国民间宗教发展史上的理论大家，当他经过十数年的苦心参悟，找到无为法门之后，并没有就此停止，而是继续向宗教理论的顶峰攀登。他根据从佛道二教、儒道两家以及民间宗教中获取的灵性资料，提出了自己的宇宙观与创世说，从

---

① 《苦功悟道卷》附兰风作《祖师行脚十字妙颂》，明万历二十四年刊本。
② 《三祖行脚因由宝卷·山东初度》，濮文起、宋军：《宝卷初集》第 4 册，山西人民出版社，1994 年。
③ 《苦功悟道卷》，濮文起、宋军：《宝卷初集》第 1 册，山西人民出版社，1994 年。
④ 《苦功悟道卷》，濮文起、宋军：《宝卷初集》第 1 册，山西人民出版社，1994 年。
⑤ 《正信除疑无修正自在宝卷·快乐西方人间难比品第十四》，濮文起、宋军：《宝卷初集》第 3 册，山西人民出版社，1994 年。
⑥ 《叹世无为卷》，濮文起、宋军：《宝卷初集》第 1 册，山西人民出版社，1994 年。

而完成了"悟道明心"之路上的质的飞跃，终于在成化十八年（1482）创立了一套新的宗教理论——无为法，并据此建立了一种新的宗教组织——无为教。

罗清建立无为教后，立即在密云卫古北口司马台建造经堂，传法布道，并将家眷从戍守卫所移至附近石匣城①，确立起以家族为领导核心的弘道基地。他的最初信徒，多为戍边、运粮军丁与漕运水手以及驻军下层军官乃至高级将领。②随后，他又到北京传教。③因信徒日众，引起官府注意，罗清于正德初年被捕入狱。④羁入"天牢"期间，他生怕身有不测，决定将自己参悟出来的"无为法"写成经卷，"流通天下，普度群迷"。是时，恰有太监张永皈依无为教，罗清便命张永派人赶往五台山，把自己的两名弟子福恩和福报接到牢中，"书写五部经文"。⑤于是，中国民间宗教发展史上的一套旷世经典——《罗祖五部经》，由罗清口授，经福恩和福报笔录整理，在狱中诞生了。其后不久，经门徒们多方奔走，罗清得以出狱。

罗清获释后，仍在密云一带传法。后来，又曾回山东老家布道。⑥其信徒成分，也由最初的下层军丁、水手扩展到社会各个阶层。其中，既有权势太监，也有著名僧人、道士，既有生员，也有官吏，而下层农民与手工业者则占大多数。

嘉靖六年（1527）正月二十九日，罗清"坐化归天"，享年八十有五⑦，安葬在北京檀州附近。⑧他的葬礼相当隆重，门下释子大宁和尚为其举行法会，当时京城著名人物如翰林院中书鹿城王秉忠、僧录司左善士文奈，武当山灵应观道士抱一子首阳、冲虚子，尚衣鉴单玉，腾骧左卫所正千户李敬祖，府学生员何仲仁等释、道、儒各界人士都前来赴会，诵念祭文，极尽赞

---

① 《军机处录副奏折》，嘉庆二十一年三月二十一日，直隶总督那彦成奏折。
② 马西沙：《罗教的演变与青帮的形成》，王见川等编：《明清以来民间宗教的探索》，台北商鼎文化出版社，1996年，第3页。
③ 王见川：《台湾的斋教与鸾堂·龙华教源流探索》，台北南天书局，1996年，第5页。
④ 《三祖行脚因由宝卷·山东初度》，濮文起、宋军：《宝卷初集》第4册，山西人民出版社，1994年。
⑤ 《三祖行脚因由宝卷·山东初度》，濮文起、宋军：《宝卷初集》第4册，山西人民出版社，1994年。
⑥ 秦宝琦：《中国地下社会》，学苑出版社，1993年，第97页。
⑦ 《三祖行脚因由宝卷·山东初度》，濮文起、宋军：《宝卷初集》第4册，山西人民出版社，1994年。
⑧ 《苦功悟道卷》附周如砥《北檀州罗祖部卷追思记》，清康熙九年重刊本。

颂。[①] 密云卫总兵杨都司还助板捐棺，并在墓地建塔树碑，塔名"无为塔"，碑书"无为境"。[②] 由此可见，罗清与其宗教思想通过无为教的流传，已在当时的社会各界拥有相当高的威望和相当大的影响。

二

罗清的魅力，不仅在于他颇具传奇色彩的悟道传法经历，而且更为重要的是他在意识形态领域掀起了一场无声的理论风暴，动摇了传统的儒释道以及民间宗教在信仰世界的影响，并为人们留下了一套集中反映一种全新的民间宗教思想理论的《罗祖五部经》。因此，要想了解罗清的宗教思想，就必须解析这套经典。

《罗祖五部经》，又称《罗祖五部六册》，其各部内容简介如下：

第一部经《苦功悟道卷》，一卷一册，不分品，计 8867 字。该部经卷详细地叙述了罗清十三年"昼夜不停"参悟无为大道的历程，故又称"十八参"。

第二部经《叹世无为卷》，一卷一册，不分品，计 11754 字。该部经卷叹息世间三灾八难，师徒面色不常，父子恩爱不久等等，反复讲述"虚空"道理，宣扬世人要想脱离苦海，只有赶快参拜"明师"，加入无为教一途。

第三部经《破邪显正钥匙卷》，一卷上下两册，二十四品，计 23487 字。该部经卷认为"一切有为之法"，均属邪见偏执，必须破除，同时弘扬罗清参悟出来的"无为正法"，以此作为一把打开能通向悟道明心大门的钥匙，交给信奉者。

第四部经《正信除疑无修正自在宝卷》，一卷一册，二十五品，计 13959 字。该部经卷从正面阐述了无为教教义，以坚定信奉者的信心，并批判了白莲、弥勒等害人邪法，告诫信徒不可轻信上当。

第五部经《巍巍不动泰山深根结果宝卷》，一卷一册，二十四品，计 14298 字。该部经卷探讨了宇宙本原、世界生成，教导人们要"识得本来面

---

① 《苦功悟道卷》附《北京众士赞祖塔之文》，清康熙九年重刊本。
② 《军机处录副奏折》，乾隆三十三年九月二十一日，直隶总督杨廷璋奏折。

目"，要求信徒崇奉"无为教主"与"无为大道"，要像泰山那样巍巍不动，坚定不移。

《罗祖五部经》共计五部六册，72365字。[①] 从以上简介中，人们可以看出，《罗祖五部经》阐扬的是一套有内在逻辑联系的宗教思想体系。它从罗清苦功悟道，明心见性开始；接着痛述世间无穷苦难，感叹人生苦短，不可留恋，盼望早得解脱，快入正道；继之历数各种邪见杂法骗人害人，障道败法，并一一加以批驳；在破除邪见的同时，阐明无为大法、无极正道；最后劝导世人坚定信仰，"顿悟成真"，与无边的虚空合为一体，像泰山那样巍然不动，才能彻底解脱，纵横自在，安享极乐。

在这套宗教思想体系中，最为闪光耀目的则是罗清提出的宇宙观与创世说。

罗清认为，"真空"（又称"无边虚空"、"本来面目"等）是宇宙的最高本体，世界万物是由它派生出来的，即由原始本原的"真空"幻化出宇宙的万有 —— 大千世界："老君夫子何处出？本是真空能变化；山河大地何处出？本是真空能变化；五谷田苗何处出？本是真空能变化；三千诸佛何处出？本是真空能变化；……盘古初分何处出？本是真空能变化；春秋四季何处出？本是真空能变化。"[②] 显而易见，罗清是把"真空"当作宇宙的根本和永恒的真理。

在此基础上，罗清提出，人们只要"晓得真空法"，悟通"无为大道"，就可以回到出身之地 —— "家乡"（亦称"自在天空"），一座温暖如家的天堂。人们一旦回家还乡，就会享受天堂胜景，无生无死，安然快乐。[③] 然而，世人为什么不知回归"家乡"呢？罗清认为，原来他们从家乡坠落尘世以后，被世间"虚花景象"所迷惑，失掉了本性，再也找不到出身之路，因而沉沦苦海，困入六道轮回，受尽各种磨难。[④] 因此，罗清将人们受苦受难的

---

① 据《罗祖五部经》明万历四十三年罗清嫡孙罗文举校正本统计。
② 《苦功悟道卷》，濮文起、宋军：《宝卷初集》第1册，山西人民出版社，1994年。
③ 《巍巍不动泰山深根结果宝卷·流浪家乡受苦品第二十二》，濮文起、宋军：《宝卷初集》第3册，山西人民出版社，1994年。
④ 《苦功悟道卷》，濮文起、宋军：《宝卷初集》第1册，山西人民出版社，1994年；《巍巍不动泰山深根结果宝卷·不知家乡无边好事退道品第二十》，濮文起、宋军：《宝卷初集》第3册，山西人民出版社，1994年。

世间称为"流浪家乡"，奉劝世人切莫留恋这个家乡，为转瞬即逝的享乐和荣华所诱惑，应该赶紧参修"无为大道"，"晓得真空法"，回归人们本来的"家乡"。罗清在这里借用了中国传统观念中的"思乡"情结，把他的宇宙观生动地讲给群众。值得注意的是，罗清在他的宇宙观中，还没有把"真空"与"家乡"作为一个宗教概念——"真空家乡"提出来，他这里所说的"家乡"并不在彼岸天国，而是仍在人的心性之中，真正把"真空家乡"作为民间宗教梦寐以求的理想境界，是其后世信徒。[①]

那么，谁是"真空"的真正主宰？罗清则为人们塑造了一个前所未有的至上神——"无极圣祖"。他认为"无极圣祖"即是"无边虚空"的真正主宰，也是万能的造物主："大千界，天和地，无极执掌；……五湖海，大洋江，无极变化；……天和地，森罗象，无极神力；……日月转，天河转，无极神力"[②]；同时又是尘世众生的救世主："无极圣祖大慈大悲，恐怕众生作下业障，又转四生六道，不得翻身，故化显昭阳宝莲宫主太子，叹退浮云、一切杂心，显出真心参道，究这本来面目，出离轮回生死苦海，又化现鹿王善友恶友金牛太子，劝化众生。"[③] 但是，罗清并没有到此打住，而是进一步提出"母即是祖，祖即是母"[④]，即母与祖为一义，祖与母集一身，于是一位慈祥如母的至尊女神也就呼之欲出了。罗清在这里又借用了中国传统观念中的"恋母"情愫，把他的创世说形象地宣示于群众。同时也可以看出，罗清显然是吸收与改造了明初以来流传于民间宗教世界的老母信仰，如明初宣德五年（1430）刊行的《佛说皇极结果宝卷》中就有"老母"信仰的演述，该部宝卷比《罗祖五部经》面世（正德四年，1509）要早近八十年。罗清的后继者们正是在此基础上，正式提出了"无生老母"信仰，如他的出家弟子释大宁在其所著《明宗孝义达本宝卷》中，就明确地提出了"无生老母"信仰，而到了他的七代传人明空所著《佛说大藏显性了义宝卷》，则进一步把"无

---

① 濮文起：《弓长论》，《中国文化研究》1998 年第 4 期。

② 《正信除疑无修正自在宝卷·执相修行落顽空品第九》，濮文起、宋军：《宝卷初集》第 3 册，山西人民出版社，1994 年。

③ 《正信除疑无修正自在宝卷·无极化现度众生品第五》，濮文起、宋军：《宝卷初集》第 3 册，山西人民出版社，1994 年。

④ 《巍巍不动泰山深根结果宝卷·一字流出万物的母品第四》，濮文起、宋军：《宝卷初集》第 3 册，山西人民出版社，1994 年。

生老母"描绘成一个慈祥的老婆婆，并编造了一个完整的老母创世神话。

纵观罗清的宗教思想，可以说是融主观唯心论与客观唯心论为一体的混合物。他之所以这样进行理论思维，是基于建构一套完整的宗教思想体系的需要。罗清在阐述自己的"悟道"经验时，推崇与弘扬的是佛教南禅的"我心我佛"的顿悟法，即成佛了道，不必坐禅，不必苦行，也不必念佛念经，只要主观觉悟即可，这是一种典型的主观唯心主义。但是，当他阐述自己的宇宙观与创世说时，则又撷拾与彰显儒、道、佛的"无极""太极""道"与"虚空"理论："无极是太极，太极是无极"；"太极是生两仪，两仪生四像，四像生八卦，八卦为乾坤世界；理即是道，道即是理；理即是善，善即是理；理即是太极，太极即是理；太极即是善，善即是太极；未有天地，先有太极"；"大道无边是无极，虚空本是无极身；未有天地先有道，大道本是无极身"。① 不仅如此，他又由此引出了一位创造世界万物的至上神 —— "无极圣祖"，掌管宇宙本原和最高本体。这种把"无极""太极""道"与"虚空"以及"无极圣祖"外在化、客体化的宇宙观与创世说，证明罗清又是一位十足的客观唯心主义者。

然而，罗清又如何将这两种世界观合而为一呢？他宣称："想当初，无天地，先有本体；想当初，无日月，先有吾身。想当初，无仙佛，先有本体；想当初，无菩萨，先有吾身。想当初，无僧俗，先有本体；想当初，无男女，先有吾身。……未曾初分先有我，今朝因何不承当；未有天地先有我，今朝因何不承当。"② 这就明确地告诉人们，罗清是将"本体"和"吾身"同等看待的，即把二者都看成宇宙万物的本原和"先天"就存在的绝对神秘体，于是唯心主义的两种世界观便如此这般地被罗清合而为一了，从而为他建构一套完整的宗教思想体系作了自圆其说的理论论证。

正如恩格斯所说："创立宗教的人，必须本身感到宗教的需要，并且懂得群众对宗教的需要。"③ 罗清正是这样一位以毕生精力寻找自我解脱之路和

---

① 《巍巍不动泰山深根结果宝卷·未曾初分无极太极鸡子在先品第十七》，濮文起、宋军：《宝卷初集》第 3 册，山西人民出版社，1994 年。
② 《破邪显正钥匙卷·破大道本无一物好字心二字品第二十三》，濮文起、宋军：《宝卷初集》第 2 册，山西人民出版社，1994 年。
③ 《马克思恩格斯全集》第 19 卷，人民出版社，1982 年，第 329 页。

助人解脱之路的宗教家。他在《罗祖五部经》中所表现出来的宗教思想，既是时代的产物，也是佛、道日益世俗化的结果，更是对明初以来民间宗教信仰的整合与改造。他以一位宗教改革家的气魄，将佛、道、儒玄妙的哲学思想通俗化，又把明初以来的民间宗教信仰理论化，从而建构起一套更符合下层民众迫切需要的新的宗教思想体系，并采用一种群众喜闻乐见的宗教文学形式 —— 宝卷表述出来，因此使他立即从一个默默无闻的退伍军丁，一跃而成为引领明清两代民间宗教世界风骚的人物。

三

罗清及其宗教思想的出现，为下层民众指明了一条"成佛了道"的捷径 —— 既不必远足深山古刹进香膜拜，也不须家居念经习法，只要皈依无为教，一经明师指点，便可"顿悟成真"，回归家乡，伴祖长生，因此得到了下层民众的狂热信奉。

罗清在世时，无为教已由北直隶传播到山东、河南乃至江南。罗清物故后，被其信徒尊称"罗祖"，他所建立的无为教也因此被人们称为"罗祖教"，简称"罗教"，亦称"罗道"。此后，罗清子女及其异姓传人通过传播无为教，使罗清的宗教思想更加深入人心。其结果是，不仅孕育出一批又一批民间宗教理论家与实践家，而且引发了一场空前的民间宗教运动。

嘉靖三十二年（1553），一位名叫李宾的退伍军丁，在罗清宗教思想的启迪下，建立了黄天道。不久，"蓟州皮工"王森受罗清之女罗佛广大乘教影响，建立了东大乘教。隆庆年间，年轻尼姑归圆，通过熟读《罗祖五部经》，颇有领悟，建立了西大乘教，并依法撰写了《大乘教五部经》。万历年间，韩太湖自称"罗祖转世"，建立了弘阳教。李宾、王森、归圆、韩太湖是深受罗清宗教思想影响相继涌现的著名的民间宗教家，由他们先后建立的黄天道、东大乘教、西大乘教、弘阳教都是继无为教之后先后崛起并与无为教不分伯仲的大教派。这些教派与罗清后继者们传习的无为教相互激荡，于明末又衍生出众多的宗支派系，如活跃于江南地区的无为教支派龙华教与黄天道支派长生教，盛行于华北、西北及江南广大地域的东大乘教支派龙天道与大乘天真圆顿教等不下十余种，由此，构成了一个异常活跃的民间宗教世界，从而对传统的信仰主义领域与现实统治秩序造成了极大的震动与威胁。

面对罗清与无为教在下层社会的巨大影响，首先是佛教界惊恐万状，大张挞伐。万历初期，名僧憨山德清在山东传教时，得到地方豪强黄氏支持，而无为教在下层民众中广泛流传，与憨山德清分庭抗礼。对此，憨山德清一面攻击无为教为"外道"，"绝不知有三宝（佛、法、僧）"；一面争夺无为教徒，号召"凡为彼师长者，率徒众来归，自此始知有佛法"。[①] 南方净土宗大师云栖祩宏指斥罗清与其《罗祖五部经》："有罗姓人，造五部六册，号无为卷，愚者多从之，此讹也。彼所谓无为者，不过将万行门悉废置，而不知万行即空，终日为而未尝为者，真无为也。彼口谈清虚，而心图利养，名无为而实有为耳。人见其杂引佛经，更谓亦是正道，不知假正助邪，诳吓聋聩，凡我释子，宜力攘之！"[②] 密藏道开则诬蔑无为教徒"蚊虫鸱集，唱偈和佛，邪淫混杂，贪昧卑污，莫可名状。而愚夫愚妇，率多乐于从事，而恣其贪淫。虽禁之使归向，有不可得。此其教虽非白莲，而为害殆有甚于白莲者乎"！[③] 密藏道开还对兰风和尚居然评释《罗祖五部经》，公开为无为教张目恨之入骨，称其为"近代魔种"。[④]

罗清宗教思想与无为教的传播与发展，也引起了明朝统治者的恐惶。万历十五年（1587）正月庚子，都察院左都御史辛自修上奏朝廷："白莲教、无为教、罗道教，蔓引株连，流传愈广，踪迹诡秘，北直隶、山东、河南颇众。值此凶年，实为隐忧。"[⑤] 万历三十一年（1603）十一月癸酉，康丕扬奏请禁止"白莲教、无为教、罗道教"[⑥]。万历四十三年（1615）六月庚子，又有礼部《请禁左道以正人心》云："有罗祖教、南无净空教、净空教、悟明教、大成无为教，皆讳白莲之名，实演白莲之教。有一教主，便有一教名。愚夫愚妇转相煽惑，宁怯于公赋而乐于私会，宁薄于骨肉而厚于伙党，宁骈首以死而不敢违其教主之令。此在天下处处盛行，而畿辅为甚。不及令严为

---

① （明）释福善记录，释福征述疏：《憨山大师年谱疏》卷上，万历十三年。
② （明）莲池祩宏：《莲池大师全集》，正锷集。
③ （明）密藏道开：《藏逸经书标目》，五部六册条。
④ （明）密藏道开：《藏逸经书标目》，冰壶集条。
⑤ 《明神宗实录》卷一八二，万历十五年正月庚子，《明实录》，上海书店，1984 年。
⑥ 《明神宗实录》卷三九〇，万历三十一年十一月癸酉，《明实录》，上海书店，1984 年。

禁止，恐日新月盛，实烦（繁）有徒，张角、韩山童之祸将在今日。"① 封建统治阶级的这些描述，足以证明由罗清开创的这场信仰主义领域的变革，已在下层社会形成了一场汹涌澎湃的民间宗教运动，并且随时有可能转化为反抗封建专制统治的农民革命运动②，最终导致明朝统治者对无为教的全面查禁。万历四十六年（1618），明朝统治者严令"再不许私习无为教，自取死罪"，并明令销毁《罗祖五部经》，不准再行翻刻流传。③

但是，与封建统治者和正统佛教的主观愿望相反，无为教不仅没有被扫荡殆尽，反而以更顽强的生命力在民间流播，其中，最为典型的事例，就是《罗祖五部经》的一再刊行。据不完全统计，《罗祖五部经》自明正德四年（1509）首次刊行始，到万历四十六年（1618）公开查禁止，在一个多世纪的时间内，共有十几种刊本在社会上流行。万历四十六年，《罗祖五部经》被明令毁板后，仅仅过了十年，又有崇祯二年（1629）刊本问世。入清以后，在清朝统治者同样严禁无为教与《罗祖五部经》的情况下，又出现了八九种刊本。一套经卷如此反复刊行，特别是在封建统治者一再严令禁止的形势下，那些罗清宗教思想的信奉者冒着杀头毁家危险，仍然不断集资刻印，这不但在中国民间宗教发展史上是仅见的，即使正统的佛、道二教也是不能望其项背的。这充分说明了罗清宗教思想的深远影响，乃至晚清江西寻邬人廖帝聘受罗清宗教思想启示，模仿《罗祖五部经》，也陆续撰写了《廖祖四部五册》，并据此建立了以戒食鸦片为主旨的真空道。因此可以说，罗清已被明清两代的民间宗教世界奉为共同的精神领袖，而他演述的《罗祖五部经》则成为民间宗教的圣经，被人们竞相翻刻传诵。

原载《天津社会科学》2000 年第 4 期

---

① 《明神宗实录》卷五三三，万历四十三年六月庚子，《明实录》，上海书店，1984 年。
② 如万历二十八年（1600），无为教江苏教团领袖赵一平（又名古元）率领徒众起义，占领淮阴、徐州新河口，驰骋运河两岸。万历三十四年（1606）冬，无为教江苏教团另一领袖刘天绪率领万余名徒众占领南京等。
③ （明）沈榷：《南宫署牍》卷四，汉学研究中心据日本尊经阁文库藏明泰昌刊本影印。

王森论

在中国民间宗教发展史上，王森是继明中叶无为教创始人罗清之后的又一位对明清时代下层民众造成巨大影响的民间宗教家。他所开创的东大乘教，他所建立的王氏世袭传教家族，他所亲传、再传的众多弟子，在明末以来的民间信仰领域和历史舞台上均扮演了重要角色。

一

王森，祖籍北直蓟州（今天津蓟州区）人，又名王道森，原名石自然。生于明嘉靖二十一年（1542）。青年时代，为"蓟州皮工"。[①] 此时，正值无为教祖师罗清之女佛广在蓟州境内倡行大乘教（无为教别名）之际。王森耳濡目染，深受大乘教影响，遂萌生了自创教派之念。嘉靖四十三年（1564），他认为时机成熟，自称"法王石佛"，也以大乘教命其教名，因其发祥地在京东，故名东大乘教。[②]

王森创立东大乘教后，便从蓟州向东移居永平府滦州（今河北滦州）石佛口，这是中国民间宗教教派创始人的惯用手法，其目的是避开对其本人与家族知根知底的父老乡亲，在异地他乡造成神秘感，以便于他们诱惑、

---

① （明）黄尊素：《说略》，《涵芬楼秘笈》第 2 集，国家图书馆出版社，2000 年。
② 东大乘教又名闻香教，源自岳和声《餐微子集》与黄尊素《说略》。两书均说王森得妖狐异香，创立闻香教。救狐传香创教之说，荒诞不经，意在诱惑信徒，不足为信。东大乘教支派大乘天真圆顿教经卷《龙华宝经》则记录了其师祖的真实情况："东大乘，石佛祖。"故笔者采用此说，以东大乘教名之。

招揽信众。从此，王森以石佛口为基地，开始了他的传教生涯。经过十几年的潜行默运，至万历初期，东大乘教信徒已遍布北直、河南、山东、山西、陕西、四处，不下二百万。教内"立大小传头会首名色，此牵彼引，云和响应，顶礼皈依"。"其徒见者，俱称朝贡，各敛香钱，络绎解送，或盛停别所，以待支用。省直府县，各设公所，使传头守之，置竹签飞筹，印烙三王字号，凡有风信，顷刻可传千里。"[1] 他以徒众所献巨额香金，在北京、顺天、永平等地广置田产数千亩，父子均一妻数妾，奴婢成群，富埒王侯。因过分显赫，万历十三年（1585），王森被人讦告下狱论死，后用贿得释。

王森出狱后，考虑"归附日众，恐风闻有误，思得有力之人，方可庇己，遂用贿托许梅寯妄认王皇亲为一家，乃改名王道森；又交结近侍阉官王德祥，亦认为一家"[2]，于是"行教如常"[3]。其父石奉亦改名王朝凤，长兄石自良、次兄石自秀分别改名王佛、王儒。

万历四十二年（1614），王森门徒李国用"别立一会"，与他分庭抗礼，并将其出卖官府；又因是年冀东大旱，"饥民多起为乱"，王森弟子高应臣等乘机制造舆论，拥他起事于清凉山，使其再次被捕。万历四十七年（1619），瘐死狱中。[4]

王森创立的东大乘教继承了无为教的教义思想，也以无生老母为最高崇拜，以真空家乡为理想境界，以三世三佛[5]为信仰核心。所不同的是，东大乘教以弥陀佛替代弥勒佛，向往的是弥陀治世[6]，只有到了王森三子王好贤掌教时，才开始"自称弥勒教主"[7]。与此同时，东大乘教还继承了无为教的内丹修炼思想，将修炼内丹作为"归真"与"还乡"，步入无极之乐的唯一途

---

① （明）黄尊素：《说略》，《涵芬楼秘笈》第 2 集，国家图书馆出版社，2000 年。
② （明）岳和声：《餐微子集》卷四，天启四年刻本。
③ （清）张廷玉等：《明史》，《赵彦传》，中华书局，1974 年。
④ （明）岳和声：《餐微子集》卷四，天启四年刻本。
⑤ 三世即过去世，又称青阳时期；现在世，又称红阳时期；未来世，又称白阳时期；三佛，即燃灯佛、释迦佛、弥勒佛。
⑥ 《皇极金丹九莲正信归真还乡宝卷·古佛太皇演教品第一》，濮文起、宋军：《宝卷初集》第 8 册，山西人民出版社，1994 年。
⑦ 《清代档案史料丛编》第 3 辑，中华书局，1979 年，第 28 页。

径。① 在组织形式上，东大乘教首先提出以"内安九宫，外立八卦"建立教团的设想。② 东大乘教的教义思想，通过王森与其弟子的大力宣扬，在下层民间社会广泛流传。

王森在世时，便建立起一个由王氏世袭传教家族为教主的井然有序的地下宗教王国。"欲兴作，则大工可刻期而成；欲财货，则千金可一呼而凑；一言传，一夕可达千里；一令招，指日可集万众"③，从而成为一种隐藏在大明帝国下层社会的强大的异己力量。

王森生有三子，长子好礼、次子好义、三子好贤。王森死后，教权由三子王好贤继承。天启二年（1622），东大乘教教徒徐鸿儒等人领导的农民起义失败后，王好贤逃往扬州，被官府逮捕处死，东大乘教受到沉重打击。此后，经过王森子孙苦心经营，王氏家族又行教如故。

约从清朝初年起，东大乘教为躲避官府查禁，乃改名清茶门教，因做会时"设清茶为供献"④ 故名。有时，亦称大成教、善友会、白阳会等。顺治七年（1650），王好贤之孙王盠自滦州石佛口迁居卢龙县安家楼。其子孙四处传教，代代相继不绝，至清中叶，安家楼已取代石佛口，成为清茶门教的传教中心。与此同时，长房王好礼后裔也纷纷南下传教。这两支王森子孙后裔在直隶、河南、山西、湖北、江南等省扎根串联，广收徒众，到乾隆、嘉庆年间，终于形成了东大乘教传教史上的又一个鼎盛期。⑤ 特别是王森子孙在其所编《三教应劫总观通书》中，宣扬"未来佛降在石佛口王姓家内"，为王氏登基坐天下大造舆论，并诅咒"清朝已尽"，盼望"日月复来"，宣传"反清复明"思想⑥，终于引起了清廷对它的全面清剿。嘉庆二十年（1815），直隶受命查办清茶门教，滦州石佛口与卢龙县安家楼王氏家族老幼男丁八十六口被官府收拿审讯，分别处以杀戮、放逐。至此，历经二百余年的王

---

① 《皇极金丹九莲正信归真还乡宝卷·玄真证道品第八》《皇极金丹九莲正信真还乡宝卷·无量天真显道品第十三》，濮文起、宋军：《宝卷初集》第 8 册，山西人民出版社，1994 年。

② 《皇极金丹九莲正信真还乡宝卷·无为分宗论派接绪后天品第二十二》，濮文起、宋军《宝卷初集》第 8 册，山西人民出版社，1994 年。

③ （明）岳和声：《餐微子集》卷四，天启四年刻本。

④ （清）颜元：《习斋四存编·存人编》，上海古籍出版社，2000 年。

⑤ 濮文起：《秘密教门：中国民间秘密宗教溯源》，江苏人民出版社，2000 年。

⑥ 《清代档案史料丛编》第 3 辑，中华书局，1979 年，第 36 页。

氏宗教世家土崩瓦解，清茶门教也随之衰微。

二

王森生前，除了着力培养自己的子孙承继传教事业之外，还特别重视提携异姓传人。其中，最为著名的是徐鸿儒和张翠花。

徐鸿儒，原为山东巨野县人，后迁居郓城县。约在万历中叶，加入东大乘教，是王森的得意弟子、东大乘教山东教区的大传头。万历四十七年（1619），王森死后，徐鸿儒又与新教主王好贤保持密切联系，并约定天启二年（1622）八月中秋在山东、北直同时起事。[①]为此，他大造舆论，声称自己是"伊母梦红日入怀而娠"[②]，倡言只要加入东大乘教，就能看到"金山、银山、面山、米山、油泉、酒井"，可以"终身不穷"[③]，等到"弥勒佛王治世"，便可以"刹利旃陀，混为平等"。[④]在这种宗教宣传的鼓动下，希求"未来之富贵"的民众因而"启反侧之雄心"，纷纷将徐鸿儒"奉为瞿昙，罗拜而愿为之死"。[⑤]于是，信徒日众，"畿南、中州、晋赵、淮徐，在在有之，皆推徐鸿儒为教主"。[⑥]

张翠花，又称翠花张姐，王森又一高足，是东大乘教北京教区的总传头。张翠花的彰显于世，主要得益于她的两名门徒，一位是龙天道的创立者米贝，另一位则是大乘天真圆顿教的创始人弓长。

米贝，约生活于嘉靖年间，其籍贯不详。成年以后，嫁与北直正定府藁城县张村人刘氏为妻。约在嘉靖末、隆庆初，米贝拜张翠花为师，随即创立了龙天道，被其信徒尊称米奶奶、米菩萨、米老母。龙天道的活动范围主要在以北直赵州（今河北赵县）为中心的"燕南赵北"（今河北西南部）。入清以后，龙天道又传入北京和山东等地，直至民国时期，仍能看到它的活动

---

① （明）岳和声：《餐微子集》卷四，天启四年刻本。
② （明）徐从治：《平妖纪事》。
③ 《康熙·邹县志》卷三，灾乱。
④ （明）徐从治：《平妖纪事》。
⑤ （明）徐从治：《平妖纪事》。
⑥ 《明熹宗实录》卷二十二，天启二年五月丙午，《明实录》，上海书店，1984年。

踪迹。

明朝末年，龙天道编写了一部《家谱宝卷》。在这部宝卷中，龙天道以谶语形式，倡言"牛八退位，木子当来"（牛八即朱字，喻指朱明王朝；木子即李字，喻指李自成农民起义军），为李自成农民起义军大造舆论。龙天道还在另一部宝卷——《九品收元卷》中，宣扬"卯金刀，牛八江山不坚牢；刘赶猪，十八家头目出来把人杀"。卯金刀即刘字，喻指米贝婆家刘氏；"刘赶猪"喻指由刘氏带领龙天道；"十八家头目出来把人杀"，即参加李自成农民起义队伍。入清以后，这些谶语随着龙天道在下层民众中的流传，被清代民间宗教中的许多教派奉为圭臬，成为组织、发动农民起义的战斗口号。[①]

弓长，即"张"字拆写，俗名海量，道号无双。北直霸州（今河北霸州）人。生卒不详。约生活在明万历中叶至清康熙初叶。万历末年，弓长拜张翠花为师，并在张翠花的引荐下，前往石佛口拜谒祖师王森。天启四年（1624），弓长依照王森生前所授机宜，建立了大乘天真圆顿教。自崇祯二年（1629）始，弓长从北向南传道，至崇祯九年（1636），他的足迹遍及北直、山东、江苏、江西、湖北、四川六省，并将东大乘教以九宫八卦形式建立组织的设想变为现实，建立起一个以其为九宫教首的庞大教团。弓长对清代民间宗教的最大贡献，是在继承东大乘教教义思想的基础上，集明中叶无为教以来民间宗教思想之大成，与其弟子木人（李某）于清顺治九年（1652）合作撰写了《古佛天真龙华考证宝经》（简称《龙华宝经》），并于顺治十一年（1654）刊行。在这部经卷中，弓长以高屋建瓴、继往开来的气势，构建了一套民间宗教思想体系。[②] 这套民间宗教思想体系一经面世，便立即风靡下层民间社会，成为引领有清一代乃至民国时期民间宗教运动的理论武器。[③]

除此之外，王森还有一位再传弟子周印，北直真定府饶阳县（今河北省饶阳县）人。以贩布为生，常年往来于北京与永平府之间。因此，有机会结

① 濮文起：《〈家谱宝卷〉表微》，《世界宗教研究》1996 年第 3 期。
② 这套民间宗教思想体系主要由以下几个部分组成，即以无生老母为最高崇拜的宇宙观与创世说，以弥勒佛与龙华三会为信仰核心的历史观与救度论以及为此而编造的神灵谱系，以入教避劫为劝道手段，以十八子之谶与云城降世为理想境界，以内丹修炼方术为修持功夫，以九宫八卦建立组织等。
③ 濮文起：《一套独具特色的宗教思想体系——中国民间宗教理论探析》，《求索》2005 年第 2 期。

识东大乘教徒，并拜安保为师，加入东大乘教。安保也是王森的得意弟子，通过安保引荐，周印又拜在王森门下。王森死后，周印继续与新教主王好贤频繁往来，并自立教派棒棰会。

棒棰会下设"五会"，信徒遍布北直、山东、河南三省，而尤以北直的清河、南宫、枣强、冀州、衡水、故城、武邑、深州、束鹿、景州、阜城、饶阳、献县、新河、藁城、晋州、安平等州县最为活跃。会与会之间，"气候相通，共数十万"①。教内人才济济，"有智者，有勇者，有技力者，有散财结死士者。卖地卖田、买马买铁，直需时动耳"②，随时准备武装反抗朱明王朝的专制统治，是明末很有群众基础且斗争目标明确的民间宗教教派。

三

明朝末年，政治腐败，经济崩溃，边患频仍，再加上连年水旱灾害，使全国民众陷入水深火热之中，尤以山东、北直一带人民受害最重。天启元年（1621），山东大旱，"民相食，骨肉不相得聚"③，甚至"数十文钱即鬻其妻，一二馒首即鬻其子"④。天启二年（1622）二月，济南、东昌（今山东聊城）、兖州（今山东济宁兖州区）等所府所属之地，又发生了百年未有的大地震，"地震如雷，房摇地动，犬吠人惊"⑤，连巨野县的城墙也"翻覆过半"⑥。可是，官府不仅不及时救灾，反而借与清兵作战为名，从山东加派辽饷，乘机勒索，滥杀无辜，迫使广大农民除了举旗造反之外，别无生路。

正是在这种形势下，东大乘教山东教区大传头徐鸿儒率先于天启二年（1622）五月初三日在巨野徐家庄"树旗招兵，妄冀大物"⑦，举起反抗朱明王

① （明）张凤翔：《抚畿疏草》卷二，初报妖贼疏，天启三年刻本。
② （明）张凤翔：《抚畿疏草》卷二，恭报擒获妖首疏，天启三年刻本。
③ 《道光·巨野县志》卷二，编年，《中国地方志集成·山东府县志辑》第83册，凤凰出版社，2004年。
④ 《康熙·郯城县志》卷九，灾祥。
⑤ 《崇祯历乘》卷十三，商贾。
⑥ 《道光·巨野县志》卷十八，艺文，《中国地方志集成·山东府县志辑》第83册，凤凰出版社，2004年。
⑦ 《崇祯·巨野县志》卷六，赵延庆传。

朝的大旗。初十日，徐鸿儒率领起义军占领了位于郓城、巨野等县交界的梁家楼。徐鸿儒在这里被起义农民拥为"中兴福烈帝"，建元"大乘兴胜"，封王号，设官职，建立起农民政权。起义军始而攻占郓城，继而占领邹县、滕县、峄县，最后略取夏镇，切断漕运要道，乘胜围攻巨野、曲阜、兖州、郯城，控制了山东境内运河两岸的广大地区，声势震撼朝野。

是年七月下旬，棒槌会骨干于弘志（周印再传弟子）得知山东徐鸿儒提前起义的消息后，于二十九日上午在武邑县紫塔村率众起义。起义军"旗书'替天行道'，一日之内，数千响应"[1]。于弘志"自称王号，掌管团营"，并设有督都、总兵等官职，建立起农民政权，"远近震惊"。[2] 起义军在于弘志率领下攻城略地，所向披靡，武邑、景州、衡水、阜城等州县纷纷向明廷告急。[3]

在起义军的打击下，明朝统治者急忙调兵遣将，向起义军进行疯狂反扑。由于起义军组织严密，防守森严，明军虽多次进攻，但每次都损失惨重，"人莫敢进"[4]。明军反扑碰壁之后，一面竖起"招安大旗"，声称"投降者勿杀，弗与官军据敌者勿杀，老幼妇女勿杀，能擒首恶来献者勿杀"[5]；一面调集火炮，准备新的进攻。当明军招降阴谋失败后，立即凭借优势火炮，猛烈轰击，起义军"玉石俱焚，死者甚众"[6]。于弘志被捕后，"不跪不惧"，"盘膝而坐，神闲气定"，连明军也不得不敬佩他是"贼之桀然者"。[7] 九月十五日，于弘志在保定从容就义。

棒槌会起义失败后，明朝统治者集中全力剿杀山东徐鸿儒起义军。十月，起义失败，徐鸿儒亦被捕，押解北京；十一月，被杀，从者四万七千余人同时被诛。

东大乘教与棒槌会在山东、北直组织和领导的农民起义，虽相继被明政府残酷镇压，但它们却沉重地打击了朱明王朝的专制统治，被明朝统治者称

① （明）张凤翔：《抚畿疏草》卷三，叙录文武官员疏，天启三年刻本。
② （明）张凤翔：《抚畿疏草》卷二，议留兵将疏，天启三年刻本。
③ （明）张凤翔：《抚畿疏草》卷二，再报妖贼疏，天启三年刻本。
④ （明）张凤翔：《抚畿疏草》卷二，议留兵将疏。
⑤ （明）李邦华：《抚津疏草》，奏报妖贼即行荡平疏。
⑥ （清）苑清旷：《乾隆·冀州志》卷十八，拾遗，首都图书馆。
⑦ （明）张凤翔：《抚畿疏草》卷二，恭报擒获妖首疏。

之为"二百六十年未有之大变"①，从而加速了明王朝的灭亡，揭开了明末李自成农民大起义的序幕。

原载《贵州大学学报》2006 年第 4 期

---

① （明）沈国元：《两朝从信录》卷十六，《续修四库全书·史部·编年类》第 356 册，上海古籍出版社，1995 年。

韩太湖论 [①]

在明末民间宗教世界，出现了一位著名的宗教家，他虽仅活了二十八岁，但却以其丰富多彩的宗教生涯与宗教思想，对当时与后世的信仰主义领域造成了巨大而深远的影响，这就是自号"飘高祖"、创立弘阳教的韩太湖。

一

韩太湖，又名春坡。北直广平府曲周县（今河北曲周）人。生于明隆庆四年（1570）五月十六日，卒于万历二十六年（1598）十一月十六日。

韩太湖的宗教生涯，大体上分为三个阶段：第一阶段，从幼年在家修行，到十九岁决定别辟门径，另寻明师；第二阶段，从十九岁出家求法，到自创弘阳教；第三阶段，从二十六岁独闯京城，使弘阳教盛行都下，到二十八岁去世。在他短暂的一生中，充满着神秘色彩，留下了许多传奇故事。

韩太湖自出生之日起，就生活在宗教氛围相当浓厚的家庭，祖父、父亲均是虔诚的佛教徒。受父祖熏陶，他也从小吃斋念佛，"三五七岁"，"就知到（道）生死"。然而，令他失望的是："游台烧香元（原）无尽，老来空手见阎君；至我行善整三辈，不得归家达本元。"因此，他认为父祖在家修行的"不是出身之路"[②]，于是决定出家修行，求得超越生死之法。但是，"父母

[①] 本文系国家 985 工程哲学社会科学创新基地建设项目"中国思想与社会研究"子项目"中国宗教思想史"的阶段性成果之一。

[②] 《弘阳苦功悟道卷·恭敬三宝品第二》，濮文起主编：《民间宝卷》第 5 册，黄山书社，2005 年。

留当，不教（叫）出家"。① 恰在此时，家乡遭逢旱灾，他偕母逃荒。在河南、湖北辗转三个月，因母思乡心切，又随母回到老家。而家乡的生活依然十分艰难："到家又是难度日，差使粮草吓死人；老母有病难展挣，每日声唤害眼疼。"② 官差的催逼，母亲的患病，都使他身心异常痛苦，终日烧香拜佛，祷告上苍。一日，他听人说，有一位朱师父在南观度人，有二十三分口诀，能免生死轮回之苦，急忙去投拜。③ 如此苦修两年，整天念佛读经，却丝毫不见进步，于是，他又对朱师父的修行之法产生怀疑，认为"不是出身之法"。④ 是时，他已一十九岁，下定决心，"将父母兄长全都备（避）了，独自孤身"云游天下，访师求法。⑤ 从此，韩太湖转入了其宗教生涯的第二阶段。

　　韩太湖背井离乡，一路上忍饥挨饿，风餐露宿，"逢着庙里，就在庙里，逢着地里，盖着星斗，也过光景"⑥。他决心已定，"不遇明师，就是死在他乡，誓不回程"⑦。河南、湖北曾是他偕母逃荒之地，此次出游，他又来到这里。但与以前逃荒不同，他这次是抱有明确目的的，即为了访师求法，才故地重游。他发现这些地方"顶圣说法遍地，人人都说家乡，无数诸佛金身在与何处住所？无处下手"⑧。于是，他又来到徐州。然而，又令他失望的是，这里的"云真临凡"也好，"元皇一会"也罢，不仅都以传教敛钱为业，而且只提"天榜挂号"，"不提地府除名"，仍然不能解决生死问题⑨，他只得继续

---

① 《弘阳苦功悟道卷·要想出家观荒年父母留当品第四》，濮文起主编：《民间宝卷》第5册，黄山书社，2005年。
② 《弘阳苦功悟道卷·他乡在外母想亲人又想道友品第五》，濮文起主编：《民间宝卷》第5册，黄山书社，2005年。
③ 《弘阳苦功悟道卷·拜朱师父修行品第七》，濮文起主编：《民间宝卷》第5册，黄山书社，2005年。
④ 《弘阳苦功悟道卷·赞叹四字佛六字佛十字弥陀不是出身之路品第八》，濮文起主编：《民间宝卷》第5册，合肥黄山书社，2005年。
⑤ 《弘阳苦功悟道卷·拜别老父母出家访道品第九》，濮文起主编：《民间宝卷》第5册，黄山书社，2005年。
⑥ 《弘阳苦功悟道卷·拜别老父母出家访道品第九》，濮文起主编：《民间宝卷》第5册，黄山书社，2005年。
⑦ 《弘阳苦功悟道卷·良南楚地访虚无云门行脚品第十》，濮文起主编：《民间宝卷》第5册，黄山书社，2005年。
⑧ 《弘阳苦功悟道卷·良南楚地访虚无云门行脚品第十》，濮文起主编：《民间宝卷》第5册，黄山书社，2005年。
⑨ 《弘阳苦功悟道卷·良南楚地访虚无云门行脚品第十》，濮文起主编：《民间宝卷》第5册，黄山书社，2005年。

寻找。三个月后，他终于"在河南，孙门上，遇着真人"①，这就是自称释迦转化、传授混元门弘阳教的王师父。经过三个月的苦苦恳求，他才被王师父收为门徒，最终明白了生死大道，并成为"释迦护教人"，受命在河南境内黄河沿岸传教②，且成绩卓著，深得王师父赏识。③

正在此时，韩太湖向王师父提出了回乡度母的请求。这件事立即引起教内上层人物的反对④，多亏一位名叫"无生母"的女首领求情，韩太湖才转危为安，如愿以偿。临行前，王师父授权韩太湖在河北传教，并派一位名叫"无极"的首领与他同行。韩太湖回到家乡后，其老母兄长与乡亲共有90人皈依入教。⑤然而，当他以"收元"为由劝母舍家共赴河南修行时，却遭到众人的说长道短，指斥他是"成妖作怪人"⑥，河北传教以失败告终。韩太湖无奈，只身回到河南，受到王师父的责怪，说他无功而返，"就要摘功"。幸有黄姓师兄求情，韩太湖被罚游方传教。⑦河北传教受挫，被罚游方传教，使韩太湖脱离师门，走上了一条自行参悟，进而自创教派之路。

于是，韩太湖过黄河，进深山，在白云洞打坐，入金山寺修行，经过目睹金牌，梦游金城，吞服金丹，红光摄身等神秘体验后，终于豁然开朗，真正彻悟了"弘阳正法"，自称"罗祖转世"⑧，号"飘高祖"，创立教派，亦名弘阳教，时在万历二十二年（1594）⑨，并立即在太虎山中，"舍九莲宝台，大

---

① 《弘阳苦功悟道卷·良南楚地访虚无云门行脚品第十》，濮文起主编：《民间宝卷》第5册，黄山书社，2005年。
② 《弘阳苦功悟道卷·投拜王师父又点方寸品第十一》，濮文起主编：《民间宝卷》第5册，黄山书社，2005年。
③ 《弘阳苦功悟道卷·祖却说我今要回家度老母品第十二》，濮文起主编：《民间宝卷》第5册，黄山书社，2005年。
④ 《弘阳苦功悟道卷·投拜王师父又点方寸品第十一》，濮文起主编：《民间宝卷》第5册，黄山书社，2005年。
⑤ 《弘阳苦功悟道卷·度老母收原人品第十六》，濮文起主编：《民间宝卷》第5册，黄山书社，2005年。
⑥ 《弘阳苦功悟道卷·劝老母长兄收原人上河南居住品第十七》，濮文起主编：《民间宝卷》第5册，黄山书社，2005年。
⑦ 《弘阳苦功悟道卷·圣中催赶徒弟起身品第十八》，濮文起主编：《民间宝卷》第5册，黄山书社，2005年。
⑧ 罗祖，即明中叶无为教创教教祖师罗清。
⑨ 《弘阳苦功悟道卷·白云洞打坐看金牌品第二十二》《弘阳苦功悟道卷·金山寺打坐悟道品第二十四》，濮文起主编：《民间宝卷》第5册，黄山书社，2005年。

会说法"①，广收门徒，建立组织。

韩太湖自创教派后，采取了一项重要举措，这就是避开弘阳旧教河南大本营，于万历二十三年（1595）北上京师，通过走上层路线，争取宫中权贵支持，使弘阳新教盛行都下，而河南弘阳旧教也就随之湮灭无闻。韩太湖由此进入了其宗教生涯的第三阶段，步入了他短暂人生的辉煌期。

"自从万历年中，初立混元祖教，二十六岁上京城。也是佛法有应，先投奶子府内，转送石府宅中，定府护持大兴隆，天下春雷响动。御马监程公、内经厂石公、盔甲厂张公三位护法同赞修行。世间希有，博览三教全真，留经吐卷在凡心。凡圣交参评论，言言句句玄妙，东土教化群蒙，流通与世岂非轻，直指家乡路径，开造经卷，先生同赞。"② 韩太湖此举大获成功，在京城权贵的支持下，印造经卷，布道收徒，终于使弘阳教声望日著，迅速传布开来。正当弘阳教如日中天之际，韩太湖于万历二十六年（1598）早逝，于是教内更借此编造许多神化他的传说，其教益盛。韩太湖死后无嗣，门徒在其家乡建立韩祖庙，届时礼拜祭祀。

纵观韩太湖短暂的宗教生涯，揭开蒙在他头上的神秘面纱，便可以清楚地看出：韩太湖出生农家，上有双亲兄长，自幼受家庭影响，是一个宗教情感相当浓厚的人；他被生死问题所困惑，立志访师求法，寻找出身之路，又是一个追求生命终极关怀的人；他不囿旧说，敢创新教，又是一个藐视权威的人；他攀附权贵，助其倡教，又是一个审时度势，胸怀大志的人。总之，韩太湖是人不是神，他以其短暂的一生，为人们描绘了一幅农家子弟如何在社会底层挣扎、崛起，最终扬名天下的奋斗图。因此可以说，韩太湖是那个时代下层社会信仰世界中的骄子。

二

韩太湖的宗教思想，集中反映在他撰写的五部经，即《混元弘阳飘高临

---

① 《混元弘阳血湖宝忏》，濮文起主编：《民间宝卷》第 6 册，黄山书社，2005 年。
② 《弘阳悟道明心经·凡圣交参中华序》，濮文起主编：《民间宝卷》第 5 册，黄山书社，2005 年。

凡经》《弘阳苦功悟道经》《弘阳悟道明心经》《弘阳叹世经》《弘阳秘妙显性结果经》，时称"弘阳教五部经"。

通览"弘阳教五部经"，首先给人的强烈感觉是：韩太湖在脱离师门，自行参悟的过程中，曾深受罗清与"罗祖五部经"的影响。罗清是明中叶出现的民间宗教改革家，他创立的无为教在中国民间宗教发展史上开创了一个崭新的时代，由他演述、弟子整理的"罗祖五部经"启迪与培育了一批又一批民间宗教活动家与理论家。[1] 韩太湖生当无为教盛行南北与"罗祖五部经"一版再版的万历初期，无疑给正在自行参悟的韩太湖以精神上的极大震撼。他通过诵读"罗祖五部经"，被罗清的人格魅力与宗教思想深深打动，因此当他彻悟"弘阳正法"时，便自称"罗祖转世"，又仿照"罗祖五部经"撰写了"弘阳教五部经"。

在"弘阳教五部经"中，韩太湖继承了罗清的宇宙观，也认为"虚空"是宇宙的最高本体："无天无地，虚空在前"，即先有"虚空"，后有天地万物。那么，谁是世界的创造者？韩太湖则为人们塑造了一位新的至上神 —— 混元老祖，以替代罗清的无极圣祖。名称虽异，本质实同："混元老祖坐在阿罗国，佛过去佛，又是无极老祖。想无天无地，一人治世。先有鸿濛化现，后有濛濛混沌。先有鸿濛，后有濛濛，濛濛长大，结为元卵，又叫天地玄黄，玄黄进破，才现出治世天佛宗祖出世。清气为天，浊气为地。一生二，二生三，三生万物，诸般都是老祖留下。""无天无地一虚空，混元老祖立人根。"也就是说，混元老祖开天辟地，使混沌 —— 宇宙化现日月、山河、万物与人类。同时，混元老祖又是尘世众生的救世主，得知东土末劫将至，眼看天破地坏，人类沉入苦海，决定派遣众神佛临凡收元，挽劫救世。[2]

但是，与罗清心目中的无极圣祖即无生老母不同，韩太湖塑造的混元老祖乃是一位男性，而无生老母则屈居混元老祖的妻室地位。在韩太湖看来，混元老祖是儒、释、道及各种天神地祇之父，执掌着至高无上的神权，享有人类的最高崇拜。在此基础上，韩太湖把自己说成是混元老祖与无生老母最疼爱的小儿子，又是圣人、释迦、老子的小弟弟，号"飘高祖"，并为此编

① 濮文起：《罗清论》，《天津社会科学》2000 年第 4 期。
② 《混元弘阳临凡飘高经》，濮文起主编：《民间宝卷》第 5 册，黄山书社，2005 年。

造了一个拯民救世舍我其谁的宗教神话——为了拯救东土众生，混元老祖差遣众儿孙即诸位神佛临凡收元，众儿孙依次降临东土，脱化为人，救度众生；混元老祖与无生老母也临凡东土，或乞食街头，或夜宿窑中，在人间受苦，都是为了拯救大地元人；他们最疼爱的小儿子飘高祖亦舍弃天宫，跟随父母及众兄长下到人世，济度受苦众生，是老祖和老母在尘世中的唯一代表；飘高祖降临北直广平府曲周县韩门，脱化为韩太湖，演述弘阳法，建立弘阳教，担起普度众生的大任。[1]

为了完成这一神圣使命，韩太湖祭起了多神主义大旗。他不仅对信仰世界已有的天神地祇无所不奉，而且以其浪漫主义的想象力，造出许多千奇百怪的偶像，以壮大其膜拜阵营，如敲天祖、叹天祖、金光祖、混金祖、充天祖、清天祖、权天祖、革天祖、如意祖、花林祖、浑金祖、混亭祖、泰亭祖、根圣祖、要天祖等不下数十位。但是，在韩太湖建构的这个庞大的神灵谱系中，也和尘世中的封建王朝一样，是分等级论贵贱的，其中三位尊神即混元老祖、无生老母、飘高祖是最高崇拜，而其他各路神灵只不过是飘高祖完成普度众生重任的帮手或护法、证教，从这里可以清楚地看出韩太湖尽力维护君父纲常制度在其宗教思想中的曲折反映，这也是他能打通上层社会，使弘阳教得到宫中权贵庇护，从而盛行都下的原因所在。

其次，"弘阳五部经"还吸收了黄天道、东大乘教的教义思想。黄天道、东大乘教均是深受罗清宗教思想影响，继无为教之后相继建立的教派。它们在继承罗清宗教思想的基础上，又借用与改造了佛教的"三世三佛"思想，提出了"三阳劫变"说。按照此说，无生老母创造了天地万物和九十六亿皇胎儿女即人类之后，便打发皇胎儿女下界为生。可是，皇胎儿女下生尘世以后，不仅立即陷入了生老病死和酒色财气之谜，而且受到大自然与各种人为的折磨，历经了一次又一次劫难。无生老母不忍皇胎儿女遭受苦难，决定把皇胎儿女度回自己身边。为此，无生老母先把世界从时间上分成三个时期，依次是青阳时期、红阳时期和白阳时期；在这三个时期，依次召开龙华初会、龙华二会和龙华三会。青阳时期代表过去，命燃灯佛掌世；红阳时期代表现在，命释迦佛掌世；白阳时期代表未来，命弥勒佛掌世。每期之末，都

---

[1] 《混元弘阳临凡飘高经》，濮文起主编：《民间宝卷》第 5 册，黄山书社，2005 年。

要道劫并降，降道度回儿女，降劫收杀恶魔。于是，燃灯佛首先下凡，执行老母的神圣旨意。然而，由于燃灯佛办理不力，在青阳时期的龙华初会，只是道降君相，仅度回二亿儿女。接着，释迦佛也辜负了老母的重托，在红阳时期的龙华二会，只是道降师儒，亦仅度回二亿皇胎，还剩下九十二亿皇胎儿女留在尘世受难，而且许多恶魔也没有消灭。这时青阳、红阳二期已过，龙华初会、二会亦已召开，无生老母就将度回九十二亿皇胎儿女的重任都交给了弥勒佛，命他在白阳时期的龙华三会一次度完。在这种说教中，黄天道与东大乘教意在贬低燃灯与释迦，称燃灯佛为"兽面人心"，释迦佛为"人面兽心"；赞颂弥勒，认为只有弥勒佛才是"佛面佛心"，是拯救人类脱离苦海的无生老母的神圣使者。

韩太湖同样高扬"红阳劫尽，白阳当兴"思想[1]，认为"混元一气所化，弘阳法者，现在释迦佛掌教，以为弘阳教主。过去清阳，现在弘阳，未来才是白阳"。[2] 在他看来，现在是弘阳世界，故弘阳教当兴。因为弘阳末劫即将到来，这是自创世以来人类面临的最大的也是最后一次劫难。届时，刀兵水火风灾齐降，东土众生无处躲藏，只有参加弘阳教，才能躲劫避难，进入无限美好的白阳世界。韩太湖的阐释，不仅使黄天道、东大乘教宣扬的"三阳劫变"思想简约化，而且为他立教传法作了理论上的论证，这正是他深得黄天道、东大乘教教义思想精蕴，并用于自己悟道创教实践的具体表现。所不同的是，韩太湖并没有以弥勒佛化身自称，而是以飘高祖的名义，替代了弥勒佛的救世作用。

于是，一套集罗清以及黄天道、东大乘教宗教思想之大成，又有所发展与改造的韩太湖宗教思想体系建立起来了。这套宗教思想体系概括起来就是：以混元老祖与无生老母为最高崇拜，以"三阳劫变"与飘高祖为信仰核心，主张入教避劫，其终极追求虽是虚幻的但却是充满诱惑力的白阳世界。

---

[1] （清）黄育楩：《破邪详辩》卷三，《清史资料》第 3 辑，中华书局，1982 年。

[2] 《弘阳悟道明心经·凡圣交参中华序》，濮文起主编：《民间宝卷》第 5 册，黄山书社，2005 年。

三

　　韩太湖去世前夕，他的宗教思想便已在信仰领域中产生了巨大影响，由于宫中权贵的庇护与资助，他撰写的"弘阳教五部经"得以在内经厂印造，其制作之豪华精美，可与佛经道籍相埒；又由于宫中权贵的支持与张扬，他建立的弘阳教可以在都下筑坛传法，其社会地位之显赫，已与正统的佛教、道教无异。"弘阳教五部经"的公开印行，弘阳教的合法流传，使韩太湖与其宗教思想在明末信仰主义领域出尽了风头，并迅速从社会上层走向民间，风靡整个下层信仰世界。

　　韩太湖去世后，他的传人继续利用其确立的特殊的社会关系与社会地位，不仅扩大了弘阳教的传播地域，而且编撰了一批阐扬韩太湖宗教思想的经忏，如《销释混元无上大道玄妙真经》《销释混元无上普化慈悲真经》《销释混无上拔罪救苦真经》《销释混元弘阳拔罪地狱宝忏》《销释混元弘阳救苦生天宝忏》《混元弘阳大法祖明经》《弘阳妙道玉华随堂真经》《混元弘阳中华宝忏》《混元弘阳明心宝忏》《混元弘阳血湖宝忏》等数十部。这些经忏亦在内经厂印行，且印数很大。在明末统治者严厉镇压民间宗教活动、反复缴毁各教派经卷的形势下，唯独弘阳教与其经卷倡行于世，这一方面说明了由于社会的动荡不安，导致了信仰领域的混乱无序，已经达到了无以复加的地步，乃至统治层真假不辨，皂白不分，错把弘阳教也当作与佛教、道教一样的宗教而允准流传；另一方面也说明了被封建专制统治者大力扶植的佛教、道教，由于其本身的急剧衰颓与堕落，人间的苦难和对这种苦难的叹息与抗议，已经很难以这些宗教的形式抒发出来，韩太湖及其传人正是抓住这一时机，采用了尊奉阉官、权贵为护法的手段，首先使弘阳教跻身上层社会，然后借助他们的权势刊行经卷，扩大宣传，使弘阳教成为一种公开、合法的宗教，并迅速在下层社会流传起来，这正是韩太湖与其传人比同时代的其他教派领袖的高明之处。

　　不仅如此，由于弘阳教的公开流传，还使那些屡遭统治阶层残酷镇压的教派如无为教、黄天道、东大乘教的教义思想，通过韩太湖的宗教思想及其大批弘阳教经卷得以保存下来，从而为明末清初大乘天真圆顿教创立者弓长建构一套完整的民间宗教思想体系准备了丰富的思想资料。因此可以说，如果没有韩太湖宗教思想的问世与流传，也就不会产生像弓长《龙华宝经》那样的民间宗教理论巨著。[①] 由此看来，弓长在《龙华宝经》中叙述明中叶以来出现的重要教派时，为什么不将无为教、黄天道等老资格的教派或其祖师王森创立的东大乘教列于榜首，反而把晚出的韩太湖与其建立的弘阳教排名第一，也就不难理解了。

然而，好景不长。清朝定鼎北京不久，便识破了弘阳教的庐山真面目，将它也列入了申禁的"邪教"范围之内[②]，此后兴起了多起弘阳教案。如乾隆年间波及直隶、山西、关外的弘阳教案等。特别是嘉庆十八年（1813）京畿弘阳教团参与了天理教攻打皇宫的战斗后，嘉庆帝严令各地官员彻底清查消灭弘阳教。在此后的几年里，各地官府大兴弘阳教案十数起之多。其中最重要的一起，是嘉庆二十二年（1817）山东德州官府追出弘阳教"海会"教团第十二代传人刘和案，刘和被捕问绞，其他教徒分别治罪。[③] 而清廷对韩太湖与其宗教思想更是痛恨异常，必欲铲除而后快。道光十九年（1839），清当局平毁了建在曲周县的韩祖庙，又掘墓焚骨。[④] 时任直隶地方官的黄育楩专门著书《破邪详辩》，称韩太湖"居邪教之首"[⑤]，"为明末妖人"[⑥]，诅咒韩太湖与一切邪教"同在地狱受罪"[⑦]，并对韩太湖与其传人编撰的经卷进行重点批驳，劝导庶民百姓对其"害人"之说不可轻信，企图从思想上消弭韩太湖在民间的巨大影响。

但是，清朝统治者这些行为上的镇压与思想上的挞伐都是徒劳的，弘阳教与韩太湖的宗教思想不仅没被扫荡殆尽，反而以更加旺盛的生命力在下层社会秘密流传。

韩太湖建立弘阳教后，因忙于进京传教，尚未建立一套完备的组织制度便早逝。此后，其传人星散，分赴各地布道，建立各自教团。据清朝档案

---

① 濮文起：《弓长论》，《中国文化研究》1998 年第 4 期。
② （清）蒋良骐：《东华录》顺治三年六月丙戌，中华书局，1980 年。
③ 《朱批奏折》，嘉庆二十二年十二月十九日，直隶总督方受畴奏折。
④ （清）黄育楩：《又续破邪详辩》，《清史资料》第 3 辑，中华书局，1982 年。
⑤ （清）黄育楩：《破邪详辩》卷一，《清史资料》第 3 辑，中华书局，1982 年。
⑥ （清）黄育楩：《破邪详辩》卷二，《清史资料》第 3 辑，中华书局，1982 年。
⑦ （清）黄育楩：《续刻破邪详辩》，《清史资料》第 3 辑，中华书局，1982 年。

记载，有的教团以"九干十八枝"的形式建立组织。如一支名为"圣干金容玉花枝"又名"海会"的弘阳教团，其道统从明万历韩太湖起，到清嘉庆二十二年（1817）刘和止，共传承了十二代，传教范围连跨直隶、山东两省。[①] 又据李世瑜教授在 20 世纪 60 年代实地考察，在天津市北郊区（今天津北辰区）有一支流传了三百年的弘阳教团，其组织传承是按"莲如妙了普光照五蕴皆空法道长"十四字为辈阶的。李先生调查的对象是最后一代，即"长"字辈（此人于 1970 年代初去世）。[②] 笔者也曾在 21 世纪初对盛行河北保定地区的弘阳教活动做过田野调查，令人惊奇的是当地信众竟自 1992 年起集资百万元人民币建造了一座颇具规模的"韩祖宫"，供奉混元老祖、无生老母、飘高老祖，以及儒释道天神地祇各种神灵，其香火极旺，建造这座"韩祖宫"和组织崇拜活动的则是以现代组织结构出现的"建庙委员会"。由此可见，韩太湖身后的弘阳教在各地的传承形式并不统一，内部组织结构也不尽一致。尽管如此，但其活动却久盛不衰，且均以宣扬韩太湖的宗教思想为己任。

自韩太湖时起，弘阳教就是一支十分重视道场仪式的教派，并把这些外在形式作为弘扬自己宗教思想的重要手段。韩太湖去世后，其传人继承了这一传统，并为此编撰了一批科仪忏文，如上述的《混元弘阳中华宝忏》《混元弘阳明心宝忏》《混元弘阳血湖宝忏》等，以作举办道场之用。每逢如来、观音、地藏的生日和韩太湖的诞辰、忌日，各地弘阳教团都要聚集教徒诵经作会，焚香祭拜。有时也举办一些酬神祈雨之类的道场，并常被邀请为丧葬人家超度亡灵。此种活动，入清以后尤盛。

在弘阳教中，素有韩太湖为"正德明医真人"的传说，况且韩本人也确实通解医道[③]，故其图影也被画成颇似神医药王的形像。因此，从韩太湖时起以及各地传人，都将为人医病作为弘阳教的活动之一，以此吸引信徒。入清以后，弘阳教还将此扩大为定时施药、舍粥，举办一些慈善事业，以张大其影响。

弘阳教最初在北京一带流传。入清以后，弘阳教虽屡经清廷清剿与镇

---

① 《军机处录副奏折》，嘉庆二十二年十二月十九日，直隶总督方受畴奏折。
② 李世瑜：《天津弘阳教调查研究》，《民间宗教》第 2 辑，台北南天书局，1996 年。
③ 《光绪·广平府志》卷十六。

压，但它仍以各种形式在民间秘密传播，成为一支流布华北、东北、湖南、湖北、四川等地的大教派，其教徒以劳动妇女尤其是寡妇居多，"弘阳教五部经"等各种经卷也随之转入民间大量传抄或刊行，被许多教派借用，因而使韩太湖与其宗教思想名声更著，影响更大，至今还在乡村社会流传。

原载《贵州大学学报》2010 年第 2 期

弓长论

在明末清初的民间宗教世界，出现了一位颇具神秘色彩的人物 —— 弓长。他的宗教思想及其创立的大乘天真圆顿教，以高屋建瓴、继往开来的气势，对有清一代下层民众宗教运动产生了巨大而持久的影响。

一、弓长行迹

弓长，即"张"字拆写。[①] 明北直隶霸州（今河北霸州）人。[②] 生卒不详。据笔者考证，约生活在明万历中叶至清康熙初叶。弓长自幼吃斋念佛，四处参师访道[③]，是一个宗教情感相当浓厚的人。万历末年，弓长拜翠花张姐为师[④]，从此开始了他的职业宗教家生涯。张翠花为明末著名民间教派东大乘教即闻香教主王森高徒、东大乘教在北京的总传头[⑤]，由此可知弓长是王森是再传弟子，修习的是东大乘教。弓长曾在其师张翠花的引荐下，前往东大乘教的领导中枢滦州石佛口拜谒祖师王森，并领受内丹修炼法术，因而成为虔诚的东大乘教徒。[⑥]

弓长拜谒王森不久，即万历四十二年（1614），王森门徒李国用与其师

---

① 据日本学者泽田瑞穗先生考证，弓长真名张豪。〔日〕泽田瑞穗：《校注破邪详辩》，道教刊行会，1972年，第191页。
② 《销释接绪莲宗宝卷·红梅十五枝品第三十三》。一说弓长明北直隶高阳人，〔日〕泽田瑞穗：《校注破邪详辩》，道教刊行会，1972年，第191页。
③ 《古佛天真考证龙华宝经·万法皈依品第二十四》。
④ 《古佛天真考证龙华宝经·万法皈依品第二十四》。
⑤ 《朱批奏折》，嘉庆二十一年二月九日，直隶总督那彦成奏折。
⑥ 《古佛天真考证龙华宝经·万法皈依品第二十四》。

分庭抗礼，并将王森出卖；又因是年京东大旱，王森弟子高应臣乘机制造舆论，拥戴其师起事于清凉山，致使王森再次被捕。[①] 五年后，瘐死狱中。王森死后，其三子王好贤继掌教权。天启二年（1622）王好贤与其门徒徐鸿儒、周印在山东、北直隶发动了一场被明朝统治者称之为"二百六十年未有之变"[②] 的东大乘教起义，遭到明政府残酷镇压。在明政府大举搜捕迫害东大乘教徒的形势下，弓长不畏强暴，于天启四年（1624）创立了大乘天真圆顿教，自号天然子，教内尊为"弓长祖"。[③]

　　弓长创教后，曾隐伏了四五年。自崇祯二年（1629）始，弓长从北向南传道。至崇祯九年（1636），弓长的足迹遍及北直隶、山东、江苏、江西、湖北、四处六省，并以九宫八卦的组织形式，建立起一个势力覆盖数省的庞大教团。[④]

　　弓长南北传道之时，正值明末社会极度动荡不安之际。是时，中原农民起义烽火连天，搞得明朝统治者坐卧不宁；东北清军不断叩关南向，使汉族人民饱受异族刀兵之苦；而统治集团内部又勾心斗角，相互倾轧，遂使整个社会危机四伏，处于风雨飘摇之中。弓长乘机南北传道，赢得了上述省份众多信徒的崇奉，为入清以后大乘天真圆顿教的迅速发展奠定了雄厚的群众基础。[⑤]

　　弓长不愧为中国民间宗教发展史上的宗教大家，他并不满足于已经取得的传道业绩，而是要在理论建树上有所作为。[⑥] 像历史上所有力图建立一套思想体系的宗教家一样，弓长首先面临的是如何对待先辈的宗教理论。

　　在弓长以前的明代中末叶，曾产生过罗清[⑦]、李宾[⑧]、王森[⑨]、韩太湖[⑩] 等一

① 王森第一次被捕是在万历二十三年（1595）。永平府因其教势发展迅速，"虑恐滋蔓酿祸"，以左道乱政罪，将其判绞，后用贿得释。（明）黄尊素：《说略》。
② （明）沈国元：《两朝从信录》卷十六，天启二年十月，赵彦奏疏，《续修四库全书·史部·编年类》第356册，上海古籍出版社，1995年。
③ 《古佛天真考证龙华宝经·万法皈依品第二十四》《古佛天真考证龙华宝经·无生传令品第三》。
④ 《古佛天真考证龙华宝经·南北展道品第十》。
⑤ 《古佛天真考证龙华宝经·万法皈依品第二十四》。
⑥ 《古佛天真考证龙华宝经·万法皈依品第二十四》。
⑦ 罗清（1442—1527），又名罗梦鸿。明山东莱州府即墨县（今山东青岛即墨区）人。早年曾为军人，戍守北直隶密云卫。创立无为教后，移居密云卫石匣镇。教内尊为"罗祖"。
⑧ 李宾（？—1562），明北直隶怀安县人。早年亦曾为军人，驻守长城脚下野狐岭。创立黄天道后，移居北直隶万全卫膳房堡。教内尊为"普明佛"。
⑨ 王森（1535—1619），又名王道森，原名石自然。祖籍明北直隶蓟州（今天津蓟州区）。青年时代，曾为皮匠。创立东大乘教后移居永平府滦州石佛口。教内尊为"法王石佛"或"石佛祖"。
⑩ 韩太湖（1570—1598），又名春坡。明北直隶广平府曲周县人。创立红阳教后，被教内尊为"飘高祖"。

批民间宗教家。明成化年间，罗清从修习佛教南禅临济宗开始，进而杂糅道教清净无为和儒家理学思想，对元末明初以来的民间宗教信仰进行大刀阔斧的整合与改造，从而提出了"真空家乡，无生父母"这一全新的民间宗教理论[①]，并据此创立无为教（又称罗祖教，简称罗教）。此后，罗清嫡传弟子释大宁在创世说方面，又发展了其师思想，明确地提出了"无生老母"信仰[②]，使无为教的教义思想更加完备。嘉靖后期崛起的李宾，是继罗清之后的又一位著名宗教家。他在其创立的黄天道教义思想中，不仅继承了罗清与无为教教义思想，而且明确地提出了"三世三佛"理论[③]，因而使隋唐以来流传于民间的弥勒下生信仰大放异彩。嘉靖末叶王森创立的东大乘教，其教义核心是"三教应劫"与"弥勒下生"[④]，明显地承继了罗清、李宾的宗教理论；而万历末叶韩太湖创立的红阳教，同样主张"红阳劫尽，白阳当兴"[⑤]，仍是罗清、李宾宗教理论的张扬。

对于从罗清、李宾到王森、韩太湖等先辈的宗教理论，弓长给予充分肯定与积极继承。为了系统掌握先辈的宗教理论，弓长决定效仿唐僧亲自取经。在明末民间宗教世界，东大乘教主王森生前曾对各种教派经卷广为搜罗，且建有经房，翻刻刊行。因此，弓长便将取经地点选定滦州石佛口。崇祯十四年（1641）弓长带领五名弟子再次秘密潜往石佛口。弓长师徒此行大获成功，取回的经卷约有数十种。其中，既有黄天道经卷《普静如来钥匙宝卷》（简称《钥匙经》），又有东大乘教经卷《皇极金丹九莲正信还乡宝卷》（简称《九莲经》），其他则为无为教经卷及明中叶以前民间教派经卷如《转天经》《九龙经》等。[⑥]

取经研读，融会贯通，为弓长的宗教理论建树活动提供了必要的理论准备；而弓长生活的时代——明末清初，则为弓长继承与发展先辈的宗教理

---

① 罗清的宗教理论集中反映在"罗祖五部经"。"罗祖五部经"又称"罗祖五部六册"，即《苦功悟道卷》《叹世无为卷》《破邪显正钥匙卷》《正信除疑无修正自在宝卷》《巍巍不动泰山深根结果宝卷》，明正德四年（1509）刊行。此后，明清两代有多种刊本行世。

② （明）释大宁：《明宗孝义达本宝卷》。

③ 李宾的宗教理论集中反映在其所著《普明如来无为了义宝卷》。

④ 《皇极金丹九莲正信皈真还乡宝卷》。

⑤ （清）黄育楩：《破邪详辩》卷三，《清史资料》第 3 辑，中华书局，1982 年。

⑥ 《古佛天真考证龙华宝经·东西取经品第十二》。

论，建立一套超越前人的思想体系提供了肥田沃土。

由明中叶罗清开创的民间宗教事业，不仅在理论方面超过了以往任何时代，而且在实践方面形成了教派林立的局面，导致了一场空前的下层民众宗教运动的勃兴。正如明末史料所言：

> 有罗祖教、南无净空教、净空教、悟明教、大成无为教，皆讳白莲之名，实演白莲之教。有一教名，便有一教主。愚夫愚妇转相煽惑，宁怯于公赋而乐于私会，宁薄于骨肉而厚于伙党，宁骈首以死而不敢违教主之令。此在天下处处盛行，而畿辅为甚。不及令严为禁止，恐日新月盛，实烦（繁）有徒，张角、韩山童之祸将在今日。[①]

此种情势，并没有因为王朝更替，江山易主而终止，反而如奔腾不息的滚滚洪流不可遏止。清初思想家颜元曾对清朝定鼎伊始的民间宗教活动作过如下实录：

> 迨红巾、白莲始自元明季世，焚香惑众，种种异名，施禁施出。至今若"皇天"、若"九门"若"十门"等会，莫可究诘。家有不梵刹之寺庙，人或不削发之僧尼，宅不奉无父无君之妖鬼鲜矣！口不诵无父无君之邪号鲜矣风俗之坏，于此为极。[②]

这些惊心动魄的描述，既反映了明确鼎革之际信仰世界的混乱状况，也折射出这一历史时期阶级矛盾与阶级斗争的尖锐与激化程度。弓长正是在这样的历史条件下，适应时代要求，在这块肥田沃土上播下了自己的思想种子，并结出了丰硕的果实。

当然，弓长超出常人的天赋与毅力及其忠实弟子木人的出现，也是使他在明末清初民间宗教世界引领风骚的重要原因之一。崇祯十五年（1642），一位名叫木人的求法者拜弓长为师。木人又称目人，即李某，北直隶潞陵

---

① 《明神宗实录》卷五三三，万历四十二年六月庚子，《明实录》，上海书店，1984 年。
② （清）颜元：《习斋四存编·存人编》，中华书局，1987 年。

人，也是一位悟性颇高的神秘人物。[①] 他不仅对弓长的宗教思想深得精蕴，而且善能属文。于是，弓长演述，木人记录整理，师徒二人经过十余年的努力，一部集明中叶以来民间宗教理论之大成、并使其纳入弓长建构的思想体系的传世经典《古佛天真考证龙华宝经》终于清顺治九年（1652）写成，且开始刻板，两年后即顺治十一年（1654）刊印问世。

二、弓长思想

如上所述，弓长思想集中表现在其师徒二人合作撰写的《古佛天真考证龙华宝经》。因此，要想了解弓长思想，就必须解析该部经典。

《古佛天真考证龙华宝经》，简称《龙华宝经》，四卷，二十四品。其品目如次：混沌初分品第一，古佛乾坤品第二，无生传令品第三，家乡走圣品第四，弓长领法品第五，慧眼开通品第六（卷一）；圣来投凡品第七，警中游宫品第八，真香普赴品第九，戊己安身品第十，南北展道品第十一，东西取经品第十二（卷二）；三佛续灯品第十三，五祖承行品第十四，芦伯点杖品第十五，续祖莲宗品第十六，诸佛斗宝品第十七，末劫众生品第十八（卷三）；走马传道品第十九，龙华相逢品第二十，排造法船品第二十一，地水火风品第二十二，天真收圆品第二十三，万法皈依品第二十四（卷四）。

从上述品目所用概念术语中，可以清楚地看出，弓长几乎将明中叶以来流传的各种民间宗教理论囊括其中。进而研读全经，就会发现，弓长的超人之处，或者说他的历史贡献乃是对先辈的宗教理论进行了系统的整理，并使其升华到自己建构的思想体系之中。这套思想体系主要由以下几个方面组成，即无生老母创世救世说、三世三佛（三期三佛）与接续莲宗说，入教避劫说、十步内丹修炼术以及按九宫八卦形式建立组织等。

弓长继承了无为教的无生老母信仰[②]，亦将无生老母作为最高神灵顶礼膜拜。弓长认为，无生老母是创世主和人类的祖先。她住在太皇天都斗宫，又

---

① 《销释木人开山宝卷·木人开山品第一》。
② （明）释大宁：《明宗孝义达本宝卷》。

称真空家乡即天堂，是一位不生不灭、不增不减、不垢不净、至仁极慈的女上帝。她开始把混沌即宇宙分出天地日月、两仪四像、五行八卦，创造出山川河海、草木禽兽和万物之灵人类。"古佛出现安天地，无生老母立先天"。[①]"无生母，产阴阳，先天有孕；产先天，怀圣胎，变化无穷；生一阴，生一阳，婴儿姹女；起乳名，叫伏羲，女娲真身"，是为"人根老祖"。伏羲和女娲经过金公、黄婆两位神仙为媒，匹配夫妻，从此生下九十六亿皇胎儿女即人类，在太皇天都斗宫过着无忧无虑的幸福生活，"因为乾坤冷静，世界空虚，无有人烟住世"，所以无生老母便打发皇胎儿女降临人间。[②]

可是，皇胎儿女来到尘世以后，不仅立即陷入生老病死和酒色财气之迷，而且受到大自然与各种人为的折磨，历经了一次又一次的劫难。每当劫难之时，或赤地千里，草木为枯，五谷不收；或大水滔天，浩荡无涯，吞没一切；甚至白日无光，百兽乱舞，蟒蛇成群；而尘世魔王动辄刀兵相向，杀戮人类，以至白骨撑天，血流殷地，人类百不存一，世界末日来临。[③]无生老母不忍皇胎儿女遭受苦难，大发慈悲，决定把皇胎儿女度回自己身边，永在太皇天都斗宫，不再堕入轮回。[④]因此，无生老母又成为救世主。

那么，无生老母如何救度沦落尘世的皇胎儿女呢？弓长使用了黄天道的三世三佛与弥勒下生理论。

按照这种理论，无生老母先把世界从时间上分为三个时期，依次是青阳时期、红阳时期、白阳时期；在这三个时期，依次召开龙华初会、龙华二会、龙华三会。青阳时期（龙华初会）代表过去，命燃灯佛掌世；红阳时期（龙华二会）代表现在，命释迦佛掌世；白阳时期（龙华三会）代表未来，命弥勒佛掌世。每期之末，都要道劫并降，降道度回儿女，降劫收杀恶魔。于是，燃灯佛首先下凡，执行无生老母的神圣旨意。然而，由于燃灯佛办理不力，在青阳时期（过去世）的龙华初会，只是道降君相，仅度回二亿儿女。接着，释迦佛也辜负了无生老母重托，在红阳时期（现在世）的龙华

---

① 《龙华宝经·混沌初分品第一》。
② 《龙华宝经·古佛乾坤品第二》。
③ 《龙华宝经·古佛乾坤品第二》《龙华宝经·末劫众生品第十八》《龙华宝经·地水火风品第二十二》。
④ 《龙华宝经·无生传令品第三》。

二会，只是道降师儒，亦仅度回二亿皇胎，还剩下九十二亿皇胎儿女在尘世受难，而且许多恶魔也没有消灭。这时青阳、红阳二期已过，龙华初会、二会亦已召开，无生老母就将度回九十二亿皇胎儿女重任都交给了弥勒佛，命他在白阳时期（未来世）的龙华三会一次度完，叫作"末后一着"。[①]

这个任务既重且大，弥勒佛将如何完成呢？为了解决这一理论问题，弓长在黄天道三世三佛与弥勒下生理论的基础上，提出了接续莲宗说。弓长认为，从时间上，燃灯、释迦、弥勒三佛接续莲宗，弥勒佛是完成"末后一着"的佛祖；为了实现这一神圣使命，弥勒佛要亲自下凡，化为人身，并开创一个教派，而这个弥勒佛化身和所创教派，就是其师祖王森和东大乘教；王森身后接续莲宗者依次是天真老祖[②]与翠花张姐，他自己则是翠花张姐的莲宗接续人。[③] 在这种说教中，弓长俨然以弥勒四世自诩，宣称他所创立的大乘天真圆顿教，正是为了实现"末劫总收圆"，他手下的三宗五派九杆十八枝大小会首均为"领法知识"——传道师，他们的任务是"替祖传法，阐教扶宗"，到各地开荒办道，普度众生。[④]

此外，弓长还认为，由于实现"末后一着"任务神圣而又伟大，届时，天上诸佛、诸祖、诸大菩萨、罗汉圣僧、中天教主、天龙八部、森罗万象、三界内外一切善神以及名山洞府得道真人等，都会临凡降世，帮助他完成"末劫总收圆"，同赴龙华三会。[⑤]

这种说教尽管美妙动听，但是若想真能拨动下层民众信仰之心弦，从而诱惑民众对其趋之若鹜，还必须另有劝道手段。于是，弓长又提出了入教避劫说。此说宣扬的是，大乘天真圆顿教是"古佛设教，天真为祖，大乘为法，圆顿为门，一字为宗，乃是真正佛门也"[⑥]。沦落尘世的芸芸众生，只有拜弓长，入圆顿，才能躲避劫难，幸赴龙华三会。否则，就会身遭大劫，永

① 《普明如来无为了义宝卷·普明无为了义如来分第三十六》《普静如来钥匙通天宝卷·钥匙如来开三乘分第十八》《龙华宝经·无生传令品第三》《龙华宝经·三佛续灯品第十三》《龙华宝经·祖续莲宗品第十六》《龙华宝经·龙华相逢品第二十》。

② 天真老祖，姓名不详。王森另一高足，曾为王森撰写东大乘教重要经典《皇极金丹九莲正信皈真还乡宝卷》。

③ 《龙华宝经·三佛续灯品第十三》。

④ 《龙华宝经·三佛续灯品第十三》《龙华宝经·祖续莲宗品第十六》。

⑤ 《龙华宝经·龙华相逢品第二十》。

⑥ 《龙华宝经·万法皈依品第二十四》。

堕轮回，也就不能回归真空家乡，与无生老母团聚。[1] 正如社会心理学家施克特所说，恐惧会使人产生强烈的合群倾向。[2] 弓长倡行的这种劝道手段，确实收到了传道收徒、扩大教势之目的。

与一先辈一样，弓长也非常重视其信徒的修持功夫。弓长仿效其师祖王森的内丹修炼术，借无生老母之口，为其信徒制定了十步修行，即头一步修行，恰定玉诀，开闭存守；第二步修行，先天一气，穿透中宫；第三步修行，卷起竹帘，回光返照；第四步修行，西牛望月，海底捞明；第五步修行，泥牛翻海，直上昆仑；第六步修行，圆明殿内，性命交宫；第七步修行，响亮一声，开关展窍；第八步修行，都斗宫中，显现缘神；第九步修行，空王殿里，转大法轮；第十步修行，放去收来，亲到家中[3]，弓长又借无生老母之口，为其信徒规定了真言口诀："芦伯点杖，钥匙开通。这分点杖，自从海底点上昆仑，共计三十三处，三关九窍，各有步位。这便是后天出细修行也。"[4] 弓长提出，只要按照十步修行与真言口诀修炼，就能归家认祖，亲见无生，超佛越祖，永续长生。[5]

在明清时期的民间宗教世界，弓长还是以"九宫八卦"形式建立组织的第一人。

最早提出以"九宫八卦"形式安排组织结构的是东大乘教："内九宫，外八卦，三宗五派"，"立九杆，十八枝，将法开通"。[6] 但是，该教派尚未按"九宫八卦"形式建立自己的组织结构，便因天启二年起义惨遭镇压而作罢。弓长自创教派后，立即将东大乘教这一设想付诸实施："中央圣地，立命安身。真祖暗临东，身坐五（戊）土，哪个知闻。立下三宗，五派头行，菩提彼岸，认祖总皈根。"[7]

所谓三宗五派，即头宗乾卦宫、二宗坎卦宫、三宗艮卦宫、头派震卦宫、二派巽卦宫、三派离卦宫、四派坤卦宫、五派兑卦宫，加上中央戊己

---

[1] 《龙华宝经·地水火风品第二十二》。
[2] 程歗：《晚清乡土意识》，中国人民大学出版社，1990 年，第 222 页。
[3] 《龙华宝经·弓长领法品第五》。
[4] 《龙华宝经·弓长领法品第五》。
[5] 《龙华宝经·弓长领法品第五》。
[6] 《龙华宝经·戊己安身品第十》。
[7] 《龙华宝经·戊己安身品第十》。

宫，合称九宫。① 中央戊己宫由教主弓长亲自掌领，三宗五派由他的八位弟子分掌。八位弟子受命按各宫方位，分别到全国各地"开荒立教"，普度众生。

值得一提的是，在弓长、木人师徒二人合作撰写《龙华宝经》问世前夕，即顺治三年（1646）左右，弓长的另一位不知姓名的贴身弟子撰写了一部名叫《定劫宝卷》的经卷。在这部经卷中，作者除了阐述弓长的宗教思想之外，还以谶纬方式提出了十八子当立天下说和云城即真空家乡降世理想②，此种说教，虽没在稍后问世的《龙华宝经》中重现，但仍可视为弓长宗教思想的重要组成部分。这主要是因为《龙华宝经》是正式刊行的经卷，为了躲避官府的查禁，不得不采取一些掩饰手段，而《定劫宝卷》则不同，该部宝卷从问世时起，就以手抄本的形式在民间秘密流传，它可以直抒胸臆，明确地表达弓长及其大乘天真圆顿教的政治主张与理想追求。因此，佚名撰写的《定劫宝卷》以及木人于顺治十一年（1654）写成的《销释木人开山显教明宗宝卷》和顺治十六年（1659）写成的《销释接绪莲宗宝卷》，都可以当作弓长宗教思想的表述与阐扬。这样，一个以无生老母为最高崇拜，以弥勒佛与龙华三会为信仰核心，强调入教避劫，重视内丹修炼方术，按照九宫八卦建立组织，以及通过十八子实现太平盛世理想的思想体系建立起来了。

这是一套与儒释道既有联系又有区别的思想体系。说其联系，弓长继承了明中叶以来宗教家的传统，在构建自己的思想体系过程中，根据自己需要，有选择地将儒道两家、释道两教的学说与教义融入自己的信仰之中。比如弓长制定的十步修行与真言口诀，每一步都符合道教内丹修行要领，只不过改换一些说法及名词术语罢了。论其区别，首先，这套思想体系更多的是吸收了明中叶以来流行于下层社会的民间宗教理论，并据此造出一位最高神灵。但是，这位最高神灵却有悖于儒家关于阳主阴辅、阳高阴下的传统哲理，而是来了一个阴阳大颠倒，由一位女性来承当，这就是至尊女神——无生老母。这位女神具有至高无上的权威，她可以"考察儒释道三教圣人"③，凌驾诸神之上，为诸神之王，享有人类最高崇拜，"诸神满天，圣贤神祇，

---

① 《销释接绪莲宗宝卷·红梅一枝品第十九》。
② 濮文起：《〈定劫宝卷〉管窥》，《世界宗教研究》1998 年第 1 期。
③ 《护国威灵西王母宝卷》。

惟有无生老母为尊"①。这位女神又是凡情未了的人类母亲，时时向人间流露出慈母般的爱抚与关怀，对于"沉沦苦海"的下层民众来说，具有极大的精神慰藉作用。

其次，这套思想体系虽然借用了佛教的三世佛信仰，但是，它却打破了佛教三世佛的那种和谐的差序承接关系，将三世佛纳入了它设计的高下、好坏和彼此否定的价值判断轨道。它贬低燃灯与释迦，称燃灯为"兽面人心"，释迦佛为"人面兽心"；赞颂弥勒，认为只有弥勒佛才是"佛面佛心"。②因此，它独尊经其改造的弥勒佛，让儒释道中的所有神灵都集中在弥勒佛麾下，去实现无生老母将真空家乡降临人间的美好理想。这一说教显然融入了下层民众的愿望，用释迦与弥勒的对立，用后者否定前者，因而使弥勒佛成为改天换地之佛，对下层民众迫切要求改变自己的悲惨命运具有极大的引诱力与号召力。

第三，这套思想体系鼓动那些一向被封建统治阶级诬为愚夫愚妇、实为下层社会中的精英分子，去冲破释道为人们设置的思想牢笼，敢于成佛作祖，创立教派，并以十八子的名义号召与组织民众，终于使"弥勒佛当有主世界"这一说教由思想变成了行动，因而带有浓重的涉世精神与叛逆色彩。

最后，这套思想体系简明通俗，亲切感人，很适合下层民众的宗教情感，亦反映了下层民众的世俗要求。

因此，弓长的这套思想体系一经面世，便随着大乘天真圆顿教的迅速发展，在清代民间宗教世界流行起来。

三、弓长影响

弓长的影响是巨大且持久的。

首先，大乘天真圆顿教因有其教主弓长建构的思想体系，因而入清以后，立即表现出极强的流播能力。

---

① 《普度新声救苦宝卷》。
② 《普静如来钥匙通天宝卷》。

　　早在明崇祯年间，弓长就在北直隶、河南、江苏、江西、湖北、四处等省招收了大批信徒，并按九宫八卦形式建立起一个庞大的地下宗教王国。入清以后，除上述省份外，大乘天真圆顿教又在山西与西北陕西、甘肃一带获得迅速发展。

　　明朝末年，山西汾阳县人魏西林始传大乘天真圆顿教，至清朝中叶，已世传十代，教势连跨山西、陕西两省十数州县。该支派不倡言劫变与弥勒下生信仰，是一个以修炼内丹为宗旨的民间教团。尽管如此，仍逃脱不了清当局的查办。乾隆三十五年（1770），汾州府委员查访，得知魏西林后裔魏子明传习大乘天真圆顿教，"将经卷等件搜查烧毁"，教首魏子明及其信徒分别受到杖责，"谕令改悔"。风波过后，魏子明为躲避官府迫害，遂将该教团改名有油蜡教①，继续在民间秘密活动，直至嘉庆二十年（1815），该教团才遭到彻底查禁。

　　与山西汾阳县魏西林这支大乘天真圆顿教不同，流传在陕、甘交界的大乘天真圆顿教则是一个充满浓厚反叛色彩的民间教团。乾隆三十八年（1773），甘肃狄道州人王扶林将大乘天真圆顿教改名悄悄会，因要悄悄地即秘密地进行宗教活动，故名。又名红单教，"因入教的人的名单内系朱笔标的"，故此得名。②该教团以《龙华宝经》为经典，其活动区域，主要在陕西凤翔、宝鸡、扶风、汧阳（今陕西千阳）、岐山、陇州与甘肃的狄道州、灵台、皋兰等地。乾隆四十二年（1777），教首王扶林在河州王家坡白塔寺聚众两千余人，图谋攻打河州（今甘肃临夏）、兰州，遭到清军残酷镇压，王扶林及四百多名信徒在与清军的战斗中牺牲。③但是，劫后余生的悄悄会教徒不屈不挠，于嘉庆六年（1801）三月，又在新教首杨生斋领导下，再举义旗，以反抗清朝专制统治，亦遭到清军血腥镇压。杨生斋自焚而死，十几名教首被凌迟处死，两千余名教徒惨遭杀戮。④

　　江西本是弓长南北传道时开荒立教之地，因此大乘天真圆顿教在此有着雄厚的群众基础。雍正十年（1732）三月，一位名叫黄德辉的大乘天真圆顿

---

① 《朱批奏折》，嘉庆二十三年四月十四日，山西巡抚成格奏折。
② 《军机处录副奏折》，乾隆四十二年十二月，石忠信、党日清供词。
③ 《军机处录副奏折》，乾隆四十二年十一月十六日，陕甘总督勒尔谨奏折。
④ 《朱批奏折》，嘉庆六年三月十八日，陕甘总督觉罗长麟奏折。

教信徒，在省城南昌建造斋堂，"设立三皇圣祖教即圆敦（顿）大教"，又称金丹道，亦称白阳会。[①] 黄德辉自称天老爷，又称黄太师，其子黄森官则自称弥勒佛，被门徒奉为教主。其后因门徒日众，黄森官自诩紫微星，遂萌异志，酿成雍正朝江西最大一起"邪教"案。雍正十二年（1734）二月，黄森官等十五名教内骨干被清廷逮捕法办，黄德辉因非首犯幸免。该教团虽存活时间不长，但其创始人黄德辉却被清中末叶蜂拥而起的五盘教、青莲教、灯花教、先天教、末后一着教等教派奉为祖师之一。这些教派亦高扬弓长的思想旗帜，活跃在浙江、江西、福建、贵州、湖南、湖北等省，尤其是灯花教在咸丰、同治年间发动的号军起义，纵横驰骋黔川、黔湖、黔鄂边毗地区，与清军战斗达十余年之久，给予清王朝以极大震撼。

与此同时，在直隶、河南、湖北、江苏、安徽等省，还活跃着一个名叫白阳教的大乘天真圆顿教支派。该教派也以《龙华宝经》为经典，奉东大乘教王氏为初祖，尊张姓即大乘天真圆顿教主弓长为二祖。自乾隆二十九年（1764）创立时起，至道光十二年（1832）清廷镇压时止，该教派已流传半个世纪。道光三年（1823），该教派八代传人王法中打着"旗门即佛门"旗号，前赴北京传教。王法中在京传教近十年，使许多旗人入教，因而引起清廷的极度恐惧。道光十二年（1832），清廷破获该教派，逮捕了王法中等人，以"煽惑不法"罪，将王法中处以绞刑，凡入教旗人年六十以上者除去旗档，流放新疆为奴，其子孙也给予开除旗档的惩罚。[②] 肇始于光绪年间、大盛于民国时期的一贯道，其十八代祖师张光璧甚至袭用弓长道号，也自号天然子，亦称弓长祖，其教义思想与弓长一脉相承。

其次，也是需要着重指出的，即弓长的思想体系随着大乘天真圆顿教在大江南北的迅速传播，风靡有清一代的整个民间宗教世界。特别是他的十八子当立天下说，被清代许多教派奉为圭臬，作为反清起义的战斗口号。

乾隆三十九年（1774）秋，山东清水教首王伦自称"紫微星下凡"，率领徒众在寿张、堂邑起义。紫微星出现，即为"十八子当出御世"，因此得到苦难民众的热烈欢迎，从其起义者达数千之众。乾隆五十九年（1794）前

---

① （清）鄂尔泰等：《雍正朱批谕旨》第三十七册，工部尚书徐本、浙江总督程含章奏折。
② （清）黄育楩：《破邪详辩·卷首》，《清史资料》第 3 辑，中华书局，1982 年。

后，在湖北、河南、四川、陕西、甘肃、安徽等省民间宗教中，广泛流传着"弥勒转世""劫运将至"的宗教预言，并认为"转世"的"弥勒佛"就是李姓后人，因而纷纷拥立李姓后人为首①，终于嘉庆初年爆发了由混元教、三阳教和西天大乘教领导的反清大起义。嘉庆中叶，天理教为发动起义，也倡言这一谶纬思想。其教首李文成，原名李严霜，入教后，改名李严霜，自号"严霜十八子"。此说一经散布，劳苦大众纷纷投在李文成门下。在很短的时间内，李文成便由一个普通木匠一跃而为"统领八卦，众致（织）数万"，"习教者共听约束"的天理教首。② 嘉庆十八年（1813），李文成和林清分别在河南和直隶率众起义。李文成率领义军早在豫北与清军鏖战，林清则派人乘仁宗颙琰外巡木兰时攻打皇宫，试图夺取中央政权，声势威震朝野，被颙琰称为"汉唐宋明之所未有"的"非常之事"③，可见影响之巨大。

另外，弓长按九宫八卦形式建立组织，也成为清代许多民间宗教家竞相效仿的模式。④ 顺治七年（1650），山东商河县人董计升创立天地门教时，率先仿造弓长的方法，以九宫八卦建立组织。⑤ 接着，山东单县人刘佐臣于康熙初年创立五荤道时，也是"分八卦收徒党"，故又称八卦教。⑥ 此后，乾隆年间出现的清水教，嘉庆年间产生的天理教，乃至近代兴起的圣贤道、末后一着教、九宫道等，其创始人无一不是以九宫八卦形式建立组织。十九世纪末爆发的义和团运动，更是以八卦编列战斗队伍。这充分说明，由弓长实践的这种组织形式，已被清代华北地区的诸大教派所接受，成为清代民间宗教的一种基本组织形式。

原载《中国文化研究》1998 年第 4 期，中国人民大学复印报刊资料

《宗教》1999 年第 1 期全文转载

---

① 中国第一历史档案馆：《清代档案史料丛编》第九辑，中华书局，1983 年，第 16—161 页。
② （清）兰簃外史：《靖逆记》卷五，上海书店，1987 年。
③ 赵尔巽等：《清史稿》，《仁宗本纪》，中华书局，1974 年。
④ 濮文起：《清代民间秘密宗教组织体系初探》，《天津社会科学》1996 年第 4 期。
⑤ 濮文起：《天地门教调查与研究》，《民间宗教》第 2 辑，台北南天书局，1996 年。
⑥ 《军机处录副奏折》，乾隆五十六年七月，八卦教徒刘照魁供出刘书芳所授《八卦教理条》。

羊宰论

在清代民间宗教世界，曾涌现一批对当时与后世影响较大的领袖人物。他们不安于现实生活秩序和统治秩序，出自不同的信仰取向与政治要求，纷纷成佛作祖，创教传道，因而形成了一个超过以往任何时代的民间宗教领袖群体，在下层社会掀起了一场空前的民众宗教运动。在这个领袖群体中，有一位卓而不群的宗教家，这就是在理教创教祖师羊宰。因此，揭示羊宰的宗教生涯与宗教思想，不仅对于认识在理教为什么在清中叶以后的民间社会盛传不衰会有所裨益，而且还能从中领略清代下层民众的宗教信仰的多元性。

一

羊宰，原姓杨，名泽，谱名宰。山东莱州府即墨县（今山东青岛市即墨区）人。明天启元年（1621）正月十三日生，清乾隆十八年（1753）六月二十四日卒。[①]

羊宰"幼而颖慧，长而敦厚，天性仁慈。八岁游庠，弱冠入泮，孝友闻于乡里"[②]。二十二岁，登崇祯癸未科（崇祯十六年，1643）进士，未及馆选，明朝即亡。面对骤然而降的亡国之变，羊宰与当时许多明朝遗士一样，心灵深处也充满了悲痛情感。不过，他既没有像同时代的顾炎武、阎尔敏那样慷

---

① 《教宗羊祖碑赞》，赵东书：《理教汇编》，台湾理教公所，1973 年，第 243 页。一说羊宰生于明泰昌元年（1620 年）九月初九日，卒于清乾隆十九年（1754）六月二十四日，《杨祖遗训·杨祖世谱》，笔者收藏。

② 《羊祖传》，赵东书：《理教汇编》，台湾理教公所，1973 年，第 115 页。

慨悲歌，为反清复明事业战斗一生，也没有像许多汉族知识分子，那样遁入空门，宁可做和尚剃头，也不愿剃头当清朝顺民[1]，而是以另一种消极反抗的方式，踏上了一条寻求"救世真理"即借创教传道以期反清复明的漫长道路。

羊宰在清兵进据北京后，首先改杨姓为羊姓，化名澄证，以拒绝清廷的征诏录用；接着，又蓄长发著白衣，以反抗清朝的剃发易服。他本想就此云游访道，救世度人，只因老母在堂，不忍远游，便于清顺治建元（1644）回归故里，奉养老母。不久，老母去世，羊宰丧葬尽礼，结庐墓侧，每日早晚跪诵佛经，为母超度；又效善才拜观音，日行五十三参，朝暮不倦。[2] 正是从这时起，羊宰开始以神启 —— 观音点化的形式，为自己编造了一个寻求"救世真理"的神迹故事。

约在顺治二年（1645），羊宰于庐墓时，自称至诚感天，观音悯其忠于国，孝于亲，更有救世度人之宏愿，遂发大慈大悲之心，授其救人济世之法，挽劫祛灾之方，以教化世人，是为圣宗初度。[3]

顺治三年（1646）春，羊宰服阕已满，便背井离乡，出游访道，八年之中，足迹遍及山东、河南、直隶三省。约在顺治十一年（1654），羊宰行至京东蓟州（今天津市蓟州区）岐山澜水洞，感到环境清幽，遂决定居此修炼。在长达三十七年的洞中修炼期间，羊宰又自称观音幻化陀头尊者和一位女子两次莅临澜水洞，授其"五字真经"和"来如"道号，是为圣宗二度、三度。[4]

康熙三十年（1691），羊宰南下朝觐普陀，于是又产生了圣宗四度、五度 —— 观音化为大生尊者和一位老人，授其解厄秘法与在理戒律。康熙三十三年（1694），羊宰渡海北回岐山，终于是年开悟，找到了"救世真理"—— 在理大道，并据此创立了在理教。[5] 圣宗五度的神迹故事，既反映了羊宰近半个世纪寻求"救世真理"的艰难历程，也说明了羊宰悟道创教过

---

① 陈垣：《清初僧诤记》，《辅仁学报》第 9 卷第 2 期，1940 年。
② 《羊祖传》，赵东书：《理教汇编》，台湾理教公所，1973 年，第 120 页。
③ 《羊祖传》，赵东书：《理教汇编》，台湾理教公所，1973 年，第 120 页。
④ 《羊祖传》，赵东书：《理教汇编》，台湾理教公所，1973 年，第 127—128 页。
⑤ 《羊祖传》，赵东书：《理教汇编》，台湾理教公所，1973 年，第 129—131 页。

程中的思想渊源。

羊宰创立在理教后，又在岐山澜水洞修炼了七年。康熙四十年（1701），羊宰开始下山传道。他先后在直隶正定府、边墙外、易州、武清县、天津永丰屯、津西杨柳青、静海县、东安县八个地方收了十四位弟子①，即初度张四姑，二度朱安宁，三度张锡五母子，四度杜长青兄弟，五度李奎、张吾山，六度董来真、刘来纯、刘来鼎，七度尚文炳，八度于栋梁、吴来静。② 十四位弟子中，既有农民、樵夫，也有店主、船主和地主，既有姑娘，也有老妪，他们是在理教的最初信仰者与传播者。康熙四十五年（1706），羊宰回到岐山澜水洞，从此再也没有下山传道。从康熙四十五年（1706）起，至康熙五十七年（1718）止，又有高志明、赵国勋、牛顺山、周瑞芝、朱胜山、王二爷、白衣刘爷、乔中和、拐子王爷、毛芝兰陆续上山拜师，皈依在理，是为岐山十大弟子。③

在羊宰下山传道所收的十四位弟子中，只有天津永丰屯的张吾山曾于乾隆十年（1745）晋山谒师，并领受师命，传道收徒，使在理教在天津城乡流传起来，而其他弟子均没有传道收徒业绩。乾隆十八年（1753）春，羊宰了凡（逝世）前，已经意识到要使在理教盛行于世，既不能依靠山上弟子，也不能指望山下其他弟子，只有天津的张吾山一脉才能担此重任。于是，羊宰便以偈语的形式，派遣其得益门徒、岐山十大弟子之一的毛芝兰下山寻觅"领法"之人。④ 毛芝兰领受师命后，剋日下山。他用了十年时间，在其师八方传道之地云游，终于乾隆二十八年（1763）冬，发现在理教唯有天津一地兴盛，且该地为畿辅门户，交通便利，商业繁荣，人口集中，正是其师所嘱寻觅的理想弘道之地⑤；而此时掌握天津在理教的张吾山已年届九十有一，不可能担此重任，因此他就认定张吾山高足、时值旺年的尹松岩（时年三十五岁）正是其师偈语中的人选，于是便演绎了毛芝兰与尹松岩在天津小稍直口福寿宫前大雪之中"送法"与"领法"的传奇故事，且越传越神，成为在理

---

① 在理教又名八方道，盖源于此。
② 《羊祖传》，赵东书：《理教汇编》，台湾理教公所，1973 年，第 131—152 页。
③ 《羊祖传》，赵东书：《理教汇编》，台湾理教公所，1973 年，第 152—162 页。
④ 《羊祖传》，赵东书：《理教汇编》，台湾理教公所，1973 年，第 167—165 页。
⑤ 清乾隆年间天津著名诗人杨一昆在其所写《天津论》中，曾用"繁华热闹胜两江，河路码头买卖广"诗句，真实地描述了当时天津商业繁荣、交通便利的景象。

教传奇故事中的经典。[①] 历史证明，羊宰的决策是既高明又远见的，毛芝兰没有辜负其师的嘱托，找到了"领法"之人，尹松岩亦真正担起了弘道的重任，将祖师创立的在理教引上了迅速发展之路。

二

　　与明末清初绝大多数出身下层社会的民间宗教教派领袖不同，羊宰生于拥有田产与骡马牲畜的地主家庭。[②] 他自幼深受儒、释、道经典的浸润，二十二岁便名登龙榜，是一个典型的封建士人，又是一位有着浓厚民族意识的汉族知识分子。然而，先是李自成农民军攻占北京，继之清兵取而代之，定鼎中原，接踵而来的乾坤巨变，给正踌躇满志的羊宰以精神上的沉重打击。作为封建士人，他当然不会与那些民间教派领袖为伍而认同他们所宣扬的教义思想；作为明朝知识分子，他更因心灵深处潜在的"夷夏之辨"而耻于向清朝俯首称臣；而此时的佛、道二教，由于其自身的衰微与堕落，也失去了对他的吸引力。在这种情势下，羊宰则独辟蹊径，运用自己掌握的三教经典，经过近半个世纪的不断探索和融合贯通，终于创立了一种既有别于当时下层社会普遍流行的民间宗教理论[③]，也不同于正统的佛、道二教信仰的宗教思想。羊宰以佛教信仰中的观音菩萨为最高崇拜，尊称圣宗古佛，认为观音菩萨使他觉悟，授其救人济世之法，挽劫祛灾之方，名之为"在理大道"。而这个"在理大道"，就是儒家思想中的五伦八德（君臣、父子、兄弟、夫妇朋友为五伦，孝悌、忠信、礼义、廉耻为八德），通过"正心修身"内圣之道，达到"克己复礼""天下归仁"的尧舜境界。[④] 在修持方法上，羊宰则宗于道教的内丹术。又反对磕头，主张日行五十三参，名曰"金斗报母参"。

① 《尹师事迹》，赵东书：《理教汇编》，台湾理教公所，1973 年，第 179—181 页。

② 《羊祖传》，赵东书：《理教汇编》，台湾理教公所，1973 年，第 115 页。

③ 民间宗教发展到明末清初，已蔚为大观并形成了一套完整的理论体系。这套理论体系概括起来，就是无生老母创世与救世说、三世三佛与弥勒下生说、入教避劫与十八子当主天下说、真空家乡与云城降世说以及简明易行的仪式与修持和以九宫八卦形式建立组织等。参见濮文起：《弓长论》，《中国文化研究》1998 年冬之卷。

④ 《教义阐扬》，赵东书：《理教汇编》，台湾理教公所，1973 年，第 87—112 页。

为此，他在澜水洞中苦苦修炼了四十四年，并由此创造了一条独具特色的养生术（下文将介绍）。于是，儒、释、道在他的宗教思想中得到了最为和谐的处理，实现了真正的"三教合一"。正如其后世信徒所说，羊宰的宗教思想"综合三教之真谛"[①]，"以儒之忠孝为入德之始，道之清修为修身之本，释之慈悲为成道之基，盖萃三教于一室，汇众理于一门，为我中华民族自创之教。"[②]

为了约束信徒，羊宰以圣宗古佛名义制定了八大戒律：一不吸烟，二不饮酒，三不烧草香，四不焚纸帛，五不拜偶像，六不吹打念唱，七不书写符咒，八不养鸡猫犬。其中，以不吸烟饮酒为两条最主要的戒律，认为此律重如泰山，倘有违犯，终生颠倒，永无顺序之日。而其他六条戒律，也异于佛道和绝大多数民间教派，表现出自己的特色。如不烧草香、不焚纸帛，既节省开支，又不污染环境，用今天的观点来看，羊宰具有环保意识。又如不拜偶像、不吹打念唱，表明羊宰反对偶像崇拜和为此而举行的吹打念唱仪式。再如不书写符咒，说明羊宰厌恶巫术，而不养鸡猫犬，显示的则是羊宰主张"玩物丧志"的高风。

羊宰在一个多世纪的创教传道历程中，曾留下了大量阐扬自己思想的"真经法语"，在其信徒中广为传诵。乾隆十八年（1753）春，羊宰将其历年所述"真经法语"择其精华编成一部《理教大法》，并附以传道成规与道统继承规律，然后封护坚固，作为身后弘道之人掌握教权的依据。《理教大法》又称《羊祖大法》，亦称《法宝牒文》简称《大法》，一直被在理教徒视为法宝，锁在历代传人掌握的法箱中，秘不示人。其实，《理教大法》并没有什么奥秘。据天津李洁贤先生调查整理，《理教大法》核心内容如下：

> 法本法无法，无法法也无。
> 今付无法时，法法合成法。
> 静坐持念观自身，耳目随心听潮音；
> 四海澄清光明现，当人居坐五行中。

---

① 《羊祖传》，赵东书：《理教汇编》，台湾理教公所，1973 年，第 164 页。
② 《莫德惠序》，赵东书：《理教汇编》，台湾理教公所，1973 年，第 1 页。

> 莲台上面持法语，法较常转运乾坤；
>
> 普照世境随心变，贯满昆仑三界明。
>
> 一切万物具有性，气是玄妙性中根；
>
> 内理阴阳谁识破，识破还是养性人。
>
> 大道不离方寸地，若向外寻枉劳神；
>
> 人能醒悟师父理，昼夜辛勤念在心。

从上述内容来看，除开头四句五言偈语外，其他均是借用佛禅语言讲述道教内丹修身养性的道理。

羊宰在长期的修炼生涯中，还逐渐形成了一套养生术，后人称之为"羊祖养生术"。其内容如下：

1. 豁达乐观。羊宰主张人生在世，要吃亏让人，行善济世。他在一首诗中写道："学作真人正性情，莫念名利误终身。"他的《修炼歌》还说："靠山临水住洞间，坐也安然，立也安然。身着老衲遮冷寒，新也可穿，旧也可穿。闲游山中采药玩，有也乐天，无也乐天。"

2. 禁戒烟酒。羊宰为在理教规定的主要戒律，就是禁戒烟酒，并能被历代传人严格遵守执行。他说："修道之人，首宜清心寡欲，呼吸清气，排除浊气。烟气入口，传入肺腑，有碍卫生，故首当戒之。""酒则乱性"，"贫国病民，宜当禁绝。"

3. 忌荤茹素。羊宰常年不吃荤，食青菜、植物油，还常吃"四叶参"等野山菜，诗云："常食吉祥斋，免祸又消灾。"又喜食核桃，歌曰："胡桃生来似仙丹，祖师爱它圆又尖；一来一去生在世，八卦乾坤在里边。"

4. 泡饮黄芩。羊宰饮药草黄芩以代茶，常年不断。黄芩性寒味稍苦，有抗菌、解热、降压、清温、泻痢等功效。他还将黄芩熬成茶膏，名为"甘露膏"，除自己食用，还为别人治病。

羊宰一生历经明天启、崇祯，清顺治、康熙、雍正、乾隆六朝，活到一百三十二岁才逝世，可称得上超级长寿老人，完全得益于他创立的这套养生术。

此外，羊宰还反对教内森严的等级制，主张教内一律平等，其重要标志则是历代传人均以"来"字为道号，如羊宰自称"来如"，其传人有"来迟"

（毛芝兰）、"来凤"（尹松岩）等等。

于是，一个以观音为最高崇拜，以五伦八德为教义核心，以内丹与五十三参为修持功夫，以及主张教内平等和戒食烟酒，追求长生久视的宗教思想体系，经过羊宰一个多世纪的努力，终于建立起来了。

三

羊宰创教传道之初，其政治目的很明确，这就是借"在理大道"，济世度人，以期反清复明。为此，他曾借圣宗古佛之名，为信徒订有"五字真经"（又称"五字真言"）："灭清复大明"（一说"一心保大明"），表面上用"观世音菩萨"五字代替，并规定信徒对"五字真经"要做到"上不传父母，下不传妻子"，以免真机泄漏，清廷追查。然而，当他于康熙四十年（1701）下山传道时，呈现在眼前的却是一幅与清初截然不同的社会景象：满清政权经过顺治、康熙两代皇帝的治理，已相当巩固，神州大地经过半个世纪的战乱，也开始进入稳定繁荣。因此，下层民众对他的这种政治宣传应者廖廖，五年之中，仅有十四人皈依在理。康熙四十五年（1706），他回到岐山后，十二年中，也只有十人上山拜师。可以这样说，羊宰在世时，在理教并没有在民间广泛流传，他的政治主张也没有得到下层民众的普遍反响，真正使在理教盛行于世的则是他的再传弟子尹松岩。

尹松岩，字重山，号天水，道号来凤。直隶盐山县大尹家村人。雍正七年（1729）三月十一日生，嘉庆十一年（1806）十二月初八日卒。在理教徒奉为第二代教宗尹祖。

尹松岩是一位审时度势的宗教家，他于乾隆二十八年（1763）接掌教权后，并没有积极地实践祖师的政治主张，而是逐渐地把这种政治意识淡化。乾隆三十年（1765），尹松岩在天津永丰屯建立了在理教第一处公所 —— 西老公所，标志着在理教已由最初的秘密运作走向公开活动，在理教也因此变成了一个以弘扬羊宰宗教思想和戒食烟酒、兴办公益事业的民间宗教慈善团体。

羊宰宗教思想中的灵魂是观音崇拜。观音位居佛教四大菩萨之首，自隋唐以来，受到了上自朝廷，下至庶民百姓的普遍崇奉。羊宰撷取佛教中的观音菩萨作为在理教的最高神灵，既迎合了社会各阶层人士的普遍信仰心理，也不会引起清廷的仇视而将其作为"邪教"首领进行捕杀。尹松岩领悟了羊宰的用意，将祖师宗教思想中的观音信仰发扬光大，并使其仪式化，这就是教导信徒在圣宗像前演练"金斗报母参"。其参式如下："两足并齐，两手从容，身体直立，抬头看佛，低头望蒲团，眼观鼻，鼻观心，十指并拢，弯腰曲背，手心着地，头心顶地，这叫五心着地；起来先抬头，直起后身，说起就起，这一参下好，一生顺序。"[①] 如果长期坚持，从不间断，不但心灵得到净化，而且身体也会健康。

尹松岩还以观音菩萨大慈大悲、救苦救难的拯世精神，在民间兴办了一些慈善事业。他将每年腊月初八"摆斋"[②]所剩余款，派人到津城内外大街小巷救贫济困。[③] 此后，历代传人继承了这一传统，将济困扶危，兴办公益事业作为在理教的主要任务。如西老公所还于光绪末年建立了一个专门机构——公善社，下设惜字社、恤釐会、施材会、掩埋会等。该社经常告诫人们要爱惜字纸，定期向寡妇发放救济款物，对贫民死亡施舍棺匣，掩埋倒毙街头的无主尸体等。此外，还有一些季节性的慈善工作，如春季种痘，夏施暑药，冬舍棉衣等。

最为世人称道的则是尹松岩忠实地实践了羊宰宗教思想中的戒食烟酒和"羊祖养生术"。他不仅以祖师超级长寿的实例，向人们昭示了戒食烟酒和修炼"羊祖养生术"于国于民于己的极大益处，而且将此作为衡量信徒是否虔诚皈理的唯一标准。尹松岩身后传人一高举这两面旗帜，特别是鸦片流毒中国以后，他们不仅不失时机地将戒吸鸦片作为重要任务进行宣传与执行，并制作戒毒药品向社会发放。事实证明，无论是羊宰的亲传弟子，还是在理教的历代传人及其信徒，由于恪守羊宰的戒食烟酒戒律和坚持修炼"羊祖养生术"，大多年过古稀，不少人还寿登耄耋，这在清代民间宗教世界是少见的。

---

① 《羊祖传》，赵东书：《理教汇编》，台湾理教公所，1973 年，第 162 页。
② 摆斋是在理教的主要宗教活动，每年腊月初八举行。事先广为捐募，届时公所搭棚，悬灯结彩，信徒都应捧斋。所谓捧斋，就是信徒聚餐，大吃一顿，谓之吃会，并其互不谦让，如抢食一般，名曰抢造化。这一天还要点理——吸收新教徒、放法——选定或新派公所领正（负责人）以及舍"结缘豆"等。
③ 《尹师事迹》，赵东书：《理教汇编》，台湾理教公所，1973 年，第 195 页。

正因为如此，在理教得到了社会各阶层人士的信奉，羊宰也因此受到了在理教徒的尊崇，称其为第一代教宗羊祖，视其修炼地岐山为圣地，经在理教徒捐建的祖墓亭、日月亭、观音阁、玉皇殿等矗立在澜水洞两侧，掩映在苍松翠柏之中，每年前往朝拜的在理教徒络绎不绝。与此同时，在理教以天津为大本营，迅速流播大江南北，各种名目的在理教公所如雨后春笋，在天津、北京、沈阳、上海等地城乡相继建立起来。

然而，就是这样一支泯灭了反清复明思想，完全属于民间慈善团体的教派组织，最初也是不见容于清王朝的。嘉庆十三年（1808），因在理教又名白衣道[1]，清廷疑其为白莲教同类，欲用大炮轰击西老公所，经天津县派人刨开尹松岩棺椁查验，并无犯法之物，强令将公所拆毁，第三代教宗赵明山只得回家避难。道光二十八年（1848），因白莲教起事，在理教又受牵连，第五代教宗殷起龙等人被逮，押解保定监狱，经过审训，仍无违法犯禁之事，殷起龙等人获释回津，继续传教。[2]

在理教被清廷认可，始于光绪九年（1883）。是年二月，北京前门外石头胡同毗卢寺明善堂公所摆斋，恰值巡视东西坊御史李燧经过，疑为白莲教活动，遂上奏朝廷查办。

直隶总督李鸿章受命办理此案，经过近五个月的明察暗访，于七月十三日将结果上报朝廷：

> 天津地方，向有在理教，以戒人吸烟饮酒为事。盖洋烟为毒人之物，足以致病戕生。而津郡民俗悍强，动辄酗酒械斗酿命，故以此为戒。民间从其教者，约十之六七，皆有身家恒业。大率手艺力役之人较多，农商次之，读书人亦间有焉。因不吸烟饮酒，有益身命，是以信之者众。其教首并无大小头目之别，各就所居附近处所，自制戒烟秘方，随愿施治，劝令改过迁善，亦无妖言邪术踪迹、诡秘诱惑愚民情事，实与白莲等教聚众为非者迥然不同。[3]

---

① 在理教有自己的装束，即白衣、白帽，故又称白衣道。后又改为扎白辫绳，系白腰带，穿白鞋口鞋，羊宰时期，寓意"穿国孝"。从尹松岩始，只是一种特定的服饰。
② 《镇坛五圣宝卷》。
③ 《李文忠公奏稿》卷四十七，光绪九年七月十三日，在理教请免查办折。

因此，李鸿章"拟请免拿办，其在京情形相同者，亦请免拿"①。李鸿章时为清廷重臣，又坐镇天津，对在理教"素有所闻，因其本不为非，遂相安不扰"②。此次受命办理此案，如实禀奏。三日之后，即七月十六日，军机大臣便知会具奏。五日之后，即七月十八日，慈禧太后就恩准免查。从此，在理教可以堂而皇之地传教，成为有清一代民间宗教中唯一受此殊荣的教派。

由于清廷的庇护，在理教发展更加迅速，至少在清末，在理教已成为盛行全国的大教派。其影响所及，甚至连维新志士谭嗣同也于戊戌变法前，在天津加入在理教，以探其如此兴盛之奥秘，并充分肯定了在理教"有益于民生"的社会功能。③

通过以上论述，可以看出，在理教之所以能在清中叶以后的民间社会盛传不衰，并不是因为羊宰反清复明的政治意识的魅力，而主要是由于羊宰宗教思想中的慈悲情怀与安善性格。这种宗教思想以人们普遍信仰的观音菩萨为最高崇拜，以人们普遍遵循的五伦八德为教义核心，又从人们忧乐所系的身心健康入手，教导人们如何严断烟酒，如何实践"金斗报母参"和"羊祖养生术"，其终极关怀则是为了使世人身心都达到康健。因此，这种宗教思想从流传于世始，便与清代那些动辄就以"翻转乾坤，变换世界"鼓动民众的造反的教派划清了界限，从而使在理教成为在社会作用上无异于正统佛、道二教的宗教组织，清廷一直没有对在理教进行严厉镇压，并最终允其公开传教，盖源于此。

清代民间宗教除了那些具有鲜明反叛性格的教派之外，还存在着诸如在理教一类的以慈悲为怀，洋溢着安善性格的宗教组织，它们流播地域广，虔诚信众多，与那些被清廷视作洪水猛兽的教派共同构成了一个色彩斑斓的下层民众宗教信仰世界。

原载《世界宗教研究》2001 年第 1 期

① 《李文忠公奏稿》卷四十七，光绪九年七月十三日，在理教请免查办折。
② 《李文忠公奏稿》卷四十七，光绪九年七月十三日，在理教请免查办折。
③ （清）谭嗣同：《谭嗣同全集·仁学》，生活·读书·新知三联书店，1954 年。

陈众喜论

清道光年间，江西境内出现了一位民间宗教家，他以传承长生教为毕生使命，又以著作《众喜粗言宝卷》而闻名天下，这就是本文论述的主人公陈众喜。

一

陈众喜，江西龙南县易山镇人。父名高才，母全氏，家财巨万，"四十有二，并无子女"。后听人劝说，吃素行善，才于道光元年（1821）二月初九日生下一男，取名众喜。[①]

陈众喜自幼受其父母与亲友熏陶，也专心修道。他修习的既不是佛教，也不是道教，而是清代民间宗教中的重要教派长生教。

长生教由明末浙江西安县（今浙江衢州）人汪长生创立。

汪长生，小名和尚，法名普善。生于万历三十一年（1603）。原为无为教[②]在江南的支派龙华教信徒，在教主姚文宇手下充当"清虚"即副教主。天启七年（1627）由于"众广心高"，前往江西龙虎山"与天师会道"，"天师不能及"，"以显法十二部付与汪长生"。[③]从此，汪长生与姚文宇分道扬镳，

---

① （清）陈众喜：《众喜粗言宝卷》卷一，跟由出处二，濮文起主编：《民间宝卷》第 6 册，黄山书社，2005 年。

② 无为教，由山东莱州府即墨县人罗清于明成化十八年（1482）在北直隶密云卫创立，是明清时代民间宗教世界中的第一大教派。

③ 《三祖行脚因由宝卷·庆元三复》，濮文起主编：《民间宝卷》第 2 册，黄山书社，2005 年。

"另立科规"，宗主黄天道[①]，创立长生教。

长生教又名子孙教、果子教，以一支蜡烛、一盏清水作为收徒仪式，"愚实之辈，悉从信之"。[②] 汪长生广建斋堂，作为该教活动场所。他的表姐徐姜氏即姜妈妈助其传教，又有高徒康龙、高智二人为左右手，遂使长生教广传江苏、浙江、江西等省，成为江南颇具影响的民间宗教教派。[③] 崇祯十三年（1640），汪长生去世，年仅三十七岁，葬于西安县汪堡墩，教内尊为"大弘顿教甘露玉佛"[④]，教权由其表姐姜妈妈及高徒康龙、高智继承。

长生教汲取了黄天道三教归一思想，但更偏重于儒。其最高神祇是圣母，又称云盘圣母、老母、婆婆等。长生教认为圣母创造了天地万物和人类，她曾四次令神佛下凡救世，第一次令儒童玉佛下凡，化为圣人即孔子行儒教；第二次令二十四祖助燃灯古佛，行道教；第三次令三十六祖助释迦古佛，行佛教；第四次于唐朝令七十二道长、八十洞真人、天地诸神普度皇胎（又称皇胎儿女，即人类）归家。上述四次普度，收效甚微，因此圣母于万历年间令四十八祖同助儒童佛再下凡尘，三教归一，以儒为先，完成普度皇胎儿女的任务。这次儒童佛下凡化为汪普善，创立长生教，以普度众生。[⑤]

长生教还继承了黄天道的三世三佛思想，特别强调弥勒佛的普度功效："凭意等到末劫后，三会龙华考三乘。考选男女九六亿，分发东土掌乾坤。直等弥勒治世满，老（无）极治世转云程。同到都斗安身处，与佛齐肩坐莲心。"[⑥] 又同黄天道一样，崇拜日月，认为"太阳当明佛，普照大乾坤"；"金丹天下转，无处不光明"。因此，对太阳要"朝晚三稽首"，才能"生死离狱门"。[⑦]

---

① 黄天道，由北直隶怀安县人李宾于嘉靖三十二年（1553）创立，是继无为教之后出现的又一大教派。

② 《三祖行脚因由宝卷·庆元三复》，濮文起主编：《民间宝卷》第 2 册，黄山书社，2005 年。

③ 《史料旬刊》第十五期，彰宝折。

④ （清）陈众喜：《众喜粗言宝卷》卷三，佛祖传记七二，濮文起主编：《民间宝卷》第 6 册，黄山书社，2005 年。

⑤ （清）陈众喜：《众喜粗言宝卷》序，濮文起主编：《民间宝卷》第 6 册，黄山书社，2005 年。

⑥ （清）陈众喜：《众喜粗言宝卷》卷四，看聚贤宫九二，濮文起主编：《民间宝卷》第 6 册，黄山书社，2005 年。

⑦ （清）陈众喜：《众喜粗言宝卷》卷二，太阳经，濮文起主编：《民间宝卷》第 6 册，黄山书社，2005 年。

长生教主张在家修行人道，提倡吃素行善。"如今末法三灾临，吃素行善第一能。"① 长生教认为吃素与念佛都是登仙成佛的要途："念佛一声，能消万劫重罪；吃素一日，可免永世冤愆。"② 在长生教看来，念佛是信仰，是宗教理论的高度概括，而吃素则是首要的实践："念佛为经中的母，吃素为修行之首。"③ 长生教进而提出吃素不仅是个人的修行问题，而且关系到世界的前途与命运："斋多杀少刀兵息，善多恶少天地宁。"最后又把吃素与弥勒治世联系起来："有日大地持斋戒，就是弥勒掌乾坤。"④ 行善的主要内容，有扶危济困、敬老怜贫、修桥补路、施财救生、戒杀活物等，尤重"劝勿溺女"⑤，到了道光年间，又增加"弗吃洋烟（即鸦片）"⑥。

长生教以佛教的三皈五戒作为自己的戒律，即皈依佛、法、僧，戒杀生、偷盗、邪淫、妄语、饮酒，但又有自己的解释："你若今朝皈依佛，天榜挂号地除名；你若今朝皈依法，九玄七祖尽超升；你若今朝皈依僧，临终逍遥出红尘。三皈原是三纲理，又听五戒续五伦；一戒不杀仁之德，能得来世寿长生；二戒不偷义之廉，能保子孙得昌盛；三戒不邪礼之正，能保妻女不犯淫；四戒不妒智之明，能保朋友用安宁；五戒不饮信之至，能保见性得明心。"⑦ 将佛教的三皈五戒与儒家的君为臣纲、父为子纲、夫为妻纲和仁、义、礼、智、信五伦结合起来，强调儒家思想的教化作用。

从目前掌握的史料来看，长生教在明末尚未遭到官府查禁，因而"从者颇众，斋堂添建至数百间，田亩亦多"⑧。汪长生、姜妈妈等人墓地成为长生

① （清）陈众喜：《众喜粗言宝卷》卷一，喜劝花素十五，濮文起主编：《民间宝卷》第6册，黄山书社，2005年。
② （清）陈众喜：《众喜粗言宝卷》卷四，吃素念佛九七，濮文起主编：《民间宝卷》第6册，黄山书社，2005年。
③ （清）陈众喜：《众喜粗言宝卷》卷四，吃素念佛九七，濮文起主编：《民间宝卷》第6册，黄山书社，2005年。
④ （清）陈众喜：《众喜粗言宝卷》卷一，喜劝花素十五，濮文起主编：《民间宝卷》第6册，黄山书社，2005年。
⑤ （清）陈众喜：《众喜粗言宝卷》卷三，劝弗溺女六一，濮文起主编：《民间宝卷》第6册，黄山书社，2005年。
⑥ （清）陈众喜：《众喜粗言宝卷》卷三，弗吃洋烟五九，濮文起主编：《民间宝卷》第6册，黄山书社，2005年。
⑦ （清）陈众喜：《众喜粗言宝卷》卷五，去邪皈正九八，濮文起主编：《民间宝卷》第6册，黄山书社，2005年。
⑧ 《史料旬刊》第十三期，彰宝折。

教圣地，无数信众前往焚香燃烛，顶礼膜拜。但是，入清以后，长生教与几乎所有的民间宗教教派一样，也逃脱不了惨遭镇压的厄运，尽管它没有任何反抗统治阶层的政治倾向。

雍正五年（1727），浙江巡抚李卫开始在秀水、嘉兴二县查禁长生教，"将在堂外来之人递回本籍，其本地民人驱逐出堂。斋堂拆毁，改为普济、育婴二堂，田地入官，即充普、育二堂经费"①。乾隆十三年（1748），浙江巡抚顾琮在绍兴府一带巡查时，发现"有一等邪教，名曰子孙教，又名长生教"，"愚夫愚妇，信从其说。每遇开堂，男女混杂，聚集颇众"。因此，以"子孙教之人非僧非道，有妻有子，倡为邪说，诳惑愚民，即属为匪之渐"为由，全面抄拿行教之人，"按照律例，将为首者拟绞，为从者发遣。其被诱之人，照违制律治罪"。②乾隆三十三年（1768），江苏巡抚彰宝再次发现长生教活动。他在吴江县（今江苏苏州吴江区）巡查时，见有"长生邪教"，"诱人吃斋诵经，并以果品供佛，分送信徒二十余人，妄称可以延寿，又名果子教"。③于是拿获信徒二十余人，抄出经卷一百零九本。彰宝从吴江回到苏州后，又在阊门外治坊滨地方查获一座长生教庵堂，拿获十余名信徒④，并将吴江长生教徒供词通报浙江巡抚觉罗永德。永德随即派人赶赴长生教传教中枢西安县严密查拿，又顺藤摸瓜，拿获嘉兴、平湖等地信徒。⑤经此次查办，各处斋堂、斋庵被"尽行拆毁"，起获的经文、图像一概焚毁，汪长生、姜妈妈、康龙、高智等人坟冢、墓碑也被击毁⑥，传播了一个多世纪的长生教被迫转入地下。但是，经过数十年的短暂沉寂之后，长生教便又由陈众喜在江西再度复兴。

二

陈众喜出身富豪之家，自幼天资聪慧，且其父母因中年得子，故对其宠

---

① 《史料旬刊》第十三期，彰宝折。
② 《朱批奏折》，乾隆十三年三月初八日，浙江巡抚顾琮奏折。
③ 《史料旬刊》第十三期，彰宝折。
④ 《史料旬刊》第十三期，彰宝折。
⑤ 《史料旬刊》第十三期，彰宝折。
⑥ 《史料旬刊》第十三期，彰宝折。

爱自不必说。他的父亲曾为其延师施教，但他却不感兴趣。他虽不喜读书，但对传播长生教却充满激情。为了传播长生教，他曾几次被官府抓去坐牢受刑。传说陈众喜第一次在县牢中被刑伤重，他大哭请神，恰逢天降大雷，抓他的县差葛宏仁当场被大雷击毙。这个纯属偶然巧合的事件，更加决定了他的传道信心。

在陈众喜的影响下，他的两个妻子——瑞兰、瑞桂，也都信奉长生教，与其一起传道。此外，陈众喜的表妹赵桂英亦是他的最亲密的教友，两人志趣相投，感情甚笃。后来，桂英不为赵家所容，将其另配他人，桂英抵死不从，被赵父钉入棺中活埋，幸遇陈众喜相救复活，继续传道。在这个事件中，陈众喜也被赵父打断脚筋昏死，由此可见他与桂英的深厚感情和为传道而坚强不屈的斗争精神。

与明清时代大多数民间宗教教派首领采取的秘密传道方式不同，陈众喜每天走街串巷，在光天化日下公开传道，而他传道的对象则又主要是妇女。生活在封建专制社会中的妇女，深受神权、政权、族权、夫权桎梏，不仅没有继承权、祭祀权、公开参与权，而且在法律上也无平等地位可言，极大地摧残了女性的心灵，也严重地扼杀了女性的人性。陈众喜以他那种对妇女心灵与人性的关爱之情，将长生教信仰播撒在妇女心中，因而招来了社会的非议，甚至惹起官司。例如，有个名叫文瑞庆的乡亲，早年弃世，留下一妻一妾。妻施氏年四十，妾羿氏年二十二。施氏信奉长生教，吃斋念佛，陈众喜常去她家。后来，羿氏与邻人私通，施氏子将邻人打死，并将陈众喜捆送官府，诬为凶手，行一箭双雕之计。陈众喜被捉以后，在大堂上，坦然陈述原委，并向县令彭公传道，彭公被其精神感召，不仅将他立即释放，而且还拜其为师，也信奉起长生教。

从上面的简介中，人们可以看出：陈众喜自幼修习长生教，并为传播长生教贡献了自己的一生。他虽然读书不多，但很有辩才，整日在外传道，不仅收罗了不少信徒，而且还能征服原来反对他的人改信长生教。他有坚定的信仰而没有实现个人目的的野心，他既不想传教敛钱，也不愿成为超人偶像。他从不掩饰自己的缺点和荒唐，常常向世人袒露自己涉世不深的胸襟。他总是那么快乐和充满信心，为传道虽屡遭挫折而不屈不挠。他爱自己的父母、妻子与教友，他相信天堂地狱，他讲因果报应而有着对人类万物的慈悲恻隐之心。总之，他与其先辈民间宗教家如罗清、李宾、汪长生等人相比，并不神秘。他很平凡，有着和常人一样的喜怒哀乐和情欲，是一个普普通通的宗教家。①

道光二十九年（1849）仲夏五月，即陈众喜二十九岁时，他仅用一个月的时间，就将自己的传道经历与经验写成一部传世之作——《众喜粗言宝卷》，从而使他在中国民间宗教发展史上留下浓重一笔。

三

陈众喜在谈及《众喜粗言宝卷》的写作来历时说：

> 今有老母命我留粗言劝人，我实无文，难以从命。母言："令你先讲人道，后言圣机，总要讲凡圣两全的话头，你在东土为人，虽是粗俗之辈，少修上乘功夫。现今末法时候，你肯劝化世人，总比他修上乘还好。亏你一世劝化，再要你去留粗言几句，回来赐你永坐金莲，再不叫你下凡。"老母如此讲说，我也不敢违拗，只得仍往赣县南乡崆峒山上，潜灵庙内，日夜勤写，一月集成《粗言》一卷。实是心忙意急，挂念双亲，恐多差错，祈望后贤整理。

他认为写作此卷的目的是劝化"粗人"：

> 此卷非是众人语，原我众喜自传行；此卷非是年岁久，道光廿九仲夏论；并无诗文并客气，都是粗言俗语文；有人宣得我粗言，胜诵华严拜莲经；务农男女都听得，三岁孩童也知因；宣卷要宣粗俗语，读书要读圣贤经；精人原有精文劝，我语原来劝粗人。②

---

① 喻松青：《明清白莲教研究》，四川人民出版社，1987年，第202—203页。
② （清）陈众喜：《众喜粗言宝卷》卷五，三世根由、隐山吐卷百另七，濮文起主编：《民间宝卷》第6册，黄山书社，2005年。

　　也就是说，陈众喜是假托老母之命，用"粗言"——通俗语言，来教化"粗人"——劳动群众的。因此，该部宝卷问世以后，便很快在下层社会流传起来。除道光三十年（1850）原刊本（尚德斋刊本五卷，另一刊本二卷）外，尚有光绪六年（1880）玛瑙经房刊本、光绪二十五年（1899）普善堂刊本、光绪二十六年（1900）高丽寺刊本。到了民国时期，又有民国十三年（1924）杭城三元坊弘文印书局刊本、民国十七年（1928）黄岩普利堂刊本、民国十八年（1929）尚德斋主人重刊本等，可见社会需求量之大。

　　《众喜粗言宝卷》共有五卷，各卷目录如下：

　　卷一，十香开卷一，根由出处二，临产化讨三，李说难产四，母言养育五，不愿上学六，父劝勤俭七，劝弗坏话八，劝弗咒骂九，劝弗挑唆十，弗坏良心十一，看地小心十二，弗学杀业十三，母舅做媒十四，喜劝花素十五，劝徐太太十六，说谓万空十七，说无常怕十八，说平常修十九，补送善书二十，说作诸罪廿一。

　　卷二，文魁谤道廿二，劝雯秀孝廿三，劝行贞节廿四，劝弗哺坊廿五，喜被差冤廿六，归家告亲廿七，劝敬天地廿八，天望人善廿九，劝敬日月三十，劝敬雷公三一，劝敬神祇三二，劝敬灶神三三，楼弗内房三四，父命娶亲三五，劝报皇恩三六，劝报亲恩三七，劝敬公婆三八，爱媳妯娌三九，和爱兄弟四十，劝敬丈夫四一，劝和妻妾四二，训养小儿四三，兰桂行孝四四，父勤参禅四五，母勤念佛四六，劝敬圣贤四七，劝敬先师四八，劝敬祖先四九，弗猎获苓五十，弗斫阴木五一，穷亲眷友五二，劝敬五谷五三。

　　卷三，劝敬字纸五四，劝读圣书五五，英被嫂冤五六，劝重身体五七，弗寻短见五八，弗吃洋烟五九，劝弗吃牛六十，劝弗溺女六一，英被父逼六二，劝弗烧山六三，劝弗药鱼六四，石灰下田六五，打铳养龟六六，弗鸪鹚鸭六七，弗养葬（桑）蚕六八，弗伤虫类六九，戒杀活物七十，劝放生命七一，喜被文冤七二，劝弗过财七三，劝弗摊赌七四，弗逼穷人七五，劝弗凶算七六，弗占便宜七七，劝弗过色七八，弗拣淫戏七九，弗画蠢（春）宫八十，弗钞小歌八一。

　　卷四，劝弗过酒八二，弗开酒坊八三，劝弗过气八四，弗欺孤老八五，英心受灾八六，误行错修八七，十世因果八八，弗谤三教八九，喜被赵死九十，童引游狱九一，看聚贤宫九二，修不怕魔九三，严遭恶报九四，忠孝节义九五，贤良方正九六，吃素受戒九七。

卷五，去邪归正九八，续化儒门九九，正心修身一百，参禅悟机零一，清净无为零二，粗言修语零三，万功莫显零四，出定见圣零五，道成任游零六，三世根由零七，圆满回向零八。

每卷卷文之上，还辟有五分之二左右的篇幅，印录了流行于世的神佛诞辰、朝贡诸国、忌事、名山记、报应历朝记、吉日凶日、吃素记、圣谕注、吐经因由、经忏目录、玉佛叹世经、关帝觉世经、二十四孝、花名卷、太阳经、太阴经、高王经、心经、血盆经、土地经、功过格、八仙记、救死方法、解毒方、药忌、佛尊、佛祖传记、儒门圣贤、儒门隐修、儒圣仙佛、保产方、延寿方、七十二教、八卦、俗语、杂句等。

从上述目录来看，该部宝卷几乎囊括了上自儒释道，下至民间各种宗教信仰、风俗习惯的全部内容，堪称那个时代的宗教全书。通览全卷，笔者认为，该部宝卷至少在两个方面表现出它的历史价值。

首先，由于历史原因，在该部宝卷出现以前，人们对于长生教的内部情况知之甚少。该部宝卷的问世，使人们比较清楚地了解了长生教的传承与演变及其教义思想，为后来研究者提供了一部系统的资料，笔者上述长生教的来龙去脉依据的资料主要是该部宝卷。

其次，该部宝卷卷四所列七十二教，为人们展示了鸦片战争前后下层社会民间宗教活动状况。现据民国十八年（1929）尚德斋主人重刊本，将这些教派名称胪列如下：三官教、无为教、五圣教、坎离教、清风教、纯阳教、当阳教、白莲教、大仙教、飞升教、达摩教、清净教、龙华教、三仙教、三阳教、观音教、玄玄教、先天教、出明教、无形教、水月教、菩萨教、元始教、大乘教、无相教、南无教、无极教、全真教、真武教、金丹教、皇极教、无极教、无为教、无为祖教、三圣教、悟空教、玉女教、万化教、青阳教、法光教、齐天教、玄圣教、清玄教、金心教、完丹教、升天教、光明教、假长生教、一字金丹教、完丹教、乾阳教、上上三元教、五气朝元教、龙华教、把涌金莲教、和气教、人天教、抱元守一教、玄阳教、通天教、无极教、和合教、圆通教、皇极教、无相教、天军教、朝阳教、收圆教、皈源教。

以上共计 69 个教派，其中又有名称相同的，如无相教有两个，一在福建，一在江苏；无为教也有两个，一为罗清无为教，一为殷继南无为教（殷继南是无为教在江南的支派龙华教创始人，他所创立的龙华教亦称无为教）；
无极教有三个，虽均在福建，但为不同人建；其余如龙华教、完丹教也有重
复，实际教派六十余个，分布在浙江、江苏、福建、山东、安徽、广东、直
隶、云南、陕西、山西、江西、湖北、广西、四川等十四个省份。六十余个
教派大多分布在浙江、江苏两省，这和该部宝卷作者的经历和活动范围有
关，他的见闻是有限的。尽管如此，该部宝卷所列教派仍为后来研究者留下
了一份珍贵的清后期民间宗教流布地域资料，曾为中外不少学者所利用。[①]

原载《浙江社会科学》2005 年第 5 期

---

① 如中国学者喻松青教授、日本学者泽田瑞穗教授等，在他们的论著中，都有这方面的研究成果。

刘仪顺论

在晚清民间宗教世界，出现了一位杰出而又颇具传奇色彩的领袖人物，他以传统的民间宗教思想理论为旗帜，以其建立的灯花教为手段，组织和率领十数万号军在贵州地区武装反抗清朝专制统治达十四年之久，从而在中国近代农民反抗斗争史上留下了灿烂的一页，这就是被清廷视为"元恶巨憝"的灯花教首刘仪顺。

一

刘仪顺，原籍湖南宝庆（今湖南邵阳），后迁居四川宜宾，一说四川涪州（今重庆涪陵区）。乾隆四十三年（1778）生，是郭姓继子郭祥瑞之子，故随父改姓名郭建文，清档称作郭建汶，后归宗称刘仪顺。

道光初年，刘仪顺拜青莲教首杨守一为师，传习青莲教。

青莲教是清后期民间宗教世界中的一个重要教派，其师承可以上溯到明后期流传江南的无为教支派龙华教。入清以后，龙华教为了躲避清廷的查禁，改名老官斋教。乾隆四十八年（1783），老官斋教的一个重要支派五盘教在江西崛起，其创始人为吴子祥。所谓五盘教，即于每次作会时，以盘装果品供神，名为斋盘，斋盘分天、地、人、神、圣五种名色故名。[1] 是年，吴子祥因传播五盘教被捕入狱，旋即获释，次年病故。

吴子祥死后，其弟子继续传教，其中只有何若、吴清远是五盘教的嫡

---

[1] 《朱批奏折》，道光二年七月初十日，江西巡抚阿霖奏折。

传。乾隆五十四年（1789），何若在江西临川复兴五盘教，被清政府逮捕，以左道惑众为从例，发配贵州龙里。嘉庆五年（1800），吴清远亦被捕，发配黑龙江为奴。乾隆五十五年（1790），吴子祥来到贵州龙里配所后，利用从江西秘密携带的大乘教十二部经卷和《护道榜文》重新传教。[1] 他有两个嫡传弟子，即袁志礼和王道林。嘉庆五年（1800），何若去世，由袁志礼执掌教权。[2] 嘉庆二十五年（1820）春，袁志礼受教友牵连被捕。同年六月，袁志礼等人被清政府判处"先枷号一个月，满日重责四十板，迁徙云南为民，分别安插，交地方随时管束"[3]。袁志礼迁居云南后，其弟袁志谦随兄入滇，暗中筹划教务。道光三年（1823），袁志谦由滇入川，"开荒拓教"。[4]

袁志谦入川后，在成都传教收徒，其中杨守一与徐继阑是两位最为得意的弟子。袁志谦与其兄一样，并不出面指挥，而是暗中策划，把具体教务交给杨守一和徐继阑掌管，杨管外盘，徐掌内盘。杨守一责领外盘后，专门向外发展，收李一沅等人为徒，并将五盘教改名青莲教，尊袁志谦为祖师，自称教主。道光七年（1827），杨守一因传教被清廷逮捕，翌年遇难。

从上面叙述来看，刘仪顺所传习的青莲教是由明末龙华教一脉传承下来的，即龙华教→老官斋教→五盘教→青莲教，而其师承则是吴子祥→何若→袁志谦→杨守一→刘仪顺。

杨守一死后，青莲教曾一度处于沉寂。然而，仅仅十五年之后，即道光二十三年（1843），杨守一弟子李一沅等教内骨干在湖北汉口晤议，决定按"五行十地"重建青莲教。所谓"五行十地"，即教内分先天五行（内五行）——法、精、成、秘、道，总管教内事宜；后天五行（外五行）——元、微、专、果、真；又有五德——温、良、恭、俭、让；后天五行与五德合起来就是十地，将其派往一方，各自独揽一面，负责传教，故该教又称五行十地教。刘仪顺（时称郭建汶）作为杨守一门徒也应约赴会，成为后天五行之一、十地之首，道号郭依元，被派往闽浙传教。

---

[1] 所谓《护道榜文》，乃是明清时期一些民间宗教教派为证明自己合法地位而伪造的"御制批文"，多放在宝卷扉页，也有的单独印制流传。其实，明清两代的统治者从未承认过民间宗教的合法性，因此也就从来没有颁发过什么《护道榜文》。

[2] 《军机处录副奏折》，嘉庆二十五年六月二十二日，云贵总督兼署贵州巡抚伯麟等奏折。

[3] 《军机处录副奏折》，嘉庆二十五年四月十一日，云贵总督兼署贵州巡抚伯麟奏折。

[4] 林万传：《先天大道系统研究》第六章，台南靝巨书局，1985 年。

此次聚会后，李一沅等人又在"湖北汉阳府城外孟家巷设坛请乩，因称汉阳为云城①，坛名紫微堂，系请无生老母降乩，以同教之湖南人朱姓应成大道，普度众人，因赐朱姓，法名中立，道号化无。又以其姓朱，取牛八暗号。是年十二月，李一沅等复于武昌洗马池设立新坛，即以朱中立为总教主"②，以此扩大青莲教的影响，意在反满兴汉，公然打出了反抗清朝专制统治的大旗。为此，李一沅等人将青莲教分为文武两场，文场"画符扶乩"，"托言圣贤仙佛临凡"，"动员起事"；武场"习念咒语邪法，私造……刀铳军器"，从事武力活动。③

青莲教经过李一沅等人的整顿后，便以汉阳为大本营，按照"十地"方向各自传教，试图把该教传遍全国，以实现其"牛八"坐朝理政的政治目标。但是，青莲教庞大的开拓计划刚刚实施，便被清政府破获。从道光二十五年（1845）起，清廷就在全国范围内对青莲教进行搜剿，到道光三十年（1850），在清政府不断缉查和镇压下，李一沅等大部分教内首领先后被捕，惨遭杀戮、流徙，以青莲教名义的传教活动基本结束。然而，青莲教余党仍不屈不挠，又以新的方式继续行教，其中的一支就是刘仪顺建立的灯花教。

二

道光七年（1827），杨守一案发后，刘仪顺逃匿避祸，先后在四川涪州、重庆等地秘密传教。道光十五年（1835），刘仪顺收湖北天门县人宋慈照为徒，"给与无生老母神像一轴，《三教经》及《金丹大教》各一本"。④ 宋慈照于是年返楚，以行医为掩护，开始传教活动，刘仪顺也于道光十五年（1835）和道光十九年（1839）两次赴楚传教。

---

① 云城，或称真空家乡、琉璃家乡、无极理天、安养国、金宫、金城等，是造物主和救世主无生老母居住的地方，犹如佛教的西方极乐世界。
② 《朱批奏折》，道光二十五年三月初九日，陕甘总督富呢扬阿奏折。
③ 《朱批奏折》，道光二十五年三月二十七日，陆费泉折；道光二十五年三月十九日，裕泰折；道光二十五年三月二十六日，宝兴折。
④ 《军机处录副奏折》，同治六年八月，刘汉忠供词。

道光二十三年（1843）三月，刘仪顺以郭建汶之名参与了李一沅等人重建青莲教的工作。按照重建后青莲教的十地排列，元字为首，刘仪顺应主管湖北总坛事，但却被派往闽浙传教，使他远离了自己据有的湖北和四川传教基地。于是，刘仪顺不辞而别，回到四川重庆，另起炉灶，食斋拜灯，故名灯花教，并派遣弟子潜入贵州拓荒传教。

灯花教供奉无生老母，信仰燃灯、释迦、弥勒三佛，"三佛掌管天地人，大佛是混沌世界，二佛是黄昏世界，三佛是清平世界，三佛是弥勒佛"[1]，故该教又名三乘教。主张食斋和坐功运气，认为终身食斋，可以获福延年；坐功运气，可以成佛成仙，故该教派亦称金丹教。

道光二十四年（1844）四月，宋慈照入川谒师，刘仪顺向其道出了自己对天下大势的看法与举措："天下不久必要大乱，十八龙扰乱中华，但俱不能成事。""算定真主应出在贵州地方，伊将辅助他起事。"刘仪顺令宋慈照回楚，"先在荆、宜一带，后到湖南辰、常一带传教，日后可通川、贵声气"。刘仪顺还给宋慈照"抄录符咒十余本"，宋慈照被其折服，"当拜刘仪顺为义父，改名刘汉忠"。[2] 刘仪顺所说的"天下不久必要大乱"，显然是指青莲教各路首领在汉口聚会时所制定的反清计划，因为刘仪顺曾参与其谋，所以才有此议论；十八龙则是暗指李一沅等青莲教十八位首领，并预言他们俱不能成事，事实证明了刘仪顺的判断。

道光二十五年（1845）三月，刘汉忠回到汉口，与肖善广、肖大成、盖天本等人盟誓结拜，共同从事传教事业。道光二十六年（1846），刘仪顺再至汉口，召集刘汉忠、肖善广等人议事，决定刘汉忠仍在湖北传教，肖善广、肖大成分赴江西、湖南传教，周天云、盖天本则随刘仪顺入川传教。道光二十七年（1847），刘仪顺派盖天本回楚，令刘汉忠"创立动静二门，动门以纠党为事，静门以敛钱为事，并定有暗号，纠人为'办本'，敛钱为'取水'，动手造反为'挂牌开张'，其余事务为'调办生意大事'"，并遍谕教中人等，今后书信来往均使用暗号书写，即使当面议事，也照暗号传说，"俾免泄漏机关"。[3]

---

① 曾召南：《刘仪顺的灯花教与贵州的号军起义》，《贵州师大学报》1985 年第 2 期。
② 《军机处录副奏折》，同治六年八月，刘汉忠供词。
③ 《军机处录副奏折》，同治六年八月，刘汉忠供词。

与此同时，刘仪顺也在四川加紧活动。咸丰六年（1856）冬，刘汉忠入川谒见刘仪顺时，其师已被徒众"尊为祖祖，在涪州开张，大兴绵花行，招集无赖之徒乘机倡乱"。刘仪顺即令刘汉忠为先行，纠约两千余人，定于咸丰七年（1857）二月初九日在鹤游坪起事。因清政府已有准备，这次起事很快被镇压。刘汉忠逃回湖北，刘仪顺则远避贵州思南刚家寨。从此，刘仪顺以贵州为反清基地，开始了长达十余年的武装反清斗争。

三

刘仪顺到达贵州后，同样受到当地信徒的崇敬，被其信徒称为刘祖祖、老先生，咸奉其为教主。咸丰七年（1857）十二月，刘仪顺首先策动当地团练致和团、觉林团、济安团起义，因"以白布裹首为号"，故名白号军起义。是月初七日，白号军"直陷思南府城，知府福奎被戕"。[1]此役之后，刘仪顺于咸丰八年（1858）春，封其弟子何公言、何继述父子为大老板、黔阳王。白号军起义不久，济安团首胡胜海于咸丰八年（1858）二月，率黄号军在乾溪梅林寺起义响应。胡胜海在大堡之役阵亡后，由任老掌管黄号军，仍归刘仪顺节制。

咸丰十年（1860），刘仪顺先立朱悦民为牛八，后又立一稚子为牛八即真主，铸造银钱，并刊发"誊黄"，揭露清廷"暴敛横征，庶民之脂膏已竭；卖官鬻爵，士子诵读何庸（用）"[2]。反对清朝用夷变夏，主张灭满兴汉。咸丰十一年（1861），刘仪顺对应召而来的刘汉忠道出了自己的雄心大略：已立的"真主系明朝后裔，年尚幼小。辅佐之人，分为三家，名为三花聚顶，有贵州思南府人朱姓掌管红家，贵州铜仁府廪生任姓掌管黄家，俱已称王。伊掌管白家，自称无极统宗三天教主总理红、黄、白开国黔宁王"。"三家兵马共有十余万，仍用大明年号，建元天运"。先在湖北起事，占领全省，"四川、江西俱有内应，必唾手而得。然后，由河南、直隶，往取北京，此为

---

① 凌惕安：《咸同贵州军事史》第二编，第四十一章"白号之役"，沈云龙：《近代中国史料丛刊》第 13 辑，台北文海出版社，1967 年。

② 邵雍：《中国会道门》，上海人民出版社，1997 年，第 104 页。

上策。否则，即以四川为根本，守住湖北、江西、贵州等省，亦可独霸一方"。^① 刘汉忠此次谒师，被刘仪顺封为统领文武兵马中营都督大元帅开国侯，受命在湖北率先起事。刘仪顺还为刘汉忠起草了"誉黄"，除有反清十款外，又增加了反抗外国侵略的内容："洋人横占中华埠头，将洋烟遍行天下，误了多少子弟，丧了多少俊杰。"^②

同治元年（1862），刘汉忠回到湖北，手持"统带文武天人合法"等印章，行使教权，凡大头目俱封开国将军，小头目俱封开国先行。同治三年（1864）春，刘汉忠再次入黔谒见其师，刘仪顺催其回楚赶紧起事。同治四年（1865）和同治五年（1866），刘汉忠在湖北荆门、天门、当阳举事，均因"事机不密，先期败露"。同治五年（1866）十一月，刘汉忠又在澧州、松滋、荆门、当阳、江陵（今湖北荆州）诸州县起事，亦因走漏风声，起事破产。乃潜匿小江湖地方，策划定于同治六年（1867）六月二十日，在荆门李家集祭旗起事，兵分三路，先占沙市，再取荆州，同时分扰辰、常、沅、靖等地，事成后，迎请刘仪顺自黔来楚，"共图大业"。^③ 但是，由于同教出卖，此次计划尚未实施，刘汉忠便于六月十七日，在龙湾被清政府逮捕，同教数百人蜂拥抢救，被清政府用枪炮轰散。是年八月，刘汉忠被清政府凌迟处死于荆州，时年六十一岁。

刘汉忠死后，清政府调集川、楚、湘清军入黔，加紧剿捕号军。同治七年（1868）闰四月，清军"攻破觉林寺伪城，生擒逆首朱明月"^④。又攻占偏刀水据点，"计毙悍贼七百余名，救出难民八千余人，夺获伪印多颗，军械无算，擒获伪黔阳王何继述等，一并处死枭首，逆目无一漏网"。六月下旬，清军会攻刘仪顺坚守的尚大坪，"逆众势孤，倾巢出降"，"刘仪顺偕秦蕙蕙乘间潜逃，图窜苗地"，行至杨保河，被清军擒获，后在成都被凌迟处死，是时年近九十。^⑤

刘仪顺领导的号军起义虽然失败了，但是作为一位从下层社会崛起的领

① 《军机处录副奏折》，同治六年八月刘汉忠供词。
② 倪英才：《太平天国后期的闽浙赣号军》，《贵州师范大学学报》1988 年第 3 期。
③ 《军机处录副奏折》，同治六年八月，刘汉忠供词。
④ 《清穆宗实录》（六）卷二三一，同治七年闰四月壬戌，《清实录》第 50 册，中华书局，1985 年。
⑤ 中国第一历史档案馆：《剿捕档》，同治七年八月初四日。

袖人物，他的业绩与精神是值得称道的。刘仪顺从道光初年加入青莲教起，就将自己的一生交给了传教事业与反清斗争。他目光远大，且富组织才能，是同时代那些以传教敛钱为目的的教派首领无法比拟的；他以七十高龄，率领十数万号军，纵横驰骋于黔省及黔川、黔湖、黔楚边毗地区，坚持武装反抗清朝专制统治达十余年之久，从而与江南的太平天国运动、北方的捻军起义形成汹涌澎湃的反清浪潮；即使被捕以后，面对死亡，他毫不畏惧，所留多为假供，绝不出卖师友同道，表现出不屈不挠的斗争精神，也是同时代那些怀有政治野心，以宗教为手段达到个人目的的教派首领不能望其项背的。因此可以说，刘仪顺是近代中国下层民众中的优秀代表，他的英名是应该载入中国近代史册的。

原载《贵州大学学报》2005 年第 4 期

四 女性价值、神圣家族、组织体系

　　在中国两千多年的封建专制社会中，女性尤其是劳动妇女被压在社会的最底层，深受神权、政权、族权、夫权的桎梏，不仅没有继承权、祭祀权、公开参与社会活动权，而且在法律上也毫无平等地位可言，极大地摧残了女性的身心，也严重地扼杀了女性的人性。《女性价值的张扬——明清时期民间宗教中的妇女》为人们展示了在明清时期的民间宗教那里，表现出对女性的热情关注、高度同情，乃至极力赞美讴歌，因而吸引了成千上万的劳动妇女挣脱封建礼教枷锁，勇敢地融入社会生活的洪流之中，与男性一起从事宗教活动与反抗斗争，构成了一道封建时代女性企羡通过信仰途径诉求人身解放和思想解放的独特景观。

　　以传教而致富，进而自我神化，乃至问鼎政治，企图登基称帝的民间宗教世袭传教家族古已有之，而尤以明清时期民间宗教世界的"神圣家族"——传教世家为多为烈。《神圣家族：明清时代民间宗教世界的传教世家》以无为教中的罗氏传教世家、黄天道中的李氏传教家族、东大乘教中的王氏传教世家、龙华教中的姚氏传教世家、八卦教中的刘氏传教世家为例，阐述了这些"神圣家族"在明清时期历史上发挥的双重社会作用，并提出值得后世警示的若干思考。

从管理学视角，所谓组织是指这样一个社会实体，即它具有明确的目标导向和精心设计的结构与有意识协调的活动系统，同时又同外部环境保持密切的联系。在中国民间宗教发展史上，清代是民间宗教最为繁盛的历史时期。究其原因，清代民间宗教建有成熟、严密的组织体系，是不容置疑的因素之一。《清代民间秘密宗教组织体系初探》通过分析、论述天地门教、八卦教等教派组织构成，给出解答：由"九宫八卦"的组织形式、"传贤"与"世袭"的传承制度，构成的清代民间宗教基本的组织体系，因而使有清一代的民间宗教更加严密，更具有生命力、诱惑力与凝聚力。

女性价值的张扬
—— 明清时期民间宗教中的妇女

在中国两千多年的封建专制社会中，女性尤其是劳动妇女被压在社会的最底层，深受神权、政权、族权、夫权的桎梏，不仅没有继承权、祭祀权、公开参与社会活动权，而且在法律上也毫无平等地位可言，极大地摧残了女性的心灵，也严重地扼杀了女性的人性。

然而，在明清时期的民间宗教那里，却表现出对女性的热情关注、高度同情，乃至极力赞美讴歌，因而吸引了成千上万的劳动妇女挣脱封建礼教枷锁，勇敢地融入社会生活的洪流之中，与男性一起从事宗教活动与反抗斗争，构成了一道封建时代女性企羡通过信仰途径诉求人身解放和思想解放的独特景观。

一

与秦汉，特别是宋明以来封建专制统治者极力倡导和强力推行的伦理纲常不同，明中叶以来的民间宗教，首先在宗教情感上表现出对女性的热情关注与高度同情。在明中叶以来流传的民间宗教经卷 —— 宝卷中，有关这方面的神学阐述比比皆是。如《销释孟姜忠烈贞节贤良宝卷》《佛说黄氏看经宝卷》《佛说离山老母宝卷》《地藏菩萨执掌幽冥宝卷》《弘阳血湖宝忏》等，都是通过感人肺腑的神话故事和亲切动人的通俗语言，表现出对女性婚姻家庭诸问题的关怀与拯救女性于苦难的胸襟。明末问世的《家谱宝卷》还以规戒的形式，约束教徒不要欺辱女性，"你是行善之人，一不许杀人，二不可放火，三不许欺骗女人"，又表现出保护女性的热忱。清末刊行的《众喜宝卷》还设有《劝弗溺女》专篇，以因果报应理论，劝诫家长生男生女乃是天意，溺女违背天心，会招来横祸，家长应当爱护女婴，借此反对社会上重男轻女、溺杀女婴的恶习。

不仅如此，明中叶以来的民间宗教，又通过宝卷形式，在宗教理念上为女性的合法权利进行神学辩护。如明末问世的《救苦忠孝药王宝卷》中说："或是男，或是女，本来不二；都仗着，无生母，一气先天。"[1] 又如清初刊行的《古佛天真考证龙华宝经》中说："吩咐合会男和女，不必你们分彼此。"上述经文都说明这样一个道理：无论是男人，还是女人，"先天"即从来就是平等的，并不存在着高低、上下、尊卑的等级关系，女人与男人一样，均可以在"后天"即现实生活中享受应有的各种物质与精神权利。

在此基础上，明中叶以来的民间宗教，还将封建伦理纲常中的阴阳位置作了一个革命性的大颠倒，为民间宗教信众塑造了一位至尊女神——无生老母，认为无生老母才是创世造人之祖，"古佛出现安天地，无生老母立先天"，"无生母，产阴阳，先天有孕"；"生一阳，生一阴，婴儿姹女"；"李伏羲，张女娲，人根老祖"。伏羲和女娲经过金公、黄婆两位神仙为媒，匹配夫妻，从此生下九十六亿皇胎儿女即人类。[2] 又认为无生老母是拯世理世的上帝，"无生老母，度化众生，到安养极乐国，同归家乡，不入地狱"[3]；"无生母，度化众生，同上天堂"。[4] 还认为无生老母是"考察儒、释、道三圣人"[5] 的最高权威和凌驾一切神灵之上的神中之王，"诸神满天，圣贤神祇，惟有无生老母为尊"[6]。与此同时，明中叶以来的民间宗教又将无生老母说成是一位凡情未了的人类母亲，时时向人间流露出慈母般的爱抚与关怀："无生老母在家乡，想起婴儿泪汪汪；传书写信还家罢，休在苦海只顾贪。归净土，赴灵山，母子相逢坐莲台。"[7] 为此，明中叶以来的民间宗教常将无生

---

① （清）黄育楩：《破邪详辩》卷一，《清史资料》第 3 辑，中华书局，1982 年。
② 《古佛天真考证龙华宝经》，濮文起主编：《民间宝卷》第 3 册，黄山书社，2005 年。
③ 《销释授记无相宝卷》。
④ 《佛说无为金丹拣要科仪宝卷》。
⑤ 《护国威灵西王母宝卷》。
⑥ 《普度新声宝卷》。
⑦ 《销释收圆行觉宝卷》。

老母形象为一位慈祥的老婆婆，她或亲自下凡济度众生，或派遣神佛临凡，"跟找原人，同进天堂"①。

　　随着无生老母女性信仰的横空出世，各种名目的女神也先后在民间宗教世界涌现。如在民间宗教各种教派中流传的由无生老母转化或分化的无极老母、瑶池老母、西王母、圣母、佛母、祖母等等。有的教派，如明末产生的弘阳教，竟造出番天老母、折地老母、折天老母、后土老母、总收老母、离山老母、观音老母、世枝老母、九玄老母、文殊老母、普贤老母、托天老母、无遮老母、坤天老母、修天老母、安天老母、盘天老母、邓天老母、元平老母、应天老母、元天老母、搜天老母、智天老母、关空老母、立天老母、节天老母、石凤老母、石招老母、西天黄母、石郎老母、金黄老母、黄天老母、透天老母、秀天老母、云天老母、火云老母、色空老母，收天老母、观空老母等数十位老母，掌管着从天上到人间乃至地狱的所有大权。② 就连教徒修道升天，各个关节也由女神执掌："十步修行，头步七山关，各有祖母把守。八步红罗天，九步天阔至十步圆满同归去，好去龙华对号宗。"③ 于是，在明末清初的民间宗教世界形成了一个以无生老母为首领的强大的女性神祇阵营。在无生老母信仰的影响下，民间宗教信众还在一些地方，如直隶沧州等地，建有多座无生老母庙宇。届时，民间宗教信众都要前往烧香磕头，顶礼膜拜。④

　　从对女性宗教情感上的热情关注与高度同情，到为女性合法权力进行神学辩护，最后又在信仰核心上高扬以无生老母为领袖的女性神祇崇拜，明清时期的民间宗教终于为女性争取人身解放和思想解放提供了理论上的根据。

二

　　明清时期民间宗教对女性的关注、同情与尊重，极大地唤醒了广大妇

① 《佛说都斗立天后会收元宝卷》。
② 《混元弘阳悟道明心经》，濮文起主编：《民间宝卷》第 5 册，黄山书社，2005 年。
③ 《佛说皇极收元宝卷》，濮文起主编：《民间宝卷》第 1 册，黄山书社，2005 年。
④ （清）黄育楩：《破邪详辩》卷三，《清史资料》第 3 辑，中华书局，1982 年。

女参与宗教活动的积极性，引领成千上万的妇女投身于下层民众的宗教运动之中。

在明清时期数以百计的各种名目的教派中，女性教徒都占有相当大的比重。有的民间宗教教派，如明末出现弘阳教，女性教徒尤多；在有的县份，如直隶束鹿县，弘阳教教徒竟然全为女性。[①]

从清中叶起，除广大汉族下层民众踊跃参与民间宗教活动外，更因"自京师始，暨乎四方，大抵富户变贫户，贫户变饥者，四民之首，奔走下贱，各省大局，汲汲乎皆不可支日月，莫暇问年岁"[②]，致使许多旗民因贫困交加，也加入民间宗教，以寻求生活出路和精神解脱。其中，亦有不少旗民女性教徒，如北京西山有一支民间宗教教派，"会中止有旗民男妇"，且"每会俱系女多男少"。[③]

妇女一旦信仰民间宗教，就可以在各自的教派中，与男性教徒一起从事宗教活动，或学医治病，习练拳棒；或传抄经卷，吃斋诵经；或烧香念佛，祈神赐福。其中，还有许多女教首、女教主。她们在各自的教派中，或参与筹划、指挥教务活动，或发展教徒，扩充教势；或承继教权，灯火相传；或自立教派，成为万众敬仰的一教之主。

明中叶问世的黄天道，由北直怀安县（今河北怀安）人李宾创立。李宾死后，教权由其妻王氏执掌。王氏死后，教权先后由长女大康李氏、次女小康李氏与次女之女米康氏继承。在黄天道信众眼中，王氏与大康李氏、小康李氏及米康氏与李宾地位同样重要，被崇奉为教内五位"佛祖"。[④]万历年间，长生教教主汪长生表姐姜徐氏，被其信众尊为"姜妈妈"，许多妇女追随"姜妈妈"而纷纷入教，致使长生教迅速发展。[⑤]盛行于明末浙江一带的龙华教，当其第一代教主殷继南被当局杀害后，殷继南的女弟子普福"整理佛门，开堂示众"[⑥]，成为殷继南身后的教权继承人，致使龙华教并没有因为

① （清）那文成：《那文毅公奏议》卷四十一，《续修四库全书·史部》，上海古籍出版社，2002年。
② （清）龚自珍：《龚自珍全集》，河洛图书出版社，1975年，第106页。
③ （清）那文成：《那文毅公奏议》卷四十一，《续修四库全书·史部》，上海古籍出版社，2002年。
④ 濮文起：《秘密教门：中国民间秘密宗教溯源》，江苏人民出版社，2000年。
⑤ 《史料旬刊》第十三期，彰宝折。
⑥ 《三祖行脚因由宝卷》。

教主殷继南的被害而衰微。[1]

在明代民间宗教中，由女性创立教派，始于无为教创始人罗清之女罗佛广。她在北直蓟州（今天津市蓟县）盘山怪子峪创立大乘教，被后世信众尊为机留女。接着，东大乘教教主王森再传弟子米贝异军突起，在北直藁城县张村创立了龙天道，被其信众奉为米老母、米奶奶、米菩萨。然后，少年尼姑归圆自称无生老母与观音菩萨化身，又在京西保明寺创立了西大乘教。[2]

大乘教、龙天道和西大乘教，均是明末流传地域颇广、影响巨大的民间宗教教派。

大乘教在蓟州境内的流行，直接开启了"蓟州皮工"[3]王森的灵性，王森因此而创立了著名的东大乘教。龙天道自万历初年创教始，就以女性为教主，至清道光年间，已传十二代。特别是龙天道在明末撰写的《家谱宝卷》中宣扬"牛八退位，木子当来"（牛八即朱字，喻指朱明王朝；木子即李字，喻指李自成农民起义军）谶语，被清代民间宗教中的许多教派奉为圭臬，作为组织、发动农民起义的战斗口号。[4]西大乘教不仅获得了广大下层民众的信奉，而且还赢得了明朝达官显贵乃至神宗朱翊钧之母李太后青睐，因而发展极快，教徒遍及京畿州县，成为明末民间宗教中一个公开盛行的大教派。[5]

进入清代以后，民间宗教中的女教首、女教主更是层出不穷。

顺治七年（1650），山东商河县人董计升创立天地门教后，就主张夫妻双修，共同传教。为此，他设立了女当家，称金传二支，俗称二当家、二师傅，其地位与男当家相同，董计升妻王氏为金传二支之首。[6]康熙三十三年（1694），山东即墨县（今山东青岛即墨区）人羊宰在直隶蓟州（今天津蓟州区）岐山创立的在理教，教徒中有男有女，男称"大众"，女称"二众"，男当家称"领众"，女当家称"法师"，其活动场所也因此有"大众公所"与"二众公所"之设置。[7]康熙、雍正年间，流传于西南和江浙诸省的张保太大

---

① 濮文起：《秘密教门：中国民间秘密宗教溯源》，江苏人民出版社，2000年。

② 濮文起：《秘密教门：中国民间秘密宗教溯源》，江苏人民出版社，2000年。

③ （明）黄尊素：《说略》，《涵芬楼秘笈》第2集，国家图书馆出版社，2000年。

④ 濮文起：《〈家谱宝卷〉表微》，《世界宗教研究》1996年第3期。

⑤ 濮文起：《秘密教门：中国民间秘密宗教溯源》，江苏人民出版社，2000年。

⑥ 濮文起：《天地门教钩沉》，《天津社会科学》1993年第1期。

⑦ 濮文起：《羊宰论》，《世界宗教研究》2001年第1期。

乘教，其贵州教区教首最初为魏明琏，教内受封左中宫①，其妻魏王氏，又称魏斋婆，受封右中宫。魏明琏死后，魏王氏接充贵州教首，坐镇省城贵阳，教主张保太特封魏王氏以右中宫兼管左中宫，加升总统宫元佛权。②雍正年间，直隶衣法教教首旗人董一亮死后，其女承继教权，以易州（今河北易县）为传教中心，继续传教。③乾隆四年（1739），河南伏牛山白莲教女教首"一支花"，与河南伊阳县白莲教女教首结拜为姊妹，其教团以女教徒为多。④乾隆初年，直隶沙河县（今河北沙河）人胡张氏，与其父到山西长治县（今山西长治）拜收元教教首田金台为师，学习坐功运气，回家后便开始传教，不久即成为直隶地区的收元教教首。⑤乾隆末年，西天大乘教湖北襄阳地区教首齐林被官府捕杀后，其妻王聪儿被徒众迎立为总教师，统领襄阳地区西天大乘教教务。⑥

此外，女性教徒协助其父、其夫、其子，成就一番传教事业的事例就更多了。清顺治三年（1646），龙华教第二代教主姚文宇被官府杀害后，其妾周氏携幼子姚铎避难前山，直到顺治七年（1650），周氏才携子回到祖堂，葬姚文宇于铁岭之阳，辅佐其子承继教权，遂使龙华教再度大兴。⑦嘉庆后期，直隶任县（今河北任县）人赵理接掌白阳教教权后，其次女吴赵氏协助其父传教，其信徒遍布直隶任县、隆平、南和、巨鹿、新城、定兴、邯郸、永年、平乡、枣张、宛平、衡水、安平等县。⑧如此等等，不再赘述。

三

明清时期民间宗教对女性的关注、同情与尊重，又激励女性教徒在民间

---

① 张保太大乘教有一套教阶制度。其名称如下：总统宫元佛、封宫元真佛、中宫（左中宫、右中宫、前中宫）、承中、上绕、下绕、护道金刚等。
② 濮文起：《秘密教门：中国民间秘密宗教溯源》，江苏人民出版社，2000年。
③ 庄吉发：《清世宗禁教考》，《大陆杂志》1962年第2期。
④ 濮文起：《中国民间秘密宗教》，浙江人民出版社，1991年。
⑤ 《军机处录副奏折》三一八卷，三号，刑部题本田金台戮尸、李张氏绞决案。
⑥ 濮文起：《秘密教门：中国民间秘密宗教溯源》，江苏人民出版社，2000年。
⑦ 濮文起：《秘密教门：中国民间秘密宗教溯源》，江苏人民出版社，2000年。
⑧ 濮文起：《中国民间秘密宗教》，浙江人民出版社，1991年。

宗教发动、组织和领导广大农民反抗封建专制统治时，表现出惊人的勇气与大无畏精神。

明万历年间，刘天绪以无为教为旗帜，率领万余名群众在南京起义，教徒岳氏妻自称"观音"，聚众响应。[①] 崇祯年间，山东王伦益称混元祖师，他的妻子十指母协助其率众起义。[②] 清乾隆十三年（1748）正月，闽北老官斋教教徒严氏打着"无极圣祖代天行事"旗帜，发动民众暴动。[③] 乾隆三十九年（1774），山东清水教教首王伦率众起义，其岳母会使双刀，其嫂于氏及乌三娘、林哲长女张氏、次女赵氏均能跨马上阵，与清军血战沙场。[④] 嘉庆元年（1796）二月，西天大乘教襄阳地区教首王聪儿在襄阳率众起义。嘉庆二年（1797）初，王聪儿率领襄阳教军与湖北教军在四川东乡会师。为了摆脱清军的三面会攻，王聪儿率领襄阳教军从川入楚，又由楚入陕再入川，打得清军损兵折将。对此，业已退位的乾隆帝"心焦"震惧，刚登基的嘉庆帝更是"寝食不安"。[⑤] 嘉庆三年（1798）三月，王聪儿在郧西境内的三岔河地区被清军重兵围困，虽誓死搏斗，终因敌众我寡，死伤惨重。最后，王聪儿与十余名女教徒登上山顶，相继跳崖，壮烈牺牲。嘉庆十八年（1813），天理教教首李文成在河南率众起义，其妻张氏率兵夜袭清军，三出三进，杀伤清军甚多。当清军攻破义军防线后，张氏与李文成并肩战斗，"城亡与亡，不死非英雄"！挥刀与清军，杀死官兵数十人，然后"阖门自缢，幼女年十二，亦自刎"。[⑥] 道光年间，山东冠县八卦教暴动，程四姐、杨五姐等号称娘子军，能于马上驰骋中，挥舞大刀作蛺蝶穿花式，钗光鬓影，别显雌威。[⑦] 咸丰十一年（1861），离卦教教首郜文元与其妻郜姚氏为配合捻军作战，在山东归德府（今河南商丘）马牧集北金楼寨发动农民起义，附近农民纷纷参加，"官军屡剿不得破"。同治元年（1862），清军统帅僧格林沁亲率装备有

---

① （明）丁宾：《丁清惠公遗集》卷一，擒获妖犯乞正典刑疏，崇祯刻本，国家图书馆藏。

② 国立中央研究院历史语言研究所明清史料编刊会：《明清史料》乙编第九册，兵科抄出山东巡抚王从义题本，商务印书馆，1936年。

③ 《清高宗实录》（五）卷三百九，乾隆十三年二月，《清实录》第23册，中华书局，1985年。

④ 《东案口供档》，乾隆三十九年，台北"故宫博物院"。

⑤ 《清仁宗御制诗初集》卷二九，武英殿刊本，嘉庆八年（1803）。

⑥ （清）兰簃外史：《靖逆记》卷五，上海书店，1987年。

⑦ 《民国·冠县县志》卷十，纪变，《中国地方志集成·山东府县志辑》第91册，凤凰出版社，2004年。

新式洋枪洋炮的优势清军前来镇压。起义军以金楼寨为据点，与僧格林沁率领的优势清军激战三个月，毙敌一千多人，终因寨墙被敌炮轰破，起义军与清军肉搏，邸姚氏等人全部壮烈牺牲。[1] 同治五年（1866），黄崖教在山东肥城境内的黄崖山率众起义。当清军以新式大炮击毁石砦，杀进石砦以后，黄崖教教徒仍持械巷战，教首张积中与戚属男女自焚而死，"合砦死斗，无一生降。寄居官僚及弟子等男女二百余，有一室为灰烬者，其存妇女幼稚四百余，妇有形色洒然，笑语如平常者。获弟子韩美堂等数辈，皆愿从师死，讯无他词"[2]，表现出女性教徒视死如归的英雄气概。在清末轰轰烈烈的义和团运动中，红灯照首领林黑儿带领妇女，不仅为义和团众看病治伤，而且参加抗击八国联军的战斗，曾在天津老龙头火车站和紫竹林等地英勇杀敌。[3] 这些女性教徒豪气干云的英雄气概，赢得了下层民众的赞扬与传诵，其英勇善战的事迹已经彪炳史册，百代流芳。

四

明清时期民间宗教中女性价值的张扬，不仅与传统礼教之下的妇女保守懦弱屈从的生活方式形成了鲜明的对照，而且更为重要的是极大地冲击了作为封建专制政治统治基础的伦理纲常。因此，必然引起封建统治者的极度忧虑与恐慌，将女性纷纷加入民间宗教视为洪水猛兽，采取了一系列严厉禁止与血腥剿杀手段。特别是进入清中叶以后，随着女性加入民间宗教的数量剧增，从朝廷到地方官绅都加紧和加快了惩治民间宗教女性教徒的步伐和力度。嘉庆帝曾为此特颁谕旨："村庄有习教妇女者，尤当留心侦察，一经访有端倪，密速掩捕，自不难一举成擒。"[4] 至于地方官绅，更是按照朝廷部署，使用舆论宣传和搜捕镇压两手，以遏制女性加入民间宗教。在舆论宣传方面，曾任直隶地方官的黄育楩最具典型。

———————————

[1] 涂宗涛：《〈含晶道人自订年谱〉及其史料价值》，《天津社会科学》1991年第4期。
[2] （清）张曜：《山东军兴纪略》，黄崖诬反案，台湾文海出版社，1970年。
[3] 濮文起：《中国民间秘密宗教辞典》，四川辞书出版社，1996年。
[4] 《上谕档》，嘉庆二十二年秋季档，台北"故宫博物院"。

　　黄育楩，字任谷。甘肃狄道州（今甘肃临洮）人。清嘉庆九年（1804）中举，以知县分发直隶，历任宛平、三河、武清、清河、宝坻、广平、邢台、巨鹿诸县知县和深州、沧州知州，在任以知府选用，死于任上。

　　黄育楩任清河知县时，就曾针对民间宗教活动，"因刊严禁邪教告示，分作页数，以之粘连成篇，仍可随时张挂，装订成本，又可永远流传，当即刷印三万余本。除分送邻封外，遍给清邑各村绅士，令与村民时常谈论"①。道光十三年（1833），当他调任巨鹿知县以后，认为"辨驳邪教之处，惟视卷案为证据"②，便开始搜缴民间宗教宝卷二十种，"择其主意所在之处，详为辩驳"，写成《破邪详辩》四卷。道光十九年（1939），黄育楩升任沧州知州后，又查出民间宗教宝卷三十余种，并将清代北方各地民间宗教所"提出无数妖言，其妄谬有更甚于邪经者"，写成《续破邪详辩》一卷。道光二十一年（1841），他复从邻邑查出民间宗教宝卷二十余种，写成《又续破邪详辩》一卷。③

　　在这部"每年必费银数百金，刷印数千部，以顺寄各省"④的《破邪详辩》中，黄育楩极尽诬蔑、攻击民间宗教之能事，特别对妇女参加民间宗教活动，更是暴露出他竭力维护封建伦理纲常的政治立场。如他针对《古佛天真龙华考证宝经》中宣扬的"吩咐合会男和女，不必你们分彼此"的男女平等观念写道："此等谬言，邪经最多。邪教男女混杂，即由于此。不知礼云男正位乎外，女正位乎内。又云外言不入于阃，内言不出于阃。又云：男女授受不亲。如此者，所以别嫌疑而防奸淫也。邪教男女混杂，即为奸淫所由起。"⑤对于因医治疾病而加入民间宗教的妇女，他则以封建伦理纲常卫道士的面孔恐吓道："妇女在世，首重名节，名节一坏，上则有愧于祖宗，下则贻羞于子孙，及至犯案，则又大祸临身，悔之晚矣。惟望为父母者管束亲女，为翁姑者管束儿媳，为丈夫者管束妻妾，总使家有病人，亦当延请名医，依方调治，病之愈否，听命而已。"⑥

① （清）黄育楩：《破邪详辩·序》，《清史资料》第3辑，中华书局，1982年。
② （清）黄育楩：《破邪详辩·序》，《清史资料》第3辑，中华书局，1982年。
③ （清）黄育楩：《又续破邪详辩·序》，《清史资料》第3辑，中华书局，1982年。
④ （清）黄育楩：《又续破邪详辩·序》，《清史资料》第3辑，中华书局，1982年。
⑤ （清）黄育楩：《破邪详辩》卷一，《清史资料》第3辑，中华书局，1982年。
⑥ （清）黄育楩：《破邪详辩》卷三，《清史资料》第3辑，中华书局，1982年。

黄育楩不仅在禁止民间宗教的舆论宣传方面，为封建专制统治者效尽了犬马之劳，而且还将他的这种严禁民间宗教的说教付诸实践。他上任沧州知州不久，就下令焚毁捷地和旧州两座无生老母庙宇；又搜捕入教妇女，"令释回及改悔犯妇具结保本村妇女，以妇女之性多愚，故易被煽惑，妇女之性多怯，又最畏官司，必令具结严查，而妇女不至入教矣"。为了断绝民间宗教活动，他还清理保甲，严行立法[①]，并劝捐兴建学校——光泽书院[②]，"以宣讲圣谕为要务"[③]，重整早已岌岌可危的封建伦理纲常，企图从思想上泯灭民间宗教在妇女中的影响。

与黄育楩相比，全国各地的督抚州县官员，虽然在禁止民间宗教的舆论宣传方面不如黄育楩那样投入[④]，但是在搜捕女性教徒，特别是在镇压女性教徒反抗斗争方面则是不遗余力，毫不手软。

清乾隆十一年（1746），张保太大乘教贵州教首魏王氏被捕；是年九月，魏王氏被贵州当局凌迟处死。乾隆二十八年（1763），直隶当局查办黄天道，李宾夫妇与其两女及外孙女尸骨均被寸磔扬灰。[⑤]嘉庆初年，满洲正蓝旗宗室庆遥因病拜弘阳教首梅氏为义母，加入弘阳教。随后，庆遥妻子和母亲也成为弘阳教信徒。不久案发，庆遥妻、母因习教，分别发配黑龙江和吉林，拨给官兵为奴。受此案牵连，王庞氏、梅郭氏、倪刘氏、倪毕氏，也因修习弘阳教，被发配四川、甘肃、广东、福建，均拨给官员为奴。[⑥]嘉庆十九年（1814），老理会中"高张氏及伊女李高氏，居住广宁门内……传习邪教……其所藏经卷，亦多悖逆之词，较之寻求左道惑众者，其罪尤重。高张氏、李高氏……俱着改为绞立决"[⑦]，如此等等。清朝统治者对于参与民间

---

① （清）黄育楩：《破邪详辩》卷三，《清史资料》第3辑，中华书局，1982年。
② 《光绪·巨鹿县志》卷三。
③ （清）黄育楩：《破邪详辩》卷三，《清史资料》第3辑，中华书局，1982年。
④ 如清初思想家颜元只是在其所著《习斋四存编·存人编》中写下这样的话语："你们男女混杂，叫人家妇女为'二道'，只管入房入室，坐在炕头上，不知我圣人的礼，男无故不入中门，女无故不出中门，叔嫂尚且不通问，父兄于女子，既嫁而归，尚且以客待之，至亲骨肉，亦必嫌疑。哪有妇女往无干的人家去上会的礼？哪有异性无干的男人，入内室的礼？这是大坏人道，乱风俗，你们怎么不顾体面？"至于其他地方官员，就再没有像黄育楩那样长篇累牍地"辩驳"民间宗教了。
⑤ 中国第一历史档案馆：《军机处录副奏折》，乾隆二十八年四月十三日，兆惠奏折。
⑥ 《上谕档》，嘉庆七年春季档，台北"故宫博物院"。
⑦ 《上谕档》，嘉庆十九年闰二月初四日，台北"故宫博物院"。

宗教活动的女性，不论是汉族，还是满族，其中的教首，皆处以极刑，其他则流放边蛮，或绞立决，最轻的也要杖责。至于举旗造反的女性教首，除战场上壮烈牺牲外，凡是被清军擒获的女教首，都惨遭杀戮。如咸丰十一年（1861），离卦教教首郜文元与其妻郜姚氏起义失败后，郜姚氏被清军擒获，"斩于军前，士卒剖其胎而食之"①，其手段之残忍，真是令人发指。

　　但是，封建专制统治者的舆论禁止和铁血镇压，犹如抽刀断水水更流，非但没能扼杀女性参与民间宗教活动的积极性，反而促使下层社会的广大妇女以更加狂热的态度，投入到民间宗教活动之中，直到 1911 年清朝封建专制统治被推翻，传习各种民间宗教教派的女性仍然不绝。

原载《理论与现代化》2006 年第 5 期

---

① 涂宗涛：《〈含晶道人自订年谱〉及其史料价值》，《天津社会科学》1991 年第 4 期。

神圣家族：明清时代民间宗教世界的传教世家

以传教而致富，进而自我神化，乃至问鼎政治，企图登基称帝的民间宗教世袭传教家族古已有之，而尤以明清时期民间宗教世界的"神圣家族"——传教世家为多为烈。研究这一历史课题，对于人们全面而深入地认识明清时代民间宗教的社会作用会有所裨益；同时，也会对洞悉当代社会中的民间宗教问题有所借鉴。

一

中国民间宗教发展到明清时代，已经进入了可以称之为"运动"的狂热状态。由元末流传下来的白莲教暂且不说，以明中叶问世的无为教为嚆矢，各种名目的民间宗教教派犹如雨后春笋，在大江南北破土而出，从而构成了一个生机勃勃的民间宗教世界。在这场史无前例的下层民众宗教运动中，产生了许多与封建专制制度始终处于流离乃至对抗状态的传教世家。举其荦荦大者，主要有五：

（一）无为教中的罗氏传教世家

明嘉靖六年（1527），无为教创始人罗清去世后，其女罗佛广前往蓟州盘山怪子峪创立大乘教，继续传播无为教法，其子罗佛正则继承教权。此后，经罗清孙罗文举、重孙罗从善，七传至清雍正、乾隆年间的罗明忠，皆为无为教主。[1]

---

[1] 《军机处录副奏折》，乾隆三十三年九月二十一日，直隶总督杨廷璋奏折。

（二）黄天道中的李氏传教家族

嘉靖四十一年（1562），黄天道创始人李宾死后，因无子嗣，教权由其妻王氏执掌。万历四年（1576），王氏死，先由其长女大康李氏接掌；大康李氏死，传与其妹小康李氏；小康李氏死，教权由其女米康氏继承。约从清康熙初年始，教权复归李氏家族，由李宾胞兄李宸四世孙李蔚执掌。李蔚死后，传其弟李贲；李贲死，传其孙李昌年；李昌年死，教权由李遁年承继；直到乾隆二十八年（1763）清廷严办黄天道以前，教权一直掌握在李氏家族手中。

（三）东大乘教中的王氏传教世家

万历四十七年（1619），东大乘教创始人王森瘐死狱中，教权由三子王好贤继承。天启四年（1624），王好贤被明朝廷杀死后，三房（指王森三个儿子，即长子王好礼、次子王好义、三子王好贤）子孙分别接续教权，各自传教，直到清嘉庆二十年（1815）清政府彻底查办清茶门教（入清以后，东大乘教异名）为止，王氏传教世家才土崩瓦解。

（四）龙华教中的姚氏传教世家

清顺治三年（1646），龙华教教主姚文宇被杀后，其次妻周氏携幼子姚铎藏匿民间。康熙年间，姚铎长大后，接掌教权，并举家从祖籍处州府庆元县迁居温州府永嘉县，其所传龙华教也因清廷查禁而改称一字教，又名老官斋教，简称斋教。此后，姚铎子孙始终在教内稳坐教主之位，到道光十三年（1833）清政府严禁老官斋教时，已经递传了十代。[①]

（五）八卦教中的刘氏传教世家

康熙四十年（1701），八卦教创始人刘佐臣死后，其长子刘儒汉承继教权；乾隆元年（1736），刘儒汉病故，传其子刘恪；乾隆二十二年（1757），刘恪死后，传其子刘省过。此后，刘省过次子刘二洪和刘省过同族兄弟刘廷献与其子刘成林先后承袭八卦教教主。自康熙初年至嘉庆二十二年

---

① 秦宝琦：《关于台湾斋教渊源史料的调查》，《民间宗教》第 1 辑，台北南天书局，1995 年。

（1817）清廷严办八卦教，刘佐臣及其子孙六代充当八卦教教主，历时一个半世纪。

上述传教世家所掌握的无为教、黄天道、东大乘教、龙华教、八卦教，均是引领明清时期民间宗教运动方向的著名教派，至于那些只是二世而亡的民间宗教组织就更多了。

二

明清时代民间宗教世界的这些传教世家，其开创者大都出身贫苦。

无为教创始人罗清（1442—1527），山东莱州府即墨县（今山东青岛即墨区）人。世代隶属军籍。[1]三岁丧母，七岁亡父，跟随叔婶长大。[2]十四岁时，代叔从军，戍守北直密云卫（今北京密云区）。幼小失怙与艰辛的军旅生涯，使罗清饱尝了人间苦难。

黄天道创始人李宾（？—1562），北直隶怀安县（今河北怀安）人。青年时代，在家务农。正德、嘉靖间，北方蒙古族屡次犯边，明政府为此派兵驻守长城，以防边患。李宾因家住长城脚下，便应征入伍，戍守野狐岭，并在战争中失去一目。后因被诬欠短粮草，受尽酷刑，经大家帮助，补足粮草，被释放回家。[3]

东大乘教创始人王森，北直隶顺天府蓟州（今天津蓟州区）人。青年时代，为"蓟州皮工"[4]，这在当时是一种非常低贱的职业。

龙华教教主姚文字（1578—1646），浙江处州府庆元县（今浙江庆元）人。父母早逝，家贫无依，为人牧鸭。[5]童年时代，受尽人间磨难。

八卦教创始人刘佐臣（？—1701），山东曹州府单县（今山东单县）人。农民。

① 《巍巍不动泰山深根结果宝卷·卷尾》，濮文起主编：《民间宝卷》第 1 册，黄山书社，2005 年。
② 《苦功悟道卷》，濮文起主编：《民间宝卷》第 1 册，黄山书社，2005 年。
③ 李世瑜：《现在华北秘密宗教》，台北古亭书局，1975 年，第 16—17 页。
④ （明）黄尊素：《说略》，《涵芬楼秘笈》第 2 集，国家图书馆出版社，2000 年。
⑤ 《三祖行脚因由宝卷·庆元三复》，濮文起主编：《民间宝卷》第 2 册，黄山书社，2005 年。

在这五名创业者中，有两名是退伍军丁、一名是手工业者、一名是孤儿、一名是农民。他们在创立各自的民间宗教教派之前，均生活在社会下层，过着贫困交加的痛苦生活。但是，当他们一旦创立各自民间宗教教派后，便首先以传教致富。

无为教创始人罗清在世时，其信众遍布社会各个阶层。其中，既有权势太监，也有著名僧人；既有生员，也有官吏。当然，下层农民、漕运水手、手工艺者占其大多数。成千上万徒众的香金供奉，不仅使罗清娶妻生子，而且改变了昔日退伍军人的贫寒状况，过上了丰衣足食的生活。罗清去世后，他的葬礼相当隆重。当时，门下释大宁和尚为其举行法会，京城许多著名人物都前来赴会供养。① 密云卫总兵官杨都司还在墓地建塔树碑，塔高十三层，名曰"无为塔"，碑书"无为境"。② 由此可见，罗清的巨大影响和罗氏家族的经济实力。否则，一介退伍军丁，死后顶多一口薄材入土，何止如此奢侈。此后，罗氏子孙继续享受徒众的各种供奉，一直过着衣食无忧的生活。

同样，黄天道创始人李宾死后，被其徒众葬在碧天寺。其妻王氏死后，与李宾合葬一塔。塔为石砌，高十三层，坐落碧天寺内，名曰"明光塔"。从此，碧天寺成为黄天道圣地，一个世纪以来，香火不绝，黄天道李氏传教世家由此而享受广大信众的各种供奉，不再像他们的祖上李宾创教前那样困苦地生活。

与无为教和黄天道的传教世家相比，东大乘教的王氏传教世家则更加富有。王森在世时，他就以信众所献巨万香金，在北京、顺天、永平等地置田数千亩，父子均一妻数妾，奴婢成群，成为一方富豪和信仰世界中的领袖，"欲兴工，则大工可刻期而成；欲财货，则千金可一呼可凑；一言传，一夕可达千里；一令招，指日可集万众"③。王森死后，其子孙继续在北直隶滦州（今河北滦州）石佛口和卢龙县（今河北卢龙）安家楼拥有很多房产地亩，继续享受富豪生活。

龙华教自姚铎执掌教权后，姚氏子孙尽情地坐收江南七八个省份成千累

---

① 《苦功悟道卷》，附《北京众士赞祖塔之文》，康熙九年重刊本，濮文起主编：《民间宝卷》第1册，黄山书社，2005年。
② 《军机处录副奏折》，乾隆三十三年九月二十一日，直隶总督杨廷璋奏折。
③ （明）岳和声：《餐微子集》卷四，天启四年刻本。

万信徒的香资供奉，成为温州一带的豪门地主。

八卦教经过刘佐臣、刘儒汉、刘恪祖孙三代经营，到乾隆中叶刘省过掌教时，刘氏家族已经成为单县一带的大地主。乾隆三十七年（1772），清政府查抄刘氏家族时，不仅起获了一万二千多两白银，而且发现刘氏家族"有田数处，地数十顷"，"家道殷实"。①

三

为了保住既得的经济利益，明清时代民间宗教世界的这些传教世家，在传教敛钱的同时，又在教内兴起了一场规模浩大的造神运动，于是便在他们所掌握的民间宗教教派中，相继建立起一个个"神圣家族"。

无为教创始人罗清死后，被其子孙及其信徒奉为"罗祖"，享有与佛祖同等的崇高地位，受到信众的顶礼膜拜。因此，无为教又叫罗祖教。罗清之女罗佛广死后，则被后世信众尊为机留女，同样受到奉崇。

黄天道创始人李宾，法号普明，其妻法号普光，长女法号普净，次女法号普照，次女之女法号普贤。他们死后，分别被尊为"普明佛""普光佛""普净佛""普照佛""普贤佛"，成为黄天道内崇拜的所谓五位"佛祖"。就连李宾的大女婿也被奉为文义圣真佛，外孙女婿被奉为武功大真佛。教权回归李氏家族后，李蔚自号普慧，被信众奉为普慧佛。

东大乘教创始人王森自称法王石佛，接掌教权的王好贤则"自称弥勒教主"。②入清以后，东大乘教改称清茶门教，王氏三房子孙房虽各自传教，但在广大信众心目中，他们依然是丝毫不敢违抗的神明，必须虔诚地供养。

龙华教教主姚文宇自称"天上弥勒，号无极圣祖"。③姚铎继承教权后，通过举办斋会形式，自我神化。他们设立的斋堂遍布江南各地，每逢朔望，都组织信众聚集斋堂诵经礼拜。堂上供奉无极圣祖——姚文宇牌位，"中设香斗大如栳，建布旗，焚旃檀，旁燃巨烛十六或十二，昼夜诵经不辍，五六

---

① 《朱批奏折》，乾隆三十七年五月十六日，山东巡抚徐绩奏折。
② 故宫博物院明清档案馆：《清代档案史料丛编》第 3 辑，中华书局，1979 年，第 28 页。
③ 《三祖行脚因由宝卷·庆元三复》，濮文起主编：《民间宝卷》第 2 册，黄山书社，2005 年。

日乃罢"①。姚氏家族利用这种宗教仪式，在广大信众心目中树起了"姚祖"的神圣偶像，而其子孙则是"姚祖"在当世的代表，具有"替祖代化"的宗教权威。

八卦教自刘省过掌教后，就将其曾祖刘佐臣奉为弥勒佛转世，后来又演化为孔夫子再生，"后尊古佛乃儒童菩萨，二转孔丘夫子，三转佛名弥勒教主"②，号称"圣帝老爷"。刘佐臣还被比作光被万物、普照生灵的太阳，教内把每年的二月初一作为太阳生日，集体作会，焚香膜拜。信徒每天三次朝拜太阳，同时口念《愚门弟子歌词》："愚门弟子请圣帝老爷眷恋……照应弟子，弟子与圣帝老爷磕头。"③他的子孙被称为"圣裔"，是他的转世和化身，既能安排人们死后的归宿，又是现实世界的"救世主"。教内设有先天、中天、后天牌位，称刘佐臣为先天老爷，称其曾孙刘省过为后天老爷。

四

这些"神圣家族"经济上的富有，信仰上的自我神化，以及他们分别掌握着成千上万的狂热信众，必然在政治上表露出它们的各自诉求。

首先，这些"神圣家族"采取的是为封建王朝歌功颂德或跻身仕途的手段，去实现他们的政治主张。

在这些"神圣家族"编写的经卷——宝卷中，几乎都有颂扬皇权，为皇亲国戚、满朝文武祈福祝寿的颂词。如黄天道经卷《普静如来钥匙宝卷·序》："一报天地盖载恩，二报日月照临恩，三报皇王水土恩，四报父母养育恩，五报五方常安乐，六报六国永不侵，七报文武迁高转，八报人民永平安，九报九祖升天早，十报三教范师恩。"这首《十报歌》实际上是矗立在世人心中的天、地、君、亲、师牌位，让世人永志不忘，咏之歌之，默之祷之，顶礼膜拜，成为封建秩序下的驯服良民。他们如此宣扬的目的，只有一个，即企羡通过攀缘上层社会，争取合法地位，以利各自教派流传和

---

① （清）采蘅子：《虫鸣漫录》卷一，新文化书社，1934年。
② 《军机处录副奏折》，乾隆五十三年六月十七日，直隶按察使富尼善奏折。
③ 《军机处录副奏折》，乾隆五十六年，震卦教徒毛有伦供词。

发展。

东大乘教王氏"神圣家族"中的二房王好义之子王可就，怀着父祖两代被明政府杀死的仇恨，于明崇祯九年（清崇德元年，1636）派门徒赴锦州与清政权联络，"请天聪为皇帝"[1]，愿作内应，未果。清兵入关后，王可就率众投降。康熙年间，王可就曾任山东抚标游击、陕西延安府延安营参将和杭州城守副将，先后镇压过这些地方的民众反清起义。三藩之乱时，王可就受到康熙帝两次召见，委以密查耿精忠的特殊使命。后被人刺杀，康熙帝亲自"赐祭"，并荫封其二子。其祖父王森夫妇亦受到康熙帝的追封，并在其家乡滦州石佛口建立墓碑。[2]

老官斋教姚氏"神圣家族"子孙屡出贡生，涉足士林，有的官至教谕，甚至职领州牧。[3] 八卦教刘氏"神圣家族"第三代教主刘儒汉捐纳选授山西荣河县知县，其三弟刘儒清也以捐纳成为候选教谕，其子刘恪亦捐职州同。姚氏与刘氏两个"神圣家族"花钱买官所需银两，均为广大信众供奉，如刘儒汉为捐纳选授山西荣河县知县输银一千七百两，外加一千零四十担大米，共合白银四千六百余两。这些"神圣家族"跻身仕途，不仅是为了掩饰他们的"邪教"首领身份，而且主要是为了打通另一条通往权力与金钱之路，从而提高和巩固他们在各自教派中的世袭地位。至于东大乘教王氏"神圣家族"中的王可就甚至不顾民族大义，卖身投靠清政权，反过头来镇压反抗清兵蹂躏的汉族兄弟，那就更令人不耻了。

其次，这些"神圣家族"采取批判的武器或是武器的批判两种相互交替的手段，去实现他们的政治主张。

从目前所掌握的史料来看，尚无发现无为教中的罗氏"神圣家族"具有叛逆思想与行动。但是，无为教教义思想核心即"真空家乡，无生老母"信仰，却启迪了一些无为教地方教团首领如赵古元、刘天绪等人率众起义。[4]

黄天道建立初期，李氏"神圣家族"曾在政治上为朝廷歌功颂德。入清以后，由于清政权损害了扎根于直隶、山西一带黄天道的利益。因此，李氏

---

① 孟森：《明清史论著集刊》，满洲老档译件论证之一，中华书局，1984 年。

② 马西沙、韩秉方：《中国民间宗教史》，上海人民出版社，1992 年，第 581 页。

③ 秦宝琦：《关于台湾斋教渊源史料的调查》，《民间宗教》第 1 辑，台北南天书局，1995 年。

④ 濮文起：《秘密教门：中国民间秘密宗教溯源》，江苏人民出版社，2000 年，第 68 页。

"神圣家族"放弃了拥戴清政权的立场，提出了"走肖（即赵姓）传与朱家，朱家传与李子（即黄天道李氏家族）"①的天下禅让说，以宗教谶纬思想鼓动人心，妄图登基自立。

东大乘教王氏"神圣家族"自王好贤起，就具有明确的反抗朱明王朝的政治企图。天启二年（1622），在王好贤的策划下，东大乘教在山东和北直隶领导了被明朝统治者称之为"二百六十年未有之大变"②的农民大起义。逮至清朝，已改名清茶门教的王氏"神圣家族"，在其所编《三教应劫总观通书》中，更是公然宣扬"未来佛降在石佛口王姓家内"，为王氏"神圣家族"登基坐天下大造舆论③，并诅咒"清朝已尽"，盼望"日月复来"，宣传反清复明思想。④

与无为教罗氏"神圣家族"家相同，龙华教姚氏"神圣家族"在有清一代也没有暴露与朝廷对立的言行，反而它的一些地方教团曾举旗造反，如乾隆十三年（1748）福建严氏领导的老官斋教暴动。⑤

刘佐臣建立八卦教之初，在政治上并没有什么奢望，其目的主要是为了传教敛钱。但是，随着八卦教的发展和刘氏"神圣家族"的建立，到了刘省过掌教时期，刘氏"神圣家族"便以谶语形式提出了"平胡不出周刘户，进在戊辰己巳年"的政治主张。⑥所谓"胡"，喻指清朝统治者；所谓"周、刘"，前者喻指周朝，特指华夏民族，后者喻指两汉王朝的统治者刘姓，代表汉民族。刘氏"神圣家族"采用这种宗教预言的方式，以汉室后裔自诩，以"平汉"即推翻清政府统治，复兴汉室江山为己任，并预言了清政权的灭亡时间——戊辰己巳年。正是在这种政治主张的指导下，八卦教支派清水教和天理教分别于乾隆三十九年（1774）和嘉庆十八年（1813）在山东举行了农民大起义，天理教京畿地区信徒还冲进紫禁城，被嘉庆帝称之为"汉唐宋

---

① 《军机处录副奏折》，乾隆二十九年四月初七日，兆惠等奏折。
② （明）沈国元：《两朝从信录》卷十六，《续修四库全书·史部·编年类》第356册，上海古籍出版社，1995年。
③ 故宫博物院明清档案馆：《清代档案史料丛编》第3辑，中华书局，1979年，第28页。
④ 故宫博物院明清档案馆：《清代档案史料丛编》第3辑，中华书局，1979年，第36页。
⑤ 濮文起：《秘密教门：中国民间秘密宗教溯源》，江苏人民出版社，2000年，第274页。
⑥ 《上谕档》，乾隆三十七年四月十三日，上谕。

明未有之事"，声势震撼朝野。[①]

<h1 style="text-align:center">五</h1>

如何评价明清时代民间宗教世界的这些"神圣家族"及其历史作用？如果从整个明清时代的社会历史来考察，人们便会看到：这些"神圣家族"尽管是以千百万信众的物质奉献与精神牺牲作为其存在前提，然而，他们的出现，却在客观上起到了凝聚和组织下层民众，进而向封建统治秩序冲击的作用。这些"神圣家族"以其巨大的宗教权威，诱引着千百万安土重迁、聚族而居的下层民众，并把他们统一组织在自己的教派之内，因而部分地打破了地域的封闭性和小农、小手工业者的职业狭隘性，开阔了下层民众的眼界，使他们看到了自己的潜在力量。从这种意义上说，这些"神圣家族"是明清时代民间宗教世界的旗帜，亦是明清时代民间宗教空前发展的不自觉的指导者。

此外，在中国封建专制社会，历代统治者都标榜君权神授，"天无二日，民无二王"[②]，而在明清时代民间宗教世界，竟出现这么多自比"太阳"、标榜"佛祖"、倡言"弥勒佛当有天下"的"神圣家族"，这无疑是对明清时代封建统治者的一种藐视和挑战。在明清时代封建统治者看来，这些"神圣家族"是"十恶不赦"的"僭伪者"，明清时代统治当局屡兴"邪教"巨案，无为教、黄天道、东大乘教、龙华教、八卦教这些"神圣家族"频遭杀戮和放逐，其根本原因就在于此。因此，这些"神圣家族"在民间社会所具有的这种特殊地位，又使他们成为下层民众对抗明清时代封建专制统治的不自觉的领导者。尽管这些"神圣家族"在政治上另有野心，但在客观上仍对下层民众反抗封建暴政斗争有着巨大影响，如上述东大乘教策动的明末农民大起义，八卦教支派清水教和天理教领导的清中叶两次农民大起义等。

回顾与审视这段历史，人们或许能从中获得某些启示，并能以史为鉴，

---

① 濮文起：《秘密教门：中国民间秘密宗教溯源》，江苏人民出版社，2000年，第214—226页。
② 《孟子·万章上》。

认真研究和妥善解决当代社会中的民间宗教问题，从而使构建社会主义和谐社会的伟大事业顺利开展。

原载《求索》2006 年第 7 期

清代民间秘密宗教组织体系初探

清代民间秘密宗教有没有一个统一的或者说基本的组织体系？其内部结构如何？这是深入研究清代民间秘密宗教及其历史作用的重要课题之一。

一

据清代档案与现存民间秘密宗教宝卷综合分析，笔者认为"内安九宫，外立八卦"是清代民间秘密宗教普遍推行的组织形式。

最早提出以"九宫八卦"安排组织结构的是东大乘教："内九宫，外八卦，三宗五派"；"立九杆，十八枝，将法开通"。[①]东大乘教又称闻香教，为明万历年间北直滦州石佛口王森创立。该教是明末民间秘密宗教中的重要教门，其势力遍及北直、山东、河南、陕西、四川等省，信徒号称200万。[②]但是，该教尚未按"九宫八卦"健全自己的组织结构，便因天启二年（1622）策动山东、北直农民大起义（徐鸿儒、于弘志起义）惨遭镇压而作罢。

真正将这种设想付诸实施的是东大乘教主王森三传弟子弓长。弓长即"张"字拆写，北直霸州人，深通东大乘教教义精蕴，是继王森、王好贤父子之后的东大乘教主要传人。天启四年（1624），当他另立门户，创立大乘天真圆顿教时，不但立即按"九宫八卦"建立组织，且将这种思想写进创教

---

① 《皇极金丹九莲正信皈真还乡宝卷》。

② （明）黄尊素：《说略》。

经典《古佛天真考证龙华宝经》，作为该教教义的重要组成部分："中央圣地，立命安身。真祖暗临东，身坐五土，哪个知闻。立下三宗，五派头行，菩提彼岸，认祖总皈根。"[1] 所谓三宗五派，即头宗乾卦宫、二宗坎卦宫、三宗艮卦宫、头派震卦宫、二派巽卦宫、三派离卦宫、四派坤卦宫、五派兑卦宫，加上中央戊己宫，合称九宫。[2] 中央戊己宫由教主弓长亲自掌领，三宗五派由他的八位弟子分掌。八位弟子受命按各宫方位，分别到全国各地"开荒立教"，普度众生。

在明末清初的民间秘密宗教世界，东大乘教及其分支大乘天真圆顿教是颇具影响力与号召力的教门，特别是弓长按八卦方位派遣弟子奔赴全国各地开教度人的举措，更使其利用"九宫八卦"分掌教门的思想迅速传播，所谓"九宫八卦是方向""八方男女奔中央"[3]，遂成为清代民间秘密宗教各大教内竞相仿效的组织形式。

清顺治七年（1650），山东商河县人董计升创立天地门教时，便是按八卦收徒。他先后收了"林传八支"与"山传八支"16个弟子，即所谓"派分八支"，自任九宫教主，使该教流传华北、东北、华中与京津广大地域。康熙二十九年（1690），董计升去世，临终遗言，传位顾铭馨。雍正三年（1725），顾铭馨死后，尽管九宫教主之位一直虚悬，但该教门仍是以把支各自活动，没有打破"外立八卦"的组织形式。

康熙初年，山东单县人刘佐臣创立五荤道时，也是"分八卦收徒党"，故又称八卦教。在该教经卷《八卦教理条》中，世界按乾、坤、震、巽、坎、离、艮、兑分成西北、西南、正东、东南、正北、正南、东北、正西八个方位，这八个方位都围绕着中央。"八卦即八宫，加以中央为九宫"。[4] "到中央，戊己土，真人进了神仙府"。[5] 九宫以中央宫为尊，五行以土为尊，八卦教则以李姓教主为尊。因此，自刘佐臣起，刘氏家族六代世袭教主，始终处于中央宫即九宫的位置，而其他八卦掌教和徒众则如臣属之奉君主，始终

---

[1] 《古佛天真考证龙华宝经·戊己安身品第十》。
[2] 《销释接绪莲宗宝卷·红梅一枝品第十九》。
[3] 《军机处录副奏折》，乾隆十八年八月四日山西巡抚胡宝瑔奏折，附《立天卷》原件。
[4] （清）黄育楩：《破邪详辩》卷三，《清史资料》第 3 辑，中华书局，1982 年。
[5] 《军机处录副奏折》，乾隆五十六年七月十三日，八卦教徒刘照魁供出刘书芳所授《八卦教理条》。

处于被支配、被统属的地位，并按照各自方位，分头传教，使八卦教盛行于华北广大地区，并远播陕西、新疆、广东、广西等地。

嘉庆初年出现的天理教，亦名八卦教，其教首林清、李文成、冯克善也是用八卦分掌宗派。林清主坎卦，总领八卦；李文成掌震卦，并管领坎卦以外的七卦；冯克善领离卦。因天理教是刘佐臣八卦教三个分支即坎卦教、震卦教、离卦教重新组合的产物，故教内没有设九宫即中央宫的设置。

按照这种组织结构，各派教首高居九宫即中央宫之位，既是精神领袖，又是最高领导，其称谓，天地门教称"老师"，八卦教称"老爷"，而天理教则称"皇"（天理教虽没有设置中央宫，但林清是实际上的九宫教首）。他们的亲传弟子分居八卦即八宫这位，其称谓，有的称"圣师"，如天地门教；有的叫"卦长""卦主"，如八卦教、天理教。八卦之下，各派教阶设置繁简不同。天地门教比较简单，"圣师"之下，历代传人均称"当家师傅"，其下便是一般信徒。当家师傅具有传教收徒、举办道场等职责。天理教就趋于复杂，卦下设宫，设八卦宫王，宫王之下，又有卦伯64人。最为繁杂的是八卦教，卦长之下设六爻，其掌爻称指路真人。六爻之下，又有开路真人、当来真人、总流水、流水、点火、全仕、传仕、麦仕、秋仕等教职，最后才是一般教徒。八卦教的诸等教职，不仅分工不同，而且代表着各自在教内的地位、权限和利益。如全仕以上，可以传授徒弟；流水以上，可以经营账目；真人以上，可以动用银钱。被卦长封为掌爻的真人，"可以掌教内生杀之权"[1]，"调动同教的权柄诸事，任由自主"[2]权力很大。点火"专管出钱人的姓名单子，用火烧了，使阴司记账"。[3]传仕专管送信。麦仕、秋仕是最低教职，只等"来世"才有好处："秋仕托生秀才，麦仕托生举人。"[4]由此可见，在八卦教内部，已是尊卑有序，职守分明，形成了较为完整的封建等级制度。

此外，如清初出现的先天道等，清中叶出现的清水教、义和拳教、白阳教等，乃至近代社会出现的圣贤道、一贯道、九宫道等，无一不是以"九宫八卦"的形式来建立教门组织。19世纪末爆发的义和团运动，更是以八卦编

---

① 《军机处录副奏折》，乾隆五十六年七月十三日，刘照魁供词。
② 《军机处录副奏折》，乾隆五十六年，福康安奏折。
③ 《朱批奏折》，乾隆五十六年八月三日，山东巡抚惠龄奏折。
④ 《朱批奏折》，乾隆五十六年八月三日，山东巡抚惠龄奏折。

列战斗队伍。这就充分说明，由明末东大乘教提出的这种组织形式，已被清代民间秘密宗教中的大多数教门组织所接受与实行，成为清代民间秘密宗教的主要的或者说基本的组织形式。

二

与传统的佛教与道教一样，民间秘密宗教内部也有一套自己的传承制度。那么，清代民间秘密宗教的大多数教门在以"九宫八卦"建立组织的同时，又在组织内部实行一种什么样的传承制度呢？笔者认为，"传贤"与"世袭"是清代民间秘密宗教组织内部两种长期并存的传承制度。其中，"世袭"制较为久远，也较为清代民间秘密宗教中的大多数教派所认同。

早在元朝末年，北方白莲教领袖韩山童，就是在承继祖父教权的基础上开始传教的。韩山童反元牺牲后，其子韩林儿接续衣钵，并被刘福通立为小明王，成为政教合一的大宋农民政权的首脑。明中叶以后，随着民间秘密宗教运动的勃兴，这一时期出现的几个重要教门，如黄天道、东大乘教、龙天道等，都是在其组织内部实行"世袭"制。黄天道创始人李宾死后，因无子嗣，教权先后由其妻王氏、两个女儿和次女之女接续，被教内奉为"五祖"。清康熙初年，该教由李宾胞兄李宸四世孙李蔚掌握，到乾隆二十八年（1763），教权始终在李氏家族中传递。从李宾创教（明嘉靖三十二年，1553）始，到乾隆二十八年清政府彻底查办黄天道止，李宾子孙掌握教权近两个世纪。东大乘教教主王森、王好贤父子先后执掌该教教权。入清以后，王森子孙将东大乘教改名清茶门教，仍任教主，并从乾隆中叶始，以石佛口和安家楼为据点，纷纷南下，在直隶、河南、山西、安徽、湖北、江苏等省传教，直到嘉庆十八年（1813）清政府对清茶门教进行大规模清剿，历经二百余年的王氏世袭传教家族才告终。明嘉靖年间，由米老母创立的龙天道，亦由其子孙世代相传，到清嘉庆年间，已延续了12代。

入清以后，许多新出现的教门继承了元明时期民间秘密宗教的这一传统，八卦教自康熙初年创教时起，就在教内强力推行教权世袭制。刘佐臣及其子孙刘如汉、刘恪、刘大洪、刘二洪、刘廷献、刘成林六代世袭九宫教主，历时一个半世纪。其他八卦卦长也是全部实行家族世袭制，到乾隆中叶，八卦教内，已出现了离卦郜家，震卦王家、侯家、布家，坎卦张家、孔家八九个世代掌握教权的家族。其中，离卦教从其始祖郜云龙于康熙初年任卦长起，一直到咸丰末年，始终由郜氏子孙世袭教权，是清代民间秘密宗教中实行世袭制历时最久的教门。

康熙年间，云南景东府贡生张保太自称大乘教 49 代收圆祖师，在大理府鸡足山传习大乘教，倡言弥勒佛当世管天下，拥立李开花为皇帝，其门徒遍布云南、贵州、四川等省。雍正十年（1732）事发，张保太被清当局监毙。其继子张晓承继教权，"接开法堂"，秘密联络云、贵、川等省大乘首领，筹备起义。乾隆十一年（1746），被清当局侦知，这就是著名的"张保太邪教案"。

此后，如乾隆末年出现的收元教、三阳教、西天大乘教，嘉庆年间出现的白阳教，道光年间出现的明天教，以及近代社会出现的一贯道、同善社、一心天道龙华圣教会等等，都是在教内实行教权世袭制。

与这种世袭制并存的另一种传承制度就是"传贤"制。明成化年间出现的无为教，其历代祖师均为异姓，继创教祖师罗清之后，依次是一代传灯李祖心安，二代传灯秦祖洞山，三代传灯宋祖孤舟，四代传灯孙祖真空，五代传灯于祖昆冈，六代传灯徐祖玄空，七代传灯明空。[1] 无为教在流传中，始终在其组织内部实行"传贤"制。罗清本有一子名佛正、一女名佛广，亦传习无为教，但罗清并没有遗言传教权于子女，尽管其子女因他在教内的崇高声望而受到广大教徒的尊敬与献纳。

红阳教、龙华会亦为明中叶出现并延续到清代的重要教门，它们基本上也是在组织内部实行"传贤"制。明万历二十六年（1598），红阳教创始人韩太湖去世后，其道统由其弟子承继。入清以后，红阳教由京畿一带迅速向华北、东北及江南广大地区传播，成为一个在民间影响巨大的教门。万历末年出现的龙华会，本为无为教分支，其创始人姚文宇在世时，曾派遣门徒在浙江温州、杭州一带传教。崇祯七年（1634），姚文宇去世后，其教权由

---

[1] 《佛说三皇初分天地叹世宝卷·应科接续传灯七名品第六》，〔日〕泽田瑞穗：《增补宝卷研究》，国会刊行会，1975 年。

得意门徒汤克峻、杨时春接续。入清以后，汤、杨二人分头向江西、福建发展。其中，福建的龙华会历三百年而不衰，至民国初年，已传至28代。

除这些自明中末叶延续到清代的教门之外，在清代涌现的各种教门中，亦不乏在其教内实行"传贤"制者。清初，由山东即墨人羊宰（字来如）创立的在理教，为了表示师徒平等之意，特规定历代传人的姓名均采用创教祖师羊来如中的"来"字命名，如毛来墀、董来如、尹来凤等。在理教以戒烟酒为宗旨，并适时地举办一些慈善公益事业，如春季种痘、夏施暑药，冬舍棉衣等，故信徒甚众，在清代下层民众中影响颇大。

在清代民间秘密宗教中，"传贤"制实行比较彻底的是天地门教。董计升生前就规定教权"传贤不传子"，并身体力行，临死传位顾铭馨。顾铭馨死后，天地门教没有再设九宫教主，八支虽互不统属，各自发展，但各支传人仍遵祖训，亦在本支内"传贤不传子"。道光年间，董计升后裔董坦违背祖制，曾在董家林设立九把椅子，自封九宫教主，企图建立董氏家族世袭教权的宗教王国，但得不到八支传人的承认，终于化为泡影。此后，再没有人敢重蹈覆辙，这说明天地门教内传统力量的强大。

三

由"九宫八卦"的组织形式、"传贤"与"世袭"的传承制度，构成了清代民间秘密宗教基本的组织体系，因而使有清一代的民间秘密宗教更加严密，更具有生命力、诱惑力与凝聚力。

九宫八卦的组织形式，保证了民间秘密宗教的广泛传播。依照这种组织形式，各教派首均以全国为布道目标，按八卦方位派遣弟子分赴各地开荒立教。这样就打破了以往某一教门只在某一地区活动的局面，出现了许多势力遍及南北的大教门，如天地门教、先天道、八卦教等，并由它们催化了数以百计的教门组织诞生，因而使有清一代成为民间秘密宗教最为兴盛的时期。这些教门流布于广袤的神州大地，深深扎根于民间，统驭着广大下层民众的精神生活、社会习俗乃至经济活动与政治斗争，形成了一种与清政府相抗衡的强大的力量。平时，它们通过有组织的崇拜活动、规范化的仪式与修持，与清王朝占主导地位的儒释道争夺下层民众。然而，一旦时机成熟，它们就会立即以无生老母或弥勒佛的名义，号召和组织下层民众举行暴动或起义。清代民间秘密宗教策动的农民暴动和起义，无论是在时间上，还是在次数与规模上，都大大超过了以往任何朝代，特别是清中叶以来的几次农民起义，如乾隆三十九年（1774）王伦领导的山东清水教起义，嘉庆元年（1796）刘之协、王聪儿、姚之富领导的川陕楚白莲教大起义，嘉庆十八年（1813）林清、李文成领导的直鲁豫天理教起义，以及近代社会爆发的义和团运动，都以其英勇悲壮的斗争事迹名垂史册。

从清代民间秘密宗教发展史来看，凡是形成强大的社会力量，从而对封建统治秩序构成巨大威胁的教门，大都是在以"九宫八卦"安排组织内部等级制的同时，在教权传承上实行"世袭"制，于是一个个令清当局坐立不安的"神圣家族"出现了，如清茶门教中的王氏家族、八卦教中的刘氏家族以及离卦教中的郜氏家族，震卦教中的王氏家族、侯氏家族、布氏家族，坎卦教中的张氏家族、孔氏家族等等。这些"神圣家族"统治各自教门的时间，少则三代五代，多则七代八代，长达一二百年之久。在这些教门内部，创教祖师及其子孙既是至高无上的宗教权威，"职掌"着广大教徒彼岸世界的"命运"，又是尘世中的大地主、大富豪，过着形同王侯的腐朽生活。

如八卦教中的刘氏家族，称其始祖刘佐臣为弥勒佛转化，是"先天老爷"，又将刘佐臣比作光被万物、普照生灵的太阳，把每年的二月初一日作为太阳生日，令教徒集体作会，焚香膜拜，并规定每日三次朝拜太阳，口念祈祷颂词，而刘佐臣的子孙则自诩为"后天老爷"，既能安排人们死后店铺归宿，又是现实世界的"救世主"。刘氏家族就是用这种自我造神的办法，将自己捧上了神的宝座，诱惑下层民众对其敬畏，向其献纳。乾隆三十七年（1772），清政府查抄刘氏家族时，不仅起获了12000两白银，而且发现"有田庄数处，地数十顷"[1]。这些田庄地产和白银，均是刘氏家族以宗教手段聚敛而来。他们敛钱的名目很多，如根基钱、扎根钱、跟帐钱、种福钱、四季钱、香火钱、进身孝敬钱等等，并且规定"以出钱多寡定来生福泽厚薄"[2]。

---

[1] 《朱批奏折》，乾隆三十七年五月十六日，山东巡抚徐绩奏折。
[2] 《朱批奏折》，乾隆三十七年五月十六日，山东巡抚徐绩奏折。

被愚弄的穷苦徒众只是用银钱换来一张廉价的通往彼岸世界的门票，而刘氏家族却得到了实实在在的巨大的现实利益。

刘氏家族不仅利用穷苦徒众供奉的巨额银两置办田庄地产，成为单县一带的大地主，而且还用银两捐纳为官。康熙四十五年（1706），刘佐臣长子刘如汉捐纳选授山西荣河县知县时，就输银1700两，外加1040担大米，共合4600余两白银。其三弟刘如清也捐纳为候选教谕，其子刘恪亦捐职州同。刘佐臣曾孙刘省过掌教时，紧步其父祖后尘，同样以捐纳为县丞。刘氏家族捐钱买官，不仅是为了掩饰"邪教"教首身份，更主要的是为了打通一条通往权力与金钱之路，从而提高和巩固刘氏家族在八卦教中的教首世袭地位。

这些"神圣家族"的出现，有着深厚的社会根源。自秦汉以来的中国封建社会，实际上是由森严的等级制和以血缘亲族关系为纽带的宗法制支撑的历代王朝皇权的宝座。森严的等级制确保了君主专制统治，君主不仅拥有至高无上的绝对权力，而且是天下土地、财富和人民的最高所有者和主宰者，而以血缘亲族关系为纽带的宗法制，又为君主专制统治的世袭制提供了理论根据。这种等级制与宗法制，逮至清代，发展到了顶点，并作为观念形态渗入社会生活的各个领域。民间秘密宗教中形成的"神圣家族"，正是封建等级制与宗法制的产物。

关于这些"神圣家族"的历史作用，如果从整个清代社会来考察，尽管是以千百万教徒的物质奉献与精神牺牲为存在前提，然而，他们的出现，客观上起到了凝聚和组织下层民众，进而向封建统治秩序冲击的作用。这些"神圣家族"以其巨大的宗教权威，诱引着千百万安土重迁、聚族而居的下层民众，并把他们统一组织在自己的教门之内，因而部分地打破了地域的封闭性和小农、小手工业者的职业狭隘性，开阔了下层民众的眼界，使他们看到了自己的潜在力量。从这种意义上说，这些"神圣家族"是清代民间秘密宗教世界中的旗帜，亦是清代民间秘密宗教空前发展的不自觉的指导者。此外，在中国封建社会，历代统治者都标榜君权神授，"天无二日，民无二王"[1]，而在清代民间秘密宗教世界，竟出现这么多自比"太阳"、标榜"佛祖"、倡言"弥勒佛当有天下"的"神圣家族"，这无疑是对清朝统治者的

---

[1]　《孟子·万章上》。

一种藐视和挑战。在清朝统治者看来，这些"神圣家族"是"十恶不赦"的"僭伪者"，清当局屡兴"邪教"巨案，其根本原因就在于此。"神圣家族"的这种地位和作用，又使它们成为下层民众对抗清政府的不自觉的领导者。尽管这些"神圣家族"在政治上另有野心，但在客观上仍对下层民众反抗封建暴政斗争有着巨大影响。

至于一些教门在其组织内部实行"传贤"制，且等级并不明显，它既是下层民众企羡在民间秘密宗教世界实现人人平等的一种实践，也是下层民众通过宗教手段对森严的等级制和以血缘亲族关系为纽带的宗法制的一种抗争。由于这种传承制度的实行，致使这些教门人才辈出，那些一向受封建统治阶级鄙视的凡夫俗子，也因精明强干而能位居教首，号令八方。在这一点上，"传贤"制体现了下层民众的平等意识。但是，在根深蒂固的封建宗法关系与宗法观念面前，这种传承制度又显得弱小无力，这是那些在教内实行"传贤"制的教门始终不能形成一种强大的社会力量的原因所在。

原载《天津社会科学》1996 年第 4 期

五　宝卷解读与思想探讨

　　在浩如烟海的中国文化典籍中，有一种承载下层民众精神生活、信仰风俗、伦理道德、理想境界的珍贵文本，这就是在民间流传不衰、生生不息的宝卷。《宝卷学发凡》从宝卷的源与流、宝卷的形式与内容、宝卷的刊印与流通以及宝卷的搜集、整理、研究等方面，论述了宝卷在中国民间宗教研究与中国俗文学研究中的重要文本价值，并据此提出了建立"宝卷学"的构想。《宝卷研究的历史价值与现代启示》从道德情操、伦理信念、求索取向、理想境界四个方面，挖掘宝卷所蕴藏的伦理道德观念；又以至今乡村民众仍在唱念宝卷活动为例，宣示宝卷所蕴藏的伦理道德观念在当代中国同样具有启示作用。《民间宗教经卷的搜集、整理与研究》则回顾、总结了20世纪80年代以来，中国大陆与台湾学者对宝卷发掘、搜集、整理、研究所作出的骄人成绩，并提出深化宝卷搜集、整理、研究三项建议。

在明末清初的民间宗教世界，出现了两部对有清一代乃至民国时期影响巨大的宝卷，一部是《家谱宝卷》，另一部就是《定劫宝卷》。前者是东大乘教支派龙天道经卷，后者则是东大乘教另一支派大乘天真圆顿教经卷。《〈家谱宝卷〉表微》依据三个不同版本的《家谱宝卷》，揭示了该部宝卷通过谶纬手段表达了"木子当来，牛八退位"——拥戴李自成农民起义军的政治倾向。《〈定劫宝卷〉管窥》则进一步揭示了该部宝卷同样通过谶纬手段表达了希冀"十八子当立天下"和"云城降世"——李自成坐朝理政，建立理想王国的政治倾向。

《〈弥勒尊经〉蠡测——兼与马西沙教授商榷》首先考证了《弥勒尊经》不是马西沙教授所认定的清代清茶门重要经典《三教应劫总观通书》原本，而是经过清茶门传人删改《三教应劫总观通书》中明显反清"逆词"后的另一部经卷。接着，该篇论文经过研究与分析，指出《弥勒尊经》尽管不是本来意义上的《三教应劫总观通书》，但仍保持了清茶门的基本教义，特别是以隐晦的谶纬手段表现出"拥李反清"的政治理想，并以弥勒佛自居，救世度人，幻想造就一个与现实社会截然不同的"太平"世界。

20世纪90年代中叶，李世瑜先生在山东省宁津县从事田野调查时，访获了一部清茶门重要经典《三教应劫总观通书》。为此，李先生撰写了《〈三教应劫总观通书〉初探》。笔者拜读李先生这篇大作后，也对该部经卷进行了研究，并就某些观点与李先生商榷，写成《〈三教应劫总观通书〉再探——兼与李世瑜先生商榷》。该文指出，在《三教应劫总观通书》中，尽管没有发现清嘉庆年间直隶当局查办清茶门时，向清廷呈报该部经卷中写有诸如"清朝以尽，四正文佛落在王门；胡人尽，何人登基；日月复来属大明，牛八元来是土星"等"狂悖逆词"，但该部经卷仍以隐喻的谶语形式，留下了"一土未来降下方"的宗教预言——天佛差遣弥勒佛临凡转世，落在清茶门王姓家内，由王姓家族担起反清复明的历史使命。在此基础上，本文还对李世瑜先生认为该部经卷"并没有那么重要那么神秘"的观点提出质疑，提出了自己的意见，与李世瑜先生商榷。

《如意宝卷》《杓峪问答》《董祖立道根源（支排记）》《天地宝卷》《圣意叩首之数》均为手抄本，是笔者通过田野调查，从天地门教当家师傅手中访获。

《〈如意宝卷〉解析——清代天地门教经卷的重要发现》通过解读该部宝卷，发现其内容有二：一是完整地记录了天地门教创立者董计升的宗教生涯；二是系统地阐述了天地门教的教义思想，即以佛教南禅化的儒家思想作为教义核心，以烧香磕头和道教的修炼方术作为仪式与修持，再加上"不戒斋，可吃荤"的劝道手段，从而构建了一套完整的教义思想体系。

《〈杓峪问答〉探析——清代天地门教经卷的又一重要发现》阐释了天地门教创立者董计升倡导的内丹修炼术，即从洞晓何为"金丹大道"开始，然后，从修炼的"炉鼎"——"玄关"，修炼的"药物"——"先天祖气"，修炼的"火候"——"调和神息"，修炼的"真宰"——"一心清静"，修炼的"妙用"——"身心不动"，只要照此步骤，一步一步地刻苦修炼，就可达到修炼的最高境界——"忘神合虚"，成为一位"入圣超凡，逍遥自在"的"大丈夫"。

《〈董祖立道根源（支排记）〉读解——一部记载清代天地门教组织源流的经卷》阐述了该部经卷所记载的天地门教组织源流与董计升传道收徒事迹。

《〈天地宝卷〉探颐——清代天地门教经卷的又一重要发现》阐发了该部经卷讲述的三个内容：一是天地门教的组织传承，二是天地门教的教义思想，三是天地门教的道场仪式。

在清代民间宗教发展史上，诞生于清初的天地门教，对其信徒修持方面的规定，是以"派功叩首"著称于世的。但是，天地门教当家师傅是如何"派功"？其信徒又是如何"叩首"？长期以来，由于史料缺乏，再加上天地门教将此视为内中秘密，轻不示人，因此，外界犹如雾里看花，一直将其视为玄妙之阈。《圣意之数》的发现，为我们破解其中秘密，提供了珍贵的经卷文本。《〈圣意叩首之数〉钩玄 —— 清代天地门教经卷的又一重要发展》解析了该部经卷记载的"诸圣功""北支功""悔过功""疗病功""驱邪功""真言功""戒尺功""五盘功"等功法，从而使天地门教"派功叩首"昭示天下。

与中国佛教、道教一样，中国民间宗教也有一套宗教思想体系。不过，这套宗教理论形成时间较晚，约在明末清初。《一套独具特色的宗教思想体系 —— 中国民间宗教理论探析》从宇宙观与创世说、历史观与救度论、神灵谱系及其结构、内丹修持功夫、九宫八卦组织形式六个方面，阐释了中国民间宗教理论体系，即以无生老母为最高崇拜的宇宙观与创世说，以弥勒佛与龙华三会为信仰核心的历史观与救度论以及为此而编造的神灵谱系，以入教避劫为劝道手段，以十八子之谶与云城降世为理想境界，以内丹修炼方术为修持功夫，以九宫八卦建立组织。

《兼容·杂糅·愤世·抗争 —— 中国民间宗教的特殊性格》在论述中国民间宗教发展史的基础上，揭示了中国民间宗教在充满艰难的发展历程中，兼容、杂糅儒、释、道三教与民间信仰的思想资源，筑造了自己愤世、抗争的独特性格以及对清代民间宗教运动的巨大影响。

《中国民间宗教思想的几个特点》阐释了民间宗教思想的特点有四：一是关怀女性与两重父母的道德观，二是徘徊于传统宗法模式内的伦理信念，三是崇拜转世神佛的求索取向，四是"云城降世"的理想境界。

在中国宗教中，民间宗教是一种具有强烈的社会关怀的下层民众信仰组织。《挽劫救世：中国民间宗教的社会关怀》揭示了中国民间宗教的社会关怀，是基于率真的"挽劫救世"的宣教和解脱民众于倒悬的信仰运动以及反抗封建暴政的斗争运动。"挽劫"是路径，"救世"才是目的，而"救世"则始于"救己"，中经"救人"，最后达致"救世"。

宝卷学发凡

　　宝卷是中国民间秘密宗教的专用经典，是从事中国民间秘密宗教研究必不可少的基本资料；宝卷又是流传在中国下层社会的一种通俗文学，亦是从事中国民间俗文学研究不可或缺的珍贵史料。20 世纪以来，中外学者都对宝卷产生浓厚的兴趣，从搜集到著录，从整理到研究，兴起了一股宝卷研究热，出现了一门新学科 —— 宝卷学[1]，从而推动了中国民间秘密宗教史与中国民间俗文学史研究，也带动与深化了中国宗教史、中国文学史、中国农民战争史、中国社会史等学科研究。笔者不揣浅陋，仅就知见，略述梗概。

一

　　"宝卷"一词究竟起于何时？学术界至今尚未取得共识。有始于宋代说[2]，有始于元代说[3]，还有始于明中叶说[4]，这是中国大陆学者的几种看法。中国台湾与日本、欧美等国学者的观点，也大致与此相同。但是，有一点是共同的，即宝卷是长期历史发展的产物，其源头可以上溯到唐代的俗讲（记录这种俗讲的文字名叫"变文"）。

　　所谓俗讲，就是用通俗易懂的语言讲述佛经故事，也讲民间传说或历史

①　"宝卷学"一词，首先由著名民间秘密宗教研究专家李世瑜教授于 20 世纪 90 年代提出。
②　马西沙、韩秉方：《中国民间宗教史·序言》，上海人民出版社，1992 年。
③　车锡伦：《中国宝卷的发展、分类及其社会文化功能》，《语文·情性·义理 —— 中国文学的多层面探讨国际学术会议论文集》，台湾大学中国文学系，1996 年。
④　李世瑜：《民间秘密宗教史发凡》，《世界宗教研究》1989 年第 1 期。

故事。讲述时，有讲有唱，讲的部分用散文，唱的部分用韵文，因而深为当时群众所喜爱。俗讲不限于寺院，民间也很流行。唐代后期的俗讲僧文溆表演时，"其声宛畅，感动里人"①。"愚夫冶妇乐闻其说，听者填咽寺舍，瞻礼崇奉，呼为和尚。教坊效其声调，以为歌曲"②。20世纪50年代，王重民等先生编纂出版的《敦煌变文集》，收录了唐末宋初变文78种，可以窥见当时俗讲之风貌。

宋初真宗时，曾明令禁止僧人讲唱俗讲。③于是，这一文学形式便朝着两个方面向前发展。一是进入勾栏瓦肆，导致了宋元话本的勃兴；一是继续留在佛经寺院，演化为"说经"④，后又吸收了鼓子词、诸宫调、散曲、戏文、杂剧等形式，最终形成了一种新的表现形式，这就是"宝卷"。其出现的时间，笔者赞同郑振铎先生的观点，即元末明初。⑤那时的宝卷是佛教向世人说法的通俗经文或带有浓厚宗教色彩的世俗故事的蓝本，僧侣借这种形式宣扬因果轮回，以弘扬佛法。⑥现存元末明初金碧抄本《目连救母升天脱离地狱宝卷》，可为佐证。⑦

宝卷的出现与流传，引起了民间秘密宗教的注意。早期民间秘密宗教因其尚未形成定型化的教义，一般是借用其他宗教的典籍。如五斗米道曾借用《道德经》，太平道曾借用《太平经》。后来民间秘密宗教在长期的发展演变中，又曾借用佛教某些宗派及摩尼教的经卷。明朝初年，民间秘密宗教经过了千余年的发展演变，其教义思想已趋向成熟。为了使自己的教义思想在民间广泛传播，民间秘密宗教便采用"拿来主义"的态度，借用宝卷躯壳，装进自己灵魂。迄今所见最早的民间秘密宗教宝卷，是宣德五年（1430）刊刻的《佛说皇极结果宝卷》。⑧

然而，这只是民间秘密宗教中的个别现象，并没有普遍意义。成化末，

---

① （唐）段安节：《乐府杂录·文溆子》，上海古籍出版社，1986年。
② （唐）赵璘：《因话录》卷四"角部"，上海古籍出版社，1979年。
③ 郑振铎：《中国俗文学史》第六章"变文"，上海书店，1984年，第252页。
④ 郑振铎：《中国俗文学史》第六章"变文"，上海书店，1984年，第182页。
⑤ 郑振铎：《中国俗文学史》第十一章"宝卷"，上海书店，1984年，第308页。
⑥ 马西沙、韩秉方：《中国民间宗教史·序言》，上海人民出版社，1992年。
⑦ 明中叶正德年间问世的无为教五部经卷中，已大量称引××宝卷作证，如《圆觉宝卷》作证、《弥陀宝卷》作证等，证明在此之前，曾有大量宝卷流传于世。
⑧ 天津图书馆收藏。

弘治初，山西王良、李钺利用白莲教起事，为官军所获，追出"妖书图本"即民间秘密宗教经卷共计 88 部①，没有一部采用"宝卷"名称，这就证明直到此时，"宝卷"尚未成为民间秘密宗教经典的代称。

宝卷真正成为民间秘密宗教经典的载体，始于明中叶崛起的新兴教门无为教。其创始人罗清演述的"五部经"，即《苦功悟道卷》《叹世无为卷》《破邪显正钥匙卷》《正信除疑无修正自在宝卷》《巍巍不动泰山深根结果宝卷》，其中后两部名称均带有"宝卷"字样，并于正德四年（1509）刊行。罗清是明清时期民间秘密宗教第一位继往开来的宗教改革家，罗清创立的无为教是明清时期涌现的数以百计的民间秘密教门之滥觞，他演述的"五部经"集宋元明初以来民间秘密宗教思想之大成，对当时与后世产生了巨大影响。因此，无为教的出现和罗清"五部经"的问世，在民间秘密宗教发展史上具有划时代的意义。从此，以无为教为蓝本的各种教门纷纷建立，罗清"五部经"也被后起的各教门奉为共同经典而竞相仿效，如西大乘教五部经、弘阳教五部经等。② 另外一些教门创始人撰经写卷，少者一部两部，多者八部十部，也大都冠以"宝卷"名称。③ 于是，"宝卷"这一名词便成为民间秘密宗教经典的专用称谓。

自明中叶罗清"五部经"问世始，到清康熙年间，是民间秘密宗教刊刻宝卷的鼎盛期，几乎是"每立一会，必刻一经"。④ 当时，刊刻的宝卷不仅数量大，而且印制之精美，装帧之考究，较之佛道经卷尤有过之。以罗清"五部经"为例，共刊印了十八次⑤，再加上尚无法确认年代的翻刻本，共有二十余种之多。除刊本宝卷之外，还有大量手抄本在下层社会流传，如明末龙天道的《家谱宝卷》、清初大乘天真圆顿教的《佛说定劫宝卷》，等等。

与这种专门叙述民间秘密宗教教义思想的宝卷大量问世的同时，一些教

---

①　（明）朱国祯：《涌幢小品·妖人物》，齐鲁书社，1997 年。

②　西大乘教五部经是：《销释大乘宝卷》《销释圆通宝卷》《销释显性宝卷》《销释圆觉宝卷》《销释收圆行觉宝卷》。弘阳教五部经是：《弘阳苦功悟道经》《弘阳叹世卷》《弘阳秘妙显性结果经》《弘阳悟道明心经》《混元弘阳佛如来无极飘高临凡经》。

③　如黄天道创始人李宾撰写的《普明如来无为了义宝卷》等。

④　（清）黄育楩：《破邪详辩》卷一，《清史资料》第 3 辑，中华书局，1982 年。

⑤　马西沙、韩秉方：《中国民间宗教史》第五章，上海人民出版社，1992 年。

门还撰写刊行了许多以佛道故事和民间传说为内容的宝卷，如《救苦救难灵感观世音宝卷》《灵应泰山娘娘宝卷》《清源妙道显圣真君二郎宝卷》《先天原始土地宝卷》《销释孟姜女忠烈节贞贤良宝卷》，等等。

约从雍正年间起，清政府加大了取缔、镇压民间秘密宗教的力度，于是宝卷便成为"邪说""妖书"的同义语，搜缴销毁宝卷也就成了从中央到地方各级官吏的重要任务，这就遏制了宝卷的编写和刊行，此种状况一直持续到嘉庆年间。在此期间，民间秘密宗教中的一些教门，虽然也编写了一些宝卷，但主要是对明末清初宝卷的抄袭或改编，没有太大发展，这可从清档记载和目前国内外现存宝卷中得到证实。

进入道光朝以后，民间秘密宗教为了自身生存与发展的需要，除了继续在各教门内奉读宝卷之外，还发明了一种名叫"坛训"的经卷，内容均为扶鸾通神降坛垂训的乩语。坛训比宝卷简单，多是十言韵文，偶有五言、七言，字数多者一两千，少者几百。坛训的编写制作极为简单，不论是印本，还是抄本，数量都很大，晚清以来，在民间秘密宗教中广为流传。与此同时，一些教门还打着佛道旗号，利用宝卷这种形式，编写了大量佛道劝惩故事，在民间广为宣唱，如《刘香女宝卷》《韩湘宝卷》《何仙姑宝卷》，等等。此后又加进一般民间故事或戏曲故事，如《白蛇传宝卷》《龙图宝卷》《梁山伯宝卷》等，宗教色彩也随之减弱，有些纯属民间通俗文学作品。

宝卷自从成为民间秘密宗教教义思想的载体以后，往往成为各个教门创始人与后继者"成佛作祖"，掌握教内领导权或另立教门的根据，常常是秘不示人的。而宝卷的宣唱，则由教门专职人员或一般教徒承担，间或也有已经背离了正统佛道而加入教门的僧人、尼姑、道士担任，自从增加各种故事之后，形成了一种名为"宣卷"的曲艺，宣卷人已经成为一种职业，他们编写的宝卷，都是个人所有脚本，文字较粗俗，多系抄本，也有经过文人加工的印本。清末至民国时期，宣卷及作为宣卷脚本的宝卷，在江浙一带颇为流行，继之传到华北、西北等地，在民间影响很大。

据初步统计，目前海内外公私收藏元末明初以来宝卷，约有1500余种，版本5000余种。其中，大部分讲述佛道故事、民间传说、戏曲故事的宝卷，且多为手抄本，专讲民间秘密宗教教义思想的宝卷只占少数，约百余种。

又据李世瑜教授统计，除明末宝卷大多由内经厂刊印外①，入清以后问世的宝卷，均由称为"善书铺"的民间书肆或私家刊印与抄写。其中，以浙江的善书铺最多，约有 27 家；其次，上海 24 家，北京 7 家，江苏 3 家，天津、吉林、河南、四川各 2 家，山西、山东、湖南、湖北、江西各 1 家；此外，未注明何地的 15 家。私家刊印，约有 26 家，私家抄本 100 多家。② 可见刊印与抄写宝卷，已成为明末至民国时期重要的宗教信仰活动。

二

综上所述，可以看出，宝卷是唐宋以来"俗讲""说经"长期演变的产物。最初仍是佛教向世人弘扬佛法的通俗表现形式，只有到了明中叶，宝卷才成为民间秘密宗教经典的专用称谓，并在以后的发展中，又逐步分化为专讲民间秘密宗教教义思想的"宗教宝卷"和宣扬佛道故事、民间传说与戏曲故事的"民间宝卷"两大类。③ 但是，不管是宗教宝卷，还是民间宝卷，它们在表现形式上基本上是一样的。

宝卷一般由下列五种形式组成：

1. 宝卷一般是上下两卷，卷下分品，或分、选、际、参。大多数是上下两卷二十四品，如《皇极金丹九莲正信归真还乡宝卷》上下两卷二十四品；也有分得较多的，如《销释孟姜女忠烈节贞贤良宝卷》上下两卷三十二品；也有分得较少的，如《无上圆明通正生莲宝卷》上下两卷十二品；个别的不分品，如《虎眼禅师遗留唱经卷》上下两卷，不分品。卷下分分，且分得较多的，如《普明如来无为了义宝卷》上下两卷三十六分，也有不分卷的，如《巍巍不动泰山深根结果宝卷》一卷二十四品；亦有分卷，不分品的，如《龙图宝卷》二卷，也有不分卷的，如《杏花宝卷》一卷，等等。

---

① 自明中叶无为教诞生后，许多后起的教门组织如东大乘教、西大乘教、弘阳教等，由于竞相攀附上层社会，因而得到宫中权贵或太监的资助，拥有足够的资金，得以在内经厂刊印宝卷，或本身因创教而致富，也出资刊印宝卷。

② 李世瑜：《宝卷综录·序例》，中华书局，1961 年。

③ 车锡伦：《中国宝卷的发展、分类及其社会文化功能》，《语文·情性·义理 —— 中国文学的多层面探讨国际学术会议论文集》，台湾大学中国文学系，1996 年。

2. 宝卷每卷开头一般都有开经偈、焚（举）香赞，结尾有收经偈。如《销释接续莲宗宝卷》开经偈："一心顶叩拜佛天，普愿乾坤万民安；风调雨顺兴佛教，有道皇王万万年。"举香赞："宝鼎焚香，灌满十方，周流普赴到灵山，奉请法中王。法界无边，诸佛降道场。南无香云盖菩萨摩诃萨。"收经偈："莲宗宝卷，一部真经，启叩太虚空。齐来拥护，圆顿佛门，刻板迎送，祖教兴隆。龙华三会，收缘愿相逢。"相当于佛道经卷中的偈赞，为吟诵部分。也有的宝卷不设开经偈，直接陈述经文，民间宝卷主要采取这种形式。

3. 白文，即说白部分，在每品韵文之前，或在变换形式之间。如《弘阳至理归宗思乡宝卷·思凡想圣品第一》："悟道思乡曰：想人生之前，本无天堂，亦无地狱，性在家乡，虚无世界，何等快乐。如今住世众生，不思原籍圣境，只想业世忙忙，一朝数尽，大梦一场。善者当叛善果，恶者恶处遭殃。劝众趁早下手，参拜明师，指透生前路径，脱离也纲尘中，下苦寻踪问道，早证当来佛性。忧愁不尽，不肯放参，前文剪断，后偈重宣。"相当于一般说唱形式的说白部分。

4. 十言韵文，即吟诵部分。句法为三、三、四。如上引宝卷白文后即写道："想当初，无天地，元无一切；无山河，无人伦，混沌虚空。老混元，来立世，分出上下；立三才，分四祖，地水火风。按五形（行），造八卦，乾坤治定；空世界，无男女，又显神通。三金城，选佛厂，提考祖母；发真性，按阴阳，转下天空。无极祖，能变化，人天治就；太极祖，显神通，接绪传灯。皇极祖，九叶莲，轮流掌教；一法生，万法生，包裹虚空……"一般宝卷都以这种形式为主体，每品之中，别的形式都可以没有，但不能没有十言韵文。另外，还有七言韵文，四句或八句一组，位置不固定，但不多见。

5. 词调（曲牌），即歌唱部分，多数在每品之末，一般为两阕或四阕，但也有翻至十数阕。如上引宝卷十言韵文的白文后即写"驻云飞"。其他词调有傍妆台、耍孩儿、雁儿落、画眉序、刮地风、山坡羊、黄莺儿、倒挂金灯、雁过南楼，等等。

由此可见，宝卷是承袭了"俗讲""说经"的形式：开经偈、焚（举）香赞、收经偈相当于"俗讲"的押座文、开题、表白；白文、十言韵文借用了"俗讲"的说解、吟词，但改"俗讲"的七言为十言；词调则是"说经"的变体。同时，它又杂糅了佛道经卷和各种词、曲、戏文等形式。

明末清初宗教宝卷的刊行，改变了民间秘密宗教的面貌。从此，民间秘密宗教以宝卷的形式宣传自己的教义思想，受到了下层民众的热烈欢迎，从而使民间秘密宗教活动进入了空前繁盛的历史时期。

在这类宝卷中，既可以看到民间秘密宗教的最高崇拜无生老母，也可以看到民间秘密宗教的理想王国真空家乡；既可以看到青阳、红阳、白阳三期，也可以看到燃灯、释迦、弥勒三佛掌世；既可以看到"入教避劫"，也可以看到"转世弥勒"；既可以看到各个教门的组织制度，也可以看到仪轨、戒规、修持等，民间秘密宗教的教义思想在宝卷中得到了充分的表现。特别是一些宗教宝卷还直接歌颂农民起义，如在《家谱宝卷》中，把明末严重的天灾人祸说成是"三期末劫"，水火风三灾来临，把起义将领指为上天星宿，把一般战士指为"九二原子"，把"当今皇帝"指为妖魔、邪精灵，把夺取政权说成皇帝天数已尽、新的真主到来，把起义的前景说成是"云城"降世。同时，还把教内的戒规当作军事纪律，又以神的名义提出战斗口号，部署作战计划。总之，把宗教与起义巧妙地结合起来。使民间秘密宗教成为组织和策动农民起义的战斗旗帜。[1] 又如《救劫指迷宝卷》（残卷）中说："人有罪，神知道，人人头上插旗号；不认人，认旗号，照着旗号着实报。插青旗，使跑叫，插着红旗用火烧；插黑旗，水淹窍，插白旗，济钢刀；惟有积德行善好，插根黄旗神灵保。"这分明又是"黄巾为号"一类的隐语了。

正因为如此，明清时期的封建统治阶级都将这类宝卷视为洪水猛兽，必加痛剿而后快。明万历末年，朝廷下令烧毁罗清"五部经"，宣布它的罪状时说："俚俗不经，能诱无知良民，听从煽惑，因而潜结为非，败俗伤化，莫此为甚。"[2] 清朝统治者对宗教宝卷的搜缴销毁比明朝更为严酷，自雍正年间始，朝廷就把搜缴这类宝卷作为镇压民间秘密宗教的重要手段，明令全国各地每次破获"邪教"后，都要把搜缴的这类宝卷送给军机处，或呈御览后，加以焚毁，"以涤邪业"[3]，乃至道光年间直隶出现了一位名叫黄育楩的官

---

[1] 濮文起：《〈家谱宝卷〉表微》，《世界宗教研究》1996 年第 3 期。

[2] （明）沈榷：《南宫署牍》卷四，汉学研究中心据日本尊经阁文库藏明泰昌刊本影印。

[3] 马西沙、韩秉方：《中国民间宗教史·序言》，上海人民出版社，1992 年。

僚，专门著书，以攻击宝卷为己任。他认为："谋逆之原，由于聚众；聚众之原，由于邪经。"他在巨鹿知县和沧州知州任上，将搜缴当地民间和寺庙收藏的明末宝卷68种，"摘出各经各品妖言"，又将华北各地教门所"提出无数妖言，其妄谬有更甚于邪经者"，"择其主意所在之处，详为辩驳"①，写成《破邪详辩》一书，自费广为印发，企图以此消弥民间秘密宗教在下层民众中的深远影响。但是，宝卷的流传犹如野火春风，直至清王朝最后完结，也没有被搜缴焚毁净尽。

与宗教宝卷相比，民间宝卷的命运似乎好得多。因为这类宝卷主要是讲述佛道故事、民间传说和历史故事，其中心思想是劝人改恶从善，借以维护封建伦理道德，间或穿插一些民间秘密宗教术语，也很少叛逆精神。

在佛道故事宝卷中，以讲述佛菩萨本生和成仙了道故事为主，如佛教的《悉达太子宝卷》《香山宝卷》《达摩宝卷》，道教的《三元成道宝卷》《八仙宝卷等》；民间传说宝卷主要讲述民间传奇故事，如《孟姜女宝卷》《田螺精宝卷》等；而历史故事宝卷则直接取材历史或戏曲故事，如《孙膑度妻宝卷》《正德游龙宝卷》；等等。

在这类宝卷中，鬼神信仰仍是其核心内容。其中，玉皇大帝、王母娘娘这对天庭最高主宰，常常是被歌颂的主要神祇。他们高坐灵霄宝殿，拥有众多的天兵天将，又指挥着天界、地狱各路神鬼。其他经常出现的神祇，有观世音、地藏王、灶王爷、土地爷、财神爷等等。他们统统受玉皇大帝统辖，代表玉皇大帝驾临人间，惩恶扬善。凡是修行"向善"的贤人，都会受到他们的庇护，并得到封赏；凡是一心作恶的歹人，则要受到他们的惩罚，饱尝恶果。这类宝卷所表现出来的鬼神信仰，反映了民间信仰的多元性与庞杂性。其中，既有佛教中的观音、地藏，也有道教中的玉皇、王母，同时还掺和着各种各样地域性的杂神，因而构成了一个色彩斑斓的鬼神世界，折射出这类宝卷作者企羡借助鬼神"法力"解决尘世困扰，追求道德与行为完善，达到调适人际关系、社会和谐安定之目的，从而发挥了佛道正统宗教所不可替代的社会教化功能。

除此之外，宝卷——无论是宗教宝卷，还是民间宝卷——还具有一种

---

① （清）黄育楩：《破邪详辩·序》，《清史资料》第3辑，中华书局，1982年。

民间娱乐功能。那些宣讲宝卷的教门中人或瓦肆艺人是带着虔诚的宗教情感宣讲宝卷的，而众多的教徒与听众也是怀着同样的心情去听宝卷的。在固定的宣讲地点"佛堂"或家庭炕头和瓦肆中，听者被宣讲者的民间秘密宗教教义宣传所激动、所吸引，也被宣讲者的宗教故事、民间传说和历史故事宣唱所感动，产生共鸣，从而使宣讲者与听者融为一体，在精神上获得慰藉，在思想上得到净化与升华，最终达到了娱神、自娱之目的。在封建社会和半封建半殖民地社会，对于下层民众来说，这恐怕是一种主要的民间娱乐活动了，同时也是明清以来宝卷能在下层社会流传不衰的主要原因之一。①

<h1 style="text-align:center">三</h1>

宝卷作为一门学问，始自中国学者顾颉刚、郑振铎二位先生。民国十四年（1925），顾颉刚先生开始在《歌谣周刊》上，分六次刊登了民国四年（1915）岭南永裕谦刊刻的《孟姜仙女宝卷》，并作了考证与研究。顾颉刚先生是对苏州一带宣讲宝卷风气进行学术介绍的最早学者。与此同时，郑振铎先生于民国十七年（1928）在《小说月报》第 17 卷号外上发表了《佛曲叙录》，将其所藏清末民初宝卷 38 种（另有变文 6 种），各作一叙录，并注明年代、版本、作者等，是介绍宝卷学术价值的最早专著。但顾、郑二位先生是从民间通俗文学的角度介绍宝卷的小说价值的。此后，恽楚才、傅惜华、胡士莹等先生按照这条思路搜集公私收藏，先后发表了《宝卷续录》（1944 年）《宝卷续志》（1947 年）《访卷偶识》（1947 年）《宝卷总录》（1951 年）《弹词宝卷书目》（1957 年）等②，总计著录宝卷 243 种。

将宝卷视为民间秘密宗教专用经典的观点，是以向达教授的《明清之际宝卷文学与白莲教》（《文学》1934 年第 2 卷第 6 号）为嚆矢，而以李世瑜教授的《宝卷新研》（《文学遗产》1957 年增刊第 4 辑）为定论。向达先生认为

---

① 即使在今天，在那些科学文化落后的乡村，每当农闲或年节，当地一些仍在活动的教门组织，常常举行宣讲念经活动，附近农民不论男女老幼届时去听，乐此不倦。20 世纪 80 年代末，笔者在河北省某些乡村调查民间教门时，常常看到这种活动，说明宝卷在民间的深远影响和顽强的生命力。

② 李世瑜：《宝卷综录》，中华书局，1961 年，第 3—4 页。

宝卷是明清时期民间秘密教门的根本经典，为研究白莲教的珍贵史料。李世瑜先生则根据自己多年深入民间秘密教门调查的实际经验及收藏的 285 种宝卷，丰富和发展了向达先生的观点，提出了"明清间的宝卷的史料价值——农民起义和宗教思想方面的价值，是高于其文学价值的"真知灼见[①]，从而推动宝卷的搜集与研究。在此基础上，李先生又根据自己多年的潜心研究，于 20 世纪 60 年代初发表了《宝卷综录》。这部著作出版后，立即蜚声海内外，受到专家学者的普遍赞誉，成为从事民间秘密宗教与民间通俗文学研究的必备工具书。

"文革"期间，宝卷的搜集与研究成为禁区。20 世纪 70 年代末，随着科学春天的到来，宝卷的搜集与研究工作也进入了正常发展状态。特别是 80 年代以来，由于民间秘密宗教与民间通俗文学研究工作的不断深入，宝卷的搜集与研究工作开始进入高潮。80 年代末，天津图书馆在该馆一个常年不用的仓库角落，先后找到了百余种宝卷。[②] 其中，有 66 部为明清刊本。与此同时，北京大学图书馆、北京师范大学图书馆、扬州大学图书馆等单位，也对馆藏宝卷进行了重新整理、编目，并写成专文向学术界介绍。

这里特别值得一提的是，甘肃省定西地区陈俊峰、汪普龙二位先生发掘、保护一批孤本宝卷的事迹。1992 年夏，陈、汪二位先生在考察该地区遮阳山风景区时，于该风景区东溪的一座藏经洞中，发现了一木箱经书。经考订为清初刊行的宝卷抄本。其中，大部分已经炭化，只有八部可以辨认出宝卷的名称，但也因年久受潮，粘连严重，无法翻阅。随后，陈、汪二位先生深入当地农村调查，得知这一木箱宝卷是一个盛行于定西地区的名叫龙华会三宝门的教门组织所藏，接着，陈、汪二位先生又在当地群众手中发现数十种清初宝卷。其中，有二十余种为孤本。这一发现充分说明，目前在我国民间还收藏着大量宝卷，有待于专家学者开发、利用。

我国台湾学者对宝卷的搜集与研究，也令世人瞩目。80 年代中期，宋光宇先生编著的《龙华宝经》（台北元祐出版社，1985 年）、郑志明先生撰写的《中国善书与宗教》（台北学生书局，1988 年）等，均为宝卷搜集与研究方面

---

① 李世瑜：《宝卷新研——兼与郑振铎先生商榷》，《文学遗产》增刊第 4 辑，作家出版社，1957 年。
② 这些宝卷是 1963 年李世瑜教授的抢救和推举调归天津图书馆保管的。

的硕果。90 年代中期，王见川先生受台湾世界宗教博物馆委托，从古物收藏家林汉章先生处购买一批宝卷，入藏该馆，作为典藏，为中外学者研究宝卷提供了方便。

宝卷的搜集与研究，也引起了外国学者的关注。其中，以日本的成绩最为显著。早在抗日战争时期，许多研究中国问题的日本专家就深入中国民间调查秘密宗教，搜集流传民间的宝卷资料，据日本有关书刊统计，日本学者在抗日战争期间调查秘密宗教，搜集流传民间的宝卷达数百种之多，仅京都大学人文科学研究所就收藏清末民初宝卷 120 种，筑波大学东洋史研究室藏有 23 种。相田洋在《东洋学报》1983 年第 64 卷第 3—4 号上著文报道，80 年代以来，又在国会图书馆发现原东亚研究所藏宝卷 44 种（以清末为主）。其中，有 7 种为日本学者过去所未见。私人藏的宝卷就更多了，如泽田瑞穗、吉冈义丰、仓田淳之助、窪德忠、大渊忍尔等人都藏有不少宝卷，仅泽田瑞穗一人就收藏 139 种。[①]

第二次世界大战后，日本学者开始整理和研究宝卷，并陆续发表文章，如冢本善隆的《宝卷与近代宗教》（1950 年），吉冈义丰的《宗教宝卷在民众社会中的传播》（1952 年），酒井忠夫的《明末宝卷与无为教》（1960 年），泽田瑞穗的《〈龙华经〉之研究》《〈众喜宝卷〉所见之明清教门史料》《清代教案所见经卷名目考》和《关于〈破邪详辩〉》（1955—1963 年）等。[②]其中，最有权威的首推泽田瑞穗教授。他有三部著作，即《宝卷之研究》（1963 年）《校注〈破邪详辩〉——中国民间宗教结社研究资料》《增补宝卷之研究》（1975 年），均为宝卷研究方面的扛鼎之作，在国际学术界产生了广泛影响。

除日本外，苏联也是搜集与研究宝卷的主要国家之一。现存宝卷约 26 种，分别藏在苏联科学院东方学研究所列宁格勒分所和前莫斯科国立列宁图书馆。其中，有明刻珍本，如《普明如来无为了义宝卷》《灵应泰山娘娘宝卷》等。宝卷研究成绩较为突出的是已故苏联科学院东方学研究所列宁格勒分所的司徒洛娃。1979 年，她的专著《〈普明宝卷〉译注》问世，对宝卷的

[①] 郑天星：《中国民间秘密宗教研究在国外》，《世界宗教资料》1985 年第 3 期。

[②] 郑天星：《中国民间秘密宗教研究在国外》，《世界宗教资料》1985 年第 3 期。

形成史、宝卷与民间秘密宗教的关系史等方面，均作了阐述。其中不乏高见。美国虽藏宝卷不多，但有些极珍贵的孤本，如普林斯顿大学图书馆藏有《销释佛说保安宝卷》。

如果从 20 世纪 20 年代后期顾颉刚、郑振铎二位先生发现宝卷的学术研究价值算起，到 90 年代陈俊峰、汪普龙二位先生又发掘一批珍贵宝卷为止，中外学者在宝卷搜集与研究这一学术领域辛勤耕耘，已长达半个世纪之久。令人兴奋的是，由中外学者共同开辟的这块处女地，如今已是硕果累累，并由此产生了一门新学科 —— 宝卷学，从而吸引了更多的中外学者致力于这一学科研究，又将宝卷的搜集与研究工作带入了一个新的发展阶段。①

笔者认为，自从宝卷的学术研究价值被发现，特别是 80 年代搜集与研究宝卷工作进入高潮以后，首先推动了中国民间秘密宗教史研究。中外学者利用宝卷结合文献档案资料，对中国民间秘密宗教史，举凡教义思想、仪轨修持、教派人物、组织结构、社会功能等方面进行了全面系统的研究，发表了一系列论著。如中国大陆学者马西沙先生的《黄天道源流考略》（《世界宗教研究》1985 年第 2 期），喻松青先生的《新发现的〈佛说利生了义宝卷〉》（香港《大公报》1985 年 8 月 22 日），韩秉方先生的《罗教"五部六册"宝卷的思想研究》（《世界宗教研究》1986 年第 4 期），李世瑜先生的《顺天保明寺考》（《北京史苑》第 3 辑，北京出版社，1985 年），谢忠岳先生的《大乘天真圆顿教考略》（《世界宗教研究》1993 年第 2 期）等，都是在充分利用宝卷资料的基础上，对明清时期民间秘密宗教史上的几个重要教门 —— 无为教、黄天道、西大乘教、东大乘教 —— 进行研究的新作。台湾学者郑志明先生的《无生老母信仰溯源》（台北文史哲出版社，1985 年），林万传先生的《先天大道系统研究》（台南靝巨书局，1985 年），也都是这方面的硕果。这一时期，外国学者也陆续发表了一批论著。其中，以日本学者野口铁郎先生的《明代白莲教之研究》（日本雄山阁出版社，1986 年），浅井纪先生的《明清受到民间宗教结社之研究》（日本研文出版社，1990 年）两部专著最为著名。

宝卷最初是作为一种民间通俗文学而由中国学者介绍给世界的。半个世

---

① 如中国社会科学院世界宗教研究所研究员马西沙、韩秉方二位先生，扬州大学副教授车锡伦先生都获得国家资助，对宝卷进行专题研究，前者的课题是《宝卷提要》，后者的课题为《中国宝卷总目》，已由台湾"中央研究院"中国文哲研究所筹备处于 1998 年出版。

纪以来，尽管宝卷的民间秘密宗教学术研究价值日益被人们看重，但它的民间通俗文学学术研究价值并未减弱。以郑振铎学术为代表的民间通俗文学研究专家，都在他们的著作中开辟专章介绍和评价宝卷①，启迪后来学者的研究思路。80 年代以来，伴随着宝卷搜集与研究工作高潮的到来，宝卷研究作为民间通俗文学史研究的一个分支，更加引起学术界的重视。在全国各地学者深入研究宝卷的民间通俗文学价值的基础上，1990 年 11 月 2 日至 4 日，首届全国宝卷子弟书研讨会在天津召开，并建立了"宝卷子弟书学会"，隶属中国俗文学学会，从而推动了中国民间通俗文学史元年向纵深发展。

长期以来，人们一谈起我国宗教，就讲佛教、道教、基督教、天主教、伊斯兰教，很少注意到下层社会还有一种源远流长且生命力极强的民间秘密宗教，即使注意到，也一概斥之为邪教，而在封建社会，统治者必对其痛剿而后快，如明清时期。

20 世纪三四十年代以来，中外学者开始以学术研究的观点注意民间秘密宗教的历史作用与深远影响，并从史籍中钩稽有关史料，进行研究，发表论著。如我国学者陶希圣的《元代弥勒白莲会的暴动》（《食货半月刊》1935 年第 1—9 期），刘兴尧先生的《道咸时代北方的黄崖教》（国立北平研究院《史学集刊》1936 年第 2 期），吴晗先生的《明教与大明帝国》（《清华学报》1941 年第 11—3 期），日本学者酒井忠夫先生的《支那宗教结社的一种形态》（《史潮》1942 年第 11—3 期），铃木中正先生的《罗教 —— 清代支那宗教结社之一例》（《东洋文化研究所纪要》1943 年第 1 期）等。中国学者李世瑜先生还运用社会学、人类学方法，深入当时仍在盛行的一些教门内部，搜集了大量资料，写成《现在华北秘密宗教》（华西协和大学中国文化研究所、四川大学史学系，1948 年）一书。

自从宝卷的民间秘密宗教学术研究价值被发掘出来以后 —— 如上所述 —— 民间秘密宗教史研究出现了令世人瞩目的新局面。从此，民间秘密宗教也被作为一种宗教，纳入了中国宗教史的研究范围。又由于同一原因，还为中国农民战争史研究、中国文学史研究、中国社会史研究增添了新的研究

---

① 郑振铎先生在其所著《中国俗文学史》第十一章"宝卷"中，专门介绍和评价了宝卷在俗文学发展史上的地位与作用。另外，孙昌武先生在其所著《佛教与中国文学》（上海人民出版社，1988 年）第三章第六节，也分析了宝卷的民间文学价值。

科目，即在从事这些学科研究时，都应该考虑民间秘密宗教的历史作用与深远影响，因此也就拓宽了这些学科的研究视野，带动与深化了这些学科的多角度、全方位研究。有关这方面的研究成果很多，在此不再赘述。

总之，宝卷学作为一门新学科，已经引起了中外学术界的重视，随着这门学科研究的不断深入，定会在研究对象与研究方法上，更加丰富与成熟，并作为一门独立的人文学科活跃于学术之林。

原载《天津社会科学》1999 年第 2 期，中国人民大学复印报刊资料

《宗教》2000 年第 1 期全文转载

宝卷研究的历史价值与现代启示 [①]

宝卷是中国历史文化中的一种珍贵典籍。

20 世纪 20 年代兴起的宝卷研究，对于了解中国古代社会、特别是明清时代下层民众的宗教信仰与文化生活具有重要的历史价值；而宝卷作为民间宗教思想与民间通俗文学载体在现代社会的流传与影响，同样是学者应该深入调查与研究的重要课题。本文首先介绍一下 20 世纪宝卷研究简况，然后拟从历史与现实的结合上，对宝卷所蕴藏的伦理传统与灵性资源展开论述。不当之处，敬请专家批评匡正。

一

20 世纪 20 年代，中国的顾颉刚、郑振铎二位先生首先以学者的睿智，从民间通俗文学角度，对他们所藏的宝卷进行了整理与研究，并将其成果公诸于世[②]，从而为学术界开辟了一个新的研究领域，使学者开始认识宝卷对于了解民间社会的重要价值。此后，恽楚才、傅惜华、胡士莹等先生沿着顾、郑二先生的思路，陆续于四五十年代将他们多年搜集与研究宝卷的成果出版

---

① 本文系笔者为 1999 年 12 月 30 日至 2000 年 1 月 1 日在马来西亚吉隆坡召开的"跨世纪国际宗教研讨会"提交的学术论文。

② 1925 年，顾颉刚先生开始在《歌谣周刊》上，分六次刊登了 1915 年岭南永裕谦刊刻的《孟姜贤女宝卷》，并作了考证与研究；郑振铎先生则于 1928 年在《小说月报》第 17 卷号外上发表了《佛曲叙录》，将其所藏清末民初宝卷 38 种（另有变文 6 种），各作一叙录，并注明年代、版本、作者等。

面世 ①，从而更加丰富了学者的眼界。

比顾、郑二先生稍晚，向达先生则另辟蹊径，从民间宗教角度，对明清之际宝卷进行了搜集与研究，并于 30 年代提出了宝卷是民间宗教专用经典的学术观点。② 随后，李世瑜先生根据自己多年深入民间宗教内部调查的实际经验及收藏的 285 种宝卷，丰富与发展了向达先生的学术观点，于 50 年代提出了"明清间的宝卷的史料价值 —— 农民起义和宗教思想方面的价值，是高于其文学价值的"真知灼见 ③，从而更加开阔了学者的思路。

60 年代中期以后，中国大陆的宝卷搜集与研究成为禁区。70 年代末，又进入正常发展状态。特别是 80 年代以后，随着民间宗教与民间通俗文学研究的不断深入，宝卷的搜集与研究开始进入高潮。80 年代末，天津图书馆、北京大学图书馆、北京师范大学图书馆、扬州大学图书馆等单位，先后对馆藏宝卷进行了重新整理，并写成专文向学术界介绍。④ 与此同时，一些民间学人如甘肃定西地区的陈俊峰先生也热衷此一事业，于 90 年代初在偏僻山村发掘了孤本宝卷 20 余种。⑤ 中国台湾学者如宋光宇、林万传、郑志明、王见川等先生亦在宝卷搜集与研究方面作了大量工作。⑥

宝卷的搜集与研究，也引起了外国学者的关注。其中，以日本的成绩最为显著。早在二战期间，许多研究中国的日本学者就深入中国民间搜集宝卷达数百种之多，后分别由日本某些大学和个人收藏，仅京都大学人文科学研究所就收藏清末民初宝卷 120 种，泽田瑞穗个人收藏则达 139 种。⑦ 二战结束后，日本学者开始整理与研究宝卷，并从 50 年代陆续发表论著。其中，最

---

① 恽楚才编：《宝卷续录》（1946 年）、《宝卷续志》（1947 年）、《访卷偶识》（1947 年），傅惜华编：《宝卷总录》（1951 年），胡士莹编：《弹词宝卷书目》（1957 年）等，总计著录宝卷 243 种。

② 向达：《明清之际宝卷文学与白莲教》，《文学》1934 年第 2 卷第 6 号。

③ 李世瑜：《宝卷新研 —— 兼与郑振铎商榷》，《文学遗产》增刊 4 辑，作家出版社，1957 年；李世瑜编《宝卷综录》（中华书局，1961 年），仍持这一观点。

④ 在这些公私收藏的宝卷中，尤以天津图书馆藏本珍贵，计有百余种。其中，有 66 种为明清刊本。

⑤ 陈俊峰先生的发掘工作非常重要，证明在中国民间仍藏有大量宝卷，有待专家学者开发、利用。有关这次发掘成果，已由陈俊峰先生写成专文《有关东大乘教的重要发现》，在《世界宗教研究》1999 年第 1 期发表。

⑥ 宋光宇编：《龙华宝经》（台北元祐出版社，1985 年）；林万传：《先天道研究》（台南靝巨书局，1985 年）；郑志明：《中国善书与宗教》（台北学生书局，1988 年）；王见川、林万传主编：《明清民间宗教经卷文献》（12 册，台北新文丰出版公司，1999 年）。

⑦ 郑天星：《中国民间秘密宗教研究在国外》，《世界宗教资料》1985 年第 3 期。

有权威的首推泽田瑞穗先生。①

除日本外，苏联也是搜集与研究宝卷的主要国家之一，现存宝卷 26 种，分别藏在苏联科学院东方研究所列宁格勒分所和苏联莫斯科列宁图书馆。其中，有明刻珍本。②宝卷研究成绩较突出的是已故司徒洛娃先生。③美国虽藏宝卷不多，但有些极珍贵的孤本。④

如果从 20 世纪 20 年代顾颉刚、郑振铎二位先生发现宝卷的文学研究价值算起，到 90 年代陈俊峰先生又发掘一批珍贵宝卷为止，中外学者在宝卷搜集与研究这一学术领域辛勤耕耘，已长达 70 年之久。令人兴奋的是，由中外学者共同开发的这块处女地已经开花结果，尤其是进入 80 年代以后，更是硕果累累。⑤经中外学者共同调查得知，目前海内外公私收藏元末以来宝卷，约有 1500 余种，版本 5000 余种。其中，专讲民间宗教教义思想的宝卷约百余种，多为印本，大部分是讲述佛道故事、民间传说、戏曲故事的宝卷，且多为手抄本；而中外学者共同开展的宝卷研究，不仅解决了中国民间宗教史诸如教派、教义、仪式、修持、组织、领袖人物以及重要事件等许多长期悬而未决的历史问题，从而推动了中国民间宗教史研究⑥，也不仅解决了

① 泽田瑞穗有三部著作，即《宝卷研究》（1963 年）、《校注〈破邪详辩〉——中国民间宗教结社研究资料》、《增补宝卷研究》（1975 年）。

② 如《普明如来无为了义宝卷》《灵应泰山娘娘宝卷》等。

③ 〔俄〕司徒洛娃：《〈普明宝卷〉译注》，1979 年。

④ 如普林斯顿大学图书馆藏有《销释佛说保安宝卷》。

⑤ 如中国大陆学者喻松青《明清白莲教研究》（四川人民出版社，1986 年）；马西沙、韩秉方《中国民间宗教史》（上海人民出版社，1992 年）。上述两部著作利用大量宝卷资料分析了下层民众的宗教信仰与精神生活。濮文起撰《宝卷学发凡》（《天津社会科学》1999 年第 2 期）则提出了建立宝卷学的构想；车锡伦编《中国宝卷总目》（台湾"中央研究院"中国文哲研究所筹备处，1998 年）乃是迄今为止最为完整的宝卷编目；中国台湾学者郑志明《无生老母信仰溯源》（台北文史哲出版社，1985 年）等，亦为宝卷研究方面的佳作；日本学者野口铁郎《明代白莲教研究》（雄山阁出版社，1986 年）、浅井纪《明清时代民间宗教结社研究》（研文出版社，1990 年）等，在宝卷研究方面的成绩较为突出；加拿大欧大年《中国民间宗教教派研究》（刘心勇等译，周育民校，上海古籍出版社，1993 年），特别是其推出的《宝卷——中国明清时期民间教派经卷导论》，更是宝卷研究方面的力作。

⑥ 如马西沙《黄天道源流考略》（《世界宗教研究》1985 年第 2 期）、喻松青《新发现的〈佛说利生了义宝卷〉》（香港《大公报》1985 年 8 月 2 日）、韩秉方《罗教"五部六册"宝卷的思想研究》（《世界宗教研究》1986 年第 4 期）、李世瑜《顺天保明寺考》（《北京史苑》第 3 辑，北京出版社，1985 年）、谢忠岳《大乘天真圆顿教考略》（《世界宗教研究》1993 年第 2 期）、濮文起《〈家谱宝卷〉表微》（《世界宗教研究》1996 年第 3 期）、濮文起《〈定劫宝卷〉管窥》（《世界宗教研究》1998 年第 1 期）、濮文起《弓长论》（《中国文化研究》1998 年冬之卷）等。

中国民间通俗文学史上从唐变文到宋说经、再到元末明初宝卷等源流问题[1]，从而推动了中国民间通俗文学史研究，而且更为重要的是为人们洞悉中国古代社会、特别是明清时代下层民众的道德情操、伦理信念、求索取向与理想境界打开了一片新天地。

二

（一）道德情操

中国古代社会的下层民众主要由农民组成，按照传统的说法，农民没有自己独立的道德意识，而受据于"教化"地位的儒家道德观念的支配与统辖。然而，宝卷却为人们展示了农民自己的道德情操，其主要表现则是对女性的关怀与崇扬，以及对"孝"这个封建社会最普遍的道德观念的着意改造。

中国封建社会传统的女性观，集中表现为男尊女卑的价值观和束缚女性的道德礼教观。到了明清时代，更因理学的张扬而使女性处于社会的最底层，深受神权、政权、族权、夫权桎梏，不仅没有继承权、祭祀权、公开参与权，而且在法律上也无平等地位可言，极大地摧残了女性的心灵，也严重地扼杀了女性的人性。

与此相反，许多宝卷却表现出对女性的热情关怀与同情。如《销释孟姜忠烈贞节贤良宝卷》《佛说黄氏看经宝卷》《佛说离山老母宝卷》《地藏菩萨执掌幽冥宝卷》《弘阳血湖宝忏》等，都通过生动亲切的语言，表现出对女性婚姻家庭诸问题的关怀与拯救女性于苦难的胸襟。[2]《家谱宝卷》还以规戒的形式约束教徒不要欺辱女性："你是行善之人，一不许杀人，二不可放火，三不许欺骗女人。"又表现出保护女性的热忱。《众喜宝卷》还有《劝弗溺女》专篇，认为生育子女是天意，溺女违背天心，会招来横祸，家长应当爱护女婴，借此反对社会上溺杀女婴恶习。

---

① 如郑振铎《中国俗文学史》（上海书店，1988 年）、孙昌武《佛教与中国文学》（上海人民出版社，1988 年）等。

② 喻松青：《明清时期民间宗教教派中的女性》，《南开大学学报》1982 年第 2 期。

　　不仅如此，许多宝卷还把正统思想中的阴阳位置作了一个大颠倒，为人们塑造了一位女性至上神——无生老母，认为无生老母才是创世造人之祖。如《古佛天真考证龙华宝经》中的"古佛出现安天地，无生老母立先天"，"无生母，产阴阳，先天有孕"，"生一阳，生一阴，婴儿姹女"；"李伏羲，张女娲，人根老祖"，又认为无生老母是拯世理世的上帝和伟大崇高的象征。如《销释授记无相宝卷》："无生老母，度化众生，到安养极乐国，同归家乡，不入地狱。"《佛说无为金丹拣要科仪宝卷》："无生母，度化众生，同上天堂。"；《护国威灵西王母宝卷》还认为无生老母是考察儒、释、道三圣人的最高权威，《普度新声宝卷》则认为无生老母是凌驾一切神灵之上的神中之王："诸神满天，圣贤神祇，惟有无生老母为尊。"与此同时，许多宝卷还把无生老母说成是一位凡情未了的人类母亲，时时向人间流露出慈母般的爱抚与关怀，"老母悲切，珠泪长所"（《修真宝卷》），并多次派遣神佛临凡，"跟找原人，同进天堂"（《佛说都斗立天后会收元宝卷》）。

　　这些宝卷洋溢的女性关怀以及在此基础上而产生的女神崇拜，反映与代表了下层女性的心声与愿望，因而得到了她们的热诚拥护，成为她们挣脱封建礼教枷锁，勇敢走上社会，与男人一起从事宗教活动与政治斗争的思想源泉和精神武器，明清时代民间宗教世界出现了那么多的女教主、女教首、女教徒，盖源于此。

　　以孝为本是中国传统伦理的首要道德原则，《孝经》开宗明义第一章就说："夫孝，德之本也。"传统的孝道分为"养亲""娱亲""显亲"等内容，上层官僚士大夫首先看重的是"显亲"，所谓"立身行道，扬名于后世，以显父母，孝之终也"[①]；"显亲"的升华则是"以孝作忠"即忠君报国，所谓"事君不忠，非孝也"[②]。其次，才是"娱亲"，而"娱亲"的前提必须是"无违"，即孝之以礼，顺之以心。至于"娱亲"，则被认为与饲养犬马没有区别[③]，是不值得一提的。

　　与这种渗透浓烈政治气息和取消独立人格精神的孝道不同，以《罗祖五部六册》为代表的一批宝卷宣扬的则是两重父母观，认为每人都有两重父

[①] 《论语·为政篇第二》。

[②] 《论语·为政篇第二》。

[③] 《论语·为政篇第二》："子曰：今之孝者，是谓能养。至于犬马，皆能有养；不敬，何以别乎？"

母，一重是生命渊源的生身父母，一重是人性渊源的无生父母。《归家报恩宝卷》还说，行孝要从现在的父母推及过去、未来三世父母："当人功满，真性发现，才得报答父母深恩。现在父母，过去、未来三世父母，都得超生。"也就是说，只有崇奉无生父母的人，才能完成最高的和最圆满的孝道，忠君显亲的传统孝道就这样被两重父母观所改造，变成了联络超越血缘关系而具有相近利益人群的道德纽带。既然大家都是"无生父母"的子女，那么，"入会者匀可视骨肉"，于是"穿衣吃饭，不分尔我"，"有患相救，有难相死，不持一财，可以周行天下"，乃至"有朝一日，翻转乾坤，变换世界"等具有反抗压迫性质的道德观念，也就在苦难的社会下层弥漫开来。[①]

（二）伦理信念

如果说宝卷所展示的农民道德情操与传统道德规范尚有区别，甚至是相对立的话，那么，它在表现农民的伦理信念方面，则始终是在传统的宗法伦理模式内徘徊。所不同的是，它的表白质朴直观、通俗易懂，并不像封建礼教那样深邃、完整而成体系。

在大部分印本宝卷的开篇，几乎都有为皇亲国戚、满朝文武祈福祝寿的颂词。如《普静如来钥匙宝卷》："一报天地盖载恩，二报日月照临恩，三报皇王水土恩，四报父母养育恩，五报五方常安乐，六报六国永不侵，七报文武迁高转，八报人民永平安，九报九祖升天早，十报三教范师恩。"这首《十报歌》实际上是矗立在世人心中的天、地、君、亲、师牌位，让世人永志不忘，咏之歌之，默之祷之，顶礼膜拜，成为封建秩序下的驯服良民。而《众喜宝卷》中的《十愿歌》更是极尽献媚取悦封建王朝之能事，其词曰："一愿中国山河统，二愿四海八方宁，三愿万岁天长寿，四愿万国朝圣君，五愿文武存忠国，六愿宫内尽康宁，七愿万岁龙心喜，八愿天赐万代兴，九愿世上皇法怕，十愿天地报君恩。"

报恩也好，祝愿也罢，表示的都是一种忠君报恩的心旌。那么，如何实现忠君报恩呢？大部分宝卷都推崇三纲五常，赞颂为臣忠，为子孝，兄弟悌，守妇道。如《众喜宝卷》说："三纲要正，五伦要全，君臣有义，父子

---

① 程歗：《晚清乡土意识》，中国人民大学出版社，1990年，第133页。

有亲，夫妇有别，长幼有序，朋友有信。"为此，许多宝卷还撷取佛、道的某些教义，告诫世人要遵守三皈五戒，防止十毒十恶，认为"酒是串肠毒药，色是杀人钢刀，才（财）是人间脑髓，气是惹祸根苗"[①]，并宣扬善有善报，恶有恶报的因果报应说，把惩罚罪恶的地狱渲染得十分阴森可怖，以此劝说世人弃恶向善，认命顺天。如《混元弘阳叹世真经》用大量历史故事，反复讲述人之寿夭，富贵贫贱，皆有命定，劝导世人甘苦自尝，逆来顺受，不要和命运抗争："未从生人先造定，算来由命不由人。""劝君凡事莫怨天，一生都是命，半点不由人。"

　　宝卷所宣扬的这种以忠君报恩为中心的伦理信念，反映了封建社会下层民众的普遍心理，而正是这种伦理信念构成了中国传统文化中强固的伦理精神，对上表征为忠君报恩意识，对下则体现为孝亲祭祖、夫妇人伦和子嗣继承观念，因而形成了一种普照一切的文化之光，掩盖了社会关系中其他的色彩。这种伦理信念虽有它固旧与囿于积习的消极的一面，但在特定的历史条件下，又有它反抗外国侵略，维护民族尊严的积极作用。晚清反洋教运动中的民族自卫意识，在很大程度上，就是以维护伦理信念为其表现形式的。"扫邪保护正道，灭鬼保护华邦"，"第一求保三教，第二求护纲常，第三求保社稷，第四求保农桑，五求保黎民妻子，六保贵府闺房。官员若不保护，百姓自立主张"。这里的"保三教""护纲常"的信念，是"保社稷""护农桑""保黎民妻子"等民族情绪和民族情感的标志，也成为下层民众抨击官府在侵略者面前动摇妥协而企图"自立主张"的精神根据。[②]因此，对宝卷所反映与宣扬的伦理信念既不能一概而论，也不能过度褒扬，正确的态度与科学的方法，应是依据不同的历史条件，具体问题，具体分析。

（三）求索取向

　　中国下层民众务实求存，注重的是现世的人生快乐，表现在宗教信仰上，则是以小生产者的功利主义为心理基础，即人对神佛的物质奉献与心灵虔诚，是为了换取神佛赐福于人间。因此，在求索取向上，便生发出有别于

---

① 《混元弘阳叹世真经·叹酒色财气品第十一》。
② 程歗：《晚清乡土意识》，中国人民大学出版社，1990年，第172页。

上层社会的某些特点。其中，最有代表性的是对转世神佛的狂热崇拜。

在明代中末叶问世的大批宝卷中，几乎是每一部宝卷的作者及其传人都把自己说成是神佛的转世。如黄天道创始人李宾在其所著《普明如来无为了义宝卷》中，自称普明佛转世，称其妻王氏为普光佛转世，而其弟子郑光祖在其所著《普静如来钥匙宝卷》中，则自称普静佛或钥匙佛转世；又如大乘天真圆顿教创立者张海量在与其弟子西木合著的《古佛天真考证龙华宝经》中，自称弓长祖；弘阳教祖师韩太湖在其所著《混元弘阳临凡飘高经》中，自称飘高祖。此外，诸如石佛祖、天真佛、吕菩萨、米菩萨等等，都是通过宝卷的流传而彰显于世，并由此形成了一场对这些转世神佛的崇拜狂潮，其流风所及，影响了整整有清一代。

清初，天地门教创教祖师董计升被其信徒奉为转世弥勒，号称"道德祖师"；而八卦教创教祖师刘佐臣则被其信徒称为再生孔子，号称"圣帝老爷"。此后，云南太和县人张保太自称"四十九代收圆祖师"，创立了大乘教；江西鄱阳人黄德辉自称元始天尊转化，建立了三皇圣祖教，其子黄森官则自称弥勒佛。到了清中叶，以弥勒佛自居或指称某人为转世弥勒建立的教派更是屡起迭出。如河南许州人徐国泰认为弥勒佛降生在河南无影山张家，扶助牛八起事，建立了混元教；与此同时，河南鹿邑人刘松则指称其子刘四儿为弥勒佛转世，保辅牛八起事，建立了三阳教；接着，安徽巢县人方荣升自称弥勒佛下凡，具有掌管"天皇"的权力，从其师金悾有手中接管收圆教等。进入晚清以后，因称佛作祖而建立起来的教派就更多了，举其荦荦大者，如山西赵城人曹顺等自称释迦佛、燃灯佛转世，建立了先天教；山东平原人赵万秩自称普度佛转世，奉无生老母之命下凡"救人劫苦"，建立了皈一道；山西五台山南山极乐寺僧李向善（法名普济）自称弥勒佛转世，接管了九宫道。以上介绍的都是有清一代民间宗教世界颇具影响的大教派，至于由这些教派衍生的宗支派系自我神化的事例多达数以百计。

由宝卷发轫而导致的这场民间造神运动，实质上是下层民众凭借超人间的形式，来表达自己对生活环境的体验与感受，并以此为基础，形成了特定的求索取向；而正是这种求索取向，鼓动起下层民众的宗教狂热，误以为这些转世为人的神佛就是神天意志的代表和收圆度人的救世主，只要跟从他们，就会有饭吃，有衣穿，步入无饥无寒的白阳盛世，有清一代的民间宗教为什么空前兴盛？正是这种求索取向使然。

（四）理想境界

中国下层民众也有自己希求的生活目标和企羡的理想境界，但是在现实社会中，他们却找不到出路，只能仰望茫茫苍空，把真实的欲求移入神天世界，来取得在现实社会中不易获得的欲求补偿，宝卷则满足了下层民众的这种理想追求。

《罗祖五部六册》首先为下层民众描绘了一个理想境界——真空家乡，此后问世的宝卷都围绕这个理想境界展开了诠释与铺陈。所谓真空家乡，又称还源家乡、都斗太皇宫、安养极乐国、云城圣地等，是无生老母居住的地方。这里"有楼台殿阁，有八功德水充满池中，有七宝行树金绳界道，有玻璃合成金银琉璃，有水流风灯演出摩诃，有鹦鹉舍利加陵频伽共命之鸟，演音歌唱无生曲调，细巧灵音，美耳中听，有天乐迎空，异香满室，有天花乱坠，地涌金莲，步步莲开，有这等好处，是法王家里居补处位，外宫内院，胜景堪夸，乃是诸佛菩萨受用极乐之处"[①]。一句话，真空家乡是一座充满美好与幸福的天堂。

然而，在这些宝卷中，大都宣扬无生老母届时要派弥勒佛降世临凡，召开龙华三会，把沦落尘世的儿女度回真空家乡，与无生老母团聚，永享平等幸福之快乐，因而使下层民众对这些宝卷所描绘的理想境界有一种可望不可及之感，或多或少减弱了它的吸引力。明末清初问世的《家谱宝卷》和《定劫宝卷》则比这些宝卷前进了一大步，明确地提出了云城即真空家乡降世理想，并以谶纬方式提出了"十八子当立天下说"[②]，从而将真空家乡由天上搬到人间，"单等十八孩儿来聚会""别立世界改乾坤"。[③] 因此，在这种"云城降世"就在眼前，"十八子"坐朝理政就要实现的许诺下，下层民众又怎能不趋之若鹜，乃至赴汤蹈火，也在所不惜呢！有清一代著名的几场农民大起义，如乾隆年间的山东清水教大起义，嘉庆年间的川陕楚豫皖五省教门大起

---

① 《销释接绪莲宗宝卷·红梅十六枝品第三十四》。

② 濮文起：《〈家谱宝卷〉表微》，《世界宗教研究》1996 年第 3 期；《〈定劫宝卷〉管窥》，《世界宗教研究》1998 年第 1 期。

③ 《定劫宝卷》卷上。

义和直鲁豫天理教大起义等，都是为了实践这种理想境界的英勇尝试，乃至近代社会爆发的太平天国运动，也都打上了这种理想境界的深深印记。

三

据笔者实地调查及有关资料披露，20 世纪 50 年代和 60 年代初，宝卷一直在中国大陆某些乡村社会流传，特别是进入 80 年代以后，随着民间宗教是再度活跃，宝卷也在乡村社会呈现出传播扩大的趋势。

1988 年，兰州大学出版社出版了一部《河西宝卷选》，收录了宝卷 8 种，计 20 万字。据该书编者兰州大学段平先生介绍，1983 年以来，他们曾组织十几名学生，多次深入河西走廊的十多个县、市，共搜集到当地农村流传的宝卷 108 种。在这 108 种宝卷中，只有 4 种是河西人自己写的，其余都是全国性的流传本。

1994 年，广西师范大学出版社出版了王熙远教授编著的《广西民间秘密宗教》。该书 53 万字，其中，五分之三的篇幅为王熙远先生于 80 年代末、90 年代初，在桂西民间搜集的普渡道、魔公道经卷，计 130 余种。1997 年，台湾《民间宗教》杂志第 3 辑发表了林国平教授撰写的《福建三一教现状调查》和《国内现存的三一教著述解题》，介绍了现存三一教经卷 27 种。

自 80 年代末始，笔者对盛行于河北、山东一带乡村的天地门教（又称一炷香教）开展调查[1]，搜集天地门教“无字真经”即口传经卷数十种。[2] 1998 年，笔者又在西南四川山区发现一批珍贵的民间宗教经卷手抄本，计两箱 200 多种。据初步考证，这批经卷是一支流传在西南地区的名叫四相教的民间教派所传[3]，如此等等。

笔者以上所列事实，旨在证明，作为民间宗教思想和通俗文学载体的宝

---

① 濮文起：《天地门教调查与研究》，台湾《民间宗教》第 2 辑，台北南天书局，1996 年。

② 笔者除在《天地门教调查与研究》中公布一些经卷外，又选择了一些有代表性的经卷，收入由笔者主编的《中国宗教历史文献集成》第五部分《民间宝卷》，该套文献丛书于 2005 年由黄山书社出版。

③ 笔者已选录一部分，收入《中国宗教历史文献集成》第五部分《民间宝卷》。

卷，在现代中国的西北、东南、西南、华北等乡村社会仍在流传，还有其诱人的魅力。

那么，宝卷对现代中国乡村民众的魅力何在呢？

首先，宝卷在现代中国乡村社会继续发挥着文化娱乐功能。宝卷自元末明初出现始[1]，从形式到内容，就都是乡土性的、大众性的，且均能吟唱，而吟唱的曲牌又多为乡野父老喜闻乐见的民间音乐。明清时代，下层民众谋食不暇，生活单调，常常是在民间宗教教派集会宣唱宝卷时，"从旁听唱"，"学念歌词"，[2] 从中获取乐趣。这种从明清时代遗留下来的民间文化习俗，并没有因为社会制度的根本改变而随之消失，至今仍在那些文化生活落后的乡村风行，成为那里农民的主要娱乐活动。20 世纪 80 年代末，笔者在河北某些乡村调查天地门教时，常看到该教利用传统节日举行宣唱宝卷活动，附近农民不论男女老幼届时去听，乐此不倦。段平先生编著的《河西宝卷》也真实地反映了河西走廊乡村社会的这种文化娱乐活动，王熙远、林国平二位先生在桂西、闽南山区从事田野调查时，同样目睹了宝卷这种文化娱乐功能。

其次，宝卷在现代中国乡村社会依然具有抒发民众宗教情感的社会功能。宝卷集中反映了民间宗教教义思想，它所宣扬的神佛赐福、善恶果报、生死轮回、行善修好等宗教道德观念，20 世纪 50 年代以来，一直在中国那些经济落后、科学知识贫乏的乡村社会拥有信众，特别是进入 80 年代以后，中国政治文化进程的巨大动荡和社会经济转型以及由此引发的各种社会问题，使那些多年生活在固定的政治、经济、思想模式中的乡村民众产生了种种困惑。由于乡村民众对命运的非理性理解和文化心理的适应性，因此很容易使他们转入宝卷所宣扬的民间宗教信仰中去，并以此解脱精神困扰，追求道德与行为完善，达到调适人际关系和周围生存环境和谐安定之目的。笔者在河北乡村调查民间宗教中，经常看到男女农民遇到烦恼之事，出现心理倾斜时，或有病（当然不是癌症等不治之症）不能到城里就医时，他们便很自然地求助于民间宗教教派的宣唱宝卷，以求心理上的平衡和身体上的康复，且每见奇效。

---

[1] 关于宝卷出现的时间，笔者赞同郑振铎先生的观点，即元末明初，见郑振铎所著《中国俗文学史》第十一章"宝卷"，作家出版社，1957 年，第 308 页。

[2]《军机处录副奏折》，乾隆五十一年七月十二日河南巡抚毕沅折。

　　宝卷对明清时代下层民众道德情操、伦理信念、求索取向与理想境界的生动反映以及在现代中国乡村社会的流传与影响，充分说明宝卷所蕴藏的伦理传统和灵性资源，并不受时代限制而具有被乡村民众世代认同的品格，于是这也为现代人提出了一个如何认识宝卷所蕴藏的伦理传统和灵性资源问题。笔者认为，宝卷作为民间宗教思想和民间通俗文学载体，是中国封建时代的产物，它反映了那个时代下层民众的宗教信仰生活和文化生活。因此，我们没有理由苛求那个时代的宝卷作者为后人提供超越历史局限的精神食粮。对于由宝卷流传而遗留在现代中国乡村民众文化心理中的积垢，可以在历史的开拓过程中逐渐荡涤，而宝卷所体现传统文化中的正面价值和智慧结晶的部分，亦即具有民族精神的优秀部分，如对女性的关怀和崇扬、对传统孝道的着意改造以及对理想境界的执着追求等都不会消散，必将溶入更高级的文化形态，为全球的伦理建设与人类幸福作出贡献。

原载《中国文化研究》2000 年冬之卷

民间宗教经卷的搜集、整理与研究 [①]

与中国历史上的佛教、道教等制度化宗教一样，流传在下层社会的民间宗教也为后世遗留大量记载自己教义、仪轨、修持乃至组织传承的经卷，其载体有"宝卷""坛训""歌词"等称谓。但是，改革开放前，包括民间宗教经卷在内的整个民间宗教研究，既是学术冷门，又是敏感之域，较少有人问津。即使有人偶然涉足民间宗教，也往往从策动与组织农民起义、农民战争角度，论及民间宗教的历史作用。

改革开放以来，中国宗教学界打破了民间宗教研究的禁区，开始对民间宗教进行正常的全面的学术研究。其中，对民间宗教经卷的搜集、整理与研究，尤为引人注目。但是，对于中国民间宗教学科建设来说，民间宗教经卷无论是在搜集、整理方面，还是在研究方面，均处于方兴未艾阶段，仍有可供专家学者深入发掘和运思驰骋的广阔天地。

一

20世纪80年代以来，随着中国民间宗教研究的逐步展开，从事这一学科研究的学者日益认识到，要想洞悉民间宗教的内中秘密，就必须对民间宗教经卷进行深入系统的研究。适应这种研究需求，天津、北京等地的图书馆管理人员陆续编辑了一些作为民间宗教经卷载体之一 ——"宝卷"收藏目录，

---

① 本文系笔者为2009年10月在厦门大学举行的"中国宗教学会成立三十周年学术研讨会"提交的学术论文，此次发表，做了修改。

如谢忠岳编辑的《天津图书馆馆藏善本宝卷目录》^①与其撰写的《现存中华宝卷的收藏分布和研究》^②、李鼎霞、杨宝玉编辑的《北京大学图书馆馆藏宝卷简目》^③、程有庆、林萱编辑的《北京图书馆馆藏宝卷目录》^④等相继在有关刊物发表。1998 年，扬州大学车锡伦编辑的《中国宝卷总目》，由台湾"中研院"文哲所筹备处出版；2000 年，北京燕山出版社又出版重编本。车锡伦编辑的《中国宝卷总目》，共收入国内外公私收藏宝卷 1585 种、版本 5000 余种，是目前收入宝卷最多的类书目录。这些宝卷目录的编辑与发表，为专家学者从事民间宗教研究提供了得力工具，发挥了按图索骥的作用。此外，一些专家学者还介绍了国外图书馆收藏中国民间宗教宝卷情况，如冯佐哲整理的《日本有关宝卷研究和庋藏》^⑤等。

与此同时，经过专家学者整理、编纂的民间宗教经卷类书也接连在海峡两岸出版，如郭仪、谭禅雪等整理、编纂的《酒泉宝卷（上编）》^⑥，方步和整理、编纂的《河西宝卷真本（校著研究）》^⑦，段平整理、编纂的《河西宝卷选》^⑧《河西宝卷选续编》^⑨《河西宝卷续选》^⑩，林立人整理、编纂的《五部六册经卷》^⑪，张希舜、濮文起等人整理、编纂的《宝卷·初集》（40 册）^⑫，王见川、林万传整理、编纂的《明清民间宗教经卷文献》（12 册）^⑬《明清民间宗教经卷文献续编》（12 册）^⑭，濮文起整理、编纂的《民间宝卷》（20 册）^⑮等。其中，王见川、林万传整理、编纂的《明清民间宗教经卷文献》（12 册）《明清民间宗教经卷文献续编》（12 册）和濮文起整理、编纂的《民间宝卷》（20

① 谢忠岳：《天津图书馆馆藏善本宝卷目录》，《世界宗教研究》1990 年第 3 期。
② 谢忠岳：《现存中华宝卷的收藏分布和研究》，《图书馆工作与研究》1997 年第 3 期。
③ 李鼎霞、杨宝玉：《北京大学图书馆馆藏宝卷简目》，《文史资料》1992 年第 2 期。
④ 程有庆、林萱：《北京图书馆馆藏宝卷目录》，《文史资料》1992 年第 3 期。
⑤ 冯佐哲：《日本有关宝卷研究和庋藏》，《清史研究通讯》1984 年第 4 期。
⑥ 郭仪、谭禅雪等：《酒泉宝卷（上编）》，兰州大学出版社，1992 年。
⑦ 方步和：《河西宝卷真本（校著研究）》，兰州大学出版社，1992 年。
⑧ 段平：《河西宝卷选》，台北新文丰出版公司，1992 年。
⑨ 段平：《河西宝卷选续编》，台北新文丰出版公司，1992 年。
⑩ 段平：《河西宝卷续选》，台北新文丰出版公司，1994 年。
⑪ 林立人：《五部六册经卷》，台北正一善书出版社，1994 年。
⑫ 濮文起等：《宝卷·初集》40 册，山西人民出版社，1994 年。
⑬ 王见川、林万传：《明清民间宗教经卷文献》（12 册），台北新文丰出版公司，1999 年。
⑭ 王见川、林万传：《明清民间宗教经卷文献续编》（12 册），台北新文丰出版公司，2006 年。
⑮ 濮文起主编：《民间宝卷》（20 册），黄山书社，2005 年。

册）①，均为精装影印本，可以说是目前世界上收录民间宗教经卷数量最多的三套大型类书，为开展中国民间宗教研究提供了重要的学术资料。

二

改革开放 30 年来，中国大陆专家学者对民间宗教经卷开展的学术研究，主要围绕着以下两个方面：

1. 宝卷研究

宝卷研究，始于顾颉刚、郑振铎、向达、李世瑜等前辈学者。20 世纪 20 年代，顾颉刚、郑振铎从民间通俗文学角度介绍了宝卷的史料价值②；接着，向达、李世瑜分别于 20 世纪 30 年代和 50 年代，从民间宗教经典角度论述了宝卷的史料价值。③ 另一前辈学者管蓝田则于 1929 年将自己辑录的东大乘教经典《古佛天真考证龙华宝经》公布于世。

改革开放后，谢生保、段平、喻松青、车锡伦、濮文起、李豫、韩秉方、李丽丹、程海艳、张爱民、翟建红、李武莲等学者在继承前贤研究成果的基础上，总结各自的宝卷研究实践，分别发表了自己的学术观点，如谢生保撰写的《河西宝卷与敦煌变文的比较》④，段平撰写的《河西宝卷的调查研究》⑤，喻松青撰写的《民间秘密宗教经卷研究》⑥，车锡伦撰写的《中国宝卷研究论集》⑦《中国宝卷概论》⑧《中国宝卷的形成及其演唱形态》⑨《最早以"宝卷"

---

① 《民间宝卷》原定 1998 年付梓，因故拖延至 2005 年由黄山书社出版。
② 顾颉刚：《孟姜仙女宝卷》，《歌谣周刊》，1925 年；郑振铎：《佛曲叙录》，《小说月报》，1928 年。
③ 向达：《明清之际宝卷文学与白莲教》，《文学》1934 年 2 卷 6 号；李世瑜：《宝卷新研》，《文学遗产》1957 年增刊第 4 辑。
④ 谢生保：《河西宝卷与敦煌变文的比较》，《敦煌研究》1987 年第 4 期。
⑤ 段平：《河西宝卷的调查研究》，兰州大学出版社，1992 年。
⑥ 喻松青：《民间秘密宗教经卷研究》，台北联经出版事业公司，1994 年。
⑦ 车锡伦：《中国宝卷研究论集》，台北学海出版社，1993 年。
⑧ 车锡伦：《中国宝卷概论》，台北学海出版社，1997 年。
⑨ 车锡伦：《中国宝卷的形成及其演唱形态》，《敦煌研究》2003 年第 2 期。

命名的宝卷 —— 谈〈目连救母出离地狱生天宝卷〉》[①]，濮文起撰写的《宝卷学发凡》[②]《宝卷研究的历史价值与现代启示》[③]，李豫撰写的《元代的宝卷》[④]，韩秉方撰写的《观世音信仰与妙善的传说 —— 兼及我国最早一部宝卷〈香山宝卷〉的诞生》[⑤]，李丽丹撰写的《源同形异说差别：汉川善书与宝卷之比较》[⑥]，程海艳撰写的《宝卷音乐美学思想探微 —— 以《临泽宝卷》为例》[⑦]，张爱民撰写的《河西宝卷 —— 我国民间曲艺艺术瑰宝》[⑧]，翟建红撰写的《河西宝卷的解读与民间精神的认识 —— 以宣扬孝道为中心的宝卷文本研究》[⑨]，李武莲撰写的《凉州宝卷渊源及其艺术特色》[⑩] 等。在这些论著中，他们对宝卷的源与流、形式与内容、流传情况与历史命运以及研究价值等问题，均阐述了各自的学术观点。此外，喻松青在其所著《明清白莲教研究》[⑪]，濮文起在其所著《中国民间秘密宗教》[⑫]《秘密教门：中国民间秘密宗教溯源》[⑬]，马西沙、韩秉方在其所著《中国民间宗教史》[⑭] 等专著中，也都对宝卷等民间宗教经卷进行了探讨。

2. 民间宗教教派思想研究

通过民间宗教经卷，研究民间宗教教派思想，是改革开放以来从事这一学科研究的学者的探索重点。无为教（又称罗祖教，简称罗教）、黄天

① 车锡伦：《最早以"宝卷"命名的宝卷 —— 谈〈目连救母出离地狱生天宝卷〉》，《宁夏师范学院学报》2007 年第 2 期。

② 濮文起：《宝卷学发凡》，《天津社会科学》1999 年第 2 期。

③ 濮文起：《宝卷研究的历史价值与现代启示》，《中国文化研究》2000 年第 4 期。

④ 李豫：《元代的宝卷》，《殷都学刊》2002 年第 4 期。

⑤ 韩秉方：《观世音信仰与妙善的传说 —— 兼及我国最早一部宝卷〈香山宝卷〉的诞生》，《世界宗教研究》2004 年第 2 期。

⑥ 李丽丹：《源同形异说差别：汉川善书与宝卷之比较》，《湖北民族学院学报（哲学社会科学版）》2006 年第 6 期。

⑦ 程海艳：《宝卷音乐美学思想探微 —— 以〈临泽宝卷〉为例》，《安徽文学》2006 年第 12 期。

⑧ 张爱民：《河西宝卷 —— 我国民间曲艺艺术瑰宝》，《甘肃社会科学》2008 年第 2 期。

⑨ 翟建红：《河西宝卷的解读与民间精神的认识 —— 以宣扬孝道为中心的宝卷文本研究》，《齐齐哈尔师范高等专科学校学报》2008 年第 5 期。

⑩ 李武莲：《凉州宝卷渊源及其艺术特色》，《丝绸之路》2009 年第 10 期。

⑪ 喻松青：《明清白莲教研究》，四川人民出版社，1987 年。

⑫ 濮文起：《中国民间秘密宗教》，浙江人民出版社，1991 年；台北南天书局，1996 年。

⑬ 濮文起：《秘密教门：中国民间秘密宗教溯源》，江苏人民出版社，2000 年。

⑭ 马西沙、韩秉方：《中国民间宗教史》，上海人民出版社，1992 年。

道、东大乘教（其支派有龙天道、大乘天真圆顿教等）、西大乘教、弘阳教等教派是明中叶以来先后出现的著名的民间宗教教派，对明清时代乃至民国时期的民间宗教运动产生了极为深远的影响。从事这一学科研究的学者正是通过解读这些教派创始人或传人编写的经卷，使这些教派的宗教思想昭示于世。围绕着无为教研究，如韩秉方撰写了《罗教"五部六册"宝卷的思想研究》[1]、徐小跃撰写了《罗教·佛教·禅学：罗教与〈五部六册〉揭秘》[2]《论罗教对佛教的通俗化诠释及其对其他中国民间宗教的批判》[3]，闵丽撰写了《罗教五部经卷的基本教理探析》[4] 等论著，分别阐释了无为教的宗教思想；围绕着黄天道研究，如马西沙、喻松青利用《佛说利生了义宝卷》《普明如来无为了义宝卷》等黄天道经卷，分别撰写了《黄天道源流考》[5]《明代黄天道新探》[6]，论述了黄天道的宗教思想；围绕着东大乘教研究，如濮文起利用《家谱宝卷》《定劫宝卷》《弥勒尊经》《三教应劫总观通书》等东大乘教经卷，先后撰写了《〈家谱宝卷〉表微》[7]《〈定劫宝卷〉管窥》[8]《〈弥勒尊经〉蠡测——兼与马西沙教授商榷》[9]《〈三教应劫总观通书〉再探——兼与李世瑜先生商榷》[10]，阐述了东大乘教及其支派龙天道、大乘天真圆顿教一脉相承的宗教思想；围绕着西大乘教研究，如李世瑜利用《销释大乘宝卷》《销释圆通宝卷》《销释显性宝卷》《销释圆觉宝卷》《销释收圆宝卷》等西大乘教经卷，撰写《顺天保明寺考》[11]，介绍了西大乘教的宗教思想；围绕着弘阳教研究，如韩秉方、周绍良、宋军、〔韩〕李浩栽利用《弘阳苦功悟道卷》《弘阳叹世经》《弘阳悟道明心经》《混元弘阳临凡飘高经》等弘阳教经卷，相继撰

---

① 韩秉方：《罗教"五部六册"宝卷的思想研究》，《世界宗教研究》1986 年第 4 期。
② 徐小跃：《罗教·佛教·禅学：罗教与〈五部六册〉揭秘》，江苏人民出版社，1999 年。
③ 徐小跃：《论罗教对佛教的通俗化诠释及其对其他中国民间宗教的批判》，《南京社会科学》2003 年第 10 期。
④ 闵丽：《罗教五部经卷的基本教理探析》，《宗教学研究》2001 年第 2 期。
⑤ 马西沙：《黄天道源流考》，《世界宗教研究》1985 年第 2 期。
⑥ 喻松青：《明代黄天道新探》，《明清白莲教研究》，四川人民出版社，1987 年。
⑦ 濮文起：《〈家谱宝卷〉表微》，《世界宗教研究》1996 年第 3 期。
⑧ 濮文起：《〈定劫宝卷〉管窥》，《世界宗教研究》1998 年第 1 期。
⑨ 濮文起：《〈弥勒尊经〉蠡测——兼与马西沙教授商榷》，《中华文化论坛》2004 年第 4 期。
⑩ 濮文起：《〈三教应劫总观通书〉再探——兼与李世瑜先生商榷》，《求索》2007 年第 4 期。
⑪ 李世瑜：《顺天保明寺考》，《北京史苑》第 3 期，北京出版社，1985 年。

写《红阳教考》①《论弘阳教一批经籍》②《清代弘阳教研究》③《飘高祖韩太湖论析》④，讲述了弘阳教的宗教思想。

此外，围绕着明末以来盛行于江南地区的三一教研究，韩秉方、马西沙、林国平、刘晓东、何善蒙等学者还通过研读林兆恩著《林子三教正宗统论》，撰写了一些论文，如韩秉方、马西沙的《林兆恩三教合一与三一教》⑤，马西沙的《林兆恩的三教合一思想》⑥，林国平的《略论林兆恩的三教合一思想和三一教》⑦《论三一教的形成和演变 —— 兼与韩秉方、马西沙先生商榷》⑧，刘晓东的《"三教合一"思潮与"三一教" —— 晚明士人学术团体宗教化转向的社会考察》⑨，何善蒙先生的《林兆恩"三教合一"的宗教思想浅析》⑩等，都对三一教的宗教思想进行了论说。

三

随着民间宗教经卷研究的展开，逐步引起了人们对民间宗教经卷的关注，于是一批尘封已久的民间宗教经卷被人们陆续发现，使这些珍本秘籍得以重现于世。

21 世纪初，天津图书馆管理人员在清理馆藏古籍时，发现了还源教的六部宝卷。

还源教是明末颇有影响的民间宗教教派，由一位化名"还源"的民间宗

---

① 韩秉方：《红阳教考》，《世界宗教研究》1985 年第 4 期。
② 周绍良：《论弘阳教一批经籍》，《传统文化与现代文化》1997 年第 4 期。
③ 宋军：《清代弘阳教研究》，社会科学文献出版社，2002 年。
④ 〔韩〕李浩栽：《飘高祖韩太湖论析》，《求索》2006 年第 2 期。
⑤ 韩秉方、马西沙：《林兆恩三教合一与三一教》，《世界宗教研究》1984 年第 3 期。
⑥ 马西沙：《林兆恩的三教合一思想》，《世界宗教研究》1996 年第 2 期。
⑦ 林国平：《略论林兆恩的三教合一思想和三一教》，《福建师范大学学报》1986 年第 2 期。
⑧ 林国平：《论三一教的形成和演变 —— 兼与韩秉方、马西沙先生商榷》，《世界宗教研究》1987 年第 2 期。
⑨ 刘晓东：《"三教合一"思潮与"三一教"——晚明士人学术团体宗教化转向的社会考察》，《东北师范大学学报》2001 年第 1 期。
⑩ 何善蒙：《林兆恩"三教合一"的宗教思想浅析》，《华侨大学学报（哲学社会科学版）》2006 年第 4 期。

教家创立。还源，北直永平府滦州东胜卫（今河北省滦县）人。嘉靖年间，还源入蓟州（今天津市蓟县）盘山修行。万历初期，还源创立还源教，并著有六部宝卷，又称六部六册，即第一部《销释悟性还源宝卷》一卷二十四品、第二部《销释开心结果宝卷》一卷二十四品、第三部《销释下生叹世宝卷》一卷二十四品、第四部《销释明证地狱宝卷》一卷二十四品、第五部《销释科意正宗宝卷》一卷二十四品、第六部《销释归家报恩宝卷》一卷二十四品。① 还源著作的六部宝卷，从未见著录，长期不为人知。因此，这六部宝卷的发现，为学者深入研究还源教的宗教思想提供了珍贵资料。

除图书馆尚藏有不少民间宗教经卷、亟待人们清理外，还有许多民间宗教经卷深藏民间，也不断被人们以各种方式发掘。

20 世纪 80 年代末，王熙远通过悉心研究田野调查所得民间宗教经卷，撰写了《桂西民间秘密宗教》一书，于 1994 年由广西师范大学出版社出版，为世人揭示了长期流传在桂西高山汉族地区的普度道、魔公教的宗教思想及其至今仍然盛传不衰的真实情况。

1992 年夏季，陈俊峰等人在考察甘肃省漳县遮阳山风景区时，于该风景区东溪的一座刻有"石室"的岩洞中，发现藏有一木箱经书。随后，他们又于是年冬季，在漳县、岷县交界的一个偏僻的小山村发现数十种经书。后经专家鉴定，其中有九部为孤本珍籍，均为清初出现的大乘天真圆顿教经卷，即《佛说大乘通玄法华真经》《佛说赴命皈根还乡宝卷》《法舡普渡地华结果尊经》《还宗佛法身出细普贤经》《古佛无生玉华结果尊经》《三华聚顶性华结果尊经》《五气朝元元命华结果尊经》《莲芯生三皇了仪观音经》《蕴空盼婴儿思乡圣母经》。② 这九部经卷的发掘现世，为学者深入研究大乘天真圆顿

① 李国庆：《新见明末还源教全套宝卷"六部六册"叙录》，《世界宗教研究》2005 年第 4 期。

② 陈俊峰：《有关东大乘教的重要发现》，《世界宗教研究》1999 年第 1 期。在陈俊峰等人发现的大乘天真圆顿教九部孤本中，只有三部经卷保存完整，其刊印年代与分目如次：一、《古佛无生玉华结果尊经》，清康熙十一年（1672）刊印。上、下两卷，二十七分，即定果青阳佛光问性赴云宫分第一，结果红阳佛觉问结果成真分第二，成果白阴佛耳问分宗定派分第三，成真玄果佛尊问雷声普化分第四，证真仙果佛位问四生轮转分第五，修真妙果佛灵问阐教扶宗分第六，上清青梅佛定问周天缠度分第七，太清红梅佛心问人譬天地分第八，玉清白梅佛义问修持德行分第九，清玄修真佛文问吃斋戒荤分第十，青静证真佛目问春夏秋冬分第十一，青云成真佛佑问经书卷律分第十二，红真慧光佛圣问临危收圆分第十三，红明花光佛净问玉华赴会分第十四，红云真光佛性问阐教明宗分第十五，白玉明华佛法问白莲开放分第十六，白云光华佛照问十八地狱分第十

教的宗教思想，提供了新的珍贵资料，有待学者充分利用。

20 世纪 90 年代中叶，李世瑜在山东省宁津县从事田野调查时，意外地发现了清代民间宗教中的重要教派清茶门的一部稀世经卷——《三教应劫总观通书》，且有两种抄本。2000 年 6 月，李世瑜在香港中文大学举办的"宗教与中国社会国际学术研讨会"上，向世人公布了他的这一重大发现，并将该部宝卷的复印本赠送香港中文大学图书馆。此后，李世瑜对该部宝卷进行研究，写成《〈三教应劫总观通书〉初探》一文，并将该部宝卷整理附录于后。[1]

2006 年，刘正平在民间书肆中，访获一部名叫《问答宝卷》的江南无为教觉性正宗派经卷，通过反复研究，撰写了《〈问答宝卷〉解析——江南无为教觉性正宗派的传世经卷》[2]，为人们了解无为教在江南的传播情况，开启了一扇新的窗口。车锡伦通过认真研究新发现的南无教经卷《泰山圣母苦海宝卷》，撰写了《新发现的清初南无教〈泰山圣母苦海宝卷〉》[3]，使人们对南

（接上页）七，白阳玉华佛宝问善恶灾祸分第十八，黑斗修仙佛手问稽察功过分第十九，黑玄朝仙佛问道问五脏六腑分第二十，黑云成仙佛悟问人鬼佛神分第二十一，长真圣贤佛惺问红炉飞雪分第二十二，长玄真贤佛身问金丹大道分第二十三，长生定贤佛华问悟性还原分第二十四，长明云圣佛月问四大分张分第二十五，长乐华圣佛日问波罗密哆分第二十六，长寿封圣佛口问末后成尊分第二十七。二、《三华聚顶性华结果尊经》，清康熙十八年（1679）刊印。上、下两卷，二十四分，即孝养尊亲分第一，业苦三室分第二，大道无形分第三，信邪烧纸分第四，自性真佛分第五，金刚科仪分第六，拨迷指悟分第七，普度群迷分第八，五乐生忧分第九，四生六道分第十，民遭苦业分第十一，勤谨香火分第十二，三教皈一分第十三，患难许愿分第十四，八宝罗汉分第十五，四相非坚分第十六，观音菩萨分第十七，三圆圣会分第十八，直超三界分第十九，四静真功分第二十，邻里乡党分第二十一，言行食智分第二十二，烧香念佛分第二十三，劈邪崇正分第二十四。三、《五气朝元命华结果尊经》，清康熙十一年（1672）刊印。上、下两卷，二十四分，即命沉海底分第一，圣景捞鱼分第二，白水逆流分第三，真僧送宝分第四，阿耨多罗分第五，景游天宫分第六，心外生法分第七，同心学道分第八，万善同皈分第九，无量寿佛分第十，道原在先分第十一，海量无双分第十二，人是真佛分第十三，人身为贵分第十四，破说养杀分第十五，答谢神灵分第十六，用命还债分第十七，福业随身分第十八，破邪显正分第十九，男子怀孕分第二十，中国难求分第二十一，广行方便分第二十二，玲珑宝塔分第二十三，世法双忘分第二十四。

[1] 李世瑜：《〈三教应劫总观通书〉初探》，《台湾宗教研究通讯·李世瑜先生八秩荣庆专刊（下）》，台北兰台出版社，2003 年，第 280 页。
[2] 刘正平：《〈问答宝卷〉解析——江南无为教觉性正宗派的传世经卷》，《世界宗教研究》2008 年第 4 期。
[3] 车锡伦：《新发现的清初南无教〈泰山圣母苦海宝卷〉》，《河南教育学院学报（哲学社会科学版）》2009 年第 1 期。

无教有了进一步认知。濮文起则通过田野调查接连觅得《如意宝卷》《董祖立道根源（支排记）》《天地宝卷》《杓峪问答》《圣意叩首之数》等天地门教经卷，连续撰写了《〈如意宝卷〉解析——清代天地门教经卷的重要发现》[①]《〈董祖立道根源（支排记）〉解读——一部记载天地门教组织源流的经卷》[②]《〈天地宝卷〉探颐——清代天地门教经卷的又一重要发现》[③]《〈杓峪问答〉探析——清代天地门教经卷的又一重要发现》[④]《〈圣意叩首之数〉钩玄——清代天地门教经卷的又一重要发现》[⑤]等，向世人揭露了天地门教内部的诸多秘密以及该教派为什么至今盛传不衰的诸种动因，如此等等。

四

民间宗教经卷以简约、通俗的形式，记录了中国封建社会、半殖民地半封建社会下层民众的精神需求、信仰生活与理想境界，是我们解析中国历史上的民间宗教活动的宝贵资料。因此，民间宗教经卷作为一种文化遗产，也是中国传统文化的组成部分。这一学术观点，已经引起了越来越多有识之士的认知，如至今仍在我国西北地区民间流传的"河西宝卷"，即通过专家论证，被国务院于 2006 年 5 月 20 日列入第一批国家级非物质文化遗产（编号13），向世界公布。由此，笔者萌生如下建议：应该将搜集、整理与研究民间宗教经卷纳入国家社会科学基金宗教学科重点发展规划。为此，应该开展以下三项工作：

首先，组织专业人员摸清目前我国各地图书馆与个人的民间宗教经卷收藏情况，并尽可能将国外图书馆与个人的民间宗教经卷收藏情况也收揽在

---

① 濮文起：《〈如意宝卷〉解析——清代天地门教经卷的重要发现》，《文史哲》2006 年第 1 期。

② 濮文起、莫振良：《〈董祖立道根源（支排记）〉解读——一部记载天地门教组织源流的经卷》，《浙江社会科学》2008 年第 9 期。

③ 濮文起：《〈天地宝卷〉探颐——清代天地门教经卷的又一重要发现》，《贵州大学学报》2008 年第 6 期。

④ 濮文起：《〈杓峪问答〉探析——清代天地门教经卷的又一重要发现》，《南开学报》2009 年第 2 期。

⑤ 濮文起：《〈圣意叩首之数〉钩玄——清代天地门教经卷的又一重要发现》，《世界宗教研究》2009 年第 3 期。

内，并在此基础上，编辑一部更具权威性的《中国民间宗教经卷总目》。

其次，在充分利用已经出版的民间宗教经卷类书，如王见川、林万传整理、编纂的《明清民间宗教经卷文献》（12 册）《明清民间宗教经卷文献续编》（12 册），濮文起整理、编纂的《民间宝卷》（20 册）等的基础上，组织有关专家，通过各种渠道，采取各种办法，向社会各界广泛征集民间宗教经卷；然后，组织相关力量整理、编纂一套标点本的《中国民间宗教经卷集成》。

第三，在整理、编纂《中国民间宗教经卷集成》的同时，组织对民间宗教经卷有研究造诣的专家撰写一部《中国民间宗教经卷提要》。

编辑《中国民间宗教经卷总目》，整理、编纂《中国民间宗教经卷集成》，撰写《中国民间宗教经卷提要》，可以说是一项与《大藏经》《道藏》《儒藏》整理、编纂工作同等重要的系统学术工程，对于保存中国下层民众宗教生活的历史记忆，深入开展民间宗教历史与现实活动研究具有重要意义，是一件有功当代，造福后人的社会主义文化建设事业，理应得到社会各界的高度重视与热情投入。

原载《贵州大学学报》2011 年第 1 期

《家谱宝卷》表微 [1]

在中国民间秘密宗教研究中，宝卷可以说是必不可少的基本资料；在目前海内外现存的上千种宝卷中，《家谱宝卷》又尤为治此学者所看重。笔者有幸先后研读了三种版本的《家谱宝卷》，愿将一孔之见，抒陈于此，以求方家指正。

一

笔者手触的三种版本《家谱宝卷》分别是：李世瑜教授收藏的《家谱宝卷》卷下手抄本（以下简称李本），孔祥涛同志收藏的《家谱宝卷》卷下手抄本（以下简称孔本），陆仲伟先生收藏的《家谱宝卷》卷下石印本（以下简称陆本）。三种版本《家谱宝卷》卷下均为残本，据称分别于四十年代末五十年代初得自北京的红阳教、山东的圣贤道和江苏的九宫道，又称这三个教门都将该部宝卷视为秘不示人的看家经典。

三种版本《家谱宝卷》卷下现存品目为：李本三品，即时年有准显应第七品，时年印号有准第八品，妖邪正在世间第九品。此外，尚有五品，只有目录，没有内容，抄载卷前，即云城圣地落下品第十品，三十六位假收源第十一品，休失同（坛）牒表瑚璋药饵收源第十二品，休失同坛第十三品，治瑚璋手卷药饵第十四品。孔本三品，即条律有准年应第七品，家谱

---

① 本文在投寄《世界宗教研究》时，其标题是《〈家谱宝卷〉表微》，因当时是手写文稿，笔者没有把"微"字写清楚，编辑误认为是"征"字，待文章发表后，文章标题便成为《〈家谱宝卷〉表征》。借这次编辑本书之机，笔者将本文标题恢复原貌，特此说明。

传留妖魔出世人民遭殃品第九，假修元三十六年（位）品第十一。陆本四品，即云城圣地品第十，三十六位假收原品第十一，休失同坛牒表瑚药饵收元品第十二，休失同坛品第十三。

据李世瑜教授介绍，他所收藏的《家谱宝卷》卷下为清代传抄本，具体年限，尚未考定。从上面所列三种《家谱宝卷》卷下品目来看，尽管孔本的三品目录与李本在顺序与文字上不同，但检其内容，基本一致。因此，可以说孔本是另一种手抄本，其传抄的时间，约在清末，即圣贤道盛行的光绪年间。而陆本恰好是对李本的补阙，这不仅表现在两种版本第十品至第十三品的目录基本相同，而且陆本的内容正与李本构成一个整体。这就表明《家谱宝卷》出笼时，原本是一部完整的宝卷，既有卷上，也有卷下，只是在此后的流传中，卷上散失或被搜缴，至今还未发现，而卷下又被一分为二，为不同的教门所利用，孔本与陆本的发现，证明了这一点。所不同的是，陆本是经文人加工后的石印本，不但文理通顺，绝少错字、漏字，而且因其是石印本，故流传范围要比李本、孔本两种手抄本要广泛得多，其石印本问世的时间，正是九宫道大行其道的民国时期。

《家谱宝卷》卷下被红阳教、圣贤道、九宫道等教门[①]分别奉为教内秘典，这在明清时期乃至民国时期的民间秘密宗教世界是不多见的，况且这三个教门都有自己的宝卷，如红阳教的五部经[②]、圣贤道的大量内外灵文以及九宫道的《立世宝卷》等等。那么，《家谱宝卷》究竟出自哪个教门之手？为何又有如此大的影响力？

民间秘密宗教的研究实践告诉我们，判断一部宝卷究竟属于哪个教门，最好从这部宝卷本身寻找，《家谱宝卷》也不例外。

李本第七品：

> 持斋人，上了马，轮（抡）枪武（舞）刀；
> 下了马，烧香拜，谢谢龙天。

---

① 除红阳教、圣贤道、九宫道之外，清中叶流传在滦州的圆顿教，清末流传在冀中的大佛教以及流传在冀东的太上古佛门，都曾传抄利用过《家谱宝卷》。

② 红阳教五部经，即《弘阳苦功悟道卷》《弘阳叹世经》《弘阳秘妙显性结果经》《弘阳悟道明心经》《混元弘阳佛如来无极飘高临凡经》。

李本第九品：

> 看《家谱》，应时年，前呈（程）早进；
> 拜知识。求龙天，保佑安宁。

李本第九品：

> 不拜龙天不叩头，妖精在世难躲藏。
> 龙天道……愚痴子早放（访）寻。

陆本第十品：

> 领众人，你听言，龙天教，休当玩。

陆本第十三品：

> 拜龙天，真三昧，先天本像；
> 求后天，阴宫母，求苦观音。

以上所引经文，每品都有"龙天"一词，这在其他教门宝卷中较为少见，在李本第九品和陆本第十品中，又直呼"龙天道"和"龙天教"，由此可见，《家谱宝卷》出自龙天道无疑。

龙天道，或龙天教，有时亦称龙门教、白阳教，是明末著名民间秘密教门之一。最早见诸文字者，出自《明神宗实录》。该朝实录万历四十六年九月庚戌条记载，掌河南道御史房壮丽在向朝廷奏报当时天下形势时曾说："当今纲纪凌夷，风俗怙侈，把棍游僧，横行充斥。……大乘、无为、龙天等教，无处无之。"从这段文字可知，龙天道在当时社会的流布之广和影响之大。此后，清顺治年间问世的著名宝卷《李祖三部经》[①]也作了如实记录：

[①] 《李祖三部经》，即由大乘天真圆顿教主弓长演述，由其弟子木人撰写的《古佛天真考证龙华宝经》（顺治九年）、《木人开山显教明宗宝卷》（顺治十一年）、《销释接绪莲宗宝卷》（顺治十六年）。

"龙天道，立法门，度下儿女；米菩萨，领徒众，龙华相逢。"① "龙天道，度下会首；米老母，认祖归宗。"② 这段经文又告诉我们，龙天道是由一位名叫米菩萨、米老母的女性创立。

米菩萨，或米老母，本名米贝。③ 卒于明万历五年（1577）。④ 关于米贝师承、创教过程以及龙天道流传情况，在明末清初一直是个谜。只有到了清中叶乾隆、嘉庆年间，清廷屡兴"邪教"案，才使我们从清档中了解到其中秘密。

据乾隆朝档案分析，米贝生于明嘉靖年间，其籍贯不详。成年后，嫁与北直隶正定府藁城县张村人刘氏为妻，照传统礼制，称刘米氏。约在嘉靖末、隆庆初，米贝拜翠花张姐为师，不久即创立龙天道。翠花张姐为东大乘教在北京的总传头，她有两位高徒，一为米贝，一为弓长，分别创立了龙天道和大乘天真圆顿教⑤，这两个教门都对明末及有清一代的民间秘密宗教世界产生过巨大影响。⑥

龙天道由女性创立，自米贝即刘米氏始，教主之位就由刘氏家族嫡媳传承，至清嘉庆十八年（1813）清廷彻底查办龙天道止，已传袭了十二代，长达二百年之久。⑦ 该教门认为只有妇女才能成为米祖奶奶的化身，因此才形成了这种只准女性继承教权的制度。

米贝创教之初，龙天道的活动范围，主要在以北直隶赵州（今河北赵县）为中心的"燕南赵北"（今河北西南部）。入清以后，该教门除继续在"燕南赵北"继续流传外，并在山东获得相当大的发展。⑧

龙天道信徒为了崇奉祭祀传教祖师米贝，在她的故里张村建造了一座专门供奉米菩萨的祠宇庙堂，里面塑有米祖金身，外面树立赞颂历代传人的

① 《古佛天真考证龙华宝经·天真收圆品第二十三》。
② 《销释接绪莲宗宝卷·红梅六枝品第二十四》。
③ 陆本第十一品："米贝母，出在灵光，驾法船，来找失乡。"陆本第十三品："会中人，听老母，《家谱宝卷》；听一听，闻一闻，也是前生。这《家谱》，米贝母，亲口吐下；泄天机，好搭救，后世儿孙。"
④ 陆本第十二品："万历五年母皈宫。"
⑤ 弓长于明天启四年（1624）创立大乘天真圆顿教。
⑥ 中国第一历史档案馆：《军机处录副奏折》，乾隆七年七月十四日，护理山东印务布政使包括奏折。
⑦ 中国第一历史档案馆：《军机处录副奏折》，嘉庆二十一年三月初五日，直隶总督那彦成奏折。
⑧ 中国第一历史档案馆：《军机处录副奏折》，乾隆七年七月十四日，护理山东印务布政使包括奏折。

碑碣，庙东建有米奶奶祖堂，凡米贝生辰忌日，远近信徒齐集张村，搭棚设帐，焚香礼拜，场面极为隆重。[1]

嘉庆十八年（1813），直隶藁城当局在张村逮捕了龙天道第十二代祖刘龚氏，"照违制律，各杖一百"，取具改悔甘结，并拆毁庙内塑像与庙外碑碣，改该庙为义学。[2] 但仅过两三年，刘龚氏便故态复萌，将埋藏的龙天道经像等物重新挖掘出来，继续从事传教活动，乃至引起嘉庆二十一年（1816）直隶当局再次将其母子逮捕法办。[3] 尽管如此，龙天道仍没有停止活动，直至清末民初，还可以见到龙天道的活动踪迹，可见龙天道是一个生命力极为顽强、影响力颇为巨大的民间秘密教门。不然的话，像红阳教、圣贤道、九宫道这些教势也颇大的教门决不会以龙天道的《家谱宝卷》作为自己的看家经典。

二

《家谱宝卷》在形式上因袭了明中叶正德以来出现的木刻印本宝卷[4]的体制，但在内容上则表现出积极的涉世精神与鲜明的政治立场。

与木刻印本宝卷一样，《家谱宝卷》也由品分、开经偈、焚香赞、收经偈，白文，十言韵文，词调五种形式组成：

（一）从李本目录可知，《家谱宝卷》卷下分十四品，李本与陆本现存共计七品，约两万字。

（二）因《家谱宝卷》只存卷下，故开经偈、焚香赞之类的语句亦阙，但陆本保存了收经偈，从略。

（三）白文即说白部分，如李本第七品："家谱宝卷，为传抄写，满斗焚香，沉（陈）禀天地，泄漏天机。为（未）敢留传，恐怕贤良，泄漏真法。不传者，又恐怕闪定贤良。叫吾在（左）难右难，祝定天地，传留四本，各

---

① （清）那彦成：《那文毅公奏折》卷四十一。
② （清）那彦成：《那文毅公奏折》卷四十一。
③ 《军机处录副奏折》，嘉庆二十一年三月初五日，直隶总督那彦成奏折。
④ 如"罗祖五部经""大乘教五部经""红阳教五部经"等。

会一本收住，好度皇始（胎），各指（只）单传，暗行暗调，找寻未来古经，可有未来的表文、佛宝、诀典，修行八万不失矣。不是《家谱》，空修一万年，只是恐（空）也。"

（四）十言韵文即三三四句，如陆本第十三品："有老母，传一首，和气宝偈；传四会，头行们，大众知闻。遇道场，念一遍，超出苦海；合会人，无灾星，永保平安。"

（五）词调即曲牌，《家谱宝卷》卷下所用词调，计有驻云飞、耍孩儿（两次）、傍妆台、黄莺儿、劈破玉、海底沉、皂罗袍，如上引十言韵文的白文后即写"海底沉"，翻至两阙，从略。

据李世瑜教授考证，《家谱宝卷》写于明崇祯十七年（1644）。通观现存《家谱宝卷》卷下，笔者赞同此种卓见。笔者认为，《家谱宝卷》卷下除了反复演述无生老母、三期末劫、皇胎儿女、龙华三会等民间秘密宗教一般教义之外，其与众不同的显著特点，主要表现在以下几个方面。

首先，《家谱宝卷》是一部借助民间秘密宗教语言，带有预见性地叙述明清鼎革之际的简明编年史。

下元甲子，二千五百年尽，牛八退位，虎狼相争，风雨不调，天下作反，盖世不安宁。人民遭殃，苦中只苦，百病齐侵。[1]

提防着庚午、辛未、壬申、癸酉，刀兵乱起。再看甲戌、乙亥、丙子、戊寅、己卯、庚辰、辛巳，天下招（着）慌。壬午、癸未、甲申、乙酉，这四年苦痛伤情。眼睁睁子母不顾，你东我西，夫妇不能相顾。壬午年，粮决（缺）短，斗米万千。木子当来，牛八退位，先受魔障。癸未年，山西、陕西大变乾坤，人民遭殃。甲申年四月间，牛八退位，有影无踪。燕京大闹，皇城内外，尽都火焚。大兵盗宝，妇（扫）就路，古月又来占乾坤。有（忧）愁土寇遭（着）慌，反乱世界，人民惊怕，人死大半。[2]

---

① 李本第七品。
② 李本第七品。

上面所说的庚午至乙酉是指明崇祯三年（1630）至清顺治二年（1645）。考证于诸种史籍[①]，在这十五年内，确实是"虎狼相争，风雨不调，天下作反，盖世不安宁"的时期。在这一时期内，牛八 —— 朱明王朝、木子 —— 李自成农民起义军、古月 —— 清军三种政治军事力量逐鹿中原，为夺取中央政权进行了殊死搏斗。特别是壬午（明崇祯十五年，1642）、癸未（崇祯十六年，1643）、甲申（崇祯十七年，1644）、乙酉（顺治二年，1645）四年内，更是"百病齐侵"，"人死大半"，江山两易其主，社会极其动荡不安。《家谱宝卷》卷下的这种描述，除上引两段经文外，几乎贯穿了全篇，其真实程度可与诸种史籍相互佐证。

其次，《家谱宝卷》卷下又是一部挽劫免灾的救世书。

按照民间秘密宗教三期末劫说，凡事天下大乱在即，必先有天变地动等种种怪异事件发生，认为这是上天示警，是改朝换代的象征。《家谱宝卷》卷下在这方面作了极其详尽的渲染。如李本第七品：

> 下甲子，辽阳先动，河南又动，山西在（再）动，山东、两直隶都动。……五方齐动，旱涝无收。

这里所说的动，是指地动，即地震，查证《中国地震资料年表》，其地动的年份与次数恰好一致。

李本第七品又说：

> 甲午年，白龙口，毒龙出头；
> 正定府，三海眼，滚滚波津。
> 有苍（沧）州，铁狮子，口中吐火；
> 景洲（州）塔，神风起，到处无情。
> 怕的是，水火风，三灾下界；
> 他三人，无情意，折害众生。

---

① 《明史》《明史纪事本末》《绥寇纪略》《明季北略》《清史稿》《正定县志》《平山县志》等。

李本第九品还说：

> 妖魔出现，混乱世人。白草成精，泥神出庙，鬼毫（嚎）呼叫，一切火烧。毒蝎、阳龙吐雾，飞虎入室，神狼、恶虎（豸加青，造字）豹，这些各（个）怪物都要丧（伤）人。

除了这些地动、三灾、妖魔鬼怪祸害人民外，还出现了"七十二傍门小教"、"三十六位假收原"，诱人误入歧途。陆本第十一品专门列举了七种危害最烈的"妖魔外道"，它们是无为教、白莲教、白阳教、正元教、金禅教、金莲教，同时还揭露了一位假弥勒、六位假老母①，告诫人民千万不要被其哄迷，进入"妖城"，丧失生命。

那么，在这种阴森恐怖的"末劫"世界中，黎民百姓如何才能躲劫避祸，进入云城呢？《家谱宝卷》卷下告诉人民，道路只有一条，那就是"访知识"，投明师，遇《家谱》，入龙天。

> 有缘人，男共女，找寻《家谱》；
> 放（访）知识，呈牒表，进表升文。②
> 有福的，遇《家谱》，不落苦海；
> 缘分浅，遇不着，准有灾星。
> 信《家谱》，准到了，云城内里；
> 不信的，无下落，末劫遭风。③

第三，《家谱宝卷》卷下还是一篇把宗教与革命巧妙地结合起来，号召龙天道徒众拥戴并积极参加李自成农民起义军的战斗檄文，这是《家谱宝

---

① 《家谱宝卷》卷下诋毁无为教等六个教门的做法，是民间秘密宗教中各教门之间常用的伎俩。在明清时期民间秘密宗教世界，几乎是所有的教门在宣传自己的教义时，都极力标榜它的道是唯一的无生老母降下的最后的一次真正大道，其他教门都是歪门邪道，已经加入其他教门的，也都要重新加入它的道。否则，就要永堕苦海，不能参加龙华三会，也就不能永享云城之乐。
② 李本第八品。
③ 陆本第十二品。

卷》卷下的核心内容，或其精华所在。

李本第七品：

> 木子当来，牛八退位。

李本第八品：

> 说牛八，天数急尽。有木子，去投凡。紫微大帝，四正佛亲口选。四正佛，真主现，二十八宿才临凡。纯阳洞宾老祖现，一切星宿保住大驾不遭难。

陆本第十二品：

> 牛八坐朝纲，癸未上甲申忙，十八一了雄兵壮，陕西八府人无主，山西五府闹闹嚷嚷，大男小女遭魔障。有牛八过甲申，难过乙酉，皇城内，变作血江，古月世界，只在甲申、乙酉，紫微住北京，杀个留平，回来立下中京。

这里所说的"木子""紫微大帝""真主""十八一了"，都是喻指李自成，并预言"古月（清军）世界，只在甲申、乙酉"两年，兔子尾巴长不了，"紫微"才能"住北京，杀个留平"，即赶走清军，"回来立下中京"，建立新的政权。

不仅如此，《家谱宝卷》卷下还动员龙天道徒众参加李自成农民起义军，兵合一处，攻打北京。

陆本第十三品：

> 紫微星东投凡之时，二十八宿各投凡窍，先下州城府县为寇，等到卯金刀，合兵一处，齐到芦沟桥，等破了幽州，回来符相兑。
>
> 卯金刀投凡下世，保紫微星争夺天下。日月离散牛八悲，一人穿页罡子贵。十八一了要夺华夷摆龙华，有宝来相兑。

躲生死，要跟刘李；赴龙华，早认弥勒；有佛宝，才赴三阳会。

卯金刀显然是指龙天道教主刘米氏即米贝，证诸于清档①，更确定无疑。从这里可以看出，《家谱宝卷》卷下已把龙天道的命运与李自成农民起义军紧紧地拴在一起，单等李自成大军一到，"合兵一处"，推翻朱明王朝。

为了达到这一目的，《家谱宝卷》卷下为"合兵一处"后的龙天道徒众规定了组织纪律和战斗口号。

李本第七品说："皇胎为寇，亦要抢夺，一休杀人，二休放火，三休要欺骗妇女，四休要妇女衣服，五休要抛撒五谷。"又说："白天放抢，夜晚念佛。二六时中，功上加功，保你准赴龙华三会。"孔本第七品亦说："善恶只在心田，上马抢枪，下马烧香，虽是抢夺，善恶有分，善人时年已至，请祖扬名。"这就是说"上马抢枪"，是一种"请祖扬名"的功德，与"下马烧香"、"夜晚念佛"并不矛盾，关键在于"善恶有分"，且要严格遵守"五休"，"保你准赴龙华三会"，这种公然为"造反有理"提供宗教辩护的做法，并做得非常巧妙自然，在明清时代的民间秘密宗教世界实属罕见，因此具有极大的革命性与鼓动性。

第四，也是《家谱宝卷》卷下的最精彩之处，即把民间秘密宗教的理想王国——云城，从天上搬到人间。

明中叶以来，各教门宝卷在谈及它们追求的理想王国——云城②时，都说无生老母届时要派弥勒佛降临尘世，召开龙华三会，把受苦受难的皇胎儿女度回云城，与无生老母团聚，永享平等幸福之快乐。《家谱宝卷》卷下则恰恰相反，明确提出云城就在"燕南赵北"，而这块"圣地"是"十八一了"和"卯金刀""兵合一处"，推翻"牛八"，赶走"古月"，"立下新京"之后的终极归宿。

---

① "在旧书内捡出经卷六页，名《九品收元卷》，内有卯金刀，牛八江山不坚牢。……刘赶猪，十八家头目出来把人杀。""现搜出经卷内'卯金刀'三字，指刘米氏。"《军机处录副奏折》，嘉庆二十一年三月初五日，直隶总督那彦成奏折。

② 云城，或称真空家乡、琉璃家乡、无极理天、安养国、金宫、金城等，是造物主无生老母居住的地方，犹如佛教的西方极乐世界。

二十八宿保真主，一统华佛。

燕南赵北，立下新京，放下云城。①

燕南赵北，无影山前，牛沟之渠，
化出云城一座，方圆八百余里。②

燕南赵北聚贤良，孤城神村拜明王。
箫笛仙乐笙管响，身披仙衣佩叮铛。
饥饮琼浆天府饭，玲珑金冠晃眼光。
诸神天仙同聚会，云城一座是天堂。③

好一个人间仙境，尘世天堂。它以宗教的形式，极致地反映了处于封
建社会最底层的人民大众的乌托邦式的理想，这既是对现实悲惨世界的憎恶
与抗争，又是下层民众企羡通过自己斗争来建立理想王国的美好憧憬，尽管
这种憧憬不可能实现，但它对于那些整日挣扎在死亡线上的人民群众来说，
却具有极大的煽惑性、引诱力与凝聚力。因此，在这种"云城降世"就在眼
前的宗教许诺下，人民大众又怎能不趋之若鹜，乃至赴汤蹈火，也在所不
惜呢。

三

《家谱宝卷》的出现，在中国民间秘密宗教发展史上，占有重要的地位。
中国民间秘密宗教源远流长，如果从东汉末年的五斗米道、太平道算
起，至南宋末年的白莲教为止，已有近千年的历史。在这漫长的岁月里，民
间秘密宗教尽管在下层社会广泛传播，顽强生长，但由于主客观原因，始终
没有形成自己成熟的经卷。只有到了明朝初期，才出现了全面反映民间秘密

---

① 李本第七品。
② 陆本第十三品。
③ 陆本第十三品。

宗教教义思想的经卷，这就是成化年间被官府搜缴的山西白莲教"妖书图本"，总计八十八部。[①] 这些经卷当时即被朝廷销毁，只留下一个目录，但仅从这些经卷的名称来看，如《金锁洪阳大策》《玄娘圣母经》《镇国定世三阳历》《弥勒颂》《应劫经》等，完全可以证明这些经卷已经在熟练地使用民间秘密宗教常用的宗教概念。

这类经卷均为手抄本，主要是由那些在民间秘密流传的各教门所编撰。由于这类经卷是专门写给教门内部吟咏的，因此可以直抒胸臆，保留了五斗米道、太平道以来的民间秘密宗教本色，蕴藏着深刻的战斗思想，故而深受下层民众的欢迎，常被起义农民奉为至宝，如上述"妖书图本"就曾被山西崞县（今山西原平县）王良及忻州（今山西忻州）李钺用来发动农民起义。

自明正德时起，民间秘密宗教发生了一次历史性的变化，即以无为教为代表的众多教门竞相攀附上层社会，因而拥有充分的资金和印刷条件，遂使刊印经卷蔚然成风，几乎是"每立一会，必刻一经"[②]。当时，刊刻的经卷，不仅数量大，而且印刷精美，装帧考究，较之佛经道籍尤有过之。由于首先刊刻的《罗祖五部经》中的后两部名称带有"宝卷"字样[③]，后起的各教门所撰经卷也纷纷效仿，于是"宝卷"一名便成为民间秘密宗教经卷的专用称谓。

这类印本宝卷由于得到上层社会资助，又多在内经厂刊印，因此在内容上已无手抄本经卷中的那些反叛斗争思想，不仅在字里行间不能有任何违碍字句，而且还要拉上一些儒、佛、道的东西装饰打扮自己，甚至在开篇、结尾都要为皇帝达官贵族歌功颂德。因此，这些印本不仅已与正统的佛经道籍无异，完全丧失了民间秘密宗教本色。

在这类印本宝卷广泛流传的明朝末年，《家谱宝卷》领异标新，成为龙天道徒众拥戴与参加李自成农民起义军的行动指南，其本身就有承上启下、继往开来的历史意义。

陆本第十三品说：

---

① （明）朱国桢：《涌幢小品·妖人传》，齐鲁书社，1997年。
② （清）黄育楩：《破邪详辩》卷一，《清史资料》第3辑，中华书局，1982年。
③ 《正信除疑无修正自在宝卷》《巍巍不动泰山深根结果宝卷》。

天罡星贵性，八十一同下生，韩家紫微出世，乱如麻，抖领雄兵争夺天下。二十八宿保主大驾，开州揭府人人怕。

这里所说的"韩家紫微出世"，是指元末北方白莲教领袖韩山童、韩林儿父子，到明末又托生李自成，"抖领雄兵争夺天下"。据元代陶宗仪《南村辍耕录》及《明史·韩林儿传》所记，韩林儿本姓李，李李相息，代代相传，说明《家谱宝卷》宣扬的是元末以来白莲教的教义思想。

陆本第十三品又说：

成仙了道，篆文《红阳册》上下二部、《混海图》上下一雄一雌、《九龙战江图》《玉帝绵缠经》《飞升拔苦金牒》《尽天力》《白阳经》，有七家经书，成仙了道，赴云城，不当罕哉！

上述的七家经书，其中有四部，即《红阳册》《混海图》《九龙战江图》《尽天力》，曾在明初成化年间官府销毁的八十八部"妖书图本"中著录过。这又说明成化年间销毁的"妖书图本"，另有抄本在民间秘密流传，并没有被销毁净尽，直到明末，仍被龙天道视为"成仙了道"的经书，而《家谱宝卷》正是继承了这些"妖书图本"的思想内涵，在明末天下大乱之际，应运而出。

《家谱宝卷》不但承上、继往，更重要的是通过其在民间秘密流传，开启了有清一代民间秘密宗教的斗争精神，尤其是"十八子"与"木子当来"思想，被清代民间秘密宗教中的许多教门奉为圭臬，作为发动农民起义的战斗口号。

纵观清代民间秘密宗教起义，以"十八子"作为号召的斗争事迹比比皆是。如乾隆末叶，在湖北、四川、陕西、甘肃、安徽等省，民间秘密宗教中广泛散布"劫运将至"，"弥勒佛转世"谶语。有一种传说，即"李姓"后人才是"转世"的"真弥勒佛"，因而纷纷拥立李姓后人为首，终于酿成了嘉庆初年的五省白莲教大起义。最有代表性的则是嘉庆十八年（1813）的李文成天理教起义。为了组织和动员农民起义，李文成"自号盐霜十八子"，以此号召徒众。林清甚至告众曰："李文成即明朝李自成也。"①

这一思想还被一些教门写进宝卷。清黄育楩所著《三续破邪详辩》中曾说："邪教在《悟道心宗觉性宝卷》……云：'在前时，木了一，留名在世；这一翻，弓合长，又立根苗。'噫！木了一是李姓，弓合长是张字，明指李自成、张献忠而言。李贼已败，故言'留名在世'。张贼尚存，故言'又立根苗'。可知圆顿先从李贼，后从张贼。以叛逆而称老祖，狂妄之极！"由此可以看出，黄育楩引述的《悟道心宗觉性宝卷》是与龙天道同一师门的大乘天真圆顿教于清初所撰，该教门也曾参加了李自成、张献忠起义。李、张失败后，他们怀着深深的眷念之情，尊称他们为"老祖"，并将《家谱宝卷》宣扬的"十八子"思想写进自己的教门经典。

当然，任何宗教都是颠倒的世界观，民间秘密宗教也不例外。在中国封建社会中，统治阶级曾长期利用宗教与神学，对农民阶级进行思想统制，在广大农民中造成了深刻影响。而农民阶级并不是新的生产力的代表，因此就不可能从思想上摆脱宗教与神学的束缚，创立一个新的思想体系。农民阶级对现实的不满和由此而产生的反抗意识及对美好生活的渴望，常常是披着宗教外衣出现，以一个颠倒的世界观即借助神的反抗意识，去向另一个颠倒的世界观即利用神的压迫意识冲击，这在《家谱宝卷》卷下中有集中的反映，也是《家谱宝卷》卷下的价值所在。又由于农民阶级的愚昧、保守和深受封建统治阶级倡导的宗教与神学的影响，诸如生死轮回、因果报应、天命论等，同样在农民阶级思想上留下深深的烙印，再加上农民阶级固有的狭隘的功利主义、实用主义意识，均在《家谱宝卷》卷下中有充分的表现，这也是全面了解封建社会农民阶级思想的珍贵资料。至于《家谱宝卷》卷下被近代圣贤道、九宫道等教门利用，则另当别论，不是本文探讨的问题。

原载《世界宗教研究》1996 年第 3 期

---

① （清）蒋湘南：《七经楼文抄》卷五，中州古籍出版社，1991 年。

《定劫宝卷》管窥

　　在明末清初的民间宗教世界，出现了两部对有清一代乃至民国时期影响巨大的宝卷，一部是《家谱宝卷》，另一部就是《定劫宝卷》。它们是民间秘密宗教宝卷中的姊妹篇，构成了一个完整的民间秘密宗教谶纬思想体系。《家谱宝卷》，笔者已撰文阐述[①]；本文专就《定劫宝卷》略抒管见，俾成全璧。

一

　　《定劫宝卷》又名《佛说定劫照宝卷》，亦名《当来弥勒定劫照宝卷》《佛说开天立地度化金经定劫宝卷》，上下两卷，不分品。上海图书馆藏有民国三十年（1941）手抄本。

　　《定劫宝卷》出自哪个教门？这是首先需要搞清的问题。让我们还是从该部宝卷中寻找答案。

　　在《定劫宝卷》卷上中有"弓长出世"、"弓长助弥勒"等语；在卷下中又有"弓长……走马传道"、"弓长老祖传法"等词。弓长，即张姓，真名叫张豪[②]，是明末大乘天真圆顿教的创教祖师。在明末清初的民间秘密宗教世

---

① 濮文起：《〈家谱宝卷〉表微》，《世界宗教研究》1996年第3期。笔者在撰写该文时，因案头只有三种不同版本的《家谱宝卷》卷下，故仅就此进行论述。待文章发表后，台湾学者王见川先生惠赠其所编《明清以来民间宗教的探索》一书，在该书附录中刊登了《佛说家谱宝卷》影印本，方知世上还有一种手抄本，且既有卷下，也有卷上，是一部完整的宝卷。因此，笔者对拙文中《家谱宝卷》"卷上散失或被搜缴，至今还未发现"一语进行修正。

② 马西沙：《罗教的演变与青帮的形成》，王见川、蒋竹山编：《明清以来民间宗教的探索》，台北商鼎文化出版社，1996年。

界，如此推崇弓长，只有在大乘天真圆顿教的宝卷中才能看到。由此可见，《定劫宝卷》出自大乘天真圆顿教无疑。

那么，《定劫宝卷》写于何时？又出自教内何人之手？为了回答这个问题，就必须先考察一下弓长的创教与传道历程及其在明末清初的政治立场。

弓长，明北直隶霸州（今河北霸州）人。[①]约生活在明万历中叶至清康熙初叶。万历末年，弓长拜翠花张姐为师。翠花张姐为东大乘教即闻香教主王森高徒、东大乘教在北京的总传头，可知弓长是王森的再传弟子，修习的是东大乘教。

天启二年（1622），东大乘教先后在山东、北直隶发动了被明朝统治者称为"二百六十年未有之大变"[②]的徐鸿儒、于弘志起义，遭到明政府残酷镇压。在明政府大举搜捕迫害东大乘教教徒的形势下，弓长不畏强暴，于天启四年（1624）自立教门，创建了大乘天真圆顿教，因而被教内尊为"弓长祖"。[③]

弓长创教后，曾隐伏了四五年。自崇祯二年（1629）始，弓长从北向南传道。至崇祯九年（1636），弓长的足迹已遍及北直隶、河南、江苏、江西、湖北、四川六省。[④]

弓长南北传道之时，正值明末社会极其动荡不安之际。是时，西北、中原农民起义烽火连天，搞得明朝统治者坐卧不宁；东北清军不断叩关南向，使汉族人民饱尝异族刀兵之苦；而统治集团内部又勾心斗角，相互倾轧，无力应付多变局势，遂使整个社会危机四伏，处于风雨飘摇之中。弓长乘机南北传道，赢得了上述省份众多信徒的崇奉，为入清以后大乘天真圆顿教的迅速发展奠定了基础。[⑤]

弓长自南方回归北直隶后，为了从理论上总结自己的传道经验，从而建立起大乘天真圆顿教的理论体系，于崇祯十四年（1641）带领五名弟子

---

① 《销释接绪莲宗宝卷·红梅十五枝品第三十三》。
② 《两朝从信录》卷十六，天启二年十月，赵彦奏疏，《续修四库全书·史部·编年类》第 356 册，上海古籍出版社，1995 年。
③ 《古佛天真考证龙华宝经·无生传令品第三》。
④ 《古佛天真考证龙华宝经·南北展道品第十一》。
⑤ 《古佛天真考证龙华宝经·万法皈依品第二十四》。

前往东大乘教发源地滦州石佛口取经。① 据大乘天真圆顿教于清顺治十一年
（1654）刊行的《古佛天真考证龙华宝经·东西取经品第十二》记述，弓长
师徒此次取回的东大乘教经卷有：《古佛经》《无生经》《钥匙经》《天真经》
《三佛经》《五祖经》《天元经》《太宝经》《转天经》《白阳经》《九龙经》《龙
女经》《丹药经》《符水经》《五行经》《五宝经》《九莲经》《朝阳经》《路引
经》《文凭经》《万宝经》《金莲经》《日月经》《周天经》《先天经》《后天经》
《圆明经》《圆顿经》《牟尼经》《妙法经》《心印经》等数十部，然后融会贯
通，开始编撰大乘天真圆顿教经卷。

　　然而，正当弓长师徒潜心著经立说之时，京畿地区发生了一件天崩地坼
的大事：崇祯十七年（1644）三月十九日，李自成农民军攻占北京，明朝的
末代皇帝朱由检吊死煤山，朱明王朝宣告灭亡。但是，时隔不久，李自成农
民军在清军与吴三桂的夹击下，又退出北京。五月初二日，清摄政王多尔衮
率领清军进占北京，扶立年仅八岁的福临登基称帝，建元顺治。随之而来的
是"圈地""剃发"诸令的颁布与强制推行，以及"扬州十日""嘉定屠城"
人间惨剧的连续发生。当时，国破家亡，天下大乱，上自王子，下至庶民，
流离失所，奔逃于途，而三种政治军事势力 —— 清军、农民军和南明官军之
间的生死大搏斗，更使大江南北战火熊熊，生灵涂炭。

　　在这种江山两易其主，人民惨遭杀戮的形势下，弓长及其所领导的大
乘天真圆顿教并没有作壁上观，而是以极大的热情投入到当时的斗争洪流之
中。当李自成农民军进入京畿地区，尚未攻占北京时，弓长及其所领导的大
乘天真圆顿教曾动员教内信徒积极参加李自成农民军推翻朱明王朝的战斗，
表现出"拥李反明"的政治立场。② 当李自成农民军败走陕西，清朝定都北
京后，大乘天真圆顿教虽然打出了"反清复明"的旗号，号召人民"赶散胡
人（指清朝）"，呼唤"红花日月付（复）来（红花为朱色，日月合为明，意
指明朝）"③，但仍把实现理想王国的希望寄托在李自成农民军身上。正是在这

---

① 《古佛天真考证龙华宝经·东西取经品第十二》。

② （清）黄育楩：《三续破邪详辩》："邪教在《悟道心宗觉性宝卷》……云：'在前时，木了一，留
　名在世；这一翻，弓合长，又立根苗'。噫！木了一是李姓，弓合长是张字，明指李自成、张献
　忠而言。李贼已败，故言'留名在世'。张贼尚存，故言'又立根苗'。可知圆顿先从李贼，后从
　张贼。以叛逆而称老祖，狂妄之极！"《清史资料》第 3 辑，中华书局，1982 年。

③ 《定劫宝卷》卷下。

样的历史条件下，《定劫宝卷》应运而出。其问世的时间，约在清顺治三年（1646），作者不是弓长本人，乃是一位对弓长奉若神明，又深知大乘天真圆顿教教义精蕴，且熟读《家谱宝卷》的弓长贴身弟子，很可能是跟随弓长取经之人。

二

《定劫宝卷》在形式上与《家谱宝卷》稍有不同，除分卷上、卷下外，不分品，也没有词调，即曲牌，只有白文，五言诗、七言诗和七言韵文、十言韵文。开篇的"举观诚敬"相当于《家谱宝卷》的香赞；结尾的"群仙开示"相当于《家谱宝卷》的收经偈。也就是说，《定劫宝卷》主要由白文、五言诗、七言诗和七言韵文、十言韵文三种形式组成。在叙述方法上，《定劫宝卷》卷上以一问一答，即菩萨、弥勒问，古佛、玉帝答的方式展开，而卷下则主要以弥勒佛、无生老母、亲娘祖、文王、老君的名义铺陈，这也与《家谱宝卷》不同。此外，在文字上，《定劫宝卷》比《家谱宝卷》通畅流利，错字、衍字、漏字亦较少。

《定劫宝卷》，顾名思义，就是教导人们如何躲避劫难的经卷。用《定劫宝卷》自己的话说，"此经谈说天地，讲论阴阳，破地狱，躲三灾，免八难，明人王，辨妖邪，识其真假，安身立命，无价之宝，大众奉行"。[①] 因此，《定劫宝卷》开篇就告诫人们：

> 天上古佛说末劫，改换世界兴朝代。
> 下元甲子他以尽，三灾八难要来侵。
> 五魔出世乱天下，凡人那里去逃生。
> 若要为人躲末劫，坚心实意快修行。

那么，什么是末劫之年？末劫之年又有何灾难？在这个问题的看法上，

---

① 《定劫宝卷》卷上。

《定劫宝卷》可以说与《家谱宝卷》一脉相承。请看《定劫宝卷》卷上中的描述：

> 今北极紫微星现在下方，将二十八宿、九曜星官落在秦州地上，与胡人争天下不定。……如今末劫年，多三灾八难，下方世界，苦死人民。以后，胡人争世界，夺江山社稷，四十年不定，干戈乱起。……天地变换，别立乾坤，九女一夫，白牛耕地，开山倒底，修城补寨，……折磨众生，国家不正，父杀子，子杀父，君不君，臣不臣，正是末劫之年。

> 妖魔混世，草边掳粮，古月兴兵，狐狸成精，野犴作耕，飞虎伤人，……群鱼聚浪，黄河水漫，妖风日盛，鬼气遮天，黑风照世，怪雨伤人，……鬼火满地，黄沙埋人，怪气缠身，神霜鬼雨，……末劫灾难，一言难尽。

上面所说的"北极紫微星"喻指农民起义领袖李自成，"二十八宿、九曜星官"喻指李自成部下将领，"古月"合而为"胡"字，与"胡人"均喻指清军。这些描述真实地记录了明末清初的天下大势："古月兴兵"使种种怪异之事发生，而"北极紫微星"落在"秦州地上，与胡人争天下不定"，导致"天地变换，别立乾坤"，出现了"九女一夫，白牛耕地"和"国家不正"，"君不君，臣不臣"的混乱局面。

再请看《定劫宝卷》卷下中的描述：

> 牛八江山一旦倾，胡人涌（勇）猛闹燕京。
> 红巾齐起中原乱，龙楼凤阁属别人。
> ……
> 燕赵魏地尽惊慌，江山不知谁做主。
> 苦死良民哭远乡，贤良官人逃命走。

> 五魔出现，甲申乱，乙酉刀兵天下荒。丙戌各祖出头，丁亥人民还不太平，男女尽往东西走，处处是乱，白兵后有红头郎君传将令，河北

尽是光光光。戊子年来多风雨，水连天地地连天，东庄报水民遭浪，西村不见爹和娘，回身（正）要逃命走，自身一命见阎王。

这里所说的"牛八"，即"朱姓"，喻指朱明王朝，红巾喻指农民起义军；甲申即明崇祯十七年（1644），乙酉即清顺治二年（1645），丙戌即顺治三年（1646），丁亥即顺治四年（1647），戊子即顺治五年（1648）。这些描述使人们更加清楚地看到了明清鼎革之际的历史全景：牛八、胡人、红巾三种政治军事势力为争夺政权而进行的殊死战斗，以及朝中百官、士庶民众因此而背井离乡、争相逃命的悲惨命运。

在末劫灾难面前，人民如何躲避，获得太平呢？《定劫宝卷》卷下提出了一个响亮的口号：

十八孩儿兑上坐，自小从来好杀人。
手提钢刀九十九，杀尽胡人是太平。

这是明末清初民间秘密宗教世界极为流行的谶语。十八孩儿，又称十八子，与紫微星、紫微大帝一样，均喻指农民起义领袖李自成。《定劫宝卷》卷下也明确指出，十八孩儿"姓李，讳自成，为之王"。由此可见，《定劫宝卷》将变天下大乱为天下太平的希望寄托在李自成身上："李王领兵百万、一千众将，杀尽胡人是太平。"[1]

然而，可惜的是李自成只在北京住了四十一天，就因"贼兵大乱，回西南去"了。[2]接着是"天昏地暗，无有日月"[3]，"十口之人领兵百万，一齐闹中原，阴地鬼哭神嚎，狂风不住，遍地都是白马白旗号，似云寒水一般，桃花一时霜。夫妇不得相顾，父子不得团圆，只落夫逃妻散，父东子西，母子情断，兄弟手足不得相顾，抛散家园，佳人美女掳去，老年之人染黄泉，州城府县见血光，楼房家私尽抛下，无人住，家家都四散，永不得相逢"。[4]"十

---

① 《定劫宝卷》卷下。
② 《定劫宝卷》卷下。
③ 《定劫宝卷》卷下。
④ 《定劫宝卷》卷下。

口"上下合而为"古"字，"十口之人"即"古月"，喻指清朝。这段文字将清朝定都北京后，派兵南下征战，烧杀掳掠，给汉族人民造成的灾难，作了淋漓尽致的描述。

在这种形势下，《定劫宝卷》适应当时汉族人民的要求，也打出了"反清复明"的旗号："总有南兵成袭天下，红（弘）光之年，……赶散胡人，红花日月付（复）来。"① 但这仅仅是一种旗号，《定劫宝卷》坚持的仍然是十八孩儿即木子（木子即"李"字）实现天下太平的政治主张："十八孩儿，十八贤，立起朝刚（纲），军民得安。"② "木子要出世，传法不要焦"③，告诉人们不要着急，十八孩儿还会出来重整乾坤："丁亥年（顺治四年），真佛出世，天下乾坤世乱（界）都要番（翻）膝（腾）一遍，改立神位，又立世界，有紫微大帝临凡，非同小可，各位星宿都落下天宫。"④

在真神出世、紫微大帝临凡前，《定劫宝卷》特别提醒人们：

> 普劝诸人莫向南，南方尽是鬼门关。
> 自后时年总是难，枪刀如麻剑如山。
> 指与你些根由事，久立汉帝是神仙。
> 那块就是长生地，好是稳舟一只船。
> ……
> 留下弥勒二分字，紫微大帝立人间。
> 置造三皇来治世，东北南上立根源。⑤

这就明确告诉人们，千万不要往江南逃，那里的南明朝廷靠不住，"尽是鬼门关"，只有"久立汉帝"的"长生地"，才是"稳舟一只船"。所谓"长生地"，就是民间秘密宗教梦寐以求的理想王国即云城。那么，这座云城在哪里呢？与《家谱宝卷》一样，《定劫宝卷》也认为在"燕南赵北"：

① 《定劫宝卷》卷下。
② 《定劫宝卷》卷下。
③ 《定劫宝卷》卷下。
④ 《定劫宝卷》卷下。
⑤ 《定劫宝卷》卷下。

初会亳州古佛生，二会释迦梵皇宫。

龙华三会弥勒佛，燕南赵北立云城。①

为了实现云城降世，"紫微大帝立人间"的美好理想，《定劫宝卷》反复叮嘱人们，道路只有一条，那就是拜弓长，入圆顿，护紫微，单等"十八孩儿来聚会"，"别立世界改乾坤"。② 到那时，"古月杀灭，天下定"③，云城就会降在燕南赵北，皇胎儿女将与无生老母团聚一堂，共享人间幸福与快乐：

燕南赵北聚贤良，孤宿神村拜明王。

箫笛笙簧仙乐响，身坡（披）仙底（衣）响叮当。

饥食琼浆天厨供，玲珑法宝晃金光。

诸佛天仙同聚会，银（云）城一景是天堂。④

以上就是《定劫宝卷》的主要内容，它继承与发扬了《家谱宝卷》中的谶纬思想，与《家谱宝卷》构成了一个完整的民间秘密宗教谶纬思想体系，这就是滥觞于《家谱宝卷》，定型于《定劫宝卷》的劫难观、十八子（或木子）当立天下说和云城降世理想。所谓劫难，乃是封建社会现实苦难的综合反映，而十八子当立天下和云城降世则是下层民众企羡坐朝理政，建立理想王国的美好憧憬。这是《定劫宝卷》对清代民间秘密宗教的重要贡献，其对下层民众的反清斗争的影响是巨大且深远的。

三

《定劫宝卷》问世后，便随着大乘天真圆顿教的迅速发展，在民间秘密

---

① 《定劫宝卷》卷上。
② 《定劫宝卷》卷上。
③ 《定劫宝卷》卷下。
④ 《定劫宝卷》卷上。这段七言诗明显地抄自《家谱宝卷》，只是在个别字上不同。详见拙文《〈家谱宝卷〉表微》，《世界宗教研究》1996 年第 3 期。

宗教世界流传起来。顺治三年，即《定劫宝卷》问世不久，直隶定州道金事陈爆拿获传习大成教即闻香教的武强县人赵高明等人，缴获"《定劫宝卷》一卷，……其词语谬戾！……内称弥勒掌教，多系隐语、暗号、图谶、符录、兴亡姓氏、年月地里（理）等项，且明有争夺天下等语"。赵高明等人因私藏"妖书"，传播"妖言"，且有妄图称帝等罪①，被清当局处死。这件发生在清初的"邪教"案充分说明，《定劫宝卷》刚一问世，就被其师祖闻香教这样的大教门所借用，作为与清朝"争夺天下"的思想武器，可见该部宝卷从问世伊始，就以它完整的谶纬思想体系表现出巨大的影响力。

此后，以《定劫宝卷》作为反清活动指导思想的"邪教"案不断发生。其中，最著名的是嘉庆二十年（1815）安徽收圆教方荣升"邪教"案。是年八月十四日，清廷在破获收圆教时，于该教骨干严士陇家中搜出《定劫宝卷》一本。②于是，清廷顺藤摸瓜，先后逮捕了方荣升等教内头目、信徒一百七十六名，并搜缴了一批"伪造违悖"经卷等物。九月十一日，两江总督百龄率司道府县官员"亲临监视"，方荣升等三十五名"要犯"分别被凌迟、斩决，一场主要源于《定劫宝卷》谶纬思想而进行的反清活动又被清廷血腥镇压了。

在此之前的乾隆三十七年（1772）春，清廷在八卦教支派震卦教徒河南人谌梅和八卦教另一支派山东坎卦教头目孔万林亲兄孔兴己家中，分别搜缴一部"无名邪书"。此"无名邪书"为八卦教刘姓教主所授，且已"破旧糟烂"，显系在教内流传已久。"其无名邪书内，有走肖、木易、卯金刀来争战等句，……此外，尚有贼星、八牛、火焚幽燕，及朝廷离幽燕，建康城里排筵宴等句，亦皆悖逆之极。"③从上述内容来看，这"无名邪书"很可能是《定劫宝卷》抄本，因为这些谶语均可以在《定劫宝卷》中找到。八卦教刘姓教主据此提出"平胡"思想，俨然以推翻满清王朝为己任，因而引起高宗弘历的惊恐与震怒，导致了一场著名的"邪教"案，八卦教首刘省过和震卦教长王中等一批领袖人物惨遭杀戮，其追随者和家属或充军荒蛮，或入官为奴。

---

① 顺治三年七月二十八日，郝晋《揭帖》。
② 《军机处录副奏折》，嘉庆二十年八月二十八日，两江总督百龄奏折。
③ 《朱批奏折》，乾隆三十七年五月十九日，山东按察使国泰奏折。

尽管如此，《定劫宝卷》犹如野火春风，仍在民间秘密宗教世界迅速传播，特别是它宣扬的"十八子当主天下"或曰"紫微大帝立人间"的谶纬思想已深入民心，成为下层民众反抗清朝统治者的最具魅力的战斗口号。

乾隆三十九年（1774）秋，即在清政府大兴八卦教"邪教"案两年后，八卦教变体山东清水教首五伦自称"紫微星下凡"，率领信徒在寿张、堂邑起义。紫微星出现，即为"十八子当出御世"，因此得到苦难民众的热烈拥护，从其起义者达数千之众。一个月后，起义失败，五伦自焚而死，义军遭到清政府残酷镇压，仅生擒而磔死京城者即达一千七百人。这次起义揭开了清中叶民间秘密宗教大规模武装反抗清朝统治的序幕，其历史意义是重大的。

乾隆五十九年（1794）前后，在湖北、河南、四川、陕西、甘肃、安徽等省民间秘密宗教中广泛流传着"弥勒转世"，"劫运将至"的宗教预言。在他们所编的合同经内，有"十门有道一口传，十人共事一子担，十口合同西江月，开弓射箭到长安（隐寓周、李、胡、张四姓）"之谶，并认为"转世"的"弥勒佛"就是李姓后人，因而纷纷拥立李姓后人为首[1]，终于于嘉庆初年爆发了由混元教、三阳教和西天大乘教领导的反清大起义。这场起义，历时九载，纵横驰骋楚、川、豫、陕、甘五省，沉重地打击了清朝统治，促使清王朝由盛转衰。起义失败后，三阳教不甘沉沦，其教首王三保积极进行复教活动。嘉庆十五年（1810），王三保指称其远在新疆配所的伯父王发生为"弥勒佛"，又指称其远在黑龙江配所的堂兄王双喜为"紫微星"，其党徒遍及安徽、河南等省，准备再次起事。嘉庆二十年（1815），清廷又一次破获三阳教，王三保、王双喜等人被斩决[2]，充分证明"紫微大帝立人间"这一谶纬思想的引诱力与号召力。

嘉庆中叶，由坎卦、离卦、震卦三教重新组建的天理教，为了发动起义，也借用这一谶纬思想。其教首李文成，原名朱严霜，入教后，改名李严霜，自号"严霜十八子"，并自称李自成转世，立誓为穷苦大众带来幸福生活。此说一经散布，劳苦大众纷纷投在李文成门下。在很短的时间内，李文成便由一个普通的木匠一跃而为"统管八卦，众至数万"，"习教者共听约

---

① 中国第一历史档案馆：《清代档案史料丛编》第九辑，中华书局，1983 年，第 160—161 页。

② 中国第一历史档案馆：《清代档案史料丛编》第九辑，中华书局，1983 年，第 160—161 页。

束"的天理教首。^① 嘉庆十八年（1813），李文成和林清分别在河南和直隶率众起义。李文成率领义军在豫北与清军鏖战，林清则派人乘仁宗颙琰外巡木兰时攻打皇宫，试图夺取中央政权，声势震撼朝野，被颙琰称为"汉唐宋明之未有"的"非常之事"^②，可见影响之巨大。

综上所述，《定劫宝卷》之所以在清代民间秘密宗教中盛传不衰，并被许多教门奉为法宝，作为组织和策动农民起义的思想工具，这主要是因为在那个时代，宗教仍然是能影响群众精神的第一和最重要的手段，"对于完全受宗教影响的群众的感情来说，要掀起巨大的风暴，就必须让群众的切身利益披上宗教的外衣出现"^③。而《定劫宝卷》所宣扬的谶纬思想，正好迎合了下层民众迫切要求改变自己悲惨命运的美好愿望，因此才使它表现出顽强的生命力，直至民国时期，还有人沐浴焚香，重新抄写，作为逃避日寇蹂躏，"保佑安康"的"无尚经典"。从这个意义上说，《定劫宝卷》生动地反映了封建时代乃至半殖民地半封建时代下层民众的宗教情感与人生追求，为我们研究那个已经逝去的时代的宗教文化现象和阶级斗争与民族斗争，提供了宝贵的资料。

原载《世界宗教研究》1998 年第 1 期

---

① （清）兰簃外史：《靖逆记》卷五，上海书店，1987 年。
② 赵尔巽等：《清史稿》，《仁宗本纪》，中华书局，1977 年。
③ 《马克思恩格斯选集》第 4 卷，人民出版社，1972 年，第 251 页。

《弥勒尊经》蠡测
——兼与马西沙教授商榷

　　据中国社会科学院世界宗教研究所马西沙教授考定：《弥勒尊经》就是早已亡佚的清代民间宗教教派清茶门的重要经典《三教应劫总观通书》。[①] 对于从事中国民间宗教学术研究，特别是从事清代民间宗教研究的中外学者来说，这是一个令人兴奋的消息。因此，笔者总想觅来研读，与马先生分享这种发现后的喜悦，但苦于《弥勒尊经》国内难寻，此愿遂寝。

　　20 世纪末，挚友马来亚大学中文系苏庆华博士惠赠一部《弥勒尊经》复印件，方知海外尚藏有一种该经的刊行本。于是，欣喜披阅，仔细研究，愿将蠡测之得，奉献时贤，兼与马西沙教授商榷，以求晒正。

一

　　《弥勒尊经》又称《佛说弥勒古佛尊经》，亦称《南无弥勒尊玉经》《南无弥勒尊宝玉诏嘱咐玉佛下生度人真经》《南无弥勒尊佛宝玉诏嘱咐玉佛下生度人玉经》。该部经卷虽未标明刊行年代，但从其版式、字体来看，似为晚清木刻本。一卷六品，其品次如下：弥勒授记品第一，请佛下生品第二，嘱咐玉佛品第三，扫灭邪神品第四，玉佛诸问品第五，玉经功德品第六。开篇有序、十字佛偈、香赞，结尾有收经偈，全卷除十字佛偈外，均为白文，既没有十言韵文即三三四句，也没有词调即曲牌。文字较通顺流畅，错字、

---

① 马西沙、韩秉方：《中国民间宗教史》，上海人民出版社，1992 年，第 627—629 页。

漏字、衍字亦较少。

通观全卷，笔者没有发现清档史料中有关《三教应劫总观通书》里的如下文字：

> 其书（指《三教应劫总观通书》）内有天盘三副，过去系燃灯佛掌教，每年六个月，每日六个时；现在是释迦佛掌教，每年十二月，每日十二时；将来系未来佛掌教，未来佛即弥勒佛，每年十八月（朱批：与方逆相同），每日十八时。未来佛降在石佛口王姓家内，经卷内有"石家第三郎"之语。
>
> 书内逆词，不一而足。如清朝已尽，四正文佛落在王门；胡人尽，何人登基；日月复来属大明，牛八元来是土星。[1]

这两段文字，是《三教应劫总观通书》的灵魂，表明了清茶门世袭传教家族"反清复明"的政治主张，因此才招致嘉庆二十年（1815）的灭族大祸。由此可见，笔者手触的这部《弥勒尊经》，已不再是本来意义上的《三教应劫总观通书》，而是经过删改后的另一种版本。其删改的时间，最早在嘉庆末、道光初，但仍不失为清茶门的一部重要经典。

这是因为在刊本《弥勒尊经》中，除了上引"逆词"及"有碍"文字已被删除外，其他内容基本保留。例如该部经卷开篇即写道："佛说这本经出现在山西平阳府岳阳县王家庄，忽的一声雷响，石内崩开，现出《弥勒尊经》一卷，传与天下人民抄写供养。"这段文字基本上是照抄《三教应劫总观通书》。接着，"十字佛偈"又以韵文形式将此意重复一遍：

> 想当年，吾掌教，劫数圆满；将佛印，交与你，古佛燃灯。退了位，还了原，自回天界；掌九劫，三叶莲，古佛当行。将宝经，隐藏在，山西晋地；平阳府，岳阳县，王家庄村；桑树下，石头里，此经隐藏；雷霹雳，响一声，现出此经。

---

[1]　故宫博物院明清档案馆：《清代档案史料丛编》第 3 辑，中华书局，1979 年，第 28 页。

在这里，删除者只改动一字，即把原来的"石佛燃灯"、"石佛当行"①改作"古佛燃灯"、"古佛当行"。于是，最能触痛清廷的"逆词"，就这样被删改者巧妙地隐蔽了。上述文字所说的"王家庄"也好，"石内崩开"也罢，都是喻指石佛口王姓家族，而"石佛"即"古佛"，"古佛"亦"石佛"，只要删改者自己知道，也就足够了。

再如，该部经卷中反复宣扬的"玉佛"，乃是"王"字加一点的障眼术，同样暗示石佛口王姓家族。这种喻指、暗示到最后实在不能进行了，删改者就直抒胸臆，干脆在该部经卷的结尾处称此经为《南无弥勒尊佛宝玉诏嘱咐王佛下生度人玉经》，终于亮出了"王佛下生度人"的底牌。从中可以看出，清茶门王姓世袭传教家族经过清政府大规模清剿之后，并没有被斩尽杀绝，其漏网之鱼仍不甘沉沦，表现出力图复教的勃勃雄心。

此外，该部经卷为了掩饰其"邪经妖书"的真面目，还在卷首用佛教"弥勒下生经"的名义作序，以利流传。正因为如此，才使该部经卷自嘉庆末、道光初问世后，一直在下层社会秘密流传，乃至晚清还有人出资木刻刊行，可见该部经卷对下层民众信仰世界的引诱力与影响力。

二

那么，刊本《弥勒尊经》的主要内容是什么呢？

首先，该部经卷为人们展示了一个末劫之年的悲惨世界。

该部经卷开篇就写道：

> 阎浮众生遭末劫之年，……但看五月、十一月，有饭无人吃，有路无人行，处处盗贼生烟，狼虎满山，大雨狂风，人愁。五七月，大雨连天。

---

① 马西沙教授藏有一部手抄本《弥勒宝经》，该经中有关这段文字，写作"石佛燃灯""石佛当行"，可见《弥勒宝经》更接近《三教应劫总观通书》的本来面貌。马西沙、韩秉方：《中国民间宗教史》，上海人民出版社，1992年，第628页。

末劫之年的灾难，是骇人听闻的，而且末劫之年的世间，还充满着种种罪恶：

> 僧道住居名山，处于华厦，画栋雕梁，珠台漆椅，穿不蚕之衣，吃不耕之饭，受免粮之田，享清闲之福；上除祖先之姓，次别父母之恩，全无片善；视若公务，或奸于骨月（肉）亲房，或淫于客佃朋友，占其母，淫其妇，杀其夫；……杀牲祭祀，食肉饮酒无厌；亦有为盗为商，兴词告讼，恃其言势，全不修行。
>
> 一切官吏，不务清廉，唯利是图，百般局段，殃害良民，以曲作直，以直作曲，不忠不孝，不廉不明。
>
> 一切富豪，恃其顽党，欺负善人，大斗量入，小斛与人，高抬时价，骗骇良民，利中生利，累倒小民，……不知厌足，富而越贪，谋人田地，占人子女。
>
> 一切贫穷，不依本分，不肯固穷，不孝父母，不友兄弟，盗财窃取，有借无还。
>
> 为士之人，轻义造罪，笑侮风雷，不明天理，枉得聪明，不发善念，不信真佛，不从大道，乃祀邪神。
>
> 农民作恶，罪贯满盈，以致天遣，水旱相侵，仍不从祷善于天，乃向邪神所祝，又作诸般之恶，反遭种种之灾。
>
> 工艺之人，百般功段，私害良民。
>
> 商旅不直，以假为真，长短秤尺，大小斗升，当面三般买卖，百样机关，欺懦弄善，动手瞒眼。
>
> 茶房酒店，三般买卖，饶与精细，少与愚人，巧计百般，可憾可恶。
>
> 公吏弄法舞文，殃害良民，百般生事。
>
> 女子聚众成群，乱行邪弊，愚人不悟，捐财丧身。
>
> 军兵出征之际，途路之间，枉行打夺，收卷人财，故杀善良，损坏家器。[1]

---

[1] 《弥勒尊经·嘱咐玉佛品第三》。

在这个充满灾难与罪恶的末劫之年，一切妖魔鬼怪也乘机兴风作浪，残害人民。《扫灭邪神品第四》写道：

> 世间神坛社庙，皆是枯木石精，蛇虫狐兔犬马之精，金石器皿之妖，受其祭祀，专一害人。
>
> 四下一切五鬼野精，专一害人。
>
> 大庙神祠，党庇小怪之奸，害人不一，弄犬调鸡，放光滴血，淫人妇女，横取男女，伤人性命，偷打牛马，殃害生灵。
>
> 大小神祠之怪，阻碍风雨，兴作旱灾，干死五谷，磨坏人民；水中龙蛇龟鳖之精，鼋鼍鱼鳝之怪，螺蛤蚌鳅之妖，擅兴久雨，横涨江河，浸死五谷，害人民。
>
> 大庙之神，岳庭之将，受不堪之祭，故意保护恶人，前去作诸恶事，殃害人民。①

如此等等，这简直就是嘉庆末年以来社会生活的真实写照，生动地揭露了那个时代的黑暗与苦难。

其次，该部经卷明确地指出了造成这个悲惨世界的根源："此系释迦偷花之根，故致有之。"②

《弥勒授记品第一》详细地写下了释迦偷花经过，不妨照录如下：

> 尔时，弥勒尊佛与释迦牟尼佛，三世以来，为亲兄弟，同修大道，同证菩提，无上正觉，十号具足，万亿周身。三世以来，大功成就，弥勒佛为兄，释迦佛为弟，大道正觉，俱以成就。弥勒圆满，乃自商议谁先治世，普度众生？于是同盟而日大定，竖锡于前，若锡杖上先开花者，先当治世，后开花者，后当治世。同盟言讫，乃竖锡座前，各敷定席，已定瑞花。彼时，释迦入定。一日，私目视锡，自锡之上，只有五色毫光，不曾开花，若弥勒佛龙杖之上，先开了花，其花红色，正当龙

---

① 《弥勒尊经·扫灭邪神品第四》。
② 《弥勒尊经·玉佛诸问品第五》。

口之中，如日初升，光照天下，三界皆见。当时，见弥勒佛正该大定，乃轻轻移去龙花，安在金锡之上，复来大定。及三日之后，同开正眼，金锡之上，龙华色减，红光润白。弥勒世尊微笑曰：我虽在定，天眼亦见。吾弟偷移龙花，且花颜色不悦，光明减少，今将世界付汝管治，惜乎不能全美。三千年间，人民富贵苦乐不均，五谷少登，国土争竞，四方不宁，盗贼常生，邪神自然，百怪交加，人民受苦。

《玉佛诸问品第五》则进一步指出："释迦所管，饥馑贫穷，富贵尊卑，致为盗贼，是人心不直，须立许多戒律，又令官刑地狱，皆化不善，次又立书教人，亦化不善。"这就是说，现实世界的种种灾难与罪恶，都是释迦偷花治世的结果，因此也就使该部经卷表现出否定与批判现世佛的叛逆思想。对现世佛的否定与批判，也就意味着对现存封建正统神学与现存封建统治秩序的否定与批判，其对下层民众的反抗情绪，无疑具有极大的煽惑力与鼓动力。

第三，该部经卷描述了一个弥勒下生后的美好前景。

既然释迦偷花治世，造成了一个充满灾难与罪恶的悲惨世界，那么众生企盼的弥勒下生治世，那将是一个什么样的天地呢？

该部经卷仿照佛教《弥勒下生经》，做了如此描述：

世间人民，受三千年苦。吾（弥勒佛）下生后，当令天雨黄金白米，五朝十日；又令易地自然饱满，得此受用；又令一切世间无益之草，尽皆除去，遍山遍地，皆生可养之谷，早萌早生，一任人民受用食之；又见（令）一切世间无用之木，尽皆除去，遍地高卑，所生树木，皆有果食，大而如斗，小而如升，令人食之，养人红颜，延人寿命，不病不夭，其味甘美，食之一饱，数日不饥；又令一等棉帛之树，其叶且长，柔软如绢，可作衣服，一任人民取而用之，无寒无暑，无贫无富；人人端正，个个清奇，不淫不娼，不戏不乱，个个修行，人人念佛；令人长寿，自有三万九千之岁，身形长大，生而能行。到此之时，思衣得如意之衣，从空而至，任意穿着；想食得甘美之食，自然而然，一饱任足。大地如同天上，与三天一同受记，不生不灭，愈多愈广，世无浊气，喷地馨香。他方世界，一切人民，皆念吾名，愿生吾国。[1]

这是一个何等幸福快乐的人间乐园！要吃有食，要穿有衣，无寒无暑，无贫无富，人人都端正清奇，个个都能活到三万九千之岁，这正是弥勒下生治世的尘世天堂，与释迦偷花治世的悲惨世界形成了鲜明的对照。因此，对于那些祖祖辈辈挣扎在死亡线上的广大民众来说，又有谁不仰望苍空，盼望着弥勒"早早下生，救度众生"[2]呢？！

第四，也是该部经卷的用心良苦之处，即在弥勒下生前，谁来治世呢？于是，该部经卷造出了一位替代弥勒降世度人的玉佛。

《弥勒授记品第一》说，释迦偷花治世三千年后，弥勒方允下生。时值二千五百年，正当末劫，人民受难。有头陀尊者，乃弥勒上首弟子，愿代弥勒下生，救度五百年末劫。弥勒允准，"乃为头陀尊者受（授）正觉记曰：'汝于当世，现名玉佛，十号圆成，具大功德，不可思议。当与我同名同号同度众生，了此誓愿。'"

于是，玉佛告弥勒："教我下生，如何处应？时当末劫，众生顽愚，恶党如何处之？如何教之？如何化之？如何救之？"弥勒乃言："一切世间僧道官吏人民，不忠、不孝、不公、不法之过，今当除恶留善。抽除之际，汝去之时，有存善者，有改过者，悉皆留之，皆与救护。如恶不肯改，一片无善之人，救之不得，刀兵水火饥荒厄难疫痢毒害而尽灭之也。"[3]接着，弥勒历数僧道官吏人民种种罪恶，嘱咐玉佛如以上人等存善改过，皆与护持，否则就除灭。又派八部五方蛮雷、三十六位雷将、王马二灵官、三元上将、邓辛张三帅帮助玉佛剿灭世间一切邪神。同时，还嘱咐玉佛扫除冥司地狱，"但教众生，一心念佛。常依本分，忠孝君亲，总教成神。不用地狱冥司，所属令行，超拔出离幽冥，将此幽冥之地，化为清净之乡"。[4]真可谓人间地狱，玉佛都要救度了。

第五，该部经卷还是一部谶纬经书。

---

① 《弥勒尊经·玉佛诸问品第五》。
② 《弥勒尊经·弥勒授记品第一》。
③ 《弥勒尊经·扫灭邪神品第四》。
④ 《弥勒尊经·扫灭邪神品第四》。

　　所谓谶纬，即宗教预言。它假托神意，用诡秘晦涩的文句、含混朦胧的隐语和诗文歌谣的形式，"预言休咎"。谶纬自西汉末年流行以来，每当社会危机加剧之际，都为民间宗教所利用，作为揭露黑暗现实和鼓舞民众斗争的手段。如明末清初出现的《家谱宝卷》《定劫宝卷》，都是典型的谶纬经书，曾在明末清初以及有清一代民间宗教世界发生过巨大而深远的影响。

　　该部经卷确是一部谶纬经书。上述的四个方面都含有谶纬思想，而以《玉佛功德品第六》表现得最为淋漓尽致：

　　　　弥勒尊佛告大众曰："时至小抽之后，渐见安乐。靖王管位，先到旧城者为正，后到者为上相王臣。江西隐者，福星入相，天下太平。蚕老桑室，胡归旧元。李与胡战，败胡劫秦，然后混一。吕秦八马，半跌出混四方。刘张李杜，争竞相凌，皆不能立，遂至消灭，然后吾当亲来。"

　　这段文字，不是个中人，很难破译。不过，这里所说的"蚕老桑空，胡归旧元，李与胡战，败胡劫秦，然后混一"，显然是对明清鼎革之际历史的曲折记录。所谓"胡"，喻指清朝，所谓"李"，是指农民起义领袖李自成。从这句谶语可以看出，该部经卷"反清拥李"的政治立场。

　　最后，弥勒告诉玉佛："你去须有磨难。""一切龙神大众随子下生。子生之后，记取吾言，善化众生，耐烦耐烦。候吾亲（自）下生，子证上果，子子孙孙，永享富贵，一切眷属，皆作天人。天下太平，四季长春，人民乐业，……普庆无穷。"[1]

　　这就是该部经卷造出的玉佛，也是该部经卷的精髓所在。这位玉佛要代替弥勒下生救度众生，在此期间，要有"磨难"，喻示着官府的查禁与迫害，因此要"耐烦耐烦"，单等弥勒降临治世，那将是一个"人人长寿，富贵和平，家家欢乐，……皆成天境，一切人民，享受天福"[2]的美妙境界。

　　综上所述，刊本《弥勒尊经》是一部内容十分丰富的民间宗教经卷。它

---

① 《弥勒尊经·玉佛诸问品第五》。
② 《弥勒尊经·玉佛功德品第六》。

尽管不是本来意义上的《三教应劫总观通书》，但仍保持了清茶门的基本教义，从中可以看到早已亡佚的《三教应劫总观通书》之概貌。特别是《弥勒尊经》在删除了明显的"反清复明"的"逆祠"之后，却又以隐晦的谶纬思想表现出"拥李反清"的政治理想，并以弥勒佛自居，救世度人，幻想造就一个与现实社会截然不同的"太平"世界。由此说明了这样两件事实，一是清茶门经过嘉庆二十年（1815）清政府大规模清剿之后，并没有被斩尽杀绝，其残余分子仍不畏强暴，积极地进行传教活动；二是自清中叶始，民间宗教的反清斗争出现了一种新的发展趋势，即不再以"复明"为号召，而是以建立李自成式的农民政权 —— "复大顺"为旗帜，《弥勒尊经》正是适应这股潮流的产物。

三

在明末清初的民间宗教世界，曾产生过三部以鼓吹反抗封建专制统治为主要内容的著名经卷，这就是龙天道的《家谱宝卷》、圆顿教的《定劫宝卷》和清茶门的《三教应劫总观通书》，又称《三佛应劫统观通书》，简称《应劫宝卷》。

《家谱宝卷》诞生于明末，《定劫宝卷》与《应劫宝卷》则出现在清初。三部经卷均以宣扬民间宗教的谶纬思想著称，《家谱宝卷》的核心是"木子当来，牛八退位"[1]，《定劫宝卷》的主旨是"紫微大帝立人间"[2]，而《应劫宝卷》张扬的则是"日月复来属大明"。这就是说，《家谱宝卷》与《定劫宝卷》将民间宗教企羡的理想王国寄托在李自成农民军身上，而《应劫宝卷》的政治理想却是"反清复明"，其追求的终极目标，与前者泾渭分明。

然而，历史终于教训了《应劫宝卷》的删改者。随着清茶门王姓世袭传教家族的土崩瓦解，使删改者彻底明白了"复明"的无望，也转而走上了"复大顺"的道路，并将其写进了《弥勒尊经》，作为教义思想加以弘扬，使

---

① 濮文起：《〈家谱宝卷〉表微》，《世界宗教研究》1996 年第 3 期。

② 濮文起：《〈定劫宝卷〉管窥》，《世界宗教研究》1998 年第 1 期。

原本《应劫宝卷》在政治立场上有了一个根本的转变。因此可以说，《弥勒尊经》的问世，不仅为清代民间宗教增添了一部"反清复大顺"的经卷，从而使滥觞于《家谱宝卷》的"木子当立天下"的谶纬思想发扬光大，而且还为我们今天研究那个时代下层民众的宗教信仰、阶级斗争和民族斗争提供了一部珍贵的资料，这正是《弥勒尊经》的价值所在。

　　在本文即将结束之际，笔者认为还须一提的是，《家谱宝卷》《定劫宝卷》与《弥勒尊经》，虽然分别出自龙天道、圆顿教和清茶门之手，但它们都同属一个师祖。龙天道与圆顿教均为明代民间宗教重要教派东大乘教的宗支派系，而清茶门则是东大乘教入清以后的同教异名。在明末清初的民间宗教世界，如此热衷谶纬思想，并以此作为斗争手段而造成巨大影响的，非东大乘教及其宗支派系莫属。纵观清代民间宗教发展史，无论是威震华北地区的八卦教、清水教、天理教，还是纵横中原、江南乃至西北广大地区的混元教、三阳教、西天大乘教等，在它们反抗清朝统治的斗争中，其运用的思想武器，都可以在东大乘教及其宗支派系的经卷中找到源渊。

原载《中华文化论坛》2004 年第 4 期

《三教应劫总观通书》再探
——兼与李世瑜先生商榷

清嘉庆二十年（1815），直隶当局在查办清茶门教时，因搜出"悖逆妖书"——《三教应劫总观通书》而兴起了清茶门教"邪教"大案，王氏家族及其众多信徒惨遭杀戮或放逐，该部宝卷也遵照嘉庆帝谕旨"销除净尽"。从此，有关该部宝卷中的"语句狂悖"内容，只能从清档中略知一二。于是，便在学界产生一种看法，认为该部宝卷早已亡佚，以只见其著录，未见其原本，以不能得窥其全豹，为一大憾事。

20 世纪 90 年代中叶，民间宗教研究专家李世瑜先生在山东省宁津县从事田野调查时，竟意外地发现了《三教应劫总观通书》，且有两种不同的抄本，顿使李先生大喜过望。2000 年 6 月，李先生应邀参加香港中文大学举办的"宗教与中国社会国际学术研讨会"，首次向世人公布了他的这一重大发现，并将该部宝卷的复印本赠送香港中文大学图书馆。此后，李先生对该部宝卷进行研究，写成《〈三教应劫总观通书〉初探》一文，发表在《台湾宗教研究通讯·李世瑜先生八秩荣庆专刊（下）》，并将该部宝卷整理附录于后。既然李先生将该部宝卷的研究成果名之为"初探"，那么笔者愿附李先生之骥尾，对该部宝卷进行"再探"，并就某些观点与李先生商榷。

一

李世瑜先生访求的《三教应劫总观通书》，一是壬子抄本，一是丙子抄本。据李先生考证，壬子是清乾隆五十七年（1792）[①]，丙子是光绪二年（1876）。[②] 笔者赞同李先生的推断。壬子本卷首标明抄录者为王兴会和杨振京，丙子本卷首标明抄录者则为赵自端。那么，壬子本和丙子本抄录时所据何本？其作者又是何人？丙子本中曰："要问此书哪里起？金下卯上刀里二水成。"丙子本中亦云："若问此书何人写？卯金刀里二水成。"两种抄本都采用拆字法，将作者隐喻托出："卯金刀"即刘姓，"二水"合而为"冰"。由此可知，《通书》的作者是刘冰。那么，刘冰何许人也？通过检阅《三教应劫总观通书》，可以断定他是一位熟通清茶门教教义，生当清初又能属文的清茶门教教徒。至于两种抄本誊录时所据何本？是刘冰原著本，还是传抄本？因均没作交代，目前只能存疑了。

《三教应劫总观通书》，又称《三佛应劫统观通书》，简称《应劫宝卷》；李先生访求的壬子本亦称《三教应劫真经总归通书》《三教应劫真经》，简称《未来宝卷》；丙子本亦此。现据李先生公布在《台湾宗教研究通讯李世瑜先生八秩荣庆专刊（下）》上的附录校勘铅字本（以壬子本为底本，参照丙子本校勘），阐述如下：

《三教应劫总观通书》上、下两卷，不分品，近两万字；间有插图，计十四幅。行文中，有不少错字、脱字、衍字。[③]

卷上开篇是一段其他宝卷常见的白文："佛说善男信女知识者，未从看卷，沐浴擎香，处（虔）心［顶］礼。只许一二人灯下观看，断不可泄漏此书。倘若不尊（遵），获罪不轻。慎之慎之。"接着是一段相当于其他宝卷开经偈的名叫"刘伯温先生时世歌"的七言韵文：

前三三分后三三，尽被胡人一担担；二十五年刀兵乱，江南江北脱红衫；十辈皇帝九辈休，留下一辈闹幽州；八牛使尽千斤力，后有胡人二反（百）秋；庚子辛丑乱如麻，个个人心不在家；双女争夫无伴侣，

---

① 李世瑜：《〈三教应劫总观通书〉初探》，《台湾宗教研究通讯·李世瑜先生八秩荣庆专刊（下）》，台北兰台出版社，2003 年，第 280 页。

② 李世瑜：《〈三教应劫总观通书〉初探》，《台湾宗教研究通讯·李世瑜先生八秩荣庆专刊（下）》，台北兰台出版社，2003 年，第 282 页。

③ 错字以"（ ）"号表示，内为正字；脱字补充之，以"［ ］"号表示。

首怕运粮客交价；戊子己丑一荀（前）来，就是石人也难挨；刀兵饥馑一齐到，谁保谁在谁不在；龙楼凤阁化成灰，虎兔年间却在（再）盖；十八孩儿兑上座，自小生来好杀人；手拿金刀四十九，尽被（杀）胡人方太平；劝君休要去入南，三方尽是鬼门关；高端刀兵生恶根，人人涂炭在路边。

然后又是一段七言韵文，演述明末清初民间宗教世界流行的说教："吾观天地如翻掌，天地众生似蜩蝉；万劫佛像犹如梦，先贤难免来病缠；满天诸佛降尘世，普度九十二亿贤；三界（方）诸佛祖，不遇收源徒枉然。"下面是白文：

> 这一部书不非小也，不非凡也，乃真实天地之法门。此书自三佛定劫未传，今留此书，不可轻看。若有看书之人，善男信女看此蜜（密）书，一二人灯下谈论可也。收书君子［若］不（当）重意，四值功曹降灾临身，仔细又不可说也。

在进行这些铺陈之后，才转入正文，即天佛演说三佛临凡应劫——天佛差遣燃灯佛、释迦佛、弥勒佛依次拯世度人；最后，则是"谣识问对"——朱元璋与刘伯温问对。[①]

卷下接着卷上朱元璋与刘伯温问对，约占卷下三分之一篇幅，然后就是刘伯温与吕洞宾、韩湘子问对，直至卷终。

从上面介绍中，可以清楚地看出，与一般流行的民间宗教宝卷相比，《三教应劫总观通书》具有自己不同的特点。一是在形式上，该部宝卷并没有严格地按照宝卷的格式编写[②]，而是随意性很大，主要采取了白文、七言韵文，外加一种"问对"。二是在内容上，该部宝卷除了铺演明末清初以来流

---

① "问对"，又称"答客难"，假托两人对话，设想许多问题，然后一问一答。明清时期民间宗教常采取这种形式，制造谶语，推演教义，预言未来，蛊惑民众。

② 宝卷一般是卷下分品；开篇有开经偈、焚香赞，结尾有收经偈；白文，即说白部分；十言韵文，即吟诵部分；词调（曲牌），即歌唱部分。参见濮文起：《宝卷学发凡》，《天津社会科学》1999年第2期。

行于民间宗教世界的"三佛应劫"思想之外，还将"弥勒佛降在王姓家内"和"反清复明"的宗教思想与政治主张大胆地袒露出来，这正是该部宝卷的最大特点，也是该部宝卷的价值所在。

二

从《三教应劫总观通书》的名称来看，所谓"三教"者，即青阳教、红阳教、白阳教三教也，依次由燃灯佛、释迦佛、弥勒佛执掌；所谓"应"者，即"应对"也；所谓"劫"者，即无极贤圣劫（又称青阳劫）、太极庄严劫（又称红阳劫）、皇极星宿劫（又称白阳劫）三劫也，分别由燃灯佛、释迦佛、弥勒佛应对；所谓"总"者，完整也；"观"者，阅读也；"通"者，通行也；"书"者，经卷也。顾名思义，该部宝卷是一部演述"三佛"如何应对"三劫"的完整的、可以通行天下的经卷。那么，《三教应劫总观通书》是怎样演述"三佛应劫"思想的呢？

与明末清初出现的许多民间宗教宝卷一样，在如何救度沦落尘世的九十六亿原人方面，《三教应劫总观通书》也是依照燃灯佛、释迦佛、弥勒佛先后顺序铺陈。首先，"天佛……差燃灯下世渡化原数升天"①。这里所说的"天佛"，即明中叶以来盛行于民间宗教信仰中的最高崇拜无生老母。燃灯佛领授天佛圣命之后，便临凡拯世度人。可是，燃灯佛只救度了二亿原人，还剩下九十四亿原人受苦受难。于是，天佛再次差遣释迦佛临凡，"渡化九十四亿佛性"②。与燃灯佛一样，释迦佛也只救度了二亿原人。最后，天佛差遣弥勒佛"下凡化渡九十二亿佛性"③，"人人成道，个个涅槃"④。

---

① 李世瑜：《〈三教应劫总观通书〉初探》，《台湾宗教研究通讯·李世瑜先生八秩荣庆专刊（下）》，附录《三教应劫总观通书》原文，台北兰台出版社，2003 年，第 286 页。
② 李世瑜：《〈三教应劫总观通书〉初探》，《台湾宗教研究通讯·李世瑜先生八秩荣庆专刊（下）》，附录《三教应劫总观通书》原文，台北兰台出版社，2003 年，第 288 页。
③ 李世瑜：《〈三教应劫总观通书〉初探》，《台湾宗教研究通讯·李世瑜先生八秩荣庆专刊（下）》，附录《三教应劫总观通书》原文，台北兰台出版社，2003 年，第 289 页。
④ 李世瑜：《〈三教应劫总观通书〉初探》，《台湾宗教研究通讯·李世瑜先生八秩荣庆专刊（下）》，附录《三教应劫总观通书》原文，台北兰台出版社，2003 年，第 292 页。

在演述"三佛应劫"的过程中，《三教应劫总观通书》还祭起"天人感应"大旗，擅造了一套适应"三佛应劫"的历法：燃灯佛应对"无极贤圣劫"时，一年六个月，十二节气，六生肖，三十甲子，八十四宿[1]；释迦佛应对"太极庄严劫"时，一年十二个月，二十四节气，十二生肖，六十甲子，二十八宿[2]；弥勒佛应对"皇极星宿劫"时，一年十八个月，三十六节气，十八生肖，九十甲子，四十二宿。[3]该部宝卷擅造这套历法的目的很明确，就是企图通过"天人感应"的手段，贬低执掌青阳教的燃灯佛，认为燃灯佛是"兽面人心"[4]，因此，在"无极贤圣劫"时，只救度了二亿原人；否定执掌红阳教的释迦佛，认为释迦佛是"人面兽心"[5]，因此，在"太极庄严劫"时，也只救度了二亿原人；赞颂执掌白阳教的弥勒佛，认为弥勒佛是"佛面佛心"，因此，只有弥勒佛才能在"皇极星宿劫"时，将沦落尘世的九十二亿原人全部救度。[6]这种说教的提出，显然为该部宝卷宣扬的政治主张作了理论上的铺垫。

在演述"三佛应劫"之后，《三教应劫总观通书》便采取"问对"形式，假借刘伯温之口，以隐喻或谶语形式，将弥勒佛降在清茶门教王姓家内及其政治主张逐步推出。其中，以下三个"问对"最具代表性：

（一）"主（朱元璋）曰：'末后道何人传？'温（刘伯温）曰：'不像僧，不像道，头带（戴）四两羊绒帽；真法不在寺院内，他掌弥勒元（圆）顿教。'"[7]这个"问对"的意思是说，传授"末后道"（又称"末后一着"，即

---

[1] 李世瑜：《〈三教应劫总观通书〉初探》，《台湾宗教研究通讯·李世瑜先生八秩荣庆专刊（下）》，附录《三教应劫总观通书》原文，台北兰台出版社，2003年，第293页。

[2] 李世瑜：《〈三教应劫总观通书〉初探》，《台湾宗教研究通讯·李世瑜先生八秩荣庆专刊（下）》，附录《三教应劫总观通书》原文，台北兰台出版社，2003年，第292页。

[3] 李世瑜：《〈三教应劫总观通书〉初探》，《台湾宗教研究通讯·李世瑜先生八秩荣庆专刊（下）》，附录《三教应劫总观通书》原文，台北兰台出版社，2003年，第294页。

[4] 李世瑜：《〈三教应劫总观通书〉初探》，《台湾宗教研究通讯·李世瑜先生八秩荣庆专刊（下）》，附录《三教应劫总观通书》原文，台北兰台出版社，2003年，第289页。

[5] 李世瑜：《〈三教应劫总观通书〉初探》，《台湾宗教研究通讯·李世瑜先生八秩荣庆专刊（下）》，附录《三教应劫总观通书》原文，台北兰台出版社，2003年，第286页。

[6] 李世瑜：《〈三教应劫总观通书〉初探》，《台湾宗教研究通讯·李世瑜先生八秩荣庆专刊（下）》，附录《三教应劫总观通书》原文，台北兰台出版社，2003年，第294页。

[7] 李世瑜：《〈三教应劫总观通书〉初探》，《台湾宗教研究通讯·李世瑜先生八秩荣庆专刊（下）》，附录《三教应劫总观通书》原文，台北兰台出版社，2003年，第301页。

弥勒佛所掌握的白阳大道）的人，既不是僧人，也不是道人，而是掌握弥勒圆顿教真法之人。那么，圆顿教为何人所创，又为何人所传？在明末清初的民间宗教世界，只有东大乘教与其异名清茶门教又称圆顿教，它为王森所创，为王姓家族所传。这个"问对"以"他掌弥勒圆顿教"的隐喻形式，说出了清茶门教王姓家族。

（二）"主（朱元璋）曰：'胡人尽了，何人登基？温（刘伯温）曰：'明（日）月佛（复）来属大明，牛八原来是土星。'"① 这里所说的"胡人"，是指清王朝；"尽了"，即灭亡；"日月"，合而为"明"，指明王朝；"牛八"，即"朱"字拆写，亦指明王朝。这个"问对"以"日月复来属大明"的谶语形式，道出了清茶门教的政治主张，即反清复明。

（三）"温曰：……听我从头说起，这些都是佛临凡，落在哪一姓内，一土未来降下方，享邑原来是玉皇，一字扎根摘光祖，十日十五吊圣人，掌法教主门内吉，谷去内子是大贤，古不出头大玄子，卯金刀里传法君，木易门下无生母，弓长助道是真人，同愿了尽释迦道，同上灵山掌乾坤。"② 这个"问对"采取了拆字法，列出了十位佛祖临凡转世姓氏：（1）"一土"为王姓；（2）"享邑"为郭姓；（3）"一字扎根"为丁姓；（4）"十日十五吊"为韩姓；（5）"门内吉"为周姓；（6）"谷去内子"为康姓；（7）"古不出头"为田姓；（8）"卯金刀"为刘姓；（9）"木易"为杨姓；（10）"弓长"为张姓。③ 这个"问对"仍以"一土未来降下方"的谶语形式，指明了弥勒佛降在王姓家内，并将王姓家族置于十位佛祖临凡转世诸姓之首，这正契合了天佛最后差遣弥勒佛临凡拯世度人，需要众多仙佛合同助道的说教。至此，该部宝卷已将清茶门教的教义思想与政治主张全部袒露——天佛差遣弥勒佛临凡转世，落在清茶门教王姓家内，由王姓家族担起反清复明的历史使命。

值得注意的是，遍查李世瑜先生访求的《三教应劫总观通书》，没有发现清嘉庆年间直隶当局查办清茶门教时，为向朝廷呈报该部宝卷中的"狂悖

---

① 李世瑜：《〈三教应劫总观通书〉初探》，《台湾宗教研究通讯·李世瑜先生八秩荣庆专刊（下）》，附录《三教应劫总观通书》原文，台北兰台出版社，2003年，第302页。

② 李世瑜：《〈三教应劫总观通书〉初探》，《台湾宗教研究通讯·李世瑜先生八秩荣庆专刊（下）》，附录《三教应劫总观通书》原文，台北兰台出版社，2003年，第318页。

③ 李世瑜：《〈三教应劫总观通书〉初探》，《台湾宗教研究通讯·李世瑜先生八秩荣庆专刊（下）》，台北兰台出版社，2003年，第275页。

逆词"而摘录的词句，如"清朝以尽，四正文佛落在王门；胡人尽，何人登基；日月复来属大明，牛八元来是土星"① 等。之所以出现这种情况，据笔者初步推测，或因在刘冰原著中，本来写有这些词句，后被王兴会和杨振京壬子本删掉；或因在刘冰原著中，没有写上这些词句，王兴会和杨振京壬子本只是照抄；或因在刘冰原著中，没有写上这些词句，后被是清茶门教王姓子孙或教徒添加，而嘉庆年间直隶当局搜缴的正是添加这些词句后的该部宝卷抄本。但是，不管怎么说，通过研读李先生访求的《三教应劫总观通书》，清茶门教的教义思想与政治主张已经在该部宝卷中陈述无遗了，只不过没有像嘉庆年间直隶当局搜缴的那部抄本直白罢了。

三

李世瑜先生在《〈三教应劫总观通书〉初探》一文中认为："为什么《通书》曾经被研究者认为是非常重要非常神秘的宝卷呢？就是由于那位老奸巨猾的三朝元老那彦成在奏折中向嘉庆皇帝'张大从严之见'的结果，其实它并没有那么重要那么神秘。"② 真的如李先生所说的那样，《三教应劫总观通书》只是直隶总督那彦成"'张大从严之见'的结果，其实它并没有那么重要那么神秘"吗？对此观点，笔者不敢苟同。

先说《三教应劫总观通书》是不是非常重要的宝卷？明清时期的民间宗教发展史告诉人们，任何一个教派要想长久流传民间，获得广大民众信从，就必须在理论上建构一套教义思想体系，并随着社会变迁，加以修正，以便跟上时代步伐，而即时编著宝卷，正是使其教义思想能够与时俱进，并使之在更广大范围内流传的最好手段。明末清初，龙天道和大乘天真圆顿教紧跟当时的阶级斗争和民族斗争形势，在它们编著的《家谱宝卷》与《定劫宝卷》中，以隐喻或谶语形式，提出"牛八退位，木子当来"与"十八子当立天下"

---

① 故宫博物院明清档案馆：《清代档案史料丛编》第 3 辑，中华书局，1979 年，第 36 页。
② 李世瑜：《〈三教应劫总观通书〉初探》，《台湾宗教研究通讯·李世瑜先生八秩荣庆专刊（下）》，台北兰台出版社，2003 年，第 262 页。

说，公然宣传它们拥戴李自成登基坐天下的政治立场，因而从者颇众。①

清茶门教是一支老牌的民间宗教教派，其前身是明嘉靖末年王森创立的东大乘教。早在万历年间东大乘教兴盛时，王森就因信徒众多，势力显赫，曾两次被捕入狱，并在再次被捕后，瘐死狱中。万历末年，王森三子王好贤继承教权后，又因天启年间策动山东徐鸿儒起义和北直棒棰会于弘志起义，被明朝廷处死。入清以后，王森子孙为了躲避官府追查，乃将东大乘教改名清茶门教。面对清初弥漫全国的"反清复明"社会思潮与政治形势，清茶门教要想生存，并获得更大发展，就必须对此作出积极的反映。正是在这种形势下，清茶门教信徒刘冰为清茶门教编著了《三教应劫总观通书》，将"反清复明"的政治主张写进该部宝卷，并将实现这种政治主张的希望，寄托于被其视为弥勒佛转世的王姓家族身上。

《三教应劫总观通书》问世以后，很快就被清茶门教王姓子孙奉为经典。他们以该部宝卷宣扬的"反清复明"思想为旗帜，以未来弥勒佛转世自诩，纷纷走出故土直隶滦州，在直隶、河南、山西、湖北、江南等省扎根串联，广收徒众，到乾隆、嘉庆年间，终于进入了清茶门教的鼎盛期。不仅如此，该部宝卷还通过清茶门教王姓子孙，传入民间宗教其他教派之中。其中，最为典型的是天理教和收圆教。

天理教是清中叶著名的民间宗教教派。该教派定有明确的反清大计，嘉庆十八年（1813）秋，天理教首领林清派遣数十名天理教教徒冲进紫禁城，史称"癸酉之变"，其举动震惊朝野；与此同时，天理教另一首领李文成在河南率众起义，其声势惊天动地。天理教起义失败后，直隶当局在林清所住大兴县黄村家中，搜出《三教应劫总观通书》，这充分说明该部宝卷曾在天理教内流传，并在天理教的反清起义中发挥了重要的思想指导作用。②

收圆教也是清中叶著名的民间宗教教派，其教首为安徽人方荣升。嘉庆二十年（1815）春，方荣升等人依照《三教应劫总观通书》，编造《万年

---

① 濮文起：《〈家谱宝卷〉表微》，《世界宗教研究》1996年第3期；《〈定劫宝卷〉管窥》，《世界宗教研究》1998年第1期。
② 直隶总督那彦成曾奏报朝廷："所有起出《三教应劫总观通书》，前年林清滋事，持此书惑众，扬言应劫起事。"故宫博物院明清档案馆：《清代档案史料丛编》第3辑，中华书局，1979年，第36页。

书》，改造历法，为起事制造舆论。① 方荣升此举，很快被两江当局侦破。方荣升等数十人被捕，《三教应劫总观通书》等经卷被搜缴。

正是在办理方荣升收圆教"邪教"案的过程中，两江当局查出了方荣升的师承关系与宗教思想，均源自直隶滦州清茶门教王姓家族。与此同时，湖广、河南、江苏等地也不断查出清茶门教王姓子孙传教情况。嘉庆帝得知这些奏报后，立即谕令直隶总督那彦成派员前往滦州严厉查办。于是，一场波及数省的清茶门教"邪教"大案，便因一部《三教应劫总观通书》而兴起了。

经过直隶当局近半年的密访搜捕，居住滦州石佛口和卢龙县安家楼的王姓家族老幼男丁八十六口被收拿审讯。按照清朝大逆律，将为首者，凌迟处死，并枭首示众。其亲属照例缘坐，其余习教者及外省习教者，发给回城为奴。对于王姓族人，虽未习教，亦迁徙云贵两广，分别安插。② 从此，历经二百多年的王姓世袭传教家族土崩瓦解，清茶门教也随之衰微。

通过以上分析，可以肯定地说，《三教应劫总观通书》无论是从其内容，还是从其所引发的结果来看，不用直隶总督那彦成向嘉庆帝"张大从严"，也足以证明该部宝卷的流传与查禁，对于清茶门教与清王朝都是生死攸关的头等大事。基于此，笔者认为《三教应劫总观通书》是深入研究清茶门教，特别是深入研究清中叶民间宗教如何反抗清朝封建专制统治的非常重要的宝卷。

再说《三教应劫总观通书》是不是非常神秘的宝卷？《三教应劫总观通书》中的"反清复明"的政治主张和"弥勒佛落在清茶门教王姓家内"的宗教思想，以及为此而擅造历法的作法，无论其中的哪一条，都将清茶门教推上了与清王朝不共戴天的险象丛生之途。在这种情势下，清茶门教王姓子孙及其教徒只能采取秘密方式在民间传播，除让教内人知晓外，对外界常常是秘不示人的。即使是上述政治主张、宗教思想和擅造历法均没写进该部宝卷，仅是该部宝卷卷上开篇中的那段"十八孩儿兑上座，自小生来好杀人；手拿金刀四十九，尽被（杀）胡人方太平"的白文，也足以构成清茶门教的"大逆不道"之罪。因为在清代民间宗教世界，"十八孩儿"即李姓，大多喻指明末李自成；而"胡人"则是喻指清王朝。以此种谶语宣扬、招揽信众，

---

① 在同一奏折中，直隶总督那彦成又说："方荣升伪造《万年书》，亦由此邪说而起。"故宫博物院明清档案馆：《清代档案史料丛编》第 3 辑，中华书局，1979 年，第 36 页。

② 故宫博物院明清档案馆：《清代档案史料丛编》第 3 辑，中华书局，1979 年，第 37 页。

反抗清朝专制统治，能够在大庭广众之下进行吗？当然不行。因此，清茶门教也只能采取秘密方式在民间传播。即便如此，《三教应劫总观通书》还是被清廷查获，并被清朝作为"祸首恶根"[1]，"务令毁除净尽"。[2] 但是，清王朝统治的神州大地，绝不是铁板一块，仍有《三教应劫总观通书》抄本隐没民间，外界不易获得，因而使其蒙上了一层神秘的色彩。

原载《求索》2007 年第 4 期

---

[1]　故宫博物院明清档案馆：《清代档案史料丛编》第 3 辑，中华书局，1979 年，第 29 页。
[2]　故宫博物院明清档案馆：《清代档案史料丛编》第 3 辑，中华书局，1979 年，第 30 页。

《如意宝卷》解析
——清代天地门教经卷的重要发现

清代天地门教，又称一炷香、金丹如意道等，是中国民间宗教发展史上的重要教派，曾长期流传山东、直隶乡村社会，并远播东北和华东地区。然而，由于历史原因，无论是官修正史、方志，还是文人笔记，都对其不予记载，即使清朝档案有些反映，也不过是清廷查禁该教派的官方记录，且支离破碎，仍不能让人们得窥其全豹，这对于中国民间宗教史研究来说，不能不说是一种缺憾。

为了解决这一历史难题，笔者从20世纪80年代末开始，另辟蹊径，深入民间，采用人类学的田野调查方法，从至今仍在活动的天地门教信徒中获取资料。通过两三年的努力，笔者便以田野调查所得资料写成《天地门教钩沉》一文①，向世人首次公布了尘封已久的清代天地门教简况。接着，笔者继续调查，资料也随之增多。在此基础上，笔者又以《天地门教调查与研究》为题②，撰写了长篇调研报告公诸于世，立即在学术界引起反响与好评。③

在学界同仁的激励下，笔者丝毫不敢懈怠，誓将这一研究课题进行到底。果然，功夫不负有心人。2001年夏季，笔者在河北省保定地区调查时，

---

① 濮文起：《天地门教钩沉》，《天津社会科学》1993年第1期。
② 濮文起：《天地门教调查与研究》，《民间宗教》第2辑，台北南天书局，1996年。
③ 《中国宗教研究年鉴1996年》（中国社会科学出版社，1998年，第325页）称："更值得注意的是他（指笔者）发表在台湾《民间宗教》第2辑上的长篇现状调查《天地门教调查与研究》不仅是一篇佳作，而且展示了调查、研究的新的眼光与领域。"《宗教研究四十年》（宗教文化出版社，2004年，第133页）称："濮文起见功力的是其对现实民间宗教的研究。他发表在台湾《民间宗教》的《天地门教调查与研究》，以历史学和人类学研究的方法论相结合，对历史资料进行考证，对现状活动进行考察。在近4万字的论文中，为学界呈现了一片人们未知的世界。"

再次从天地门教信徒手中，获得了一批珍贵资料，顿时大喜过望。其中，就有本文将要解析的《如意宝卷》。经过几年时断时续的披阅研究，现将粗浅心得公布于世，与学界同仁共享。

一、《如意宝卷》是目前发现的第一部以"宝卷"冠名的天地门教经卷

在笔者以往搜集的几十部天地门教经卷中，从未有以"宝卷"冠名的，《如意宝卷》可以说是目前发现的第一部。

"宝卷"最初是佛教向世人说法的通俗经文或带有浓厚宗教色彩的世俗故事的蓝本，僧侣用这种形式宣传因果报应，以宏扬佛法，时在元末明初。[①]此后不久，民间宗教开始借用宝卷形式，作为自己教义思想的载体。如明成化十八年（1482）罗清创立无为教（又称罗教、罗祖教、大乘教等）后，为了使他的宗教思想得以流传，在其被羁入"天牢"期间，向信徒口授"五部六册"，即《苦功悟道卷》《叹世无为卷》《破邪显正钥匙卷》《正信除疑无修正自在宝卷》《巍巍不动泰山深根结果宝卷》；嘉靖年间，李宾为创立黄天道，也撰写了《普明如来无为了义宝卷》，以阐述他的宗教思想；明末，一位名叫"天真古佛"的东大乘教第二代异姓传人，曾撰写了一部《皇极金丹九莲正信皈真还乡宝卷》，系统地总结了东大乘教的宗教理论；隆庆年间的少年尼姑归圆，也曾撰写了"大乘教五部经"，即《销释大乘宝卷》《销释圆通宝卷》《销释显性宝卷》《销释圆觉宝卷》《销释收圆宝卷》，并因此创立了西大乘教；万历年间的韩太湖，更以他力图使自己创立的弘阳教流布天下的雄心，在很短的时间内，便连续撰写了史称"弘阳教五部经"的《混元弘阳佛如来无极飘高临凡宝卷》《弘阳苦功悟道经》《弘阳悟道明心经》《弘阳叹世经》《弘阳秘妙显性结果经》。这些宝卷在坊间、内经厂（如弘阳教）大量印行，流传整个民间宗教世界。《如意宝卷》的发现，证明天地门教也曾受其影响，从而采取"宝卷"形式，宣讲自己的教义思想，并被其信徒奉为经

---

① 濮文起：《宝卷学发凡》，《天津社会科学》1999 年第 2 期。

典，代代保藏，辈辈相传。

与以往所见天地门教经卷一样，《如意宝卷》也是作者不详，亦为手抄本，字迹较工整，错字、漏字、衍字也较少，看来是一位粗通文墨的乡间农民所书写。在形式上，《如意宝卷》遵循"宝卷"形式，即由一、"品"，二、"开经偈、收经偈"，三、"白文（即说白部分）"，四、"韵文（即吟诵部分）"，五、"词调又称曲牌（即歌唱部分）"组成。

《如意宝卷》一卷，四十六品，近二万字，从品第一至品第二十五，没有细分，一气呵成。在现存明清时代民间宗教宝卷中，如此分品和品数分得如此之多是比较少见的。① 该部宝卷以"提纲"（相当于其他宝卷的开经偈）开篇，以佛偈（相当于其他宝卷的收经偈）结束。白文部分所占篇幅较少，大部分是十四言韵文，句法为三、四、三、四，或四、三、四、三，少部分采用十言韵文，句法为三、三、四，还有一些七言韵文，句法为四、三。词调（曲牌）使用的也比较多，计有 53 个。其中，使用次数最多的是"西江月"，计有 25 次，其他依次为"皂罗袍""耍孩儿""边关调""浪淘沙""罗江怨""七字歌""念佛陀""断不想""喜乐悲歌"等。

二、《如意宝卷》完整地记录了天地门教创立者董四海的宗教生涯

通观《如意宝卷》，其第一个内容，就是完整地记录了天地门教创立者董四海的宗教生涯，这是笔者以往搜集的天地门教经卷所不能比拟的。

《如意宝卷》品第一至品第二十五，首先陈述了董四海的籍贯、生辰、妻、子与创教时间及其传教初期所收的十大弟子：

> 如意圣祖，自万历四十七年三月，以凭丹书，投胎认母，降生于山东省济南府商河县董家长（常）王庄村，姓董名四海。身落凡尘，被红尘迷住，未能醒悟。娶妻王氏，所生一子，名叫悦悟。至大清顺治七

① 宝卷一般是二十四品，如《巍巍不动泰山深根结果宝卷》一卷、二十四品。

年，年已三十二岁。七月间，夜得一梦，见神人献丹书指引，明心见性，修心立教。未满一载，在李家长王庄，拨云见日，教明李秀真出家学道。之后，便日行夜奔，走遍四方，寻找原人，度有缘。

己未年，天差佛祖，降万历，四十七年；庚申年，万历宴驾，扶泰昌，十月殡天；辛酉年，天启即位，他仅仅，坐了七年；崇祯爷，十有七载，甲申末，顺治元年；大慈悲，卅二立子，当时是，顺治七年；梦神人，来献丹书，受指引，明亮心田；见本性，修心立教，传大道，盖地普天；造法船，先渡李师，惠民县，刘师大贤；张希玉，拜在门下，杨念斋，与师有缘；庆云县，开山姓马，还有位，马师上船；石龙池，投师受教，黄少业，来的周全；徐庆斋，前来学道，顾名心，入会不晚；十明师，始来作伴，帮老师，将道来传。

从上述经文可知：董四海①，山东省济南府商河县长（常）王庄（今惠民县联伍乡董家林）人，生于明万历四十七年（1619）。成人后，娶妻王氏，生有一子，名叫悦悟。董四海三十二岁时，即清顺治七年（1650）七月，夜梦见神，授予丹书，从而"明心见性，修心立教"，创立了天地门教。董四海创教"未满一载"，便开始传教收徒。他吸收的第一个弟子是邻村李家庄的李修（秀）真，随后带领李修真外出传道，又有惠民县的刘须武、张希（锡）玉、杨念斋，庆云县的马开山、马魁元、石龙池、黄少业、徐庆斋、顾名（铭）心（馨）相继皈依。

接着，《如意宝卷》品第一至品第二十五又介绍了董四海偕李修真等十大弟子在山东境内的传道经历：

北斗峪，劝贤教众，为道教，敬功拜天；上东海，并去昌邑，瓦城县，道兴光远；上隶府，连去三趟，找原人，广度有缘；师劳累，已历九载，兴大道，庚子之年；顺治帝，一十八载，壬寅年，康熙掌权；不几年，道传天下，救众生，八方四面。

---

① 在笔者以往搜集的天地门教经卷中，天地门教创立者，姓董，名计升，字四海。

经过十年的四方传道，到顺治十七年（1660），董四海所创立的天地门教已在山东境内流传。此时，《如意宝卷》作者杜撰了一则传奇故事：

> 董老圣祖立教难，明王朝出清朝传；芦沟桥上见圣君，特请圣君将头点；大道可传不可传，尊重圣君无责担；如若叫传遍天下，不容传教隐深山；圣君闻言开口道，董仙长你莫太谦；你有真心熬九九，普天盖地道可传；大道不该我批准，后有明君来分辨；他入大道明日月，成圣累代救人难；老祖听罢辞圣君，扬镳分道转回还；圣君回到五台地，老祖路上走得慢；沿途处处留香火，大发慈悲度有缘；拜天修心传大道，搭救黎明脱灾难。

芦沟桥上，董四海面君，请求顺治皇帝批准天地门教如同佛教、道教那样合法流传，纯属子虚乌有，但从中可以看出董四海企图攀援朝廷，争取正统地位的主观愿望。正是在这种思想的支配下，董四海开始为自己寻找一个理想的传道基地："尔时，如意祖以丹书指引，修心立教，走四方，度有缘。经请示圣君后，为教早定根基，便离开家中，云游天下。三年之中，没有找着中阳（央）圣地，最后才又回到山东省济南府章邱县（今山东济南章丘区）城东杓峪山，抬头细看，真乃一处中阳（央）圣地。"这时，已是康熙四年（1665），董四海便选定章邱县境内杓峪山作为传道基地，他的十大弟子也随之上山伴师学道：

> 老师意满观山林，中阳（央）圣地确定准；随即带人把山上，杓峪山上安下身；修盖道房伙房立，助力帮忙军与民；跳出苦海枷锁解，摆脱凡世离红尘；老天差我来立教，还亏丹书来指引；替天推行孔子道，口不戒斋可吃荤；十大名师把山上，运行大法敬灵神；立下金丹如意会，救苦大开方便门；以理批评明白道，香到病退风推云；山东六府统知晓，军民人等尽知闻；感动愚迷求香火，往来云集求师尊；每日求香人无数，此去彼来满山林。

以上就是《如意宝卷》品第一至品二十五的主要内容。从品第二十六至品三十一，着重叙述了董四海在杓峪山上，整日与十大弟子讲经说法的各种场面，这也是董四海宗教思想的形成时期。在此期间，《如意宝卷》品第三十特别讲述了一位法名通山的尼姑上山拜师求道的故事。这位尼姑俗姓高，离城县冯连村人，及长，出家朝阳庵为尼。后仰慕董四海的人格魅力和宗教思想，遂拜董四海为师，也传习天地门教，此人便是天地门教分支如意门的创始人。品第三十一还介绍了一位名叫王学礼的庄稼汉上山拜师学道的故事："身进道房跪坛前，恩师在上听徒言；弟子家住齐河县，王家庄上有家园；姓王名叫王学礼，外号人叫破帽沿；家贫无从娶妻室，父母入坟殡葬完；上无兄来下无弟，孤身一人度残年；自幼生来饭量大，无房无地受饥寒；本性愚鲁不识数，今日求师来上山；求师赐我香一炷，跟师学好拜空玄；每日发我三顿饭，烧香到老无改还；师祖听说哈哈笑，合会人等暗笑谈；师见此人心欢喜，说话情实无虚言；看他身高有八尺，膀乍三尺腰内圆；天差原人来护道，好似金刚降临凡；看守山庵庄稼汉，锄地力大种庄田。"这样，王学礼便成为天地门教杓峪山大本营的看家护院。

经过董四海的苦心经营，天地门教已在杓峪山扎下根来，他的随身弟子，经过他的教学，也已掌握了天地门教的教义思想。于是，董四海决定按九宫八卦方位建立组织，并派遣弟子四面八方传道。《如意宝卷》品第三十二至品第三十三展示了董四海的这个决策：

> 老师祖，便开言，按名指点；尔众等，来学道，不论早晚；李秀真，黄少业，东传正道：艮震支，传大道，有事同管；杨念斋，刘新远①，南传为首；巽离支，找原人，不可惰懒；张锡玉，刘绪武，西传教化；坤兑支，掌大道，休要失散；马开山，石龙池，北传兴道；乾坎支，传香火，长长久远；尔众等，领吾法，着心记住；有人来，求香火，用心指点；不管他，贫和富，职位大小；变阴阳，一身法，批理

---

① 刘新远，笔者以往搜集的天地门教经卷中，未见记有此人。《如意宝卷》品第三十二中，将其作为八大首领之一，可见他是在董四海进入少玉山后，上山拜师的，并有突出的表现，不然的话，董四海不会对其重用。在笔者发现的这批资料中，有一部经卷说"八大圣师"分别是：长支秀真李师傅，二支须武刘师傅，三支锡玉张师傅，四支魁元马师傅，五支念斋杨师傅，六支龙池石师傅，七支绍业黄师傅，八支开山马师傅。这一说法，与笔者以往搜集的天地门教资料中的说法相同。

长短；不许你，造妖言，瞒哄愚鲁；言出口，如同那，铁钉入板；悟经
卷，不要你，说神道鬼；德是道，道是德，以理贯满；不戒口，全戒
心，正直公道；长毒疮，生恶病，一概除免；要吾留，经和卷，年头未
到；到那时，造经文，明暗才显；七七九，木子下，教点出世；门三
丁，人七口，造经不晚；吾言语，尔等听，用心谨记；风三场，道残
灭，重兴久远。……又吩咐顾明心，尔为八支传头，坐山学道。又说徐
庆斋，尔在道房，不要离我左右；王学礼负责打更，山下送饭传信。

由此可见，天地门教九宫八卦的组织体系，在董四海的安排下，正式建
立，即董四海为九宫教首，其接班人已内定为顾明心，李秀真为艮卦、黄少
业为震卦、杨念斋为巽卦、刘新远为离卦、张锡玉为坤卦、刘绪武为兑卦、
马开山为乾卦、石龙池为坎卦，八大首领各领一支，下山传道。

就在董四海按照九宫八卦建立组织不久，又有一位虔诚信徒上山拜师学
道。此人后来曾在解救董四海脱离官府迫害时，做出了重要贡献。他姓谭名
西堂，家居禹城县北李严庄，充当济南府巡抚台前卷承书吏。生有一子，名
叫清真，娶妻苏氏，身得重病，经董四海女弟子通山开悟，加入天地门教，
每日烧香，身体很快康复。谭西堂回家得知后，喜出望外，决定上山拜师学
道，《如意宝卷》品第三十三至品第三十四讲述了谭西堂拜师学道经历。

天地门教的迅速发展，必然引起官府的注意。《如意宝卷》品第三十七
中说：

> 且说师祖在杓峪山上，分开传支，朝日聚伙成群，来往不断。这
> 一年，大概是该遭风险，章邱县衙役借端生事，上报指责老师祖招兵买
> 马，蓄谋造反，章邱县正堂出了一张火票，将师祖拿到大堂，不问青红
> 皂白，将师祖送到监内。衙门以里，会下人占了十之有七，书吏禁翁，
> 个个担惊，瞒着县官，供养师祖。书吏公差上递详文到济南府巡抚衙
> 门，（谭）西堂师在承发房正坐，忽见传来一道详文，从头至尾看了一
> 遍，暗暗地说不好了。

　　以下经文至到品第四十，用了整整五品篇幅详细叙述了谭西堂如何想方设法搭救董四海。最后，因巡抚柴修准夫人"三日饮食不进"，柴巡抚不知所患何病？正在着急之时，谭西堂趁机向柴巡抚进言："小人奉命由章邱县提来的董四海，在少玉山学道，百病能治。老爷若拜他为师，太太的病即好能安。"柴巡抚听后，立即让谭西堂带他去拜见董四海：

　　　　口尊师傅，速救弟子一家性命。师祖闻言，即请香来，师祖拈香在手，念佛三声，吩咐柴修准将香请到家内宅天盘以下，按香炉中，叩首三百六十个，百病消除。柴大人将香接到手中，回到内宅，按在炉内，磕完三百六十个头，爬将起来，回到卧房，只见太太病好，夫人产生公子，老爷一见，满心欢喜，亲将师祖请到客舍，设摆大供，决心学好。

　　恰逢此时章邱县知县病故身亡，柴巡抚度量这场官司无了对头，反复思考，暗生一计，遂将董四海定为在本地充徒一百天，由谭西堂带到家中，算是躲过了这场劫难。

　　这场官司过后，董四海没有再回枸峪山，而是由谭西堂相伴，来到上方井雪山寺，在三教堂重新立下道房（品第四十三），直到逝世。

　　康熙三十三年（1694）四月初[1]，董四海在弥留之际，派王学礼下山将十大弟子请上山来，他要做临终嘱咐："师祖有语笑容容，叫声尔等听分明；吾这金丹如意会，以法批评按理行；有人进门来求道，用心观察面容定；进离转坎对面坐，细看面色定吉凶；黑面变赤无障碍，转身黄面命当终；白面变赤干戈定，黄面变乌火化冰；巽地转到坤地坐，兑地站立病复生；乾地转艮灾休管，震地转坤喜相逢；此法中成定的准，意成师法用不修；百病俱是因风起，以色安根气能冲；我今说的离情话，时到之期归回宫；众师闻听心惊惧，开言哀告泪盈盈；师祖功成涅槃去，大道无主怎么成。"[2]四月初四日，董四海逝世，享年七十有五。

　　董四海的葬礼是隆重的。谭西堂早已为他准备好了棺木，董四海之子董

① 在笔者以往搜集的天地门教经卷中，称董四海逝世于康熙二十九年（1690），与《如意宝卷》所说相差四年。

② 《如意宝卷》品第四十五。

悦悟也从家乡赶来守灵。九月初九日，是董四海灵柩下葬的日子：

> 众人们，等日期，发葬已定；九月九，合会人，各尽孝诚；日期
> 到，各处里，统有信到；定烟火，写下戏，同来接灵；山高大，路不
> 平，行灵难走；共同议，凑人桥，递手擎灵；人倚人，将立棺，擎到
> 山下；合会人，哭声震，同来接迎；少师傅，手执幡，头前引路；众
> 师徒，统哭的，感叹伤情；走三里，灵已到，点上香火；行五里，开
> 了戏，也是接灵；常王庄，有贼匪，成群结伙；要想偷，道中财，秩序
> 不宁；王学礼，手提棍，挡住贼寇；台上站，喊一声，好似雷鸣；贼
> 害怕，不敢动，各自散去；合会人，心放下，一路上平；将灵棺，抬到
> 了，兴隆宝地；修活坟，棺葬在，宝穴之中；修群墙，盖山门，七星
> 北斗；一个人，一块砖，圈住坟茔；制稻田，四十亩，道房盖上；立伙
> 房，定条例，来往人行；众人尊，悦悟师，当家正道；合会人，传香
> 火，道教兴隆。①

从此，董四海的出生地长（常）王庄改称董家林，其坟茔和杓峪山、上
方井等修炼传道之处，均被天地门信徒视为圣地。经天地门教信徒修建的董
氏墓地，苍松翠柏，碑石林立，每年朝拜者络绎不绝。特别是每年四月初四
董四海忌日，更是徒众麇集，到董氏墓地烧香膜拜。

三、《如意宝卷》系统地阐述了天地门教的教义思想

《如意宝卷》的第二个内容，就是系统地阐述了天地门教的教义思想，
这也是笔者以往搜集的天地门教教经卷中所没有的。该部宝卷开篇便明确说
出董四海创教之初的思想来源是道教。如上述经文中所说："如意圣祖，自
万历四十七年三月，以凭丹书，投胎认母，降生于山东省济南府商河县董家
长（常）王庄村，姓董名四海。""当时是，顺治七年；梦神人，来献丹书，

---

① 《如意宝卷》品第四十六。

受指引，明亮心田；见本性，修心立教，传大道，盖地普天"。"北斗峪，劝贤教众，为道教，敬功拜天"。经文所说的"丹书"是道教术语，"以凭"即理论根据，而"为道教，敬功拜天"更表明了董四海在传教初期的思想主旨。由此可以推测董四海在三十二岁创教之前，曾阅读了一些道教经典，并以他自己的悟道所得，创立了天地门教。但是，随着董四海传教实践的不断丰富和宗教思想的逐渐完善，儒家思想和佛教南禅思维则在天地门教的教义思想中占据主导地位，而董四海创教之初的思想来源——道教，乃只留其修炼方术，继续保留在天地门教的教义思想中。

《如意宝卷》对儒家思想的推崇贯彻始终。如上述经文中所说的"老天差我来立教"，"替天推行孔子道"；又如品第二十九中说："吾立得，孔子之道；不能讲，怪力乱神。"又如品第三十七中说：

> 师立教，明明的，孔子之道；除三灾，了五苦，普结善缘。以理批，改行为，不言神鬼；富和贫，一例看，永不择嫌。分不受，毫不取，替天行道；一身法，并无有，狂语非言。

从这些经文中，可以充分说明天地门教的宗旨是极力宣扬儒家思想，它要以儒家思想教化信众："诚敬天地将香烧，父母堂前当行孝，尊兄弟和睦（务）勤学，谨尊王法圣语（谕）六条[1]，守本份先立德行后立道，那才得自在逍遥。"[2]"先立美德后学道，诵经休昧语（谕）六条。父母大恩最为高，和睦乡里才为妙。无理不行与人交，心内藏舌气暗消。以理待人有老少，再不触犯王法条。"从中可以看出，天地门教教义思想的旨趣，是要为封建专制统治教化顺民，表现出它鲜明的拥护封建统治秩序的政治倾向。

南禅是中唐以来风靡天下的佛教宗派，其影响所及，震动了整个封建社会的思想界，当然也包括盛行于下层社会的民间宗教思想界，如明中叶无为教创始人罗清曾从南禅中汲取营养，建立了对后世影响颇深的庞大的宗教思想体系。《如意宝卷》品第二十九记述了董四海在构建天地门教宗教思想

---

[1]　这里所说的"圣谕六条"，即明洪武三十年（1397）户部奉旨颁布的《圣谕六言》："孝顺父母，尊敬长上，和睦乡里，教训子孙，各安生理，毋作非为。"

[2]　《如意宝卷》品第三十。

时，也曾仿效南禅，演绎了一段"不立文字""即心即佛"的故事："话说老师祖将一身之法说完，众师徒口念弥陀，齐声言道：'师恩如山，终身难报。'师祖曰：'尔等各呈一偈，敬献心意。古语有云：要知心腹事，单听口中言。'众师尊（遵）命，跪倒坛前，每人成偈一份，师祖按偈示赏罚。内有马开山将经柜打开，取经献于坛上，师祖满心欢喜，从头到尾看了一遍，心中不悦，怒曰：'尔奏经文，就该破身成法，批理断事，乃为功也。但尔所奏经文分明是串皮寒（囊），要它何用，快连柜一火焚之，且听吾吩咐。'"于是，董四海向众徒开示："昔日神佛一字无，全凭心地用功夫。要在纸上寻根原，笔头沾干洞庭湖。""大道原来在尘空，万法皆从方寸生。妙法包含无量数，一法贯通万法通。"这个故事昭示了董四海在将儒家思想宗教化的过程中，采用的是南禅的思维方式。他反复告诫信徒，凡圣无别，人人都有佛性："人之初，性本善，公议差定；降生来，串胎房，一性一命；凡八两，圣半斤，同居和伙；性住天，命住地，半凡半圣。"[1] 人们是否觉悟？完全靠自己主观努力。舍此，别无他途。"心是道，道是心，圆满时，真对真，截断牵连算告竣。性命对成十六两，打查对号真对真，这方算学道不失信，出离了凡世红尘，跳出苦海枷锁断，永不沾尘，性归家法无二门"[2]；"学道要知南共北，醒悟心头自然得，要在纸上寻根原，笔尖湛去三江水，尔今留经却是好，不该言出神佛鬼，说神道鬼迷人性，世人见之说不美，留经只说一心正，气脉不周将病累，血脉不周长疮疥，说破心头自追悔，认错就改百无过，如雨洗花花生药，一心包藏天和地，心发天地神人鬼，邪魔缠身自己招，皆因不正行好非，神佛鬼魔每对证，要见形像谁能得，言圣敬神如神在，误造妖言无头尾，有心求天佛能护，万寿无疆福自随。"[3] 如此等等，阐述的都是这种宗教思想。

关于天地门教的仪式与修持，《如意宝卷》除反复演述"烧香磕头，百病消除"外，还特别注重汲取道教的修炼方术。如《如意宝卷》品第二十七云：

师祖言，听指点，尔等着意；吾今传，一身法，用心紧记。生在世，

---

① 《如意宝卷》品第二十八。
② 《如意宝卷》品第四十三。
③ 《如意宝卷》品第二十九。

住胎房，天经地脉；有三层，十二门，入风透气。有六贼，争四寇，有明有暗；通五脏，连六腑，暗藏消息。这胎房，却原是，坎离修造；心悟透，意成法，皮天骨地。肉为人，血为神，筋为鬼道；能串通，脾肝胆，胃肾公力。百病发，离不了，喜怒哀乐；肾精发，淫为首，百病节记。阴反阳，阳反阴，金木水火；土内生，土内死，休当儿戏。阴阳反，变五色，分轻分重；青黄赤，黑中白，内中藏避。白变黑，黑变白，天光起亮；赤变白，白变赤，青色不际。明暗色，将心迷，弱症难解；喜心起，怒气生，风寒加气。哀乐生，因悲伤，过贪破胆；自瞒心，怕人知，口甜如蜜。串通了，内五行，咸甜苦辣；酸为头，内膨闷，心慌勾替。有人来，求香火，用目观看；到近前，细看他，行走站立。见成法，意成法，中成为准；定方位，凶和吉，小心仔细。

从这段经文可以看出，天地门教基本是照抄道教修炼方术，只不过改换一下名称而已。

此外，《如意宝卷》还宣扬天地门教"不戒斋，可吃荤"，不要求信徒禁食荤酒，这就为天地门教能在下层民众中广泛招收信徒提供了宗教思想上的根据。

综上所述，《如意宝卷》系统阐述了天地门教的教义思想，这就是以佛教南禅化的儒家思想作为教义核心，以"烧香磕头"和道教的修炼方术作为仪式与修持，于是儒释道便在它这里巧妙地"合一"，再加上它实行的"不戒斋，可吃荤"的劝道手段，从而构建了一套完整的教义思想体系，尽管它没有像明代无为教等教派宗教理论那样精致细腻，但它却以简明通俗、易于掌握的特色在清代下层民众中广为流传。该部宝卷的发现，说明了一个道理：在当代中国的民间社会，还保藏和流传着相当数量的人文学者从书本上所得不到的研究资料。如果人文学者能够主动到乡村基层做田野工作和参与观察，并同书斋研究有机地结合起来，那么肯定会使哲学社会科学研究充满活力，同时也能为社会发展提供切实可行的决策根据。

原载《文史哲》2006年第1期，中国人民大学复印报刊资料《宗教》
2006年第1期全文转载

《杓峪问答》探析
——清代天地门教经卷的又一重要发现 [1]

2007年冬，笔者在调查诞生于清朝初年的鲁西北，至今仍活跃在河北、天津乡村社会的天地门教时，从一位当家师傅手中访得一部从未见过的经卷——《杓峪问答》。笔者在征得当家师傅同意后，随即复印一份收藏。经过半年多的披阅研究，笔者认为这是一部天地门教修炼内丹方术的经书。该部经卷的发现，既为在学术上证明天地门教曾借用道教内丹修炼方术作为信徒的一种重要修持，找到了可靠的文本依据；又为人们进一步认识天地门教自清初问世以来，为什么一直在民间盛传不衰提供了心理上与生理上的动因。现将该部经卷的作者与写作时间、形式与内容、作用与影响分别阐述如下，与学界朋友共享。

一

《杓峪问答》，没署作者。据那位当家师傅告诉笔者，《杓峪问答》为天地门教创教祖师董计升遗留的珍藏秘本。参照明中叶以来民间宗教家如罗清[2]、

① 本文系2007年度国家社会科学基金重点项目"当代中国民间宗教调查与研究——以河北民间宗教现实活动为例"（批准号07AZJ001）阶段成果之一。
② 罗清是无为教的创立者，曾向其弟子口授"五部六册"，即《苦功悟道卷》《叹世无为卷》《破邪显正钥匙卷》《正信除疑无修正自在宝卷》《巍巍泰山深根结果宝卷》。

李宾①、弓长②、归圆③、韩太湖④等人撰经写卷的事例及其风格，通观《杓峪问答》所采取的形式和所阐述的内容，那位当家师傅的说法并非虚言。

关于天地门教创教祖师董计升的宗教生涯，笔者根据自己多年的调查与研究，简介如下：董计升，字四海。山东省济南府商河县常王庄（今山东惠民董家林）⑤人。生于明万历四十七年（1619），卒于清康熙三十三年（1694）。⑥32岁时，即清顺治七年（1650），创立天地门教，又称一炷香教、金丹如意道等。董计升创教后，便开始传教收徒。他先后吸收李修真等十人为徒，号称"十大弟子"。随后，董计升带领十大弟子在山东境内游方传教。康熙四年（1665），他选定章邱县境内的杓峪山雪山寺⑦作为传道基地。不久，董计升便按九宫八卦方位建立组织，自称九宫教首，其弟子则按八卦确定传教方向。于是，天地门教在山东、直隶迅速流传起来，并随着山东人闯关东，传入东北地区。据清代档案记载，天地门教自清初倡教始，至道光十六年（1836）止，已"世愆七代"⑧。至少在清末，天地门教已传到北京。而东北地区"自吉林至山海关内外，以迄张家口一带"，其信仰者"实繁有徒"。⑨董计升的声望，则随着天地门教的迅速传播，在清代民间宗教世界日益显赫；其充满人情味的"董老师""董老先师"等尊号，也在乡村社会传诵起来。

自20世纪80年代中叶始，笔者就对天地门教进行了跟踪调查，至今已经二十余年。根据笔者调查所知，在天地门教内部，董计升的宗教思想，

---

① 李宾是黄天道的创立者，曾撰写《普明如来无为了义宝卷》。
② 弓长是大乘天真圆顿教的创立者，曾口述《古佛天真考证龙华宝经》等。
③ 归圆是西大乘教的创立者，曾撰写了"大乘教五部经"，即《销释大乘宝卷》《销释圆通宝卷》《销释显性宝卷》《销释圆觉宝卷》《销释收圆宝卷》。
④ 韩太湖是弘阳教的创立者，曾撰写了"弘阳教五部经"，即《混元弘阳佛如来无极飘高临凡宝卷》《弘阳苦功悟道经》《弘阳悟道明心经》《弘阳叹世经》《弘阳秘妙显性结果经》。
⑤ 董计升创教成名后，其出生地长"常王庄"改名"董家林"，沿用至今。
⑥ 一说董计升卒于清康熙二十九年（1690）。
⑦ 杓峪山，坐落山东济南章丘区绣惠镇境内，属山东境内长白山脉，距董计升故里董家林60公里。雪山寺坐落杓峪山，为北宋名臣宋范仲淹所建。宋元时期，山东章丘杓峪山的雪山寺与江苏镇江的金山寺、浙江杭州灵隐寺齐名。清朝初年，董计升创立天地门教后，便带领"十大弟子"进驻杓峪山雪山寺，并以此作为传道基地。
⑧ 《军机处录副奏折》，道光十九年十月十二日，吏科给事中周春祺奏折。
⑨ 《朱批奏折》，光绪二十一年三月二十五日，增琪奏折。

一般是通过其亲传弟子口传心授（号称"无字真经"），由当家师傅历代相传。笔者掌握的天地门教经卷，大多由当家师傅口述，笔者记录整理而成。从 2001 年起，笔者才陆续发掘了天地门教的一些手抄经卷，如《如意宝卷》等。① 无论是口传经卷，还是手抄经卷，其内容均是天地门教历代当家师傅追忆董计升创教功德或讲述天地门教教义思想的经卷。至于直接以董计升名义留下的经卷，《杓峪问答》则是笔者发现的第一部，因此可以说是天地门教经卷的又一重要发现。

那么，《杓峪问答》写于何时？该部经卷封面留有"约 1639 年书"字样。1639 年，即明崇祯十二年。这种写法，肯定是近人所为。因为我国封建社会是以朝代纪年，即使进入民国时代，也是以民国纪年，以公元纪年，是 1949 年中华人民共和国成立以后的事。另外，该部经卷封面又有"玲珑山弟子重印"字样，时间是 1998 年；封底有"弟子赵庄郭小顺清心浴手书"，时间为 1983 年。由此可知，笔者所见的手抄本，是"玲珑山弟子"从"赵庄郭小顺"请来的复印本。至于"赵庄郭小顺"手抄本所据何本？"玲珑山弟子"与"赵庄郭小顺"何许人？他们之间，又有何关系？笔者曾向那位当家师傅询问，均回答不知。目前，只能存疑。尽管如此，该部经卷封面还是向人们透露了一个重要信息——《杓峪问答》是董计升 20 岁左右，即明崇祯十二年（1639）前后写作，也这就是说，董计升早在清顺治七年（1650）创立天地门教之前，就已在访师悟道的过程中，从道教的内丹修炼方术中汲取营养，并将其感悟所得写成经书。

二

《杓峪问答》共 36 页，约 1 万字。从形式上看，与天地门教的另一部手抄经卷《如意宝卷》以"品"分段不同，该部经卷则以"章"将该部经书分为十章，即作书之由章第一、金丹章第二、炉鼎章第三、药物章第四、火

---

① 2001 年夏，笔者在河北调查天地门教时，曾从该教当家师傅手中，访得一部名叫《如意宝卷》的经卷。经过几年时断时续的研究，后以《〈如意宝卷〉解析——清代天地门教经卷的重要发现》为题，撰写了一篇论文，发表在《文史哲》2006 年第 1 期。

候章第五、真宰章第六、功夫妙用章第七、阳神脱胎章第八、忘神合虚章第九、身中证验章第十。其中，除"作书之由章第一"与"身中证验章第十"外，其他八章，均在开篇前，画有示象图，并标明图名，配以诗句说明。现胪陈如下：

"金丹章第二"，"金丹大道图"，其诗曰："无为之始，有为之母；四象之首，五行之初。"

"炉鼎章第三"，"炉鼎图"，其诗云："乾为天，坤为地，乾坤中，是鼎炉。"

"药物章第四"，"药物图"，其诗曰："离中汞，坎中铅，真铅汞，是先天。"

"火候章第五"，"周天火候图"，其诗云："但志诚，法自然；盗天地，夺造化。"

"真宰章第六"，"真宰图"，其诗曰："三点如星象，横钩象月斜；披毛从此得，仙佛总由他。"

"功夫妙用章第七"，"离火乾天图"，其诗云："取出坎中画，补离还复乾；纯阳命本固，无碍性珠圆。"又曰："心不动，意不动，身不动；气自主，神自灵，精自固。"

"阳神脱胎章第八"，"阳神脱胎图"，其诗云："三百日火，十个月胎；真神离身，忽来忽去。"

"忘神合虚章第九"，"忘神合虚图"，其诗曰："身外有身，犹未奇特；虚空彩碎，方露全身。"

该部经卷既没有采取一般民间宗教经卷所常用的韵文[①]形式铺陈教义思想，也没有使用词调[②]形式演绎教义主旨，而是以"对话"——抱真子与董杓峪（董计升）[③]——方式阐述内丹修炼的理论与方法。此外，该部经卷为正楷小字书写，字迹较工整，错字、漏字、衍字也较少。由此可见，手抄

---

① 民间宗教经卷大部分采取的是十四言韵文，句法为三、四、三、四，或四、三、四、三，少部分采用十言韵文，句法为三、三、四，还有一些七言韵文，句法为四、三。

② 如天地门教经卷《如意宝卷》使用"西江月""皂罗袍""耍孩儿""边关调""浪淘沙""罗江怨""七字歌""念佛陀""断不想""喜乐悲歌"等词调演绎教义。

③ 董杓峪，即董计升。《杓峪问答·作书之由章第一》云："先师得道之后，隐于杓峪山，因号曰董杓峪。"

该部经卷者郭小顺是一位具有一定文化水准，且较通内丹修炼方术的天地门教传人。

在内容上，可以将该部经卷分为两个部分，一是董计升写作《杝峪问答》的缘由，"作书之由章第一"，讲述的就是这个内容；二是通过抱真子与董杝峪的一问一答，阐述了内丹修炼的步骤、过程及其所达到的精神境界，从"金丹章第二"至"身中证验章第十"，用了九章篇幅进行陈述。

"作书之由章第一"说，董计升早年倾心儒家经典，"将取科第"，大病一场，"妙药莫疗，众医计穷，乃思得一内修祛病之方"。这时，有一位名叫"隐云"的先生自荆楚北游路过商河，"口道延命之术"，董计升闻知，请而师之。隐云先生见到董计升后，认为他只是一个"中士"，故没有传其修炼内丹之法。此时，董计升"疾大变垂死"。有人告他，河南洧水有一"还元子先生，曾遇真人，传与金丹大道"。于是，董计升"延友请而师之"。还元子应邀而来，传其内丹修炼之法。董计升尊师嘱咐，勤学苦练，"宿疾顿除"，"精神异常，遂谢人间，隐于杝峪山，遍觅诸丹经而贯通之"。一日，一位名叫"抱真子"的修道师兄登上杝峪山，与董计升谈经论道。交谈之中，抱真子立即被董计升的儒道相融的高论和内丹修炼的纯熟所折伏，遂说服他将其二人对话整理成文，流传于世，惠及众人。于是，董计升"乃焚香告天，随问随答，载笔书之，分草绘图，遂成一帙，题曰问答"。

"作书之由章第一"将董计升写作《杝峪问答》缘由讲完以后，便开始进入该部经卷的主题，即阐述内丹修炼的理论与方法。

"金丹大道"是还元子传与董计升"了脱生死"的真言秘诀。何为"金丹大道"？董计升在《杝峪问答·金丹章第二》中，将其定义为"无上至真之妙道"。为了修成"无上至真之妙道"，董计升从《杝峪问答·炉鼎章第三》开始，逐步递进阐述。首先，就要明白何为"炉鼎"？董计升认为："玄关一窍，即是炉鼎。""若要通道，先识玄关一窍。识得此窍，则采取在此，交媾在此，烹炼在此，沐浴在此，温养在此，结胎在此，神化亦在此矣。"[①]

知道了"炉鼎"，接着，就要明白用何"药物"修炼？董计升将"先天祖气"作为"药物"："元气，即元神所化；元精，即元气所融；精气一也，

---

① 《杝峪问答·炉鼎章第三》。

以元神居之，则三者凝于一也。分言之，虽有三品，而先天祖气，实为药母，故入药境，以先天祖气为首，正为此也。"[1] "药物"又有内外之分："离外阳而内阴，坎外阴而内阳，移内阳点内阴，即成乾卦，故以阳中阴为内药，阴中阳为外药。外药，命宝也，故曰了命；内药，性宝也，故曰了性。其实，内药在此身，外药亦在此身，是体一而用二者也。"[2] "药物"作用也有内外之别："秘诀曰：前弦短兮后弦长，元阳初动运神光；射入龙穴回斗柄，机关切莫向人扬，此外作用也。又诀曰：真土擒真铅，真铅制真汞，铅汞归土釜，身心寂不动，此内作用也。外作用，抽坎中之阳也，即炼精化气，造化也；内作用，用补离中之阴也，即炼气化神之造化。坎离合体，即炼神化虚之造化也。"[3]

明白了"炉鼎"即是"玄关"，知道了"药物"就是"先天祖气"，那么，在修炼过程中，又如何掌握"火候"？董计升提出："调和神息。""所谓神者，非思虑之神也。思虑之神为邪火，不神之神乃真火。故修真之士，必以神驭气，以心调息，神与气常相守，心与息常相依，一呼一息，一来一往，虚而不屈，动而愈出……绵绵若存，炉鼎常温，时烹时炼，结成圣胎。"[4] 为了达成"调和神息"，"必须万虑俱忘，一心清静，然后渐入真道。"[5] 其"妙用"即方法是："必择一静地静室，告过天地，设东华常君位，需长灯香火祀之，同志师友相扶……正身趺坐，含眼光凝，耳韶调鼻，息缄口气。莫着沉昏，则著阴界上去了；莫著清爽，则著阳界上去了。心不可动，心动则气不入神，身不可动，身动则神入气，凝神忘形，默默相养，身心不动，推将一念，守于玄关。"

在修炼过程中，会出现这样的情况："其始也，采药之际，外肾时举不倒，丹田满足也。须防走泄而失丹，真气一动，百邪难容。或胸膈烦满而吐顽痰，或腹肋疼痛宿疾渐除也，慎勿懦而废；或阴阳击搏，腹中如裂帛；或关节将通，顶门如雷鸣；或药物上升，耳内如海潮；或真气流通，百脉如虫

<hr />

[1] 《朽峈问答·药物章第四》。
[2] 《朽峈问答·药物章第四》。
[3] 《朽峈问答·药物章第四》。
[4] 《朽峈问答·火候章第五》。
[5] 《朽峈问答·真宰章第六》。

行，皆真得也，切莫慢慢而自馁。次口生甘液；次降寒泉；次鼻闻异香；次静中忽觉元神自丹田下跳跃而起，直至顶门；次静中长听天响，或如丝竹之音；次虚慧室而慧光虚白，或隔壁见物，或夜如白昼，或内见五脏，外见金光，如形体光泽；次双膝绀发再生；次行如奔马；次涕泪涎泪皆绝；次三尸九虫尽出；次魂魄不游；次梦寐自无；次阳精成体，灵府坚固，寒暑不侵；次内至清高，上合太虚，目视万里；次心知未来；次见内神出现；次外神出现，外神来朝，功圆行满，膺录爱圆，紫霞万里，满目金光罩体，或见火龙飞，或见玄鹤舞，彩云缭绕，瑞气缤纷，天花乱追，神女下降，入圣超凡，逍遥自在，乃大丈夫成功遂名之时也。"①

"如此，随日随时，渐凝渐结，抽铅添汞，十月满足，婴儿显象，移神接鼎，调神脱胎，直至忘神合虚，真人上举，大丈夫之能事毕矣。"②其结果就会修成"无上至真之妙道"："聚则成形，散则成气。不扶摇而上九万里，不舟楫而经渡三岛波，不推测而通既往知未来。隐现莫测，变化无穷。"③"宇宙在乎手，万化在乎心。若言其无，千圣觅踪寻不见，全身潜隐在太虚；若言其有，千江有水千江月，万里无云万里天。"④这对修炼者来说像是一种清静无为、自在逍遥的境界，一种任运自然、贯通天际的心旌，可谓至圣至极了。

从上面的简述中，人们可以看出，董计升倡导的内丹修炼，是一套具有内在逻辑的理论体系。他从洞晓何为"金丹大道"开始，然后，从修炼的"炉鼎"——"玄关"，修炼的"药物"——"先天祖气"，修炼的"火候"——"调和神息"，修炼的"真宰"——"一心清静"，修炼的"妙用"——"身心不动"，一步一步地向其信徒铺陈阐述。他还通过阐述修炼过程中出现的各种现象，谆谆告诫信徒，只要照此步骤，一步一步地刻苦修炼，就可达到修炼的最高境界——"忘神合虚"，成为一位"入圣超凡，逍遥自在"的"大丈夫"。于是，道教深奥的内丹修炼方术，经过董计升的融会与整合，已经以深入浅出的方式，展示在天地门教信徒面前了。

---

① 《杓峪问答·身中证验章第十》。
② 《杓峪问答·功夫妙用章第七》。
③ 《杓峪问答·阳神脱胎章第八》。
④ 《杓峪问答·忘神合虚章第九》。

三

《杓峪问答》阐述的内丹修炼理论与方法，是清顺治七年（1650）天地门教出现以后，经董计升的逐步传授，才作为一种重要修持，在天地门教信徒中流传起来的。

据文献记载，清末传到北京的一支天地门教，"规矩极严，以敬佛为宗旨，不杀生，不言命，吃长斋、焚香，日日坐功运气，其终向望死后脱下皮囊，往西天成佛作祖"[①]。这是清末基督教人士留下的北京天地门教修炼内丹的记录。

又据笔者调查，自清初以来就流传在天津地区的天地门教，也是将修炼内丹作为一种重要修持。为笔者提供《杓峪问答》的那位当家师傅曾说，清朝初年，董计升传道时，途中曾遭遇一位响马劫持，这位响马被董计升用道法降服，遂拜董计升为师，从此结束响马生涯，跟随董计升传道，这位响马就是天地门教"林传八支"第八支传人马开山。因马开山身材高大，且会武功，董计升就将修炼内丹的理论与方法传授与他。马开山在杓峪山领授师命，北上传道，在河北一带收了三个徒弟。其中，长支是天津南郊的孙泰和。孙泰和除从其师马开山那里学习天地门教教义外，还学会了修炼内丹的理论与方法，并将其作为天津地区天地门教信徒的一种重要修持，代代相传，至今已历 15 世（自马开山始）。为笔者提供《杓峪问答》的那位当家师傅，就是第 15 代传人。

那位当家师傅，2008 年 45 岁，是当地一名颇有经济实力和社会影响的农民企业家，31 岁（1994 年）时，从其师傅手中，领授教权，成为当家，即长支孙泰和第 14 代传人。迄今为止，他有亲传弟子 7 人，信徒 1000 多人。那位当家师傅不仅从其师傅那里学习、掌握了天地门教的教义思想，而且继承了修炼内丹的理论与方法。十几年来，他每天都在夜间修炼内丹，并将自己的感悟传与其弟子。他曾对笔者说，自从修炼内丹以后，不但心清气正，而且身体健康。笔者在调查中发现，他确实在当地群众中有较高威望，

---

① 〔法〕包士杰：《拳时北京教友致命》卷二，北京救世堂，1929 年。

尤其是当地天地门教信徒遇有心理障碍或生理疾病，都向他询问、讨教、治疗，且往往有奇效。其影响所及，就连外乡外县的天地门教信徒也慕名前来求教。因此，每天晚上，他家的客厅里，常会聚着各方人士。其中，既有天地门教信徒，也有不在天地门教的普通群众；既有六七十岁的老年人，也有二十岁左右的年轻人乃至十几岁的青少年；既有男人，也有女人。总之，男女老少，各色人等，常常登门向他求教心理或生理出现的问题。对此，他的原则是，来者不拒，有求必应。因此，颇受当地天地门教信徒拥戴。

从历史与现实相结合方面进行考察，以清末北京和当代天津的天地门教活动为个案进行分析，人们可以清楚地看出，天地门教之所以自清初问世以来，一直在民间盛传不衰，除了它在教义中，以"劝人为善行好"为宗旨，因而吸引下层民众竞相信从外，其在修持中，强调"强身健体"的内丹修炼，也是吸引下层民众乐于趋从的一个重要动因。

原载《南开学报》2009 年第 3 期

《董祖立道根源（支排记）》读解
——一部记载清代天地门教组织源流的经卷 [1]

    天地门教（又称一炷香教、金丹如意道）是清代民间宗教世界中的重要教派，自顺治七年（1650）问世以后，首先在山东流传起来；接着，迅速传入直隶，成为燕赵大地下层民众竞相景从的民间宗教教派之一。清中叶以后，随着山东人大规模闯关东，天地门教又进入东北地区，在垦荒大军中拥有众多信徒。这种认知，是我们通过多年调查与研究所得。

    从 20 世纪 80 年代末起，我们开始深入乡村社会，对天地门教进行田野调查，至今已 20 余年。经过长期的调查与研究，我们对天地门教的经卷、教义、仪式、修持、信众、历史作用与深远影响等方面进行了系统梳理，相继发表了《天地门教钩沉》[2]《天地门教调查与研究》[3]《〈如意宝卷〉解析：清代天地门教经卷的重要发现》[4]《民间宗教的活化石：活跃当代中国某些乡村社会的天地门教》[5] 等论文，并在《中国民间秘密宗教》[6]《民间宗教与结社》[7]《秘密教门：中国民间秘密宗教溯》[8] 等著作中，辟有专章，进行阐述。

① 本文系 2007 年度国家社会科学基金重点项目"当代中国民间宗教调查与研究 —— 以河北民间宗教现实活动为例"（批准号 07AZJ001）阶段成果之一，与莫振良教授合作。

② 濮文起：《天地门教钩沉》，《天津社会科学》1993 年第 1 期。

③ 濮文起：《天地门教调查与研究》，《民间宗教》（台湾）第 2 辑，台北南天书局，1996 年。

④ 濮文起：《〈如意宝卷〉解析：清代天地门教经卷的重要发现》，《文史哲》2006 年第 1 期。

⑤ 濮文起：《民间宗教的活化石：活跃当代中国某些乡村社会的天地门教》，《天津社会科学》2006 年第 3 期。

⑥ 濮文起：《中国民间秘密宗教》，浙江人民出版社，1991 年；台北南天书局，1996 年再版。

⑦ 濮文起：《民间宗教与结社》，国际文化出版公司，1994 年；台北幼狮文化事业公司，1995 年再版。

⑧ 濮文起：《秘密教门：中国民间秘密宗教溯源》，江苏人民出版社，2000 年。

但是，有关天地门教的组织源流，我们常以没能访得完整资料，将其梳理搞清而深感缺憾。功夫不负有心人。2007 年冬，我们在河北乡村调查天地门教活动时，从一位当家师傅手中觅得一部名叫《董祖立道根源（支派记）》的手抄本经卷。展开一阅，欢欣之情，立即涌上心头：原来这正是我们多年欲得不能的集中讲述天地门教组织源流的文献资料。在征得当家师傅同意后，我们随即复印一份，进行一番读解，现将其内容与我们的研究结果公布于世，以飨学界朋友。

《董祖立道根源（支排记）》①，1700 余字，以七言韵文形式，概括了天地门教的组织源流。其中，有些记载，明显有误，参照我们掌握的天地门教的其他资料，以注释方式进行修正。

一

该部经卷讲述了天地门教创教祖师董计升的世系年甲与嫡系传人，即天地门教内部称之为董家林②总坛的董氏传教世家的历代当家师傅。

> 万历四七己未年，天命佛祖降临凡。六月初五正当午，董家林中立根源。
>
> 历帝③晏驾师下凡，泰昌在位三十天。天启七年龙四海，崇祯坐了十八年。④
>
> 二十七岁换四帝⑤，大清分北吴分南。⑥三十岁上得佛道，顺治三春丙戌年。⑦

① 支排记，应为"支派记"。
② 董家林，是天地门教创教祖师董计升的出生地，原名常王庄，因董计升创教出名，遂改名董家林，沿用至今。董家林，清代属山东济南府商河县，现属山东省惠民县。
③ 历帝，指明朝万历皇帝。
④ 崇祯十八年，应为"崇祯十七年"。
⑤ 这里所说的"二十七岁"，是中国传统计算岁数的说法，即虚岁二十七。"换四帝"，指明泰昌、天启、崇祯和清顺治四帝。
⑥ "大清分北吴分南"，指清朝占有中国北方，平西王吴三桂占据南方。
⑦ 董计升三十岁时，是清顺治五年戊子（1648）。

三十二岁明的道，顺治五年戊子年。[①]四十五岁归山隐[②]，顺治辛丑十八年。[③]

七十二岁辞的世，康熙二十单九年。岁次庚午四月四，半夜子时归天盘。

头辈先师董记生[④]，道号四海[⑤]天下传。真道数一无有二，劝化老少女共男。

有缘来投知心会，无缘难得上法船。不言真道玄中妙，再说辈辈举孝廉。

以上经文说的是，明万历四十七年（1619）六月初五午时，董计升出生在董家林；清顺治五年戊子（1648），董计升开始寻师访道；顺治七年（1650），董计升创立了天地门教；康熙二年癸卯（1663），董计升带领李修真等弟子隐居杩峪山雪山寺，以此作为传道基地；康熙二十九年（1690）四月初四子时，董计升逝世，享年七十二岁。

先师骨脉接续后，辈辈轮流照下传。二辈月午[⑥]字天亮，三辈曾尼名星罕。

四辈路吉人称号，他的官讳叫童仟。贵人本是第五辈，他的名字叫立凡。

六辈国安行孝道，人称大号字实源。七辈董谭字平信，八辈玉清化龙泉。

九辈师傅叫西圣，如今当家在少年。不言众师行孝道，再说八支共三山。

---

① 董计升三十二岁，是清顺治七年庚寅（1650）。
② 这里所说的"山"，是指杩峪山。杩峪山，坐落山东济南章丘区绣惠镇境内，属山东省长白山脉，距董计升故里董家林60公里。雪山寺坐落杩峪山，为北宋名臣范仲淹所建。宋元时期，山东章丘杩峪山的雪山寺与江苏镇江的金山寺、浙江杭州的灵隐寺齐名。
③ 董计升四十五岁，是清康熙二年癸卯（1663）。
④ 董记升，应为董计升。据清光绪年间树立在董家林的《百代流芳》墓碑。
⑤ 董计升，字四海，道号名扬。
⑥ 月午，又作"悦悟"。

以上经文是说，董计升逝世以后，其子董月午（字天亮）继承教权，是为二辈；此后，依次为三辈董星罕（字曾尼），四辈董童仟（字路吉），五辈董立凡（字贵人），六辈董国安（字实源），七辈董谭（字平信），八辈董玉清（字龙泉），九辈董西圣。是时，已至清末。

又据我们调查所得天地门教经卷《根源记》所说：

> 且说辈辈尽孝廉，先师骨脉接后续，辈辈轮流往下传，二辈月午字天亮，
>
> 三辈增尼名兴孔，四辈陆吉人贺号，师傅名字叫董谦，贵人本是第五辈，
>
> 他的官讳叫立凡，六辈国安行孝弟，师傅大号字舍元，七辈董坛信平字，
>
> 八辈玉清化就泉，九辈西盛董思泰，如今当家在少年，不言师傅行孝道。

另据我们调查所得《董氏家谱》，其董氏世系如次：一世祖董随，河南人。二世祖董进增，从河南迁至山东；生有三子，长子董奇定居章丘县张家林，次子董伟定居商河县长目林，三子董尚文，是为三世祖。董尚文随其母定居商河县常王庄，只生一子董计升，字四海；是为四世祖。董计升创立天地门教以后，董氏传教世家历代当家师傅如下：一代，董计升；二代，董天亮，字悦悟；三代，董兴孔，字宗尼；四代，董谦，字禄吉；五代，董志道，字立凡；董志道无子，传其侄董国安，字拾源（父名董志宁，字福三），是为六代；董国安无子，传其侄董坦，字心平（其父名董国泰，字绍统），是为七代；八代，董浴清，字化龙；九代，董西圣，字如防；十代，董殿选，字相臣。是时，已至民国。

综合《董祖立道根源（支排记）》《根源记》和《董氏家谱》记载来看，天地门教创教祖师董计升祖籍河南，其曾祖父董随被董家林董氏家族尊为一世祖。董随生有一子董进增，始从河南老家迁徙山东，是为二世祖。董进增生有三子，长子董奇定居章丘县张家林，次子董伟定居商河县长目林，三子董尚文则随其母定居商河县常王庄，以上三兄弟为三世祖。董尚文只生一子

董计升，是为四世祖。董计升既是董氏家族四世祖，又是天地门教董家林总坛董氏传教世家的祖师，即第一代。此后，董家林总坛董氏传教世家的历代当家师傅是：第二代为董天亮（月午），字悦悟（天亮）；第三代为董星罕（兴孔），字曾尼（宗尼）；第四代为董童仟（董谦），字路吉（禄吉）；第五代为董立凡（志道），字贵人（立凡）；第六代为董国安，字实源（拾源）；第七代为董谭（董坦），字平信（心平）；第八代为董玉清（浴清），字龙泉（化龙）；第九代为董西圣，字如防；第十代为董殿选，字相臣。如今，已传至十二代。从三种资料记载来看，天地门教董家林总坛董氏传教世家历代当家师傅基本一致，只是在各自记载中，名、字或错误或颠倒或同音异字而已。

<h2 style="text-align:center">二</h2>

该部经卷讲述了天地门教创教祖师董计升的传道收徒情况。

（一）董计升在董家林招收了八个弟子，故称"林传八支"，又称"八大弟子"。

> 长支修真本姓李，家住商河县东南。离城足够五十里，豆腐庄村有家园。
>
> 离林相距一里地，拜师出村向西南。师徒甥舅系亲故，来往学道隔水湾。
>
> 二支师傅刘喜武，家住武定惠民县。离城六十单五里，黄家庄村有宅田。
>
> 离城正东二十五，不偏不歪看东南。三支师傅张西玉，学道三十单六年。
>
> 眼生云瘀双炎目，烧香半月看着天。性情熬暴神鬼怕，家住商河东北传。
>
> 离城四十多里地，张家道门有家园。林看西北三十整，昼夜不断来往还。

　　四支师傅杨年斋，家住武定吉祥县。东北七十三家渡，距林九十看东南。

　　五支龙池史清海①，史家庄村有家园。离城八里一条道，方向商河县正南。

　　林看正西六十里，来往受教心不烦。六支师傅黄少业，家住山东府济南。

　　东门正东二十五，黄家宝庄立宅园。离林一百六十里，董家林庄看正南。

　　七支家住侠西地②，姓马名叫马魁元。芬康③城北三十五，吴家道统有田园。

　　离林三百八十里，不分昼夜将道谈。八支师傅马开山，家住天津庆云县。

　　城东四十单三里，马家林庄有宅园。离林正北二百四，爬山越岭不平川。

又据《根源记》：

　　长枝修真本姓李，家住商河在东南。去城五十多里地，豆腐庄村有家园。

　　离林相接一里地，董家林庄看西南。师徒二人系亲故，来往学道接水湾。

　　二枝师傅刘绪武，家住武定惠民县。去城六十单五里，黄家庄村有家园。

　　离林正西二十五，林看正东略偏难。三枝师傅张锡玉，学道三十单六年。

　　为的眼苦失了目，烧香半月看见天。性体傲暴神鬼怕，家住商河东北传。

---

① 史龙池，又作石龙池。
② 侠西地，不知何地，可能系原文笔误，暂且存疑。
③ 芬康，不知何地，可能系原文笔误，暂且存疑。

去城四十多里路，张家道门有庄田。□①看西北三十里，昼夜不断来往换。

四枝念斋杨师傅，家住武定吉祥县。东北七十三里路，离林九十看东南。

五枝龙池石□去，家住商河城正南。去城八十一里路，石家庄村有家园。

林看正西六十里，来往学好心不烦。六枝姓黄名少理，家住山东府济南。

东门东边二十五，平家庄村立宅园。离林一百六十里，董家林庄看正南。

七枝师傅来学道，家住山西马魁元。苏鲁城北二十五，吴家道同有家园。

离林三千八百里，无分昼夜秉志虔。八枝家住天津府，青云县②城看东边。

去城四十单三里，马家林村马开山。离林正北二百里，爬山越岭不平川。

从两部经卷记载，可以知道，"林传八支"依次如次：长支李修真，商河县豆腐庄人；二支刘喜武（绪武），惠民县黄家庄人；三支张西玉（锡玉），商河县张家道人；四支杨年斋（念斋），吉祥县七十三家渡人；五支史（石）龙池，商河县史（石）家庄人；六支黄少业（少理），济南府黄家庄（平家庄）人；七支马魁元，芬康城（山西）吴家道人；八支马开山，天津府庆云县马家林人。从两种记载中，可以看出，天地门教的"林传八支"基本一致，也只是在各自记载中，名、字或错误或颠倒或同音异字而已。

（二）董计升招收"林传八支"之后，又收了一名弟子，因董计升是按"八卦"收徒，便将这名弟子称为"九股"：

---

① "□"表示脱字，下同。
② 青云县，应为"庆云县"。

八支师傅续九股，九股清真本姓谭。清真二十单三岁，禹城西北有宅园。

离城四十五里地，李连庄村祖业传。距林一百八十里，董家宝庄看西南。

八支九股说完了，不知说全说不全。老师云游十三处，来到山东府济南。

历城遭风九个月，冤家相遇十八年。再说府太母得病，敬请董师出狱监。

老师真香多玄妙，府太病好自安然。多赠金银师不要，赐舍一座杓峪山。

"九股"弟子姓谭名清真①，禹城县李连庄人。董计升云游传道时，曾在历城县②被捕入狱，经谭清真斡旋，说服济南知府延请董计升为其夫人治好顽疾，董计升因而获释出狱。③ 从此，隐居杓峪山雪山寺。

（三）董计升隐居杓峪山雪山寺后，又招收了三个弟子④：

师傅四十单五岁，四面八方劝良贤。三月十八将道立，来了名扬徐尊年。

今年二十单四岁，不分昼夜秉志虔。二十九岁将家舍，道衣道帽皆治全。

韩氏参透其中意，悬梁自尽命归天。家住山东青州府，城北九十高云县。⑤

徐家林中师居住，离城三十正东南。林看正东一百六，为道舍身受苦寒。

---

① 《如意宝卷》说是谭西堂，谭清真是谭西堂之子。又，九股是尼姑通山，建立如意门。
② 天地门教另一部经卷《如意宝卷》说此次患难是在章丘县。
③ 濮文起：《〈如意宝卷〉解析——清代天地门教经卷的重要发现》，《文史哲》2006年第1期。
④ 天地门教其他经卷均说，董计升在杓峪山收了八个弟子，故称"山传八支"，即徐明扬、董成所、邱慧斗、郝金声、于庆真、蔡九冈、邢振邦、杨超凡。
⑤ 高云县，应为"高密县"。

顺治三年端阳五，正当午时降临凡。二支师傅邱达斗[①]，二十六岁在幼年。

上山认师学真道，家住乐陵城东南。离城一十二里地，小村名叫孙家岩。

林看西北一百五，住山学道二十年。三支师傅顾明心，二十二岁上明山。

心里没有真志向，跟师学道二十年。家住山东武定府，东南八十青云县。[②]

离城正东四十五，顾家楼村有家园。林看东北五十里，顾师引进刘西还。

师傅今年二十五，在家学道二十年。住在东南刘家庙，相距五里系亲眷。

长支徐明扬，高云县徐家林人；二支邱达斗，乐陵县孙家岩人；三支顾明心，庆云县顾家楼人。

（四）长支徐明扬情况：

上山下山合一处，两位师傅有往还。董师四月初三夜，背后嘱咐徐尊年。

百般家当交与你，日后大道你成全。前后言语你记住，依靠长支是山传。

明天四月是初四，子时归位灭了盘。顾师已强为了事，山上当家整六年。

也有扎针与吃药，也兴酒食共盒盘。有病千样百方治，无事烧香论闲谈。

徐师不依心不悦，立时提笔写分单。长支分了四大处，心无忧愁才放宽。

---

① 邱达斗，又作"邱慧斗"。
② 青云县，应为"庆云县"。

分地风峪和杓峪，又分孙晋两座山。二支分了五处峪，北斗马蹄峪三山。

原东茄峪离着近，并群好像一座山。三支分了第四处，丁庄合庄史龙庵。①

寺南有个上方井，笙管笛箫顾师添。讴歌唱词全都有，锣鼓振动闹喧天。

经卷佛法和影像，也有开坛和封坛。顾师临死苦太大，手提皮肉加奉还。

根上续苗至今论，三支行道是这般。徐师清道立规矩，断绝元人这参天。

清闲静坐十八载，感动猛虎下了山。昼夜分明常盼望，并无一人来上山。

猛虎陪伴心不怕，心宽量大消罪愆。戒尺全能消罪孽，后来同随杓峪山。

丁庄住了一年半，陪伴老师归了山。老师教道心使碎，闭目养神坐金莲。

徐师寿活六十九，舍身为道秉志虔。癸酉②年上辞的世，十月二七归天盘。

从《董祖立道根源（支排记）》、特别是从其后半部经文来看，该部经卷应是长支徐明扬弟子所撰。因为在该部经卷中，除了比较清楚地介绍了董家林总坛董氏传教世家的历代传人和"林传八支"外，特别对长支徐明扬的生平与事迹进行了讲述铺陈。

上述经文中有"今年二十单四岁，不分昼夜秉志虔"，即徐明扬二十四岁时，拜董计升为师。当时，董计升四十五岁，比徐明扬年长二十一岁，就是说徐明扬生于明崇祯十五年（1642），而"徐师寿活六十九，舍身为道秉志虔"，则是说徐明扬卒于清康熙五十三年（1714）。徐明扬二十九岁时，舍

---

① 史龙庵，应为"石龙庵"。
② 癸酉年，应为"甲午年"，即康熙五十三年（1714）。

弃家业，跟从董计升传道，其妻"韩氏参透其中意，悬梁自尽命归天"。康熙二十九年（1690）四月初三夜，董计升弥留之际，将传播天地门教的重任交与徐明扬："百般家当交与你，日后大道你成全。前后言语你记住，依靠长支是山传。"但是，顾明心强行坐山主事①："顾师已强为了事，山上当家整六年。""徐师不依心不悦，立时提笔写分单。"从此，三支只有分家，各自传道："长支分了四大处，心无忧愁才放宽。分地凤峪和枸峪，又分孙晋两座山。二支分了五处峪，北斗马蹄峪三山。原东茄峪离着近，并群好像一座山。三支分了第四处，丁庄合庄史龙庵。"

<h1 style="text-align:center">三</h1>

以上就是《董祖立道根源（支排记）》有关天地门教组织源流的基本情况，经过梳理，其组织源流如下：

董计升，字四海，明万历四十七年（1619）六月初五午时生，清康熙二十九年（1690）四月初四子时卒。祖籍河南，其祖父董进增始从老家迁至山东；生有三子，长子董奇、次子董伟、三子董尚文，董计升是董尚文独子，随其母定居商河县常王庄。清顺治七年（1650），董计升创立天地门教后，道号名扬。董计升逝世后，由其子董天亮开始了天地门教董家林总坛的世袭传承，即一代董计升，二代董天亮，三代董兴孔，四代董谦，五代董志道，六代董国安，七代董坦，八代董浴清，九代董西圣，十代董殿选，字相臣。至今，已传承十二代。

董计升创立天地门教后，按八卦收徒，首先在董家林收了八个弟子，号称"林传八支"，即长支李修真，二支刘绪武，三支张锡玉，四支杨念斋，五支石龙池，六支黄少业，七支马魁元，八支马开山。接着，又收一名弟子，即号称"九股"的谭清真。康熙二年（1663），董计升隐居枸峪山后，又收了三名弟子，即长支徐明扬，二支邱达斗，三支顾明心。

---

① 《如意宝卷》等天地门教经卷均说董计升逝世前内定顾明心为接班人，与《董祖立道根源（支排记）》不同。由此可见，《董祖立道根源（支排记）》的作者显然是为了张大山传长支徐明扬。

但是，由于《董祖立道根源（支排记）》的作者，很有可能是董计升"山传"长支徐明扬弟子所撰，因此作者囿于本支的局限，并没有将董计升"山传"的整个情况记载下来，这不能不说是一种遗憾。据我们调查得知，董计升在杓峪山时，也是按八卦传了八个弟子，即徐明扬、董成所、邱慧斗、郝金声、于庆真、蔡九冈、邢振邦、杨超凡。其中，除徐明扬、邱慧斗外，其他六位，该部经卷并没有介绍，而该部经卷所说的"三支顾明心"，并不在"山传"之列，他是董计升内定的接班人，董计升逝世后，顾明心便在杓峪山执掌天地门教教权，直至雍正三年（1725）物故。[①]

尽管如此，与我们已往发掘的比较零散地讲述天地门教组织源流的经卷相比，《董祖立道根源（支排记）》仍不失一部集中记载天地门教组织源流的重要经卷，对于进一步搞清天地门教的组织源流，具有重要的文献资料价值。

原载《浙江社会科学》2008 年第 9 期，中国人民大学复印报刊资料
《宗教》2008 年第 4 期全文转载

---

① 濮文起：《秘密教门：中国民间秘密宗教溯源》，江苏人民出版社，2000 年，第 170 页。

《天地宝卷》探颐
——清代天地门教经卷的又一重要发现[1]

2008 年春，笔者在天津郊区调查产生于清初鲁西北、至今仍活跃在乡村社会的天地门教（又称一炷香、金丹如意道等）时，从当家师傅手中访得一部名叫《天地宝卷》的经卷。这既是继 2001 年夏笔者在河北保定地区天地门教当家师傅手中访获的《如意宝卷》之后的又一次重要发现[2]，也是笔者目前发现的第二部以"宝卷"冠名的天地门教经卷，弥足珍贵。因此，该部宝卷的发现，对于进一步搞清天地门教的组织传承、教义思想、道场仪式，具有重要的史料价值。现将笔者的探颐所得，与学界朋友分享。

一

《天地宝卷》全称《天地会下赞经曰记佛词序宝卷》，手抄本，仿明末清初刊本宝卷形式，大字折装，七十叶，24000 多字。楷书抄写，字迹工整，但错字、漏字、衍字较多[3]，说明抄写者是一名粗通文墨的乡村农民，或所据底本原来就是如此。从该部宝卷卷尾介绍可知，抄写者是一位名叫王虎臣的天地门教信徒，于民国二十八年（1939）正月初二抄竣，底本则是天津静海

---

① 本文系 2007 年度国家社会科学基金重点项目"当代中国民间宗教调查与研究 ——以河北民间宗教现实活动为例"（批准号 07AZJ001）阶段成果之一。
② 笔者曾对该部经卷进行研读，其成果以《〈如意宝卷〉解析 ——清代天地门教经卷的重要发现》为题，发表在《文史哲》2006 年第 1 期。
③ 为方便读者，笔者在引用时，已作勘误、订正。

城东南种福台庄天地门教的一个活动场所——静修佛堂所藏。[①] 至于该部宝卷的作者，笔者将在下面的阐述中揭示。

从形式上看，《天地宝卷》并没有遵循明末清初民间宗教宝卷的体例，即由一、"品"，二、"开经偈、收经偈"，三、"白文（即说白部分）"，四、"韵文（即吟诵部分）"，五、"词调又称曲牌（即歌唱部分）"组成，而是杂乱无章，随意性很大。从内容上看，该部宝卷也没有像明末清初民间宗教宝卷那样，集中一个主题，或专门阐述教义思想，或专门讲述组织传承，或专门介绍仪式修持，或教义思想、组织传承、仪式修持兼而叙之，而只是对流行于天地门教内部的各种"经""赞""大赞""小赞""偈""词"的一次汇编。其中，"经"有《天地经》一篇、《根本经》一篇、《了愿经》一篇、《太阳经》一篇、《坐坛经》六篇、《坐坛大经》一篇、《坐坛北斗经》一篇、《坐坛根本经》一篇、《坐坛五字经》一篇、《坐坛九空经》一篇、《合坛经》一篇、《封坛经》一篇、《送圣坛经》一篇，"赞"有《大赞》一篇、《小赞》七篇、《坐坛赞》八篇、《坐坛大赞》两篇、《坐坛小赞》一篇、《天地小赞》一篇、《跪坛赞》一篇、《震坛赞》一篇、《封坛小赞》一篇、《坛前跪赞》一篇、《坛前宝赞》一篇、《焚香坛师赞》一篇、《老君赞》一篇、《老爷赞》一篇、《眼光赞》一篇、《观音赞》一篇、《张仙赞》一篇、《药王赞》一篇、《泰山娘娘赞》一篇、《财神赞》一篇、《封门三护赞》一篇、《韦陀赞》一篇、《送表赞》一篇，"偈"有《佛偈》一篇、《根本偈》一篇、《功课偈》一篇、《坐坛偈》十篇、《跪坛偈》一篇，"词"有《佛词》一篇、《坐坛词》九篇。此外，尚有以"西江月"等曲牌演述教义思想或道场仪式的经文二十篇，穿插于这些"经""赞""大赞""小赞""偈""词"之间，以强调它们所宣讲内容的重要意义。

收集在《天地宝卷》中的这些"经""赞""大赞""小赞""偈""词"，篇幅均较短，一般是四五百字，最长的也只有千字左右。其中，"经""偈""词"，偏重于讲述组织传承、教义思想；"赞""大赞""小赞"则主要用于举办仪式。当然，这只是一般性地划分，有些"经""偈""词"也常在举行仪式时

[①] 《天地宝卷》卷尾："中华民国二十八年新正月初二日，派弟子王虎臣，年四十八岁，演写宝卷，手迟眼花，拙笔遗念，沐手静诵。天津静海城东南种福台庄天地会下静修佛堂宝卷。"

使用。这些经文分别采用四言、五言、六言、七言、十言的句式，既通俗易懂，又朗朗上口，很适合缺少文化的乡村农民接受与掌握。

二

《天地宝卷》叙述的第一个内容，是天地门教的组织传承。

如《坐坛根本经》中说：

> 击木鱼，念弥陀，持诵吉经；众师傅，护持着，细耳常听。
> 提表着，老师傅，家乡居处；商河县，府济南，省是山东。
> 大明时，董家林，临凡下世；己未年，正月朔，子时降生。
> 到后来，离家远，修真养性；上雪山，在杓峪，续宝山中。
> 地红尘，苦用功，三十二岁；一担肩，得大道，豁然贯通。
> 炼真香，随身带，普救世界；上法船，摇动了，渡化众生。
> 不略想，寿星满，老母寄信；有金童，和玉女，请上回宫。
> 康熙时，庚午年，四月初四；上方井，七十二，涅槃归空。
> 留一名，明心师，顾公掌教；有各支，按方位，各将道请。
> 李先师，字修真，正东龙坐；石先师，字龙池，法盘坤中。
> 杨先师，字念斋，东南传教；黄先师，字绍业，西北道行。
> 马先师，字坤元，正西兑首；张先师，字锡玉，坐在丙丁。
> 刘先师，字锡五，道坐艮地；马先师，字开山，劝化北京。
> 这是咱，老师傅，根本来历；众师傅，在耳听，记在心中。

又如《根本经》中说：

> 吾师以来，弃舍家园；不贪名利，枷锁连环。
> 撇闪业室，弟女孙男；分毫不挂，弃世归山。
> 隐姓埋名，不知那边；各找出路，旷野深山。
> 僻静之处，才得清闲；修真养道，打坐禅参。

　　三日以后，七日以前；心不颠倒，意不散乱。

　　明时以后，清初以前；清初明末，得道成仙。

　　立下门教，劝化人缘；十方世界，云游天边。

　　云南贵州，湖广四川；浙江府县，山西河南。

　　山东六府，直隶河间；文安霸州，京都顺天。

　　家家户户，庄庄农农；烧香礼拜，叩拜青天。

　　普传大道，四十余年；四月初四，知性涅槃。

　　祖神故去，无人坐山；真心无比，万事由天。

　　天爷公道，年久在先；道法明顾，明心见观。

　　姓顾明心，执掌法船；替师传道，劝化良贤。

　　大众牢记，雍正三年；三月初六，知性涅槃。

　　以上两篇经文说的是，"老师傅"即天地门教创始人董计升[1]，山东济南府[2]商河县董家林（今属山东惠民县）人。己未年，即明万历四十七年（1619）正月初一子时生。[3]成年以后，来到杓峪山雪山寺[4]修炼。三十二岁[5]，即清顺治七年（1650）"得大道"，创立了天地门教。从此，董计升开始了四十余年的传教生涯。按照上述《根本经》的说法，他的足迹踏遍云南、贵州、湖广、四川、浙江、山西、河南、山东、直隶九省，这显然是夸大溢美之词。实际上，董计升在世时，天地门教主要是在山东、直隶两省的大部分地区流传。清中叶以后，天地门教才随着山东人闯关东，传入东北地区，并在垦荒农民中流传。康熙庚午，即康熙二十九年（1690）四月初四，董计升在杓峪山上方井去世。临死遗言，立其弟子顾明心坐山掌教。顾明心"替

---

① 董计升，字四海。

② 应为"武定府"。

③ 笔者搜集的天地门教另一部专门讲述该教组织传承的经卷《董祖立道根源（支排记）》说，董计升生于明万历四十七年（1619）六月初五午时。参见濮文起、莫振良：《董祖立道根源（支排记）读解——一部记载清代天地门教组织源流的经卷》，《浙江社会科学》2008年第9期。

④ 杓峪山，坐落山东济南市章丘区绣惠镇境内，属山东省长白山脉，距董计升故里董家林60公里。雪山寺坐落杓峪山，为北宋名臣范仲淹所建。宋元时期，山东章丘杓峪山的雪山寺与江苏镇江的金山寺、浙江杭州的灵隐寺齐名。

⑤ 三十二岁，是中国传统虚岁计算习俗，实为三十一岁。

师传道，劝化良贤"，掌领天地门教三十五年，于雍正三年（1725）三月初六逝世。

除顾明心外，董计升曾于传教初期，在其故里董家林收了八个弟子，这就是上述《坐坛根本经》所说的李修真、石龙池、杨念斋、黄绍业①、马坤元②、张锡玉③、刘锡五④、马开山，天地门教内称为"林传八支"，又称"八大圣师"。

在顾明心掌教期间，"林传八支"遵其师董计升生前安排，按照八卦方位，各领一卦，分别传教，即《坐坛根本经》所说的："留一名，明心师，顾公掌教；有各支，按方位，各将道请。李先师，字修真，正东龙坐；石先师，字龙池，法盘坤中。杨先师，字念斋，东南传教；黄先师，字绍业，西北道行。马先师，字坤元，正西兑首；张先师，字锡玉，坐在丙丁。刘先师，字锡五，道坐艮地；马先师，字开山，劝化北京。"顾明心物故后，掌教之位虚悬。从此，"林传八支"自成系统，各自传教，各支之间，只靠教义维系，没有直接统属关系，始终是一个庞大的却是松散的民间宗教组织。其中，马开山主要在直隶沧州、天津一带传教，其传人相继不绝，其信众遍布民间，其活动至今不衰。

又，据《如意宝卷》等其他天地门教经卷记载，董计升除坐山掌教顾明心、"林传八支"弟子外，尚有"九股"弟子谭清真，还有"山传八支"，即董计升在杓峪山收的八个弟子，分别是徐明扬、董成所、邱慧斗、郝金声、于庆真、蔡九冈、邢振邦、杨超凡。在《天地宝卷》收录的各种"经""赞""大赞""小赞""偈""词"中，只说坐山掌教顾明心、"林传八支"，没讲"九股"和"山传八支"，并着重叙述"林传八支"中的马开山一支，说明收录该部宝卷的各种"经""赞""大赞""小赞""偈""词"的作者均是马开山的传人。当然，该部宝卷的编者也是马开山的法脉后裔。

----

① 黄绍业，《如意宝卷》作"黄少业"。
② 马坤元，《如意宝卷》作"马魁元"。
③ 张锡玉，《如意宝卷》作"张希玉"。
④ 刘锡五，《如意宝卷》作"刘须武"。

三

《天地宝卷》叙述的第二个内容，是天地门教的教义思想。

该部宝卷明确指出董计升的宗教思想源于道教。如《坐坛经》之一在叙述董计升悟道过程时说：

> 展开无字经，原人要修行；不知修行路，去问主人公。
>
> 当人不知道，去问泰上空；天聋地又哑，问着不足声。
>
> 当人难作主，六贼还不公；天爷循环紧，要正大众生。
>
> 五魔来混世，多多鬼怪精；一脚有闪错，踢着难扎挣。
>
> 落下三灾苦，嚎哭不绝声；回心又转意，自恨自不公。
>
> 一时要行善，天爷救众生；天差无名祖，临凡来临东。
>
> 天赐真如意，悟自道德经；左童右金女，陪伴奉差公。
>
> 辞别无生母，红尘救众生；性落商河县，董家一林中。
>
> 来到红尘世，举目将眼睁；五魔多又广，世上烂烘烘。
>
> 传出书合信，不当耳旁风；降妖能斩鬼，都说他装疯。
>
> 老祖加功进，要将五魔征；拈香心打意，五魔他得听。
>
> 传出真如意，香到病见轻；才知是佛祖，领香认师公。
>
> 师傅言教训，牢记一心中；叫人守方寸，六贼不题东。
>
> 耳目紧封闭，悬炉来用功；展开花栏卷，原是道德经。
>
> 上造有万款，提说那一种；天地恩情重，五谷养众生。
>
> 皇王水土重，皇王恩不轻；父母恩情重，乳部整三冬。
>
> 恩养成人大，知西又往东；三兄共六弟，不可去相争。
>
> 师父恩情重，救过死合生；师恩终须报，烧香拜真空。
>
> 还要加功进，替师劝众生；顺从双亲孝，时时要尽忠。
>
> 修行功果满，回家见无生；久住龙华会，献上道德经。

在这篇不足五百字的经文中，竟三次出现道教的根本经典《道德经》。先是说董计升的大彻大悟来自《道德经》——"天赐真如意，悟自道德经；

左童右金女，陪伴奉差公；辞别无生母，红尘救众生；性落商河县，董家一林中"；接着说董计升修炼内丹，依据的是《道德经》——"耳目紧封闭，悬炉来用功；展开花栏卷，原是道德经"；最后说董计升经过修炼，达到功果圆满，回到真空家乡，与无生老母团聚，归功于《道德经》——"修行功果满，回家见无生；久住龙华会，献上道德经"。

这种说法，在《天地宝卷》收录的各种"经""赞""大赞""小赞""偈""词"中反复出现，这就足以说明董计升在创立天地门教之前，确实曾从道教中汲取思想营养，并用于创立与传播天地门教的实践中，因而使天地门教蒙上了浓重的道教色彩，特别是道教的内丹术，始终是天地门教告诫其信众必须恪守的修持原则。因此，有些学者便把天地门教视为"世俗化道教教派"①。但是，这只是表面现象，如果从本质上看，《天地宝卷》彰显的乃是清初以来流行于下层社会的民间宗教思想理论。

与主流宗教佛教、道教相比，成熟的民间宗教思想理论形成较晚。它发轫于明中叶的民间宗教重要教派无为教，中经黄天道、东大乘教、西大乘教、弘阳教等教派的丰富与发展，最后由明末崛起的大乘天真圆顿教集其大成，于清初构建起一套独具特色的宗教思想体系，这就以无生老母为最高崇拜，以真空家乡为理想境界，以弥勒佛与龙华三会为信仰核心，以入教避劫为劝道手段，以内丹方术为修持功夫。②通观《天地宝卷》，演述的都是民间宗教的这种思想理论。

如《根本偈》：

> 击木鱼，正金身，先将意安；西来意，悟佛性，经卷一篇。
> 讲讲今，论论古，今古一路；言言凡，论论圣，凡圣一般。
> 说当初，混沌时，无有日月；有伏羲，和女娲，炼石补天。
> 三皇祖，来传法，治掌世界；有五帝，来为君，立下人烟。
> 西域佛，传留下，三皈五戒；说太上，效老君，炼成金丹。
> 孔圣人，传留下，仁义礼智；讲道德，说人伦，义礼为先。

---

① 马西沙、韩秉方：《中国民间宗教史》，中国社会科学出版社，2004 年，第十五章"一炷香教：世俗化道教教派"。

② 濮文起：《一套独具特色的宗教思想体系——中国民间宗教理论探析》，《求索》2005 年第 2 期。

望后请，乱传法，四十八祖；这里头，咱拙教，亦在里边。
西域佛，分法下，婴儿姹女；临东土，来投胎，落在海圈。
含英王，出富贵，争名夺利；每日里，用心机，名利都贪。
全不想，造下孽，招架不起；既知道，得罪了，十帝阎君。
生了死，死了生，反来复去；只落的，荒郊外，白骨朝天。
西域寺，叹怀下，无生圣母；想婴儿，合姹女，泪道不干。
信香盒，忙拿着，揭去盒盖；申酉卯，三时火，焚起香烟。
无名祖，在古洞，正然打坐；猛抬头，观见了，一股香烟。
让香头，一伸手，拦住香尾；早知道，皮囊里，肺腑之间。
无名祖，离了坛，不敢打坐；出了洞，驾祥云，到母灵山。
叫童儿，进古洞，启禀圣教；你就说，我贫道，前来相参。
有童儿，进古洞，双膝跪下；无名祖，在洞外，前来相参。
无生母，听见说，发香一炷；无名祖，尊法旨，趋到里边。
无名祖，参圣母，忙打稽首；圣性娘，传贫道，使用哪边。
无生母，闻听说，满眼垂泪；都只为，临东土，那些枝干。
我有心，差你去，下去寻找；找婴儿，和姹女，好回灵山。
无名祖，听见说，忙打稽首；圣性母，听贫道，诉说一番。
红尘内，出妖魔，精灵最广；有山灵，和水怪，多年狐仙。
行动了，附着人，胡言乱语；不是男，就是女，真假难辨。
无生母，听见说，圣面带笑；尊道人，只管去，将心放宽。
我有道，镇洞宝，明香一炷；带下去，将心用，披在身边。
有了灾，有了难，烧香一炷；望空中，多保佑，顺你心间。
无名祖，接法宝，辞拜圣母；出古洞，驾祥光，下了天宫。
有修真，和养性，忙打前站；有正直，和公道，跟随前走。
有真心，和实意，不离方寸；众徒弟，来相助，忙将经担。
师徒们，驾祥光，的来好快；来到了，红尘内，花花世间。
改了头，换了面，董字为姓；武定府，商河县，立下标杆。
一炷香，传出去，了灾去苦；斩的妖，除的邪，立刻见痊。
了好了，三灾苦，除去八难；并不图，人来谢，半文铜钱。
要真心，和实意，烧香一炷；敬天地，敬父母，孝顺为先。

有一辈，传一辈，传流接续；明朝末，清朝初，立到这咱。

该篇经文从伏羲、女娲开天辟地说起，接着是三皇、五帝"治掌世界"，"立下人烟"，佛、道、儒相继出世，教化众生。但是，人们仍争名夺利，轮回生死之中。无生老母不忍婴儿、姹女——众生在尘世受苦受难，决定传授"无名祖"明香一炷，临凡降世，普度众生。该篇经文演述的宗教思想，可以说与民间宗教思想理论如出一辙，或者说是民间宗教思想理论的天地门教简明版，只不过是将领授无生老母圣命临凡拯世的"弥勒佛"改换为"无名祖"。这位"无名祖"托化董姓，是为董计升，他秉承无生老母旨意，创立了天地门教，传教收徒，带领弟子以一炷香为众生了灾除难，然后"各找出身路，安养得团圆，同到安养处，陪母见收源"①，即回归真空家乡，陪伴无生老母，永享幸福快乐。

与清初以来其他民间宗教教派在各自教义思想中，或凸显佛教的成佛作祖，或强调道教的羽化飞仙不同，《天地宝卷》更张扬儒家的伦理道德，特别是孝亲思想。如《坐坛经》之二说："敬尊天地，报答皇恩；养育恩情，孝顺双亲；兄宽弟忍，妯娌同心；爱老怜贫，和睦乡邻。"又如《坐坛经》之三说："孝敬堂前，活佛二尊；与人方便，时时有神；善神佑护，恶神不亲；合家安泰，孝子贤孙。"再如《坐坛经》之三说："尊敬高年长者，兄弟莫要相争，和睦乡邻为贵，信从朋友是公。"这或许与天地门教诞生于孔孟之乡的齐鲁大地，因而深受儒家思想的浸润有关。

四

《天地宝卷》叙述的第三个内容，是天地门教的道场仪式。

天地门教非常重视举办道场，称为"天地圣会"。该教派举办的"天地圣会"有两种，一名"报恩圣会"，于农历四月初四董计升忌辰举行；二名"阖会大众圣会"，于农历正月元宵节和十月十五地藏诞辰举行。为此，该教

---

① 《天地宝卷·坐坛五字经》。

派规定了一整套仪式，《天地宝卷》收录的"经""赞""偈"，就是专门为举行"天地圣会"而编写的经文。

如《跪坛偈》：

> 跪坛偈，展放开，述说分明；有合会，去定力，跪在流平。
> 因从前，定普仪，许下圣会；选良辰，择好晌，心意相同。
> 邀合会，众道友，一齐来到；念佛法，分明香，对圣表明。
> 设法坛，献上着，五色美供；点香烟，支会灯，润气烘烘。
> 一炷香，请真空，无生老母；二炷香，请古佛，下了天庭。
> 三炷香，请云盘，观音老母；四炷香，请主佛，剔透玲珑。
> 五炷香，请老师，临坛赴会；六炷香，请菩萨，奥妙无穷。
> 七炷香，请韦陀，法坛永护；八炷香，请阎佛，十殿幽冥。
> 九炷香，请城隍，山神土地；十炷香，请空中，一切神灵。
> 请家宅，和路神，门神灶君；闪开门，长出入，内外接迎。
> 请全了，众神圣，分别落坐；授香烟，参美供，各献神灵。
> 再焚香，请合会，本门三代；跪坛前，求师参，趋附云亭。
> 再焚香，请会主，外姓三代；率领着，众鬼魂，一切神灵。
> 跪坛偈，又不可，任意多叙；保佑着，合会人，富贵花荣。

该篇经文是在圣会仪式开始时，当家师傅唱念的请圣偈语，从"一炷香，请真空，无生老母"，到"十炷香，请空中，一切神灵"，举凡以无生老母为最高崇拜的天神地祇，都在当家师傅的祈祷下，临坛赴会，"保佑着，合会人，富贵花荣"。

又如《坐坛偈》：

> 洋洋大道，浩浩佛恩；万法皈一，真香独尊。
> 今朝到筵，千佛海会；三教圣贤，诸天群真。
> 香烟缭绕，辉煌宝座；捧文送意，直上雷音。
> 意者坦纳，今还心愿；敬陈香供，意秉虔心。
> 惟愿诸佛，临坛受享；祈求师恩，赐香一根。

五谷丰登，风调雨顺；合家安康，降福除瘟。

知恩报恩，师常照应；修道悟道，要知原因。

先天一气，混沌未判；清浊交媾，阴阳不分。

天尊为父，先开于子；三光照耀，日月星君。

阴晴变化，风云雷雨；暑往寒来，冬去复春。

地母为阴，次辟于丑；山海田土，五行始分。

东西南北，立就四极；昼明夜暗，设下乾坤。

天降雨露，地生五谷；老母撒花，化成人身。

先有三皇，来临世界；后有五帝，接续为君。

如来阿佛，传经三乘；为恐太众，失落人身。

道德真君，五千言语；也为大众，早悟原根。

文宣至圣，诗书礼义；为劝大众，道冠古今。

大礼纲常，五伦十义；明德至善，率性归真。

古帝先贤，神道设教；惟愿大众，保守身心。

今逢盛世，太平有象；当今圣主，活佛一尊。

既受国恩，又蒙师训；急扫欲蔽，方寸不昏。

畏敬天地，遵守国法；礼拜神明，孝敬双亲。

良言教训，尊敬师长；万事相和，永断怒嗔。

勤修方寸，真香一炷；金丹成就，入圣朝真。

千佛万祖，同来赴会；入了圣教，明香献真。

合会三代，闻经受参；求师真香，提拔恩深。

这是在圣会仪式进行中，当家师傅带领信众唱念的一篇经文。在这篇经文中，天地门教不仅赞叹无生老母、儒释道三教圣人的救度洪恩，而且颂歌"当今圣主"，将其誉为"活佛一尊"，显露出该教派极力维护封建统治的政治倾向。

再如《送圣坛经》，是在圣会仪式即将结束时，当家师傅带领信众唱念的一篇经文：

大报天地理当言，天生五谷，养育良贤，皇王水土，与路恩宽。大报皇王理当先，父母恩养，乳哺三年，成人长大，孝坛前。前心一点，保护安然，保佑合会得周全。奉送我佛、十八罗汉，率领驾舍和渥銮。四大菩萨回上云端，观音回上珞珈山。幽冥教主、十殿阎君、接引菩萨执宝幡。皇王万岁回上金銮，忠臣良将保江山。一切佛祖，通都回还，请的全来，送的全还，地上回地，天上回天，二十八宿喜欢欢。又送师傅，回上南山，临行留下好香烟。好香一炷，留在宅院，保佑合会得周全。合会三代，过去良贤，高超三界入西天。答查对号，通赴灵山，逍遥自在在云端，增幅延寿，心乐同欢，洒洒落落保平安。送去众佛祖，讨下香一根。此下增幅寿，合会合家同沾恩。

天地门教正是通过举办这两种"天地圣会"仪式，既强化了其信众的宗教信仰，也向世人传播了自己的宗教思想和理想追求。

原载《贵州大学学报》2008 年第 6 期

《圣意叩首之数》钩玄

——清代天地门教经卷的又一重要发现 [①]

引　言

在清代民间宗教发展史上，诞生于清初的天地门教 [②]，对其信徒修持方面的规定，是以"派功叩首"著称于世的。但是，天地门教当家师傅是如何"派功"？其信徒又是如何"叩首"？长期以来，由于史料缺乏，再加上天地门教对此视为内中秘密，轻不示人，因此，外界犹如雾里看花，一直将其视为玄妙之阈。

自20世纪80年代末叶始，笔者就对至今仍活跃在乡村社会的天地门教进行田野调查，从而向世人揭示了这支已被历史尘封的民间宗教教派。[③]20年来，笔者尽管搜集了天地门教的数十部经卷，也观察了天地门教当家师傅"派功"与一些信徒"叩首"的演示，但是，对其中的奥秘依然不得要领，难窥全豹。

2008年春，一位中断了十几年联系的天地门教青年信徒，几经周折，又与笔者通话约见。在与他交谈中，得知4年以前，他已接替其师，成为当家师傅。经过几次接触畅谈，他将其师临终交付的经卷和从外地访求的经卷倾囊出示，并让笔者复印，作研究之用。笔者在检阅这批经卷时，竟然发现一

---

① 本文系2007年度国家社会科学基金重点项目"当代中国民间宗教调查与研究——以河北民间宗教现实活动为例"（批准号07AZJ001）阶段成果之一。
② 天地门教，又称一炷香教、金丹如意道等。
③ 濮文起：《天地门教钩沉》，《天津社会科学》1993年第1期；濮文起：《天地门教调查与研究》，《民间宗教》第2辑，台北南天书局，1996年。

部名叫《圣意叩首之数》的经卷，且有两种抄本，这不正是自己寻找多年的记录天地门教"派功叩首"的经卷吗？！

据这位青年当家说，在天地门教内部，《圣意叩首之数》只有少数当家师傅掌握，是他费尽心力，才从外地一位当家师傅手中求得。笔者集中一段时间，经过认真、反复研读该部经卷，终于洞悉了天地门教"派功叩首"的内中理数。与此同时，笔者还通过该部经卷，进一步搞清了天地门教的组织传承，内丹修炼术以及驱邪咒语、避灾剑诀等法术。现将钩玄所得与学界同仁分享。

一

《圣意叩首之数》甲本（以下简称甲本），长 28 厘米，宽 20 厘米，122 页，2 万多字。封面钤有"天地会下"篆字印章。楷书抄写，字迹疏朗、漂亮，较少错字、漏字、衍字。该部经卷还有各种手绘插图 10 帧，附于经文之中，便于当家师傅指导信徒修持。该部经卷未署作者，只在卷末标明抄者为王绍寅，抄竣时间则是民国九年（1920）五月初八日。

《圣意叩首之数》乙本（以下简称乙本），长 35 厘米，宽 25 厘米，144 页，8 万多字，可以说是笔者迄今为止搜集到的天地门教经卷中文字最多的一部经卷。该部经卷也有各种手绘插图 30 帧，穿插于经文之中，又可以说是笔者迄今为止搜集到的天地门教经卷中插图最多的经卷。该部经卷亦为楷书抄写，字迹较工整，但与甲本相比，错字、漏字、衍字较多[1]，且未署作者、抄者，更没署抄写年代。

据笔者考证，《圣意叩首之数》甲、乙两种抄本，均为天地门教创始人董计升"林传八支"第八支马开山传人编写。

清顺治七年（1650），董计升创立天地门教后，相继在其故里山东商河县董家林（今属山东惠民县）相继收了八个徒弟，依次是李修真、石龙池、杨念斋、黄绍业、马魁元、张锡玉、刘绪武、马开山，天地门教内称为"林

---

[1] 为方便读者，笔者在引用时，已作勘误、订正。

传八支"，又称"八大圣师"。董计升在世时，按照八卦方位，将八位弟子派遣各地传教。其中，第八支马开山领授的是坎卦，自山东出发，北上直隶沧州、天津一带传教。此后，马开山一支在直隶沧州、天津一带道脉源长，日益兴盛。天津一带的天地门教历代传人自称"北林"，而将山东一带的天地门教组织称为"南林"，将董家林董氏家族称为"总坛"。通观甲、乙两种抄本全卷，主要介绍的是"北林"的"派功叩首"理数，故笔者认为该部经卷应为马开山传人编写。

又据笔者推测，乙本是晚近即 20 世纪 90 年代中叶以后的抄本。

笔者的这种推测，源于近 20 年的田野调查体验。在笔者发掘的天地门教数十部经卷中，其中的抄本，大多留有 1990 年代中叶以后的印记。在此之前，天地门教自称"无咒无经"[①]，"少经无卷"[②]，"原人持诵"的是"无字真经"。[③] 所谓无字真经，乃是天地门教历代传人创作的口头经卷，大部分靠口传心授，代代相传，只有少数抄本留世。20 世纪 80 年代末叶至 90 年代中叶，笔者在搜集天地门教经卷时，主要采取的是依靠当家师傅口述、笔者记录整理的传统手段。

但是，步入 21 世纪以后，笔者在乡村社会进一步搜集天地门教经卷时，却惊奇地发现许多地方的天地门教组织都在整理历代当家师傅口传下来的经卷。他们有的请书法较好的信徒，将整理好的经卷誊写清楚，然后复印装订成册；有的则请懂得电脑的信徒或家中孩子，将整理好的经卷输入电脑，打印装订成书。[④] 因此，乙本应属于此类抄本经卷。至于其抄写者，当然是"北林"的当代传人。

甲、乙两种抄本虽均为"北林"传人编写，演述的是"北林"的"派功叩首"理数，但据那位青年当家对笔者说，因该部经卷传自"南林"，"南林"又传自"总坛"，故应将该部经卷规定的"派功叩首"理数视为天地门教全体信徒的修持原则。因此，该部经卷规定的"派功叩首"理数，对天地门教信徒的日常修持，具普遍意义，不管是"南林"，还是"北林"，乃至"总

①　《心经》，濮文起主编：《民间宝卷》第 6 册，黄山书社，2005 年。

②　《心经》，濮文起主编：《民间宝卷》第 6 册，黄山书社，2005 年。

③　《大经》，濮文起主编：《民间宝卷》第 6 册，黄山书社，2005 年。

④　濮文起：《天地门教现实活动的某些特点》，《当代宗教研究》2008 年第 2 期。

坛"，都遵从该部经卷规定的"派功叩首"理数进行修持。

从形式上看，无论是甲本，还是乙本，似乎杂乱无章，既无品目，又无标题，但从内容上看，则有其内在理路。该部经卷以规定向天神地祇诸圣、"北林"历代当家叩首数目为开篇；接着，叙述了"北林"历代传人、"林传八支"诸位圣师、董家林董氏家族嫡系传人，然后，介绍了董计升留下的内丹修炼术，马开山遗留的驱邪咒语、避灾剑诀等法术；而"派功叩首"理数，则穿插于上述内容之中。据笔者初步统计，该部经卷叙述"派功叩首"的篇幅，甲、乙两种抄本均各占二分之一。乙本比甲本多出 6 万字，主要是乙本增记了大量内丹修炼术和驱邪咒语、避灾剑诀法术等内容。

甲、乙两种抄本大部分经文均采取白文形式，只有一小部分经文采用四言、七言韵文句式，讲述董计升或其弟子传道的艰难历程①，既通俗易懂，又

① 如乙本《四字经》（标题为笔者所加）："诉表老祖，东土临凡；生于万历，四十九年。岁次己未，六月初六；降生武定，商河正南。董家庄里，去借假果；本是佛祖，带来根源。岁次甲申，崇祯晏驾；明末清初，顺治元年。老祖此年，二十七岁；修养圣体，秉上志虔。明心见性，三十成道；顺治四年，造下法船。先劝长支，李师为首；虚武刘师，二支接连。玺玉张师，三支出众；念斋杨师，四支能圆。龙池石师，五支不错；少野黄师，六支良贤。魁元马师，七支又劝；叔鲁县里，便有家园。开山马师，接支八位；高聚广会，师徒团圆。徐董邱郝，出类拔萃；于邢蔡袁，都是良贤。清朝圣君，高人出世；陪伴老师，兴道根源。协力治道，不辞辛苦；草香点化，普度有缘。四面八方，道兴人旺；劝人向善，不图银钱。岁次壬寅，顺治归山；四十四岁，康熙元年。津府劝道，连去三趟；反来复去，共带九年。生住说君，一十三处；章丘县里，杓峪堂庵。依尚津府，三宫观庙；住景家上，车镇大山。卢家北台，玉皇庙住；脱望山去，四十二天。蒲城过节，能吃鲜肉；北斗峪里，连住三番。干草北坛，呆了半载；康熙十七，戊戌年间。老师此年，六十整岁；忽起狂风，地动摇山。遭访锁拿，不容辩理；立刻押解，上了济南。心血来潮，明白来历；就知冤家，一十八年。遭风九月，官事妥当；府院性弟，送师回还。康熙庚申，一十九载；六十二岁，劝师落凡。贵留何偈，修行路径；真传实授，治道接连。老师东海，又去劝道；众人把住，不能回还。山上头行，无人敢去；新城郝师，应承不难。披星戴月，饥餐渴饮；晓行夜住，五更风寒。不辞辛苦，寻师下落；见了慈悲，不敢多言。老师生出，脱身之计；对着众人，要将道讲。讲说炼丹，七昼七夜；说的众人，盹睡安眠。师徒设计，满心欢喜；趁此机会，奔走阳关。郝师那时，正当少年；保护慈悲，急忙归山。一路行程，不知多少；一昼一夜，来往道天。众人醒了，不见老祖；都是着急，红了眼圈。一伙野人，长枪短棍；齐声呐喊，反了一般。众人追赶，四十余里；不见老祖，只得回还。师徒二人，回了北斗；三山头行，齐来问安。看看郝师，功劳甚大；亲口许就，明目三山。北七县里，郝师为首；赐戒尺辈，辈流说传。老师辞别，众位道长；康熙庚午，二十九年。老师此年，七十二岁；四月初四，上方涅槃。自从慈悲，归空去了；了挣着当，家各占山。上方井庵，邱师看守；徐师居住，杓峪宝庵。明心顾师，刁峩峪住；师徒不和，分了三山。顾师当家，一十八载；道人都上，石龙宝庵。明盘胡师，支撑戒尺；同心协力，行的道宽。金声郝师，滨州传道；替师代劳，救苦解冤。康熙六十，岁次辛丑；三月初六，顾师宾天。老师立道，初衷实事；名扬四海，一炷香烟。"乙本，第 119—122 页。

朗朗上口，很便于缺少文化的乡村农民掌握。

二

《圣意叩首之数》中的"圣意"，顾名思义，是指"神圣旨意"；"叩首之数"，即叩首的数量。该部经卷经名明确告诉人们，这是一部在神圣旨意启示下，由当家师傅根据信徒不同需求，向信徒"派功叩首"的经卷。

所谓"派功"，即派遣功夫，由当家师傅执掌。《圣意叩首之数》记载的功夫有十余种，其中，"诸圣功""北支功""悔过功""疗病功""驱邪功""真言功""戒尺功""五盘功"，常被当家师傅派遣。当然，当家师傅所派功夫不同，叩首的数量也不同，有的功夫，还要"跪香"。下面分别介绍：

1. "诸圣功"。崇拜神灵与叩首数目，甲、乙两种抄本分别如次：

甲本，"上通虚空三十三天，下通幽冥地府"，叩首33个；当来东土传香教主，叩首7个；"一切佛祖、一切圣师、一切圣中二师傅"，叩首21个；天地老师傅，叩首50个；盘古老爷，叩首21个；八十八尊佛，叩首88个；五十三参佛，叩首53个；四十八愿佛，叩首48个；三十三尊佛，叩首33个；地藏菩萨，叩首21个；十二循环，叩首12个；十殿阎佛，叩首10个；东方世界，叩首7个；阴地真君，叩首7个；南方世界火地真君，叩首7个；救苦救难南海观世音菩萨，叩首53个；西方世界西斗星观，叩首7个；五百罗汉，叩首50个；北方世界被罢玄天助道真人，叩首7个；中方世界戊己土内莲花上升我佛当阳，叩首7个；四值公曹，叩首7个；当今万岁，叩首7个；本县城隍，叩首7个；当庄土地，叩首7个；家宅路神，叩首7个；门神灶君，叩首7个；一切路神，叩首7个；护法韦陀老爷，叩首66个。①

乙本，盘古佛，叩首20个；八十八尊佛，叩首88个；五十三参佛，叩首53个；五十三尊佛，叩首53个；地藏菩萨，叩首20个；十二循环，叩首12个；十殿阎佛，叩首10个；东方世界阴地真君，叩首70个；南方世

---

① 甲本，第1—2页。

界火地真君，叩首 70 个；救苦救难南海观音，叩首 70 个；西斗星君五百罗汉，叩首 70 个；北方世界助道真人，叩首 70 个；中方世界戊己土内莲花上升我佛当阳，叩首 70 个；四值公曹，叩首 70 个；当今皇帝，叩首 70 个；城隍老爷，叩首 70 个；土地老爷，叩首 70 个；宅神司，叩首 70 个；路神司，叩首 70 个；灶王老爷，叩首 70 个；门神老爷，叩首 70 个；天地董老先师，叩首 36 或 72 个；圣盘王二师尊[1]，叩首 24 或 81 个。[2]

从上述甲、乙两种抄本所拜神灵情况来看，大体上一致，但在叩首数目上，则有显著不同，即甲本比乙本的叩首数目要少得多。究其原因，笔者认为，甲本应是底本，即最初规定的叩首数目，乙本的抄者为了表示自己的虔诚，则在抄写时，将叩首数目增加。其中，对东方世界阴地真君、南方世界火地真君、西斗星君五百罗汉、北方世界助道真人、中方世界戊己土内莲花上升我佛当阳、四值公曹、当今皇帝、城隍老爷、土地老爷、宅神司、路神司、灶王老爷、门神老爷的叩首数目增加到十倍，"诸圣功"中的诸圣，上自盘古，下至灶王、门神，都受到天地门教的虔诚崇拜，而将董计升与其妻王氏也捧上祭坛，则是明清时期民间宗教的习惯作法，其风习亦被天地门教各支传人发扬光大，"北支功"即是一例。

2. "北支功"。"北支"即"北林"，该支天地门教尊继承董计升执掌天地门教的顾明心为第一代[3]，其历代传人与向其叩首数目如次：顾明心老先师，叩首 36 或 99 或 93 个；马开山老先师，叩首 82 或 108 或 64 或 63 或 153 或 25 个；赵显武老先师，叩首 46 或 36 个；候玉山老先师，叩首 36 个；刘念山老先师，叩首 36 个；尚俊儒老先师，叩首 36 个；王何达老先师，叩首 36 个；孙泰山老先师，叩首 36 个；刘永平老先师，叩首 36 个；王贵林老先师，叩首 36 个；赵进文老先师，叩首 36 个；陈寿泉老先师，叩首 74 个；尹魁如老先师，叩首 36 个。[4] "北支功"派功的日期，一般是在历代传人忌辰举行，当家师傅向信徒"派功"，信徒则如数叩首，以纪念历代传人的传教功德。

---

① 自天地门教创始人董计升始，历代传人凡夫妻双修，并一同传教者，男称师傅，女称二师傅。
② 乙本，第 1 页。
③ 清康熙二十九年（1690）四月初四，董计升在枸峪山上方井去世。临死遗言，立其弟子顾明心坐山掌教。顾明心掌领天地门教三十五年，于雍正三年（1725）三月初六逝世。
④ 乙本，第 1—2、69 页。

3. "悔过功"。信徒犯有过错，又有悔改之心，便请当家师傅"派功"。因过错有大小，故信徒"叩首"的数目也不同。"悔过功"不仅叩首，还要"跪香"，亦依据过错大小，定有跪香数目。如毁僧谤道，甲本规定当家师傅派遣三天功，每天叩首960或9600个，跪香33炷，然后再叩首960或9600个交功[①]；乙本则规定当家师傅派遣三天功，每天叩首36个，跪香三十炷，然后再叩首36个交功。[②] 又如打骂爹娘，甲本规定当家师傅派遣四天功，每天叩首9600个，跪香60炷，然后再叩首6600个交功[③]；乙本则规定当家师傅派遣四天功，每天叩首600或6000个，跪香60炷，然后再叩首600或6000个交功。[④] 又如顶撞父母，甲本规定当家师傅派遣四天功，每天叩首6600个，跪香18炷，然后再叩首6600个交功[⑤]；乙本则规定当家师傅派遣四天功，每天叩首600或6000个，跪香10炷，然后再叩首466个交功。[⑥] 通过这种"派功叩首"，再加上"跪香"，使信徒忏悔改过，旨在弘扬孝道。信徒如遇祖父母不和，也可以请求当家师傅"派功"，当家师傅派遣四天功，每天叩首600或6000个，跪香60炷，然后再叩首600或6000个交功；兄弟不和，亦可请求当家师傅"派功"，当家师傅派遣四天功，每天叩首600或6000个，跪香18炷，然后再叩首600或6000个交功。[⑦] 信徒以自己的"叩首"和"跪香"，祈求祖辈与兄弟和好，意在促进家庭和睦。其他如打死猫狗、黄鼬、长虫、老鼠、牛马、驴骡，平坟锯木、踢走杖木、错并尸骨、撒骨踏坟等有损社会公德的行为，只要有悔改之心，都可向当家师傅请求"派功"。当家师傅则根据此人所犯过错大小，分别派遣"叩首"和"跪香"数目。通过这种"派功叩首"，再加上"跪香"，使人们知错改错，借以协调人际关系，达到社会和谐。

4. "疗病功"。扎根于乡土社会的天地门教，深知广大农民饱受各种疾病的折磨与煎熬。因此，在它规定的"派功叩首"修持中，便有一种"疗病功"。

---

① 甲本，第62页。
② 乙本，第1—2页。
③ 甲本，第57页。
④ 乙本，第32页。
⑤ 甲本，第57页。
⑥ 乙本，第35页。
⑦ 乙本，第33页。

天地门教的"疗病功"，首先关注的就是妇女生产过程和生产以后的病状。如婴儿横生，甲本规定当家师傅派遣四天功，每天叩首 600 或 6000 个，跪香 60 炷，然后再叩首 600 或 6000 个^①；乙本则规定当家师傅派遣四天功，每天叩首 66 个，跪香 60 炷，然后再叩首 66 个交功。^② 婴儿倒生，甲本规定当家师傅派遣四天功，每天叩首 810 或 8100 个，跪香 80 炷，然后再叩首 810 或 8100 个交功^③；乙本则规定当家师傅派遣四天功，每天叩首 81 个，跪香 80 炷，然后再叩首 81 个交功。^④ 婴儿斜生，甲本规定当家师傅派遣四天功，每天叩首 600 或 6000 个，跪香 60 炷，然后再叩首 600 或 6000 个交功^⑤；乙本则规定当家师傅派遣四天功，每天叩首 66 个，跪香 60 炷，然后再叩首 66 个交功。^⑥ 如婴儿产下无奶，甲本规定当家师傅派遣四天功，每天叩首 600 或 6000 个，跪香 10 炷，然后再 600 或 6000 个交功^⑦；乙本则规定当家师傅派遣四天功，每天叩首 66 个，跪香 10 炷，然后再叩首 66 个交功。^⑧ 以今天的科学眼光来看，天地门教的这种"疗病功"根本无助于产妇的顺利生产，也根本解决不了婴儿产下无奶，但是，对于缺医少药的乡村农民来说，通过修持这种"疗病功"，至少在精神上有所慰藉，在极力否定自己的过程中，祈求神灵庇护，使母子转危为安。此外，在"疗病功"中，还有左背生疮、前胸生疮、胸闷、气喘等疾病的"派功叩首"理数，看来尽管荒谬不经，但仍吸引乡民乐此不倦。

5. "驱邪功"。"驱邪"又称"驱魔"。"驱邪功"是指通过"派功叩首"，驱除"五魔"的缠扰，保佑阖家平安。"五魔"，即狐狸、黄鼬、刺猬、长虫、老鼠。当家师傅派遣驱除"五魔"功夫，其叩首、跪香理数，甲、乙两种抄本相同：驱除狐狸，叩首 93 个，跪香 81 炷，然后再叩首 60 个交功；驱除黄鼬，叩首 93 个，跪香 49 炷，然后再叩首 60 个交功；驱除刺猬，叩首

① 甲本，第 61 页。
② 乙本，第 35 页。
③ 甲本，第 61 页。
④ 乙本，第 35 页。
⑤ 甲本，第 61 页。
⑥ 乙本，第 35 页。
⑦ 甲本，第 61 页。
⑧ 乙本，第 35 页。

93 个，跪香 49 炷，然后再叩首 60 个交功；驱除长虫，叩首 93 个，跪香 81 炷，然后再叩首 60 个交功；驱除老鼠，叩首 93 个，跪香 81 炷，然后再叩首 60 个交功。[①]

6. "真言功"。包括的范围较广，当家师傅通过派遣"真言功"，旨在为人解除生理上和心理上的病痛。如乙本中的治肿毒久烂恶疮真言、避火真言、夜防小人真言、催生真言、避血真言、雀蒙眼真言、鱼刺卡嗓真言、疟子真言、痘疹真言、治眼真言、降魔真言、荡魔真言、报恩真言、菩萨灵机真言、普化神真言、九星真言、止疼真言、净口真言、净身真言等。信徒凡念诵真言，都由当家师傅"派功叩首"。如九星真言，叩首 12 个；治肿毒久烂恶疮真言、菩萨灵机真言，均叩首 20 个；催生真言、避血真言、雀蒙眼真言、鱼刺卡嗓真言、疟子真言、痘疹真言、净口真言，均叩首 24 个；普化神真言、净身真言，均叩首 33 个；避火真言、夜防小人真言，均叩首 36 个；降魔真言、报恩真言，均叩首 48 个；荡魔真言，叩首 49 个；治眼真言、止疼真言，均叩首 53 个等。[②]

7. "戒尺功"。戒尺，全称"通天戒尺"。"戒尺"为何物？笔者在天津郊区调查天地门教时，当家师傅曾向笔者展示，并当场为笔者表演使用方法。据当家师傅说，"戒尺功"主要是为人治疗癔病。

笔者看到的"戒尺"，分为两种：第一种，长 24 厘米，宽 12 厘米，厚 4 厘米，由紫檀制作，如板砖大小。正面自右至左竖刻两行篆字，第一行是"灵檀宝钞之印"六字，第二行为"古教天地会下"六字，两行字底端则竖刻"信士弟子"四个篆字，总共十六个篆字，均为反刻，犹如印章刻法。第二种，长 110 厘米，宽约 83 厘米，厚 1.5 厘米，上面没有刻字。

第一种"戒尺"，当家师傅使用时，双手握住下端，用力甩打自己胸口至喉咙处，因"戒尺"上的篆字是反刻，故打在身上是正字，犹如印章盖在纸上。这一过程，称为"翻天印"。第二种"戒尺"，二师傅使用，如果是男人患有癔病，二师傅便用左手攥住"戒尺"，使劲抽打自己左腿；如果是女人患有癔病，二师傅就用右手攥住"戒尺"，使劲抽打自己右腿。笔者曾就

---

① 甲本，第 65—66 页；乙本，第 37 页。

② 乙本，第 49—60 页。

这种作法，询问当家师傅："怎么用'戒尺'打自己，而不打病人？"当家师傅回答："不能打病人！通过作法（念诵咒语）打自己，可以为病人治病。"听他的徒弟说，当家师傅派遣"戒尺功"，颇有成效。

乙本记载了当家师傅派遣"戒尺功"时念诵的咒语："徒弟某人叩首，开山马老先师通天戒尺赐下三尺零三寸，矬着一尺，打着二尺零三寸，二尺打病症，三寸打魔症，打着魔，人的魔症筋断骨折，上打三十三天，下打地府幽冥，四面八方全打，里三代不打，外三代不打，本病人的知性不打，恩惠愿利不打，求当家明心顾老先师掌着戒尺，求老师傅真香四面八方圈住，将魔人的魔症代到徒弟腿上，轻轻落戒尺，重重的开三灾。"[①]

8."五盘功"。所谓"五盘"，据乙本说："圣盘无影殿清净宫，人盘金銮殿皇王宫，天盘灵霄殿斗牛宫，云盘银安殿水晶宫，地盘阎罗殿地盘宫。"[②]在乙本中，因"五盘"有两种指称，故"派功"理数也有两种。第一种，圣盘当来东土圣师传香教主董计升、八大圣师，叩首60个；人盘人王教主、古帝先王，叩首36或72个；天盘昊天教祖、各部星君，叩首93或96个；云盘圆通教祖、四大菩萨、圣母娘娘、一切尊神，叩首55或93个；地盘幽冥教祖、地藏菩萨、十殿阎佛，叩首11或108个。[③]第二种，人盘当家顾明心，叩首36或72个；天盘天地董老师傅，叩首96或153个；云盘北林马开山师傅，叩首55或93个；地盘北林尚俊儒师傅，叩首21或55或60或108个。[④]当家师傅派遣"五盘功"，是为了让信徒通过叩首，祈求"五盘"神圣、历代当家大发慈悲，护佑众生，并提拔亡魂，早升天界。

除上述八大"功夫"之外，在河北沧州一带，还流传着"天地功""老师傅功""八大圣师功""三代宗亲功"，分别叩首360、660、810、1800个。

"派功叩首"作为天地门教信徒的日常修持，至今仍在天地门教内部流行。不仅如此，当家师傅还常应乡邻所请，为村民派遣"功夫"，"治病了灾"。

20世纪90年代中叶，笔者在河北沧州一带调查天地门教时，曾目睹当家师傅"派功"、信徒或百姓"叩首"的情景。只见信徒或百姓燃香烛后，

---

① 乙本，第76页。
② 乙本，第86页。
③ 乙本，第85页。
④ 乙本，第86页。

便按照天地功叩首 360 个、老师傅功叩首 660 个、八大圣师功叩首 810 个、三代宗亲功叩首 1800 个的顺序叩拜下去，总共叩首 3630 个，以一秒钟一叩首计算，一个小时才全部叩完。时值隆冬，且屋内没有取暖设备，一场"功夫"下来，他们已是大汗淋漓，满面红光，浑身充满了活力，毫无疲劳之态。

天地门教的这种"派功叩首"，为人祈福治病的修持活动，揭掉其神秘面纱，实际上是一种心理或精神疗法。叩首本身就是一种活动筋骨的运动，如果患上头疼感冒，一场"功夫"下来，汗出透了，病也就好了。于是，他们就把功劳归于天界神灵的庇佑和自己心灵的虔诚。

三

《圣意叩首之数》还为人们进一步搞清天地门教的组织传承提供了珍贵的第一手资料。

甲本记载："董老师祖，讳吉升，字四海，道号名扬，忌辰四月初四日；老王二师傅，（忌辰）八月廿四日。二辈师祖，讳天亮，字悦吾[1]，忌辰六月廿二日；徐二师傅，忌辰六月初六日。三辈师祖，讳兴孔，字宗尼，忌辰二月初七日；赵二师傅，忌辰十月十六日。四辈师傅[2]，讳谦，字禄吉，忌辰正月三十日；王二师傅，忌辰三月廿四日。五辈师傅，讳志宁，字福山，忌辰三月初七日；王二师傅，忌辰五月十一日。[3] 六辈师傅，讳国泰，字少统，忌辰七月初三日；杨二师傅，忌辰十一月廿日。[4] 七辈师傅，讳坦，字心平，忌辰三月初三日；肖二师傅、忌辰六月[5]，张二师傅、忌辰十月。[6] 八辈师傅，讳浴清，字化龙。"[7]

甲本只是记载头辈到八辈，并不完整。乙本记载除从头辈到七辈与甲本

---

① 乙本作"悦悟"。
② 乙本作"师祖"，下同。
③ 乙本作"正月十一日"。
④ 乙本作"十一月廿六日"。
⑤ 乙本作"六月四日"。
⑥ 乙本作"十月三日"。
⑦ 甲本，第 7 页。

记载基本相同外，又记载到十辈："（前略）八辈老师祖，讳化龙，字玉清，忌辰三月十日；郑二师傅，（忌辰）五月三日。九辈老师祖，讳希圣，字如防，忌辰八月十日；贾二师傅、（忌辰）十月。"① "十辈老祖，讳太兴：卢二师傅、张二师傅。"②

综合甲、乙两种抄本记载可知，董计升自清顺治七年（1650）创立天地门教后，其子孙也承继衣钵，在故里董家林传播天地门教，因而形成被天地门教信徒称之为"总坛"的董氏家族当家师傅传承世系。因自董计升始，便是夫妻双修，共同传教，其历代子孙均秉承这一传统，故同时形成董氏家族二师傅传承世系。现依甲、乙两种抄本记载，将董氏家族当家师傅世系整理如下：

第一代，董计升，名吉生（计升），字四海，号名扬；其妻王氏。

第二代，董天亮，字悦悟；其妻徐氏。

第三代，董兴孔，字宗尼；其妻赵氏。

第四代，董谦，字禄吉；其妻王氏。

第五代，董志宁，字福山；其妻王氏。

第六代，董国泰，字少统；其妻杨氏。

第七代，董坦，字心平；其妻肖氏、张氏。

第八代，董浴清，字化龙；其妻郑氏。

第九代，董希圣，字如防；其妻贾氏、卢氏。

第十代，董太兴。

董计升生当明末清初，按一代30年计算，到第十代传人，已至民国时期。说明乙本对董氏家族当家师傅世系的记载，应是董氏家族第十一代当家师傅在世时留下。

甲本又记载："修真李师傅，惠民县豆腐王家庄；玺玉张师，商河县道门庄；奎元马师傅，速路县长王庄；开山马师傅，占花县马武庄；锡吾刘师，惠民县王家庄；年哉杨师，济阳县桑家庄；少也黄师，济阳县平家庄；龙池石师，商河县石家庄。"③

---

① 乙本，第4—5页。

② 乙本，第72页。

③ 甲本，第5—6页。

对此，乙本记载的先后顺序、姓名用字与出生籍贯则略有不同："修真李师傅，惠民县豆腐王家庄；徐武刘师傅，惠民县苗黄庄东北；玺玉张师傅，商河县道门庄；念斋杨师傅，济南县桑家庄；龙池石师傅，商河县石家庄；少也黄师傅，济南县平家庄；魁元马师傅，速路县长王庄；开山马师傅，庆云县马武庄。"①

甲、乙两种抄本说的都是董计升的"林传八支"弟子，按照天地门教当家和信徒的一般说法，其先后顺序、姓名用字、出生籍贯应是：李修真，惠民县豆腐王家庄人；刘绪武，惠民县苗黄庄东北人；张锡玉，商河县道门庄人；杨念斋，济阳县桑家庄人；石龙池，商河县石家庄人；黄绍业，济阳县平家庄人；马魁元，束鹿县长王庄人；马开山，庆云县马武庄人。

甲本又记载："四小枝，显吾赵师，盐山县赵码头；太和孙师，海峰县；平猴刘师，沧州巨官庄；龙江李师，盐山县城；旺山宋师，沧州王家庄；会吉师傅；立凡师傅；桂林师傅；董荣师傅。"②

乙本则记载："八小枝圣师：泰和孙师傅，严（盐）山县白家庄；龙江李师傅，海峰县城子内；海山李师傅，海峰县；平侯刘师傅，沧州聚官庄；显武赵师傅，严（盐）山县赵码头；海山刘师傅；名云刘师傅；学如赵师傅；当家明心顾师傅；金声贺师尊。"③

这里所说的"四小枝"或"八小枝"，乃是马开山在直隶沧州一带传授的弟子，即孙泰和、李龙江、李海山、刘平侯、赵显武、刘海山、刘名云、赵学如、贺金声，顾明心则被众位传人奉为当家师傅。

乙本又记载："北林：桂林王师傅、永平刘师傅、泰山孙师傅、和达王师傅、存意张师傅、耀林孙师傅、俊儒尚师傅、魁如尹师傅、秀玉阁师傅、念山刘师傅、胜伯王师傅、玉山候师傅、显武赵师傅。"④ 这里所说的是马开山在天津一带传授的自称"北林"的弟子，即王桂林、刘永平、孙泰山、王和达、张存意、孙耀林、尚俊儒、尹魁如、阁秀玉、刘念山、王胜伯、侯玉山、赵显武。其中，赵显武既是"八小枝"传人，也是"北林"传人；王桂

① 乙本，第3页。
② 甲本，第5—6页。
③ 乙本，第3页。
④ 乙本，第69页。

林既是"四小枝"传人，也是"北林"传人。

对于"南林"，甲本则记载："南林，天成谢师、玉还苏师、平义屠师、旺全曹师、道安张师、成亮王师、道行石师。"[1] 这里所说的是"南林"的历代传人，即谢天成、苏玉还、屠平义、曹旺全、张道安、王成亮、石道行。

乙本还记载："天地如意八枝九股：头世祖郝老先师，二世祖清环老先师，三世祖胜云老先师，四世祖道远老先师，五世祖继文老先师，六世祖兆兴老先师，七世祖平意老先师，八世祖平心老先师。"[2]

据天地门教另一部重要经卷《如意宝卷》记载，董计升在山东章丘杓峪山传教时，曾有一位法名通山的尼姑上山拜师求道。这位尼姑俗姓高，离城县冯连村人，及长，出家朝阳庵为尼。后仰慕董四海的人格魅力和宗教思想，遂拜董四海为师，也传习天地门教。[3] 此时，因董计升已按八卦派遣"林传八支"到各地传教，遂将尼姑通山这一支定为"九股"，此人便是天地门教分支如意门的创始人。这里记载的就是"九股"的历代传人，即第一代郝姓，第二代清环，第三代胜云，第四代道远，第五代继文，第六代兆兴，第七代平意，第八代平心。笔者认为，第一代"郝"姓，疑为"高"姓，即《如意宝卷》记载中的高姓尼姑。从"九股"八代传人有名无姓的记载来看，也可以说明如意门始终是以出家尼姑掌教。

综上所述，除董计升的"山传八支"[4] 之外，甲、乙两种抄本可以说将天地门教的组织传承基本上都一一介绍了。

四

《圣意叩首之数》又为人们进一步搞清天地门教的内丹修炼方术以及驱邪咒语、避灾剑诀等法术，提供了许多生动且具体的史料。

---

① 甲本，第6页。

② 乙本，第72页。

③ 濮文起：《〈如意宝卷〉解析——清代天地门教经卷的重要发现》，《文史哲》2006年第1期。

④ 董计升在杓峪山传教时，又收了八位弟子，天地门教内称为"山传八支"，即徐明扬、董成所、邱慧斗、郝金声、于庆真、蔡九冈、邢振邦、杨超凡。

　　天地门教是一支非常重视内丹修炼的民间宗教教派，其创始人董计升曾
为其弟子留下一部讲述内丹修炼术的经卷——《杓峪问答》。①据笔者多年
研究，在天地门教中，"北林"即"林传八支"第八支马开山在天津一带的
传人继承并光大了董计升为其弟子规定的这种修持功夫。对此，《圣意叩首
之数》甲、乙两种抄本都有比较详细的记载。其中，乙本有一篇《道经六字
诀：呵呼呬嘘嘻吹》经文，较有代表性，因篇幅不长，整理介绍如下：

　　每日自子至巳，为六阳时，面东静坐，不必闭窗户，亦勿令风入，
叩齿三十六通，先扰口中浊津，漱炼数十遍，候口中成清水，即低头
向左而咽之，以意送至丹田，即低头先念"呵"字，呵出心中浊气。念
时，不得间"呵"字，声闻即气粗及损心气也。念毕，仰头闭口，以鼻
徐徐吸天地之清气，以补心气。吸时令长，即吐少纳多也。如此者六
次，心毒气减消，即心三元亦渐复矣。再依次二念"呼"字，耳亦不得
闻呼声，如此者六，所以散脾毒而补脾元也。次又念"呬"字，以泻肺
毒，以吸而补肺元，亦须六次。次一念"嘘"字，以泻肝毒，以吸而补
肝元。"嘻"以治三焦客热，复吸清气以补。三"吹"，以泻肾毒，吸
以肾元，如此者并各六次，是调小周。小周者，六六三十六者，卅六
遍，而六气已遍脏腑，三毒气渐清病根除，祖气渐完矣。次看是何脏腑
受病，如眼病，即又念"嘘""嘻"二字各十八遍，仍毒，次以吸补之。
总之，卅六讫，是为中周。中周者，第二次卅六通，为七十二也。次又
再依前呵呼呬嘘嘻吹六字法，各为六次，并须呼以泻之，吸以补之。念
当精处，不可怠废。此第三次"吹"卅六也，为大周，即总之为一百单
八次，是为百八诀也。午时属阴时，有病，对南方之。南方属火，所
以却阴毒也。然又不若子后午前，面东之为阳时也。如早起床上，面
东，将六字各为六次，是为周，亦可治眼病也。凡眼中诸症，惟此诀能
去之，他病亦然神乎，此太上慈旨也。略见《玉轴真经》而详，则得

①　2007 年岁尾，笔者在天津郊区调查天地门教时，从当家师傅手中访获一部名叫《杓峪问答》的
经卷。经过反复研究，笔者认为这是天地门教创始人董计升留下的一部专门阐述内丹修炼术的经
卷，其研究成果，以《〈杓峪问答〉探析——清代天地门教经卷的又一重要发现》为题，在《南
开学报》2009 年第 2 期发表。

之，师授也。如病重者，每字作五十次，凡三百而六腑周矣。却漱炼、
咽液、叩齿如初，如此者三，即通为九百次无病而不愈。秘之，非人勿
传。孙真人云："阴雾恶气猛寒，勿取气也，但闭之。"诗曰："春嘘明
目木枝肝，夏至呵心火自闲，秋呬定收金气润，冬吹惟要坎中安。三焦
嘻却除烦热，四季长呼脾化食，切忌出声闻口耳，其功尤胜保身丹。"
金丹秘诀："一搋一兜，左右换手，九九之功，真阳不走，戌亥二时，
阴盛阳衰之候，一手兜外肾，一手搋脐下，左右换手，各八十一下，半
月精固，久而弥佳。"李东垣曰："夜半收心，静坐片时，此生发周身，
元气之大要也。"精神生气，精神生精，此自无而之有也。炼精化气，
炼神还虚，此自有而之无也。①

该篇经文演述的是道教的吐纳术，它以"呵、呼、呬、嘘、嘻、吹"六
字，概括了道教吐纳过程与其效果，即在呼吸调节中，吐出胸中的浊气，吸
进新鲜空气，以求延年长生，强调的是在呼吸中，获取先天之气，以补后天
之气。

乙本还有一篇无题经文，以口诀形式演述日常养生方法，既简明又通
俗，很便于人们学习和掌握。其文曰：

> 发宜多梳，面宜多搋，目宜常运，耳宜常弹，舌宜抵腭，齿宜教
> 叩，津宜数咽，浊宜常呵，背宜常煖，胸宜常护，腹常摩毂，道宜常
> 撮，肢节宜常摇，足心宜常搋，皮肤宜常干沐浴（即搋摩也），大小便
> 宜闭口勿言。诸伤：久视伤血，久卧伤气，久坐伤肉，久立伤骨，久行
> 伤筋，暴喜伤阳，暴怒伤肝，穷思伤脾，极忧伤心，过悲伤肺，多恐伤
> 肾，善惊伤胆，多食伤胃，醉饱入房伤精，竭力劳作伤中。②

天地门教的驱邪咒语法术，源于道教。《圣意叩首之数》借用道教的
这种法术形式，写进天地门教的信仰内容，予以演述。乙本记有《觅魂咒》

---

① 乙本，第97—99页。
② 乙本，第99—100页。

《护坛大咒》《护身咒》《全法大咒》《闭血咒》《斩法咒》《北斗咒》《中平大咒》《点法咒》《行针咒》《天意福咒》《练法咒》《捆法咒》《振人咒》《化乳咒》《招魂咒》《点眼咒》《牙疼咒》等。如《护身咒》："真香一炷护身鞭，奉请真武北霸天，后有灵官来助道，路遇妖魔斩流千。"① 这里将天地门教信仰的一炷香添加进去。又如《斩法舟》："日出东方一点红，奉请老师下天宫，打魔捉邪多灵应，随香助道显神通。求师傅知会箭等于小徒使，使日后斩魔人的魔症。"② 这里又将老师即董计升奉为"打魔捉邪"的神圣。再如《行针咒》："修真李师傅位居正东，针针针，道开山取水地，道剪草除根，天灵灵，地灵灵，一条大龙往下行，是寒、是火、是食、是气，求修真李老师圣针降下，三灾开去。慈悲。"③ 这是奉请董计升的"林传八支"第一支李修真显圣治病。

天地门教的避灾剑诀，则基本取材道教，甲、乙两种抄本均记有《太乙神针言剑诀》《避火真言剑诀》《夜防小人真言剑诀》《催生真言剑诀》《避血真言剑诀》《鱼刺卡嗓真言剑诀》《疟子真言剑诀》《痘疹真言剑诀》《观音救苦剑诀》《观音收魂剑诀》《治眼真言剑诀》《降魔真言剑诀》等。如《太乙神针言剑诀》："上方针，下方针，神针下，病离身。吾令奉借来除宫，针消灾病化灰尘。吾奉太上老君急急如律令，敕叩首卅六。"④ 这是以银针为人治病而念诵的剑诀。又如《避火真言剑诀》："奉请上方神丙丁，老君差我下天宫，水要见火成寒气，火要见水化成冰。吾奉太上老君急急如律令，敕叩首卅六。"⑤ 这是为预防火灾而念诵的剑诀。再如《催生真言剑诀》："天门开，地门开，王母娘娘催生来，一斧劈开阴门户，子母分身便下来。吾奉太上老君急急如律令，敕叩首二十四。"⑥ 这是祈求产妇顺产而念诵的剑诀。但是，也有个别剑诀，写进了天地门教的信仰内容。如《雀蒙眼真言剑诀》："家乡有座凤凰台，无生老母降临来，圣手拨开雀蒙眼，当下急速看明白。南斗六

① 乙本，第 80 页。
② 乙本，第 81 页。
③ 乙本，第 82 页。
④ 甲本，第 89 页；乙本，第 50 页。
⑤ 甲本，第 89—90 页；乙本，第 50 页。
⑥ 甲本，第 91 页；乙本，第 50—51 页。

星，北斗七星，吾奉太上老君，急急如律令，敕叩首二十四。"[1]无生老母是天地门教的最高崇拜，家乡即真空家乡是天地门教追求的理想境界，该篇剑诀奉请无生老母从真空家乡降临人间，为人医治眼疾，使患有雀蒙眼即白内障的人重见光明。如此等等，不一而足。

原载《世界宗教研究》2009 年第 3 期

---

[1] 甲本，第 92 页；乙本，第 51 页。

一套独具特色的宗教思想体系
—— 中国民间宗教理论探析

在中国宗教发展史上,与儒释道主流宗教既有联系又有区别的民间宗教,也有一套自成体系的思想理论,且独具特色。不过,这套宗教理论形成的时间较晚,约在明末清初,其建构者则是大乘天真圆顿教的创始人弓长。

一

在中国民间宗教发展史上,清代是最为繁盛的历史时期。造成清代民间宗教如此繁盛的动因固然很多,笔者认为除了学界所分析的诸如经济、政治、社会等外在因素外,还应该从民间宗教本身寻找内在原因。

众所周知,明朝是朱元璋利用元末白莲教策动的红巾军大起义而建立起来的。尽管朱元璋建国伊始,便反过头来坚决禁止白莲教,但是白莲教并没有因为朱明王朝的血腥剿杀而销声匿迹,反而以不可遏止气势,仍然在民间秘密流传,构成了明代最为严重的社会问题之一。在白莲教异常活跃和明当局对其残酷镇压的明代中叶,一支新兴民间宗教教派 —— 无为教在华北崛起。无为教的出现,在中国民间宗教发展史上具有划时代的意义。无为教创始人罗清及其弟子,改变了传统白莲教的教义思想,在信仰主义领域另辟蹊径,并大胆想象,提出了一种全新的宇宙观与创世说 ——"真空家乡,无生老母",从而在意识形态领域掀起了一场无声的理论风暴,动摇了主流宗教以及传统民间宗教在信仰世界的影响。[1] 从此,以无为教为蓝本的各种教

---

① 濮文起:《罗清论》,《天津社会科学》2000 年第 4 期。

派，如李宾创立的黄天道、王森创立东大乘教、归圆创立的西大乘教、韩太
湖创立的弘阳教及其宗支派系纷纷问世。[①] 它们流布于大江南北，扎根于民
间社会，在信仰主义领域又借用儒道两家、佛道两教的某些思想与教义，分
别提出了"三世三佛与弥勒下生"说、"入教避劫"说、"内丹"修持功夫和
按"九宫八卦"建立组织，以及"十八子当立天下与云城降世"等思想观
点，从而导致了一场无论是在广度，还是在深度，都比元末以来兴起的白莲
教运动更为宏大和持久的新的民间宗教运动。在这场民众宗教运动中，以无
为教、黄天道、东大乘教、西大乘教、弘阳教为代表的各种教派，既各领风
骚，又相互借鉴与融通，特别是在思想理论上的认识日趋统一。于是，自明
成化十八年（1482）罗清创立无为教始，经过黄天道、东大乘教、西大乘
教、弘阳教等教派几代传人一百六十余年的不断探索与总结，最后由明天启
四年（1624）面世的东大乘教分支大乘天真圆顿教创始人弓长（张字拆写）
集其大成[②]，终于清顺治九年（1652），以其与弟子木人（李某）撰写的《古
佛天真考证龙华宝经》（简称《龙华宝经》）等经卷为标志，构建了一套独具
特色的民间宗教思想理论体系。

<h2 style="text-align:center">二</h2>

宇宙观与创世说　大凡一切成熟的宗教，首先要在宇宙观与创世说上表
明自己的观点，弓长构建的中国民间宗教思想理论体系也不例外。弓长吸收
了无为教提出的"真空家乡，无生老母"的宇宙观和创世说，认为宇宙之
初，称作混沌。在混沌之上，有一个地方叫"云城"，也就是"真空家乡"
即天堂。那里住着一位至尊女神 —— "无生老母"。这位至尊女神首先是创
世主和人类的祖先，她开天辟地，把混沌分出天地日月、两仪四像、五行八
卦，创造出山川河海、草木禽兽和万物之灵 —— 人类。"无生母，产阴阳，
先天有孕；产先天，怀圣胎，变化无穷；生一阴，生一阳，婴儿姹女；起乳

---

① 濮文起：《秘密教门：中国民间秘密宗教溯源》，江苏人民出版社，2000 年。
② 濮文起：《弓长论》，《中国文化研究》1998 年第 4 期。

名，叫伏羲，女娲真身"，是为"人根老祖"。伏羲和女娲经过金公、黄婆两位神仙为媒，匹配夫妻，从此生下九十六亿皇胎儿女即人类。"因为乾坤冷静，世界空虚，无有人烟住世"，所以无生老母便打发皇胎儿女降临人间。[①]

可是，皇胎儿女来到尘世以后，不仅立即陷入生老病死和酒色财气之迷，而且受到大自然与各种人为的折磨，历经了一次又一次劫难。每当劫难之时，或赤地千里，草木为枯，五谷不收；或大水滔天，浩荡无涯，吞没一切；甚至白日无光，百兽乱舞，蟒蛇成群；而尘世魔王动辄刀兵相向，杀戮人类，以至白骨撑天，血流殷地，人类百不存一，世界末日来临。[②]无生老母不忍皇胎儿女遭受苦难，大发慈悲，决定把皇胎儿女度回自己身边，不再堕入轮回。[③]因此，无生老母又成为救世主。

历史观与救度论　那么，无生老母如何救度沦落尘世的皇胎儿女呢？弓长运用无为教以来各大教派中倡行的"三世三佛与弥勒下生"说，提出了对民间宗教世界具有普遍意义的历史观与救度论。按照这种理论，无生老母把世界从时间上分为三个时期，依次是青阳时期、红阳时期、白阳时期；在这三个时期，依次召开龙华初会、龙华二会、龙华三会。青阳时期代表过去，命燃灯佛掌世；红阳时期代表现在，命释迦佛掌世；白阳时期代表未来，命弥勒佛掌世。每期之末，都要道劫并降，降道度回儿女，降劫收杀恶魔。于是，燃灯佛首先下凡，执行无生老母旨意。然而，由于燃灯佛办理不力，在青阳时期的龙华初会，只是道降君相，仅度回二亿儿女。接着，释迦佛也辜负了无生老母重托，在红阳时期的龙华二会，只是道降师儒，亦仅度回二亿皇胎，还剩下九十二亿皇胎儿女在尘世受难，而且许多恶魔也没有消灭。这时青阳、红阳二期已过，龙华初会、二会亦已召开，无生老母就将度回九十二亿皇胎儿女重任都交给了弥勒佛，命他在白阳时期的龙华三会一次度完，叫作"末后一着"。[④]

这个任务既重且大，弥勒佛将如何完成呢？为了解决这一理论问题，弓

[①] 《龙华宝经·古佛乾坤品第二》，濮文起主编：《民间宝卷》第 3 册，黄山书社，2005 年。

[②] 《龙华宝经·古佛乾坤品第二》《龙华宝经·末劫众生品第十八》《龙华宝经·地水火风品第二十二》，濮文起主编：《民间宝卷》第 3 册，黄山书社，2005 年。

[③] 《龙华宝经·无生传令品第三》，濮文起主编：《民间宝卷》第 3 册，黄山书社，2005 年。

[④] 《龙华宝经·无生传令品第三》《龙华宝经·三佛续灯品第十三》《龙华宝经·祖续莲宗品第十六》《龙华宝经·龙华相逢品第二十》，濮文起主编：《民间宝卷》第 3 册，黄山书社，2005 年。

长在无为教以来各大教派倡行的"三世三佛与弥勒下生"理论的基础上，提出了接续莲宗说。弓长认为，从时间上，燃灯、释迦、弥勒三佛接续莲宗，弥勒佛是完成"末后一着"的佛祖；为了实现这一神圣使命，弥勒佛要亲自下凡，化为人身，并开创一个教派，而这个弥勒佛化身和所创教派，就是其师祖王森和东大乘教；王森身后接续莲宗者依次是天真老祖（王森高足）与翠花张姐（王森另一门徒），他自己则是翠花张姐的莲宗接续人。[1] 在这种说教中，弓长俨然以弥勒四世自诩，宣称他所创立的大乘天真圆顿教，正是为了实现"末劫总收圆"，他手下的三宗五派九杆十八枝大小会首均为"领法知识"即传道师，他们的任务是"替祖传法，阐教扶宗"，到各地开荒办道，普度众生。[2] 弓长的这一说教为后世那些称佛做祖、自诩弥勒化身的教派创始人提供了理论根据。

神灵谱系及其结构 由于实现"末后一着"的任务所谓神圣而又伟大，光靠弥勒化身一人，显然是过于繁重。于是，弓长便集结了儒释道和无为教以来各种教派所崇奉的神灵，编造了一个奇特的神灵谱系，为其壮大声势，做其辅助力量。其结构如次：

第一层，无生老母，她既是创世主，又是救世主，具有至高无上的权威。她可以"考察儒、释、道三教圣人"[3]，凌驾诸神之上，享有人类的最高崇拜。同时，她又是一位颇具儿女心肠的人类母亲，时时向人间流露出慈母般的爱抚与关怀，日夜盼望皇胎儿女回到自己身边，这对于"沉沦苦海"的下层民众来说，具有极大的精神慰藉作用。

第二层，燃灯佛、释迦佛、弥勒佛，这本是佛教的三世佛信仰。但是，在这个神灵层次里，它却打破了佛教三世佛之间的那种和谐的差序承接关系，将三世佛纳入了它设计的高下、好坏和彼此否定的价值判断轨道。它贬低燃灯与释迦，称燃灯佛为"兽面人心"，释迦佛为"人面兽心"；赞颂弥勒，认为只有弥勒佛才是"佛面佛心"。[4] 因此，它独尊经其改造的弥勒佛，

---

① 《龙华宝经·三佛续灯品第十三》，濮文起主编：《民间宝卷》第 3 册，黄山书社，2005 年。

② 《龙华宝经·三佛续灯品第十三》《龙华宝经·祖续莲宗品第十六》，濮文起主编：《民间宝卷》第 3 册，黄山书社，2005 年。

③ 《护国威灵西王母宝卷》。

④ 《普静如来钥匙通天宝卷》，濮文起主编：《民间宝卷》第 2 册，黄山书社，2005 年。

让儒释道中的所有神灵都会聚在弥勒佛麾下，去实现无生老母将真空家乡降临人间的美好理想。这一说教显然融入了下层民众的愿望，用释迦与弥勒的对立，用后者否定前者，因而使弥勒佛成为改天换地之佛，对于下层民众迫切要求改变自己的悲惨命运具有极大的引诱力。

第三层，是一个几乎包括所有神灵的庞大队伍。儒家中的历代圣贤孔子、孟子、朱熹等，佛教中的诸大菩萨、诸大圣僧、天龙八部等，道教中的太上老君、玉皇大帝、名山洞府得道真人等，民间宗教各大教派创教祖师、历代传人以及四海龙王、城隍土地、关公、唐僧、刘基等天神地祇、民间杂祀、历史人物等等，都被安排在这一层次。如果说弥勒佛是无生老母任命的统帅，那么这一层次的所有神灵则是弥勒佛麾下的各路将军，他们的任务就是临凡降世，各显神通，帮助弥勒佛完成"末劫总收圆"，同赴龙华三会。①

入教避劫与十八子之谶 尽管这种说教美妙动听，但是若想真能拨动下层民众信仰之心弦，还必须另有劝道手段。为此，弓长将前人倡导的"入教避劫"说，纳入了这套民间宗教思想理论体系。劫难本是佛教的一个重要思想。在佛教那里，"劫"是一个漫长的时间观念，即指宇宙天地成坏的过程。佛教认为，世界成坏一次是一大劫，每一大劫包括四个中劫，每一中劫又包括二十个小劫。世界和众生在这些大小劫变中磨炼和流转，劫劫往复，以至无穷，而劫又与灾相联，每一劫末，都有大小灾害伴随，"大则水、火、风而为灾，小则刀兵、饥馑、疫疠以为害"②。佛教大力宣扬劫与灾，其目的是为了说明世界成坏无常，灾难重重，从而为其逃避现实，寻求死后精神解脱的说教提供理论根据。弓长在"入教避劫"说中，将劫与灾解释为封建专制社会现实生活中的种种弊端与苦难，并以自己建立的大乘天真圆顿教为例，宣扬沦落尘世的芸芸众生，只有拜弓长，入圆顿，才能躲避劫难，幸赴龙华三会。否则，就会身遭大劫，永堕轮回，也就不能回归真空家乡，与无生老母团聚。③ 这里已经看不到佛教的那种消极遁世的劫难观，洋溢着的则是积

---

① 《龙华宝经·龙华相逢品第二十》，濮文起主编：《民间宝卷》第 3 册，黄山书社，2005 年。

② （唐）释道世：《法苑珠林·劫量篇》，上海古籍出版社，1991 年。

③ 《龙华宝经·地水火风品第二十二》《龙华宝经·万法皈依品第二十四》，濮文起主编：《民间宝卷》第 3 册，黄山书社，2005 年。

极的涉世精神，从而将佛教的劫难思想进行了根本性地改造，变成了揭露与鞭挞封建专制制度的思想利器和吸引下层民众加入民间宗教的重要手段。

所谓"十八子之谶"，即"李"姓当主天下之意。早在元末明初，"十八子之谶"就在民间秘密流传，成为白莲教策动农民反抗明朝统治的一个战斗口号。[①] 明中叶以无为教为代表的各种新兴教派出现后，这个谶语也曾被许多教派所接受。弓长继承了这种谶纬思想，也将其纳入了这套民间宗教思想理论体系之中，提出了"十八子当立天下"说与"云城降世"即"真空家乡降世"理想。"十八子当立天下"意即由"李"姓替代大清，而"云城降世"即把"真空家乡"从天上搬到人间。它以宗教的形式，生动地反映了处于社会最底层的人民大众的乌托邦式的理想，这既是对现实悲惨世界的憎恶与抗争，又是下层民众企羡通过自己斗争来建立理想王国的美好憧憬，尽管这种憧憬不可能实现，但它对于那些整日挣扎在死亡线的人民群众来说，却具有极大煽惑力与凝聚力。因此，在这种"云城降世"就在眼前的许诺下，人民大众又怎能不趋之若鹜，乃至赴汤蹈火，也在所不惜呢？！

内丹修持功夫 修持也是一切宗教思想理论中的重要组成部分，它是达到宗教理想境界如佛教的成佛、道教的成仙的必经途径。弓长在比较了佛教、道教修持功夫的基础上，采用了其师祖东大乘教创始人王森倡行的道教内丹修炼方术。为此，他只是改换了道教内丹修炼方术的一些说法与名词术语，借用无生老母之口，为信徒制定出十步修行；又借无生老母之口，为信徒规定了真言口诀。弓长指出，只要按照十步修行与真言口诀修炼，就能归家认祖，亲见无生老母，超佛越祖，永续长生。[②]

九宫八卦组织形式 任何宗教都有一定的组织制度和组织形式，它是宗教信仰得以传播、宗教活动得以开展的重要保障。弓长总结了无为教以来的各种教派组织形式，采用了东大乘教提出的以"九宫八卦"建立组织之设想，并将其实践于自己建立的大乘天真圆顿教："中央圣地，立命安身。真祖暗临东，身坐五（戊）土，哪个知闻？立下三宗，五派头行，菩提彼岸，

---

① 沈定平：《"十八子之神器"源流考》，中国社会科学院历史研究所明史研究室：《明史研究论丛》第1辑，江苏人民出版社，1982年。

② 《龙华宝经·弓长领法品第五》，濮文起主编：《民间宝卷》第3册，黄山书社，2005年。

认祖总皈根。"① 所谓三宗五派，即头宗乾卦宫、二宗坎卦宫、三宗艮卦宫，头派震卦宫、二派巽卦宫、三派离卦宫、四派坤卦宫、五派兑卦宫，合称九宫。中央戊己宫由弓长亲自掌握，三宗五派由他的八个弟子分掌，八位弟子受命按各宫方位，分别到全国各地"开荒立教"，普度众生。②

这样，一个以无生老母为最高崇拜的宇宙观与创世说，以弥勒佛与龙华三会为信仰核心的历史观与救度论以及为此而编造的神灵谱系，以入教避劫为劝道手段，以十八子之谶与云城降世为理想境界，以内丹修炼方术为修持功夫，以九宫八卦建立组织的民间宗教思想理论体系建立起来了。

三

弓长构建的这套民间宗教思想理论体系一经面世，便立即成为引领有清一代乃至民国时期民间宗教运动的理论武器。

首先是那些生活在社会底层且又不甘寂寞沉沦的离异分子纷纷撰经写卷，建立教派。如清初董计升在鲁西北创立天地门教、刘佐臣在鲁西南创立八卦教时，不仅完全吸收了这套民间宗教思想理论中的宇宙观与创世说、历史观与救度论以及为此而编造的神灵谱系，而且还将"九宫八卦"的组织形式具体运用到各自所建教派。此外，清中叶出现的清水教、天理教、义和拳教乃至清末兴起的圣贤道、末后一着教、九宫道等，其创始人也无不以这套民间宗教思想理论中的大部分思想观点为型范，同时亦以"九宫八卦"建立组织。清末爆发的由义和拳教组织的抗击八国联军侵略的义和团运动，更是以八卦编列战斗队伍。而清中叶冯进京建立的混元教、刘松建立的三阳教和宋之清建立的西天大乘教，则是全部接受了这套民间宗教思想理论，将传教活动与反清斗争结合起来，矛头直指清朝专制统治，并策动和领导了嘉庆初年的川陕楚农民大起义，促使清王朝由盛转衰。特别是这套民间宗教思想理论中"十八子当立天下"说，被许多教派奉为圭臬，作为反清起义的战斗口

---

① 《龙华宝经·戊己安身品第十》，濮文起主编：《民间宝卷》第3册，黄山书社，2005年。
② 《销释接续莲宗宝经·红梅一枝品第十九》，濮文起主编：《民间宝卷》第3册，黄山书社，2005年。

号。如乾隆三十九年（1774）山东清水教起义、嘉庆十八年（1813）天理教起义等。

与此同时，一些明代产生的老牌教派，入清以后，也纷纷接受这套民间宗教思想理论，以指导自己的传教活动，因而使教势更加扩大。如东大乘教，为了躲避清廷追查，入清以后，改名清茶门教，继续在直隶、河南、山西、湖北、江南流传。再如流行江南的龙华教，本为明代无为教的一个支派。入清以后，龙华教为了躲避清廷追查，于雍正七年（1729）改称一字教，又名老官斋教。有清一代，老官斋教以这套民间宗教思想理论指导自己的传教活动，因而控制着江南七八个省份的成千累万信徒，在信仰主义领域，与清王朝争夺群众。不仅如此，由老官斋教衍生的五盘教、青莲教、先天道、灯花教也先后在江西、湖北、四川建立。它们打着这面民间宗教思想理论旗帜，在江南广大地区内，时而秘密从事传教活动，时而公开举行武装起义。其中，灯花教首领刘仪顺领导下的十余万号军，于咸丰、同治年间，转战贵州及黔川、黔湖、黔楚边毗地区，坚持武装反抗清朝统治达十余年之久，成为轰动朝野的"元恶巨憝"。

随着这套民间宗教思想理论在民间社会的迅速传播，士人社会中的一些异端分子也受其影响，竞相深入民间，创教传徒。如贡生出身的张保太于康熙初期在云南创立了大乘教、举人出身的杨来如于康熙中叶在直隶创立了在理教、生员出身的刘沅于道光初年在四川创立了刘门教、私塾先生洪秀全于道光末年在广西创立了拜上帝教、世家出身的张积中于咸丰中叶在山东创立了黄崖教、书香门第出身的廖帝聘于同治初年在江西创立了真空道等。

于是，由明代流传下来的传统教派无为教、黄天道、东大乘教、西大乘教、弘阳教等与清代新产生的教派组成了一个更为光怪陆离的民间宗教世界，掀起了一场更加波澜壮阔的民间宗教运动。因此可以这样说，由这套民间宗教思想理论指导与启迪而引发的这场贯穿清代始终的下层民众宗教运动和革命运动，不仅在信仰主义领域，而且在政治、经济、军事诸领域，都对清朝专制统治造成了巨大威胁，构成了一个比明朝更为严重的社会问题。

进入民国以后，这套民间宗教思想理论仍对下层民众保持着它那种诱人的魅力。在整个民国时期，不仅那些从明清时代流传下来的传统教派继续享用这面宗教思想理论旗帜所带来的信仰凝聚力，而且又涌现出大量以这套宗教思想理论为准绳的冠以"会"、"社"等名目的新教派。其中，著名的有同善社、一贯道以及红枪会等。但是，时代毕竟不同了。1912 年中华民国的成立，结束了两千多年的中国封建帝制，随着西方科学与民主、尤其是马克思主义的传入，将中国人民引上了一条争取思想解放和民族独立的现实道路。在这个中国历史的重大转折关头，民间宗教思想理论及其所指导的民间宗教运动，明显地与时代潮流格格不入。可是，它又为什么仍在民间社会具有那么大的吸引力，这主要因为中国的封建帝制虽然被推翻，但是并未铲除滋生民间宗教的社会土壤，特别是军阀、政客以及日本帝国主义的参与、扶持乃至操纵、利用，致使无论是明清时代流传下来的传统教派、还是民国时期产生的新教派依然在社会上大行其道。正因为如此，民间宗教便日趋显露出它们的落后性、愚昧性。特别是那些在全国颇具影响的大教派如一贯道、同善社等，更成为一股股逆历史潮流而动的邪恶势力，理所当然地受到人民群众的唾弃。

四

综上所述，大概可以得出以下结论：这套由弓长构建的民间宗教思想理论体系，集明中叶以来民间宗教各教派教义思想之大成，在正统的佛教、道教衰颓和日益远离民众的情势下，异军突起，迅速占领了占人口绝大多数的下层民众的精神领域，因而成为清代乃至民国时期下层民众"生活的样法"[1]，其在中国传统宗教中的地位，是显而易见的。

这套民间宗教思想理论体系虽古朴、率真，曾抚慰了下层民众痛苦的心灵，也曾动员起千百万群众奋起反抗封建专制的残暴统治，因此具有某种历史意义上的合理性与正义性，但用历史发展观点与现代科学理念来看，它们却缺乏佛教、道教那种思辨、理智、严肃、高雅的道德人本主义精神，而是保留了更多的原始巫术宗教的色彩。它们以荒诞不经、格调低下猥琐的说教，欺骗、愚弄下层民众，严重地阻碍了下层民众的觉醒；又以阿 Q 式的精

---

① 梁漱溟：《东西文化及其哲学》，商务印书馆，1999 年，第 32 页。

神胜利法，鼓动起下层民众的宗教狂热，对中华民族民族性的形成起着非常消极的作用；它们对封建专制制度的离异与反叛，无论是采取批判的武器，还是实行武器的批判，都没能改变黑暗的现实世界，却在民间掀起了一场新的造神运动和偶像崇拜狂潮，为下层民众套上了一具更为沉重的精神枷锁，因而造成了下层民众长期的沉醉与麻木、愚昧与落后，并对历史造成了潜移默化的影响，成为中华民族思想解放运动的重要障碍和中华传统文化中最顽固、最落后的壁垒。

原载《求索》2005 年第 2 期

兼容·杂糅·愤世·抗争
——中国民间宗教的特殊性格

在中国宗教发展史上，除了人们常说的处于正统地位的儒、释、道三教之外，还有一种被主流意识形态视为异端邪说却广为民众所信奉的民间宗教。由于其流布广泛，对社会体制有巨大的冲击，产生了深远影响。

民间宗教，多数又称秘密宗教、民间秘密宗教、教门、道门等，是对那些扎根、流传于下层社会的各种教门的总称。与儒、释、道三教不同，民间宗教自出现之时起，其思想就具有集兼容、杂糅、愤世、抗争为一体的特殊性格。因此，探讨民间宗教这一特殊性格的发展轨迹及其社会功能，有助于人们确认民间宗教在中国宗教发展史上的重要地位，并加以研究和分析。这对认识当前社会的民间宗教现象也是具有重大现实意义的。

一

中国民间宗教源远流长，其源头可以上溯到原始宗教的天帝崇拜、自然崇拜、祖先崇拜等。但是，作为一种成熟的民间宗教，即应该包括宗教教义、宗教组织、宗教仪式和宗教教规诸要素的民间宗教，始于东汉末年的五斗米道和太平道。此时，佛教尚未在中国流行，教团道教还没有在中国产生，只有儒教[①] 在中国传播。因此，从发生学意义上说，民间宗教是位列儒

---

① 这里所说的儒教，"非指儒学或儒家之整体，而是指殷周以来绵延三千年的中国原生宗教，即以天帝信仰为核心，包括'上帝'观念、'天命'体验、祭祀活动和相应制度，以儒生为社会中坚，以儒学中相关内容为理论表现的那么一种宗教体系。"何光沪：《中国文化的根与花》，任继愈主编：《儒教问题争论集》，宗教文化出版社，2000年，第309页。

教之后的第二大宗教。①

五斗米道和太平道是在兼容黄老学说、谶纬思想与神仙方术的基础上，杂糅原始宗教的某些成分而创立的两个教派。因其自创立时起，其思想中就具有浓烈的愤世情怀和鲜明的抗争精神，故曾发动了东汉末年轰轰烈烈的农民大起义。五斗米道和太平道虽然遭到了豪强武装的残酷镇压，但是其流裔仍在民间继续流传，并发动了数次大规模的农民起义，如东晋孙恩、卢循领导的五斗米道起义等。特别是五斗米道在汉中、巴蜀与江南地区长久传播，为南北朝时期神仙道教的产生提供了丰厚的思想资源。

公元1世纪左右，印度佛教经由丝绸之路传入中国。最初，佛教依附于汉代方术，到了魏晋时期，又依附于玄学。进入东晋以后，佛教在中国广泛传播，引起了中国传统儒教与佛教的矛盾与冲突，并在矛盾与冲突中推进了中国宗教的发展，其结果是南北朝时期神仙道教的诞生和隋唐时期中国化佛教宗派的出现。于是，在中国古代官僚士大夫即上层社会宗教信仰圈里，出现了儒、释、道三教鼎足而立的宏大场面。继之，儒、释、道"三教调合"思想成为时流，型范了中国主流宗教的历史走向，终于在宋代形成高潮，其硕果则是理学的诞生。

与此同时，民间宗教也在艰难地迈着自己的前进步伐。与儒、释、道三教不同，由于民间宗教自出现之时起，其思想中就具有集兼容、杂糅、愤世、抗争为一体的特殊性格，因此凡是能应和下层民众愤世情感和抗争需要的宗教信仰——不管是本土的，还是外来的，民间宗教都采取"拿来主义"，为己所用。其典型代表，就是南北朝时期出现的佛教异端大乘教、弥勒教和宋朝初年出现的由摩尼教演化的明教。

大乘佛教本是佛教发展的一个阶段。它主张普度众生，强调一切众生皆可成佛，一切修行应自利、利他并重，尤重利他。这种佛教思想经过僧人的传播，启迪了人们追求自身价值之意识，由此又幻生出各种各样的异端思想。北魏宣武帝（500—515）时，一支名叫大乘教的民间宗教教派出现，不久冀州僧人法庆利用大乘教组织了一次农民起义，以反抗北魏王朝佛教发展

---

① 何光沪：《中国文化的根与花》，任继愈主编：《儒教问题争论集》，宗教文化出版社，2000年，第317页。

过滥，蠹政害民。[①]

继大乘教之后，又一支民间宗教教派 —— 弥勒教应运而生。弥勒教以大乘佛教的弥勒信仰为教义依据。所谓弥勒信仰，包括两个方面，即弥勒上生成佛与弥勒下生救世。特别是宣扬弥勒下生时呈现出来的美好境地，对于南北朝时期饱受战祸之苦的下层民众更具引诱力。弥勒教宣扬的"弥勒下生"信仰，带有极强的政治性，即凡是弥勒出世，就是佛祖更替、改天换地的时代，其中也就隐喻了造反的含义。因此，弥勒教出现以后，便很自然地被人们当作反抗封建专制统治的旗帜。隋炀帝大业六年（610）元旦，数十名弥勒教徒冲进皇宫，企图夺取中央政权，被官兵斩杀，"与相连坐者千余家"[②]。大业九年（613），又有弥勒教徒唐县人宋子贤欲在高阳行刺巡视的隋炀帝，事泄被杀，亦坐其党千余家。是年，佛徒向海明"于扶风自称弥勒佛出世，潜谋逆乱……因举兵反，众至数万，官军击破之"[③]。唐代，弥勒教仍从事反抗斗争。玄宗开元元年（713），贝州（今河北清河）人王怀古以徽语形式，预言弥勒佛下生，将以"银城"[④]，取代李唐江山，危及唐王朝统治。为此，玄宗于开元三年（715）下诏，禁止弥勒教。武宗会昌灭佛，弥勒教进一步遭到镇压，只能在民间秘密流传。

摩尼教是公元3世纪中叶在古波斯兴起的世界性宗教，因创始人摩尼而得名。摩尼教鞭挞现实社会黑暗，追求光明未来的说教，正符合苦难人民的精神需要，因而曾风行于中世纪的亚洲、欧洲和北非。唐朝高宗（650—683）时，摩尼教传入中国。[⑤] 由于武则天的宽容政策，摩尼教获得了传道权利，许多汉人也皈依信奉，因而引起了佛教和道教的抵制与攻击，并影响玄宗于开元二十年（732）颁布敕令，禁止汉人信奉摩尼教。[⑥] 此后不久，因尊奉摩尼教为本民族主要宗教的回纥帮助唐王朝平定安史之乱，摩尼教于代宗大历三年（768）又获准在京师长安设置寺院，并由代宗赐额"大云光明

---

① （北齐）魏收：《魏书》，《元遥传》，中华书局，1974年。
② （唐）魏徵等：《隋书》，《炀帝纪》，中华书局，1973年。
③ （唐）魏徵等：《隋书》，《五行志》，中华书局，1973年。
④ 银城，明清时期民间宗教企羡的云城，即人间天堂。
⑤ 王见川：《从摩尼教到明教》，台北新文丰出版公司，1992年，第140页。庄为现：《泉州摩尼教初探》，《世界宗教研究》1983年第3期。
⑥ （唐）杜佑：《通典》卷四十，中华书局，1988年。

寺"。大历七年（772），唐王朝从回纥所请，在荆、扬、洪、越等东南诸州
建大云光明寺。[①] 到了宪宗元和二年（807），唐王朝又允准回纥所请，在河
南府和太原府建三座摩尼寺。至此，摩尼寺几乎遍布全国各地，摩尼教也随
之流传广大地区。武宗继位后，摩尼教开始步入厄运。先是回鹘（回纥已改
名回鹘）于文宗开成五年（840）被黠戛斯所败，从此国力衰微，摩尼教失
去了有力靠山。接着，武宗又乘机于会昌三年（843）大破回鹘，致使摩尼
教彻底丧失了后援。于是，武宗趁热打铁，下令禁止摩尼教，残酷屠杀摩尼
师。[②] 会昌五年（845），武宗掀起灭佛运动，摩尼教随之被彻底禁断。摩尼
教经过此次禁断，不能公开活动，便一分为三：一部分攀附佛教、道教；一
部分演化为民间宗教，在西北、华北各地民间秘密流传；一部分则转移摩尼
教势力雄厚的福建、浙江一带继续活动。五代后梁贞明六年（920），陈州摩
尼教徒毋乙曾率众起义，声势遍及陈、颍、蔡三州[③]，而闽南、浙江一带的摩
尼教则在民间流传的过程中，于北宋初年演化为明教。明教"不事荤酒"，
"不杀物命"[④]，"不会宾客，死则裸葬"[⑤]，故又称"事菜事魔"教。又提倡互助
互用，"始投其党，有甚贫者，众率财以助，积微以至于小康矣。凡出入经
过，不必相识，党人皆馆谷焉。凡物用之无间，谓为一家"[⑥]，"故其党不劝自
盛"[⑦]，流传甚炽，仅温州一地，就有明教斋堂四十余处。[⑧] 明教出现以后，其
愤世、抗争的性格得到了充分的发挥，曾在两宋时期策动了一次又一次农民
起义。其中，最为著名的是北宋末年的方腊起义和南宋初年的钟相、杨幺起
义。这两次起义虽然也被血腥镇压，但是明教的反抗斗争并没有止息，直到
半个多世纪之后的宋宁宗初年，仍可从官方文书中看到明教起义的事迹。

　　从东汉末年的五斗米道、太平道，中经南北朝时期的大乘教、弥勒教，
到宋朝初年的明教，民间宗教在近千年的历史发展过程中，始终持守的是集

---

① （南宋）释志磐：《佛祖统纪》卷四十一，江苏广陵古籍刻印社，1992 年。
② 王见川：《从摩尼教到明教》，台北新文丰出版公司，1992 年，第 188 页。
③ （北宋）薛居正等：《旧五代史》卷十，中华书局，1976 年。
④ （南宋）释志磐：《佛祖统纪》卷四十四，江苏广陵古籍刻印社，1992 年。
⑤ （北宋）方勺：《青溪寇仇》，中华书局，1983 年。
⑥ （北宋）方勺：《青溪寇仇》，中华书局，1983 年。
⑦ （南宋）释志磐：《佛祖统纪》卷四十四，江苏广陵古籍刻印社，1992 年。
⑧ （清）徐松：《宋会要辑稿》一六五册，刑法二，禁约，中华书局，1997 年。

兼容、杂糅、愤世、抗争为一体的特殊性格。其兼容、杂糅，表征为对各种本土信仰和外来宗教的积极接纳与适时改造；其愤世、抗争，则体现在对现实社会不断实行批判的武器或武器的批判；而元朝末年白莲教的诞生和随之兴起的明中叶以来的民间宗教运动，更是将这种特殊性格推向峰巅。

<h1 style="text-align:center">二</h1>

　　白莲教本是佛教净土宗中的一个支派，南宋初年，平江昆山（今江苏昆山）人茅子元创立。茅子元创立白莲教后，自称白莲导师，其徒号白莲菜人，不必出家祝发，可家居火宅，娶妻生子，与常人无异，并可男女共修。白莲教的这种做法，立即招致了南宋朝廷和佛教正统的非议和诬陷。因此，白莲教很快就被朝廷取缔，茅子元也被流放江州（今江西九江）。此一教案发生在南宋高宗绍兴年间。然而，孝宗继位后，改变高宗做法，不仅立即赦免了茅子元，而且于乾道二年（1166）下诏，在宫中德寿殿召见茅子元，让他演说净土法门，并特赐"劝修净业白莲导师慈照宗主"尊号，"从此宗风大振"。[1] 因此，终南宋一朝，白莲教一直公开活动，没有被明令禁止。

　　元朝初年，白莲教继续以佛教净土宗面目从事活动。此时，白莲教徒已由南宋时的白莲菜人改称白莲道人，他们在修持上也一变南宋时期定时集会的传统，而是合家居住忏堂，遂使忏堂成为拜佛礼忏与生息繁衍兼而有之的场所。当时，各种名目的忏堂遍布南北，不仅在经济上据有众多田产，而且在信仰上拥有广大徒众，因而成为一种隐藏在元朝社会下层的强大的异己力量。特别是进入元中叶以后，各种假白莲教造反的事件不断发生，终于引起了元当局注意，予以查禁。武宗至大元年（1308），元廷下诏，"禁白莲社，毁其祠宇，以其人还隶民籍"[2]。三年之后，由于白莲教活动家普度的努力，到武宗至大四年（1311），白莲教又公开活动。但是，不久又因"妖僧""妖术""妖言"事件接连发生，引起元廷的恐慌。英宗至治二年（1322），元

① 杨讷：《元代白莲教资料汇编》，中华书局，1989 年，第 85 页。
② 杨讷：《元代白莲教资料汇编》，中华书局，1989 年，第 273 页。

廷再次下诏，"禁白莲佛事"①。重遭禁断的白莲教，转入地下活动，并开始与弥勒教、明教合流，到顺帝至正初年，终于蜕变为民间宗教教派。其主要标志：此时的白莲教既兼容了弥勒教的"弥勒下生"信仰，又杂糅了明教的"明王出世"思想，并将这两者融合为"明王出世，弥勒下生"作为它的教义宗旨，从而使它彻底背离了佛教净土信仰，成为一支新的民间宗教教派，或者说本来意义的白莲教，仅具其名而无其实了。变成民间宗教教派的白莲教问世不久，其愤世、抗争的性格便立即显露无遗，并被红巾军大起义作为战斗旗帜，掀起了一场埋葬大元帝国的农民革命运动。

朱明王朝建立后，白莲教并没有因为明当局的严厉查禁而销声匿迹，反而以更加迅猛的气势向前发展，形成了一场规模巨大的白莲教运动。② 也就在白莲教异常活跃的明代成化年间，一支名叫无为教的民间宗教教派在华北崛起。③ 无为教的诞生，在中国民间宗教发展史上具有划时代的意义。无为教创始人罗清及其弟子，改变了传统的民间宗教思想，提出了一种全新的宇宙观与创世说——"真空家乡，无生老母"，从而在意识形态领域掀起了一场无声的理论风暴，动摇了儒、释、道三教以及传统民间宗教在下层民众信仰世界的影响。④ 从此，以无为教为蓝本的各种教派，如李宾创立的黄天道、王森创立东大乘教、归圆创立的西大乘教、韩太湖创立的弘阳教及其宗支派系纷纷问世。⑤ 它们扎根于民间社会，流布于大江南北，在信仰领域又兼容、杂糅儒、释、道三教的某些思想，分别提出了"三世三佛与弥勒下生"说、"入教避劫"说、"内丹"修持功夫和按"九宫八卦"建立组织，以及"十八子当立天下"与"云城降世"等思想，从而导致了一场无论是在广度还是在深度上都比元末以来兴起的白莲教运动更为宏大和持久的新的民间宗教运

---

① （明）宋濂等：《元史》，《英宗纪》，中华书局，1976年。
② 如明永乐年间山东白莲教活动及其反明起义，天顺、成化年间荆襄地区白莲教活动及其反明起义等。
③ 无为教又称罗祖教、罗道教，简称罗教，因创教人罗清（又称罗梦鸿）而得名。
④ 濮文起：《罗清论》，《天津社会科学》2000年第4期。
⑤ 濮文起：《秘密教门：中国民间秘密宗教溯源》，江苏人民出版社，2000年。

动①，以及由此而引发的农民革命运动。② 在这场民间宗教运动与农民革命运动中，以无为教、黄天道、东大乘教、西大乘教、弘阳教为代表的各种教派，既各领风骚，又相互借鉴与融通，特别是在思想认识上日趋统一。于是，自明成化十八年（1482）罗清创立无为教始，经过黄天道、东大乘教、西大乘教、弘阳教等教派几代传人160余年的不断探索与总结，最后由明天启四年（1624）面世的大乘天真圆顿教（东大乘教支派）创始人弓长（张字拆写）集其大成，终于在清顺治九年（1652），以其与弟子木人（李某）撰写的《古佛天真考证龙华宝经》等经卷为标志，构建了一套民间宗教思想体系。③

---

① "白莲教、无为教、罗教蔓引株连，流传愈广，踪迹诡秘。北直隶、山东、河南颇众。值此凶年，实为隐忧。"（《明神宗实录》卷一八二，万历十五年正月庚子《明实录》，上海书店，1984年）。这条出自明万历十五年（1587）都察院左都御史辛自修的上疏史料，真实地记录了当时民间宗教运动情状。万历四十三年（1615），又有礼部《请禁左道以正人心》言："有罗祖教、南无净空教、净空教、悟明教、大成无为教，皆讳白莲之名，实演白莲之教。有一教主，便有一教名。愚夫愚妇转相煽惑，宁怯于公赋而乐于私会，宁薄于骨肉而厚于伙党，宁骈首以死而不敢违其教主之令。此在天下处处盛行，而畿辅为甚。不及今严为禁止，恐日新月盛，实烦（繁）有徒，张角、韩山童之祸将在今日。"（《明神宗实录》卷五三三，万历四十三年六月，《明实录》，上海书店，1984年）。万历四十八年（1620），同样的焦虑再现《神宗实录》，"四方各有教首，谬称佛祖，罗致门徒，甚至皇都重地，辄敢团坐谈经，十百成群，环视聚听，且以进香为名，踵接于路"；"旌旗蔽日，金鼓喧天"；"以为缁衣黄冠之流者正在酝酿，以成绿林、黄巾之变者也"（《明神宗实录》卷五九四，万历四十八年五月，《明实录》，上海书店，1984年）。到了天启二年（1622），"全国已是遍地皆传教之所，尽人皆受教之人"（《明清史料》乙编，天启二年六月初九日，刘征奏疏）。清顺治三年（1646），吏部给事中林起龙曾上书言："近日风俗大坏，异端蜂起，有白莲、大成、混元、无为等教，种种名色"（《东华录》顺治三年六月丙午）。康熙年间的王通肱在所著《蚓庵琐语》中也说："今民间盛行所谓教门者，说经谈揭，男女混杂，历朝厉禁，而风愈炽。""山东、山西则有焚香白莲，江西则有长生圣母、无为、糍团、圆果等号，各立门户，以相传授。"清初思想家颜元在其所撰《存人编》中更指出："追红巾、白莲始自元明季世，焚香惑众，种种异名，施禁施治。至今若'皇天'，若'九门'，若'十门'等会，莫可穷诘。家有不梵刹之寺庵，人或不削发之僧尼，宅不奉无父无君之妖鬼者鲜！口不诵无父无君之那号者鲜矣！风俗之坏，于此为极。"这些描述足以说明明末以来的中国社会，已经完全淹没于民间宗教运动的汪洋大海之中了。

② 如明万历二十八年（1600），无为教徒赵古元在徐州运河两岸率众起义；万历三十四年（1606），另一无为教徒刘天绪在南京率众起义；特别是天启二年（1622）东大乘教徒徐鸿儒、于弘志分别在山东和北直隶领导的农民起义，给明王朝以沉重打击，被明朝统治者称为"二百六十年未有之大变"。（沈国元：《两朝从信录》卷十六）

③ 濮文起：《弓长论》，《中国文化研究》1998年冬之卷。

三

在这套思想体系中，民间宗教集兼容、杂糅、愤世、抗争为一体的特殊性格既得到了淋漓尽致的展示，也进行了逻辑上的论证。这套思想体系认为，宇宙之初，称作混沌，在混沌之上，有一个地方叫"云城"，也就是"真空家乡"即天堂。那里住着一位至尊女神——"无生老母"。这位至尊女神首先是创世主和人类的祖先，她开天辟地，把混沌分出天地日月，创造出山川河海、草木禽兽和万物之灵——九十六亿皇胎儿女，即人类。"因为乾坤冷静，世界空虚，无有人烟住世"，所以无生老母便打发皇胎儿女降临人间。[1] 可是，人类来到尘世以后，不仅立即陷入生老病死和酒色财气之中，而且受到大自然与各种人为的折磨，历经了一次又一次劫难。[2] 无生老母不忍皇胎儿女遭受苦难，大发慈悲，决定把人类度回自己身边，不再堕入轮回。[3] 因此，无生老母又成为救世主。此一说教表明了这套思想体系对世界与人类起源的根本看法，从中既可以看到它对远古母性崇拜和盘古开天辟地传说的努力兼容，也可以看到其对儒、释、道"三教"宇宙观与创世说的着意杂糅。

这套思想体系提出，为了解救沦落尘世的皇胎儿女，无生老母把世界从时间上分为三个时期，依次是青阳时期、红阳时期、白阳时期；在这三个时期，依次召开龙华初会、龙华二会、龙华三会。青阳时期代表过去，命燃灯佛掌世；红阳时期代表现在，命释迦佛掌世；白阳时期代表未来，命弥勒佛掌世。每期之末，都要道劫并降，降道度回儿女，降劫收杀恶魔。于是，燃灯佛首先下凡，执行无生老母旨意。然而，由于燃灯佛办理不力，在青阳时期的龙华初会，只是道降君相，仅度回二亿儿女。接着，释迦佛也辜负了无生老母重托，在红阳时期的龙华二会，只是道降师儒，亦仅度回二亿皇胎，还剩下九十二亿皇胎儿女在尘世受难，而且许多恶魔也没有

---

[1]《古佛天真考证龙华宝经·古佛乾坤品第二》。

[2]《古佛天真考证龙华宝经·古佛乾坤品第二》《古佛天真考证龙华宝经·末劫众生品第十八》《古佛天真考证龙华宝经·地水火风品第二十二》。

[3]《古佛天真考证龙华宝经·无生传令品第三》。

消灭。这时青阳、红阳二期已过，龙华初会、二会亦已召开，无生老母便命弥勒佛亲自下凡，化为人身，开创一个教派，在白阳时期的龙华三会，将九十二亿皇胎儿女一次度完，叫作"末后一着"。[①] 这种说教显然兼容了佛教"三世佛"与"三行法会"思想，但它却打破了佛教三世佛之间的那种和谐的差序承接关系，将三世佛纳入了它设计的高下、好坏和彼此否定的价值判断轨道。它贬低燃灯与释迦，称燃灯佛为"兽面人心"，释迦佛为"人面兽心"；赞颂弥勒，认为只有弥勒佛才是"佛面佛心"。[②] 因此，它独尊经其改造的弥勒佛，使弥勒佛成为一神（无生老母）之下，万神（儒、释、道"三教"与民间信仰中的所有神灵）之上的改天换地之神，从而形成了自己的历史观与救度论。

尽管这种说教美妙动听，但是若想真能拨动下层民众信仰之心弦，还必须另有劝道手段。为此，这套思想体系提出了"入教避劫"说。劫难本是佛教的一个重要思想。在佛教那里，"劫"是一个漫长的时间观念，即指宇宙天地成坏的过程。佛教认为，世界成坏一次是一大劫，每一大劫包括四个中劫，每一中劫又包括二十个小劫。世界和众生在这些大小劫变中磨炼和流转，劫劫往复，以至无穷，而劫又与灾相连，每一劫末，都有大小灾害伴随，"大则水、火、风而为灾，小则刀兵、饥馑、疫病以为害"[③]。佛教大力宣扬劫与灾，其目的是为了说明世界成坏无常，灾难重重，从而为其追求神圣的精神超越提供理论根据。但是，在这种"入教避劫"说中，却将劫与灾解释为封建专制社会现实生活中的种种弊端与苦难，宣扬沦落尘世的芸芸众生，只有加入民间宗教，才能躲避劫难，幸赴龙华三会。否则，就会身遭大劫，永堕轮回，不能回归真空家乡，与无生老母团聚。[④] 这里已经看不到佛教的那种追求神圣的精神超越的劫难观，这种学说体现的则是浓重的涉世精神，从而将佛教的劫难思想进行了根本性的改造，变成了揭露与鞭挞封建专

---

① 《古佛天真考证龙华宝经·无生传令品第三》《古佛天真考证龙华宝经·三佛续灯品第十三》《古佛天真考证龙华宝经·祖续莲宗品第十六》《古佛天真考证龙华宝经·龙华相逢品第二十》，濮文起主编：《民间宝卷》第 3 册，黄山书社，2005 年。
② 《普静如来钥匙通天宝卷》，濮文起主编：《民间宝卷》第 2 册，黄山书社，2005 年。
③ 《法苑珠林·劫量篇》。
④ 《古佛天真考证龙华宝经·地水火风品第二十二》《古佛天真考证龙华宝经·万法皈依品第二十四》，濮文起主编：《民间宝卷》第 3 册，黄山书社，2005 年。

制制度的思想利器和吸引下层民众加入民间宗教的重要手段。

在此基础上，这套思想体系又提出了"十八子之谶"。所谓"十八子之谶"，即"李"姓当主天下之意。早在元末明初，"十八子之谶"就在民间秘密流传，成为白莲教策动农民反抗封建专制统治的一个战斗口号。①明中叶以无为教为代表的各种新兴教派出现后，这一谶语也曾被许多教派所接受。这套思想体系继承了这一谶纬思想，进而提出了"十八子当立天下"说与"云城降世"即"真空家乡降世"理想。"十八子当立天下"意即由"李"姓替代大清，而"云城降世"即把"真空家乡"从天上搬到人间。因此，在这种愤世、抗争精神的召唤下，下层民众又怎能不为实现"云城降世"理想而舍命奋斗呢?!

在组织形式方面，这套思想体系杂糅了儒教《易经》的某些思想，提出以"九宫八卦"建立组织："中央圣地，立命安身"②，"立下三宗，五派头行"。③所谓三宗五派，即头宗乾卦宫、二宗坎卦宫、三宗艮卦宫，头派震卦宫、二派巽卦宫、三派离卦宫、四派坤卦宫、五派兑卦宫，加上中央戊己宫，合称九宫。中央戊己宫由弥勒佛化身即民间宗教教首亲自掌握，三宗五派则由其八个弟子分掌，八位弟子受命按各宫方位，分别到全国各地"开荒立教"，普度众生。④

于是，自五斗米道、太平道以来，民间宗教思想中所具有的集兼容、杂糅、愤世、抗争为一体的特殊性格，经过弓长的构建而体系化了。概括起来，这就是以无生老母为最高崇拜的宇宙观与创世说，以弥勒佛与龙华三会为信仰核心的历史观与救度论，以"入教避劫"为劝道手段，以"十八子之谶"与"云城降世"为理想境界，以内丹修炼方术为修持功夫，以九宫八卦建立组织等。⑤

---

① 沈定平：《"十八子之神器"源流考》，《明史研究论丛》第 1 辑。
② 《古佛天真考证龙华宝经·弓长领法品第五》，濮文起主编：《民间宝卷》第 3 册，黄山书社，2005 年。
③ 《古佛天真考证龙华宝经·戊己安身品第十》，濮文起主编：《民间宝卷》第 3 册，黄山书社，2005 年。
④ 《销释接续莲宗宝卷·红梅一枝品第十九》，濮文起主编：《民间宝卷》第 3 册，黄山书社，2005 年。
⑤ 濮文起：《一套独具特色的宗教思想体系 —— 中国民间宗教理论探析》，《求索》2005 年第 2 期。

四

这套思想体系一经问世，便立即成为引领有清一代民间宗教运动的理论武器。

首先是那些生活在社会底层且又不甘寂寞沉沦的离异分子纷纷以这套思想理论为指归，撰经写卷，建立教派。如清初董计升在鲁西北创立天地门教、刘佐臣在鲁西南创立八卦教时，不仅完全吸收了这套思想体系中的宇宙观与创世说、历史观与救度论，而且还以"九宫八卦"形式，建立各自组织。此外，清中叶出现的清水教、天理教、义和拳教乃至清末兴起的圣贤道、末后一着教、九宫道等，其创始人也无不以这套思想体系中的大部分观点为型范，同时亦以"九宫八卦"建立各自组织。清末爆发的由义和拳教组织的抗击八国联军侵略的义和团运动，更是以八卦编列战斗队伍，而清中叶冯进京建立的混元教、刘松建立的三阳教和宋之清建立的西天大乘教，则是全部接受了这套思想理论，将传教活动与反清斗争结合起来，矛头直指清朝专制统治，并于嘉庆初年策动和领导了历时九年的川陕楚农民大起义，促使清王朝由盛转衰。特别是这套思想体系中的"十八子当立天下"说，被许多教派奉为圭臬，作为反清起义的战斗口号。如乾隆三十九年（1774）山东王伦领导的清水教起义、嘉庆十八年（1813）林清、李文成领导的天理教起义等。

与此同时，一些明代产生的老牌教派，入清以后，也纷纷接受这套思想理论，以指导自己的传教活动，因而使教势更加扩大。如东大乘教，为了躲避清廷追查，入清以后，改名清茶门教，继续在直隶、河南、山西、湖北、江南流传。再如流行江南的龙华教，本为明代无为教的一个支派。入清以后，龙华教为了躲避清廷追查，于雍正七年（1729）改称一字教，又名老官斋教。有清一代，老官斋教以这套思想体系指导自己的传教活动，因而控制着江南七八个省份的成千累万信徒，在宗教信仰领域，与清王朝争夺群众。不仅如此，由老官斋教衍生的五盘教、青莲教、先天道、灯花教也相继在江西、湖北、四川建立。它们打着这面思想理论旗帜，在江南广大地区内，时而秘密从事传教活动，时而公开举行武装起义。其中，灯花教首领刘仪顺领导下的十余万号军，于咸丰、同治年间，转战贵州及黔川、黔湖、黔楚边毗地区，坚持武装反抗清朝统治达十余年之久，成为轰动朝野的"元恶巨憝"。[①]

于是，由明代流传下来的传统教派无为教、黄天道、东大乘教、西大乘教、弘阳教等与清代新产生的数以百计的各种教派组成了一个更为光怪陆离的民间宗教世界，掀起了一场更加波澜壮阔的民间宗教运动，不仅在宗教信仰领域，而且在政治、经济、军事诸领域，都对清朝专制统治造成了巨大威胁，构成了一个比明朝更为严重的社会问题。因此，从宗教学意义上说，在中国宗教发展史上，民间宗教又是与儒、释、道三教并列的第四大宗教。[②]

原载《东方丛刊》2007 年第 3 期

---

① 濮文起：《刘仪顺论》，《贵州大学学报》2005 年第 4 期。
② 何光沪：《中国文化的根与花》，任继愈主编：《儒教问题争论集》，宗教文化出版社，2000 年，第 317 页。

中国民间宗教思想的几个特点 [①]

中国民间宗教源远流长。如果从宗教学意义上说，民间宗教可以说是与儒、佛、道三教并列的中国第四大宗教；如果从发生学意义上说，民间宗教又是位列儒教之后的中国第二大宗教。这是因为民间宗教早于佛教已在中国流行，又先于道教形成或可说是道教的母体。[②] 因此，中国不仅有一部儒、释、道三教发展史，还有一部民间宗教发展史；同样，中国不仅有一部儒、释、道三教思想史，而且还有一部民间宗教思想史。

与正统宗教或者说主流宗教的儒、释、道三教思想史不同，一直为下层民众提供宗教信仰资粮的民间宗教思想史则具有自己的鲜明特点。

一、关怀女性与两重父母的道德观

按照传统说法，中国古代下层民众没有自己独立的道德意识，而受居于"教化"地位的儒家道德观念的支配与统辖。然而，民间宗教却为人们展示了下层民众的道德观，其主要表现是对女性的关怀与崇扬，以及对"孝"这个封建社会最普遍的道德观念的着意改造。

中国封建社会传统的女性观，集中表现为男尊女卑的价值观和束缚女性的礼教观。特别是到明、清时代，更因理学的张扬而使女性处于社会的最底

---

① 本文系南开大学承担的国家 985 工程哲学社会科学创新基地建设项目"中国思想与社会研究"子项目"中国宗教思想史"的阶段性成果。

② 何光沪：《中国文化的根与花》，任继愈主编：《儒教问题争论集》，宗教文化出版社，2000 年，第 317 页。

层，深受神权、政权、族权、夫权桎梏。与此相反，民间宗教却表现出对女性的关怀与同情。在集中反映民间宗教教义思想的许多宝卷中①，都通过生动亲切的语言，表达对女性婚姻家庭诸问题的关怀与拯救女性于苦难的胸襟。

不仅如此，民间宗教还把正统宇宙观中的阴阳位置作了一个大颠倒，为人们塑造了一位女性至上神——无生老母，认为无生老母既是创世造人之祖，又是拯世理世的上帝和伟大崇高的象征。民间宗教对女性的关怀以及在此基础上而形成的女神崇拜，反映与代表了下层女性的心声与愿望，因而得到她们的热诚拥护，成为她们挣脱封建礼教枷锁，勇敢走上社会，与男人一起从事宗教活动与政治斗争的思想源泉。明清时代民间宗教世界出现了那么多的女教主、女教首、女教徒，盖源于此。

以孝为本是中国传统伦理的首要道德原则，《孝经》开宗明义第一章就说："夫孝，德之本也。"传统的孝道分为"养亲""娱亲""显亲"等内容，上层官僚士大夫首先看重的是"显亲"，所谓"立身行道，扬名于后世，以显父母，孝之终也"；"显亲"升华为"以孝作忠"即忠君报国的观念，所谓"事君不忠，非孝也"。② 其次，才是"娱亲"，而"娱亲"的前提必须是"无违"，即孝之以礼，顺之以心。至于"养亲"，则被认为与饲养犬马没有区别③，是不值得一提的。

与这种渗透浓烈政治气息和取消独立人格精神的孝道不同，民间宗教宣扬的则是两重父母观，即认为每人都有两重父母，一重是生命渊源的生身父母，一重是人性渊源的无生父母，并主张只有崇奉无生父母的人，才能完成最高的和最圆满的孝道。忠君显亲的传统孝道就这样被两重父母观所改造，变成了联络超越血缘关系而具有相近利益人群的道德纽带。既然大家都是"无生父母"的子女，那么，"入会者勺可视骨肉"，于是"穿衣吃饭，不分尔我"，"有患相救，有难相死，不持一财，可以周行天下"，乃至"有朝一日，翻转乾坤，变换世界"等具有反抗社会统治体制的道德观念，也就在苦

---

① 如《销释孟姜忠烈贞节贤良宝卷》《佛说黄氏看经宝卷》《佛说离山老母宝卷》《地藏菩萨执掌幽冥宝卷》《弘阳血湖宝忏》等。

② 《论语·为政篇第二》。

③ 《论语·为政篇第二》："子曰：今之孝者，是谓能养。至于犬马，皆能有养；不敬，何以别乎？"

难的社会下层弥漫开来。①

二、徘徊于传统宗法模式内的伦理信念

如果说民间宗教所展示的下层民众道德观与传统道德规范尚有区别，甚至是相对立的话，那么，它在表现下层民众的伦理信念方面，则始终是在传统的宗法伦理模式内徘徊。所不同的是，它的表白质朴直观、通俗易懂，并不像封建礼教那样深邃、完整而成体系。

在民间宗教布道所用的宝卷中，几乎都有为皇亲国戚、满朝文武祈福祝寿的颂词："一报天地盖载恩，二报日月照临恩，三报皇王水土恩，四报父母养育恩，五报五方常安乐，六报六国永不侵，七报文武迁高转，八报人民永平安，九报九祖升天早，十报三教范师恩。"② 这首《十报歌》实际上是矗立在世人心中的天、地、君、亲、师牌位，让世人永志不忘，咏之歌之，默之祷之，顶礼膜拜，作封建秩序下的驯服良民。而《众喜宝卷》中的《十愿歌》则曰："一愿中国山河统，二愿四海八方宁，三愿万岁天长寿，四愿万国朝圣君，五愿文武存忠国，六愿宫内尽康宁，七愿万岁龙心喜，八愿天赐万代兴，九愿世上皇法怕，十愿天地报君恩。"更是极尽献媚取悦封建王朝之能事。

报恩也好，祝愿也罢，表示的都是一种忠君报恩的心旌。那么，如何实现忠君报恩呢？与传统的宗法伦理一样，民间宗教也推崇三纲五常，赞颂为臣忠，为子孝，兄弟悌，守妇道。如《众喜宝卷》说："三纲要正，五伦要全，君臣有义，父子有亲，夫妇有别，长幼有序，朋友有信。"为此，民间宗教还撷取佛、道的某些教义，告诫世人要遵守三皈五戒，防止十毒十恶，认为"酒是串肠毒药，色是杀人钢刀，才（财）是人间脑髓，气是惹祸根苗"③，并宣扬善有善报，恶有恶报的因果报应说，把惩罚罪恶的地狱渲染得

---

① 程歗：《晚清乡土意识》，中国人民大学出版社，1990年，第133页。
② 《普静如来钥匙宝卷》，濮文起主编：《民间宝卷》第2册，黄山书社，2005年。
③ 《混元弘阳叹世真经·叹酒色财气品第十一》，濮文起主编：《民间宝卷》第5册，黄山书社，2005年。

十分阴森可怖，以此劝说世人弃恶向善，认命顺天。

民间宗教宣扬的这种以忠君报恩为中心的伦理信念，反映了封建社会下层民众的普遍心理，而正是这种伦理信念构成了中国传统文化中强固的伦理精神的基础。对上表征为忠君报恩意识，对下则体现为孝亲祭祖、夫妇人伦和子嗣继承观念，因而形成了一种普照一切的文化之光，掩盖了社会关系中的其他色彩。

三、崇拜转世神佛的求索取向

中国古代下层民众务实求存，注重的是现世的人生快乐，表现在宗教信仰上，则是以小生产者的功利主义为心理基础，即对神佛的物质奉献与心灵虔诚，目的在换取神佛赐福于人间。因此，在求索取向上，便生发出有别于上层社会的某些特点。其中，最有代表性的是对转世神佛的狂热崇拜。

在明中叶以来问世的一批民间宗教教派中，几乎每一个教派的创立者及其传人都把自己说成是神佛转世。如黄天道创立者李宾自称普明佛转世，称其妻王氏为普光佛转世，而其弟子郑光祖则自称普静佛或钥匙佛转世。又如大乘天真圆顿教创立者张海量自称弓长祖，弘阳教创立者韩太湖自称飘高祖。此外，诸如石佛祖、天真佛、吕菩萨、米菩萨等等。其流风所及，影响了整整有清一代的民间教派。

清初，天地门教创立者董四海被其信众奉为转世弥勒，号称"道德祖师"；而八卦教创教创立者刘佐臣则被其信众称为再生孔子，号称"圣帝老爷"。此后，云南太和县人张保太自称"四十九代收圆祖师"，创立了大乘教；江西鄱阳人黄德辉自称元始天尊转化，建立了三皇圣祖教，其子黄森官则自称弥勒佛。进入清中叶以后，以弥勒佛自居或指称某人为转世弥勒建立的教派更是屡起叠出。

由民间宗教兴起的这场自我造神运动，实质上是古代下层民众以期超人间的形式，来表达自己对生活环境的体验与感受，并以此为基础，形成了特定的求索取向；而正是这种求索取向，鼓动起古代下层民众的宗教狂热，误以为这些转世为人的神佛就是神天意志的代表和收圆度人的救世主，只要跟从他们，就会有饭吃，有衣穿，步入无饥无寒的白阳盛世，有清一代的民间宗教为什么空前兴盛？正是这种求索取向使然。

四、"云城降世"的理想境界

中国古代下层民众也有自己希求的生活目标和企羡的理想境界。但是在现实社会中，他们却找不到出路，只能仰望茫茫苍空，把真实的欲求移入神天世界，来取得在现实社会中不易获得的欲求补偿。民间宗教正满足了下层民众的这种理想追求。

明中叶以来，民间宗教为古代农民创造了一个理想境界 —— 真空家乡。所谓真空家乡，又称云城圣地等，是无生老母居住的地方，是一座美好与幸福的天堂。值得注意的是，民间宗教创造的这个理想境界，到了明末清初又发展为"云城降世"理想，并以谶语方式提出了"十八子当立天下说"，从而将真空家乡由天上搬到人间，"单等十八孩儿来聚会"，"别立世界改乾坤"。[①] 因此，在这种"云城降世"就在眼前，"十八子"坐朝理政就要实现的许诺下，下层民众又怎能不趋之若鹜，乃至赴汤蹈火，也在所不惜呢。有清一代著名的几场农民大起义，如乾隆年间的山东清水教大起义，嘉庆年间的川陕楚豫皖混元教、三阳教、西天大乘教大起义和直鲁豫天理教大起义等，都是为了实践这种理想境界的英勇尝试，乃至太平天国运动，也都打上了这种理想境界的深深印记。

原载《南开学报》2007 年第 3 期

---

① "十八子"、"十八孩儿"，即"李"姓拆写，喻指明末农民起义领袖李自成。

挽劫救世：中国民间宗教的社会关怀 [1]

在中国宗教中，民间宗教是一种具有强烈的社会关怀的下层民众信仰组织，它留给中国历史的记忆，是基于率真的"挽劫救世"的宣教和解脱民众于倒悬的信仰运动以及反抗封建暴政的斗争运动。"挽劫"是路径，"救世"才是目的，而"救世"则始于"救己"，中经"救人"，最后达致"救世"。

一

"挽劫"中的"劫"，本为佛教表示时间单位的名词概念，全称"劫波"，是梵语（Kalpa）音译。佛教认为，人寿从十岁开始，每百年增一岁，增至八万四千岁，然后每百年减一岁，减至十岁，这一增一减为一小劫，二十小劫为一中劫，四中劫为一大劫。一大劫分成、住、坏、空四中劫，大千世界历一成毁，如此循环不已。

佛教这个表示时间的名称概念传入中土以后，被华夏世人或解释为"成败"："天地之外，四维上下，更有天地，亦无终极，然皆有成有败。一成一败，谓之一劫" [2]；或解释为"劫变"，即通常人们所说的天灾人祸；或解释为过去、现在、未来三世，称为三劫。 [3]

民间宗教吸收了后两种解释，即"劫难"与"三世"思想，并将其融合、诠释为"三期末劫"，又称三阳劫变、三佛应劫、三教应劫，亦称"白

---

① 本文系与梁家贵教授合作撰写。

② （唐）魏徵等：《隋书经籍志》，中华书局，1973 年。

③ （宋）释志磐：《佛祖统记》，上海古籍出版社，2012 年。

阳劫"。

民间宗教认为，为了解救沦落尘世的九十六亿皇胎儿女——人类，造物主——无生老母将宇宙分为青阳、红阳、白阳三个时期，分别代表过去、现在、未来，每期之末，都要降劫，称为三劫，相继派遣燃灯佛、释迦佛、弥勒佛临凡度世。燃灯佛临凡，度了二亿皇胎儿女；释迦佛临凡，又度了二亿皇胎儿女；弥勒佛临凡，将留在尘世的九十二亿皇胎儿女全部度尽，回归真空家乡①，称为"三期末劫"，又称"末后一着"。这种"三期末劫"思想，在明清时期民间宗教许多经卷中都有阐述，如明代无为教经卷《佛说大藏显性了义宝卷》云：

> 过去佛，青阳头会，贤圣劫，执掌乾坤，九十二亿在红尘，阎浮世界迷真性，天宫有分我来寻，我佛九劫功满回官院。现在佛，红阳二会，庄严劫，独自为尊，升天教主下天宫，花开一转无人惺，九十二亿随佛生，我佛一十八劫圆满回官殿。未来佛，白阳三会，星宿劫，执掌天宫，九十二亿在红尘，阎浮世界迷真性，厌（燕）南照（赵）北，一粒金丹，我佛八十一劫超凡圣。②

又如明代黄天道经卷《普静如来钥匙宝卷》云：

> 三世佛，轮流转，掌立乾坤；无极化，燃灯佛，九劫立世。
> 三叶莲，四字经，丈二金身；太极化，释迦佛，一十八劫。
> 五叶莲，六字经，丈六金身；皇极化，弥勒佛，八十一劫。
> 九叶莲，十字经，丈八金身；过三甲，人受相，寿活千岁。
> 无字经，是一乘，兽面人心；现六甲，人受死，六十余岁。
> 有文字，是二乘，人面兽心；未九甲，人受返，八百一岁。
> 留九经，并八书，佛面佛心；三乘法，是弥勒，古佛掌教。
> 钥匙佛，开天地，诸人知闻；燃灯佛，掌教是，青阳宝会。

---

① 犹天堂、极乐世界；又称无极理天、云城圣地、还源家乡、都斗太皇宫、安养国，是造物主无生老母居住的地方。

② 《佛说大藏显性了义宝卷》，中国社会科学院世界宗教研究所图书馆藏。

释迦佛，掌红阳，发现乾坤；弥勒佛，掌白阳，安天立地。

三极佛，化三世，佛法而僧；三世佛，掌乾坤，轮流转换。①

再如清代清茶门经卷《三教应劫总观通书》亦云：

世界上过去、现在、未来三佛轮管天盘。过去者是燃灯佛，管上元子丑寅卯四个时辰，度道人道姑，是三叶金莲为苍天；现在者是释迦佛，管中元辰巳午未四个时辰，度僧人尼僧，是五叶金莲为青天；未来者是弥勒佛，管下元申酉戌亥四个时辰，度在家贫男贫女，是九叶金莲为黄天。②

每当"三期末劫"降临，便是天灾人祸接连不断，人民生活痛苦不堪。对此，明末龙天道《家谱宝卷》云：

下甲子，辽阳先动，河南又动，山西在（再）动，山东、两直隶都动。

……五方齐动，旱涝无收。③

这里所说的动，是指地动，即地震，查证《中国地震资料年表》，其地动的年份与次数恰好一致。

甲午年，白龙口，毒龙出头；

正定府，三海眼，滚滚波津。

有苍（沧）州，铁狮子，口中吐火；

景洲（州）塔，神风起，到处无情。

① 《普静如来钥匙宝卷》，濮文起主编：《民间宝卷》第 2 册，黄山书社，2005 年。

② 《三教应劫总观通书》，台湾宗教研究通讯·李世瑜先生八秩荣庆专刊（下）》，台北兰台出版社，2003 年。濮文起：《〈三教应劫总观通书〉再探 —— 兼与李世瑜先生商榷》，《求索》2007年第 4 期。

③ 《家谱宝卷》，濮文起主编：《民间宝卷》第 4 册，黄山书社，2005 年。濮文起：《〈家谱宝卷〉表微》，《世界宗教研究》1996 年第 3 期。

> 怕的是，水火风，三灾下界；
>
> 他三人，无情意，折害众生。

> 妖魔出现，混乱世人。白草成精，泥神出庙，鬼毫（嚎）呼叫，一切火烧。毒蝎、阳龙吐雾，飞虎入室，神狼、恶虎精豹，这些各（个）怪物都要丧（伤）人。

除了这些地动、三灾、妖魔鬼怪祸害人民外，还出现了"七十二傍门小教"、"三十六位假收原"，诱人误入歧途。还有七种危害最烈的"妖魔外道"，它们是无为教、白莲教、白阳教、正元教、金禅教、安禅教、金莲教①，同时还揭露了一位假弥勒、六位假老母，告诫人民千万不要被其哄迷，步人"妖城"，丧失生命。

清初大乘天真圆顿教经卷《定劫宝卷》云：

> 今北极紫微星现在下方，将二十八宿、九曜星官落在秦州地上，与胡人争天下不定。……如今末劫年，多三灾八难，下方世界，苦死人民。以后胡人争世界，夺江山社稷，四十年不定，干戈乱起。……天地变换，别立乾坤，九女一夫，白牛耕地，开山倒底，修城寨。
>
> 折磨众生，国家不正，父杀子，子杀父，君不君，臣不臣，正是末劫之年。妖魔混世，草边掳粮，古月兴兵，狐狸成精，野犴作耕，飞虎伤人。
>
> 妖魔混世，草边掳粮，古月兴兵，狐狸成精，野犴作耕，飞虎伤人，群鱼聚浪，黄河水漫，妖风日盛，鬼气遮天，黑风照世，怪雨伤人。……鬼火满地，黄沙埋人，怪气缠身，神霜鬼雨，……末劫灾难，

---

① 《家谱宝卷》诋毁无为教等六个民间宗教教派的做法，是民间宗教各教派之间常用的伎俩。在明清时期民间宗教世界，几乎是所有的教派在宣传自己的教义时，都极力标榜它的道是唯一的无生老母降下的最后一次真正大道，其他教派都是邪门歪道，已经加入其他教派的，也都要重新加人它的道。否则，就要永堕苦海，不能参加龙华三会，也就不能永享云城之乐。

一言难尽。[①]

经文所说的"北极紫微星"喻指农民起义领袖李自成，"二十八宿、九曜星官"喻指李自成部下将领，"古月"合而为"胡"字，与"胡人"均喻指清军。这些描述真实地记录了明末清初的天下大势："古月兴兵"使种种怪异之事发生，而"北极紫微星"落在"秦州地上，与胡人争天下不定"，导致"天地变换，别立乾坤"，出现了"九女一夫，白牛耕地"和"国家不正"，"君不君，臣不臣"的混乱局面。

这种"三期末劫"思想，到了清嘉道之际，清茶门经卷《弥勒尊经》又云：

> 阎浮众生遭末劫之年。
>
> 但看五月、十一月，有饭无人吃，有路无人行，处处盗贼生烟，狼虎满山，大雨狂风，人愁。五七月，大雨连天。
>
> 僧道住居名山，处于华厦，画栋雕梁，硃台漆椅，穿不蚕之衣，吃不耕之饭，受免粮之田，享清闲之福；上除祖先之姓，次别父母之恩，全无片善；视若公务，或奸于骨月（肉）亲房，或淫于客佃朋友，占其母，淫其妇，杀其夫；……杀牲祭祀，食肉饮酒无厌；亦有为盗为商，兴词告讼，恃其言势，全不修行。
>
> 一切官吏，不务清廉，唯利是图，百般局段，殃害良民，以曲作直，以直作曲，不忠不孝，不廉不明。
>
> 一切富豪，恃其顽党，欺负善人，大斗量入，小斛与人，高抬时价，骗骇良民，利中生利，累倒小民，……不知厌足，富而越贪，谋人田地，占人子女。[②]
>
> 一切贫穷，不依本分，不肯固穷，不孝父母，不友兄弟，盗财窃取，有借无还。

[①] 《定劫宝卷》，濮文起编：《民间宝卷》第4册，黄山书社，2005年。濮文起：《〈定劫宝卷〉管窥》，《世界宗教研究》1998年第1期。

[②] 《弥勒尊经》，濮文起编：《民间宝卷》第4册，黄山书社，2005年。濮文起：《〈弥勒尊经〉蠡测》，《中华文化论坛》2004年第4期。

为士之人，轻义造罪，笑侮风雷，不明天理，枉得聪明，不发善念，不信真佛，不从大道，乃祀邪神。农民作恶，罪贯满盈，以致天遣，水旱相侵，仍不从祷善于天，乃向邪神所祝，又作诸般之恶，反遭种种之灾。

工艺之人，百般功段，私害良民。

商旅不直，以假为真，长短秤尺，大小斗升，当面三般买卖，百样机关，欺懦弄善，动手瞒眼。

茶房酒店，三般买卖，饶与精细，少与愚人，巧计百般，可憾可恶。

公吏弄法舞文，殃害良民，百般生事。

女子聚众成群，乱行邪弊，愚人不悟，捐财丧身。

军兵出征之际，途路之间，枉行打夺，收卷人财，故杀善良，损坏家器。

世间神坛社庙，皆是枯木石精，蛇虫狐兔犬马之精，金石器皿之妖，受其祭祀，专一害人。

四下一切五鬼野精，专一害人。

大庙神祠，党庇小怪之奸，害人不一，弄犬调鸡，放光滴血，淫人妇女，横取男女，伤人性命，偷打牛马，殃害生灵。

大小神祠之怪，阻碍风雨，兴作旱灾，干死五谷，磨坏人民；水中龙蛇龟鳖之精，鼋鼍鱼鳝之怪，螺蛤蚌鳅之妖，擅兴久雨，横涨江河，浸死五谷，害人民。

大庙之神，岳庭之将，受不堪之祭，故意保护恶人，前去作诸恶事，殃害人民。

这简直就是嘉庆末年以来社会生活的真实写照，生动地揭露了那个时代的黑暗与苦难。

到了近代社会，为了凸显"三期末劫"所造成的灾难，民间宗教又将"三劫"扩张为"十劫"。《天降度劫宝卷》云：

若有欺心昧己，不忠不孝，被遭十愁者，先使米粮大贵，十愁之外，还有十劫，水劫、火劫、雷劫、风劫、虎狼劫、蚖蛇劫、刀兵劫、瘟疫劫、饥寒劫、漂流劫。释迦佛掌天下一万二千年已满，至此，乃弥勒佛接位。从庚申年起[①]，天下人民多不向善，所以未来甲子[②]，五谷不登，人民饥饿，不信之人，难逃此劫。[③]

透过民间宗教所描述的"三期末劫"表象，从中可以窥知那绝对是一幅封建社会与半殖民地半封建社会阶级矛盾、阶级斗争的真实写照。

二

"挽劫"中的"挽"，为汉语动词，是挽救、挽回、扭转之意。

面对"三期末劫"带给人民的无穷灾难，与佛教、道教的出世主义不同，民间宗教表现出积极的入世精神，提出了"挽救劫难，解救众生"，即"挽劫救世"的社会关怀。

民间宗教"挽劫救世"，是通过先"救己"，再"救人"，最后"救世"逐步实现的。

民间宗教之所以 1800 多年生生不息，绵绵不绝[④]，除了政治、经济、社会等根本动因之外，民间宗教的领袖人物创教布道及其历代传人的引领与组织作用同样不容置疑。

恩格斯指出："创立宗教的人，必须本身感到宗教的需要，并且懂得群众对宗教的需要。"[⑤] 民间宗教大多数教派的创立者，都是因为人生苦痛，心灵无依而学道，经过一番修炼、感悟而后才创立教派的。

---

① 这里所说的"庚申年"，是指民国九年（1920）。
② 这里所说的"未来甲子"，乃是民国十三年（1924）。
③ 《天降度劫宝卷》，清光绪三十二年（1906）刊行，濮文起编：《民间宝卷》第 8 册，黄山书社，2005 年。
④ 中国民间宗教源头可以上溯到东汉末年的五斗米道和太平道。五斗米道创立于东汉顺帝（126—144）年间，太平道创立于灵帝熹平年间（172—178）。从五斗米道创立到 1949 年新中国成立，约 1800 多年。
⑤ 恩格斯：《布鲁诺·鲍威尔和早期基督教》，《马克思恩格斯全集》第 19 卷，人民出版社，2006 年，第 329 页。

如明代无为教创立者罗清家境贫寒，世代隶属军籍。他幼小失怙，跟随叔婶长大。十四岁时，代叔从军，戍守北直密云卫。成化六年（1470），他开始参师访友，寻求了脱生死、悟道明心之路。十三年后，建立了无为教。

罗清在世时，曾以"清净道德，文成佛法，能仁智慧，本性自来，圆明兴立，大通悟学"二十四个字，作为传承辈分，自称"成"字辈，位居第六个字，其子女则位居第七个字，为"佛"字辈，故子名佛正、女名佛广。[①]罗清去世后，其妻曾携子佛正、女佛广南下金陵倡教，收山东人孙真空为弟子。[②]其妻去世后，佛正接掌教权，续传其教。

此外，尚有两支异姓传灯弟子：

1. 第一代李心安、第二代秦洞山、第三代宋孤舟、第四代孙真空、第五代千昆冈、第六代徐玄空、第七代明空。这七代异姓传人对无为教教义的充实、发展与最后形成发挥了重要作用。

2. 刘本通以北京雾灵山直指堂为总堂，以"悟圆派"名义传教，其弟子辈分，以"玄宗道德正法传，清净圆明广福全，通达觉海真如性，普慧丛林智宝莲"二十八字排列，传到岭南一支称为金堂教。还有罗清转世之说，即一世罗清、二世应（殷）继南、三世姚文字。应（殷）继南假托罗清转世创立龙华会，再传姚文字，使无为教流布江南广大地区，形成著名的斋教。

又如明代黄天道创立者李宾，青年时代，在家务农。嘉靖九年（1530），应征入伍。嘉靖十三年（1534），在一次抵御蒙古部落入侵的战斗中，痛失左目，医治好后，继续在军中服役。后因被诬欠短粮草，受尽酷刑。戍边的艰苦生活，痛失左目与被诬受刑的身心折磨，遂使李宾宗教情感油然而生。嘉靖十七年（1538），拜传习无为教的周玄云为师。经过近二十年的"明修暗炼"，终于嘉靖三十七年（1558）"悟道成真"，创立了黄天道。

嘉靖四十一年（1562），李宾去世，因无子嗣，教权由其妻王氏（普光）执掌。万历四年（1576），王氏死，教权由李宾、王氏的两个女儿普净、普照及普照之女普贤先后接续。清康熙初年，教权复回李姓家族，由李宾胞兄李宸四世孙李蔚执掌。李蔚死后，由其弟李贲执掌；李贲死后，由其子李

① 孔祥涛：《青莲教"道统"考》，社会问题研究丛书编辑委员会编：《再论邪教——邪教、教派与极端行为论文集》，广西人民出版社，2002年，第389页。
② 《销释真空扫心宝卷》，濮文起主编：《民间宝卷》第1册，黄山书社，2005年。

昌年执掌。乾隆八年（1743），李昌年死，由李蔚孙李遐年执掌，直至乾隆二十八年（1763）清廷严办黄天道。此外，李宾在世时，曾亲传一弟子郑光祖。郑光祖是万全李氏家族之外黄天道另一支派的教首，曾将黄天道远播江南，形成著名的长生教。

再如清代天地门创立者董计升经过十余年的"自参自解，自悟自明"，最后"炼就大法，豁然贯通"，于"明末清初，得道离山"。[①] 于顺治七年（1650），自称无生老母差遣，"立教替天行道"，创立了天地门。[②]

董计升在创立天地门后，便开始明传办道。他先在故里董家林收了八个徒弟，依次是李修真、张希玉、马魁元、马开山、刘绪武、杨念斋、石龙池、黄少业，号称"林传八支"。此后，董计升偕李修真等弟子在山东境内传道。经过十余年的努力，到顺治十七年（1660），天地门已在山东境内流传。康熙四年（1665），董计升选定章邱县境内杓峪山作为传道基地，又收了八个徒弟，依次是徐明扬、董成所、邱慧斗、郝金声、于庆真、蔡九冈、邢振邦、杨超凡，号称"山传八支"。

罗清、李宾、董计升妻子儿女或异性弟子也是先从师学道，实现"救己"，再去传教收徒。如董计升"林传八支"第八支马开山于康熙年间领授师命，自山东北上沧州、静海、天津传教，并按照八卦收徒。其中，沧州已传承十三代，天津也传承了十三代；"山传八支"中的"峰峪派"第一代曲星斗，第二代阚文忠，第三代李明刚，第四代郭三介，第五代王志修，第六代翟中亮，第七代朱大山，第八代李吉善、张清芳、邢长立。这些称为"当家师傅"的历代传人，亦要求自己弟子传教收徒，如此一传二，二传四，四传十六，……信众以几何级数向上攀升。

三

民间宗教的"救人"分为精神上、心理上的抚慰和物质上、生理上的救

---

① 天地门经卷《心经》，濮文起主编：《民间宗教》第5册，黄山书社，2005年。
② 天地门，又称金丹如意道、一炷香道、一炷香五荤道、一炷香天爷教，亦名顺天教、如意教、老师道、老祖道、慈悲道、平心道、好话道、添门教等。

助两个方面。

民间宗教在精神上、心理上"救人"时，常用的一个手段，就是劝导下层民众念经诵咒。所谓念经，就是念诵各自教派编写的宝卷。在大部分教派编写的宝卷中，其"开经偈"都有念诵宝卷，可以祈福禳灾的偈语。如《佛说皇极结果宝卷·开经偈》："收圆宝卷初展开，诸佛菩萨降临来；大众志心齐声和，现在增福又消灾。"这就是说，下层民众只有经常念诵宝卷，做到心灵与神灵相通，才能"诸佛菩萨降临来"，收到"增福又消灾"之功效。

民间宗教常用的咒语是"真空家乡，无生老母"八字真言，认为念诵八字真言，就是向无生老母发出一种求救信号，可以得到无生老母的救助，逢凶化吉，遇难呈祥。

民间宗教又认为，福祸是与善恶相感应的，下层民众念经诵咒就是为了明晓这个道理。因此，要想来世享福，就得今世修善。如种善因，就得善果，升入天堂，永享富贵；若种恶因，就得恶果，转入地狱，永受折磨。为此，民间宗教担负起道德救赎的重任，鼓励下层民众去当善男信女，把创造美好生活的积极性消融在祈祷"云城降世"的虚幻中，这对于深受封建统治阶级残酷的经济剥削、政治压迫和精神奴役的广大民众来说，无疑具有精神解脱、心理抚慰作用，从而给广大民众提供了一个安全温馨的精神家园和信仰归宿。

此外，民间宗教还通过举办各种仪式，如圣会、收徒等仪式，让广大信众随着仪式的逐步展开，在神圣时间——举办仪式的日期，神圣空间——举行仪式的场所，感受震慑魂魄的信仰力量，使心理达到平衡，精神获得解脱。

民间宗教在物质上、生理上"救人"时，主要采取三种手段：

一是直接以食物救助。明季无为教在运河要道建立了数十座庵堂，"粮船来南，多以米粮资其食用，或粮船水手有疾病流落者，各庵之人，亦资其盘费"。[1] 清中叶混元教、三阳教、西天大乘教践行"有患相救，有难相死"的互助精神，凡习教之人"穿衣吃饭，不分你我"。福建欧宁吴建、吴昌兄弟倡行白莲教，宣传人无私产，号召入教者尽变卖私产。清中叶天理教对于

---

[1] 《朱批奏折》，雍正六年正月二十九日，江苏巡抚陈时夏奏折。

"有告贷者，辄给之，乡村仰食者万余家"。^①清末黄崖教在山东肥城境内的黄崖山建立了一个财产公有、教养兼施、君师合一、士农商兵相结合的村社式的"理想王国"，来归者达两千家，人数累万。至于雄踞江南半壁河山的上帝教，力图实现"有田同耕，有饭同食，有衣同穿，有钱同使，无处不均匀，无处不饱暖"的太平世界，更是在中国近代史上留下了令人难忘的记忆。

二是为缺医少药的广大民众无偿医治。明末以来，弘阳教在民间行医，为人治病，并向民众施药、舍粥。清代在理教，定时向寡妇发放救济款物，又对贫民死亡施舍棺匣；真空道以帮助人们戒食鸦片为其主要宗教活动，得到社会各界尤其是广大民众的普遍赞誉。民国时期的世界红卍字会更是在全国各地兴办了众多医院、施诊施药所，在动荡不安、战乱频仍的民国社会，为解决广大民众的疾病问题作出了贡献。

三是传授信众坐功运气，习练拳棒。明末以来，三一教传授"九序心法"，使习练者能够收到却病延年之功效。清代天地门向信众"派功"，使信众在焚香磕头的过程中，心灵得到净化，身体得到锻炼；而义和拳教有文场、武场之分，文场坐功运气，武场习练拳棒，无论是坐功运气，还是习练拳棒，都能起到强身健体的作用。京城一带的弘阳教也传授"静养工夫，教人右手扣著左手，右脚扣著左脚，舌头抵著上牙根，可以疗疾延年"^②。

四

民间宗教"救世"的途径有二：一是对现实世界采取"批判的武器"，揭露和批判世人道德败坏，劝导规诫世人学做好人；二是对现实世界采取"武器的批判"，策动、组织、领导下层民众举行暴动、起义。

以几部民间宗教经卷的宣教为例，看看民间宗教是如何揭露和批判世人道德败坏，劝导规诫世人学做好人的。

以吕祖（吕洞宾）名义劝导世人的《纯阳祖师救劫文》云：

---

① （清）兰簃外史：《靖逆记》第五卷，林清，上海书店，1987年。
② 《清高宗实录》卷二百六十九，乾隆十一年六月癸未。

叹世人，遭劫数，不知解免；我救你，你听我，救劫格言。

这劫数，都只为，人心不转；闹乡村，并府县，民不安然。

一处处，村市镇，不留片瓦；一家家，大小户，路绝人烟。

纵然活，受奔波，穿山过险；男悲啼，女号泣，怎得团圆。

有儿女，及子媳，多被掳劫；忍污辱，搪枪炮，受尽熬煎。

那富者，银钱尽，祸尤难免；清平日，不施济，谁种福田。

那贫者，大着胆，一朝撞见；半时辰，头落地，命丧黄泉。

这段话，说不尽，涕流满面；天也愁，地也愁，鬼神含冤。

我仙翁，不自觉，慈悲发现；特降此，救劫章，谈话一篇。

总是要，戒邪淫，改恶迁善；孝父母，和兄弟，此事宜先。

孝必忠，食水土，恩泽长远；五伦内，看君臣，民岂无焉。

一个个，明大义，齐心合愿；报君上，保身命，事出两全。

夫与妻，本天定，不可苟奸；夫有义，妻有节，欲敬相兼。

交朋友，安乐时，规过劝善；急难时，互相救，声声相联。

人处世，切不可，明瞒暗骗；戒欺诈，存忠厚，遇事方便。

有是非，即解散，切勿播舌；弄群众，与讼状，头上有天。

妇女们，固先要，闺房贞节；孝公婆，和妯娌，切莫构嫌。

敬丈夫，劝学好，温言婉转；最不可，闲话儿，唆谤枕边。

读书人，尊圣教，复初明善；隆师友，讲道德，敬礼前贤。

到一日，学养深，名登金阙；上为国，下为民，吏美官廉。

官与民，男与女，依吾劝勉；务必要，你省悟，志定心坚。

果如此，方能够，天心默眷；过此劫，正享受，安乐天年。

这原是，众仙家，苦求天阙；乞上帝，悯下民，俯赐哀怜。

帝准此，望人心，一齐改变；换人心，不换身，留在人间。

这实是，好机会，立定主见；切莫到，断了头，怨恨绵绵。

从今后，好把那，光明镜鉴；自思之，自想之，天意转旋。

我本是，救人心，苦口千遍；为民命，勤告诫，努忍颠连。

若不信，枉费我，心肠一片；你这命，终久是，暴落山川。

能言者，听我言，敦行勿倦；将此文，还需要，广为流传。

以范仲淹名义的劝世箴言《范文正公格言》云：

> 国法莫玩，功令森严；天理莫违，为人不易。
>
> 盘算莫凶，食杀子孙；故旧莫疏，祖父之交。
>
> 闻雷莫怕，不做恶事；富贵莫羡，积德悠久。
>
> 正人莫远，急难可靠；妇言莫听，明理者少。
>
> 淫书莫藏，害尔子孙；意气莫使，后悔可及。
>
> 耕读莫懒，起家之本；居家莫逸，民生不勤。
>
> 言语莫尖，可以折福；待人莫刻，一个恕字。
>
> 奴婢莫凌，是一样人；贫苦莫轻，你想当初。
>
> 立身莫歪，子孙看样；时风莫趋，易入下流。
>
> 祖德莫烬，创业艰难；暗室莫愧，君子慎独。
>
> 奢华莫学，自取贫穷；兄弟莫欺，同气连枝。
>
> 子弟莫纵，害他一世；作事莫霸，众怒难犯。
>
> 交友莫滥，须要识人；匪人莫近，不乎易伤。
>
> 果报莫疑，眼前悟出；妄想莫起，想也无益。
>
> 女孩莫溺，尔心安乎；饮酒莫狂，伤身之物。
>
> 阴阳莫损，及早回头；美色莫迷，报应甚速。
>
> 祖宗莫忘，子孙何用；淫书莫看，譬如吃砒。
>
> 邻里莫绝，互相照应；淫念莫萌，怕有报应。
>
> 非分莫做，受辱惹祸；父母莫忤，身从何来。
>
> 贫穷莫怨，小富由勤；本业莫抛，所靠何事。
>
> 讼事莫管，害人不浅；官司莫打，赢也是空。
>
> 字纸莫弃，世间之宝；童年莫荡，蒙养以正。
>
> 家庭莫偏，易启寡端；杀生莫多，也是一命。
>
> 钱财莫轻，勤苦得来；五谷莫贱，养命之原。[①]

《心字篇》对人心的好歹剖析的可谓淋漓尽致，歹心有奸心、盗心、邪

---

① 《末劫真经》，民国五年乩训。

心、淫心、毒心、退心、昧心、偏心、瞒心、假心、猴心、狼心、仗心、轻
心、世心、私心、妄心、黑心、恶心、愚心、放心、走心、败心、贪心、苦
心、欺心、恨心、欲心、杀心、害心、赃心；好心有正心、直心、公心、道
心、清心、纯心、存心、耐心、真心、守心、仁心、佛心、齐心、忠心、明
心、普心、小心、细心、实心、志心、敬心、孝心、宽心、善心、准心、诚
心。该经文认为，只要"千心万心心一个，一个好心做主张；好心惊动天和
地，强似修庙盖神堂"①。

　　心是一身根本主，舍近求远费张狂。先说歹心有几件，积上好心不
还乡。

　　奸心害人千条路，盗心惹祸不安康。邪心平地妖魔起，淫心万恶头
一桩。

　　毒心不犯为君子，退心无铁又无钢。昧心贪财四牲转，偏心叫人话
短长。

　　瞒心昧己难出苦，假心学好白烧香。猴心钢绳难以锁，狼心出事不
久长。

　　仗心定然失了道，轻心抛道将家亡。世心盼死尘迷厚，私心恋己无
天良。

　　妄心盼死人多少，黑心越礼又天伤。恶心造下无边孽，愚心执拗匿
癫狂。

　　放心难收如水泼，走心意马脱了缰。败心败道又败德，乱心乱伦乱
纲常。

　　短心定然损了寿，强心高傲将人降。粗心有错账不算，坏心真气满
胸膛。

　　贪心无足又无够，苦心甜话外面光。欺心胆大贤良压，恨心嫉妒结
冤枉。

　　欲心迷蒙人心窍，杀心凶猛有灾殃。害心害人将己害，赃心赃意将
己脏。

---

① 天地门劝善经文。

提起好心人都有，换上好心是贤良。正心出入道做主，直心兴家靠君王。

公心孝悌皆为本，道心实在修行强。清心寡欲无私曲，赤心立意保家邦。

尽心多学常参悟，胜心践行以自强。养心养道又养德，乐心乐意乐纲常。

良心处处存良念，平心六门紧封箱。安心顾命知进退，稳心动静意不狂。

净心不染红尘土，纯心熬道保灵光。存心熄火忌争斗，耐心包含将家当。

真心不怕明三考，守心防贼闭门窗。仁心一片能爱物，佛心慈悲降吉祥。

齐心治道多用力，忠心传道劝四方。明心见性将理化，普心提拔众贤良。

小心谨慎免灾难，细心行为立纲常。实心不动主意正，志心不退立久长。

敬心参拜天和地，孝心好报二爹娘。宽心处处无挂碍，善心善念还家乡。

准心学好无更改，诚心行善退虎狼。千心万心心一个，一个好心做主张。

好心惊动天和地，强似修庙盖神堂。七十二心包了果，恶的恶来良的良。

《劝世偈》则规劝人们先要报答"天地君亲师"五大恩，然后以地狱的各种酷刑，告诫人们"改恶从善"：

八宝炉，焚烧上，师香一根。老恩师，来临坛，尊坐莲墩。
扰心猿，卷意马，猴猿锁住。心意生，义礼出，无字真经。
五字卷，上造着，君卿大礼。天恩大，地恩厚，阴阳才分。
天恩大，下得是，甘露细雨。地恩厚，长得是，五谷留根。

皇王恩，赐水土，民家安泰。父母恩，细参想，比海还深。

师傅恩，细参想，光如山重。哪一门，哪一教，领徒操心。

人生在，花花世，参透识破。参瑟真，解得开，以恩报恩。

报天恩，香茶酒，一点尊心。报皇恩，想着那，早完粮草。

报亲恩，在堂前，孝敬双亲。师傅恩，细参想，无以可报。

下道场，师领徒，徒将师尊。看师傅，比就那，亲生父子。

看徒弟，比就那，养儿娘亲。接续师，比就那，同胞兄弟。

细参想，好比那，一母分身。同道人，见了面，师抬师敬。

又尊大，又让小，情义难分。红尘世，看一看，人心不好。

在世上，做坏事，不安正心。贪酒色，财共气，越贪越厚。

失迷了，还家路，那是家根。天无方，才降下，立道圣祖。

看红尘，早回头，诉说原因。行善的，走金桥，无拦无挡。

左金童，右玉女，送上山村。高山上，行善人，安身之处。

清净馆，无影店，快乐万春。作恶的，到后来，恶贯也满。

差二鬼，来叫他，去见阎君。叫判官，展卯部，按律定罪。

人犯了，十大恶，罪加十分。打爹的，骂娘的，剜去二目。

打公的，骂婆的，割舌去根。欺丈夫，不贤良，磨研骨肉。

打东邻，骂西舍，扒皮抽筋。宰乌牛，杀白马，刀山受罪。

欺人家，骂人家，阴曹扒心。行善的，走金桥，又上银桥。

作恶的，进奈河，水蛇来吞。念一首，劝世偈，从音白字。

不与那，念佛日，劝人回心。①

　　但是，当民间宗教采取这种方式"救世"，不仅没有得到统治层的认可和支持，反而遭到严厉查禁和残酷剿杀，面临着"造反死，不造反也死"的生死抉择时，民间宗教中的一些教派便往往乘势以神佛的名义，召唤下层民众对封建专制统治实行"武器的批判"，举行暴动或起义。

　　纵观中国历史上连绵不断的农民起义、农民战争，大多与民间宗教的一些教派策动、组织乃至领导有关。从东汉末年太平道领导的黄巾大起义，到

---

① 天地门劝世经文。

元朝末年白莲教组织的红巾军大起义；从明朝初年唐赛儿领导的山东白莲教起义，到明中叶白莲教组织的荆襄农民起义；从明末东大乘教策动的山东、北直徐鸿儒、于弘志起义，到从清中叶清水教领导的山东农民起义；从历时九年的川、楚、陕混元教、三阳教、西天大乘教起义，到天理教攻打紫禁城的壮举；从清末拜上帝教领导的试图推翻清王朝的太平天国运动，到反抗帝国主义侵略的义和团运动，乃至民国时期反抗北洋军阀暴政的红枪会运动，都在中国历史上留下了深深的印记，对中国的政治、经济、思想、文化、社会生活诸方面均产生了巨大而深远的影响。

原载《宗教学研究》2016 年第 3 期

六 田野调查与对策建议

　　自 20 世纪 80 年代末至今的三十多年，笔者在从事民间宗教田野调查的过程中，着力最多是天地门教，其次是西大乘教、弘阳教、大乘天真圆顿教。

　　《民间宗教的活化石——活跃当代中国某些乡村社会的天地门教》《天地门教现实活动的某些特点》《"师傅林"：天地门教研究的新发现——河北省 HH 市 NPH 镇"师傅林"调查记》三篇论文，主要依据田野调查资料，不仅搞清了天地门教的组织源流、经卷教义，而且论述了天地门教现实活动的某些特点。

　　《民间宗教的又一块活化石——活跃在当今天津市西青区杨柳青镇的明代西大乘教》依据田野调查资料，讲述了产生于明代的西大乘教，至今仍在当代天津市西青区杨柳青镇从事活动，并论述了以普亮塔为中心的信众活动，业已成为一种单纯的民俗信仰。

《当代中国民间宗教活动的某些特点——以河北、天津民间宗教现实活动为例》以田野调查所获资料，揭示了活跃在河北、天津的弘阳教、西大乘教、普明大佛教、天地门教活动的四个特点：一、公开建造庙宇或殿堂，二、整理、印制经卷，三、民营企业家或当地领导人跻身民间宗教，并大多成为当家师傅，四、"信而不仰"与"信仰而不归属"。

《天津民间宗教现实活动调查与对策研究》同样以田野调查资料为依据，集中展示了西大乘教、弘阳教、天地门教、在理教、太上门教、道院与世界红卍字会在天津境内的现实活动，揭示了这些教派现实活动特点，提出了对策建议：应该满腔热情地去做民间宗教信众的团结、教育、改造、引导工作，那将会有利于社会秩序的和谐稳定和社会经济的又快又好发展。

在构建社会主义和谐社会的伟大事业中，如何正确看待和妥善处理拥有众多信众的民间宗教问题。《民间宗教与社会主义和谐社会》提出：一、应该澄清一个概念，即民间宗教不等于邪教；二、应该明确一个理念，即民间宗教工作也是群众工作；三、应该认知一个道理，即社会主义和谐社会不是完美的社会和无矛盾的社会，而是存在矛盾和冲突、又能正视并妥善解决矛盾和冲突的社会；四、在澄清一个概念、明确一个理念、认知一个道理的基础上，国家有关部门组织实际工作干部和专家学者对现实中的民间宗教展开全面调查，掌握民间宗教在全国的布局以及组织、人数和活动等情况，做到心中有数；然后，针对当代中国出现的这个新情况、新问题，进行实事求是的分析与研究；只有如此，才能制定出符合实际情况的政策与策略，从而使民间宗教与社会主义社会相适应、相和谐由可能性变为现实性，"最大限度地调动人民群众的积极性，凝聚和激励群众共同前进"，最终实现人与社会和谐这一构建社会主义和谐社会的主要目标。

《民间宗教信众与党的群众工作——关于当代中国民间宗教信众问题的若干思考》依据在河北省邢台地区、天津市津南区开展的问卷调查资料，证实当代中国民间宗教信众拥护共产党领导和社会主义制度，拥护并参与构建社会主义和谐社会的政治立场，"保佑平安""消灾祈福"以及"学好行善"等信仰追求，已与解放前乃至改革开放前的民间宗教信众的政治立场、信仰追求有着很大不同，反映出这个庞大的信仰群体能够审时度势，既保存传统又与时代同步的精神风貌。在此基础上，本文建言也应将民间宗教信众视为"建设中国特色社会主义的积极力量"，并将其作为一项事关"加强党同人民群众的血肉联系"的战略任务，从而满腔热情地去做民间宗教信众的团结、教育、改造、引导工作，将民间宗教信众与社会主义核心价值观相适应，将和谐的可能性变为现实性，那将会有利于社会秩序的和谐稳定和社会经济的又快又好发展。

《民间宗教能否在促进社会和谐方面发挥作用》从中国民间宗教是一个动态的开放的宗教信仰系统，现实中的民间宗教是社会主义社会初级阶段多元信仰的一种表现形式，中国共产党在正确认识和妥善解决民间宗教问题方面具有成功的历史经验与现实经验三个视角，论证了民间宗教能够在促进社会和谐方面发挥作用。

针对活跃在当代中国民间宗教大多数教派改变了传统的总体上与统治当局处于对立状态的离异性格，而是在政治倾向与政治态度上，明确地提出了"归属"党和政府管理的合法性诉求，《从"离异"到"归属"——正确看待民间宗教的合法性诉求》从历史与现实相结合、理论与实际相结合视角，进行了学理论证，提出了对策建言。

民间宗教的活化石

——活跃在当代中国某些乡村社会的天地门教

至今仍活跃在河北、天津、山东等地某些乡村社会的天地门教，是一块典型的清代民间宗教的活化石。发掘、辨识这块民间宗教的活化石，无论是对清代民间宗教研究，还是对正确认识当代中国的民间宗教问题，都具有重要的学术价值和迫切的实践意义。因此，从 20 世纪 80 年代末开始，笔者便以人类学、社会学的理论与方法，深入到这些地区的某些天地门教组织之中，参与、观察他们的各种信仰活动，并与当家师傅和男女信众广交朋友，从而获得了大量鲜为人知的珍贵资料，既为研究这个已被历史尘封的民间宗教教派打开了一片新天地，也为正确认识当代中国乡村社会的民间宗教问题提供了事实根据。

一、天地门教的组织源流

据笔者调查资料分析，天地门教（又称一炷香等）创立于清顺治七年（1650），创教祖师为山东济南府商河县董家林（今属山东惠民）人董计升（1619—1690）。[①] 董计升创立天地门教后，便开始明传办道。他首先收了八个徒弟，依次是：李修真、刘绪武、张希玉、杨念斋、马开山、马魁元、石龙池、黄少业。因这八个徒弟是董计升在董家林时所收，故称"林传八支"。

---

① 董计升，字四海。天地门教经卷《心经》、"百代流芳"墓碑。

接着，又有徐庆斋、顾明心皈依，连同"林传八支"，称为"十大弟子"。①
随后，董计升带领十大弟子在山东境内传教。经过十年努力，到顺治十七
年（1660），天地门教已在山东境内流传。康熙四年（1665），董计升选定
章邱县境内的长白山作为传教基地，他的十大弟子也随之上山伴师学道。在
此期间，又有刘新远和尼姑通山等人上山入教。为了使天地门教更加广泛流
传，董计升开始按照九宫八卦形式建立起组织体系，其具体安排如下：董计
升为九宫教首，其接班人已内定为顾明心，李修真为艮卦、黄少业为震卦、
杨念斋为巽卦、刘新远为离卦、张希玉为坤卦、刘绪武为兑卦、马开山为乾
卦、石龙池为坎卦，八大首领各领一卦，按照各自方位，奔赴各地，"开荒
立教"②。

康熙二十三年（1684），董计升因传教被人诬告"招兵买马，蓄谋造反"
而入狱，后经其弟子、天地门教"九股"首领谭西堂③营救获释，并由谭西
堂相伴，来到章邱境内的雪山寺，继续从事传教事业④。随后，董计升在雪山
寺又收了八个弟子，依次是：徐明扬、董成所、邱慧斗、郝金声、于庆真、
蔡九冈、邢振邦、杨超凡。因这八个徒弟是董计升在雪山寺时所收，故称
"山传八支"。六年之后，董计升在雪山寺物故。弥留之际，董计升派人将十
大弟子请上山来，当众宣布，立顾明心坐山，即接任九宫教主之位。顾明心
接任教主后，执掌天地门教三十五年，于雍正三年（1725）去世。顾明心死
后，教主之位，一直虚悬。从此，天地门教八支自成系统，各自活动，各支
之间，只靠教义维系，没有直接统属关系。

与清代民间宗教大多数教派的创始人不同，董计升是一位主张教内平
等，反对教权世袭制的宗教家。他生前与死后的尊号——董老师或董老师
傅，较少偶像崇拜的色彩，更多的是充满乡土社会的温情。在他的影响下，
各支传人均称当家师傅，信徒之间则互称师傅或道亲、道友，因而教内没
有形成森严的等级制。他还规定天地门教"传贤不传子"，没有在教内实行

---

① 天地门教经卷《如意宝卷》。
② 天地门教经卷《如意宝卷》。
③ 谭西堂，山东禹城人，济南府巡抚台前卷承书吏。董计升在长白山建立九宫八卦组织体系之后，
谭西堂才慕名上山，拜师学道。由于九宫八卦组织体系已经确立，因此，董计升就将谭西堂定为
八卦之后的"九股"，奉命代师传教。
④ 天地门教经卷《如意宝卷》。

教权的世袭制，并身体力行，临死传位异姓弟子顾明心。顾明心死后，天地门教没有再设九宫教主，八支虽互不统属、各自发展，但各支之间仍恪守祖训，"传贤不传子"，并有"一岁为师，百岁为徒"之美谈，这个传统一直延续至今。与此同时，董计升自创教时起，就主张夫妻双修，共同传教，故天地门教内有不少女信徒。为此，他设立了女当家，称金传二支，俗称二当家、二师傅，其地位与男当家相同，董计升之妻王氏为金传二支之首，也是实行教权"传贤不传子"的承继制度。

董计升逝世后，天地门教在其弟子的经营下，很快在乡村社会流传起来。该教《根本经》对此有过描述："真香一炷，云游天地。云南贵州，湖广四川。浙江福建，山东河南。山西六府，直隶河间。州城府县，保定顺天。口里口外，桥河两边。家家户户，村村店店。烧香念佛，礼拜青天。"以上描述，显然是夸大之词，这是民间宗教惯用的尊大自己的一种宣传手段。实际上，天地门教的传播地区，主要在山东、直隶及东北地区。但它传播迅速，信者趋之若鹜，却是清代其他民间宗教教派无法相比的。据清代档案记载，天地门教自清初倡教始，至道光十六年止，已"世愆七代"。[1] 至少在清末，天地门教已传到北京。而东北地区"自吉林至山海关内外，以迄张家口一带"，其信仰者"实繁有徒"。[2] 另据笔者调查该教时，常听信徒说，时至今日，仍有北京和远至东北、华中的信徒到董家林上香朝拜。由此可见，最迟在清末，天地门教已在上述地区拥有众多信徒。

二、天地门教的经卷教义

在明清时期的民间宗教中，董计升是少数没有留下印本经卷的宗教家之一，这是由他的文化程度与经济状况决定的。董计升出身农家，没有受到什么文化教育，当他创立天地门教后，又不是靠传教敛钱度日，没有经济实力编印经卷传世，只能靠口传心授传播。又由于历代传人也大多是贫苦农民，

---

① 《军机处处录副奏折》，道光十九年十月十二日，吏科给事中周春琪奏折。
② 《朱批奏折》，光绪二十一年三月十五日，增琪奏折。

亦不靠传教敛钱为生，故无力编印经卷，致使该教至今没有印本经卷留世。

董计升自称"无经无咒"①，"少经无卷"②，"原人持诵"的是"无字真经"。③所谓无字真经，乃是董计升仿效佛教南禅"不立文字"作法而自创的口头经卷，大部分靠口传心授，代代相传，只有少数写本留世，如《如意宝卷》等。董计升的历代传人继承了他的这个传统，也创作了大量口头经卷，阐扬天地门教的教义思想。笔者搜集的几十部天地门教经卷，主要是由当家师傅口述整理而成，这些经卷对探寻天地门教的教义思想和组织源流极为重要。

天地门教经卷在形式上有经、佛、偈、赞、咒、歌、宝卷等，如《大经》《心经》《根本经》《了愿经》《天地经文》《十字佛》《大赞》《往生咒》《劝世歌词》《如意宝卷》等。其中，经、佛、偈、宝卷的内容偏重于演讲道统、教义，供信徒修持时诵读；赞、咒主要用于举办各种道场；歌则是劝化世人为善除恶时念唱。这些经卷分别采用四言、五言、六言、七言、八言、九言、十言的句式，大多是两三千字，短者只有几百字，不分品，一气呵成，既通俗易懂，又朗朗上口，很适于缺少文化的农民接受与掌握。即使个别的如《如意宝卷》，虽篇幅较长，又分品，也具有上述经卷的特点。

天地门教经卷全能配上曲牌吟唱，常用的曲牌近三十种，即大韵、娃子曲、桂枝香、吹千秋、上小楼、靠三音、老君词、三换头、四换头、皂罗袍、晃影、红衲袄、金字经、红罗苑、慢娃、驻云飞、朝天子、落金锁、挂金锁、山坡羊、黄莺儿、耍孩儿、边关调、浪淘沙、罗江怨、七字歌、念佛陀、断不想、喜乐悲歌等。伴奏的乐器即天地门教所说的法器，早期只有渔鼓、简板，渐后又增添了龙头琴、铙、钹、鼓、铛钗、笙、管、笛、箫等。

天地门教在传教时，除了吟诵自己的经卷之外，还常用佛教、道教的某些经典，如《金刚经》《涅槃经》《观音经》《法华经》《孔雀经》《弥陀经》《拔苦经》《玄妙经》《三关经》《太皇经》《梁王赞》等④，这反映了它几同正统宗教佛教、道教的本质。

天地门教的教义思想，并没有什么发明创造，基本上是演述明中叶以来

---

① 天地门教经卷《心经》。
② 天地门教经卷《佛偈》。
③ 天地门教经卷《大经》。
④ 天地门教经卷《佛偈》。

的民间宗教信仰。它也以无生老母为最高崇拜，以真空家乡为理想境界，以弥勒佛与龙华三会为信仰核心，这在它的经卷中，有较为充分的表述。如《了愿经》："家乡老母想起，一陈两泪纷纷。婴儿姹女落世，思量直到如今。末劫残年临近，绝然不找出身。所差一人下界，跟找大地儿孙。""共有千门万户，各家认祖归根。后有收圆大会，逍遥共受福臻。"又如《三教》："灵山会，常赞叹，收圆无生母；想婴儿，盼姹女，常将痛泪痕。这一着，差何人，前去临东度；无名祖，奉天命，请愿下红尘。"又如《天地经文》："天差教主，脱化董门。归山学道，借假修真。传入真香，普撒乾坤。"又如《大经》："炼出真香，随身携带。南寻北找，单找原人。""早赴中原。龙华三会。"又如《往生咒》："随祖超凡入圣，佛榜挂号标名。幸赴龙华三会，立名永续长生。"

上述经文中所说的"家乡老母"，"末劫残年"；"天差教主，脱化董门"；"南寻北找，单找原人"；"早赴中原，龙华三会"；"认祖归根"，"永续长生"，均源于明中叶以来的民间宗教信仰。所谓"家乡老母"，即"真空家乡，无生老母"的缩写；"末劫残年"，即"三期末劫"的沿用；"天差教主，脱化董门"，即"弥勒佛转世"的翻版；"南寻北找，单找原人"，"早赴中原，龙华三会"，"认祖归根"，"永续长生"，更是照搬明末清初的民间宗教理论。由此可以说明，天地门教是遵循明中叶以来民间宗教信仰建立起来的教派。

但是，与清代其他民间宗教教派相比，天地门教的教义思想也有自己的特色，这就是它在承袭明中叶以来民间宗教信仰的基础上，更加突出儒家思想。如该教经卷《如意宝卷》说"老天差我来立教"，"替天推行孔子道"；"吾立得，孔子之道；不能讲，怪力乱神"；"师立教，明明的，孔子之道；除三灾，了五苦，普结善缘。以理批，改行为，不言神鬼；富和贫，一例看，永不择嫌。分不受，毫不取，替天行道；一身法，并无有，狂语非言。"从这些经文中，可以清楚地看出，该教要以儒家思想教化信众，使广大信众做到"诚敬天地将香烧，父母堂前当行孝，尊兄弟和务勤学，谨尊王法圣谕六条[①]，

① 这里所说的"圣谕六条"，即明洪武三十年（1397）户部奉旨颁布的《圣谕六言》："孝顺父母，尊敬长上，和睦乡里，教训子孙，各安生理，毋作非为。"

守本份先立德行后立道，那才得自在逍遥"。① "先立美德后学道，诵经休昧谕六条。父母大恩最为高，和睦乡里才为妙。无理不行与人交，心内藏舌气暗消。以理待人有老少，再不触犯王法条"。② 这就充分说明：天地门教要以宗教化的儒家伦理道德，为封建专制统治教化顺民，表现出它鲜明的拥护封建统治秩序的政治倾向。因此，连清朝统治者也认为"此教实止图免灾难，其唱念歌词系劝人为善行好，委无煽惑敛钱不法别情"③，对其信仰者从未从严处理，"凡能具结改悔，赴官投首，准其免罪"。④ 有清一代，天地门教对封建专制统治逆来顺受，从未参与过任何一次农民暴动或农民起义，正是其教义思想与政治倾向使然，也是它能够始终行教如常的根本原因所在。

三、天地门教的现实活动

据笔者在河北省沧州市郊县和天津市郊县等地田野调查，这些地区天地门教组织的现实活动主要有五种，基本上是由历代当家师傅与信众作为该教的仪式与修持代代相传下来的。

1. 朝拜圣地。董计升去世后，其出家修炼、传教收徒之地及其故里董家林，均被天地门教信徒视为心中圣地。特别是故里董家林，自董计升归葬后，到解放前夕，每年朝拜者络绎不绝。农历四月初四，即董计升忌日前后，更是人山人海。经天地门教信徒捐建的董氏墓地，碑亭林立，苍松翠柏，蔚为壮观。解放后，特别是经过"文革"，董氏墓地虽被毁，朝拜活动也被禁止，但至今仍有信徒秘密潜往董氏墓地原址烧香祭拜。

受此影响，天地门教各支信徒也将本支传人坟墓作为心中圣地加以朝拜。如既为"林传八支"又是"十大弟子"之一的马开山，于清初按照董计升所授乾卦方位，前往（山东章邱县）西北方向传教，在直隶沧州、静海、天津三地招收弟子。约康熙、雍正年间，马开山在传教过程中，死于天津南

---

① 《如意宝卷》。
② 《如意宝卷》。
③ 《朱批奏折》，嘉庆二十四年十一月一日，直隶总督方受畴奏折。
④ 《军机处录副奏折》，道光十九年十月十二日，吏部给事中周春祺奏折。

郊，被其弟子就地安葬，俗称"马师傅坟"。从此，这里也成为该支信徒的心中圣地，每逢他的忌日，该支信徒都要前往朝拜。"马师傅坟"直至20世纪80年代尚存，朝拜者亦不绝。

再如笔者于20世纪90年代中叶在沧州市与黄骅市交界处发现的郝二师傅坟又是一例。郝二师傅为马开山八位弟子之一的李海山之妻。李海山夫妇于清初领授师命后，便在沧州东南部共同传教。李海山生卒年月不详，且影响不如其妻郝二师傅大。郝二师傅生于顺治元年（1644），卒于乾隆三年（1738），享年九十有四。她生前经常为民治病了灾，受到当地农民敬仰；死后，当地农民为她修坟造墓，享受人间香火。每当她的忌日——农历三月十五，附近农民都要上坟焚香祭拜。农民有病，也常到她坟前祈祷，据说颇有灵验。从乾隆初年，到20世纪60年代"文革"前，二百多年来，香火一直未断。"文革"初期，郝二师傅坟墓被毁，尸骨由当地农民保护下来。80年代初期，当代农民与外地信徒用了七八年的时间，捐款集资40多万元，于1992年重新修建了一座青砖坟墓和一座巍峨宏丽的慈善堂。此后，农历每月初一和十五，都打开大门，供天地门教信徒烧香祭拜。特别是每年农历三月十三至十七，当地天地门教信徒都要在这里举办为期五天的"郝二师傅天地圣会"。届时，香烟弥漫，人流如潮，已成为当地乃至附近乡村常年不衰的民间信仰活动场所。

2. 举办圣会。天地门教举办的圣会有两种，一是报恩圣会，于农历每年四月初四董计升忌日举办，地点一般设在道房，规模较小，举办的目的主要是为了纪念董计升的立教功德；二是阖会大众圣会，于每年农历十月十五地藏诞辰和正月元宵节举办。其中，元宵节圣会又称阖会大众圣会，场面大，人员多，红火而热烈。特别是正月十六夜晚，男女老幼倾村出动，跟着放灯队伍一路竞相燃放烟花、爆竹，火树银花，划破夜空，欢声笑语，笼罩全村，辛勤劳作一年的农民借此机会欢乐一番，祈求新年万事如意，人寿年丰。

3. 烧香磕头。天地门教规定信徒每日要烧香磕头，名叫"功夫"，认为只有这样，才能了三灾（水、火、风），除五魔（狐狸、黄鼬、刺猬、长虫、老鼠），"幸赴龙华三会"。否则，就会死掉，堕入轮回。

烧香磕头一般在室内进行，中堂案上供奉"天地君亲师"或"天地吾师"牌位，通常是信徒上香后，跪直双手合十，点头为磕，但虔诚的信徒要在地上磕，一场功夫（一个小时）下来，已是大汗淋漓，红光满面，浑身充满了活力，毫无疲劳之态。该教信徒通过这种活动，觉得既使自己的心灵与天地沟通，又使自己的身体得到了锻炼，好似收到了精神升华与强身健体之功效。

4. 念经派功。天地门教内有一个规矩，即有病不吃药，烧香上供，念经派功，求"天地君亲师"保佑，特别是求老师傅保佑。该教不但给教内人看病，还给教外人看病，主要由当家师傅担任。当家师傅在给人看病时，首先问病人做了什么错事没有？告诉病人，只要烧香服理，知错改错，过后无错，只要信受教理教规，就会灾消病除；然后，上供烧香，念诵《根本经》和《心经》等经卷，求老师傅保佑；最后是派功夫，即磕头。当家师傅为人治病从不收钱，但要吃供，倘有灵验，主家还要宴请当家师傅举办一次还愿会。

5. 养生送死。天地门教认为，善男信女只有"逢苦救苦，逢难救难"，才能"早赴中原，龙华三会"。[①] 为此，天地门教兴办了一些宗教福利事业。其中，主要的是为先人超度亡魂、相看阴阳宅地、为死者念经发送等。

每当传统节日，天地门教都要设摆美供，安奉"三代宗亲之灵位"，为乡邻超度先人亡魂，借以慎终追远，福荫子孙，借以宣扬孝道。天地门教内还有一些相看风水的堪舆师傅，乡邻盖房，请他们相看地脉，乡邻死人，也请他们选择理想阴宅，使生者与死者都得到安宁，满足了乡村农民的精神需要。乡邻办理丧事，天地门教便前往帮助料理，主持丧葬仪式，念经发送，入土为安。天地门教做的这些工作，分文不取，带有宗教福利性质，因此受到了广大农民的欢迎，扩大了它在乡村社会的影响。

与此不同，笔者在调查河北省保定、景县的天地门教组织时，发现这两个地区天地门教的现实活动则采取另一种方式。保定地区是天地门教"山传八支"之一的徐明扬的传教之地，景县周边则是天地门教"九股"谭西堂的势力范围。保定地区与景县周边的天地门教组织，既不举办各种形式的圣会，也不公开建筑殿堂、道房，而是严格按照徐明扬与谭西堂立下的规矩，

---

① 天地门教经卷《大经》。

平时以一家一户为活动单位，有事则会聚一起，因而不像沧州市郊县和天津市郊县一带的天地门教组织那样引人注目。

笔者通过多年观察，发现这些地区的天地门教组织，在新中国成立以后，尤其是在20世纪80年代改革开放以来的现实活动中，不仅继承了清代天地门教的安善性格，而且还能做到与时俱进。其行为主要表现：一是在他们的偶像崇拜中，加进"中国共产党万万岁"牌位和在抗日战争、解放战争、抗美援朝战争，乃至对越自卫反击战中牺牲的"革命烈士"牌位；二是借用佛教的"不依国主，则法事不立"[①]理念，尽量与当地党员干部搞好关系，争取对他们活动的支持，有的甚至将一些党员干部也拉进来一起从事活动，起码做到不闻、不问、不干涉，致使这些地区的天地门教组织能够堂而皇之地开展各种活动，而它们的现实活动，在这些贫穷落后、缺乏理性思维的乡村民众之中，又确实发挥了安顿人心、道德约束、协调矛盾、幸福追求和终极关怀的社会功能。对此，不论是学术界，还是政府决策部门，都应坚持实事求是的原则，从社会主义初级阶段的现状出发和构建社会主义和谐社会的大局着眼，正确认识和妥善解决这一当代中国的社会问题。

原载《当代宗教研究》2006年第1期

---

① 东晋道安法师语。

天地门教现实活动的某些特点

　　天地门教，又称一炷香教、金丹如意道等，自清顺治七年（1650）问世以后，首先在其发祥地山东流传起来；接着，迅速传入直隶，成为燕赵大地下层民众竞相景从的民间宗教教派之一。清中叶以后，随着山东人大规模闯关东，天地门教又进入东北地区，在垦荒大军中拥有众多信徒。民国时期，天地门教仍以其顽强的生命力，在山东、河北、东北等地区乡村社会广泛流传。20世纪50年代以后，经过全国大规模取缔反动会道门运动和历次政治运动的猛烈冲击，天地门教迫于阶级斗争形势的压力，转入地下活动。80年代以来，随着我国改革开放国策的强劲推行和由此带来的社会巨大变化，天地门教也悄然复兴，从地下走向公开，重新在乡村社会活跃起来，并表现出某些特点。

一

　　公开建造殿堂、道房是天地门教现实活动中的第一个特点。

　　据笔者对天地门教的多年研究，该教自清初问世以来，由于其创始人董计升（1619—1694）与其历代传人基本上是乡村农民和走街串巷的小手工业者，辛勤劳作一年，吃穿尚且成为问题，因此没有剩余钱财用来建造殿堂、道房之类的活动场所，况且清朝政府对任何民间宗教都是采取严厉查禁和坚决镇压的政策，历代天地门教传人和信众即使有钱，也不敢贸然建造公开的活动场所，以免引来杀身之祸。

　　在这种境况下，天地门教便利用佛教寺院或道教宫观从事传教活动。康熙二年（1663），董计升曾带领李修真等十大弟子隐居山东枸峪山[①]雪山寺，以此作为传道基地。康熙三十三年（1694），董计升在雪山寺去世后，其教权继承人顾明心，也是在枸峪山石龙庵坐山传道，直至雍正三年（1725）物故。[②]董计升"山传八支"弟子[③]中的邱慧斗、杨超凡，因其二人恭遇董计升前，均为道教道士，皈依董计升后，便分别在山东历城县郑家码头三官庙和章丘县峰峪关帝庙传习天地门教。此外，直隶南宫县三官庙，山东禹城县龟台寺、三官庙、七圣堂，也都有道士崇信和传习天地门教，并递衍多代。他们在庙内设天地台，焚香膜拜，定期做会，编造劝善歌词，"用渔鼓、简板拍唱，劝人修善"。信众跪一炷香，望空祈祷，以图治病获福。[④]打着佛教或道教的旗号，以寺院或宫观作为传教场所，避免了清廷的查禁和镇压，这是天地门教传道方式上的高明之处。当然，天地门教在乡村社会的迅速流传，主要还是靠董计升众多弟子游走民间[⑤]，传道收徒，并以举办道场、跪香坐功、为人治病等途径，将天地门教宣扬的教义思想播洒下层民众之中。有清一代，乃至民国时期，天地门教主要是以这种传播方式在乡村社会流衍。

但是，自20世纪80年代始，在全国大兴修复和重建伊斯兰教、佛教等宗教场所的浪潮中，流传在河北和天津某些地方的天地门教，也乘机修造自己的殿堂或道房，作为举办宗教活动的场所。如河北省黄骅市某乡的天地门教信众，从80年代初期起，用了七八年的时间，通过捐款方式，集资40多万元人民币，于1992年建造了一座巍峨宏丽的殿堂。该殿堂长30米，宽10米，高5米，为仿清砖石建筑，坐落在一个占地50余亩、由围墙围成的大院内。殿堂大门上方悬挂匾额一块，上书"慈善堂"；殿内正中安奉"郝二师傅"塑像，为一位慈祥老太太坐像。殿堂后面则是新修的郝二师傅坟墓，高

---

① 枸峪山，坐落山东济南章丘区绣惠镇境内，属山东省长白山脉，距董计升故里董家林60公里。雪山寺坐落枸峪山，为北宋名臣宋范仲淹所建。宋元时期，山东章丘枸峪山的雪山寺与江苏镇江的金山寺、浙江杭州的灵隐寺齐名。

② 濮文起：《秘密教门：中国民间秘密宗教溯源》，江苏人民出版社，2000年，第170页。

③ "山传八支"，是董计升在枸峪山按八卦招收的八个弟子，即徐明扬、董成所、邱慧斗、郝金声、于庆真、蔡九冈、邢振邦、杨超凡。

④ 马西沙：《清代八卦教》，中国人民大学出版社，1989年，第33—34页。

⑤ 董计升生前，主要有"林传八支"（董计升在其家乡董家林按八卦招收的八个弟子，即李修真、刘绪武、张锡玉、杨念斋、石龙池、黄少业、马魁元、马开山）、"山传八支"和坐山顾明心。

3米，周长约10米。坟墓后、围墙外，矗立一座牌楼，上书"师傅林"三个大字。在沧州东南部一马平川的黄土地上，这座殿堂格外引人注目。

慈善堂供奉的郝二师傅，为董计升"林传八支"第八支马开山八位弟子之一李海山妻子。在天地门教内部，男当家称"师傅"，女当家称"二师傅"。李海山夫妇于清初领授马开山师命后，在沧州东南部共同传教。李海山生卒年月不详，且影响不如其妻郝二师傅大。郝二师傅生于顺治元年（1644），卒于乾隆三年（1738），享年九十有四。她生前经常为民治病了灾，受到当地农民敬仰；死后，当地农民为她修坟造墓，享受人间香火。每当她的忌日——农历三月十五，附近农民都要上坟焚香祭拜。农民有病，也常到她的坟前祈祷，据说颇有灵验。从乾隆初年，到20世纪60年代"文革"前，二百多年来，香火从未中断。"文革"初期，郝二师傅坟墓被平，尸骨由当地农民保护下来，并于90年代初，修造了这座颇具规模的殿堂与坟茔，纪念这位天地门教的女传人。据笔者所知，这是天地门教历史上第一座公开建筑的殿堂。

慈善堂落成后，便成为当地天地门教举办宗教活动的场所。农历每月初一、十五，都有天地门教信众前来焚香祭拜。特别是每年的农历三月十三至十七，当地的天地门教信众都要在慈善堂举办为期五天的"天地圣会"。笔者曾多次奔赴该地，参与观察当地天地门教的这种一年一度的宗教活动。是时，通往慈善堂的沧（沧州）黄（黄骅）公路上车水马龙，人山人海；慈善堂周围方圆一华里的范围内，各种摊点星罗棋布，各种工业产品、农副产品应尽应有，有买有卖，生意兴隆；马戏团、河北梆子剧团高搭大棚、戏台，锣声鼓声响彻云霄，游者观者如水如云；而那些占卜算卦者则堂则皇之地挑起幌子，招摇过市，生意亦是兴旺。走入慈善堂，香烟弥漫，信众如潮。在殿堂四周的地上，跪满了朝拜者。他们当中，有工人、农民、个体经营者，等等。他们大多穿戴朴素整洁，也有的西装革履，油头粉面。他们有的来自北京、天津与东北一带，更多的则是来自沧州地区各县。有单独一人来的，有携妻带子来的，有全家老幼一起来的，也有新婚夫妻一同来的，还有年轻姑娘、小伙子三五成群结伴而来的，真可谓男女老少、俊丑胖瘦、各色人等。在他们面前，摆放着糕点、鲜果、水酒等各式供品，燃烧着香烛纸锞，人人脸上诚惶诚恐，个个口中念念有词，威慑魂魄的信仰力量，在这里充分显现出来。

　　无独有偶，天津静海某乡的天地门教，也于 90 年代初，依靠其信众捐款集资，修造了一座称之为"道房"的公开活动场所。这是一座北方传统住宅式的宽敞院落，没有隔断的三间红砖瓦房坐南朝北，房子中间摆设一张长约 4 米、宽约 1 米的木制条案，上面放有茶壶、茶碗等饮水用具，条案周围则摆放木制条凳，供道爷①唱诵经文坐用。道房于每月初一、十五开门，天地门教信众或其他群众都可以到这里焚香祭拜。每年农历的四月初四（董计升忌日）和正月十五，当地天地门教都在这里举办法会。四月初四法会，又称报恩圣会，是为了纪念董计升的创教恩德；正月十五法会，又称阖会大众圣会，则是为了欢度元宵佳节。90 年代中叶，笔者曾多次参与观察了当地天地门教在这里举办的阖会大众圣会，其规模虽不能与慈善堂的"天地圣会"相比，但仍吸引了四邻八乡的天地门教信众前来赴会，一天下来，也有二三百人。

　　2008 年正月十五上午，笔者从天津驱车来到阔别 11 年之久的河北省沧县某乡，参与观察当地天地门教举办的阖会大众圣会。踏入村子，走进农家，笔者在与天地门教信众交谈时，从当家师傅口中得知，他们用历年办会节省下来的两万多元钱，于 2006 年在庄子里建造了一座道房。在此之前，每届正月十五，当地天地门教举办阖会大众圣会时，都要搭建彩棚；法会结束后，还要拆掉，费工又费时。笔者听到这一消息后，立即请当家师傅引路，前往观看。这是一座建在农舍群中的坐北朝南的红砖水泥建筑，长约 15 米，宽约 10 米，高约 5 米。大门正中上方，用水泥镌刻"圣会堂"三个大字。此时，天地门教信众正在布置会场，佛牌、吊挂、水陆和香烛、水果、茶水、酒水、馒头等供品，都井然有序地摆放在各自位置，准备即将举行的请圣仪式。上午 10 时，请圣仪式开始，笔者再次观察了整套仪式。与 11 年前相比，除主持仪式的老当家因卧病在床，改由新当家主持仪式外，其他一切，均没有任何变化。中午 11 时，请圣仪式结束。随后，笔者在与他们用餐时，像十一年前那样，询问了他们的生活状况和十年来天地门教在当地的发展情况。下午 2 时，笔者又驱车前往另一乡村，看望住在那里的当家师傅和一般信众，同样满载而归。

① 道爷，天地门教内专门从事吹打念唱的信徒。

二

整理、印制经卷是天地门教现实活动中的第二个特点。

天地门教从建立时起，就自称"无咒无经"①，"少经无卷"②，"原人持诵"的是"无字真经"。③ 所谓无字真经，乃是天地门教早期传人创作的口头经卷，大部分靠口传心授，代代相传，只有少数写本留世。1980 年代末叶至 1990 年代中叶，笔者在搜集天地门教经卷时，主要采取的是依靠当家师傅口述、笔者记录整理的传统手段。

但是，步入 21 世纪以后，笔者在乡村社会进一步访求天地门教经卷时，却惊奇地发现许多地方的天地门教都在整理历代当家师傅口传下来的经卷。他们有的请书法较好的信徒，将整理好的经卷誊写清楚，然后复印装订成册；有的则请懂得电脑的信徒或家中孩子，将整理好的经卷输入电脑，打印装订成书。这一新情况的出现，一方面反映了活跃在乡村社会的天地门教信众的经济生活已经大为改善、提高，因此才有经济实力用来整理、印制自己的经卷；另一方面也说明了天地门教信众也能与时俱进，采取先进的科技手段，整理、印制自己的经卷，以满足天地门教信徒研读本教经卷的迫切需求。殊不知，天地门教正是因为采取了这一措施，使长期以来一直由当家师傅口传心授的"无字真经"变为"有字经卷"，从而使天地门教的教义思想在乡村社会乃至城镇社会更大范围内流传起来。

2001 年，笔者首先在河北保定地区的天地门教当家师傅手中，访得一批经过整理的手抄经卷，其中就有弥足珍贵的《如意宝卷》。④ 接着，笔者又相继在天津郊区与河北省等地天地门教当家师傅手中访得经过整理的手抄或打印的经卷几十部。其中，有专门讲述天地门教组织源流的《董祖立道根源》《根源记》《老祖经》，有专门讲述举办道场仪式的《佛表天盘》《圣会

---

① 天地门教经卷《心经》。
② 天地门教经卷《佛偈》。
③ 天地门教经卷《大经》。
④ 笔者曾对该部经卷进行研读，其成果以《〈如意宝卷〉解析——清代天地门教经卷的重要发现》为题，发表于《文史哲》2006 年第 1 期。

偈》，有集中讲述天地门教修炼内丹方法的《杓峪问答》，还有宣扬劝善行慈的《八德词》《批苦记》《道偈》《唱词》《十样好》和长期秘不示人的《十字真言》等。可以说，有关天地门教的组织、教义、仪式、修持等所应具备的一切宗教要素，都囊括其中了。特别是在笔者访得的这批经卷中，还有一些是当家师傅近年编写的经卷。在这些经卷中，当家师傅依据儒释道传统道德与戒律，演绎了当代人如何为人处世的行为准则等。目前，笔者正在对这些经卷进行梳理和解读，其研究成果，将陆续公布于世，与学界朋友共享。

三

民营企业家或当地有影响的人跻身天地门教，并大多成为当家师傅是天地门教现实活动的第三个特点。

董计升传播天地门教时，其弟子中，只有李修真家道殷实。传道需要有经济支持，最起码要衣食无忧。因此，在董计升最初云游传道时，李修真一直跟随左右，在经济上给予董计升很大支持。董计升逝世后，因为天地门教已在民间形成气候，尽管历代当家师傅均为农民或手工业者，所以并没有影响该教盛传不衰。

20 世纪 80 年代以来，天地门教复兴后，在流传的过程中，有些民营企业家或当地有影响的人积极皈依天地门教，由于他们具有一定的经济实力或社会影响，当然还必须具备一定的天地门教素养，所以便很快被当地天地门教信众推为新的当家师傅，成为当地天地门教的领袖人物。在这些当家师傅的领导下，使当地天地门教得到迅速发展。

如天津郊区有一位天地门教当家师傅，1963 年生。1979 年，入伍当兵；1985 年，退伍务农；1986 年，加入天地门教；1993 年，开始从事建筑生意，是当地一名颇有经济实力和社会影响的农民企业家；1994 年，从其师傅手中，领授教权，成为当家，是天地门教"林传八支"第八支马开山八大弟子之一孙泰和的第十四代传人。迄今为止，他有亲传弟子七人，信徒一千多人。

这位当家师傅不仅从其师傅那里学习、掌握了天地门教的教义思想，而且继承了修炼内丹的理论与方法。十几年来，他每天都在夜间修炼内丹，并将自己的感悟传与其弟子。他曾对笔者说，自从修炼内丹以后，不但心清气正，而且身体健康。笔者在调查中发现，他确实在当地群众中有较高威望，尤其是当地天地门教信徒遇有心理障碍或生理疾病，都向他询问、讨教、治疗，且往往有奇效。其影响所及，就连外乡外县的天地门教信徒也慕名前来求教。因此，每天晚上，在他家的客厅里，常常会聚着各方人士。其中，既有天地门教信徒，也有不在天地门教的普通群众；既有六七十岁的老年人，也有二十岁左右的年轻人乃至十几岁的青少年；既有男人，也有女人。总之，男女老少，各色人等，常常登门向他求教心理或生理出现的问题。对此，他的原则是，来者不拒，有求必应。因此，颇受当地天地门教信徒拥戴。

又如笔者在前面介绍的河北省黄骅市某乡的慈善堂，在这里主持堂务的当家师傅，原是村里一有影响的人物。在集资建造慈善堂的过程中，他是积极的组织者；慈善堂建成后，他又成为堂务的管理者和当地天地门教的领导者。每当慈善堂举办"天地圣会"时，他的家中，往往集合了许多前来治病的各界人士。笔者曾在他的家中，观察其为人治病（一般是癔病患者）的场景。他首先为病人点燃一炷香，插在香炉中，然后用左手攥紧一根筷子，用右手拇指和食指掐住筷子，从上往下捋，边捋边念诵咒语。大约十分钟，他就告诉病人得的是什么病？应该如何治疗？笔者听他所念叨的无非是病人冲撞了五大仙①中的某一仙，回家以后，烧纸了灾等。他为人治病，只收一元香钱。这种与巫术无异的治病方法，很受当地群众崇信。笔者曾询问一些病人，均说颇有成效。

四

"信而不仰"与"信仰而不归属"是天地门教现实活动的第四个特点。

所谓"信而不仰"，是指某些天地门教信徒只是崇信该教所宣扬的伦理道德，但对该教所崇拜的各路神灵却不仰视膜拜；所谓"信仰而不归属"，是指某些乡民只是信仰天地门教所宣扬的教义思想，但并不加入该教组织。

---

① 五大仙，即狐狸、黄鼬、刺猬、长虫、老鼠。

笔者在河北调查天地门教时，常看到一些天地门教信徒对该教宣扬的伦理道德，如长幼有序、尊老爱幼、家庭和睦、乡里和谐等非常崇信，认为天地门教的这些道德宣教，不仅切合生活，而且容易操作，因此，他们便以这些伦理道德规范自己的言行，教育自己的子女。但是，对天地门教所崇拜的各路神灵，他们却不仰视膜拜。还有一些乡民虽然信仰天地门教所宣扬的教义思想，并在家中堂屋正中条案上供奉"天地君亲师"牌位，每天都定时烧香上供，顶礼跪拜，但却不是天地门教信徒，即不在天地门教组织，对天地门教举办的诸如"阖会大众圣会"等仪式，也不参加。

笔者曾询问这些"信而不仰"者时，他们均说："我们崇信的是天地门教宣扬的伦理道德，遵照这些传统伦理道德修为，可以做个好人。"笔者也曾询问那些"信仰而不归属"者时，他们则说："关键是在心灵上信仰天地门教，至于是否加入天地门教，并不重要。"

五

天地门教现实活动中呈现的这些特点，既反映了天地门教在当代民间流传的广度，也透露了天地门教在当代民间传播的深度，因而充分说明天地门教至今仍在民间社会具有肥沃的土壤。无论是一些地方的天地门教公开建造殿堂、道房，作为该教公开举办各种活动的场所；还是一些地方的天地门教信众整理、印制大量经卷，作为扩大该教在民间影响的手段；乃至一些民营企业家或当地有影响的人跻身天地门教，并大多成为当家师傅；这一切均具体而又生动地证明：在目前缺少丰富、健康的文化生活，并由此导致精神贫瘠和信仰危机的乡村社会，正是天地门教发挥了教化民心的功能，使该教信徒和那些"信而不仰"者或"信仰而不归属"者寻找到自己的精神家园，从而获得生命领会和精神自觉。对此，我们是不能讳言的，也是不能视而不见，放任自流的。正确的态度，应是对这种客观存在的社会现象，进行理性分析和妥善处理。

原载《当代宗教研究》2008 年第 2 期

"师傅林": 天地门教研究的新发现

——河北省 HH 市 NPH 镇 "师傅林" 调查记 ①

2014 年，笔者得知河北省 HH 市 NPH 镇有许多渔民信仰天地门教，还有两个渔村修建了颇具规模的"师傅林"，于是前往该地调研。调查表明，这两处"师傅林"对于研究天地门教而言具有重要的价值。

一、张巨河村与后塘堡村的"师傅林"调查实录

（一）张巨河村的"师傅林"

张巨河村的"师傅林"坐落于该村西北，毗邻津歧公路，占地约 1 亩。大门坐北朝南，门联镌有大红楷字："佛缘有灵同地久，师德无疆共天长。"走入大门，左侧立有一块"师傅林简介"，右下有道经师宝、张巨河道房、道经师宝三方印。其内容如下：

师府林简介 ②

张巨河师府林谓之北林开山马师弟子，建于清乾隆年间，由天地老师、南海观音大士、董老先师、开山马师到希明王师一脉相承；同时，成立了真玉道房，印鉴三枚。先师们在兵马作乱、灾荒连年的年代里，不忍人间苦难，传教道经，杨善避恶，吉福吉德 ③，为劳苦大众救苦救

---

① 本文系与莫振良、濮蕾合作调查、撰写。

② 师府，应作"师傅"，下同。

③ 吉福吉德，应作"积福积德"。

难，普度众生。

天地老师；南海观音大士；董老先师，老王二师[①]；显吾[②]赵师，卒正月；洪都刘师，卒五月二十一，李二师；云之李师，卒正月，高二师；盛德郭师，卒五月二十九，李二师；玉山张师，卒四月二十八，李二师；广发王师，卒正月初六，吴二师；招元高师，卒十一月十三，于二师；希明王师，卒八月初七，凤二师；玉亭张师，卒六月十五，宋二师；自通王师，卒十二月二十五，任二师；广山白师，卒五月二十五，陈二师；广庆宋师；广庆白师，张二师；清林翟师，刘二师；万仓白师；朝群夏师，卒正月初三，刘二师；金月杨师，刘二师；会祥任师，张二师；宝元高师，卒四月初四，杜二师；树山高师，任二师；击臣[③]蔡师，五二师；广金任师，刘二师；清山王师，卒三月初八；印泉白师，卒三月初七，张二师。

"师府林简介"后面便是三座砖砌坟墓[④]，前两座高约 2 米，第三座高约 3 米，所葬师傅从前往后排列顺序为"北林"明路李师父[⑤]之墓，"北林"自通王师父、任二师父之墓，"北林"希明王师父、凤二师父。

走出张巨河村"师傅林"，左侧建有道房一座，名曰"真玉"，道房正中悬挂佛牌一副，左右摆放大鼓、旗帜、经卷等举办法会所用器物，由一位 60 多岁的男性老人看护。

张巨河村"师傅林"对面，建有一座帆布戏棚，棚内整齐地排列着 20 多排铁制凳子，以供迎神赛会时，村民看戏之用。

（二）后塘堡村的"师傅林"

后塘堡村"师傅林"建在"渤海观"内，亦坐落于该村西北，毗邻津歧公路，占地约 10 亩。大门坐北朝南，门楣镌刻"渤海观"三字，门联则是：

---

① 董老先师、老王二师，即清初天地门教创立者董计升与其妻王氏。所谓"二师"，指师傅之妻。因天地门教主张"夫妻双修"，故许多师傅之妻也一同参修、传道，特别是当师傅去世后，她们便担当起传道收徒责任。因此，当她们去世后，便位列其夫之后。
② 又写作"显武赵师傅"。
③ 击臣，应作"吉臣"。
④ 1993 年农历八月初七日立。
⑤ 师父，应作"师傅"。

"祈福娘娘庙，问道师傅林。"步入大门，走过翠柏掩映的甬道，迎面建有一座"师傅林"大殿。该大殿台阶下右边，矗立一块"功德碑"。其内容如下：

功德碑

ＨＨ市后唐^①堡村立于明永乐二年（1404），原名香道堡，辛亥革命后，改为现名。历代师祖在缺医少药的条件下，用土方、针灸、按摩等医法治病救人，除灾祛难，造福渔村。为崇扬他们功德，特立此碑。

师祖简介

墨还^②李师祖，生于公元一七零四年（康熙四十二年）^③，卒于一七六六年，享年六十二岁。

玉琳白师祖，生于公元一七二四年（雍正二年），卒于一八零八年，享年八十四岁。

王二师祖，生于公元一七二五年（雍正三年），卒于一七八一年，享年五十六岁。

陈二师祖，生于公元一七零七年（康熙四十七年）^④，卒于一七七五年，享年六十八岁。

翮海李师祖，生于公元一七零九年（康熙四十九年）^⑤，卒于一七七七年，享年六十八岁，一七四四年离家，居住于现辽宁省锦州市三道门一带。

李孝师祖，生于公元一七二二年（康熙六十年）^⑥，卒于一七八二年，享年六十二岁。

---

① 唐，应作"塘"，下同。
② 墨还，应作"墨环"。
③ 应为康熙四十三年。
④ 应为康熙四十六年。
⑤ 应为康熙四十八年。
⑥ 应为康熙六十一年。

杜敬师祖，生于公元一七五九年（乾隆二十三年）[①]，卒于一八二四年，享年六十五岁。

己卯年[②] 敬立

"师傅林"大殿内正中高台上，端坐五男两女七尊塑像，为道教真人装扮，面如满月，慈眉善目，坐像下分别标写李墨环真人之位、李翮海真人之位、白玉琳真人之位、王二真人之位、陈二真人之位、杜敬真人之位、李孝真人之位。其中，前五尊塑像左下侧，分别挂有同一真人画像一幅。坐像背景绘有苍松翠柏，白云仙鹤彩画。七座塑像，用玻璃罩住。大殿两侧，悬挂众多还愿锦旗、幔帐。

关于李墨环、李翮海、白玉琳、王二、陈二五位真人塑像左下侧画像，还有一段灵感传说故事：1968 年，一位名叫刘增年的北京石油学院毕业生被分配到大港油田工作。当年，他住在毗邻大港油田的后塘堡村，时常从渔民那里听到天地门教当家师傅治病救人故事，久而久之，受渔民影响，他也参与了天地门教活动。到了 1993 年，已是高级工程师的刘增年先生，于是年 6 月的一天夜里，在睡梦中见到墨环李师傅、翮海李师傅、玉琳白师傅、王二师傅、陈二师傅。因他喜欢绘画，故梦醒以后，根据梦中记忆，绘画了五位师傅画像，1999 年，后塘堡村渔民依据他的绘像，聘请雕塑师在"师傅林"大殿内雕塑五位师傅坐像。刘增年先生曾将这个灵感故事书写下来，如今摆放在后塘堡村"师傅林"大殿内。其文如下：

后唐堡师府林五位师傅画像之由来[③]

世上之事，信则有，不信则无。民间尚有多少离奇之事流传至今，千书万册，书中人物，或除暴安良，或弃恶扬善，或助人为乐，或品德高尚，或为人师表，或忠诚不奸，或勤俭持家，或贫而不贪等等，无论男女老幼，一定是后人楷模。

---

① 应为乾隆二十四年。
② 己卯年即 1999 年。
③ 唐，应作"塘"。府，应作"傅"。

当今科学发达，但宇宙之间，大自然之中，尚有多少事由，仍解释不清。天地之间，凭意念功力，或治病，或移物，或呼风唤雨，等等，到处是何物存在，谁能说清，只能留与后人评说。

吾所言之事，主要出自民间百姓所讲，师傅托梦画像，并非毫无根据，前前后后向我述说，几位师傅音容笑貌传说之事，不下百人。

农历癸酉年五月初四深夜，天气清爽，因劳累很快进入睡乡，突觉房门慢慢推开，我立即起身。此时，只见门外轻轻走进一位长者，身材魁梧健壮，面目慈祥，微带笑容，轻声言道："我乃后唐师傅林墨环李，随我而来，还有四位师傅。"言罢，按显身先后介绍了，翩海李师傅、玉琳白师傅、王二师傅、陈二师傅。我仔细观看几位师傅相貌，十分真切，个个面（带）微笑，亲切和善，衣着十分朴素。

墨环李师言道："耳闻你可曾去过后唐师傅林？"我说去过，瞻仰了几位师傅大名。墨环李师笑道："我看你必是能写会画热心之人，望你仔细记住我几位相貌，今日相托一事，望你万万不可推辞。我祖籍乃后唐人氏，我多年来漂泊在外，历经沧桑，本应认祖归宗，今日相托，请将俺几位相貌描绘出来，交于后唐晚人，了确①我们心愿。"随后，玉琳白师托嘱道："告之乡亲们，今年风多雨多，要及早将船只修好，万事切记古训：富贵三春景，平安四季金，更要尊重老辈出海行船经验。"言罢，几位师傅拱手告别。

我即起身相送，不想猛醒，原来只是一梦，但几位师傅音容犹存。

次日，将此事言之众人，并将五位师傅相貌画于纸上，供后人观瞻，并书写铭言，告之后人鉴行。

晚辈刘增年写于公元一九九三年六月

"师傅林"大殿背后，则是墨环李师傅、翩海李师傅、陈二师傅、玉琳白师傅、王二师傅，李孝师傅砖砌坟墓。

---

① 确，应为"却"。

"师傅林"左侧坐落一座妈祖殿，殿内有一座石刻天妃娘娘趺坐雕像。[①] 毗邻妈祖殿，则是龙王殿，殿内塑有龙王坐像。

二、"师傅"的谱系与"师傅林"的形成

上述便是张巨河、后塘堡两个渔村"师傅林"调查实录。下面首先要弄明"师傅"所指，"师傅林"为何意？然后还要探究是天地门教的哪位传人将该教派传入张巨河与后塘堡两个渔村的。在明清时期的民间宗教世界，以"师傅"称谓创教祖师与其历代传人的教派，只有清顺治七年（1650）山东商河县人董计升创立的天地门教（又称一炷香教）。其信众对董计升尊称"董老师傅"，或"董老师"，简称"老师傅"，对其历代传人则一律尊称"师傅"。在称呼时，先称"名"，后称"姓"，如"林传八支"八位传人，其称呼依次是：长支修真李师傅、二支绪武刘师傅、三支锡玉张师傅、四支念斋杨师傅、五支龙池石师傅、六支绍业黄师傅、七支魁元马师傅、八支开山马师傅；"林传八支"各支传人，信众也依此方式称呼其名。

在中国传统的儒、释、道三教中，经过长期修心炼养，成为圣、佛、仙，乃是它们各自追求的最高境界与终极目标。受此种主流文化影响，天地门教自创立时起，便以道教自诩，其信众认为董计升与其历代传人，均是得道成仙的"真人"。他们"拯世济民"，功德无量，值得后人信奉。因此，康熙三十三年（1694）董计升逝世后，他的亲传弟子便效仿文圣人孔丘墓地"孔林"[②]和武圣人关羽墓地"关林"[③]模式，在其家乡故里常王庄修建了一座坟墓，称为"董林"。从此，常王庄也改称"董家林"。这里苍松翠柏，碑碣林立，每年朝拜者络绎不绝，尤其是农历四月初四日，即董计升忌辰前后，更是信众云集，到"董林"叩拜祈福。

---

① 据看护"渤海观"的老人说，这座石像是村民在地下发掘捐献。据现场勘察，这尊石像应是佛教观音坐像属于历史文物，当地渔民误认为妈祖像。

② 孔林坐落在山东曲阜城北。

③ 关林坐落在河南洛阳老城南。

董计升生前曾按"八卦"收徒，故有"林传八支""山传八支"①之称。在董计升亲授众多弟子中，只有"林传八支"第八支马开山弟子继承了天地门教为已故师傅修建坟墓的传统。

马开山，明末山东庆云县②马卧村人。他身材高大，武功精湛，始以木匠，后以响马为生。顺治年间，拜董计升为师，成为"林传八支"第八支传人。康熙初年，马开山遵从师命，北上直隶沧州、静海、天津一带传教。

马开山在沧州传教时，也是以"八卦"收徒，称为"小八支"，依次是长支太和孙师傅、丁二师傅；二支龙江李师傅、崔二师傅；三支海山李师傅、郝二师傅；四支玄伍③赵师傅、冯二师傅；五支平候刘师傅、高二师傅、胡二师傅；六支明云刘师傅、王二师傅；七支肖云赵师傅；八支海山刘师傅。④

马开山自沧州来到天津传教，并未按"八卦"传徒，其弟子依次是：桂林王师傅、永平刘师傅、泰山孙师傅、和达王师傅、存意张师傅、耀林孙师傅、俊儒尚师傅、魁如尹师傅、秀玉阎师傅、念山刘师傅、胜伯王师傅、玉山侯师傅、显武赵师傅。⑤

马开山在天津的传人，自称"北林"，即马开山在"董林"以北的历代传人。其中，显武赵师傅既是"北林"传人，也是"小八支"第四支传人⑥，是他将天地门传到张巨河村。其历代传承如"张巨河师府林简介"，即：

显吾赵师→洪都刘师，李二师→云之李师，高二师→盛德郭师，李二师→玉山张师，李二师→广发王师，吴二师→招元高师，于二师→希明王师，凤二师→玉亭张师，宋二师→自通王师，任二师→广山白师，陈二师→广庆宋师→广庆白师，张二师→清林翟师，刘二师→万仓白师→

① 清康熙四年（1665），董计升在山东章邱县（今山东济南章丘区）境内杩峪山传授的八个徒弟，依次是明扬徐师傅、成所董师傅、慧斗邱师傅、金声郝师傅、庆真于师傅、九冈蔡师傅、振邦邢师傅、超凡杨师傅。
② 自清雍正九年（1731）始，庆云县隶属直隶天津府，今仍属山东省。
③ "玄伍赵师傅"又写作"显吾赵师傅""显武赵师傅"。
④ 《圣意叩首之数》乙本写作长支泰和孙师傅、二支龙江李师傅、三支海山李师傅、四支平侯刘师傅、五支显武赵师傅、六支海山刘师傅、七支名云刘师傅、八支学如赵师傅。
⑤ 《圣意叩首之数》乙本，第69页。
⑥ 此外，尚有"南林"，指马开山在天津以南一带的历代传人，即天成谢师傅、玉环苏师傅、平义涂师傅、旺全曹师傅、道安张师傅、成亮王师傅、道行石师傅。

朝群夏师，刘二师→金月杨师，刘二师→会祥任师，张二师→宝元高师，杜二师→树山高师，任二师→击（吉）臣蔡师，五二师→广金任师，刘二师→清山王师→印泉白师。

而后塘堡村天地门教传承，据该村渔民信众提供的《唐家堡师傅林传承谱》记载，则是"小八支"第三支海山李师傅将天地门传入后塘堡村的。其传承为：

> 海山李师傅→双全郑师傅→墨环李师傅→玉琳白师傅→义合白师傅→吉迷白师傅→长青白师傅→存清李师傅→东兴李师傅→荣升白师傅→华敏李师傅

其中，墨环李师傅、玉琳白师傅与他们的夫人王二师傅、陈二师傅，再加上为当地为民治病，留下极好口碑的墨环李师傅、杜敬师傅、李孝师傅被雕成七位"真人"坐像，在大殿供奉。

由此可见，张巨河与后塘堡两个渔村的天地门教，分别是由"林传八支"第八支马开山的"北支"传人显武赵师傅和"小八支"第三支传人海山李师傅相继传人的。天地门教在张巨河村的第一代传人洪都刘师傅，虽没有留下具体生卒年月，但据"北支"流传情况推测，洪都刘师傅应在康熙末雍正初，拜"北林"显武赵师傅为师，开始在张巨河村传播天地门教；而后唐堡村的第一代传人墨环李师傅应在雍正末乾隆初，拜"小八支"海山李师傅为师，开始在后塘堡村传播天地门教。

自天地门教传入张巨河与后塘堡两个渔村以后，便在渔民中代代流传。据上述"张巨河师府林简介"称，乾隆年间，该村天地门教信众曾建有"师傅林"。不过，规模较小，只是修盖简陋的土坟，作为信众心灵皈依之所。究其原因，主要有二：一是清政府对民间宗教始终采取严厉查禁政策，故广大渔民信众不可能公开兴建"师傅林"；二是广大渔民信众生活艰辛，故无力集资兴建"师傅林"。自20世纪80年代改革开放以来，随着社会环境的日益宽松和广大渔民信众的逐步脱贫，先是张巨河村渔民信众踊跃捐资，于1993年修建了"师傅林"；接着，后塘堡村渔民信众也积极捐资60万元，于 1995 年修建"渤海观"时，也在其中修建了"师傅林"，并雕塑七位师傅"真人"塑像。① 从此，NPH 镇的这两座"师傅林"便成为广大渔民信众心中向往的圣地。

三、天地门教的特点及师傅的作用

从 NPH 镇广大渔民的宗教信仰流传史来看，龙王信仰应该在前，紧随其后的是妈祖信仰，最后则是天地门教信仰。与中国其他沿海地区渔民一样，NPH 镇渔民也虔诚地崇信龙王、妈祖，此不赘述。但是，当鱼汛过后，那些舍舟登岸的渔民，或长年留守渔村的老人妇女遇到生理与心理疾病时，又由谁来扶助与慰藉呢？于是，天地门教填补了这个信仰空缺。

天地门教自清初董计升创立以后，便以"劝善行好"为立教宗旨，以"天地君亲师"为信仰核心，以无偿为民治病为"济世"原则，并严格规定，所有信徒既不能"妖言惑众""男女混杂"，也不能"贪财色淫""赌戏红尘"，而要"尊天地""报国恩""多尽孝""敬乡邻""清如水""明如镜"。②

"批苦了灾"是天地门教最常用的治病救人方法。所谓"批苦"，又称"找苦"，亦称"平苦"，即先由师傅帮助病人找出病因，再由师傅指派功夫，用烧香磕头医治。

如何"批苦了灾"呢？大致归为两类：一是"打差问错"。师傅先让病者跪在坛前；接着，师傅燃香，由病者述其病根；然后，由师傅"批苦"，即评论病者苦痛的原因。病者要悔过的差错，虽不离"八般大病"③，但更多的是表现在是否打骂爹娘、骂天爷爷、打仗骂人、伤害五大仙与各种虫类以及偷盗、强奸妇女等。差错有轻重之分，以奸污论，奸污幼女者重；以打人

---

① 1992 年，天地门信众经过多年捐款集资，在河北省 HH 市滕庄子乡政府驻地，为"小八支"第三支海山李师傅之妻郝二师傅修建了一座颇具规模"师傅林"，其大殿名"慈善堂"，大殿后面，建有砖砌"郝二师傅坟墓"。从此，每年农历三月十五日，即郝二师傅忌日，天地门信众都在这里举办场面宏大的"天地圣会"，由此形成名闻遐迩的乡村庙会，至今不衰。

② 《徐名杨师傅修道偈》。

③ 八般大病：不敬天地欺心病，不孝父母忤逆病，兄弟不和强盛病，邻居不和欺压病，借多还少不足病，渗糠使水损人病，大斗小拜瞒心病，损人利己贪心病。

论，打死人者重，打骂爹娘、骂天爷爷重。师傅根据差错轻重，先让病者跪香，再给病者指派功夫。二是按身体部位批苦。一般是先说头部，再说手部、腿部。病者头部痛，必系不孝父母；病者手部痛，必系兄弟不睦；病者肚腹痛，必系良心不善。"令其对天磕头改悔，不久即可痊愈，不许索取谢礼钱文。如情愿入教者，听其自便。"① 还有按心、肝、脾、肺、肾"五行"批苦，为"内五行"；按眼、耳、鼻、舌、手脚"五行"批苦，为"外五行"。

此外，师傅还向信众传授养生功夫，如天地门教有一部《道经六字诀：呵呼哂嘘嘻吹》，以"呵、呼、哂、嘘、嘻、吹"六字，概括了吐纳过程与其效果，即在呼吸调节中，吐出胸中浊气，吸进新鲜空气，以求延年长生，强调的是在呼吸中，获取先天之气，以补后天之气，指导信众修炼吐纳功夫：每日自子至巳，为六阳时，面东静坐，不必闭窗户，亦勿令风入，叩齿三十六通，先扰口中浊津，漱炼数十遍，候口中成清水，即低头向左而咽之，以意送至丹田，即低头先念"呵"字，呵出心中浊气。念时，不得间"呵"字，声闻即气粗及损心气也。念毕，仰头闭口，以鼻徐徐吸天地之清气，以补心气。吸时令长，即吐少纳多也。如此者六次，心毒气减消，即心三元亦渐复矣。再依次二念"呼"字，耳亦不得闻呼声，如此者六，所以散脾毒而补脾元也。次又念"咽"字，以泻肺毒，以吸而补肺元，亦须六次。次一念"嘘"字，以泻肝毒，以吸而补肝元。"嘻"以治三焦客热，复吸清气以补。三"吹"以泻贤毒，吸以肾元，如此者并各六次，是调小周。小周者，六六三十六者，卅六遍，而六气已遍脏腑，三毒气渐清病根除，祖气渐完矣。次看是何脏腑受病，如眼病，即又念"嘘""嘻"二字各十八遍，仍毒，次以吸补之。总之，卅六讫，是为中周。中周者，第二次卅六通，为七十二也。次又再依前呵呼"咽、嘘、嘻、吹"六字法，各为六次，并须呼以泻之，吸以补之。念当精处，不可怠废。此第三次"吹"卅六也，为大周，即总之为一百单八次，是为百八诀也。午时属阴时，有病，对南方之。南方属火，所以却阴毒也。然又不若子后午前，面东之为阳时也。如早起床上，面东，将六字各为六次，是为周，亦可治眼病也。凡眼中诸症，惟此诀

---

① 《军机处录副奏折》，嘉庆二十四年十一月初一日，直隶总督革职留任方受畴奏折。

能去之，他病亦然神乎，此太上慈旨也。略见《玉轴真经》而详，则得之，师授也。如病重者，每字作五十次，凡三百而六腑周矣。却漱炼、咽液、叩齿如初，如此者三，即通为九百次无病而不愈。秘之，非人勿传。孙真人云："阴雾恶气猛寒，勿取气也，但闭之。"诗曰："春嘘明目扶肝，夏至呵心火自闲，秋咽定收金气润，冬吹惟要坎中安。三焦嘻却除烦热，四季长呼脾化食，切忌出声闻口耳，其功尤胜保身丹。"金丹秘诀："一搓一兜，左右换手，九九之功，真阳不走，戌亥二时，阴盛阳衰之候，一手兜外贤，一手擦脐下，左右换手，各八十一下，半月精固，久而弥住。"李东垣曰："夜半收心，静坐片时，此生发周身，元气之大要也。"精神生精，此自无而之有也。炼精化气，炼神还虚，此自有而之无也。

天地门教传人 NPH 镇以后，以其"劝善行好"、敬奉"天地君亲师"以及历代师傅义务为民治病的诸种善行，立即赢得了广大贫苦渔民的真诚信仰，四百多年来，绵绵不绝，至今仍然兴盛，并于 20 世纪 90 年代相继捐资修建两处"师傅林"作为广大渔民信众安身立命、祈福禳灾的活动场所。

在当前建设社会主义新农村的伟大事业中，如何正确认识、积极引导、妥善管理诸如 NPH 镇"师傅林"这样的遍及全国各地的民间带有宗教性质的活动场所？对此，是熟视无睹，不闻不问？还是采取传统办法，一律取缔？还是审时度势，勇于应对，对其"进行创造性转化、创新性发展"[1]，为实现中华民族的伟大复兴，团结一切可以团结的力量？无论是从理论上，还是在实践中，这都是一个亟须解决的重大问题。

原载《世界宗教文化》2015 年第 5 期

---

[1]　中共中央宣传部：《习近平总书记系列重要讲话读本》，学习出版社、人民出版社，2014 年，第 101 页。

民间宗教的又一块活化石
—— 活跃在当今天津市西青区杨柳青镇的明代西大乘教

在当代中国信仰领域多元化的情势下，古老的民间宗教的复活，是其重要表征之一。

自20世纪80年代末起，笔者曾对重新活跃在河北、山东、天津的清代天地门教进行了长期田野调查，并将其调查与研究结果公诸于世[1]，为中外学界了解当代中国乡村社会的民间宗教活动提供了一些真实情况。

2006年春，笔者又在天津市西青区杨柳青镇发现了一块民间宗教的活化石，这就是产生于明代后期的西大乘教，至今已有四百多年的历史。不过，这块活化石经过历史与现实的磨砺，已经有了很大的变异。

据历史记载，西大乘教是明中叶以来下层民众宗教运动中的一支著名的民间宗教教派，又称皇姑门，明隆庆年间顺天保明寺（又称皇姑寺）少年尼姑归圆创立，其最高崇拜为吕皇圣祖（又称吕菩萨），一位虚构的西大乘教的开山祖师。[2] 与这一历史时期的无为教、黄天道、东大乘教等民间宗教教派的愤世、叛逆性格不同，西大乘教很善于攀缘上层社会。它以顺天保明寺为依托，将为皇亲国戚祈福禳灾、歌功颂德作为自己的主要宗教活动，因而

濮文起：《天地门教钩沉》，《天津社会科学》1993年第1期；《天地门教调查与研究》，《民间宗教》（台湾）第2辑，台北南天书局，1996年；《民间宗教的活化石——活跃当代中国某些乡村社会的天地门教》，《天津社会科学》2006年第3期。

[2] 关于吕菩萨与顺天保明寺的传说故事，在明中叶以来颇为盛行，不少文人札记都有记载。如明人蔡一葵在其所著《长安客话》卷三《皇姑寺》中写道："自平坡东转，望都城平沙数十里，中经黄村，有保明寺，是女道尼焚修处。寺建自吕姑。吕，陕人，云游于此。正统间，驾出御房，姑逆驾谏阻不听。及蒙尘房营，上常恍惚见姑阴相呵护，皆有词说。后复辟念之，封为御妹，建寺赐额，故又称皇姑寺云。自后，凡贵家女缁髡，皆居其中，有寺人司户，人不易入。"

得到了皇室的扶植和资助，遂使顺天保明寺成为"太后娘娘的香火院"。由于皇亲国戚的信奉和庇护，西大乘教也随之迅速发展，信众遍及京畿各地。入清以后，西大乘教继续以顺天保明寺为传教中心，在民间盛行。康熙中叶，顺天保明寺失火被焚。康熙五十年（1711），朝廷拨发帑金，开始修复，至康熙五十八年（1719）落成，康熙帝亲赐改名"显应寺"。名称虽改，该座寺院仍是西大乘教的传教基地，其流播地区，除华北各省外，还远及江西、安徽、四川等地。①

据田野调查，天津市西青区杨柳青镇的西大乘教，是清乾隆年间的一位名叫于成功的人所传。

于成功，雍正四年（1726）七月十六日生，杨柳青镇人，兄弟排行第五，人称于五爷。乾隆二十一年（1756），于成功三十岁时，前往直隶宛平县（今北京市丰台区宛平城地区）拜西大乘教传人某姓为师，法名"普亮"。从此，于成功便在杨柳青一带传播西大乘教。他还创立了法鼓，并任会头。于成功传教时，常为贫苦乡亲治病解难，因而得到了广大乡民的拥护与爱戴，在民间留下了许多动人的故事和美丽的传说。嘉庆九年（1804）二月初六日，于成功逝世，享年七十八岁。于成功逝世后，西大乘教信众便于当年集资在杨柳青镇东南角为其建造一座砖塔，名曰"普亮塔"，并在塔后，修建坟墓，埋藏遗体。此后，西大乘教信众就将普亮塔作为朝拜圣地，代代相传，直到如今。

普亮塔自嘉庆九年（1804）建成后，一直作为杨柳青镇一带西大乘教信众心中的圣地和杨柳青镇的一种景观被当地群众保护下来，即使是在"文革"时期，也没有被拆毁。但是，由于年久失修，到了 20 世纪 80 年代，普亮塔已岌岌可危。随着中国经济社会的转型而出现的信仰世界的多元化，杨柳青镇一带的西大乘教信众于 1986 年，发起募资修缮普亮塔的活动，并得到西青区（当时称西郊区）文化局的资助，将普亮塔修葺一新。竖立在"于五爷坟墓"左侧的"普亮宝塔"碑文记录了其事："普亮塔是古镇杨柳青景观之一，建于清嘉庆九年，即一八〇四年，距今已有两百年。塔自建成后，从未进行过大的维修。解放后，列为保护文物。一九八六年，区文化局拨款

---

① 濮文起：《秘密教门：中国民间秘密宗教溯源》，江苏人民出版社，2000 年。

和群众自筹，又有梁恩玉、曹连发、于树彬等众承办修复。特立此碑，供后人纪迹。公元二〇〇〇年五月，梁恩玉、曹连发、于树彬敬立。"与此同时，于五爷坟墓也被修复如新。

如今，走近普亮塔，呈现在人们面前的是这样一种景观：

一座具有仿清建筑风格的院子坐落在杨柳青镇东南角，背靠御河（南运河），约有120平方米左右，四周建有围墙，坐南朝北，开有一门，迎面即是普亮塔。塔高约10米，均由青砖砌成，连同莲花底座共有九层；塔腰上方正中镶嵌匾额，其铭文为："横书：普亮宝塔；左竖书：大清嘉庆岁次癸亥年；右竖书：甲寅月壬寅日丙午时圆寂。"塔腰正面贴有红纸黑字条幅两张，分别是："吸烟饮酒有恶报。""杀害动物，不孝父母，必有恶报。"

普亮塔后，即是"于五爷坟墓"。坟墓前设置香案一张，上摆放香烛、供品。香案正上方，悬挂"于五爷画像"一帧。于五爷的形象为头戴法帽，背有佛光，慈眉善目，三绺长须，端坐在一张刻有八卦图案的桌子上，手作佛印，前置方桌一张，方桌之上，中间摆放香炉一尊，两侧各摆经书一函。"于五爷画像"前放置铁铸香炉一尊，上有铭文"有求必应"。挂像两侧，各悬挂一方匾额，左书"普照大地"，右书"普度众生"。

院子内竖立十几通石碑，碑阳大多镌刻"于五爷神通广大，有求必应，真神！"其中，一通石碑碑阳即镌刻上述"普亮宝塔"碑文。院子围墙内侧，挂满红色幔幛，大多用墨笔书写"有求必应"或"心想事成"吉祥语词。每届农历腊月三十，这些幔幛全被撤掉；从新年正月初一开始，再往围墙内侧挂上信众供奉的崭新幔幛。如此年复一年，至今已经更换了20余次（从1986年普亮塔修复，到2006年春笔者调查）。

现在主持以普亮塔为中心的西大乘教信仰活动，是一位五十左右的佛教居士。这位佛教居士自称天津市佛教协会原会长、大悲禅院原住持宝菡的俗家弟子，法名芷笙。他还有两位助手，一男一女，男称大师傅，女称二师傅。他们在主持西大乘教信仰活动时，均身穿佛教出家弟子常服；遇到重要法事活动（二月初六日普亮忌日、二月十五日开圆会、七月十六日普亮诞辰、十月十五日收园会、十月二十九日吕皇圣祖圆寂、十一月十一日吕皇圣祖诞辰），还要穿上佛教住持僧服，带领信众举行纪念活动。

以普亮塔为中心的西大乘教信仰活动，只有在每月朔望，即初一、十五举行。一般是在晨曦时，便打开院子大门，迎接信众上香，到太阳西沉，信仰活动方告结束。一天下来，约上香1000多炷，同时烧化很多纸钱。所焚信香与纸钱，均在普亮塔门前的摊位上购请。除上香化纸外，也有少数信众捐款，所捐款数很少，一般是五元、十元不等，每月朔望两次，约有二三百元，均登记在册。笔者在调查时，听芷笙说，有人要捐款铸一尊"于五爷铜像"；还有一位开发商要捐款，在院子后修建大殿。这两项捐款正在筹划之中，据芷笙讲，明年可望落实。

到普亮塔为于五爷上香化纸、叩头膜拜的信众，大多数为中老年妇女，也有一些青年男女，乃至少年儿童（由家长陪同）。她们信奉于五爷，是为了祈求平安，包括为父母、家庭、子女祈求身体健康、无灾无病、全家和睦、幸福美满；也有一些患有各种疾病，特别是患有癔病即心理疾病的信众，为早日康复，祈求于五爷保佑。这些信众上香化纸、叩头膜拜后，便到于五爷坟前，摸一摸坟头，再摸一摸自己的患病处。笔者曾亲眼看见一位十二三岁的女孩，在其家长的带领下，来到普亮塔上香化纸。等芷笙指导这位女孩上香化纸、叩头膜拜后，笔者上前询问这位女孩为何而来时？芷笙告知笔者，这位女孩患有癔病，已经来过几次，经过上香化纸、叩头膜拜后，现在病情已有好转，以后这位女孩还要来，直至癔病痊愈为止。

普亮塔前建有一条柏油小马路，东西走向，长约1公里，西青区政府在此辟有一农贸市场，各种商品，一应俱全。其开市时间，定为农历每月的初一和十五，恰好与以普亮塔为中心的西大乘教信仰活动日期一致。来此上香化纸、叩头膜拜的信众，同时也就顺便购买了自己需要的生活用品。因此，生意十分兴隆。

由于杨柳青镇是"中国魅力文化传承名镇"和天津市著名旅游景点，因此，每当旅游旺季，我国内地和台湾、香港等乃至日本、韩国等国家游客在游览杨柳青镇同时，也纷纷到普亮塔参观。其中，一些游客也上香化纸，祈求平安，捐款捐物，如搭建在"于五爷坟墓"上面的大棚，钉挂在两根柱子上用以夜间照明的两盏铁灯，就是由加拿大游客赠送的。

明朝末年的西大乘教是一支具有严密组织系统的民间宗教教派，教首之下，分三宗五派，每个宗或派的头领称总引，共八大总引；每个宗或派下，分六杆枝即房，共四十八房；房的头领称头行，房的成员称领众，领众是最基层的头领，信徒则按男"福"女"妙"命名。① 而杨柳青镇西大乘教的组织与传承，据目前笔者调查所知，自于成功时起，其组织就比较松散，只是于成功一人主持信仰活动。于成功逝世后，到20世纪90年代末，其传人一直没有中断。只有到了张姓传人，因其患病卧床，再加上没有合适人选，故传人至今未定。在此情况下，张姓传人便请出佛教居士芷笙主持杨柳青镇西大乘教信仰活动。芷笙出面主持信仰活动，立即得到了广大信众的认可，因为在一般信众心目中，不仅是佛、道不分，而且佛、道与民间宗教也是不分的，或者认为西大乘教就是佛教。

明朝末年的西大乘教曾留下许多经卷，如西大乘教创始人归圆撰写的《销释大乘宝卷》一卷、《销释圆通宝卷》一卷、《销释显性宝卷》一卷、《销释圆觉宝卷》上下两卷、《销释收圆行觉宝卷》一卷，史称《西大乘教五部六册》，被该教派奉为创教经典。此后，归圆传人又陆续撰写了《普度新声救苦宝卷》《泰山东岳十王宝卷》《护国佑民伏魔宝卷》《灵应泰山娘娘宝卷》《护国威灵西王母宝卷》《佛说骊山宝卷》《东岳天齐仁圣大帝宝卷》《销释白衣观音菩萨送婴儿下生宝卷》《清源妙道显圣真君一了护国佑民忠孝二郎宝卷》等。这些经卷曾在顺天保明寺大量印制，并随着西大乘教的流传，通过各地传人带到所传地域。据史料与调查推测，于成功也曾从其师傅手中得到一些经卷，并作为传教经典在历代传人手中传诵奉行，直到解放初期，尚存有一些经卷。只是经过解放后历次政治运动，特别是"文革"的冲击，杨柳青镇西大乘教保存的经卷才被毁殆尽。目前，杨柳青镇西大乘教于每月朔望开门接纳信众时，已经没有什么经卷可诵，只是唱念"阿弥陀佛""无量天尊"等佛、道圣号，或吟诵"吕皇圣祖，有求必应""于五爷，有求必应"等颂词。

从上述的介绍中，我们可以看出，活跃在当今杨柳青镇的西大乘教已经失去了历史上西大乘教的原貌，除了仍以"吕皇圣祖"为最高崇拜和尊崇于五爷的传教功德外，其民间宗教色彩业已蜕化，已经变为一种适应广大城乡民众精神生活的民俗信仰，其信仰核心就是"有求必应"，表现在行为模式上，则是信仰而不归属。

---

① 《销释接续莲宗宝卷·红梅三杆品第十二》。

　　"有求必应"是中国宗教下层信众的一种永远抹不掉的宗教情怀，古往今来，概莫能外。尤其是在社会竞争日趋激烈、压力时代来临的今天，人们为生存而工作，为理想而奋斗。但是，成功者只是少数，而社会上的大多数人，特别是那些生活在社会底层的广大民众，其人生旅途常常是心不如意十有八九。在此状况下，社会上的大多数人不是哲学家，他们不可能作理性思维，并用以指导人生，因此就很容易进入能够满足精神寄托的各种宗教信仰中寻找答案，而"有求必应"这一通俗简明的宗教许诺，又最适应中国宗教下层信众的精神需求。当今杨柳青镇西大乘教将"有求必应"作其信仰核心，虽然与传统的西大乘教教义相去甚远，但是正因为它的这种变化，才吸引了成千上万的信众。这些信众也许并不了解西大乘教的历史与教义，他们来到普亮塔上香化纸、叩头膜拜，只是在寻求精神慰藉，至于吕皇圣祖和于五爷是何方神圣？对他们来说并不重要。因此，他们来去自由，在宗教身份上并不归属哪教哪派。笔者曾反复询问前来上香化纸、叩头膜拜的信众："您为什么到此上香化纸、叩头膜拜？"回答："听说这里的于五爷很神，有求必应！所以，来此上香化纸、叩头膜拜。"又问："您信的是哪个教派？"或回答"无宗无派"；或回答"不知道"；或回答"管它是哪教哪派，只要有求必应就信"；等等。这就说明了一个道理，即透过杨柳青镇西大乘教信仰活动，可以反映出传统民间宗教在当代中国的复活，并不是简单的历史重演。在一部分教派中，由于教派传人的中断或传教经典的丧失，已经不能与历史上的规模与辉煌相比，正在或者业已变成一种单纯的民俗信仰，在中国城乡民众中流传起来。

原载《当代宗教研究》2006 年第 3 期

当代中国民间宗教活动的某些特点

—— 以河北、天津民间宗教现实活动为例 [1]

改革开放 30 年来，中国发生了巨大的变化。这种变化不仅呈现在经济生活中，而且还广泛存在于政治、文化领域，甚至深入到人们的精神生活层面。其中，一个显著的特征就是人们对待宗教的态度趋于客观和理性，宗教发展的社会环境越来越宽松，越来越多的人选择信仰宗教。于是，那些长期潜行默运的民间宗教也悄然复兴，从地下走向公开，重新在乡村社会活跃起来，并表现出某些特点。现以笔者的田野调查与学术研究所得，揭示如下。

一

公开建造庙宇或殿堂是民间宗教现实活动中的第一个特点。

自 20 世纪 80 年代始，在全国大兴修复和重建宗教场所的浪潮中，自明末清初以来一直在河北、天津流传的弘阳教、西大乘教、大乘天真圆顿教、天地门教等教派信众，也乘机重建或修造自己的庙宇或殿堂，作为举办宗教活动的场所。

河北省定州市东亭镇北齐村的韩祖宫，即为复兴后的弘阳教信众所建。

这是一座占地 10 亩左右的庙宇，坐南朝北。高大的牌楼矗立门前，右端匾额上书"护国"，左端匾额上书"佑民"；右石柱上书"有明朝，受朝封，封济今古"；左石柱上书"得始祖，传祖道，道治乾坤"。牌楼左右各竖

① 本文系 2007 年度国家社会科学基金重点项目"当代中国民间宗教调查与研究 —— 以河北民间宗教现实活动为例"（批准号 07AZJ001）阶段成果之一。

一根约 10 米高的斗拱旗杆，一根铁丝拴在两边，中间悬挂"普渡玄元"四个大字。韩祖宫对面是一座戏台，为仿清建筑，屋檐下有"北齐剧场"四个大字，由水泥制作的条凳，一排排整齐地坐落在那里。

韩祖宫共有五座殿：

第一座殿，山门，走进山门，塑有哼哈二将；殿内竖立几通石碑，上书供养建庙功德。

第二座殿，"韩祖宫"，中间塑有一尊韩祖塑像，东西两面墙壁上画有彩绘，记录了韩祖创教历程。走出"韩祖宫"后门，是十殿阎王塑像。"韩祖宫"东西两边各有一座"名医殿"，供奉历代名医；西边"名医殿"旁，还有一座"毗王殿"，供奉三尊孙悟空塑像（中间一尊，左右各一尊）。

第三座殿，"三教殿"，供奉儒、释、道三教教主孔子、释迦牟尼、老子塑像；三教教主背后是观世音塑像，左有善财，右有龙女。"三教殿"西边有"药王殿"，供奉轩辕、伏羲、神农塑像；东边有"皇姑殿"，供奉三皇姑（妙善公主）。"皇姑殿"东上首，有"天仙圣母殿"，供奉云霄、琼霄、碧霄三宫娘娘塑像。

第四座殿，"三清胜宫"，中间供奉"混元古佛"，左有"旃檀佛""燃灯佛"，右有"冲天佛""释迦佛"；背后是"无生老母"，左有"普贤母""三圣母"，右有"金花母""文殊母"。"三清胜宫"右边是"圣人殿"，供奉孔子及诸位圣人。

第五座殿，"玉皇大殿"，供奉"玉皇大帝"等天庭诸神。

从韩祖宫的五座殿设置来看，可以说完全符合明末弘阳教的教义思想，是四百多年前弘阳教盛行时期的现代版。

韩祖宫始建于 1992 年。此后，年年不断增修，其资金完全靠信众供养，至今已花费 100 多万。每年农历三月二十一，是韩祖宫最热闹的日子，来自四面八方的信众，齐集韩祖宫焚香礼拜，虔诚供养，一天下来，可以收获七、八万元香火钱。韩祖宫对面戏台邀请剧团演戏，韩祖宫两侧则摆摊设点，买卖交易，一派乡村庙会景象。平常日子，香客很少，只是农历每月初一、十五，有一些香客，供养百十元左右。

天津市西青区杨柳青镇的普亮塔，是为纪念西大乘教天津地区传人于成功而重建。

普亮塔自清嘉庆九年（1804）建成后，一直作为杨柳青镇一带西大乘教信众心中的圣地和杨柳青镇的一种景观被当地群众保护下来，即使是在"文革"时期，也没有被拆毁。但是，由于年久失修，到了20世纪80年代，普亮塔已岌岌可危。1986年，杨柳青镇一带的西大乘教信众发起募资修缮普亮塔活动，将普亮塔修葺一新。"普亮宝塔"碑文记录了其事："普亮塔是古镇杨柳青景观之一，建于清嘉庆九年，即一八零四年，距今已有两百年。塔自建成后，从未进行过大的维修。解放后，列为保护文物。一九八六年，区文化局拨款和群众自筹，又有梁恩玉、曹连发、于树彬等众承办修复。特立此碑，供后人纪迹。公元二零零零年五月，梁恩玉、曹连发、于树彬敬立。"

以普亮塔为中心的西大乘教信仰活动，只有在每月初一、十五举行。一般是在晨曦时，便打开院子大门，迎接信众上香，到太阳西沉，信仰活动方告结束。一天下来，约上香1000多炷，同时烧化很多纸钱。所焚信香与纸钱，均在普亮塔门前的摊位上购请。除上香化纸外，也有少数信众捐款，所捐款数很少，一般是五元、十元不等，每月朔望两次，约有二三百元，均登记在册。

由于杨柳青镇是"中国魅力文化传承名镇"和天津市著名旅游景点，因此，每当旅游旺季，我国内地和台湾、香港等乃至日本、韩国等国家游客在游览杨柳青镇同时，也纷纷到普亮塔参拜。

涿鹿县矾山镇柳树庄村的大乘天真圆顿教传人，以普明大佛教名目在当地传习大乘天真圆顿教。在他的主持下，自1999年始，经过六年的不断建设，到2004年，终于建成了一座弥勒殿。该座殿堂由三阳殿、弥勒殿、三佛殿、龙王殿和娘娘庙、观音庙、胡仙庙等建筑组成，分别供奉圣、佛、仙以及由这位传人编造的各种神灵塑像90多尊，其名称有：太极弥勒佛、太极老君佛、天仙圣母、送生娘娘、眼光娘娘、催生娘娘、斑疹娘娘、太极龙王佛、白海观音、东海观音、南海观音、西海观音、北海观音、亿海天观音、亿海左观音、亿海右观音、南药王观音、北药王观音、王生老母、无生老母、王三老母、看蛇佛、看家佛、请官佛、看青苗佛、看善人佛、德将军、地将军（地盘佛）、天将军（天盘佛）、亿将军、立善将军、长合将军、神将军、周公帅、红财部手拿黄铜金、白财部手拿白铜金、黄财部手拿白铜金、地财部手拿白铜金、天财部手拿太阳金、亿圣土地、千圣土地、年圣土地、月圣土地、日圣土地、年值功曹、月值功曹、日值功曹、时值功曹、时值金刚、时值公将、第一位司功爷、第二位司功爷、第三位司功爷、第四位司功爷、第五位司功爷、第六位司功爷、第七位司功爷、第八位司功爷、第九位司功爷、第一位医圣、第二位医圣、第三位医圣、第四位医圣、第五位医圣、第一位将军、第二位将军、第三位将军、第四位将军、第五位将军、第六位将军、第七位将军、脱离大仙、黑离大仙、青离大仙、双离大仙、八离大仙、九离大仙、胡仙，等等。

该殿堂建成后，每逢农历的正月十五、五月初九、九月初九，都有千人左右的信徒前来烧香参拜，加上平时参拜人员，每年均有一万多人在这里参与宗教活动。其信徒分布河北、北京、天津、内蒙古、黑龙江、山东、江西、福建、贵州、甘肃等省。当然，以河北省信徒最多，涉及保定、廊坊、沧州、石家庄、承德、张家口六市。其中，以张家口市属怀安、万全、宣化、赤城、蔚县、阳原、崇礼信徒最众。

黄骅市滕庄子的天地门教信众，从20世纪80年代初期起，用了七八年的时间，通过捐款方式，集资40多万元人民币，于1992年建造了一座巍峨宏丽的殿堂。该殿堂长30米，宽10米，高5米，为仿清砖石建筑，坐落在一个占地50余亩、由围墙围成的大院内。殿堂大门上方悬挂匾额一块，上书"慈善堂"；殿内正中安奉"郝二师傅"塑像，为一位慈祥老太太坐像。殿堂后面则是新修的郝二师傅坟墓，高3米，周长约10米。坟墓后、围墙外，矗立一座牌楼，上书"师傅林"三个大字。在沧州东南部一马平川的黄土地上，这座殿堂格外引人注目。

慈善堂供奉的郝二师傅，为清初天地门教创始人董计升"林传八支"第八支马开山亲传弟子之一李海山妻子。在天地门教内部，如果当家夫妇双修，男称"师傅"，女则称"二师傅"。李海山夫妇于清初领授马开山师命后，在沧州东南部共同传教。郝二师傅生于顺治元年（1644），卒于乾隆三年（1738），享年九十有四。她生前经常为民治病了灾，受到当地农民敬仰；死后，当地农民为她修坟造墓，享受人间香火。每当她的忌日——农历三月十五，附近农民都要上坟焚香祭拜。农民有病，也常到她的坟前祈祷。从乾隆初年，到20世纪60年代"文革"前，二百多年来，香火从未中断。"文革"初期，郝二师傅坟墓被平，尸骨由当地农民保护下来，并于90年代初，修造了这座颇具规模的殿堂与坟茔，纪念这位天地门教的女传人。

慈善堂落成后，便成为当地天地门教举办宗教活动的场所。农历每月初一、十五，都有天地门教信众前来焚香祭拜。特别是每年的农历三月十三至十七，当地的天地门教信众都要在慈善堂举办为期五天的"天地圣会"。是时，通往慈善堂的沧（沧州）黄（黄骅）公路上车水马龙，人山人海；慈善堂周围方圆一华里的范围内，各种摊点星罗棋布，各种工业产品、农副产品应尽应有，有买有卖，生意兴隆；马戏团、河北梆子剧团高搭大棚、戏台，锣声鼓声响彻云霄，游者观者如水如云；而那些占卜算卦者则堂则皇之地挑起幌子，招摇过市，生意亦是兴旺。走入慈善堂，香烟弥漫，信众如潮。殿堂四周地上，跪满了朝拜者。在他们面前，摆放着糕点、鲜果、水酒等各式供品，燃烧着香烛纸锞，人人脸上诚惶诚恐，个个口中念念有词，威慑魂魄的信仰力量，在这里充分显现出来。

二

整理、印制经卷是民间宗教现实活动中的第二个特点。

随着民间宗教在乡村社会的复活，一些教派开始整理、印制自己的经卷，作为教内信众修习教义思想的读物。

如流传在当今河北、天津地区的天地门教的各支传人，有的请书法较好的信徒，将整理好的经卷誊写清楚，然后复印装订成册；有的则请懂得电脑的信徒或家中孩子，将整理好的经卷输入电脑，打印装订成书。其中，有专门讲述天地门教组织源流的《董祖立道根源》《根源记》《老祖经》，有专门讲述举办道场仪式的《佛表天盘》《圣会偈》，有集中讲述天地门教修炼内丹方法的《杓峪问答》《圣意之数》，还有宣扬劝善行慈的《八德词》《批苦记》《道偈》《唱词》《十样好》和长期秘不示人的《十字真言》等。可以说，有关天地门教的组织、教义、仪式、修持等所应具备的一切宗教要素，都囊括其中了。

又如重新流传在河北乡村社会的大乘天真圆顿教，本是明末清初民间宗教世界中的重要教派，其传人于1992年，将民国时期一位名叫张树松的大乘天真圆顿教信徒假托大乘天真圆顿教创始人弓长名号编写的《弓长出世招贤真经》重新印制，广为散发。这部写于民国时期的经卷，包括《弓长度世宝卷》《弓长化世三阳宝卷》《弓长挽世自由宝卷》《弓长救世除魔宝卷》《弓长立世一字真经》《万教归一》《真空宝卷》《弓长办道十愁诗》《弓长赞叹》《十字救劫真经》《十方利益》《醒世慈航》等内容，演述的内容虽是大乘天真圆顿教的传统教义，但也揭露了民国社会的混乱状况，并透露出企图以传统的大乘天真圆顿教拯世度人的教义思想。

特别值得一提的是，天地门教、大乘天真圆顿教中的当家师傅还编写了一批新经卷。在这些经卷中，他们依据各自教派传统的教义思想，并融合历史与现实，以通俗易懂的形式，演述了当代人如何做人的道理。如天地门教传人编写了《菩提道》《做人之道》《杂谈说道》《歌词讲日集》等；那位重印《弓长出世招贤真经》的大乘天真圆顿教传人编写了一套由《觉之路》《爱之源》《行之道》《梵之音》《悟之谛》组成的"探索人生系列丛书"；涿鹿县矾山镇柳树庄村的大乘天真圆顿教传人则编写了《弥勒佛天文诗》《弥勒历史天诗文》《弥勒佛龙华语》《佛出世》《共产主义真经卷》《弥勒佛亿海经卷》《弥勒掌教天诗语》《弥勒真经卷》等。这些编写的新经卷，或是通过打印、复印装订成册，或是印制成便于携带的小册子，在其各自教派的信众乃至社会中广为散发。

三

民营企业家或当地有影响人物跻身民间宗教，并大多成为当家师傅，是民间宗教现实活动的第三个特点。

天地门教复兴后，在流传的过程中，有些民营企业家或当地有影响人物积极皈依天地门教，由于他们具有一定的经济实力或社会影响，当然还必须具备一定的天地门教素养，所以便很快被当地天地门教信众推为新的当家师傅，成为当地天地门教的领袖人物。在这些当家师傅的领导下，使当地天地门教得到迅速发展。

如天津郊区有一位天地门教当家师傅，是当地一名颇有经济实力和社会影响的农民企业家。20 世纪 90 年代中叶，他从其师傅手中，领授教权，成为当家，是天地门教"林传八支"第八支马开山亲传八大弟子之一孙泰和的第十四代传人。迄今为止，他有亲传弟子七人，信徒一千多人。

这位当家师傅不仅从其师傅那里学习、掌握了天地门教的教义思想，而且继承了修炼内丹的理论与方法。十几年来，他每天都在夜间修炼内丹，并将自己的感悟传与其弟子。他在当地群众中有较高威望，尤其是当地天地门教信徒遇有心理障碍或生理疾病，都向他询问、讨教、治疗，且往往有奇效。其影响所及，就连外乡外县的天地门教信徒也慕名前来求教。因此，每天晚上，在他家的客厅里，常常会聚着各方人士。其中，既有天地门教信徒，也有不在天地门教的普通群众；既有六七十岁的老年人，也有二十岁左右的年轻人乃至十几岁的青少年；既有男人，也有女人；既有生意上的合作伙伴，也有当地有影响的人物。总之，男女老少，各色人等，常常登门向他求教心理或生理出现的问题。对此，他的原则是，来者不拒，有求必应。因此，颇受当地天地门教信徒拥戴。

又如黄骅市滕庄子慈善堂主持堂务的当家师傅，原是一名村干部。在集资建造慈善堂的过程中，他是积极的组织者；慈善堂建成后，他又成为堂务的管理者和当地天地门教的领导者。每当慈善堂举办"天地圣会"时，他的家中，往往集合了许多前来治病的各界人士。笔者曾在他的家中，观察其为人治病（一般是癔病患者）的场景。他首先为病人点燃一炷香，插在香炉中，然后用左手攥紧一根筷子，用右手拇指和食指掐住筷子，从上往下掐，边掐边念诵咒语。大约十分钟，他就告诉病人得的是什么病？应该如何治疗？笔者听他所念叨的无非是病人冲撞了五大仙（狐狸、黄鼬、刺猬、长虫、老鼠）中的某一仙，回家以后，烧纸了灾等。他为人治病，只收一元香钱。这种与巫术无异的治病方法，很受当地群众崇信。笔者曾询问一些病人，均说颇有成效。

四

"信而不仰"与"信仰而不归属"是民间宗教现实活动的第四个特点。

所谓"信而不仰"，是指民间宗教一些教派信徒只是崇信该教派所宣扬的伦理道德，但对该教派所崇拜的各路神灵却不仰视膜拜；所谓"信仰而不归属"，是指某些乡民只是信仰民间宗教一些教派所宣扬的教义思想，但并不加入该教派组织。

笔者在河北、天津乡村社会调查民间宗教时，常看到一些信徒对所属教派宣扬的伦理道德，如诚实守信、勤劳俭朴、长幼有序、家庭和睦、乡里和谐等非常崇信，认为这些道德宣教，不仅切合生活，而且容易操作。因此，他们便以这些伦理道德规范自己的言行，教育自己的子女。但是，对所属教派崇拜的各路神灵，他们却不仰视膜拜。还有一些乡民虽然信仰民间宗教所宣扬的教义思想，每天都定时烧香上供，顶礼跪拜，但却不是民间宗教信徒，即不在民间宗教组织，对民间宗教举办宗教活动也不参加。

笔者曾询问这些"信而不仰"者时，他们均说："我们崇信的是他们宣扬的伦理道德，遵照这些传统伦理道德修为，可以做个好人。"笔者也曾询问那些"信仰而不归属"者时，他们则说："关键是在心灵上信仰，至于是否加入他们的组织，并不重要。"

五

民间宗教现实活动中呈现的这些特点，既反映了民间宗教在当代乡村社会流传的广度，也透露了民间宗教在当代乡村社会传播的深度，因而充分说明乡村社会至今仍有民间宗教生存与发展的肥沃土壤。无论是一些地方的民间宗教教派组织公开建造殿堂、道房，作为该教派公开举办各种活动的场所；还是一些地方的民间宗教教派信众整理、印制大量经卷，作为扩大该教派在民间影响的手段；乃至一些民营企业家或地方领导人跻身民间宗教某些教派，并大多成为这些教派的当家师傅；这一切均具体而又生动地证明：在目前缺少丰富、健康的文化生活，并由此导致精神贫瘠和信仰危机的乡村社会，正是民间宗教发挥了教化民心的功能，使民间宗教信众和那些"信而不仰"者或"信仰而不归属"者寻找到自己的精神家园，从而获得生命领会和精神自觉。

对此，我们是不能讳言的，也是不能视而不见，放任自流的。正确的态度，应是对这种客观存在的社会现象，进行理性分析和妥善处理。因为，在中国这样一个多民族的大国中，没有一种信仰能够满足所有人的精神需求，社会变革中人们的价值取向与信仰诉求已经趋于多元，正如笔者的一位学界朋友所说，"'乡土中国'不再是一片田园风光，'红色巨龙'展现出五彩斑斓的形象"[①]，所以，民间宗教作为一种价值体系与信仰体系，便自然而然地成为一部分人的重要选择。可以预见，在今后相当长的时期内，民间宗教活动仍会持续增多。在经济接轨、社会转型和现代化过程中，这是一种正常现象。因此，宽容、尊重信仰上的差异，对民间宗教活动进行积极的引导和善巧的处理，为构建社会主义和谐社会，团结一切可以团结的力量，恐怕是题中应有之义。

原载《理论与现代化》2009 年第 2 期，中国人民大学复印报刊资料

《宗教》2008 年第 4 期全文转载

---

① 张新鹰：《改革开放以来宗教信仰者群体扩大的主要原因略述 —— 兼谈基督教的增长问题》，社会问题研究丛书编辑委员会编：《文化安全与社会和谐》，知识产权出版社，2008 年。

天津民间宗教现实活动调查与对策研究 ^①

20 世纪 80 年代以来，随着我国改革开放国策的强劲推行和由此带来的社会巨大变化，与全国各地的民间宗教一样，天津民间宗教也出现了复活的态势，特别是步入 21 世纪以后，更是呈现出日益兴盛的发展趋势。

为了掌握天津民间宗教现实活动的真实情况，2008 年 7 月至 2009 年 6 月，笔者运用宗教人类学的理论与方法，对活跃在天津的民间宗教，展开了田野调查。一年来，笔者走访了南开区、津南区、北辰区、西青区、东丽区、大港区、静海县（现为静海区）、蓟县（现为蓟州区）等地民间宗教活动比较盛行的七八个乡村城镇，调查了近百名男女老少信众，召开了十几次座谈会，并多次参加民间宗教举办的各种法会，现场观察了广大信众的信仰活动。为了调查天津民间宗教与外埠民间宗教的渊源关系，笔者还前往河北省沧县、平乡和山东惠民、章丘，调查了那里的民间宗教活动。此外，在调查过程中，笔者还采取社会学的问卷方法，向民间宗教信众发放了 200 份问卷。与此同时，笔者又采用宗教历史学的理论与方法，对天津民间宗教历史进行了简略回溯。在此基础上，笔者对天津民间宗教的历史与现状、天津民间宗教现实活动的特点进行了分析与研究，并就如何正确认识和妥善处理当代天津宗教信仰领域中的民间宗教问题，提出了对策和建议。

---

① 本文系 2007 年度国家社会科学基金重点项目"当代中国民间宗教调查与研究 —— 以河北民间宗教现实活动为例"（批准号 07AZJ001）阶段性成果。

一、天津民间宗教的历史与现状

明中叶以来，天津是民间宗教活动盛行地区之一，如明中叶出现的无为教、黄天道、东大乘教、西大乘教、弘阳教，清初问世的天地门教、在理教，清中叶产生的太上门教，以及清末的义和拳教，民国时期的一贯道、九宫道、道院与世界红卍字会等教派，都曾在天津广泛流传，对天津民众的精神生活发生过重要影响。

目前，在天津从事活动的主要有以下几个民间宗教教派：

（一）西大乘教，主要在西青区杨柳青一带活动，其活动场所是杨柳青镇的普亮塔。

西大乘教，明隆庆年间（1567—1572），北直隶顺天保明寺（又称皇姑寺）尼姑归圆创立。

西大乘教以顺天保明寺为依托，将为皇亲国戚祈福禳灾、歌功颂德作为自己的主要宗教活动，因而得到了皇室的扶植和资助，遂使顺天保明寺成为"太后娘娘的香火院"。由于皇亲国戚的信奉和庇护，西大乘教也随之迅速发展，信众遍及京畿各地。入清以后，西大乘教继续以顺天保明寺为传教中心，在民间盛行。康熙中叶，顺天保明寺失火被焚。康熙五十年（1711），当局拨发帑金，开始修复，至康熙五十八年（1719）落成，康熙帝亲赐改名"显应寺"。名称虽改，但该座寺院仍为西大乘教的传教基地，其流播地区，除华北各省外，还远及江西、安徽、四川等地。

流传在杨柳青一带的西大乘教，是清乾隆、嘉庆年间的一位名叫于成功的人所传。

于成功，雍正四年（1726）生，杨柳青镇人，兄弟排行第五，人称于五爷。乾隆二十一年（1756），于成功前往直隶宛平县（今北京丰台区宛平城地区）拜西大乘教传人为师，法名"普亮"。从此，于成功便在杨柳青一带传播西大乘教。于成功传教时，常为贫苦乡亲治病解难，因而得到了广大乡民的爱戴。嘉庆九年（1804），于成功逝世后，西大乘教信众便于当年集资在杨柳青镇东南角为其建造一座砖塔，名曰"普亮塔"，并在塔后，修建坟墓，埋藏遗体。此后，西大乘教信众就将普亮塔作为朝拜圣地，代代相传，直到如今。

普亮塔自嘉庆九年（1804）建成后，一直作为杨柳青镇一带西大乘教信众心中的圣地和杨柳青镇的一种景观被当地群众保护下来，即使是在"文革"时期也没有被拆毁。但是，由于年久失修，到了1980年代，普亮塔已岌岌可危。1986年，杨柳青镇一带的西大乘教信众发起募资修缮普亮塔活动，并得到西青区（时称西郊区）文化局的资助，将普亮塔和于五爷坟墓修葺一新。

现在主持以普亮塔为中心的西大乘教信仰活动，是一位五十左右的佛教居士。这位佛教居士自称天津市佛教协会原会长、大悲禅院原住持宝菡的俗家弟子，法名芷笙。他还有两位助手，一男一女。他们在主持西大乘教信仰活动时，均身穿佛教出家弟子常服；遇到重要法事活动，还要穿上佛教住持僧服，带领信众举行纪念活动。

以普亮塔为中心的西大乘教信仰活动，只有在每月初一、十五举行。到普亮塔为于五爷上香化纸、叩头膜拜的信众，大多数为中老年妇女，也有一些青年男女，乃至少年儿童（由家长陪同）。她们信奉于五爷，是为了祈求平安，包括为父母、家庭、子女祈求身体健康、无灾无病、全家和睦、幸福美满；也有一些患有各种疾病，特别是患有癔病即心理疾病的信众，为早日康复，祈求于五爷保佑。

由于杨柳青镇是"中国魅力文化传承名镇"和天津市著名旅游景点，因此，每当旅游旺季，我国内地和台湾、香港等乃至日本、韩国等国家游客在游览杨柳青镇同时，也纷纷到普亮塔参观。其中，一些游客也上香化纸，祈求平安，捐款捐物。

杨柳青镇西大乘教的组织与传承，自于成功时起，其组织就比较松散，只是于成功一人主持信仰活动。于成功逝世后，到20世纪90年代末，其传人一直没有中断。只有到了张姓传人，因其患病卧床，再加上没有合适人选，故传人至今未定。在此情况下，张姓传人便请出佛教居士芷笙主持杨柳青镇西大乘教信仰活动。芷笙出面主持信仰活动，立即得到广大信众的认可，因为在一般信众心目中，不仅是佛、道不分，而且佛、道与民间宗教也是不分的，或者认为西大乘教就是佛教。

（二）弘阳教，又称混元门，主要在北辰区一带活动。明末以来，弘阳教曾在宜兴埠设有普荫堂，作为活动场所，后在"文革"中被拆毁，现没有固定活动场所。

弘阳教，明万历二十二年（1594），北直隶广平府曲周县（今河北曲周）人韩太湖（1570—1598）创立。

弘阳教建立初期，极力为封建统治者歌功颂德，因而得到宫中权贵支持。明清鼎革之际，弘阳教趁社会动乱之机，迅速在广大乡村集镇传播起来。

弘阳教最初在北京一带流行，入清以后，逐渐遍及华北、东北、湖南、湖北、四川等地。

清朝初年，弘阳教被清政府列入申禁的"邪教"范围之内，多次兴起弘阳教案。嘉庆十八年（1813），因京畿地区的弘阳教团参与了天理教攻打皇宫的战斗，更成为清政府严厉打击的对象。各地官府在清廷的统一部署下，大兴弘阳教案十数起之多。到了道光十九年（1839），清政府不仅平毁了建在曲周县的韩祖庙，而且时任直隶地方官的黄育楩还专门著书《破邪详辩》，将其列为"居邪教之首"。但是，弘阳教如野火春风，直到民国时期仍在民间流传。

早在明朝末年，弘阳教就传入天津，并在宜兴埠建立"普荫堂"，作为举办宗教活动的场所，其传承是以"莲如妙了普光照五蕴皆空法道长"十四字为辈阶。到了 20 世纪 60 年代，已经传到"长"字辈。此后，因为接连不断的政治运动，弘阳教在天津的传人基本中断。但是，其信众至今没有绝迹。每当乡民举办丧事时，常能看到他们的身影。他们为亡者念经超度，有的还为主家堪舆阴宅。

（三）天地门教，又称一炷香教、金丹如意道等，在天津的活动范围较广，包括津南区、北辰区、西青区、大港区、静海县等区县都有它的活动踪迹。其活动场所，一般设在当家师傅家中，直到 20 世纪 90 年代初，才修建固定活动场所，如静海县独流镇下圈村修建的"道房"。

天地门教，清顺治七年（1650），山东商河县董家林村（今属山东惠民）人董计升（1619—1694）创立。

董计升创立天地门教后，按八卦收徒，首先在董家林收了八个弟子，号称"林传八支"，即长支李修真，二支刘绪武，三支张锡玉，四支杨念斋，五支石龙池，六支黄少业，七支马魁元，八支马开山；后又在章丘县朹峪山收了八个徒弟，号称"山传八支"，即徐明扬、董成所、邱慧斗、郝金声、于庆真、蔡九冈、邢振邦、杨超凡。康熙中叶，董计升按八卦方位，将其弟子派往各地传教。其中，"林传八支"第八支马开山领授的是坎卦，自山东出发，北上直隶沧州、天津一带传教。此后，马开山一支在直隶沧州、天津一带道脉源长，日益兴盛。天地门教在天津一带的历代传人如下：

王桂林→刘永平→孙泰山→王和达→张存意→孙耀林→尚俊儒→尹魁如→阎秀玉→刘念山→王胜伯→侯玉山→赵显武。

如果从马开山算起，至今已传承十六代。

天地门教创立后，曾在董计升的统领下，建立起"九宫八卦"的组织体系。清康熙二十九年（1690），董计升去世后，这个组织体系随即瓦解，董计升弟子各自传教，各支之间，较少联系，因而成为一个松散的民间宗教组织。天津一带的天地门教也继承了这种遗风，至今没有出现一位公认的总领天津一带天地门教的当家师傅，而是各自在所属区县举办活动。只有在每年农历四月初四董计升忌日时，他们才自发地相互联络，结伴到董计升故里董家林上香朝拜。

目前，在天津影响比较大的是津南区的天地门教。其当家师傅是当地一名颇有经济实力和社会影响的农民企业家，20 世纪 90 年代中叶，他从其师傅手中，领授教权，成为当家，有亲传弟子七人，信徒一千多人。其他区县的天地门教，虽也有当家师傅及其信众，但与津南区的天地门教相比，在当家师傅宗教素质、信众人数以及举办活动等方面，均相形见绌。

（四）在理教，又称理门，主要在蓟县、天津市区活动。

在理教，清康熙三十三年（1694），山东即墨县（今山东青岛即墨区）人羊宰（1621—1753）在直隶蓟州（今天津蓟州区）歧山澜水洞创立。康熙四十年（1701），羊宰开始下山传道。他先后在直隶八个地方收了十四位弟子。

在羊宰下山传道所收的十四位弟子中，只有天津永丰屯的张吾山（1673—1765）曾于乾隆十年（1745）晋山谒师，并领受师命，传道收徒。他以劝导人们"戒食烟酒"为号召，使在理教在天津城乡流传起来。此后，其弟子尹松岩（1729—1806）担起了弘道的重任。乾隆三十年（1765），尹松岩在天津城西永丰屯建立了在理教第一座公开活动场地——积善堂公所，史称西老公所，从此在理教以天津为大本营日益兴盛起来。到 20 世纪 40 年代末，已递传二十一代。至清末民初，在理教已在天津建立大众（男信徒）公所 104 处、二众（女信徒）24 处，遂使天津成为在理教传播中心。

羊宰逝世后，被在理教信众尊为第一代教宗羊祖，视其修炼地岐山为圣地，经在理教信众捐建的祖墓亭、日月亭、观音阁、玉皇殿等矗立在澜水洞两侧，掩映在苍松翠柏之中，每年前往朝拜的在理教信众络绎不绝。后因兵荒马乱，祖墓亭等建筑被毁。进入 20 世纪 90 年代以后，在理教信众发起捐资活动，又将祖墓亭等建筑修复；一些在理教信众还打着道教旗号，向政府提出恢复天津道教活动，并提议将天津道教协会放在澜水洞，未果。

（五）太上门教，主要在东丽区一带活动。

太上门教是弘阳教的一个支派。约在清道光年间，弘阳教在山东流传的过程中，被峄县人刘凤改名为太上门教，随后便又传入直隶，在沧州、天津一带流传起来。

太上门教平日的宗教活动，主要是为亡者超度亡灵。每当乡邻有人亡故，主家便邀请该教派前往举办"荐亡道场"。此外，该教派最大的宗教活动，就是每年元宵节举办"圣会"，又叫"欢乐道场"。届时，要高搭彩棚，棚内正中矗立一座名叫"杲"的纸糊楼阁，高 5 米许，分为两层，上层端坐玉皇大帝，下层端坐王母娘娘，面部为泥塑，其他为彩纸扎糊，栩栩如生。整套仪式，由焚疏请圣、诵经祈福、燃杲送圣组成，为期三天（正月十五、十六、十七），每天晚上，均燃放花竹鞭炮，一派欢乐祥和的气氛。

太上门教组织比较简单，除当家师傅外，就是一般信众。当家师傅与信众之间，只是一般的领导与被领导的关系，没有高低尊卑之分。该教派没有自己的经卷，主要吟诵佛道经典，如《观音经》《玉皇经》《道德经》等。吟诵时，有乐器伴奏，常用的乐器有笙、管、笛、箫、京胡、二胡、锣、鼓、钹、铙、木鱼、磬等。该教派将专门从事吟诵与伴奏的信众称为"道爷"，又有"文场"与"武场"之分，"文场"专事吟诵，"武场"专事伴奏。20 世纪 90 年代以来，每年农历三月二十三即妈祖诞辰，太上门教常被邀请，在古文化街天后宫演奏民间音乐节目。

（六）道院与世界红卍字会，主要在天津市区活动，其活动地点设在南开区红旗路福宏里。

道院，民国十年（1921），江苏武进人吴福森、安徽凤阳人刘绍基在山东济南创立。是年 11 月，道院经北京政府内政部核准立案，作为合法宗教组织公开传教。

道院建立的当年，便在天津、北京、济宁三处设立了分院。民国十二年（1923），道院将总院迁往北京，改北京道院为中华总院，济南道院则改称母院。到民国二十九年（1940），道院已在国内外设立分院四百余处。

民国十一年（1922），一种体现"以慈为用"的慈善团体 —— 世界红卍字会在济南总院和天津、北京、济宁分院建立，时称济南世界红卍字会为总会，天津、北京、济宁三处为分会。民国十二年（1923），道院总院迁往北京后，世界红卍字会也随之在内务部立案，定名为世界红卍字会中华总会。此后，凡是各地设立道院分院之处，皆附设世界红卍字会分会。当时，设在天津地区的道院与世界红卍字会的活动地点有：

1. 天津兴亚一区须磨街的中央主院。

2. 天津兴亚一区须磨街的世界红卍字会中华总会驻津办事处。

3. 天津杨柳青的青镇分院、分会。

4. 静海城内的静海分院、分会。

5. 宁河县芦台镇北街的宁河分院、分会。

6. 葛沽镇东胡同的葛沽分院、分会。

民国时期，道院以世界红卍字会名义，开展了大量慈善事业，如兴办医院、施诊施药所、施棺所、育婴堂、贫儿习艺所、孤儿院、恤养院、残废院、贷济所、恤嫠局、恤产局、平民工厂、粥厂、防疫所、中小学校等。每逢天灾人祸，世界红卍字会均尽力救济。

道院信众的社会成分复杂，士、工、农、商、军、政各类人员都有，掌握道院命脉的是军政绅商人员。道院建立后，即拥护军阀和国民党统治。日寇侵华期间，一些地方道院组织投靠侵略者，成为帮凶。解放以后，道院在大陆停止活动。

20 世纪 80 年代以后，香港、台湾的道院与世界红卍字会均返回大陆进行活动。1996 年，台湾道院与世界红卍字会将其办事处设在天津市南开区红旗路福宏里。其公开面目是慈善机构，内部则设有佛桌和神龛，定时举行宗教活动。

二、天津民间宗教现实活动的特点

为了搞清天津民间宗教现实活动的特点，笔者于 2008 年春，以活跃在津南区的天地门教为例，向其信众发放了 200 份民间宗教信仰问卷，围绕着信众的年龄、性别、职业、文化结构和信教原因、政治态度等方面进行书面调查。出乎笔者意料的是，不仅所发放 200 份问卷如数收回，而且还多出了 85 份，总计收回 285 份，由此可以证明当地天地门教信众对我们问卷调查的积极响应和热情支持。

在笔者收回的 285 份问卷中，有 6 份问卷，或因没写性别，或因没写年龄，或因没写信教时间等内容，无法统计而作废，有效问卷 279 份，占收回问卷 285 份的 97.9%。下面根据 279 份问卷的回答情况，分析如下。

1. 从年龄结构来看，信众大多在 40 岁至 69 岁之间。

男性信众：258 人。其中，14 岁，1 人；17 岁，1 人；18 岁，1 人；20 岁至 29 岁，16 人；30 岁至 39 岁，32 人；40 岁至 49 岁，48 人；50 岁至 59 岁，34 人；60 岁至 69 岁，75 人；70 岁至 79 岁，24 人；80 以上（包括 80 岁），26 人，年龄最大的是 89 岁。

女性信众：21 人。其中，26 岁，1 人；30 岁至 39 岁，6 人；40 岁至 49 岁，9 人；50 岁至 59 岁，3 人；60 岁至 69 岁，2 人。

从上面统计的年龄结构中，人们可以看出，40 岁至 69 岁的男女信众分别是 157 人和 14 人，各占男女信众 258 人和 21 人的 61% 和 70%。其中，又以男性信众为主。

在这个年龄段中，又以 60 岁以下的信众占据多数，即使年龄超过 60 岁的信众，即 61 岁至 69 岁的信众，在 1949 年中华人民共和国成立时，也尚处在儿童阶段。因此，笔者的这次问卷调查，可以充分说明天地门教信众主体是生在新中国、长在红旗下的社会主义社会的公民。又，根据笔者的参与观察，这个年龄段的信众往往是天地门教举办各种宗教活动的有力组织者和积极参加者。因此可以说，他们是天地门教信众的中坚力量。

2. 从职业状况来看，信众基本上是乡镇农民。

男性信众：258 人。其中，农民，130 人；工人，4 人；无职业，124 人。

女性信众：21 人。其中，农民 18 人；工人，2 人；无职业，1 人。

从上面统计的职业状况中，人们可以看出，男性信众 258 人中，有 130 人是农民，女性信众 21 中，有 18 人是农民，各占男女信众 258 人和 21 人的 50% 强和 86% 强。其中，男女信众填写的"无职业"，同样，也绝大多数是农民。因此可以说，农民群众是天地门教的基本信众。

3. 从文化程度来看，信众基本是初中、小学水平。

男性：258 人。其中，本科，1 人；高中，7 人；初中，85 人；小学 111 人。

女性：21 人。其中，本科，1 人；专科，1 人；高中，2 人；初中，9 人；小学，4 人。

在 279 份问卷中，男性 258 人，有 54 人没有填写；女性 21 人，有 4 人没有填写。据笔者了解，没有填写文化程度的信众，或是文盲，或是只上了二三年小学。

从上面的统计中，人们可以看出，具有本科学历的只有二人（男女信众各有一人），绝大多数只是初中、小学水平。

4. 从信教动因来看，"保佑平安"是信众的主要追求。

吸引农民群众投入天地门教的动因是什么？笔者在"民间宗教信仰问卷"调查中，列出 10 种，供调查对象选择，即（1）消灾祈福。（2）保佑平安。（3）治疗疾病：本人、父母、妻子或丈夫、孩子、亲属、朋友。（4）宣泄不满：贪污腐败、贫富两极分化、社会丑恶现象。（5）脱贫致富。（6）学好行善。（7）增长智慧。（8）精神寄托。（9）身心愉快。（10）传承信仰。

男性信众：258 人。（1）消灾祈福，221 人。（2）保佑平安，255 人。（3）治疗疾病：本人，6 人；父母，2 人；妻子或丈夫，4 人；孩子，1 人。（4）宣泄不满，无人填写。（5）脱贫致富，22 人。（6）学好行善，252 人。（7）增长智慧，238 人。（8）精神寄托，222 人。（9）身心愉快，248 人。（10）传承信仰，250 人。

女性信众：21 人。（1）消灾祈福，19 人。（2）保佑平安，19 人。（3）

治疗疾病：本人，13 人；父母，1 人；妻子或丈夫，1 人；孩子，1 人；亲属，1 人；朋友，1 人。（4）宣泄不满：无人填写。（5）脱贫致富，12 人。（6）学好行善，14 人。（7）增长智慧，6 人。（8）精神寄托，1 人。（9）身心愉快，13 人。（10）传承信仰，8 人。

上面统计的诸种动因，明白无误地告诉人们，农民群众投入天地门教的主要动因，是为了"保佑平安"——男性信众 258 人，有 255 人是为了"保佑平安"，占男性信众 258 人的 99%；女性信众 21 人，有 19 人是为了"保佑平安"，占女性信众 21 人的 90%。因此，"保佑平安"位居"民间宗教信仰问卷"问及的 10 种原因之首。其次，则是"消灾祈福"和"学好行善"。

5. 从政治态度来看，拥护中国共产党领导和社会主义制度是信众的一致心声。

笔者在"民间宗教信仰问卷"调查中，专门列出两项内容，请他们填写：（1）您对党和政府的宗教信仰自由政策怎么看？（2）您对构建社会主义和谐社会怎么看？男性信众 258 人和女性信众 21 人，均填写"拥护"。

另据笔者在田野调查中发现，津南区天地门教所信奉的宗教思想，虽与传统的教义有承继关系，但它在从事各种宗教活动时，均能做到与时俱进，增添了许多当代社会生活的新容。如 2009 年 4 月 28 日（农历己丑年四月初四），我们前往山东省惠民县董家林村观摩"重修董老师墓法会"时，在津南区天地门教树立的"重修董老师墓碑记"中，看到了这样的文字："董老师，讳计升，字四海，生当明末清初。悲天悯人，创教拯世。非僧非道，惟以劝人为善行好；无影无像，励行克己复礼为尚。四十余载，大道弘传，恩润当时；三百多年，道脉源长，泽被后世。时值盛世，感念共产党之英明伟大；构建和谐，颂歌党中央之高瞻远瞩。慎终追远，乃炎黄子孙之美德；感恩怀德，实崇高人生之泉源。弟子发心，重修先师祖墓；众缘和合，祈愿国泰民安。"从这段不足 200 字的碑文中，人们可以领略津南区天地门教信众拥护中国共产党领导和社会主义制度，积极参与构建和谐社会的一致心声。

津南区天地门教信众所反映出来的这些特点，在其他区县的天地门教信众和西大乘教、弘阳教、在理教、太上门教广大信众中也普遍存在。因此，将其视为天津民间宗教现实活动的特点，从学理上说，是可以成立的。

三、对策建议

如何正确认识和妥善处理当代天津宗教信仰领域中的民间宗教问题？

笔者认为，以中国特色社会主义理论为指导，以构建社会主义和谐社会为目标，进一步解放思想，破除"本本主义"和教条主义，一切从社会主义初级阶段的国情出发、从广大人民群众的根本利益出发、从全面建设小康社会的全局出发、从新世纪新阶段的世界形势出发，应对当代天津民间宗教的现实活动有一个新的认识。

从上述问卷调查中可以看出，当代天津民间宗教信众的主体，既不是封建社会的子民，也不是刚从半殖民地半封建社会迈入新中国的工农群众，而是新中国成立以后出生的社会主义社会的公民。他们生在农村，长在农村，又长期从事农业生产，以他们的辛勤汗水为解决我们这个拥有千万人口国际大都市的吃饭问题做出了重要贡献。因此，对这个民间宗教信众群体，应该予以重视。

当代天津民间宗教信众不是具有理性思维的哲学家，而是没有多少文化修养的普通农民群众。由于多年来乡村文化教育的滞后和由此造成的乡土民众科学知识的贫乏，以及人们对命运的长期以来的非理性理解，致使这些农民群众在社会转型时期，遇到不能理解或者不能解决的社会、心理等问题时，最容易与具有深厚传统且最有吸引力的民间宗教信仰产生共鸣。在当代中国宗教信仰多元化、价值取向多元化的大势下，这是一种正常的社会现象。因此，对这个民间宗教信众群体应该予以宽容。

当代天津民间宗教信众拥护中国共产党领导和社会主义制度、拥护并参与构建社会主义和谐社会的政治立场，"保佑平安""消灾祈福"以及"学好行善"等信仰追求，已与旧中国乃至改革开放前的民间宗教信众的政治立场、信仰追求有着很大不同，反映出这个信仰群体能够审时度势，既保存传统又与时代同步的精神面貌，已具有与社会主义社会相适应、相和谐的可能性。因此，对这个民间宗教信众群体，应该予以认同。

基于以上认识，笔者建议：在构建社会主义和谐社会的伟大事业中，应该学习中国古代大禹治水的大智大慧。大禹之父鲧，面对自然洪水，采取的是保守、封闭的"堵"之策略，结果滔滔洪水，无法堵住，造成洪水泛滥、灭顶之灾，鲧也因此成为身败名裂的悲剧人物。大禹则汲取乃父的惨痛教训，采取了因势利导的"疏导"对策，让大水随人意而流，为我所用，从而取得成功，大禹也因此成为华夏先祖，百世流芳。当前，天津有相当数量的乡村和城镇群众信仰民间宗教，且呈现出信仰人数越来越多的趋势。对此，我们不能重蹈鲧之覆辙，而应该像大禹治水那样，对民间宗教现实活动进行"疏导"。具体地说，是否应将党的宗教工作对象，由长期以来只针对信仰五大宗教（佛教、道教、基督教、天主教、伊斯兰教）的各族人民群众，扩展到信仰民间宗教的当代农民群众，像对待五大宗教信众那样，也将民间宗教信众视为"建设有中国特色社会主义的积极力量"，并将其作为一项事关"加强党同人民群众的血肉联系"[1]的战略任务，从而满腔热情地去做民间宗教信众的团结、教育、改造、引导工作，将民间宗教信众与社会主义核心价值相适应、相和谐的可能性变为现实性，那将会有利于社会秩序的和谐稳定和社会经济的又快又好发展。简言之，民间宗教信众工作也应是党的一项重要群众工作。

当代天津宗教信仰领域中的民间宗教问题，是一个具有重要理论意义和迫切实践意义的新课题。在认识和处理民间宗教问题上，我们应该具有继承和发扬马克思主义宗教观的胸怀与智慧，以及按科学发展观使其朝着构建和谐社会健康发展的胆识。因此，多一些对民间宗教的"客观研究、认真思考和正确决策是必需的，也是有识者、决策者当下就值得去做的大事之一"[2]。

原载《贵州大学学报（社会科学版）》2011 年第 6 期，
中国人民大学复印报刊资料《宗教》2012 年第 1 期全文转载

---

① 江泽民：《论宗教问题》，《江泽民文选》第 3 卷，人民出版社，2006 年。
② 卓新平：《"全球化"的宗教与当代中国》，《中国宗教》2009 年第 4 期。

民间宗教与社会主义和谐社会

"民间宗教与社会主义和谐社会"，这一研究课题的提出，其本身就具有极强的政治敏感性，也正因为如此，又使这一研究课题具有重要的理论性和迫切的实践性。

那么，什么是民间宗教？什么是社会主义和谐社会？现实中的民间宗教与历史上的民间宗教有没有区别，能否与社会主义社会相适应、相和谐？中国共产党在领导全国人民构建社会主义和谐社会的伟大事业中，有没有气魄、有没有能力解决好民间宗教问题，并将这一占全国人口比例相当大数量的民间宗教信众团结、教育、改造、引导到社会主义现代化建设中来？笔者围绕上述几个问题，谈谈自己的粗浅看法，并提出一些不成熟的建议。不当之处，欢迎各界方家批评指正。

一

什么是民间宗教？

民间宗教是20世纪80年代以来学术界的说法，或称秘密宗教、民间秘密宗教、教门、道门等，而我国政府则将其称之为会道门。

从发生学意义上说，民间宗教是封建社会的产物。如果从东汉末年的五斗米道、太平道算起，至今已有近两千年的历史。其中，尤以明清时代的民间宗教活动最为繁盛：以白莲教、无为教、黄天道、东大乘教为代表的数以百计的教派，遍布于大江南北，深深扎根于民间社会，发挥了社会学意义上所说的两种社会功能。

一是民间宗教发挥了抒发下层民众宗教情感，寄托下层民众理想追求的社会功能。

在漫长的中国封建社会，生活在社会底层的广大民众，深受残酷的经济剥削、政治压迫和精神奴役。尽管如此，他们也有自己希求的生活目标和企羡的理想境界。但是，他们却找不到出路，只能把真实的欲求移入神天世界，来获取在现实社会中不易获得的精神上的补偿。然而，作为封建社会主流意识的儒释道，却不能从根本上满足下层民众的这种心理需求。特别是明中叶以后，儒释道不仅更加远离民众，而且已经迅速衰颓。人间的苦难和对这种苦难的叹息与抗议，很难以这些正统思想与宗教的形式抒发出来。信仰无真空。于是，在这样的历史条件下，民间宗教正好迎合了下层民众的精神需求，因而充当了下层民众抒发宗教情感，寄托下层民众理想追求的主要角色。具象地说，又在下层民众中，表现为心理安慰、相互扶助、治病健身、强体谋生等实践活动。

二是民间宗教发挥了策动、组织与领导农民暴动、农民起义的社会功能。

自古以来，中国就是一个农耕大国，是小农经济的汪洋大海。在这种经济形态下世世代代生活的下层民众务实求存，注重的是现世的人生快乐，表现在社会行为方式上，盛行的则是"鸡犬之声相闻，民至老死，不相往来"，很像一盘极不容易凝聚起来的散沙。可是，当下层民众这种低水平的田园生活被打破，面临生死抉择时，又是什么力量将其凝聚起来，为自己的生存而去斗争呢？当然，儒释道不可能为他们代言呐喊，更不可能为他们铤而走险。于是，民间宗教便承担起这个历史责任，成为下层民众将形同散沙的自身团结起来的凝聚力与举行暴动或起义的推动力。

民间宗教两种社会功能的发挥，自有其内在逻辑。大体上说，正常年代或者说和平时期，民间宗教主要是发挥了抒发下层民众宗教情感，寄托下层民众理想追求的社会功能。可是，每当天灾人祸接踵而至或社会动乱之际，民间宗教就会立即与斗争思想相结合，成为农民暴动、农民起义的策动者、组织者和领导者。人们只要以此来观察中国历史上的民间宗教，便可掌握其中的发展规律。

对于民间宗教这一客观存在的社会问题，中国历代封建统治者就从来没有处理好过，这主要是由于其阶级本性使然。信仰上的严禁、组织上的取缔、活动上的镇压，是历代封建统治者对民间宗教采取的一以贯之的国策。特别是当民间宗教策动、组织与领导下层民众反抗封建暴政时，历代封建统治者对民间宗教所采取的血腥屠杀手段，常常是惨不忍睹，令人发指的。如果暂时无法剿灭的话，历代封建统治者也只是佯作妥协、让步，一旦缓过气来，他们便立即继续严禁、取缔、镇压，必加痛剿而后快。然而，民间宗教却如野火春风，屡禁不绝，在下层社会具有顽强的生命力，即使是封建帝制被孙中山先生领导的辛亥革命所推翻，民间宗教仍在民国时期大行其道，且愈演愈烈，并彰显出新的时代特点。

二

　　什么是社会主义和谐社会？

　　自党的十六届四中全会提出构建社会主义和谐社会的战略决策以来，全党全社会都积极投入到这项伟大事业的建设中来。研究、阐释、宣传构建社会主义和谐社会的理论与实践，已成为我国当前理论、学术界的热点。下面，引述一些具有代表性的观点，以便于本研究课题的探讨。

　　国家副主席曾庆红同志在阐述党的十六届四中全会精神的《加强党的执政能力建设的纲领性文献》一文中，将社会主义和谐社会概括为"社会主义和谐社会应当是充满创造力的社会"，"社会主义和谐社会应当是各方面利益关系不断得到有效协调的社会"，"社会主义和谐社会应当是社会管理体制不断创新和健全的社会"，"社会主义和谐社会应当是稳定有序的社会"。[①]

　　中国经济体制改革研究会会长、北京大学博士生导师高尚全先生在《构建和谐社会：三大挑战与四大问题》一文中认为："和谐社会是一个系统的概念，理论上说，是一个社会各阶层和睦相处，社会各成员各尽其能、各得其所的社会；是人们的聪明才智、创造力得到充分发挥和全面发展的社会；

---

① 《人民日报》2004 年 10 月 8 日。

是经济社会协调发展的社会；是人与人、人与自然协调相处的社会。"①

中国社会科学院课题组（李培林、景天魁执笔）在《努力构建社会主义和谐社会》一文中指出："构建社会主义和谐社会所指的'社会'，应是一个具体的发展领域，与经济、政治、文化相并列。'和谐社会'包括社会关系的和谐和人与自然的和谐两个方面，但主要是指社会关系的和谐。"②

韩庆祥先生在《论构建社会主义和谐社会》一文中说，"社会主义和谐社会，是一个各尽所能并充满创造活力的社会"；"社会主义和谐社会，是一个尊重人民诉求的社会"；"社会主义和谐社会，是一个各得其所的社会"；"社会主义和谐社会，是一个和谐相处的社会"；"社会主义和谐社会，是一个共生共进的社会"。③

总之，以上诸家都是围绕着人、社会、自然三者论述社会主义和谐社会的内涵与特征的，也就是说，构建社会主义和谐社会，应该实现人的和谐、人与社会的和谐、人与自然的和谐。其中，实现人与社会的和谐，乃是构建社会主义和谐社会的重心，或者说是主要目标。

三

现实中的民间宗教与历史上的民间宗教有没有区别，能否与社会主义社会相适应、相和谐？

历史上的民间宗教是作为封建社会主流思想意识与宗教的异端、外道而盛行于民间社会的，它虽然游离于儒释道之外，并在主要方面表现出与封建统治秩序离异、抗争的状态，但是它与儒释道一样，也诞生、成长于封建社会的土壤，得益于封建社会的阳光雨露。因此，其道德情操、伦理信念、求索取向、理想境界，也都必然打上封建社会的思想烙印。对此，我们应该坚持历史唯物主义的立场和观点，既要承认它在历史意义上的正当性和对下层民众痛苦心灵的抚慰性与反抗封建专制统治的鼓动性、指导性，也要看到它

---

① 《人民论坛》2005 年第 5 期。
② 《光明日报》2005 年 5 月 17 日。
③ 《光明日报》2005 年 5 月 24 日。

的愚昧性与落后性和对下层民众思想上的欺骗性与束缚性。因此，任何拔高赞美，或是肆意贬低，都有偏见之嫌，都是不足取的，也是不符合历史实际的。

中华人民共和国成立伊始，鉴于以一贯道为代表的反动会道门组织的仇视人民政权反人民罪行，根据党中央指示和《中华人民共和国惩治反革命条例》，在镇压反革命运动中，将反动会道门作为重点打击对象之一，全国城乡开展了大规模的取缔反动会道门组织的运动。经过这场群众运动，给予民间宗教势力以很大的削弱。今天，虽然这一重大决策所面对的历史条件已不复存在，但是这场群众运动的历史功绩是不容抹煞的，它保证了新生人民政权的巩固和社会主义建设事业的顺利开展。

经过新中国成立初期那场急风暴雨式的群众运动，民间宗教虽受到沉重打击，但并没有完全销声匿迹，继续在乡村和城镇群众中从事各种活动。进入 20 世纪 60 年代中叶以后，在"以阶级斗争为纲"的社会形势下，随着社会主义教育运动，尤其是"文化大革命"的全面展开，民间宗教的教派头目或骨干分子纷纷被人们挖出揪斗，成为群众专政对象，一般信徒慑于强大的群众专政威力，也不敢参与活动，因而呈现出 20 世纪 60 年代中叶至 70 年代末叶民间宗教活动暂时沉寂的局面，这是当时特殊形势下出现的特殊情况。

然而，自 20 世纪 80 年代始，随着中国社会经济的转型，以及由此引起的社会生活和信仰生活的多元化，民间宗教又重新活跃于广大乡村社会，在相当数量的农民群众中产生了重要影响。有些地区，民间宗教的某些教派甚至集资建庙，定期举办活动，成为当地群众的信仰活动场所，还有的民间宗教教派打着佛教或道教旗号，乃至借用佛教或道教寺庙，从事自己的宗教活动等等，这是已被我国政府有关部门和专家学者调查研究所证实的客观事实。

据笔者田野调查，重新活跃的民间宗教，其教义思想、仪式修持、组织形式等，虽与传统的民间宗教有一定的继承关系，但它们在宣讲教义、举行仪式等活动时，往往能够做到与时俱进，增添了许多当代社会生活的新内容。例如，河北省的天地门教在供奉的神灵中，除传统的无生老母、儒释道三教圣人等各种天神地祇外，还供有"中国共产党万万岁"牌位。又如，河北省的弘阳教在重建"韩祖宫三清殿前殿"的碑记中，镌刻上这样的文字：

"兹因重建韩祖宫三清殿前殿，而四方响应，万民声援，百姓资助，弘扬弘扬，声迹复现。党的政策之英明，政府领导之伟大，亦弘扬民族文化之壮举。"

弘阳教和天地门教均是明末清初以来著名的民间宗教教派，在华北、东北等地区流传。有清一代，弘阳教和天地门教曾屡遭封建统治者查禁。新中国成立初期，弘阳教和天地门教也曾被勒令停止活动。此后，弘阳教和天地门教一直在乡村社会潜行默运。进入 20 世纪 80 年代以后，弘阳教和天地门教均从秘密走上公开，在河北省一些乡村积极吸收信徒，定期举行宗教活动。它们在从事宗教活动时的重要特点，均是明确宣示拥护中国共产党领导和社会主义制度，并能将它们的教义思想与现代社会生活相结合，把它们举行的各种宗教活动，作为弘扬民族文化到处宣传，因而信者日众。

以上所说的河北省弘阳教和天地门教的现实情况，在当代中国民间宗教活动中，颇具代表性。因此，基于这种客观事实，笔者认为：现实中的民间宗教已不同于历史上的民间宗教——既不同于封建社会的民间宗教，也不同于新中国成立初期至 20 世纪 80 年代以前的民间宗教。这不仅表现在民间宗教的活动环境已不是封建社会和新中国成立初期至 80 年代以前的社会主义社会，而是进入改革开放和进行现代化建设时期的社会主义社会，民间宗教的信众已不是封建社会的子民和刚从半殖民地半封建社会迈入新中国的群众，而大多是新中国成立以后出生的社会主义社会的公民，而且表现在民间宗教的思想已不是封建社会主流思想与宗教的异端、外道和新中国成立初期至 80 年代以前的革命对象，而是作为社会主义社会初级阶段多元文化、多元信仰的一种表现形式，特别是民间宗教在思想和实践中，表现出拥护中国共产党和社会主义制度的政治倾向，注重发挥道德约束、幸福追求和终极关切的社会功能，因而使它们具有与社会主义社会相适应、相和谐的可能性。

四

中国共产党在领导全国人民构建社会主义和谐社会的伟大事业中，有没有气魄、有没有能力解决好民间宗教问题，并将这一占全国人口比例相当大数量的民间宗教信众团结、教育、改造、引导到社会主义现代化建设中去？

在正确解决民间宗教问题，团结、教育、改造、引导民间宗教信众工作方面，中国共产党具有成功的历史经验与现实经验，充分证明中国共产党有气魄、有能力解决好民间宗教问题，并能将民间宗教信众引导到新民主主义革命和社会主义社会现代化建设中来。

早在 20 世纪 20 年代的大革命时期，中国共产党就对抗拒盗匪、保家安良的民间宗教武装组织红枪会给予高度评价，认为红枪会是反对帝国主义与封建军阀的"一个伟大势力"，虽不免多少带有迷信气味，但"大部分乃真正农民反抗兵匪的组织"。[①] 为了把红枪会从自发的农民反抗斗争引上正确的革命道路，配合国民革命军北伐，"使这个力量不为军阀土豪所利用"[②]，中国共产党于 1927 年 7 月召开了第四届中央执行委员会第三次全体（扩大）会议，专门讨论并通过了《对于红枪会运动的决议案》。这个决议案对红枪会的产生及其性质、农民协会与红枪会的关系、如何对待红枪会的封建迷信，以及中国共产党如何实现对红枪会的领导权等问题，都作出了明确的分析与决定。

在这个决议案精神的指导下，通过中国共产党大批优秀干部的艰苦工作，不仅在组织上消除了红枪会原先各自为政的局面，组成了武装农民的联合办事处，并通过红枪会发展了农民协会，而且更重要的是在思想上使红枪会逐步认识到只有"打倒帝国主义，打倒贪官污吏，打倒劣绅土豪"[③]，才是唯一出路。经过中国共产党教育、改造后的红枪会，成为一支重要的反帝反封建的革命力量，在国民革命军北伐战争中发挥了积极作用。

1937 年 7 月 7 日，日本帝国主义悍然发动全面侵华战争。在民族危亡关头，为了结成广泛的抗日统一战线，中国共产党又对奋起反抗日寇侵略的红枪会组织进行了争取、教育、改造工作。在中国共产党大批优秀干部的努力工作下，华北、东北以及安徽等地的大部分红枪会组织，在"抗日高于一切""保卫家乡"的口号下，奋勇杀敌，又为争取抗日战争的伟大胜利作出了贡献。

---

① 李大钊：《鲁豫陕等省的红枪会》，《李大钊选集》，人民出版社，1959 年。
② 《中共中央文件选集》第 2 册，中共中央党校出版社，1989 年。
③ 《民国日报》（汉口）1927 年 3 月 9 日。

步入 21 世纪以后，为了贯彻落实 2001 年 12 月江泽民同志在全国宗教工作会议上的讲话精神，积极引导宗教与社会主义社会相适应，福建省政府针对省内民间信仰名目繁多的特点，也把民间信仰纳入了管理轨道。时任福建省省长的习近平同志对《中国宗教》杂志记者说："民间信仰作为一种群众性的社会现象，政府必须进行管理，我们从政府管理社会事务的职能角度出发，把管理民间信仰活动的工作交给了省民族宗教厅，让他们来管理，这样比较合适。最近，省委、省政府办公厅还下发了《关于加强民间信仰活动管理的通知》，要求各级政府有关部门切实加强对民间信仰活动的引导和管理。"[1] 习近平同志所说的福建省的民间信仰活动，其中有不少就是民间宗教活动。福建省政府从客观实际出发，在全国先行一步，积极引导民间信仰和民间宗教与社会主义社会相适应，并取得了良好的社会效果。

五

在当前构建社会主义和谐社会的伟大事业中，我们应该充分借鉴中国共产党成功地解决民间宗教问题的历史经验和现实经验，将现实中的民间宗教已经具备的与社会主义社会相适应、相和谐的可能性变为现实性，将占全国人口比例相当大数量的民间宗教信众团结、教育、改造、引导到社会主义现代化建设中来。为此，笔者建议：

1. 应该澄清一个概念，即民间宗教不等于邪教。无论是历史上的民间宗教，还是现实中的民间宗教，我们在面对这种客观存在的社会现象时，应该按照马克思主义的观点，坚持实事求是的精神，具体问题具体分析，也就是一个教派、一个教派去分析，该是什么，就是什么。不然的话，我们就不好解释中国历史上连绵不断的农民起义为什么大部分都与民间宗教有关，也不好解释现实中的民间宗教所具有的安善性格和与社会主义社会相适应、相和谐的特点。如果不加区别，一概而论，甚至像看待法轮功等邪教组织那样，

---

[1] 陈红星、田悦阳：《努力做好新世纪的福建宗教工作 ——访福建省省长习近平》，《中国宗教》2002 年第 4 期。

也将目前尚未取得合法地位的民间宗教统统视为邪教，那么我们就会避免不了历史虚无主义和教条主义的错误。其结果，必然会伤害占全国人口比例相当大数量的民间宗教信众的思想感情，不利于构建社会主义社会和谐社会。

2.应该明确一个理念，即民间宗教工作也是群众工作。"三个代表"重要思想中的"社会主义宗教论"，将宗教工作（指佛教、道教、基督教、天主教、伊斯兰教）作为一项重要的群众工作来做，这是对马克思主义宗教观的重要发展。笔者认为，在构建社会主义和谐社会的伟大事业中，是否应该像对待佛教、道教、基督教、天主教、伊斯兰教那样，也将民间宗教工作作为一项重要的群众工作来做。目前，全国有相当数量的乡村和城镇群众信仰民间宗教，且呈现出信仰人数越来越多的趋势。对这种实际存在的客观事实，我们决不能低估。如果我们能像对待佛教、道教、基督教、天主教、伊斯兰教信众那样，满腔热情地做民间宗教信众的团结、教育、改造、引导工作，那将会有利于社会秩序的稳定和社会经济的发展。

3.应该认知一个道理，即社会主义和谐社会不是完美的社会和无矛盾的社会，而是存在矛盾和冲突、又能正视并妥善解决矛盾和冲突的社会。体现在宗教信仰方面，现实中的民间宗教与社会主义社会主流思想文化之间的矛盾和冲突最具典型。其重要表现，就是现实中的民间宗教比佛教、道教承载着更多的封建因素和迷信色彩。对此，我们不要惊慌害怕，应该按照社会生态学的观点，将其视为社会主义社会初级阶段的正常社会现象，并积极主动地化解民间宗教与社会主义社会主流思想文化之间的矛盾和冲突，将民间宗教信众引导到与社会主义社会相适应、相和谐的道路，尽可能团结一切可以团结的群众，为社会主义现代化建设贡献力量。

4.应该确定一个原则，即采取积极而又慎重的政策与策略。在澄清一个概念、明确一个理念、认知一个道理的基础上，建议国家有关部门组织实际工作干部和专家学者对现实中的民间宗教展开全面调查，掌握民间宗教在全国的布局以及组织、人数和活动等情况，做到心中有数；然后，针对当代中国出现的这个新情况、新问题，进行实事求是地分析与研究；只有如此，才能制定出符合实际情况的政策与策略，从而使民间宗教与社会主义社会相适应、相和谐由可能性变为现实性，"最大限度地调动人民群众的积极性，凝聚和激励群众共同前进”①，最终实现人与社会和谐这一构建社会主义和谐社会的主要目标。

原载《当代宗教研究》2006 年第 1 期

---

① 曾庆红：《加强党的执政能力建设的纲领性文献》，《人民日报》2004 年 10 月 8 日。

民间宗教信众与党的群众工作

——关于当代中国民间宗教信众问题的若干思考[①]

民间宗教是对那些既与正统宗教如佛教、道教有着千丝万缕联系、又有着重要区别的各种教派的统称。自东汉末年以来，民间宗教一直在下层社会流传，其信众成千累万，生生不息，绵绵不绝。

1949 年中华人民共和国成立以后，为了巩固新生的人民政权，以"一贯道"为首的反动封建会道门被严厉取缔。但是，各种形式的民间宗教活动从未停止过，尽管是处于一种半公开或秘密状态。自 20 世纪 80 年代始，随着中国社会经济的转型，以及由此引起的社会生活和信仰生活的多元化，特别是进入 90 年代以后，受"全球化"宗教运动的波及与影响，各种形式的民间宗教活动，又重新从地下走向公开，并以其简约性、通俗性赢得了越来越多的信众。

从 80 年代末起，笔者在从事中国民间宗教史研究的同时，也非常关注民间宗教的现实活动，经常深入民间，进行田野调查，并相继撰写、发表了一系列论文[②]，阐述自己的学术观点。现以"民间宗教信众与党的群众工作"

① 本文系 2007 年度国家社会科学基金重点项目"当代中国民间宗教调查与研究 —— 以河北民间宗教现实活动为例"（项目编号：07AZJ001）阶段成果之一。

② 濮文起：《天地门教调查与研究》，《民间宗教》（台湾）第 2 辑，台北南天书局，1996 年；濮文起：《解释与改造：中国历史上与现实中的民间宗教问题》，《天津社会科学》2004 年第 6 期；濮文起：《当代中国社会的民间宗教问题及其对策研究 —— 以河北省天地门教天地门教、弘阳教为例》，《当代宗教研究》2005 年第 2 期；濮文起：《民间宗教与社会主义和谐社会》，《当代宗教研究》2006 年第 1 期，收入《社会问题研究丛书》编辑委员会编：《文化安全与社会和谐》，知识产权出版社，2008 年；濮文起：《民间宗教的活化石 —— 活跃当代中国某些乡村社会的天地门教》，《天津社会科学》2006 年第 3 期；濮文起：《民间宗教的又一块活化石 —— 活跃在天津市西青区杨柳青镇的西大乘教》，《当代宗

为题，专门围绕着当代中国民间宗教信众问题，将自己的若干思考整理成文，以求方家哂正。

一

构成当代中国民间宗教信众的主体，其年龄大多在 40 岁至 69 岁之间。现据笔者最近对河北省邢台地区和天津市津南区进行"民间宗教信仰问卷"的调查结果，予以说明。

在河北省邢台地区和天津市津南区收回的 600 份问卷中，有 18 份问卷，或因没写性别，或因没写年龄，或因没写信教时间等内容，无法统计而作废；两地收回有效问卷 582 份，占 600 份问卷的 97%。其中，在河北省邢台地区收回的 315 份问卷中，有效问卷 303 份，占收回问卷 315 份的 96.2%；在天津市津南区收回的 285 份问卷中，有效问卷 279 份，占收回问卷 285 份的 97.9%。其问卷回答的年龄构成如下：

河北省邢台地区

男性信众：74 人。其中，16 岁，1 人；19 岁，1 人；20 岁至 29 岁，6 人；30 岁至 39 岁，8 人；40 岁至 49 岁，18 人；50 岁至 59 岁，19 人；60 岁至 69 岁，14 人；70 岁至 79 岁，6 人；83 岁 1 人。

女性信众：229 人。其中，14 岁，1 人；18 岁，1 人；19 岁，1 人；20 岁至 29 岁，17 人；30 岁至 39 岁，20 人；40 岁至 49 岁，59 人；50 岁至 59 岁，56 人；60 岁至 69 岁，45 人；70 岁至 79 岁，25 人；80 岁以上（包括 80 岁），4 人，年龄最大的是 88 岁。

天津市津南区

男性信众：258 人。其中，14 岁，1 人；17 岁，1 人；18 岁，1 人；20 岁

（接上页）教研究》2006 年第 3 期；濮文起：《关注下层民众的所思所想——民间宗教调查琐记》，《当代宗教研究》2007 年第 2 期，收入中国宗教学会秘书处编：《中国宗教学》第 3 辑，宗教文化出版社，2008 年；濮文起：《民间宗教能否在促进社会和谐方面发挥作用》，《中国民族报》2007 年 5 月 30 日；濮文起：《当代中国民间宗教活动的某些特点——以河北、天津民间宗教现实活动为例》，《理论与现代化》2009 年第 2 期等。

至 29 岁，16 人；30 岁至 39 岁，32 人；40 岁至 49 岁，48 人；50 岁至 59 岁，34 人；60 岁至 69 岁，75 人；70 岁至 79 岁，24 人；80 以上（包括 80 岁），26 人，年龄最大的是 89 岁。

女性信众：21 人。其中，26 岁，1 人；30 岁至 39 岁，6 人；40 岁至 49 岁，9 人；50 岁至 59 岁，3 人；60 岁至 69 岁，2 人。

从上面统计的年龄结构中，人们可以清楚地看出，河北省邢台地区 40 岁至 69 岁的男女信众，分别是 51 人和 160 人，各占男女信众 74 人和 229 人的 69% 和 70%；天津市津南区 40 岁至 69 岁的男女信众分别是 157 人和 14 人，各占男女信众 258 人和 21 人的 61% 和 70%。

在这个年龄段中，又以 60 岁以下的信众占据多数，即使年龄超过 60 岁的信众，即 61 岁至 69 岁的信众，在 1949 年中华人民共和国成立时，也尚处在儿童阶段。因此，笔者的这次问卷调查，可以充分说明当代中国民间宗教信众的主体，是生在新中国、长在红旗下的社会主义社会的公民。又，根据笔者多年的参与观察，这个年龄段的信众往往是各种民间宗教活动的有力组织者和积极参加者。因此可以说，这个年龄段的信众是当代民间宗教信众的中坚力量。

当代中国民间宗教信众，基本上是乡村农民群众。笔者仍以这次民间宗教信仰问卷调查结果为据，予以说明。其回答的职业状况如下：

河北省邢台地区

男性信众：74 人。其中，农民，56 人；工人，1 人；公务员，1 人；无职业，16 人。

女性信众：229 人。其中，农民 185 人；工人，9 人；无职业，35 人。

天津市津南区

男性信众：258 人。其中，农民，130 人；工人，4 人；无职业，124 人。

女性信众：21 人。其中，农民 18 人；工人，2 人；无职业，1 人。

从上面统计的职业状况中，人们可以明显地看出，河北省邢台地区男性信众 74 人中，有 56 人是农民，女性信众 229 人中，有 185 人是农民，各占男女信众 74 人和 229 人的 76% 和 81%。其中，男女信众填写的"无职业"，其实，绝大多数也是农民。天津市津南区男性信众 258 人中，有 130 人是农民，女性信众 21 中，有 18 人是农民，各占男女信众 258 人和 21 人的 50%

强和 86% 强。其中，男女信众填写的"无职业"，同样，也绝大多数是农民。因此可以说，农民群众是当代中国民间宗教的基本信众。

二

笔者在多年的田野调查中发现，当代中国民间宗教信众所信奉的教义思想，虽与传统的民间宗教有一定的承继关系，但他们在从事各种宗教活动时，均能做到与时俱进，增添了许多当代社会生活的新内容。如天地门[①]信众在祭祀神灵时，除供奉"天地三界十方万灵之真宰""天地君亲师"等传统的神牌外，还供有"中国共产党万万岁""革命烈士"牌位。2009 年春，他们在重修天地门创始人董计升坟墓时，其"重修董老师墓碑记"如次："董老师，讳计升，字四海，生当明末清初。悲天悯人，创教拯世。非僧非道，惟以劝人为善行好；无影无像，励行克己复礼为尚。四十余载，大道弘传，恩润当时；三百多年，道脉源长，泽被后世。时值盛世，感念共产党之英明伟大；构建和谐，颂歌党中央之高瞻远瞩。慎终追远，乃炎黄子孙之美德；感恩怀德，实崇高人生之泉源。弟子发心，重修先师祖墓；众缘和合，祈愿国泰民安。"从这段不足 200 字的碑文中，人们可以领略天地门信众拥护共产党领导和社会主义制度，积极参与构建和谐社会的坦荡心旌。又如弘阳教[②]信众在重建"韩祖宫三清殿前殿碑记"中，镌刻这样的文字："兹因重建韩祖宫三清殿前殿，而四方响应，万民声援，百姓资助，弘扬弘扬，声迹复现。党的政策之英明，政府领导之伟大，亦弘扬民族文化之壮举。"这段碑文同样彰显了弘阳教信众拥护共产党领导和弘扬民族文化的心情与愿景。因此可以说，当代中国民间宗教信众所表现的这种政治立场，具有与社会主义核心价值相适应、相和谐的可能性。

吸引当代中国农民群众投入民间宗教信仰的动因是什么？笔者在"民

---

① 天地门，清山东武定府商河县董家林村（今属山东惠民）人董计升（1619—1690）于顺治七年（1650）建立，又称一炷香、如意道、老师道等。

② 弘阳教，明北直隶广平府曲周县（今河北曲周）人韩太湖（1570—1598）于万历二十二年（1594）建立，又称红阳教、混元门等。

间宗教信仰问卷"调查中，列出 10 种，供调查对象选择，即：1. 消灾祈福。2. 保佑平安。3. 治疗疾病：本人、父母、妻子或丈夫、孩子、亲属、朋友。4. 宣泄不满：贪污腐败、贫富两极分化、社会丑恶现象。5. 脱贫致富。6. 学好行善。7. 增长智慧。8. 精神寄托。9. 身心愉快。10. 传承信仰。他们的回答如下：

河北省邢台地区

男性信众：74 人。1. 消灾祈福，49 人。2. 保佑平安，66 人。3. 治疗疾病：本人，5 人；父母，1 人；妻子或丈夫，1 人；孩子，2 人；亲属，1 人；朋友，1 人。4. 宣泄不满，无人填写。5. 脱贫致富，10 人。6. 学好行善，42 人。7. 增长智慧，30 人。8. 精神寄托，9 人。9. 身心愉快，14 人。10. 传承信仰，16 人。

女性信众：229 人。1. 消灾祈福，97 人。2. 保佑平安，206 人。3. 治疗疾病：本人，27 人；父母，15 人；妻子或丈夫，15 人；孩子，10 人；亲属，11 人；朋友，11 人。4. 宣泄不满：贪污腐败，3 人；贫富两极分化，3 人；社会丑恶现象，3 人。5. 脱贫致富，26 人。6. 学好行善，83 人。7. 增长智慧，48 人。8. 精神寄托，27 人。9. 身心愉快，26 人。10. 传承信仰，59 人。

天津市津南区

男性信众：258 人。1. 消灾祈福，221 人。2. 保佑平安，255 人。3. 治疗疾病：本人，6 人；父母，2 人；妻子或丈夫，4 人；孩子，1 人。4. 宣泄不满，无人填写。5. 脱贫致富，22 人。6. 学好行善，252 人。7. 增长智慧，238 人。8. 精神寄托，222 人。9. 身心愉快，248 人。10. 传承信仰，250 人。

女性信众：21 人。1. 消灾祈福，19 人。2. 保佑平安，19 人。3. 治疗疾病：本人，13 人；父母，1 人；妻子或丈夫，1 人；孩子，1 人；亲属，1 人；朋友，1 人。4. 宣泄不满：无人填写。5. 脱贫致富，12 人。6. 学好行善，14 人。7. 增长智慧，6 人。8. 精神寄托，1 人。9. 身心愉快，13 人。10. 传承信仰，8 人。

上面统计的诸种动因，明白无误地告诉人们，两地农民群众投入民间宗教信仰的主要动因，是为了"保佑平安"——河北省邢台地区男性信众 74 人，有 66 人是为了"保佑平安"，占男性信众 74 人的 89%；女性信众 229 人，有 206 人是为了"保佑平安"，占女性信众 229 人的 90%。天津市津南区男性信众 258 人，有 255 人是为了"保佑平安"，占男性信众 258 人的 99%；女性信众 21 人，有 19 人是为了"保佑平安"，占女性信众 21 人的 90%。因此，"保佑平安"位居"民间宗教信仰问卷"问及的 10 种原因之榜首。其次，则是"消灾祈福"和"学好行善"。

"保佑平安"是中国民众的普遍诉求，"消灾祈福"则是中国民众的美好寄托，而"学好行善"更是中国民众寻求的生命领会和精神自觉，不管是农耕时代的封建社会，还是信息时代的现代社会，都是如此。因此可以说，当代中国民间宗教信众的这种信仰动因，亦具有与社会主义核心价值相适应、相和谐的可能性。

三

以中国特色社会主义理论为指导，以构建社会主义和谐社会为目标，进一步解放思想，破除"本本主义"和教条主义，一切从社会主义初级阶段的国情出发、从广大人民群众的根本利益出发、从全面建设小康社会的全局出发、从新世纪新阶段的世界形势出发，应该对当代中国民间宗教信众有一个新的认识。

当代中国民间宗教信众的主体，既不是封建社会的子民，也不是刚从半殖民地半封建社会迈入新中国的工农群众，而是解放以后出生的社会主义社会的公民。他们生在农村，长在农村，又长期从事农业生产，以他们的辛勤汗水为解决我们这个拥有十几亿人口大国的吃饭问题做出了重要贡献。因此，对这个民间宗教信众群体，应该予以重视，这是尊重人权的表现。

当代中国民间宗教信众不是具有理性思维的哲学家，而是没有多少文化修养的普通农民群众。由于多年来乡村文化教育的滞后和由此造成的乡土民众科学知识的贫乏，以及人们对命运的长期以来的非理性理解，致使这些农民群众在社会转型时期，遇到不能理解或者不能解决的社会、心理等问题时，最容易与具有深厚传统且最有吸引力的民间宗教信仰产生共鸣。在当代中国宗教信仰多元化、价值取向多元化的大势下，这是一种正常的社会现象。因此，对这个民间宗教信众群体，应该予以客观理解，这亦是尊重人权的表现。

当代中国民间宗教信众拥护共产党领导和社会主义制度、拥护并参与构建社会主义和谐社会的政治立场,"保佑平安""消灾祈福"以及"学好行善"等信仰追求,已与解放前乃至改革开放前的民间宗教信众的政治立场、信仰追求有着很大不同,反映出这个庞大的信仰群体能够审时度势,既保存传统又与时代同步的精神风貌。

基于以上认识,笔者认为,是否应将党的宗教工作对象,由长期以来只针对信仰五大宗教(佛教、道教、基督教、天主教、伊斯兰教)的各族人民群众,扩展到信仰民间宗教的当代农民群众,像对待五大宗教信众那样,也将民间宗教信众视为"建设有中国特色社会主义的积极力量"[1],并将其作为一项事关"加强党同人民群众的血肉联系"[2]的战略任务,从而满腔热情地去做民间宗教信众的团结、教育、改造、引导工作,将民间宗教信众与社会主义核心价值观相适应、相和谐的可能性变为现实性,那将会有利于社会秩序的和谐稳定和社会经济的又快又好发展。

当代中国民间宗教信众问题,是一个具有重要理论意义和迫切实践意义的新课题。在认识和处理民间宗教信众问题上,我们应该具有继承和发扬马克思主义宗教观的胸怀与智慧,以及按科学发展观使其朝着构建和谐社会健康发展的胆识与魄力。因此,多一些对民间宗教信众的"客观研究、认真思考和正确决策是必需的,也是有识者、决策者当下就值得去做的大事之一"[3]。

原载《理论与现代化》2010年第1期

---

[1]　江泽民:《论宗教》,《江泽民文选》第3卷,人民出版社,2006年,第381页。
[2]　江泽民:《论宗教》,《江泽民文选》第3卷,人民出版社,2006年,第381页。
[3]　卓新平:《"全球化"的宗教与当代中国》,《中国宗教》2009年第4期。

民间宗教能否在促进社会和谐方面发挥作用

"社会和谐是中国特色社会主义的本质属性",这是党的十六届六中全会在《关于构建社会主义和谐社会若干重大问题的决定》中提出的一个非常重要的理论观点;与此同时,该《决定》又创造性地提出了"发挥宗教在促进社会和谐方面的积极作用"的重要思想。那么,这一重要思想中所说的"宗教",除了众所周知的佛教、道教、天主教、基督教、伊斯兰教之外,是否还包括活跃于当代中国社会的民间宗教?在促进社会和谐方面,民间宗教能否发挥作用?这是一个值得探讨的具有重要理论意义和实践意义的重大课题。

中国民间宗教是一个动态的开放的宗教信仰系统

从宗教发展史来看,世界上的一切宗教,无论是佛教、基督教、伊斯兰教等世界性宗教,还是遍布世界各国的民族宗教,其母体或源头,均来源于民间宗教,最初都是从民间宗教发展起来,经过统治者的改造与提倡而上升为正统宗教的,而那些没有成为正统宗教的民间宗教则继续留在民间,在广大民众中流传。

中国民间宗教是一个动态的开放的宗教信仰系统。在长期的历史发展中,中国民间宗教不仅始终保持着草根性的特征,而且还不断从正统宗教佛教和道教那里汲取思想营养,使自身逐渐脱离原始性而实现制度化。特别是到了明清时代,那些著名的民间宗教教派,如无为教、黄天道、东大乘教、西大乘教、弘阳教、天地门教、八卦教、在理教等,都是在吸收或借用、改造儒家思想和佛教或道教宗教思想的基础上,使自己迅速制度化的。只不过这些民间宗教教派没有像佛教、道教正统宗教那么博大、精深罢了。中国民间宗教具有草根性、开放性并逐渐制度化形成中国封建社会宗教信仰的多元格局。

在中国封建社会，民间宗教的信仰主体是生活在下层社会的广大民众。从宗教社会学角度看，中国民间宗教曾在历史上发挥了两种社会功能。一是发挥了抒发下层民众宗教情感，寄托下层民众理想追求的社会功能，并具体地表现为心理安慰、相互扶助、治病健身、强体谋生等实践活动。二是发挥了策动、组织与领导农民暴动、农民起义的社会功能。纵观中国封建社会农民战争史，规模巨大的农民起义，大多与民间宗教的策动、组织、领导有关，如东汉末年的太平道起义，元朝末年的白莲教起义，明朝末年的山东、北直东大乘教徐鸿儒、于弘志起义，清朝中叶的川陕楚混元教、三阳教、西天大乘教起义和豫北天理教起义，清朝末年的山东黄崖教起义，乃至民国时期的红枪会运动等，都在中国历史上留下了深深的印记，并对中国历史发展产生了深远的影响。正因为如此，民间宗教一直被正统宗教视为异端、外道而遭到不断的挞伐、诋毁；也正因为如此，民间宗教又始终被历代封建统治者视为"邪教"而遭到严厉查禁和血腥镇压。但是，民间宗教犹如野火春风，其生命力比历代王朝要长久、坚强，在下层社会流传不衰。

但是，以理性之光，观照民间宗教，人们就会发现，与正统宗教佛教、道教相比，民间宗教又承载了更多的愚昧性与落后性。其教义思想中的一些荒诞不经和格调低下的说教以及充溢着更多的原始巫术宗教的色彩，曾给下层民众的信仰世界造成了长期的消极影响。正因为如此，当中国步入近代化进程以后，民间宗教就越发暴露出与时代精神的格格不入。特别是那些被政治野心家操控的民间宗教教派，如先天道、九宫道、同善社、一贯道、一心天道龙华圣教会等，它们不仅大肆传教敛钱，而且依靠军阀、政客，横行乡里，为非作歹，乃至投降日寇，勾结国民党特务，破坏抗日战争和人民解放战争，已经成为一股股逆历史潮流而动的邪恶势力。因此，对于中国历史上的民间宗教，任何拔高赞美，或是肆意贬低，都是不足取的，也是不符合历史实际的，而是应该采取历史唯物主义的立场和实事求是的态度。

现实中的民间宗教是社会主义社会初级阶段
多元信仰的一种表现形式

　　20 世纪 80 年代以来，民间宗教在中国广大乡村乃至部分城镇的复活，是当代中国社会的一种普遍现象。这种社会现象出现的动因，乃是社会主义市场经济在中国的强力提倡与全面推行。社会主义中国开始的这场经济改革，是一场深刻的社会革命，社会经济的快速转型，以及由此引起的社会生活的巨大变化，使生活在乡村社会的下层民众既感到欢欣鼓舞 —— 因为正是社会主义市场经济的提倡与推行，才使他们真正过上了温饱生活，也感到迷惑彷徨 —— 因为社会转型期带来了新的社会矛盾，又使他们在精神上产生了信仰危机，而乡村文化教育的滞后和由此造成的乡土民众科学知识的贫乏，以及人们对命运的长期以来的非理性理解，致使他们在遇到暂时不能理解或者不能解决的社会、心理等问题时，最容易与具有深厚传统且最有吸引力的民间宗教信仰产生共鸣。因此，民间宗教在乡村社会的复活、流传和乡村社会下层民众对民间宗教的皈依、崇信，也就成为自然而然的事情了。正如江泽民同志所指出的那样："社会发生的剧烈变化，人们在物质生活或精神生活中遇到的困难和空虚等景况，贫困、疾病、灾害、犯罪、动荡、战争带来的社会不安和苦难，以及生命和宇宙中还存在的很多尚未作出科学解释的现象，都可能成为促使人们到宗教中去寻求精神依托的原因。"

　　自 20 世纪 80 年代末始，笔者曾对民间宗教现实活动进行过长期的跟踪调查。在笔者所调查的民间宗教教派中。发现它们所宣扬的教义思想，虽与主流意识形态不尽和谐，但并不相对抗，且力图相适应的发展趋势。这些民间宗教教派，在教义思想、仪式修持、组织形式等方面，虽与传统的民间宗教有一定的继承关系，但它们在宣讲教义、举行仪式等活动时，均能做到与时俱进，增添了许多当代社会生活的新内容。如天地门教在供奉的神灵中。除传统的无生老母、儒、释、道三教圣人等各种天神地祇外，还供有"中国共产党万万岁""革命烈士"牌位。又如弘阳教在重建"韩祖宫三清殿前殿"的碑记中，镌有这样的文字："兹因重建韩祖宫三清殿前殿，而四方响应，万民声援，百姓资助，弘扬弘扬，声迹复现。党的政策之英明，政府领导之伟大，亦弘扬民族文化之壮举。"此外，它们在从事宗教活动时，均明确宣示拥护中国共产党领导和社会主义制度，并能将它们的教义思想与传统民间习俗、现代社会生活巧妙地结合起来，注重发挥道德约束、幸福追求和终极关切的社会功能。至于一般信众，他们信仰民间宗教的目的很单纯，就是为了祈求神灵保佑风调雨顺、五谷丰登、老人孩子、无灾无病、一家平安。于是，这就给我们提出了一个重要问题，即如何正确认识这种新的社会现象、妥善解决这个新的社会问题？

笔者认为，应该对历史上的民间宗教活动与现实中的民间宗教表现进行严格的区别。历史上的民间宗教是作为封建社会主流思想与宗教的异端、外道而盛行于民间社会的，它虽然游离于儒、释、道之外，并在主要方面表现出与封建统治秩序离异、抗争的状态，但是它与儒、释、道一样，也诞生、成长于封建社会的土壤。因此，其道德情操、伦理信念、求索取向、理想境界，也都必然打上封建社会的思想烙印。

现实中民间宗教所处的社会环境、所拥有的信众、所宣扬的宗教思想与其宗教实践都发生了很大或根本的变化。其思想及实践，是作为社会主义社会初级阶段多元文化、多元信仰的一种表现形式，特别是现实中的民间宗教的大多数教派表现出拥护中国共产党和社会主义制度的政治倾向，注重发挥道德约束、幸福追求和终极关怀的社会功能，因而使其具有与社会主义社会相适应相和谐的可能性。

中国共产党在正确认识和妥善解决民间宗教问题方面具有成功的历史经验与现实经验

中国共产党是中国最广大人民群众根本利益的代表者，当然也是广大宗教信众根本利益的代表者。在正确认识和妥善解决民间宗教问题方面，中国共产党具有成功的历史经验与现实经验。早在20世纪20年代的大革命时期，中国共产党就对抗拒盗匪、保家安良的民间宗教武装组织红枪会给予高度评价，认为红枪会是"反对帝国主义与封建军阀的一个伟大势力"，虽不免多少带有迷信色彩，但"大部分乃真正农民反抗兵匪的组织"。[①] 为此，中国共产党不仅于 1927 年 7 月专门讨论并通过了《对于红枪会运动的决议案》，而且派出大批优秀干部深入红枪会组织内部，进行艰苦的教育与改造工作，从而使红枪会成为一支重要的反帝反封建的革命力量。

1937 年 7 月 7 日，日本帝国主义悍然发动全面侵华战争。在民族危亡关头，为了结成广泛的抗日统一战线，中国共产党又对奋起反抗日寇侵略的红枪会组织进行了争取、教育、改造工作。在中国共产党大批优秀干部的努力工作下，华北、东北以及安徽等地的大部分红枪组织，在"抗日高于一切""保卫家乡"的口号下，奋勇杀敌，又为争取抗日战争的伟大胜利做出了贡献。

步入 21 世纪以后，为了贯彻落实 2001 年 12 月江泽民同志在全国宗教工作会议上的讲话精神，积极引导宗教与社会主义社会相适应，福建省人民政府针对省内民间信仰名目繁多的特点，也把民间信仰纳入了管理轨道。福建省人民政府从客观实际出发，在全国先行一步，积极引导民间信仰和民间宗教与社会主义社会相适应，并取得了良好的社会效果。因此可以说，福建省人民政府的做法，为我们正确认识和妥善解决当代中国民间信仰、民间宗教现象和民间信仰、民间宗教问题提供了宝贵的经验。

原载《中国民族报·宗教周刊·理论》2007 年 5 月 30 日

---

① 李大钊：《鲁豫陕等省的红枪会》，《李大钊选集》，人民出版社，1957 年。

从"离异"到"归属"

——正确看待民间宗教的合法性诉求

改革开放所带来的社会环境的日益宽松，使宗教信仰世界出现了一种新中国成立以来从未有过的现象，这就是传统的民间宗教在广大乡村社会的迅速复兴。

中国民间宗教源远流长，其源头可以上溯到东汉末年出现的五斗米道、太平道，至今已有1800多年历史。民间宗教自问世时起，便兼有"安善"与"离异"的双重性格。

"安善"是民间宗教的本质属性，是民间宗教的"救世"本怀。纵观民间宗教发展史，人们可以清楚地看到，民间宗教常常发挥了倡导人间友爱、厉行积德行善、维系生活和谐的教化功能，从而为广大民众提供了安身立命和自我超越的灵性关怀和实践智慧。

"离异"是指民间宗教对专制统治的抗争性，是民间宗教在封建社会表现出的特殊性格。造成民间宗教这种特殊性格的根本原因，是残暴的专制制度。当广大民众为了寻求心灵慰藉而倾心民间宗教信仰时，常常被统治当局诬为"教匪"，施与严刑峻法，给予血腥镇压。这必然导致民间宗教对统治当局的离异，具体表现为：一方面，民间宗教采取"批判的武器"，揭露与批判封建社会制度；另一方面，民间宗教采取"武器的批判"，通过策动、组织、领导农民暴动、农民起义，追求自身的社会、政治理想。

作为马克思主义政党的共产党，在北伐战争、土地革命、抗日战争以及解放战争等历史时期，都对民间宗教采取了团结、分化政策，争取民间宗教的大多数信众投身到反抗军阀暴政、日本帝国主义侵略和国民党反动派的斗争洪流中，留下了许多宝贵的成功经验。

新中国成立初期，鉴于民间宗教中的如"一贯道"等反动会道门势力与敌特勾结，敌视破坏新生的人民政权，政府坚决地采取了取缔政策与打击措施。为了巩固新生政权，这样做是有其历史必然性与合理性的。但同时许多本来安善的民间宗教教派也停止活动了。

改革开放后，广大乡村民众在精神生活上开始出现多元化的倾向。大量调查与研究证明：乡村民众在当代中国精神生活多元化的影响下，开始自由地选择自己的信仰追求，其主要表现便是一些村民又重新回归民间宗教信仰。于是，自20世纪80年代起，沉寂了近30年的民间宗教，重新登上中国宗教信仰舞台，在部分乡村民众中形成了一定的吸引力，构成了当代中国乡村社会部分群众精神生活的一种现象。

但是，活跃在当代中国广大乡村社会的民间宗教，并不是中国历史上民间宗教的简单复兴，而是带有鲜明的时代特色。其中，最值得关注的是，遍布当今中华大地的民间宗教大多数教派，改变了传统的总体上与统治当局处于对立状态的离异性格，而是在政治倾向与政治态度上，明确地提出了"归属"党和政府管理的合法性诉求，希望能像佛教、道教等五大宗教那样，在党和政府的领导下，公开、合法地为构建社会主义和谐社会，全面建成小康社会贡献智慧和力量。

民间宗教在当代中国转变了持守千年的离异性格，其现实根据有三：一是从经济上看，改革开放以来，党和政府实行了一系列惠农政策，使广大农民深受其益。因此，广大农民衷心感谢和真诚拥护党和政府的领导；作为广大农民信仰的民间宗教，必然在政治立场与政治倾向上，表现出对党和政府的感恩。二是从政治上看，党和政府的宗旨是全心全意为人民服务，因此，在当代中国多元宗教文化共在并存的国情下，民间宗教相信党和政府会倾听它们的迫切要求。三是宪法规定保护人民群众的宗教信仰自由。

民间宗教在当代中国提出的"归属"党和政府管理的合法性诉求，可以说是民间宗教代表广大农民在物质上基本解决温饱的基础上，进而在信仰追求上发出的"时代呼声"，是一种与时代同步的"信仰自觉"。

马克思说："问题就是公开的、无畏的、左右一切个人的时代声音。问题就是时代的口号，是它表现自己精神状态的最实际的呼声。"在新世纪新阶段的世界形势下，民间宗教希冀宗教改革的强烈愿望，可以说既是当代中国突出的社会热点之一，也是民间宗教在精神生活世界"最实际的呼声"。对此，我们应从对内构建和谐社会，对外建设和谐世界的科学发展观出发，站在中国文化发展战略的高度，冲破教条主义与僵化主义的思想束缚，坚持实事求是、与时俱进的思想原则，既要清醒地认知民间宗教在中国传统宗教中，是民间社会的精神依托和稳定要素，也是儒、佛、道三教成长和回归的土壤；又要理性地认清民间宗教在中国传统文化中，属于国际上"文化中国"理念中的核心价值及精神灵魂，能够在世界上起到对中国文化传统体系的基础维系作用、培土固根作用和水土保护作用，是中国文化成长、发展的生态基地及其草根植被。

在此认知的基础上，我们为了凝聚"中国力量"，发扬"中国精神"，坚定不移地走"中国道路"，就应该运用马克思主义"具体问题，具体分析"的理论与方法，对民间宗教在历史上与现实中的正负社会作用，进行客观、公正的阐释。如此，我们对民间宗教在当代中国提出的从"离异"到"归属"的合法性诉求，就会有胆识、有方略、有步骤地巧善处理，从而使民间宗教信仰实现一次合乎时代的变革。

原载《中国民族报·宗教周刊·论坛》2013 年 4 月 2 日

七　民间信仰试析

在中国民间信仰世界，妈祖信仰历千年而不衰。《民间信仰的精神魅力与巨大作用——以妈祖信仰为例》首先回顾了妈祖信仰的历史文化进程；接着，本文以天津妈祖信仰为例，论证了妈祖信仰既是中华民族团结奋进的一条精神纽带，又是中国沿海经济发展的一种精神动力，同时还是中华民族文化认同的一种精神源泉。

《从三篇碑记论妈祖信仰在山东的流播特点》以山东志书记载的三篇妈祖官庙（天妃庙、天妃阁、天后官）碑记为例，论证了以福建莆田湄洲屿为源头与传播中心的妈祖信仰，先是传入山东沿海地区的登州；然后北上，传入内陆鲁北地区的德州；接着南下，又传入内陆鲁南地区的周村镇。妈祖信仰在山东的流播过程中，登州地区信众对妈祖的感知，从一开始，便非常明确；德州地区信众最初曾将妈祖混同泰山女神碧霞元君，而周村镇地区信众修建的天后阁，借用的则是同属泰山信仰谱系的碧霞元君宫南厅基址，且在修建天后阁时，又增建了"刹门僧舍"，将天后阁组织妈祖信仰活动的管理权交由佛教僧人，由此便构成了妈祖信仰在山东的流播特点。

民间信仰的精神魅力与巨大作用

—— 以妈祖信仰为例

中国民间信仰源远流长,其时间跨度极大,从原始社会延续至今;其空间布局极广,遍布全国各地;其内容极为丰富,包罗万象,神秘莫测。中国民间信仰良莠并存,随着时代的变迁和人类的进步,一些落后的、迷信的陋俗与行为,有的在变化,有的在消失,有的被改造,有的被淘汰,而其中的精华,如对人类祖先的崇拜、对圣贤英雄的崇拜、对爱国志士的崇拜、对能工巧匠的崇拜等等,汇成了中国民间信仰的主流,发挥了增强民族凝聚力,提高人民道德品质的社会作用。其中,妈祖[①]信仰的精神魅力以及在历史上和现实中发挥的巨大作用,是一个非常值得注意与研究的文化现象。

对于曾经为人们做过许多好事、善事的历史人物的纪念、尊崇,乃至神化进而供奉、崇拜,是中国古代人民追求真善美的一种美好情怀,妈祖信仰正是这种思想背景下的产物。

据史籍记载[②],妈祖本为福建莆田林氏小女,约生活在唐五代至北宋期间,具体年代,目前尚无法确定。民间传说,这位林氏女生下后,一个月不会啼哭,因而家人给她取名"林默"。民间还传说,她五岁时,就能背诵一些经文;七岁时,进入私塾读书;十岁时,便能执笔属文,展卷吟诗,谈吐风雅。从十岁开始,她潜心学习佛典《金刚经》,立志行善济世,终生不嫁;

---

① "妈祖",原是闽人对身居娘家未嫁女的称谓。因女神生前未嫁,故东南沿海与台湾及海外华人亲切地称女神为"妈祖",而从不使用官方封号"天妃"或"天后"。据传,每逢人们在海上遇难时,呼唤"妈祖",则女神便披发跣足而来,如渔家女,立显灵验;如呼唤"天妃"或"天后",则女神必凤冠霞帔而来,恐耽误时刻。于是,"妈祖"神名广为流传。在北方如天津等地,人们一般称女神为"娘娘",或按照官方封号,称女神为"天妃"或"天后"。

② 如《三教源流搜神大全》《临安志》《东西洋考》《莆田县志》等。

十二岁时，从玄通道士学到玄妙秘术。十五岁时，她已经掌握许多深奥医理和海上救难本领。此后，又在家中古井边，接受天帝所授铜符，掌握了洞察海妖作祟秘诀。她在家乡不仅为人治病，而且还教人防疫消灾，帮人排难解纷，因此深得乡亲的赞颂。二十七岁时，她在湄峰羽化升天。从此以后，凡是渔船出海遇难时，总会有一盏火红的神灯和一位身着红装的神女出现，引导渔船转危为安。无论天气多么险恶，只要有神女出现，海上就会风平浪静，人们都说这是林默姑娘显灵护佑乡亲。

为了感激林默生前的功德和升天后对乡亲的护佑，家乡人民便在她的湄峰升天处建造了一座庙宇，供奉香火，祭祀崇拜，称为"祖庙"。从此，人们在出海前或平安归来后，都要到庙里祭拜林默。随着时间的推移，林默造福于人间的神迹愈传愈广，人们对她的信仰以及各种美丽传说也愈演愈烈。于是，林默便从一位秉授天意神典而聪颖异常的神女，逐渐演变为具有无边法力、有求必应的女神。

在中国封建社会，当一位在民间成长、为百姓造福、由民众推上祭坛、并迅速被广大民众信奉的神灵出现以后，封建统治者往往以官方的名义，褒奖加封，以顺应民心。其中，对妈祖的褒封，可谓历时久，规格高。

据《妈祖千年祭》统计，从北宋宣和五年（1123）开始，到清道光十九年（1839）为止，妈祖共受到历代皇帝褒封二十六次。其中，宋朝十次，元朝五次，明朝两次，清朝六次。①

---

① 北宋宣和五年（1123），褒封顺济夫人；南宋绍兴二十五年（1155），褒封崇福夫人；绍兴二十六年（1156），褒封灵惠夫人；绍兴二十七年（1157），褒封灵惠昭应夫人；纯熙十年（1183），褒封灵惠昭应崇福善利夫人；绍熙元年（1190），褒封灵惠妃；庆元四年（1198），褒封助顺灵惠妃；开禧元年（1205），褒封显卫助顺灵惠妃；嘉定元年（1208），褒封护国助顺嘉应英烈妃；宝祐元年（1253），褒封灵惠助顺嘉应英烈协正妃；宝祐三年（1255），褒封灵惠助顺嘉应慈济妃；宝祐四年（1256），褒封灵惠协正嘉应善庆妃；开庆元年（1259），褒封显济灵惠协正嘉应善庆妃。元至元十八年（1281），褒封护国明著天妃；至元二十六年（1289），褒封显佑明著天妃；大德三年（1299），褒封辅圣庇民显佑护国明著天妃；延佑元年（1314），褒封护国庇民广济明著天妃；天历二年（1329），褒封护国辅圣庇民显佑广济灵感助顺福惠徽烈明著天妃。明洪武五年（1373），褒封昭孝纯正孚济感应圣妃；永乐七年（1409），褒封护国庇民妙灵昭应弘仁普济天妃。清康熙十九年（1680），褒封护国庇民妙灵昭应弘仁普济天妃；康熙二十三年（1684），褒封护国庇民妙灵昭应仁慈天后；乾隆二年（1737），褒封护国庇民妙灵昭应弘仁普济福佑群生天后；乾隆二十二年（1757），褒封护国庇民妙灵昭应弘仁普济福佑群生诚感咸孚天后；嘉庆五年（1800），褒封护国庇民妙灵昭应弘仁普济福佑群生诚感咸孚显神赞顺垂慈笃佑天后；道光十九年（1839），褒封护国庇民妙灵昭应弘仁普济天上圣母。参见《妈祖千年祭》，华艺出版社，1988年。

　　经过宋、元、明、清四个朝代十六个皇帝的不断褒封，妈祖从"夫人"到"妃""天妃"，再到"天后""天上圣母"。有的如清朝嘉庆皇帝的褒封："护国庇民妙灵昭应弘仁普济福佑群生诚感咸孚显神赞顺垂慈笃佑天后"，其封号竟长达三十个字，几乎将封建时代对神灵的所有赞美歌颂之词都用在了妈祖身上。

　　不仅如此，封建统治者还不断派官致祭。据蒋维锬先生编校《妈祖文献资料》记载，南宋王朝曾派官致祭一次，元王朝曾派官致祭一次，明王朝曾派官致祭十九次，清王朝曾派官致祭三次。① 其中，明王朝派官致祭的次数最多，主要是出于祈祷护佑郑和下西洋和漕运顺利的政治上与经济上的需要。

　　民间的热忱信仰，朝廷的推波助澜，终于使妈祖登上了最高神位，成为一位超越时空，既不分阶级，也不分阶层，受到几乎是所有沿海地区和海外华人虔诚崇拜的女神。于是，南起湄洲岛，北至海津镇（元代，今天津）沿海一带供奉、祭祀女神的庙宇也随之纷纷建立，而一些文人学士通过诗文、书画的宣扬，以及民间举办的庆祝妈祖诞辰的盛大典礼，如清代天津于农历三月二十三日前后举办的"皇会"，更使妈祖信仰深入人心，历久弥坚。正如著名作家冯骥才先生在为尚洁女士撰写的《皇会》一书序言中所说：

　　　　皇会是中华妈祖崇拜一个奇异的盛典，是北方的妈祖之乡天津重要的文化遗产，也是此地上一个遥远而美丽的文化的梦。这个延续了数百年的梦，曾经被留在许多本土的诗文书画中，也留在民间的年画与口头传说里。最著名的便是杨无怪的《皇会歌》和珍藏在国家博物馆那册《天津皇会百图》了。不可思议的是，在津门举行皇会例行的七八天里，竟然举城若狂，万人空巷，香船云集于海河，中国的大城市何处还有这样壮观的民俗？②

　　妈祖信仰为什么历经千年而不衰，且在进入 21 世纪以后，更加呈现出蓬勃发展的趋势？究其原因，主要是因为妈祖信仰所彰显的是一种与传统的

---

① 蒋维锬编校：《妈祖文献资料》，福建人民出版社，1990 年。
② 冯骥才：《她为皇会立传》，《今晚报》2006 年 10 月 22 日。

农耕文化不同的海洋文化，其精神核心则是"扶危济困、救苦救难"的博大的人文关怀精神。

众所周知，中国古代是一个以农耕文化为主导的农业社会，对于土地的绝对关注，是上自皇帝下至百姓的基本理念，于是国之疆土、家中田亩便成为立国治家的根本，随之地母或土地爷崇拜应运而生。但是，对于那些缺少或没有土地的沿海居民和以四海为家的海外侨民，他们在与大海惊涛骇浪的斗争中，也迫切需要精神上的抚慰和心灵上的寄托。于是，这些以海为生、以海为家的漂泊民众便在一千年前，创造了妈祖这样一位海上女神，并通过这位海上女神将"扶危济困、救苦救难"的人文关怀精神传遍天下。

妈祖信仰一经产生，就显现出巨大的精神魅力和鲜明的文化认同品质。

首先，妈祖信仰是中华民族团结奋进的一条精神纽带。在一千多年的历史发展中，妈祖信仰将大江南北、海峡两岸和世界各地的华人凝聚在一起，共同为践履妈祖的"扶危济困、救苦救难"的博大的人文关怀精神努力奋斗。特别是进入 21 世纪以后，妈祖信仰更发挥出巨大的精神魅力，各种以妈祖信仰为主题的文化活动在海峡两岸频频举行，促进了海峡两岸和海外华人的友好往来与文化交流，共同为中华民族的伟大复兴贡献力量。如天津市自 2001 年开始，已经连续举办了三届"中国·天津妈祖文化旅游节"。

为纪念妈祖诞辰 1041 周年，第一届"中国·天津妈祖文化旅游节"于 2001 年 4 月 22 日隆重举行。文化节期间，围绕着妈祖信仰，开展了"普天同庆"民俗表演、民间花会踩街、彩船游河、海河游灯、天后宫及古文化街大型庙会、民族音乐戏曲歌舞欣赏会，以及妈祖文化与沿海城市的兴起学术讨论会、天后宫与天津城市发展展览和商贸旅游活动等。

三年之后，为了纪念天津建城 600 周年，第二届"中国·天津妈祖文化旅游节"于 2004 年 9 月 25 日至 27 日隆重举行。此次文化节规模宏大，盛况空前，1000 多名台湾同胞在开幕式上表演了妈祖祭典，并与祖国人民一起欢度中秋佳节。来自世界各地的 200 多名专家学者还围绕弘扬妈祖文化，促进海峡两岸关系进一步发展等问题，开展热烈讨论。

2006 年 9 月 20 日，第三届"中国·天津妈祖文化旅游节"在天后宫前的海河之滨开幕。天津市政府有关领导及来自世界各地的 16 个国家和地区的妈祖文化界、工商实业界、旅游观光界等 4500 余位贵宾参加了开幕式。中国国民党中央评议委员高孔廉在开幕式上宣读了中国国民党荣誉主席连战为本届妈祖节手书的贺词"德济群生"。

其次，妈祖信仰是中国沿海经济发展的一种精神动力。如在中国北方重镇天津，历来就有"先有天后宫，后有天津卫"的说法，这就充分证明妈祖信仰催生了天津这座地处九河下梢的滨海城市。早在宋、金对峙时，天津就是漕运枢纽，时称直沽寨，金朝曾在这里派兵戍守，每年从直沽运往金中都的漕粮达 170 万石以上。元朝定鼎大都（今北京）后，天津又成为海运漕粮枢纽，时称海津镇，每年通过海津镇运往大都的海运漕粮 300 多万石。"转粟春秋入，行舟日夜过"。① "晓日三岔口，连樯集万艘"。② 这些诗句，生动地描绘了当时海运漕粮的繁忙景象。为了护佑海运漕粮，"泰定帝三年（1326）七月甲辰，遣使祀海神天妃"。"八月辛丑，作天妃宫于海津镇"。③ 天妃宫坐落海津镇三岔河口，称为西庙；随后，又在大直沽敕建一座天妃宫，称为东庙。

天妃宫的建立，妈祖信仰的传播，带动了天津的经济发展。特别是在三岔河口天妃宫前，迅速形成了一个商业区。这里店铺林立，游人如织。当时，随漕船而来的不仅有大批漕粮，而且有各种日常生活用品。正如元人张翥在诗中描绘那样："一日粮船到直沽，吴罂越布满街衢。"④ 人们在这里有买有卖，若逢吉日或庆典，"数日之内，庙旁各铺所卖货物，亦利市三倍"。

进入明代以后，海津镇仍是漕运枢纽。明永乐二年（1404），成祖朱棣在海津镇设卫，并改称天津。逮至清代，天津仍然保持漕运枢纽的经济地位。于是，又有二十多座天后宫（入清以后，改称天后宫）相继建立，遍布天津城乡。与此同时，三岔河口天后宫前的商业区，在明清时代也得到迅速发展，成为天津重要商业区之一。即使在天津开埠后，这个商业区也并未受到太大影响，成为天津市民经常光顾的市场。尤其是在每年春节前夕，这里人山人海，热闹非常，人们在朝拜妈祖之后，选购一些自己喜欢的年货，回家过年，辞旧迎新。

① （元）傅若金：《直沽口》。
② （元）张翥：《代祀天妃庙次直沽作》。
③ （明）宋濂等：《元史》，《泰定帝纪》，中华书局，1976 年。
④ （元）张翥：《蜕庵集》。

第三，妈祖信仰是中华民族文化认同的一种精神源泉。发源于福建湄洲的妈祖信仰，经过千年的世代传播，如今已经传遍祖国大江南北、海峡两岸和五大洲华人社会，形成了普及万方的中国妈祖信仰文化圈。在这个信仰文化圈里，无论身居世界何处的华人信众，都尊奉湄洲妈祖庙为祖庙；无论各地民间举办何种形式的"妈祖祭典"，都遵循湄洲祖庙千百年传袭下来的祭典遗规；对妈祖的共同信仰，把海峡两岸和海内外炎黄子孙的心联系在一起，每年都召唤着成千上万的妈祖信众千里迢迢来到祖庙祭拜，然后又将妈祖信仰的精神魅力带回祖国各地和世界各国，从而使这个信仰文化圈更加根深叶茂，本固枝荣。

正是基于妈祖信仰的这种精神魅力与巨大作用，我国政府将福建省莆田市"妈祖祭典"列入第一批国家级非物质文化遗产①，于 2006 年 5 月向世界公布，以落实联合国教科文组织启动的世界文化保护工程。其重大历史意义，正如 2006 年 9 月 21 日在天津举行的"中华妈祖论坛"主题所说："'妈祖祭典'所标志的妈祖文化，具有促进中华民族文化认同的博大感召力，具有启迪亿万民众群体同心同德、同呼吸共命运的强大凝聚力，具有增强全民族团结和增进全社会稳定的巨大向心力。"

原载社会问题研究丛书编辑委员会：《文化安全与社会和谐》，
知识产权出版社，2008 年

---

① 《国务院关于公布第一批国家级非物质文化遗产名录的通知》，国发（2006）18 号，十、民俗，
484 IX—36 妈祖祭典，福建省莆田市。

从三篇碑记论妈祖信仰在山东的流播特点

任何一种信仰文化，只有在不断发掘、继承传统的基础上，才能不断创新，"进行创造性转化、创新性发展"①，妈祖信仰也不例外。

明清以来，在中国政界、学界兴起了纂修志书的热潮。从通览全国的地理总志，如《大明一统志》《大清一统志》等，到总括一省地理、政治、经济、军事、文化、教育、人物、信仰、风俗等内容的省志，如《畿辅通志》《云南通志》等；从辑录各府、州、县历史发展脉络的府志、州志、县志，到记载一乡、一镇风土人情的乡志、镇志等；总计约有万余种，可谓林林总总，蔚为大观，堪称中国历史文化典籍中的宝贵遗产。

在现存的各种志书中，蕴藏了大量的妈祖信仰资源，是一座亟待开发的妈祖信仰文化宝藏。本文以山东志书记载的三篇妈祖宫庙（天妃庙、天妃阁、天后宫）碑记为例，通过简析，简论妈祖信仰在山东的流播特点。

一、王权《修天妃庙记》解析

第一篇是明代庠生王权撰写的《修天妃庙记》，其全文如下：

> 德州旧无天妃庙，庙初立，无文字纪岁月。天顺庚辰、成化辛丑两新之。吾境内，多泰山元君祠，谒天妃庙者，恒以元君视之。盖以庚辰

---

① 中共中央宣传部：《习近平总书记系列重要讲话读本》，学习出版社、人民出版社，2014年，第101页。

之碣，其言无征，辛丑之碑，记者太略，故也。嘉靖乙卯，栋宇垣壁复圮坏。乡者宋君镠暨、徐君存仁、韩君福、王君实辈捐金为乡人倡，图增置而侈大之。已而施者云集，良材坚甓，用罔弗备，工役遂举。正殿仍四楹，两庑仍各六楹，夹仪门，创二庑，殿东偏益一室，与西偏神室相直，门廊寝室倍壮于旧，庙貌鼎新，观者肃然生敬焉。诸君假庠友姜子以似、徐子陈言恳予言勒诸石。余累辞不获，勉应以诺。按《大明一统志》云，天妃庙在福建兴化府莆田县湄洲屿。妃，莆人，宋都巡检林愿之女，生而神灵，殁后，乡人立庙于此。又或谓以孝女成神，宣和中，路允迪浮海使高丽，中流风大作，诸船皆溺，允迪所乘舟，神降于樯，遂获安济。历代累封至天妃，国朝洪武、永乐中，凡两加封号，列诸祀典。窃谓国家敕建群祠，非但详于报赛而已，将以震民之底滞而立教也。其载在祀典者，上以通神明，下以诱愚俗，要使民同归于善而莫之知，其意良亦美矣。然自帝王圣哲以及忠臣孝子诸祠，以文风天下之为丈夫者，语之而易知，勉之而易从，其足以省官师之训，而助刑罚所不及，亦既为有征而其狃于习，而虽难化者，莫如妇人女子，诚亦不可使之底滞而不震也。顾责之以丈夫之所敬畏而崇信者，彼则语之而弗解，勉之而弗从，何也？妇人女子所服从者，姆训也，而以教男子者教之，其孰从而听之。闺阁间，有谈士人之奇节异行者，彼皆若罔闻知也。一及曹娥、聂姊之事，则群聚而叩之，且尽然动心而倾听之不厌，从其类焉耳。

天妃有庙，歆之以灵异，惧之以祸福，俾天下妇女不狃于其习，亏其内职，以为神羞难化者，且格天下宁复有余事耶？盖阴教举而阳教于是乎益备矣。是为记。[1]

从王权撰《修天妃庙记》可知，地处直鲁交界的德州，明朝以前，没有天妃庙，明朝初年始建。天顺庚辰（天顺四年，1460 年）、成化辛丑（成化十七年，1481 年），曾两度修葺。因山东境内多泰山元君祠，故信众恭谒天

---

[1]（清）王道亨，张庆源：《（乾隆）德州志》卷十二，《中国地方志集成·山东府县志辑》第 10 册，江苏古籍出版社、巴蜀书社、上海书店，2004 年，第 374 页。

妃庙时，"恒以元君视之"。嘉靖乙卯，即嘉靖三十四年（1555），该座天妃庙，"栋宇垣壁复圮坏"。乡绅宋镠、徐存仁、韩福、王实等人捐金，"为乡人倡"，信众纷纷响应，解囊襄助，于是，"庙貌鼎新，观者肃然生敬焉"。王权受庠友姜以似等人委托，撰写了该篇碑记。

该篇碑记除根据《大明一统志》，陈述天妃信仰源流外，还特别阐释了天妃信仰对妇女的教化作用："天妃有庙，歆之以灵异，惧之以祸福，俾天下妇女不狃于其习，亏其内职，以为神羞难化者，且格天下宁复有余事耶？"因而使阴教、阳教俱备，达致"民同归于善"之目的。

二、叶观海《天后阁记》解析

第二篇是长山县令叶观海于清乾隆三十九年（1774）撰写的《天后阁记》，其全文如下：

尝考天妃所司者，海也，于宋建隆元年三月念三日，生于福建莆田林氏，红光满室，异香氤氲，至弥月，不闻啼声，因名曰默。渐长，喜洁净，焚香礼佛。有道士元通者，授以元微秘法，遂灵通变化，驱邪救世，驾飞云，渡大海，金号曰"通贤灵女"。道成，白日飞升，时宋雍熙丁亥重九日也。自是救世现身，历元迄明，代著显异，金泥玉简，先后褒封。我朝克复厦门，得神阴助，敕封"护国庇民妙灵昭应宏仁普济天妃"，又以默相台湾取捷，敕建祠于原籍莆田湄洲，加封"天后"，固所谓有功德于民者也。南直淮安清河峗口，古有天妃阁，阁下有闸，其间汹涌澎湃，浊浪奔腾，往来舳舻，虔诚祝祷，得瑜此闸，方幸无虞。国家漕运，固赖神功，而行旅商贾，亦资呵护。长山周村镇，商贾云集，各行货物，皆出南省，凡采买运载，俱安然无恙，其为商贾庇荫者，尤未易更仆数也。众商久欲建祠虔拜，因艰于地，故迁延未就。幸碧霞元君宫前，旧有南厅基址，众商公议，建立高阁五楹，群楼数间，彩楼对列，长廊环卫，刹门僧舍，罔不毕具，为周村辟一名胜。工作鸠庀，约费六千余金，皆出自外省本省客商及绅士。工既竣，首事等属余记阁所由建，并据姓名时代，永垂贞珉。余询厥创始在乾隆戊子，越七年甲午告成，倡义董事诸公，几瘁心力，然非天后之感人速而入人深，乌能人心踊跃，有此创建也哉！至阁之妥侑，夫神与神之裨益，夫民则有非毫端之所能罄者矣。是为记。[①]

叶观海撰写的《天后阁记》，首先回溯了天妃诞辰、籍贯、姓氏、修道经历、白日升天、驱邪救世、克复厦门、收复台湾等神迹，以及宋元明与清初各代朝廷褒封。接着，叶观海告知人们，该座天后阁坐落南北商业交流中心长山县周村镇（今山东淄博周村区）碧霞元君宫南厅基址。其修建动因，源自天后不仅护佑国家漕运，而且呵护往来商旅，致使周村镇商贾云集，安然无恙。为了报答天后恩德，南北商人与当地绅士久欲建祠虔拜，因艰于地，故迁延未就。后众商选中碧霞元君宫南厅基址，捐资六千余金，于乾隆戊子（乾隆三十三年，1768）破土兴建，历时七年，至乾隆甲午（乾隆三十九年，1774）竣工，"高阁五楹，群楼数间，彩楼对列，长廊环卫，刹门僧舍，罔不毕具，为周村辟一名胜"。最后，叶观海深切地感慨，天后阁之所以能够矗立周村镇，实乃"天后之感人速而入人深"，故而才能在修建天后阁的过程中，"人心踊跃，有此创建也哉"！

三、英文《重修天后宫记》解析

第三篇是道光十七年（1837）登州知府英文撰写的《重修天后宫记》，其全文如下：

古圣王之制祀也，有功于民，则祀之；能御大灾，则祀之；能捍大患，则祀之；以祈民福，答神麻也。后世更制为官室，崇为殿寝，肖为像貌，以求神之式凭焉，故福应如响，历千载而益著。何者？感之诚则

---

① （清）倪企望：《嘉庆长山县志》卷十三，《中国地方志集成·山东府县志辑》第27册，江苏古籍出版社、巴蜀书社、上海书店，2004年，第545—546页。

来假来飨，神固依人而行者也。登州备倭，城之西北隅，故有蓬莱阁，因山为基，俯逼海濒，海舶往来，恒指阁以定海道。宋徽宗朝敕立天后圣母庙，乃于阁之西营建焉。殿宇巍然，神灵丕著。居贾行商，有祷辄应；水旱偏灾，有祷辄应。文承乏斯郡，迄今八载，春秋时祭，常得展敬焉。往岁十月，正殿寝宫，不戒于火，都人士咸请更新之。因捐俸以为倡，阅若干月而赀集，若干月而工竣。复请为文以纪终始。乃语之曰："郡处海滨，民贫土瘠，故四民错处，农末相资，多泛海以谋生者，而行则帆樯安楫，居则旸雨顺时，神之佑吾民也，可谓至矣。庙貌之新固宜，而诸君子能毅然成之，以仰答神庥，亦可谓知先务矣。用是卜诚之感，而神之假以佑我斯民于无既也。"①

据蒋维锬、郑丽航辑纂《妈祖文献史料汇编·碑记卷》（中国档案出版社，2007 年）收录据原碑校录的此文，后面还有督修者、董其事者芳名录十多人，文末署"知登州府事长白英文为之记，道光十七年岁次丁酉菊月嵌立"。英文，长白满洲旗人，道光十年（1830）至十九年（1839）任登州知府。又据光绪《增修登州府志》卷十一"庙坛"载："蓬莱县《重修天后宫碑记》，国朝道光十二年英文撰。"撰文时间当以原碑落款为准，即 1837 年。从该篇碑记可以清楚地看出，登州地处海滨，"民贫土瘠，故四民错处，农末相资，多泛海以谋生者，而行则帆樯安辑，居则旸雨顺时，神之佑吾民也，可谓至矣"。因此，早在北宋徽宗时，登州信众便奉敕在蓬莱阁之西，营建一座"天后圣母庙"，"殿宇巍然，神灵丕著。居贾行商，有祷辄应；水旱偏灾，有祷辄应"。直至英文主政登州时，天后圣母庙仍是香火鼎盛，"春秋时祭，常得展敬焉"。后来，"正殿寝宫，不戒于火"，毁于回禄。于是，当地士绅与广大信众均敦请官府集资修复。

英文"因捐俸，以为倡，阅若干月而赀集，若干月而工竣"。天后圣母庙殿堂更新后，英文受当地士绅与广大信众委托，撰写了该篇碑记，不仅盛赞当地士绅与广大信众以崇拜天后为"先务"的虔诚情感，而且阐明修复该

---

① （清）王文焘、张本、葛元昶：《（道光）重修蓬莱县志》卷十二，《中国地方志集成·山东府县志辑》第 50 册，江苏古籍出版社、巴蜀书社、上海书店，2004 年，第 243 页。

座天后阁，必能收到"佑我斯民于无既"的社会功效。

四、流播特点

通过解析山东志书留下的三篇妈祖宫庙碑记可知，登州天后宫[①]修建最早，为北宋徽宗年间；德州天妃庙居其次，为明朝初年修建；周村镇天后阁殿后，其修建时间，则为清乾隆年间。登州天后宫坐落胶东，德州天后阁坐落鲁北，周村镇天后阁则坐落鲁南。由此可以清晰地看出，以福建莆田湄洲屿为源头与传播中心的妈祖信仰，先是传入山东沿海地区的登州；然后北上，传入内陆鲁北地区的德州；接着南下，又传入内陆鲁南地区的周村镇。值得人们注意的是，妈祖信仰在山东的流播过程中，登州地区信众对妈祖的感知，从一开始，便非常明确；德州地区信众最初曾将妈祖混同泰山女神碧霞元君，而周村镇地区信众修建的天后阁，借用的则是同属泰山信仰谱系的碧霞元君宫南厅基址，且在修建天后阁时，又增建了"刹门僧舍"，将天后阁组织妈祖信仰活动的管理权，交由佛教僧人，由此便构成了妈祖信仰在山东的流播特点。

原载《妈祖文化研究》2017 年第 3 期

---

① 登州天后宫修建时，其名称应为"天妃宫"或"天妃阁"。因"天后"之名，始自清康熙二十三年（1684）。一般认为，是年康熙帝敕封妈祖为"护国庇民妙灵昭应仁慈天后"。

八　佛教文化探微

　　在研究中国民间宗教的过程中，我对佛教文化，也略有涉足，相继撰写、发表了十几篇文章。

　　《"人间佛教"理念的发展历程》论述了从太虚大师提出的"人生佛教"理念，到印顺大师进而提出的"人间佛教"理念，再到赵朴初居士提出的将"人间佛教"作为中国佛教发展的指导方针，并转化为一系列的社会公益慈善活动。

　　佛教的慈悲观念，是一种博爱主义精神，旨在鼓励信众共同建立抵抗苦难的伟大联盟。《试说慈悲》从佛教的慈悲含义、慈悲种类、慈悲心、慈悲行四个方面论述了佛教的慈悲价值观，以其所体现的无私奉献精神，鼓励人们开展各种慈善活动，在慈善互助的人际网络中，通过与人为善的道德行动，使人们普遍体味到社会大家庭的温暖。

　　在世界道德史上，恩惠是一个很重要的问题，引起了各个国家、各个时代的道德学家们的高度重视，对此问题提出了诸种看法。比较而言，佛教对这一道德问题的论述，比其他学派更要丰富和系统。《佛教的恩惠说》从佛教的恩惠含义、施恩、知恩和感恩、报恩主客体双方论述了佛教博大而深邃的恩惠价值观。

当今世界，在物质文明高度发展的同时，也产生了严重的环境恶化问题。佛教是深具环保意识的宗教。博大精深的佛学所蕴藏的深广智慧，对促进文明自觉、维护生态平衡，犹如一剂良药。《济人利物 养性修真——佛教与生态平衡》从佛教的因果报应说、佛教戒律、与佛教"心净"说，解析了佛教的生态关怀。

弘一与倓虚是近代中国佛教界两位影响巨大的宗师。《弘一与倓虚》论述了弘一与倓虚各自的丰富多彩的宗教生涯和对中国佛教的杰出贡献以及两位高僧之间"高山流水"式的知遇之交。

《近代僧伽之父——倓虚》《传法不传座——倓虚的僧伽管理思想与实践》分别论述了天台宗第四十四代宗师倓虚讲经建寺，培育僧才以及僧伽管理思想与管理实践。

"人间佛教" 理念的发展历程

"人间佛教" 理念的提出，已近百年。其间，无论是太虚大师的 "人生佛教"，还是印顺法师乃至赵朴初的 "人间佛教"，尽管名称上有些变化，但是人间佛教的核心思想并未改变，那就是建立以人为本的适应现代社会、提升现代社会的佛教理念。

一

最早提出 "人生佛教" 理念的是太虚大师。20 世纪初，针对当时佛教界某些腐败行径给社会带来的危害，太虚大师毅然担起佛教革新的重任，以适应社会发展的需要。为此，他在致力于整理僧伽制度实践的同时，努力回溯佛法本源，以寻求推进佛教革新的根本性依据。最迟在 1915 年，太虚大师就找到了大乘佛教之源：人乘法，主张通过提倡五戒十善，使佛法深入民间，以改良社会、政治、风俗。[①] 1920 年，太虚大师又提出 "圆觉之乘，不外大智慧、大慈悲之两法，而唯人具兹本能"，"唯此仁智是圆觉因，即大乘之习所成种姓，亦即人道之乘也。换言之，人道之正乘，即大乘之始阶也"。[②] 1921 年，太虚大师进而认为，当今之世 "下者可渐之以五乘的佛法，除恶行善，以增进人世的福乐；中者可渐之以三乘的共佛法，断妄证真，以解脱人生的苦恼；上者可顿之以大乘的不共法，即人而佛，以圆满人性之妙

---

① 太虚：《人乘正法论》。
② 太虚：《佛教之人生观》。

觉"。① 同年，针对不少佛教徒偏于厌世，昧于大势的情势，太虚大师指出：中国"从来为佛教徒者，大都只知'享受福乐'或'静定理性'为果"。"无论重理解，或重证悟到如何圆妙，都只空想，不成事实，至近代乃更厉行。一般知识阶级中，或认佛法为达到本体的哲学，或则但认一句禅谜，或则但守一句佛名，或则但以佛的经书、形象、数珠、木鱼、蒲团等项为佛事，而不悟盈人世间无一非佛法，无一非佛事……不知一切有益人群之行为皆佛之因行。"他大声疾呼："吾人学佛，须从吾人能实行之佛的因行上去普遍修习。尽吾人的能力，专从事利益人群，便是修习佛的因行……废弃不干，便是断绝佛种。"② 以此为理论基石，太虚大师开始构建"人生佛教"理论体系。其基本内容大略可分为四大方面：

第一，契合真理的人生佛教。按照他的观点，那种以为佛教的真理与特色，"唯在解脱生死的小乘"，并非佛法正统的看法，对佛教的危害最为严重。佛法的根本精神是在解决生活问题而非生死问题。

第二，契合时机的人生佛教。从这个角度来看，人生佛教应当暂置"天""鬼"不论，从追求人生之完成而至发展为"超人生，超超人生"；"涤除一切近于'天教''鬼教'等迷信，于各个时代背景基础上建设趋向无上正遍觉的圆渐的大乘佛学"。

第三，人生佛教的目的。人生佛教的目的，则重在于人间改善与法界圆明"以实践人乘行果而圆解佛法真理，引发大菩提心"，修学菩萨胜行，"直达法界圆明之极果"。

第四，人生佛教的层创进化观。第一层为"无始无边中的宇宙事变"，第二层为"事变中有情众生业果相续"，第三层为"有情业果相续流转中之人生"，第四层为"有情流转中继善成性之人生"，第五层为"人生向上胜进中之超人"，第六层为"人生向上进化至不退转地菩萨"，第七层为"无始无边中之宇宙完美人生 —— 佛"。太虚大师认为：佛教的本质是平实切近而适合现实人生的，并非如流俗习惯误解为玄虚而渺茫的。具体说就是，"佛教，并不脱离世间一切因果法则及物质环境，所以不单是精神的；也不是专为念

---

① 太虚：《论梁漱溟〈东西文化及其哲学〉》。

② 太虚：《行为主义之佛乘》。

经拜忏超度鬼灵的，所以不单是死后的。在整个人类社会中，改善人生的生活行为，使合理化、道德化、不断地向上进步，才是佛教的真相"。所以，人生佛教正是体现了佛教的本质。

经过二十多年的不懈探索，直到太虚大师圆寂前夕，终于为中国佛教界建立起一套"人生佛教"理论体系。但是，囿于当时的主客观环境，太虚大师的这套理论体系，每当进入实践，往往就会受挫。尽管如此，太虚大师开创的"人生佛教"事业，在其后继者的弘扬下，已赢得了中国佛教界越来越多僧侣的认同，并将这种理论变为一系列"庄严国土，利乐有情"的社会实践。

二

印顺大师（1906—2005），是太虚大师的学生、太虚大师"人生佛教"理论的坚决拥护者和当代台湾佛学大师。20 世纪 40 年代末，印顺大师移居台湾后，一直以弘扬太虚大师的"人生佛教"理论为己任。他对太虚大师的"人生佛教"理念进行了继承和发展。印顺法师在《人间佛教要略》一文中说：

> 从经论去研究，知道人间佛教，不但是适应时代的，而且还是契合于佛法真理的。从人而学习菩萨行，由菩萨行修学圆满而成佛——人间佛教，为古代佛教所本有的，现在不过将他的重要理论，综合的抽绎出来。所以不是创新，而是将固有的"刮垢磨光"。佛法，只可说发现，不像世间学术的能有所发明。因为佛已圆满证得一切诸法的实相，唯佛是创觉的唯一大师，佛弟子只是依之奉行，温故知新而已。
> 人间佛教，是整个佛法的重心，关涉到一切圣教。这一论题的核心，就是"人·菩萨·佛"——从人而发心学菩萨行，由学菩萨行而成佛。佛是我们所趋向的目标；学佛，要从学菩萨行开始。菩萨道修学圆满了，即是成佛。如泛说学佛，而不从佛的因行——菩萨道着力做起，怎能达成目的？等于要作一毕业生，必定要一级一级学习起，次第升进，才能得到毕业。学佛也就是这样，先从凡夫发菩提心，由初学，久

学而进入大菩萨地，福慧圆满才成佛。菩萨道重在实行，不单是赞叹仰信究竟的果德就成，而要着重在学习一切菩萨行。

印顺大师在他的佛学思想中，从五个方面继承了太虚大师的"人生佛教"理论：一是同样直仰佛陀，"不属于宗派徒裔"；二是认同菩萨道是佛法正道，菩萨行是人间正行；三是中国佛教应有世界胸怀，"不为民族感情所拘弊"；四是拥护净化社会，建设人间净土目标；五是赞成佛教适应现代社会，关怀社会，进而提升社会。①

可以说，大乘佛法，印顺法师主张性空，兼摄唯识与真常。"人生佛教"，是太虚大师针对重鬼神的中国佛教而提出的。"人间佛教"则是印顺法师以印度佛教的天（神）化情势严重，也严重影响到中国佛教，所以不说"人生"而说"人间"，希望中国佛教能脱落神化，回到现实的人间。

因此，印顺大师在新的历史条件下，又从两个方面对太虚大师的"人生佛教"理论有重要发展。

第一，他把太虚大师由做人而成佛的论点扩展为严整的体系。印顺大师指出："人间佛教"的第一个出发点是现代"人"而非死人、鬼神，是由"人"出发浩浩荡荡地向菩萨、佛陀的境界前进。"人间佛教"的理论原则是"法与律合一"，"缘起与空性的统一"，以及"自利与利他的统一"。"人间佛教"所适应的时代倾向是"青年时代"，因而要重视青年工作；是"处世时代"，因而要入世"传播法音"，以利益人类；是"集体时代"，因而僧团组织"要更合理化"。②居士也"可负起弘扬佛法的责任"，但应有健全的组织，以入世为导向。③人间佛教的修持"应以信、智、悲为心要"。

第二，他在基本继承太虚大师"基佛世之淳朴，握持马鸣、龙树、无著之一贯大乘"的理论前提下，进而提出"立本于根本佛教之淳朴，宏阐中期佛教之行解（以龙树为菩萨典范，但须防梵化之机），摄取后期佛教之确当者"的取向。④太虚大师"人生佛教"理论，经过印顺大师的发展，其教理

①　印顺：《游心法海六十年》。
②　印顺：《契理契机的人间佛教》。
③　印顺：《教制教典与教学》。
④　印顺：《印度之佛教》。

依据已立于磐石般不可动摇的根本之上，厥功甚伟。

<h1 style="text-align:center">三</h1>

赵朴初（1907—2000），是当代杰出爱国宗教领袖、前任中国佛教协会会长。青年时代，在中国佛教会从事佛教社会公益事业时，便结识太虚大师，并受到器重。1947 年 3 月 7 日，太虚大师于圆寂前 10 天，在上海玉佛寺召见赵朴初先生，"以所著《人生佛教》一书见赠，勉余（即赵朴初）今后努力护法"[①]。赵朴初没有辜负太虚大师的嘱托，即使在后来的"文化大革命"的特殊形势下，也尽力护法。1979 年，随着改革开放大政方针的确定和实行，赵朴初先生开始公开提倡"人间佛教"理念。1981 年，他撰写的《佛教常识问答》在中国佛教协会会刊《法音》上发表，其最后一节即是"发扬人间佛教的优越性"。1983 年，在中国佛教协会第四届理事会第二次会议上，赵朴初先生作了《中国佛教协会三十年》报告，提出将"人间佛教"作为中国佛教协会的指导方针，获得了广大佛教徒的拥护。此后，赵朴初先生不断发表意见，对太虚大师的"人生佛教"理念进行阐释，并使其简明平易。概括起来，大致有以下三点：一是提倡菩萨行；二是学佛要从五戒十善做起，由四摄六度扩充，进而得大解脱、大自在，达到永远常乐我净的境界；三是以此净化世间，建设人间净土。[②] 赵朴初先生的最大贡献是将"人间佛教"理念放在中国佛教的指导地位，强调了"人间佛教"理念的普遍意义，并积极地实践于大陆佛教的恢复与弘扬。主要表现在：首先，将"人间佛教"理念作为中国佛教发展的指导方针，这对于中国佛教传统的创造性转换，具有十分重大的意义。其次，在这一方针的指导下，中国佛教协会不仅在培养继承发扬"人间佛教"理念的僧才方面做了一些工作，"开拓了佛教教育事业的新局面"，而且还创办与出版了一批以弘扬"人间佛教"理念为宗旨的佛教书刊，使"人间佛教"理念的宣传普及工作有了实质性的进展。第三，在

---

① 赵朴初：《挽太虚》。
② 赵朴初：《佛教常识问答》。

这一方针的指导下，"积极支持社会福利公益事业和救济工作"，在回报与关怀社会方面做出了显著成绩[1]，得到了政府的充分肯定。

世纪之交，赵朴初先生逝世后，在新一届中国佛教协会领导下，广大佛教信众继承赵朴初老会长的遗志，继续以"人间佛教"理念为指导思想，高举爱国主义和社会主义两面旗帜，不断加强自身的信仰建设、道风建设、教制建设、人才建设和组织建设，积极走与社会主义社会相适应的正确道路，为建设社会主义和谐社会和中华民族的伟大复兴而勇猛精进！

原载《中国宗教》2006 年第 2 期

---

① 赵朴初：《中国佛教四十年》。

试说慈悲

在每个人的一生中，肯定会遇到各种各样的痛苦与灾难。这是因为生活本身就存在着灾难性的因素，它并非由一个公共领域的好坏来决定的。当人们处在痛苦与灾难之时，就会产生不幸的感觉。这种感觉与苦难环境融合在一起，使人们共同处在息息相关的状态之中，并因此而把人们结合在一起，以寻求战胜苦难的人际关联，从而产生对身陷苦难之中的人的关爱，积极伸出援手，降低了苦难给人造成的伤害程度。佛教的慈悲观念，作为一种博爱主义精神，鼓励信众共同建立抵抗苦难的伟大联盟。

一、慈悲涵义

佛教三藏十二部有无数的法门和教义，但都是以慈悲为根本的。《大智度论》说：

> 慈悲是佛道根本。所以者何？菩萨见众生、老、病、死苦，身苦，心苦，今世、后世苦等诸苦所恼，生大慈悲，救如是苦；然后，发心求阿耨多罗三藐三菩提；亦以大慈悲力故，于无量阿僧祇世生死中，心不厌没，以大慈悲力故，久应得涅槃而不取证。以是故，一切诸佛法中，慈悲为大。

可以说，"慈悲为本"是佛教的心髓，表达了佛教的真实内容；也可以说，如果没有慈悲，也就没有佛法。

佛经中用许多譬喻来说明慈悲的可贵。慈悲如良药，身体有病痛了，适当必要的药物能够医治；心有伤痛了，慈悲的清凉法水能够抚慰。慈悲如船筏，在茫茫无际的生死人海，有了这只船筏，人们就能够冲破惊涛骇浪，到达安乐平稳彼岸，免除在爱河欲流中遭受灭顶之灾。慈悲如光明，有了慈悲照耀，就能破除黑暗，如实看清世间真相，人间就充满着希望。慈悲如伴侣，随时陪伴在人们身边，给人鼓励劝勉。

一般来说，"慈"是对他人的一种特殊的爱，最初泛指长辈与晚辈之间情感所表现的美德，后来也引申为强者对弱者、一个人对于另一个人的扶助之情。"悲"意为哀痛之深，不可抑遏而形之于外者，如悲叹、悲泣、悲歌等。佛教所讲的慈悲的涵义是什么呢？据郭朝顺先生考证，在中文语词中，慈、悲二字并未结合成一个单一概念，将慈、悲二字结合在一起，形成单一概念，是在佛教传入中国之后。当初，翻译佛经时，译者将"慈"译为"朋友"或"亲爱的人"，将"悲"译为哀怜温柔、有情。①

佛教所讲的慈悲，不是以我为中心而发的，而是建立在一切众生平等相上面的。佛教对"慈悲"二字的解释是，慈指"与乐"，悲指"拔苦"。从物质存在的方面讲，一切众生皆同一体，绝无差别；从精神存在的方而讲，一切众生同具心识，精神无界限可分。佛教中又称"慈"为"等慈""无缘慈"，"悲"为"同体悲"。佛教要求信众在练习作慈悲观时，先要观一切众生（连我也在内）平等一体，如见众生需要什么，我就随分随力给他什么，使他获得满足而快乐。当我施舍于众生时，切不存我为能施、彼为所施之想，于二者之间也不存施舍多少财物想，如此则不起我慢、不求名誉、不望报答，缘一切相。如见众生有何痛苦，当作同体想，彼所受，即我所受，没有彼此分别，就会兴起大悲心，随分随力，除彼痛苦。当我救度众生时，也不存我相、人相，不求名誉报答，不住一切相，这才是"同体大悲"。

佛教认为，心怀一念的慈悲，就既可以使人化除贪欲，化除嗔恨，化除骄慢，也可以化除怖畏。譬如淫欲心重的人，看到女性，生起一念慈悲，把她当作自己的母亲或姐妹；看到男性，就把对方视同自己的父亲或兄弟，淫

---

① 郭朝顺：《大乘"慈悲"观念与孟子"恻隐之心"之比较》，《第三次儒佛会通学术研讨会论文选辑》。

欲的心自然就会熄灭下来。在钱财方面，常常思想我应当多布施别人一点，我应当多帮忙别人一些，抱着慈悲喜舍的心，贪欲的心怎么会生起呢？嗔恨心起来的时候，可以观想殿宇中大慈大悲的佛菩萨圣像慈心一发，嗔恨之心自然止熄。

二、慈悲种类

佛教所说的慈悲，在内容上按人自身与对象的关系而可以划分为三种，谓之"三缘"。据《大般涅槃经》："慈有三缘，一缘众生，二缘于法，三则无缘。众生缘者，缘于五阴愿与其乐，是名众生缘。法缘者，缘于众生所需之物而施与之，是名法缘。无缘者，缘于如来，足名无缘。"具体地说，佛教所说的慈悲"三缘"是：

1. 众生缘的慈悲。所谓"众生缘"，是以众生为因缘。它有两层含义，一是就众生作为存在的个体来说的，一是从众生彼此之间的亲疏关系来说的。就前者而言，众生具色、受、想、行、识五阴，就众生身（色阴）、心（受、想、行、识四阴）两方面来予以安乐，这就叫作众生缘慈悲。就众生之间的关系而言，自父母、妻子、亲属等关系来行慈悲，这种以亲属关系为依据的慈，也叫众生缘慈悲。普通人的慈悲爱行，以自己的父母、妻子、亲属等彼此具有因缘关系者为对象，施予对方财物与关爱。这种慈悲对象不广大，并且含有私情私爱。

2. 法缘的慈悲。所谓"法缘"，是以法为因缘。"法"有两种含义，一是众生存在的个别差异性，一是指缘起法。佛教认为，一切诸法，皆是虚幻，由缘所生，随缘度化众生，给予所需。因为一切众生莫不因缘而生，所以众生之间只有因缘的不同，没有贵贱的差别。因此，从众生平等的角度说，法缘慈悲强调只要是众生所必须的，免除痛苦的，能得安乐的一切资具，都在法缘慈悲所布施给予的范围之中。法缘慈悲所施予的是没有限制的，对所施物没有任何悭吝不舍。《本生经》中所讲述的那些布施无极、完全舍己为人的故事，连自己的全部财产乃至妻子和自己的性命都可布施出去，便是因为此一慈悲的缘故。

3.无缘的慈悲。无缘慈悲是放弃了慈悲的意识来行慈悲，不看重施者、受施者、所施物的分别，以三轮体空的精神来行慈悲。以无缘慈悲来行慈悲，没有施者的傲慢，祛除了受施者的亲疏分别，也不会吝惜所施之物，甚至连实践慈悲这个行为都不存在于意识当中。这样的慈悲，是佛教慈悲观的最高境界，因此是诸佛如来的慈悲。如来视一切众生与自己平等如一，一切有缘与无缘众生都要度化摄受。佛教中有位菩萨叫作"代受苦菩萨"，代受苦就是因为有慈悲心，愿意为众生承受一切苦难。据佛经说，释迦牟尼佛过去世时，曾为一条大龙，受过五戒。有一次，当它睡熟时，许多蚁虫附在它的身上啃噬它的肉。它被咬得痛醒过来，一看这么多蚁虫在啃噬自己的肉，心想如果自己稍微一翻动，就会压死许多生命，自己是受过戒律的求道者，怎么可以轻易杀生呢？因此，忍受着被蚕食的痛苦，一动也不敢动，用它的血肉生命与蚁虫结缘，这就是所谓"佛无一切心，唯有悲心在"。

三、慈悲心

慈悲还可从心理角度进一步细加分析。慈悲的心理，是一种内生于人们内心的善良的情感，佛教称其为"慈心""悲心""菩提心"。

佛教认为"慈心"与"悲心"的道德性质是善的。蒲益大师在《慈悲缘苦众生论》中说："大慈悲、惭愧，同称善心。"从"慈悲"概念的深刻的人类道德心理基础上看，慈悲行为发源于人的仁慈心理。仁慈是与人的善良的道德本质相关的心理。慈悲给人温暖、友爱，常怀慈悲，人皆友爱，社会生存环境自然会优化。对于那些需要帮助、身陷灾难的人，有一种普遍的关怀之情。这种善良，按同情心行事、关怀弱者、献身正义的高尚情感，是内在的与人共享幸福与安宁的善良本质的表现。在仁慈的情感中，以及在帮助受到痛苦与灾难侵扰的人时，所现出来的感人至深的慷慨、体贴和热情品质中，寄寓了种种美好的意志和感情。在救援者身上表现出来的对于生活的爱和对人类的爱，都是至为高贵的东西。与此相反，不行善的人，则表现了对人的困厄、灾难、不幸的冷漠和无动于衷。一个人对于他人的不幸，能够保持冷淡和无动于衷，虽说不上是一种残暴行为，但至少说明这个人是不仁慈的。这种冷淡的人，缺乏生活热情，使正义和互助成为无足轻重的事。不行善的举动，表明了这个人同情心的缺乏和道德程度不高。在一个充满关怀的生活的群体里，人们不欢迎这种对人的不幸和灾难抱冷漠态度的人。

佛教十分重视对慈悲心的培育，认为如果修行佛道的人看到众生的忧苦而不激发慈悲心，进而上求下化，拔苦与乐，是无法成就菩提大道的。因此，慈悲心是菩萨成佛的必要条件。诸乘共修的"四无量心"中的慈无量心、悲无量心，通过观想，将慈悲扩展无限，是德化心灵、培养高尚品质的高级训练方法，对于化解和消除人的冷漠、残酷、怨恨、愤怒有特殊之功效。

四、慈悲行

慈悲还是一种外发于行动的道德善行。佛教认为，一个有美德的人，他的行事是受善和美德指导的。慈悲是以美德的最高追求，即以解脱为指导的，以主动的精神去帮助一切需要帮助的人的行动。"做善事"，就是一个真正获得解脱德性的人的慈悲行为。

佛教所讲的慈悲，是佛菩萨的主要品行。它所追求的是不仅度人也可度己，以包含自己在内的一切众生的解脱为目的的慈悲观。佛教崇尚的"大慈大悲"，是对众生拔苦与乐的深度同情心、恻隐心、仁爱心，将慈悲扩展到无条件、无限量、无分别、无执着，普遍于全宇宙一切众生。《大方广佛华严经·十回向品第二十五》说：

> 菩萨摩诃萨，入一切法平等性故，不于众生而起一念非亲友想。设有众生，于菩萨所，起怨害心，菩萨亦以慈眼视之，终无恚怒。普为众生作善知识，演说正法，令其修习。譬如大海，一切众毒，不能变坏。菩萨亦尔，一切愚蒙，无有智能，不知恩德，嗔恨顽毒，傲慢自大，其心盲瞽，不识善法，如是等类。诸恶众生，种种逼恼，无能动乱。不以众生其性弊恶，邪见嗔浊，难可调伏，便即舍弃，不修回向。

　　慈悲行为所体现的正是这种真正的博大而深邃的爱。"一人慈悲，众皆伴侣"，如果一个人实践慈悲，大家都可以做我们的朋友。"万人慈悲，法界一如"，如果社会大家都能慈悲，普天之下就能如兄弟手足一般相亲相爱。

　　佛教所倡导的慈善价值观，在古代生活中，曾对建立社会福利与社会保障体系，发动各种社会力量，调动各类社会资源，共同解决群体生活的困难与社会福利问题起到过积极的作用。在现代社会生活中，佛教所倡导的慈善价值观，对于信众积极参与慈善活动，也是有促进作用的。它所体现的无私奉献精神，鼓励人们开展各种慈善活动，在慈善互助的人际网络中，通过与人为善的道德行动，使人们普遍体味到社会大家庭的温暖。

原载《佛教文化》2007 年第 2 期

佛教的恩惠说

在世界道德史上，恩惠是一个很重要的问题，引起了各个国家、各个时代的道德学家们的高度重视，对此问题提出了诸种看法。就其所涉及的内涵和思想而言，包括了施恩、受恩、知恩、感恩、报恩等内容。比较而言，佛教对这一道德问题的论述，比其他学派更要丰富和系统。

一、恩惠含义

从"恩"字语义所涉及的意义来看，与之相关的语词有恩惠、恩威、恩泽、恩典、恩赐、恩赏、知恩、报恩等。其基本语义，是用来表现各种不同人际之间的施受行为，如君恩、师恩、父母恩，或指其他人际之间的富有关怀意蕴的给予、接受和回馈等活动。

佛教恩惠思想的提出，最初是由报答亲恩问题引起的。据说，当时印度有一外道梵志，见阿难托钵乞食，就大加讥笑说："汝师瞿昙，实是恶人。适生，其母命终，岂非恶人？逾出城，父王苦恼，生狂痴心。汝师瞿昙，不知恩而去。是故，当知是不孝。"阿难听后，心生惭愧。乞食以后，就到佛陀住处请教："世尊！佛法之中，有孝养父母的内容吗？"佛陀知道这是一个重大的道德问题，就在王舍城耆阇崛山中，讲说了《大方便佛报恩经》。大意是讲，世间法和出世间法，莫不以孝亲为最高的道德。唯我佛教四众，以成道利生为最上报恩之事，且不仅报答艰生父母，并报答无量劫来多生父母，以及四生六道中的一切父母；又不仅于父母生前孝敬，且当度脱父母之灵，使其永出苦海，常住正觉。后来，佛陀还亲定制度：出家，必禀父母；

若有兄弟子娃可托，乃得禀请于亲。亲允，方可出家。否则，不许剃落。其出家以后，兄弟或故，亲无依托，亦得减其衣钵之资，以奉二亲。

佛教所说的恩惠，主要指四种，称为"四重恩"，即父母恩、国土恩、三宝恩、众生恩。也有在四恩之外，加上善友恩等。对于这四种最常见和最基本的恩惠，通过布施、爱语、利行等来施报。

二、施恩

施恩于人，是关爱他人、关爱社会的善举，有利于社会团结和公共生活的和谐。因此，关于施恩的思想，历来为各国道德学家所提倡。在西方道德生活中，施恩的行为是受到普遍重视的。古代希腊道德学家德谟克利特说："很小的恩惠而施得及时，对受惠的人就有很大的价值。""如果有钱人能决定给一无所有的人一笔预支款项，给他们帮助，并给他们恩惠，则结果马上就会有恻隐之心，团结、友爱、互助公民之间的齐心协力，以及其他许多无人能数得尽的好处了。"另一位道德学家亚里士多德则看到，恩惠的施予是与人的道德境界有关的。他认为，灵魂伟大的人，乐于施舍，耻于受惠，不忘报德，也不谄媚。这表明，慷慨乐施被认定为是一种美德。与此同时，西方人反对施恩行为掺杂功利性目的，即期盼有付出，就得有回报。这种目的不纯的施恩想法，受到道德学家们的批评。德谟克利特说："行善忘报的人，是不配称为行善者的，这称号只配给那只为行善而行善的人。"既是施恩，那就应该是一种无私的默默的奉献，是自愿性的道德行为，是不期求受恩方一定要有报答的举止。施恩的一方无权要求他人一定要回报，否则就背离了施恩善举的初衷，而使施恩成为一种交易。

佛教认为，修行者要多做善事，帮助别人，特别是给那些需要帮助的人以施舍。其中，最普通的就是施食。在佛教看来，施食有许多功德。《佛为首迎长者说业报差别经》说，奉施饮食，得十种功德：得命；得色；得力；得安稳，无碍辩；得无所畏；得无诸懈怠，为众敬仰；得众人爱乐；得具大福报；得命终生天；得速证涅槃。一说得五福德。据《施食获五福报经》（又名《佛说施色力经》）记载，佛陀游舍卫国抵树给孤独园，告诸比丘众：

人持饭食施人，有五福德。何谓为五？一曰施命，二曰施色，三曰施力，四曰施安，五曰施辩。

1. 何谓施命？一切众生，依食而立身命，不得饭食，不过七日，奄忽寿终，是故施食者，则施命也。其施命者，世世长寿，生天世间，命不中夭，衣食自然，财富无量。

2. 何谓施色？得施食者，颜色光泽，不得食时，忩无润形，面目憔悴，不可显示，是故施食者，则施颜色。其施色者，世世端正，生天世间，姿貌炜炜，世之希有，见莫不观，稽首为礼。

3. 何者施力？人得饭食，气力强盛，举动进止，不以为难，不得食者，饥渴热恼，气息虚赢，是故施食，则施力也。其施力者，世世多力，生天世间，力无等双，出入进止，而不衰耗。

4. 何谓施安？人得饭食，身为安隐，不以为患，不得食者，心愁身危，坐起无赖，不能自定，是故施食，则施安也。其施安者，世世无患，心安身强，生天世间，不受众殃，所可至到，常遇贤良，财富无数，不中夭伤。

5. 何谓施辩？得施食者，气充意强，言语通利，不得食者，身劣意弱，不得说事，口难发言，是故施食，则施辩才。其施辩者，世世聪明，生天世间，言辞辩慧，口辩流利，无一瑕秽，闻者喜悦，莫不戴仰。

可见，给予别人以施恩的行为，是会得到善报的。这种善报是自然而然地到来的，而不是施恩之人所求索得到的。

三、知恩和感恩

知恩和感恩，是恩惠施予和接受行为中人所常有的道德心理。一个人看到另一个人处在危难之中，出于好心帮助并解救他，对于这个被解救的人来说，他受恩于人，充满感激之情，便会思恩图报，为施恩的人做出道德上的回应。对于施恩的人来说，他看见自己有能力帮助另一个人或一些人解脱厄运，施恩于人，感到自己尽了社会的义务，实现了自己的社会价值。正如意大利思想家马基雅维里在《君王论》中所说："施恩正如受恩一样，都使人们产生义务感，是人之常情。"如此说来，施恩和受恩都是一种有利于道德义务感产生的好行为和好情感。

佛教认为，与恩惠有关的活动，始于知恩，终于报恩。善人知恩，因心善而自然会感恩。佛教所强调的知恩和感恩，是说人要在内心知道对方所给予自己的恩惠，知恩才是敬道的人所应持有的态度。唐代道世所著《法苑珠林》卷五十有"背恩篇"，其中引用《智度论》说："知恩是生大悲根本，开善业初门，且知恩人承世间爱敬，其名誉远闻，又死后升天，终成就佛道；反之，不知恩人，其劣于畜生。"强调知恩是成就佛道的根本，不知恩的人不如畜生。知恩图报都是传统美德，不可妄废。但佛教所说的知恩与回报，并不是俗人所理解的，受恩方非要一对一地报偿施恩才算是有所回报，而是在更广泛的意义上的回报。心存感激的受恩者在自己的工作、生活中，将别人施惠于己的恩，尽其所能地回馈给更多的人，将这种知恩图报的理念更多地播及他人和社会，这才是一种善业。

在佛教看来，知恩与报恩两者是相联的。知佛恩，也就是了解佛教之始，终获究极的善果，得知佛的大慈悲，才能达成信仰的极致。对于报佛恩，也就是感谢佛的恩赐，得证解脱。所谓佛恩，是我心会证佛心，能相感应，所以知恩就成为报恩了。孝是对父母的知恩，也是报恩。

四、报恩

在如何回应别人对自己的施恩这一问题上，这不仅是一个道德上的认识问题，也是一个做人处事的实践问题。在现实中，有不同的报恩观。有的人受人滴水之恩，而以涌泉相报；有的人以德报怨，这些都是与报恩有关的美德。还有的人则忘恩负义，不报人恩，被视为恶。如《观佛相海经》所说："有恩不报，是阿鼻（地狱）因。"但也有的人只报恩不报怨，而有的人尽管没有以任何方式报恩，但这不代表他们没有了感恩之情——他们牢记别人给予的恩情，永怀这份感恩之情，以之为前进的动力。虽然报恩并不明确地被规定为责任和义务，但人们普遍地懂得应该不能忘记帮助自己渡过难关的人。

报恩与报怨是不同的。在阿拉伯世界流传著名作家阿里讲述的一个有关报恩与报怨的故事。有一次，吉伯和马沙这两位朋友一起旅行。经过一处山谷时，马沙失足滑落，幸而吉伯拼命拉他，才将他救起。于是，马沙在附近的大石头上刻下了一行字：某年某月某日，吉伯救了马沙一命。两人继续走了几天，来到一处河边，吉伯跟马沙为了一件小事吵起来，吉伯一气之下，打了马沙一耳光，于是马沙跑到沙滩上写下一行字：某年某月某日，吉伯打了马沙一耳光。有人知道这事后，好奇地问马沙："为什么要把吉伯救他的事刻在石上？"马沙回答道："我永远都感激吉伯救我，至于他打我的事，我会随着沙滩上字迹的消失，而忘得一干二净。"这个故事告诉了人们有关恩惠的重要。记住别人对我们的恩惠，洗去我们对别人的怨恨，在人生的旅程中，才能晴空万里。

佛教认为，报恩与还债是不同的。有一次，一位中年朋友若有所悟地对赵朴老说："我现在想通了，干什么事都当作还债，这样就没有烦恼了。"赵朴老听后纠正他说："不！不是还债，是报恩。人的一生报恩是无尽的。"还债与报恩从表面上很难区别，但还债是被动的，报恩是主动的；还债无奈，报恩自愿。按佛法来说，还债是业力，报恩是般若。这两种不同的认识，反映了人的道德境界的不同。

在佛教看来，报恩是做人的基本美德。《往生论》注中说："知恩报德，理宜先启。"将此列为现生的十种益之一，称为知恩报德益。佛教主张的报恩主要有四种，即报父母恩、报众生恩、报国土恩、报三宝恩。

报父母恩。佛教所说的孝，是以对父母的感谢报恩为主旨的。在印度原始佛教中，就极强调对父母的报恩，认为父母的慈爱与恩惠是无尽的。在《父母恩重难报经》《孝子经》《大方便佛报恩经》等有关孝的佛典中，对于双亲孝的说法，主要是针对慈母对子女的慈爱为重点，所以对慈爱的回互即是报恩，但绝非是强制报父母恩。换言之，受父母的慈爱，即摄入子女之心，而始能实践"孝""养"的行为。佛教的孝是自然的发露，绝非是为尊卑的支配服从。佛教主张子女对于双亲的报恩行为，与双亲对子女的慈爱行为是相互映照的。报父母恩的方式多种多样，有的是直接的物质和精神上的奉养，也有的是捐资印发佛教经典，以广泛传播善德，还有的是捐资建寺，如通玄寺即为三国吴主孙权为报母亲吴太夫人之恩而建，又如南宋时泸州安抚使马楫于乞食群丐中寻得老母，为此于绍兴十八年（1148）在泸州建报恩塔。

父母生时，可以用这些方式报恩，父母不在世时，怎么报恩呢？《佛说报恩奉盆经》载，大目键连始得六通，欲度父母报乳哺之恩，即以道眼观视世界，见其亡母生饿鬼中，不见饮食，皮骨相连。目连悲哀，即钵盛饭往饷其母。母得钵饭，便以左手障饭，右手搏食。食未入口，化成火炭，遂不得食。目连驰还白佛，佛告目连：你母罪根深结，非你一人力所奈何，当须众僧威神之力，乃得解脱。于是，佛告诉他救济之法：七月十五日，当为七世父母在厄难中者，具粮饭五果，汲灌盆器，香油庭烛，床榻卧具，尽世甘美，以供养众僧。七世父母，五种亲属，得出三途，应时解脱，衣食自然。于是，目连比丘及一切众欢喜奉行，这就是佛教举办超度包括父母亡灵在内的盂兰盆会的最初依据。

报众生恩。作为一个社会的人，衣食住行，无不来自众生之因，每个人的劳动，都是对众生的报答。有了报众生恩意念，才有人与人的平等关系，互相尊重，互相照顾。

报国土恩。人们赖以生存的国土是无私的，山川、水土、粮食、矿藏，都是国土对人们的奉献，使国土庄严，是人们报恩的职责，也是为后辈应尽的义务。

报三宝。佛教强调报三宝恩，或称报师父恩，这是对师徒关系所规定的一种道德要求。要求信众深喜自己身受师傅恩情，以报谢之念，为事利益。

知恩图报是应该提倡的美德，但必须弄清楚，报恩要什么时候报？采用什么方式报？是受恩者的自由。此外，施恩者也不能要求接受恩惠的人必须有所回报，当你以慈善家的面目出现时，就意味着已经放弃了施善的回报目的。

原载《佛教文化》2006年第6期

济人利物 养性修真
—— 佛教与生态平衡

当今世界，在物质文明高度发展的同时，也产生了严重的环境恶化问题。佛教是深具环保意识的宗教，博大精深的佛学所蕴藏的深广智慧，对促进文明自觉、维护生态平衡，犹如一剂良药。

一

佛教的因果报应说认为：有如是因，必有如是果，比如杀生必受被杀之报，只不过这种"报应"相当复杂、曲折，一般人习而不察罢了。其实，现代自然科学已经充分证明：人类的活动与大自然之间存在着非常确实的因果关系。早在100多年前，恩格斯就已明确指出："我们不要过分陶醉于我们人类对自然界的胜利。对于每一次这样的胜利，自然界都对我们进行报复。"恩格斯用"报复"一词来形容人类对自然界"胜利"的后果，真是准确极了。这里所说的"报复"不就是"报应"吗？从现代生态科学中，可以找到许多例子，如化肥、除草剂、杀虫剂等化学产品的发明，本意是为了提高农产品的产量，这个目的固然达到了，却给人类的健康带来了危害。那些化学药物进入土壤和水中，污染了动植物，最后又"返还"给人体。医学研究发现：抗生素药物的发明，虽然治好了以往难以治愈的一些疾病，但是又引发出新的更加复杂或更加难治愈的疾病，等等，所有这些其实都是自然对人类"报复"的表现形式。当前，人类正面临着全球范围内的生态危机，诸如沙尘暴、淡水匮乏、空气污染、气温升高、酸雨等等，所有这些灾难都足以造成毁灭性破坏。但有些灾难离我们的日常生活太远，以致没能引起人们的重视。

佛教认为，世间的道理是相通的，事殊而理一，以残忍始，必以残忍终。从宏观的"报复"角度看，许多"天灾"都源于"人祸"，或者说是"人祸"的变相表现。在"胜利"和"灾难"之间，存在着相当复杂却又千真万确的因果关系。因此，佛教所说的"慈悲"确实具有极为深刻的内涵：对大自然的慈悲，也就是对人类自己的慈悲。

二

佛教戒律既是为了净化人类的身心而设，也是为了净化人间的社会而设。当人类认识了戒律的功能，明白了佛陀制戒的用心，便不会拘泥于细枝末节，而着重于人类身、心、语言三种行为的净化。戒律是佛法的生命。佛教五戒：不杀生、不偷盗、不邪淫、不妄语、不饮酒。不杀生而护生，自然能获得健康长寿；不偷盗而布施，自然能有所收益；不邪淫而尊重他人的名节，自然获得和谐美满；不妄语而赞叹他人，自然能获得善名美誉；不饮酒并远离毒品的诱惑，自然身体健康，智慧清明。佛教提倡戒杀护生，是对一切有情生命的尊重，所以佛教戒律对于动物的保护，有着积极的慈悲思想。从佛教戒律出发，佛教自然地倾向保护森林、绿地、保护水源等等。《佛说业报差别经》记载："若有众生，于十不善业，多修习故，感诸外物，悉不具足。一者以杀业故，令诸外报，大地碱卤，药草无力；二者以盗业故，感外霜雹蚕蝗虫等，令世饥馑；三者邪淫业故，感恶风雨及诸尘埃；四者妄语业故，感生外物，皆悉臭秽……"据此可知，世界的安危治乱，与人心息息相关，依缘起观点来看，如果人人能奉行十善，互助互信，自利利他，尊重生命，爱护自然，共同为我们居住的世界贡献心力，必能创造出身心清净的家园。

三

佛法认为要想有一个理想的生存环境，关键在于人类能自净其心，自严其心。《维摩诘所说经》说："随其心净，则佛土净。"佛教戒律提供给人类一套消除我执，体认真正的自我，教人修习三学六度四摄等诸善法，在自度度人中，使人格高尚，智慧圆满，生命升华，使国土清净庄严。

佛教"心净"学说的生态学意义在于：它积极鼓励人改变生活方式，过简朴的生活。这种关于朴素的生活与当代消费社会所提倡的欲望的解放，不断满足欲望需求的观点是决然不同的。甘于素朴，不再从量上的扩张和占有得到满足，而是从用心的生活、专注的生活、有目的的生活中，培养高层次的精神文明。

正如《朴素的生活》一书所写："我们文明的危机，有一大部分是源于人的'内在能力'赶不上外在科技能力平衡，否则，我们无法避免做出有害自己和其他生命的事。要使趋于瓦解的文明复兴，我们必须有高度的简朴自觉。"反省的自觉，为人打开内心净化的一扇大门，不是苦修，而是超越，是用心感受生活，去感觉生活的真实自在。它是内心的净化，也是外境的净化。

佛教的生态关怀充满普遍性的同情心，并将这种同情心推广至不同种族、不同物种，甚至延及子孙后代的幸福，是佛教生态关怀的宗旨，而内心的净化，正是实现生态关怀的途径。如果我们每个人都能心怀此念，那我们生活的环境自然就会变得越来越好，这个世界也就成为真正的人间净土。

原载《中国宗教》2007 年第 3 期

弘一与倓虚

在中国近代佛教史上，天津出现了两位高僧：弘一与倓虚。他们一位是官宦富商子弟，一位则出生贫苦人家；一位从小锦衣玉食，受到良好教育，一位则饱经生活苦难，只读过三年私塾；一位出家前已是誉满神州的艺术大家，一位在俗时只是小有名气的民间郎中；一位是从不收徒、建庙的律宗传人，一位则是致力造寺、育僧的天台宗师。他们虽然经历不同，风格各异，但是都以其博大的拯世情怀、建设"人间净土"的菩萨实践，赢得了缁素四众的普遍敬仰，特别是他们之间的相互推崇，更成为中国近代佛教界盛传不衰的佳话。

一

弘一，俗姓李，名文涛，又名广候，字息霜，亦称惜霜，别号叔同。1880 年 10 月 23 日，弘一出生在天津河北地藏庵前陆家胡同。其父名世珍，字筱楼。清同治四年（1865）乙丑科进士，曾任吏部主事。李家为世代盐商，长期在天津经营盬业，家资富有，故其父做过一段京官后，便告老还乡。李家乐善好施，风世励俗，表率一方，为天津著名的慈善家。

李叔同五岁时，其父逝世。自六七岁时始，从其二兄文熙读书。八岁，从常云庄受业；十三岁，开始临摹篆帖；十七岁，从天津名士赵幼梅学词，又从唐敬严学篆及刻石，同时习练八股，文理清秀。他喜读唐宋诗词，尤爱王摩诘诗；于金石之学领悟颇深，数年之间，即已深入，功力非凡人所能及。1898 年，康梁推行变法，维新之说盛行。受此思潮影响，李叔同曾刻

"南海康梁是吾师"一方印章以明志。戊戌变法失败后，六君子殉难，康梁逃亡。京津之士，有传其为康梁同党者，乃于是年奉母携眷，南下上海避祸。

李叔同寓居上海期间，与沪上名士许幻园相交甚笃，并结为异姓兄弟；又与宗仰和尚、张伯迟、张小楼、许幻园、袁希濂等社会名流组织"海上书画公会"；后入南洋公学，为蔡元培得意门生。1905 年 3 月 10 日，母王氏病逝，扶母灵柩回津安葬，旋于是年 9 月东渡日本留学。在日留学期间，专攻绘画、音乐，又与留日同学曾孝谷、唐肯君、曾延年等人组织"春柳剧社"，上演《茶花女》《黑奴吁天录》等西洋名剧，实开中国话剧之先河。

1911 年，李叔同学成回津，担任直隶模范工业学堂图画教员。1912 年春，李叔同自津至沪，初任教于城东女学，继被聘为《太平洋报》编辑，主编《太平洋报画报》。是年秋，《太平洋报》因负债停办，李叔同应邀赴杭州担任浙江两级师范学校（翌年改为浙江省立第一师范学校）图画音乐教员。是时，民国肇造，李叔同填《满江红》一阕抒怀志感："看从今，一担山河，英雄造。"表达了他对孙中山先生缔造的中华民国的期望。从 1912 年秋至 1917 年冬，李叔同一直在浙江一师任教，并曾兼任南京高等师范学校课程。在此期间，他一改昔日名士作风，刻意修养自己，以己所学，传授学生，受到了学生们的敬重。1918 年春，李叔同来到虎跑寺，皈依了悟老和尚，成为在家弟子，法名演音，法号弘一。是年 8 月 19 日，李叔同披剃于虎跑寺，皈依了悟老和尚为师，正式出家为僧，仍用法名演音，法号弘一。从此，世俗社会少了一位艺术家，而佛教界则多了一位弘一师。

1918 年 10 月，弘一大师在灵隐寺受具足戒后，便来到嘉兴阅藏。从 1919 年起，到 1932 年止，弘一大师一直在杭州、上海、宁波一带行脚。他挂单住过的寺院有杭州的玉泉寺、本来寺、常寂光寺，嘉兴的精严寺，温州的庆福寺，宁波的白衣寺，绍兴的开元寺，镇海的伏龙寺，慈溪的金仙寺，衢州的莲花寺，庐山的大林寺、青莲寺等。其中，以温州庆福寺挂单时间最长，多次加起来，有十一年之久。

弘一出家不久，在阅读《梵网经合注》《灵峰宗论》以后，便发愿学律。最初两年，他研究有部律，后受天津徐蔚如居士影响，舍有律部而学南山律，并尽力弘扬。他虽然云游无定，但是始终将经典装入竹箧，随身携带。

因此，在他二十余年的行脚生涯中，有关律宗著述计有近三十种之多。

弘一研究律学，身体力行。他常说："学律的人先要律己，不要拿戒律去律人。"为此，他在衣、食、住、行各方面都严格而认真地去实践，对自己的生活要求，几乎近于苛刻，因而得到了僧俗两界的深深敬佩。

自 1932 年 11 月始，弘一在第三次云游福建后，便一直驻锡闽南，或住草庵，或住万寿岩，或住净峰寺，或住万石岩，经常受当地各界人士盛邀，曾到泉州、永春、南安、惠安等地弘法。1937 年 7 月 7 日，日寇发动全面侵华战争。是时，弘一正在山东青岛湛山寺讲律，面对日寇的疯狂侵略，他手书《殉教》横幅以明志："为护佛门而舍身命，大义所在，何可辞耶？"10 月 30 日，弘一回到厦门。此时，厦门亦风云紧张，各方友好均劝他内避。对此，弘一大义凛然曰："为护法故，不怕炮弹"；"倘值变乱，愿以身殉。"

1942 年 10 月 2 日，弘一渐示微疾；10 月 7 日，自写遗嘱于信封上；10 月 10 日，书"悲欣交集"四字与侍者妙莲，这是他的最后绝笔；10 月 13 日午后 8 时，安祥圆寂于泉州不二祠温陵养老院晚晴室，世寿六十三，僧腊二十五。

弘一一生凡有三变：三十岁以前，他是尘世翩翩公子，曾经走马章台，千金买笑，也曾粉墨登场，醉心剧艺；自东洋学成归国，他以其超人的才华，执教于艺术杏坛，活跃于名士之中；三十九岁毅然出家后，他是一位刻苦的行者；他既没有高树法幢，广收徒众，也没有四出募化，修建寺院；他三衣一钵，一身如寄，是一个平平凡凡的僧人；而正因为其平凡，才彰显出他的伟大，成为缁素四众公认的南山律宗第十一祖。主要著作有《四分律比丘戒相表记》《四分律含注戒本讲义》《戒本羯磨随讲别录》《在家律要》《南山道祖略谱》《见月律师年谱》等。

二

倓虚，俗姓王。1875 年 7 月 3 日，出生在宁河县北塘（今天津滨海新区北塘镇），俗名福庭。父名德清，母亲张氏。因家道贫寒，父亲常年随人在外经商，家务全赖其母支撑。

1885 年，王福庭进私塾读书。1888 年冬辍读，到益隆智记铺学做生意。少年时代，王福庭就有出家志向。进入青年时期，王福庭背井离乡，来到辽宁沈阳、营口等地谋生，闲时看些佛经。1910 年，王福庭到北京请回了一部《楞严经》，先后读了七八年，对经文已非常熟悉。1917 年，王福庭从营口来到天津东南角清修院，请求出家。经住持清池和尚介绍，他来到涞水县瓦宅村高明寺，拜明僧印魁和尚师弟纯魁和尚为师。纯魁和尚为其落发，取法名衔，字倓虚，时年四十三。

是年秋季，宁波观宗寺谛闲老和尚传戒。倓虚于 10 月 30 日赴宁波观宗寺进堂求受三坛比丘俱足大戒。经过一个月戒期圆满后，又进入观宗寺举办的"佛学研究社"，学习天台教法。由于他刻苦努力，因此成绩卓著，很得谛闲老和尚的赏识。当时，北方佛教衰微，而谛闲弟子多是南方人，谛闲很希望培养出几个北方弟子，以复兴北方佛教。

1918 年 4 月间，北京居士请谛闲老和尚赴京讲《圆觉经》，因为倓虚是北方人，所以谛闲便带他北上，以便言语沟通。谛闲在北京讲了三个月《圆觉经》，又回到宁波观宗寺。谛闲从北京回到宁波后，便把"佛学研究社"改为"观宗学社"，倓虚随即进入"正科班"，修学天台经论。

1920 年，倓虚辞别谛闲老和尚，离开宁波观宗寺，北上行脚参访。从此，开始了他在北方各地讲经、建寺、培育僧才的弘法事业。

1921 年，经"北京佛教筹振会"推荐，倓虚赴河北省井陉县显圣寺讲经一月有余，旋至沈阳万寿寺任僧学主讲三年，并开始创建营口楞严寺。1922年，倓虚应邀到长春讲经，并于 1923 年开始修建般若寺。与此同时，倓虚又应朱子桥将军之邀，到哈尔滨讲经，主持兴建极乐寺，开办佛学院。1925年，倓虚前往北京柏林寺讲经，兼任西直门内弥勒院住持，并在弥勒院开办佛学院。是年 10 月，倓虚作为中国佛教代表团成员，与道阶、太虚、持松、弘伞，以及曼殊揭谛等一行 26 人，出使日本，参加东亚佛教联合会。1929年，倓虚在哈尔滨极乐寺传戒，盛请自己的传戒法师谛闲到东北担任得戒本师和尚。谛闲老和尚本欲倓虚将来能在北方弘法，如今果然达到了老和尚对他的期望，自然十分欢喜。不久，谛闲老和尚即付倓虚以天台宗第四十四代法卷，法名"今衔"。由此，倓虚成为中国佛教天台宗的第四十四代宗师。

1932 年 3 月，倓虚应朱子桥将军之请，来到陕西西安，先后在佛化寺、卧龙寺、大慈恩寺、圆通茅蓬等处讲经。是年 8 月 3 日，谛闲老和尚圆寂。
10 月间，倓虚接观宗寺来信，离开西安去宁波慈溪五磊山为恩师扫塔。之
后，经上海到达青岛，任湛山寺首任住持。湛山寺的修建，始于 1934 年，直
到 1947 年建成，倓虚在此住持十余年，为该座寺院付出了大量心血。在此期
间，倓虚曾于 1942 年回到天津，为大悲禅院修复工程筹款募捐。1947 年春，
大悲禅院修复工程启动，6 月竣工。

纵观倓虚在北方的弘法活动，三十多年，他不辞辛苦，奔走于东北、华
北、西北之间，讲经建寺、培养僧才，成为倓虚弘法活动的一大特色。正如
其弟子大光所说："计自民国十年起，共创建十方弘法大丛林九处、弘法支
院十七处、佛学院十三处、在家中学两处、小学两处、印经处两处，谈经
二百余会，著述十余种。曾在门下受业学生一千余人，培养已能在各地担任
弘法事业者三十余人、传法者十四人。计三十年来所有徒弟、徒侄、徒孙、
戒弟子、皈依弟子、学生及各地直接信众法眷属等不下十几万人！其间接者
则又不知凡几。"因此，倓虚被佛教界誉为"近代僧伽教育之父"。

1948 年，倓虚应邀到香港弘法。从此，即驻锡香江，对香港、澳门乃至
海外佛教的振兴发挥了中流砥柱的作用。

倓虚在香港相继创建了"华南佛学院""佛教印经处""中华佛教图书
馆""天台精舍""弘法佛堂"等佛教机构，又为香港乃至海外佛教界培养了
大批僧才。在港期间，倓虚不仅继续讲经弘法，而且主张僧人研究佛法。如
1958 年倓虚创建"中华佛教图书馆"，搜购七部《大藏经》及散装经书二万
余册，全日开放，任人借阅。当时，倓虚虽已八十四岁高龄，但每星期日仍
在图书馆讲《楞严经》，风雨无阻，听众座无虚席。

1963 年，倓虚示寂于香港，世寿八十九，僧腊、戒腊皆四十六，法腊
三十八。倓虚一生弘法勤奋，所著及弟子记录的佛法著作，由弟子辑为《湛
山大师法汇》，被编入《中华续藏经》。倓虚晚年口述了一部《影尘回忆录》，
由弟子大光记录，记载了他一生弘法事迹。对这部回忆录，倓虚解释说：
"我所说的话，并没有什么记载，只是六根对六尘，在六识上，留下这些
影子。现在所说，无非在这些影尘上，作一种往事的回忆，并没有实在意
义。"并引证佛典《楞严经》中的话："纵灭一切，见闻觉知，内守幽闲，犹
为法尘，分别影事。"由此可见，倓虚对人生往事的豁达态度。而他为缁素

四众留下的法语 ——"看破、放下、自在",更是在佛教界和世俗社会广泛流传。

三

20 世纪 30 年代,弘一与倓虚均已是佛教界万众敬仰的领袖人物。两位法师一南一北,一位弘扬律宗,一位承继天台;他们虽然都是天津人,但是并不相识,一直没有机缘会面。倓虚住持青岛湛山寺时,终于实现了这种夙愿。

对于弘一,倓虚心仪已久。他曾说:"弘老也是我最羡慕的一位大德。""弘老出家后,发愿毕生研究戒学,誓护南山律宗,遍考中外律丛,校正五大部及其他律藏。二十几年来,无日不埋首律藏,探讨精微。到处也以弘律讲律为事。"倓虚自 1932 年住持湛山寺以后,遂使佛教在青岛地区流传起来。为了加强湛山寺的道风建设,倓虚决定恭请弘一到湛山寺讲律。1937 年 5 月初,倓虚特派梦参法师持函南下,恭请弘一北上湛山寺讲律。弘一接到倓虚的邀请后,欣然允诺,携学生传贯、仁开、圆拙从厦门乘船启程。

倓虚恭请弘一来青岛讲律,提前做了充分准备。他特意让人在湛山寺藏经楼东侧盖了五间房,专等弘一来后居住。5 月 20 日,弘一到达青岛港口,倓虚亲率僧俗二众到码头迎接。弘一来到湛山寺以后,倓虚看到他身体虚弱,考虑五间房离讲堂较远,就请他住在法师宿舍东间,因为这里靠近讲堂,且比较宽敞。倓虚看到弘一气力不佳,想让他吃得好一些,补一补身体,于是就让人多做几个菜送去,连续三次,都被弘一拒绝。最后,倓虚只好满愿,让人送上大众菜,弘一才吃。

弘一来到湛山寺不久,倓虚就请他为众僧开示。弘一开示的题目是"律己",又告诫众僧"息谤"之法,在于"无辩"。否则,越辩越深,倒不如不辩为好。弘一讲律,首讲《随机羯磨》,继讲《四分律》。他为学生上课,从不坐讲堂正位,而是在讲堂一旁,另外设一桌子,自谦不堪人师。他每次讲课,事前都认真做好准备。每次只讲半小时,如同唱戏道白一样,没有一句废词。剩下的时间,都是写笔记。只要把笔记抄下来,扼要的地方说一说,一堂课就全部接受了。弘一讲课之余，便在寮房著书。从5月到9月，弘一写成《随机羯磨别录》《四分律含注戒本别录》两部著作。

俠虚本来打算请弘一在湛山寺久住，连过冬的棉衣都为他预备好了。然而，由于弘一久住南方，加之身体虚弱，不适应北方严寒。10月中旬以后，弘一便向俠虚告假。俠虚知道他的性格，决定要走，谁也留不住，只好同意他返回南方。临走之前，弘一给学生每人写了一幅"以戒为师"的小中堂作为纪念；又为求字的僧人、居士写了几百幅《华严经》集句或藕益大师警训。最后，又为大家作一次开示，反复劝人念佛。临上船时，弘一以手书《华严经净行品》一卷，奉赠梦参法师，以酬其半载护法之劳。

弘一应邀到湛山寺讲律，经过与俠虚将近半年的接触，彼此更加推崇。弘一曾对蓬莱董子明居士说："我初次和俠虚法师见面时，看他像一个老庄稼人一样。见面后才知他很健谈的，讲起经来很有骨格，发挥一种理时，说得很透辟！"临走之际，弘一小声而沉静地对俠虚说："老法师，我这次走后，今生不能再来了。将来我们大家同到西方极乐世界再见吧！"惜别之情，溢于言表。弘一走后，俠虚到他居住的寮房去看，为人们留下如下实录："屋子里安置得很有次序，里外都打扫特别干净。桌上一个铜香炉，烧三枝名贵长香，空气很静穆的。我在那徘徊良久，嗅着余留的馨香，忆念着古今大德的德馨！"

原载《世界宗教文化》2005年第2期

近代僧伽教育之父 —— 倓虚

倓虚法师是中国现代佛教史上的高僧。他行脚南北，讲经建寺，培育僧才，恩润当时，泽被后世，深得缁素四众敬仰，被海内外佛教界公认为心仪感佩的高僧大德。

一、从向佛到出家

倓虚法师于 1875 年出生在顺天府宁河县北塘庄（今天津滨海新区北塘镇）。俗姓王，父名德清，赋性耿直，慷慨好施。母亲张氏，天性淑和，孝道殷勤。因家道贫寒，父亲常年随人在外经商，家务全赖其母支撑。母亲经常教导子女，要惜福修善，慈悲喜舍。倓虚 10 岁时进私塾读书，三年后辍读，到益隆智记铺学做生意，半年后辞职。从 15 岁至 17 岁在家赋闲，读了很多书，逐渐萌生出家志向。此后，为了生计，先后赴辽宁沈阳、营口等地的烟店、军营和药铺任过差事，闲时看些经书。1910 年，倓虚和几个朋友凑钱到北京请回一部《楞严经》，有空就研究，先后读了七八年，对经文已非常熟悉。1917 年，倓虚从营口来到天津东南角清修院住持清池和尚处，请求出家。清池和尚认为他已学佛多年，应该拜一位尊宿为师。经清池和尚介绍，他到涞水县瓦宅村高明寺，拜名僧印魁和尚之师弟纯魁和尚为师。纯魁和尚为倓虚落发，取法名衔，字倓虚，时年 43 岁。剃度后，倓虚仍随清池和尚到天津清修院。

是年秋季，宁波观宗寺谛闲老和尚六十寿辰，决定传戒。倓虚认为时机难得，乘着这个机缘，于 9 月 15 日赴宁波观宗寺进堂求受三坛比丘俱足大戒。经过一个月戒期圆满后，又进入观宗寺举办的"佛学研究社"，学习天台教法。由于倓虚出家前已经读了不少佛经，再加上他发愤忘食，刻苦努力，因此成绩卓著，很得谛闲老和尚的赏识。当时，北方佛教衰微，而谛闲弟子多是南方人，谛闲很希望培养出几个北方弟子，以复兴北方佛教。

1918 年 3 月，北京众居士请谛闲老和尚赴京讲《圆觉经》，因为倓虚是北方人，所以谛闲便带他北上，以便言语沟通。谛闲在北京讲了三个月《圆觉经》，又回到宁波观宗寺。返回宁波后，谛闲把"佛学研究社"改为"观宗学社"，倓虚随即进入"正科班"，先后修学《十不二门》《教观纲要》《法华经》《法华玄义》等天台宗经论。1920 年，倓虚辞别谛闲老和尚，离开宁波观宗寺，北上行脚参访。从此，开始了他在北方各地讲经、建寺、培育僧才的弘法事业。

二、"近代僧伽教育之父"

1921 年，经"北京佛教筹振会"推荐，倓虚赴河北省井陉县显圣寺讲经一月有余。旋至沈阳万寿寺任僧学主讲三年，并开始创建营口楞严寺。1931 年，楞严寺建成后，倓虚推荐宁波天童寺方丈禅定和尚担任首任住持。

1922 年，倓虚应邀到长春讲经，并于 1923 年开始修建般若寺。与此同时，倓虚又应朱子桥将军之邀，到哈尔滨讲经。一年前，哈尔滨的陈飞青居士就与倓虚商定在哈尔滨建一座寺院。此时，机缘成熟，建寺的工作开始进行。倓虚出任极乐寺首任住持，担起了兴建的责任。在倓虚主持和众多居士支持下，极乐寺兴建很顺利，1924 年 8 月，全部竣工。此外，还在极乐寺开办了一座佛学院。1925 年，倓虚前往北京柏林寺讲经，兼任西直门内弥勒院住持，并在弥勒院开办了佛学院。是年 9 月，倓虚作为中国佛教代表团成员，与道阶、太虚、持松、弘伞，以及曼殊揭谛等一行 26 人，前往日本，参加东亚佛教联合会。1929 年，倓虚在哈尔滨极乐寺传戒，并请自己的传戒法师谛闲到东北担任得戒本师和尚。谛闲老和尚本欲倓虚将来能在北方弘法，如今果然达到了老和尚对他的期望，自然十分欢喜。不久，谛闲老和尚即付倓虚以天台宗第四十四代法卷，法名"今衔"。由此，倓虚成为中国佛教天台宗的第四十四代宗师。

1932年2月，倓虚应已到达西北的朱子桥将军之请，先后到西安佛化寺、卧龙寺、大慈恩寺、圆通茅蓬等处讲经。是年7月，谛闲老和尚圆寂。9月，倓虚接观宗寺来信，离开西安去宁波慈溪五磊山为恩师扫塔。之后，经上海到青岛，任湛山寺首任住持。湛山寺的修建始于1934年，直到1947年建成，倓虚在此住持十余年，为该座寺院付出了大量心血。在此期间，倓虚曾于1942年回到天津，为大悲禅院修复工程筹款募捐。1947年春，大悲禅院修复工程启动，6月竣工。

纵观倓虚在北方的弘法活动，三十多年，他不辞辛苦，奔走于东北、华北、西北之间，讲经建寺、培养僧才，成为倓虚弘法活动的一大特色。正如其弟子大光所说："计自民国十年起，共创建十方弘法大丛林九处、弘法支院十七处、佛学院十三处，在家中学两处、小学两处，印经处两处，谈经二百余会，著述十余种。曾在门下受业学生一千余人，培养已能在各地担任弘法事业者三十余人、传法者十四人。计三十年来所有徒弟、徒侄、徒孙、戒弟子、皈依弟子、学生及各地直接信众法眷属等不下十几万人。其间接者则又不知凡几。"因此，倓虚被佛界誉为"近代僧伽教育之父"。

三、弘法香江

1948年，倓虚应邀到香港弘法。从此，即驻锡香江，对香港、澳门乃至海外佛教的振兴发挥了重要的作用。倓虚在香港相继创建了"华南佛学院""佛教印经处""中华佛教图书馆""天台精舍""弘法佛堂"等佛教机构，又为香港乃至海外佛教界培养了大批僧才。如现任香港佛教联合会副会长、西方寺住持永惺法师，台湾华梵科技大学的创建者晓云法师，以及香港青山极乐寺的创建者智梵法师、住持香港弘化莲社的圣怀法师、住持香港佛经流通处的智开法师等高僧大德，都是倓虚的弟子，他们如今都已年至髦鬖，均成为万众敬仰的诸山长老。

在港期间，倓虚不仅继续讲经弘法，而且主张僧人研究佛法。如1958年倓虚创建"中华佛教图书馆"，搜购7部《大藏经》及散装经书2万余册，全日开放，任人借阅。当时，倓虚虽已84岁高龄，但每星期日仍在图书馆讲《楞严经》，风雨无阻，听众座无虚席。

1963年，倓虚圆寂于香港，世寿八十九，僧腊戒腊皆四十六，法腊三十八。是年6月22日下午2时，倓虚很清醒地摸摸自己的脉搏说："脉已乱了，请你们把我扶起来，结跏趺坐，我要走了。"说着，倓虚把腿盘起来，手结弥陀印，在大众说法及念佛声中，闭目观心，安详逝去。8月12日，按佛制荼毗，用沉香千余斤，香闻数里，获舍利四千余粒，在九龙西贡山之麓建塔供奉。

倓虚一生弘法勤奋，所著及弟子记录的佛法著作，由弟子辑为《湛山大师法汇》，并被编入《中华续藏经》。倓虚晚年口述了一部《影尘回忆录》，由弟子大光记录，记载了倓虚一生弘法事迹。倓虚之所以将此书命名为《影尘回忆录》，他解释说："我所说的话，并没有什么记载，只是六根对六尘，在六识上，留下这么些影子。现在所说，无非在这些影尘上，作一种往事的回忆，并没有实在意义。"并引佛典《楞严经》的话："纵灭一切，见闻觉知，内守幽闲，犹为法尘，分别影事。"由此可见，倓虚对人生往事的豁达态度，而他为缁素四众留下的法语——"看破、放下、自在"，更是在佛教界和世俗社会广泛流传。

原载《中国宗教》2004年第9期

传法不传座
——谈虚的僧伽管理思想与实践

"传法不传座"是近代高僧谈虚在总结自己多年僧伽管理经验的基础上，提出的僧伽管理思想。发掘这笔精神遗产，对于步入 21 世纪的中国佛教界如何抓好人才建设和教制建设，无疑具有重要的参考价值与借鉴作用。

一

谈虚（1875—1963），天津北塘人，生当清末，中年出家。1920 年，他在宁波辞别谛闲法师后，便长期在北方弘扬天台教法。1948 年，应邀到香港弘法。1963 年，在香港圆寂。在讲经建寺、住持寺院的实践中，谈虚耳闻目睹了僧伽管理方面的许多积弊。其中，他认为"传法传座"是造成南北丛林所以衰败的一个最大原因。

对于"传法传座"所造成的流弊，谈虚认为至少有三：

第一，易于形成帮派。本来佛教是讲"法亲眷属"的，是以"法"为亲的。但是，老和尚往往是"感情过于理智"，不是以"法"为亲，而是以"情"为亲。这种感情用事的结果，便使老和尚在"传法"之时，常常是受同宗观念或寺谊观念驱使，很容易"形成某一帮或某一派"。

第二，易于争讼斗狠。由于老和尚无知人之明，常常是大法子、二法子、三法子传了四五个。每个法子手中都有一纸"法卷"，都认为自己是合法的"方丈储"、都是不久将来的当然住持。于是，一旦到了升座方丈的时候，就会出现你争我夺的局面，甚至出现争讼斗狠，悄悄升座、踉跄下座等荒唐之事，不但有玷宗门，而且在社会造成恶劣影响。

第三，易于宗风不振。老和尚预备"传法"时，不外三个标准：一是专挑年轻人，岁数不会比自己大；二是道德、声望、资格都不如自己；三是凡事须听自己指挥。照此标准传下去，则是一代不如一代，其结果是各宗门庭不数传而宗风不振。"虽然还有一支法卷往下传，也只是师父传徒弟一种形式而已。挺大一个庙，里面住三两个人，外边人谁也不能去过问。可是，一些真正年高腊长有修持的大德们，却被冷落在一边，没人去理。这些位被冷落的大德们，或主座一方，或栖迹自修，碍于各宗的法派关系，眼看着有好些门庭衰败下去，也不便去问。多少年来，各地名山大刹，兴衰递遭，大多是受这种'传法传座'的影响所致。"[1]

正是针对"传法传座"的这些流弊，倓虚在总结自己多年僧伽管理经验的基础上，提出了"传法不传座"僧伽管理思想。

二

何谓"传法不传座"？首先，倓虚为人们解释了"传法"与"传座"两个概念。他认为传法与传座从根本上讲是两件事，"传法"是老法师将"法卷"（有关各宗历代相承的弘法系统）传给那些对法理有解悟、有研究之人；"传座"则是老法师将寺院"住持"传给那些道德行持能孚众望、能领众修持、能刻苦耐劳办事之人。"接座"之人，可以"接法"；"接法"之人，除非具备"接座"条件，并经众僧推选，才能"接座"。然后，他以南禅历史为例，说明自慧能以来的历代宗师，都是在接受"法卷"之后，各奔他方，随缘教化，并没有滞留法和尚身边，等待"传座"当住持。他又以自己主座的天台宗为例说，慧文传慧思，慧思传智𫖮，智𫖮以下，历代宗师亦没有"传法"必定"传座"之事。倓虚告诉僧界，"传法"属于自利，"传座"属于利他，虽然"接法"与"接座"兼而备之者亦多有，但是"传法"可以不"传座"，"传座"也可以不"传法"，这就要看"接法"与"接座"之人是否

---

[1] 倓虚：《影尘回忆录》。

同时具备两者条件。

那么，如何实施"传法不传座"呢？为此，倓虚提出四条原则：

第一，"传法不传座"。例如某寺，历代传持某宗法派，住持可以在众僧之中，拣选那些对教义有相当研究，而又严持戒律、品学兼优者，或一人，或多人，传予其"法卷"，以期法脉绵延。这些"接法"者，或久住寺院，或行脚他方，各随因缘，分灯扬化。

第二，"传座不传法"。例如甲寺为禅宗，乙寺为律宗。甲寺前几任住持，均为大德高僧，对寺务管理有序，法缘殊盛。可是。传到后几任，由于人才缺乏，已一代不如一代，门庭衰败。依甲寺惯例，每于选任住持时，必于禅宗中，拣已"接法"之适当人才，公选为住持。但此时因人才缺乏，已无适当"接法"人才可选，如果固守成规，拣一有烟火习气，无甚行持之人勉强升座，则此寺将从此就会零落不堪了。是时，乙寺方兴未艾，有大德年高腊长，福德具足，在乙寺或已由住持退座，或未当住持清修。这时，甲寺大众可将乙寺大德请到甲寺升座当住持，一本甲寺例有规矩，前者为前任，后者为后任，不受"法卷"限制，便可重振法门。反之，亦然，或同宗同派，均可照此而行。

第三，"法座俱传"。如有一僧，久住某寺，品学兼优，素为人所器重。寺主对该僧，或已"传法"，或未"传法"，而适值该寺住持退座，大众以十方选贤制，请该僧"接座"。该僧如未"接法"，前任住持默识该僧为载道法器，可于"接座"前，或于"接座"后，向其"传法"，是谓"法座俱传"。但此"传法"，是前任住持，以法系所关，以个人识见传与之。虽为"法座俱传"，但"法"与"座"仍是两件事，不可混淆。

又，如甲、乙、丙、丁等寺为同宗同派，甲寺住持为本宗"法卷"第十代，乙寺为本宗"法卷"第十五代。若值甲寺无适当住持人选，而乙寺适有"接座"之人，这时便在乙寺中，就已"接法"未"接座"者，或既"接法"也"接座"而又退座者，公推派其为甲寺住持。其他乙、丙、丁等寺，值此情形时亦然，一切不受"法卷"代数限制。如此，既可使该宗法系不绝，也可使寺务承继有人。若以现任住持为准，泥于"传座必传法"、"传法必传座"，虽本宗传人相接，但十代接十五代之"法""座"不宜，十五代接十代之"法""座"亦不宜，是为胶柱鼓瑟，理事俱废了。

第四，"法座俱不传"。十方常住十方僧，一寺之中，南北过往僧人，什么样的人都有，所谓"凡圣交参，龙蛇混杂"。如普通禅客，则在"法座俱不传"之例了。

三

倓虚不仅提出了"传法不传座"的僧伽管理思想，而且还将这种僧伽管理思想始终贯彻于自己的僧伽管理实践。

倓虚是天台宗第四十四代宗师，其门下弟子成千累万。他依据众多弟子的各自素质与不同情况，对有的人是"传法"不"传座"，如仁智、仁道、真法等人，只是"接法"不"接座"；对有的人是"传座"不"传法"，如德一、慧一、慧闲、寂仁等人，只是"接座"不"接法"。在倓虚"传法不传座"僧伽管理思想的指导下，由他兴建的天台宗北方丛林基本上是遵循这种僧伽管理思想，进行人才建设和教制建设的，因而使天台宗在短短的二十余年间，便迅速在北方兴盛起来。

倓虚"传法不传座"的僧伽管理思想与实践，为近代佛教复兴运动的领军人物太虚大师主张的教制革命，提供了成功的范例，特别是他主张打破宗派界限，唯才是举，促进宗派之间相互融通、共同发展的宽广胸襟，不仅在当时具有示范意义，而且对于今天的佛教界仍具有启迪与效法作用。

原载《佛教文化》2005 年第 4 期

九 青少年宗教信仰研究

当代一些青少年信仰宗教，是一种实际存在的社会现象。对此，应该如何审视？审视之后，又应该采取何种对策？《审视与对策：青少年中的宗教信仰》认为，当代青少年信仰宗教，主要有三种途经：一是家庭影响，二是从众心理，三是真诚信仰。当代青少年信仰宗教，既有客观原因，也有主观因素。社会转型所带来的主流意识的缺场和主流价值观的软弱，"一切向钱看"所导致的精神贫瘠和信仰危机以及逐渐恶化的社会生态环境，致使宗教所宣扬的那种超越精神、道德戒律和所践履的慈悲济世的生活方式，对正在成长的青少年充满了吸引力，这是客观原因。青少年信仰宗教，既有好奇心理的驱动，也有心理压力的宣泄；既有对精神家园的追求，也有对未来生活的向往，则是其主观因素。对青少年信仰宗教，既不要大惊小怪，也不要惊慌失措，应该将其视为社会转型时期出现的正常现象。对青少年信仰宗教，应该：第一，不能视而不见，放任自流，而要积极引导青少年宗教信徒走与社会主义社会相适应的道路；第二，应深刻检讨青少年教育工作的滞后、失误乃至在位缺失问题；第三，最根本的是要进一步解放思想，大力改革青少年教育工作，从思路到方法，都要与时俱进，特别是要以社会主义核心价值净化社会环境，也就是说青少年教育工作必须与反腐倡廉相结合，与学校、社会、家庭教育相结合。

审视与对策：青少年中的宗教信仰

在当代中国的宗教信仰领域，信仰宗教的青少年人数呈现出越来越多的发展趋势。在佛教、道教的寺院、宫观里，在天主教、基督教的教堂中，乃至在民间宗教举办道场时，都可以看到不少青少年的身影。他们在参与各自信仰的宗教活动时，其虔诚程度并不逊于成年人。面对这种社会现象，我们应该如何审视？又应该采取何种对策？本人略陈管见，敬请方家晒正。

一

青少年走上宗教信仰之路，大致有以下三种途径：

1. 深受家庭影响而信仰宗教。据本人多年观察，有一部分青少年信仰宗教，是深受祖父、祖母或父亲、母亲等家庭长辈崇信某种宗教的影响而走上信仰宗教之路的。这些青少年自出生时起，就成长在家庭长辈的各自宗教信仰生活中。家庭长辈通过焚香膜拜或祈祷祝福所营造的宗教氛围，给这些处于生长期的青少年以深刻影响，使他们的心灵受到了各自宗教信仰的熏陶与吸引，长期以往，便自然而然跟随家庭长辈信仰某种宗教，参加各自宗教举办的信仰活动。

如笔者有一位年轻同事，是一名基督教徒，因受其母长期影响而加入基督教。他与一位青年女性基督教徒结婚后，生有一女。这位小女孩，尚在襁褓中，便被他们夫妇带到教堂参加活动，自此以后，从未中断。可以预见，这位小女孩因为深受基督教思想的浸润，长大以后，很有可能也是一位虔诚的基督教徒。再如笔者在从事民间宗教活动调查时，常看到有不少青少年积极参加一些教门如天地门教举行的"天地圣会"，其中有的青少年的内丹修炼功夫已经达到一定的境界。这些青少年也是从小受其父兄影响而加入天地门教的。佛教、道教和天主教中的青少年信徒，由于家庭长辈影响而皈依各自宗教的情况也是屡见不鲜。

2. 从众心理驱动而信仰宗教。在当代中国的大中城市乃至建有教堂的村镇，每当天主教、基督教的节日——平安夜（12月24日），不仅成千上万的大学生成群结队地涌向当地的教堂，而且成百上千的中小学生也在家长或哥哥、姐姐的带领下，踊跃参加天主教、基督教这种一年一度的庆祝活动，以纪念耶稣基督的诞生。从社会心理学角度看，这些青少年参与天主教、基督教的圣诞庆祝活动，大多出于从众心理。既然有这么多大哥哥、大姐姐都在这一天夜间参加教堂庆祝活动，那么，作为小弟弟、小妹妹的青少年也跟着去狂欢一把，又何尝不可。殊不知，正是由于这种从众心理的驱动，使一些青少年通过参与这些宗教活动，从对天主教、基督教的一无所知，到初步了解，再到最后也信仰皈依。

3. 真诚信仰使然而皈依宗教。在信仰宗教的青少年中，从思想和精神上真诚信仰宗教的只是少数。这种青少年正如佛教界常说的从小就具有"慧根""佛性""心乐出家"。因此，信仰宗教是这种青少年必然的人生归宿。本人就接触过佛教界的一些青年僧人，他们大多在少年时代，就出家为沙弥，经过佛学院的教育，有的还在世俗大学读博士、进博士后站从事佛学研究。毕业以后，有的成为寺院监院、首座乃至住持，有的则成为佛学造诣颇深的学问僧。天主教、基督教也有这种从少年时代就献身传播福音的天主教徒、基督教徒，他们往往经过神学院的严格教育，毕业以后，常被委任为天主教、基督教的神职人员。

二

当代青少年信仰宗教，既有客观原因，也有主观因素。

从客观原因来看，自20世纪80年代以来，随着我国改革开放国策的强力推行，以社会主义市场经济为中心的社会经济变革，在打破、替代了几十年计划经济运行模式的高歌猛进中，曾经居于统治地位的主流意识和主流价值观，则受到"一切向钱看"的纵欲主义的冲击，再加上社会治理上还存在一些弊端，由此而导致的诸种社会不公和丑恶现象，以及社会生态环境的逐渐恶化，致使思想领域呈现了精神贫瘠和信仰危机的场景。在这种情势下，佛教、道教、基督教、天主教、伊斯兰教作为一种颇有吸引力和凝聚力的思想意识，由于党和政府的宗教信仰自由政策的贯彻与落实，立即从过去备受歧视和压制的境况中解放出来，以从未有过的气势，在信仰主义领域重新确立了自己的地位，并以公开合法的手段，在寺院、宫观、教堂、清真寺里传播各自的教义思想；与此同时，那些尚未取得合法地位的民间宗教，也悄然在乡村社会复兴，并以举办花会、道场等各种民俗方式，在民众中吸收信徒。无论是合法的佛教、道教、基督教、天主教、伊斯兰教，还是尚未取得合法地位的民间宗教，它们所宣扬的那种超越精神、道德戒律和所践履的慈悲济世的生活方式，对于精神贫瘠和信仰危机的人们，无疑是一种抚慰心灵的妙药。信仰无真空。因此，一些青少年像成年人一样，也被宗教所宣扬、所实践的思想理念吸引，从浮躁的社会中，走入宗教信仰里，到各自皈依的宗教组织去寻求生命安居和精神慰藉。这可否说是当代青少年信仰宗教的客观原因。

关于青少年信仰宗教的主观因素，笔者认为可以分为以下几种：

1. 好奇心理。好奇是一个人在青少年时期普遍存在的心理。由于好奇，青少年会被各种能给感官带来刺激的事物所吸引。辉煌的宗教殿堂，神秘的神佛塑像，以及佛教的超度，道教的斋醮，天主教、基督教的洗礼、弥撒，民间宗教的花会、道场等宗教仪式，其场面的庄严肃穆，其音乐的优美动听，其信众的顶礼膜拜，这一切信息所透露和彰显的精神魅力，都能给情智初开的青少年以心灵上的震撼。于是，一些青少年抱持好奇心，走进了各自信仰的宗教。其中，有些青少年还真的成为虔诚的宗教信徒；有的青少年则随着年龄的增长和知识的充实，又有了新的精神追求。

2. 宣泄压力。当代青少年的心理压力，主要来自应试教育的学习压力。目前，"分数第一，分数即命运"的教育观念还在全国流行。谁都知道孩子被逼得苦，但大多数父母都在逼孩子。现在的中学生每天晚上 12 点多睡觉，早上 6 点起床，白天精神不振，晚上失眠，少有少年的朝气。[①] 一些青少年为了宣泄心理压力，便走进了宗教信仰，在各自信仰的宗教中寻求精神解脱，或者通过烧香拜佛，祈求神佛的庇护，在学习上取得好成绩。因此，在佛教、道教的寺院、宫观里，在基督教、天主教的教堂中，人们都可以看到一些稚气未退的青少年，或单独一个人，或三五成群结队，在那里烧香拜佛、合十祈祷。

3. 学好诉求。笔者在调查民间宗教时，常看到一些青少年要求参加民间教门举办的各种活动。每当笔者问到他们为何参加民间教门活动时，他们均回答说："可以在教门里学好。"毫不讳言，在当代社会道德滑坡、伦理混乱的情况下，倒是那些活跃在乡村社会的民间教门致力于传统伦理如长幼有序、尊老爱幼、家庭和睦、乡里和谐理念的道德宣教，尽管它们往往是披着神学的外衣出现。但是，在目前缺少丰富、健康精神生活的乡村社会，正是这些民间教门发挥了教化民心的功能，使那些参加民间教门活动的青少年，在做人学好方面收到了一定实效。据笔者观察，大凡那些参加民间教门活动的青少年，一般都是懂礼貌、守规矩的人见人夸的好孩子。至于那些加入佛教、道教、基督教、天主教的青少年，更是认为加入宗教组织，信仰某种宗教，既是对精神家园的追求，也是对未来生活的向往。

三

对青少年信仰宗教，应该如何进行审视？

笔者认为，既不要大惊小怪，也不要惊慌失措，应该将其视为社会转型时期出现的正常现象。所谓社会转型，是指由传统社会向现代社会转型，包括经济、文化、政治等诸方面的全方位转型。我国实行的改革开放，也是为了实现由传统社会向现代社会转型。其直接结果，就是从此结束了闭门锁国的停滞局面，使人们睁开眼睛看世界，而经济全球化、文化多元化和互联网的普及，使人们认识到当今世界已经成为一个地球村，特别是文化的多元

---

① 阮梅：《中国农村的"留守"孩子》，《报告文学》2007 年第 12 期。

化，正在给人类生活平添了绚丽的色彩。在文化多元化中，当然也包括以各种形式展示自己思想理念和价值追求的宗教信仰。信仰上相互尊重，政治上相互合作，这是党和政府对宗教信仰者的一贯方针。尊重差异，和而不同，既是实现世界和谐，也是实现社会和谐的重要前提。因此，一些青少年在这种国际、国内发生重大变化的形势下，或通过家庭影响而信仰某种宗教，或受从众心理驱动而信仰某种宗教，或自愿将自己的一生奉献给某种宗教，并能从宗教信仰中，获得生命领会和精神自觉，这是文化多元化的一种表征，既不能将这种行为视为思想落后，更不能将这种行为看作封建迷信，而应像尊重成年人那样，也应尊重他们的人生选择。因为今天的青少年，也是明天小康社会的实现者。只有尊重他们今天的信仰选择，才能使他们在明天小康社会的建设中，与其他信仰者同心同德，为中华民族的伟大复兴发挥积极作用。

笔者还认为，在当今社会大变革时期，一些青少年在成长阶段，信仰某种宗教，按照某种宗教的要求进行修为，并不是一件坏事。因为有某种宗教信仰总比没有好，"有所畏惧"总比"无所畏惧"好。人们只要到少管所看看，那些少年犯如果有某种宗教信仰，遵守某种宗教戒律而"有所畏惧"，就不会在成长阶段"无所畏惧"，触犯刑法而被强迫劳动改造。

对青少年信仰宗教，应该采取何种对策？

第一，对青少年信仰宗教，不能视而不管，放任自流，应该遵照党的宗教理论和宗教政策，像积极引导成年人宗教信众那样，也积极引导青少年宗教信徒走与社会主义社会相适应的道路。特别是对那些并没有将传播宗教作为终身职业的青少年宗教信徒，应该着力引导他们对所信宗教采取正信、正修的态度，从各自所信宗教中汲取积极、健康、向上的思想因素，用以指导自己的学习和生活，并通过参与各自宗教举办的社会公益实践，提升自己的信仰素质。因此，建议教育部门进一步解放思想，也应将积极引导青少年宗教信徒走与社会主义社会相适应的道路，作为青少年教育事业的一项重要工作。为此，首先要对青少年宗教信徒开展普查，做到心中有数，既要对青少年宗教信徒的人数做到心中有数，又要对青少年信仰宗教的教别做到心中有数，还要对青少年信仰各自宗教的程度做到心中有数。然后，在此基础上，便可以对青少年宗教信徒开展有针对性地引导和教育工作，尤其要引导和教育青少年宗教信徒走正信、正修之路，避免对某种宗教的迷信乃至狂热。

第二，应该深刻检讨青少年教育工作的滞后、失误乃至在位缺失。毫不讳言，改革开放以来，在"教育兴国"的旗帜下，人们看到的往往是"分数第一"的张扬，听到的常常是"分数至上"的喧嚣。不论是学校，还是家庭，对青少年的要求，不是身体健康、道德高尚、学业优秀的全面发展，而是以"分数"压倒一切，以"分数高低"论出息、说好坏。在这种舆论导向和实际操作下，传统的青少年教育思路和方法，日益暴露出自己的严重滞后，而不从根本上解决青少年教育的革新与出路，遂使青少年教育在实践中不断失误，终于导致青少年教育失去了它本应有的魅力而在位缺失。于是，便有一些青少年转而投向宗教信仰，也就不足为奇了。

为了改变目前青少年教育工作的这种状况，最根本的是要以人为本，以青少年的身心健康为本，与时俱进，与时代发展的步伐并进，尽快从目前应试教育的束缚中解放出来，力争打碎"分数第一"的桎梏，变"竞争式学习"为"认知式学习"。① 一句话，"教育的目的就是使学生得到幸福"。② 如果青少年教育理念与实践符合青少年的特点与规律，从而使青少年在成长阶段获得幸福的话，那么，青少年就会在愉快地获取认知的过程中茁壮地成长，也就不用再到宗教信仰当中寻求寄托了。

第三，在对青少年信仰宗教进行积极引导和对青少年教育工作进行认真改革的同时，还有一项非常重要的战略工程，这就是以社会主义核心价值观净化社会环境，也就是说青少年教育工作必须与反腐倡廉相结合。实事求是地讲，由于政治体制方面的某些弊端和干部制度方面的诸多缺欠，致使一些领导干部、特别是一些高级领导干部以权谋私，贪污腐败。他们的这种丑恶行径，不仅败坏了党和政府的形象，而且污染了社会生态环境，给广大群众的物质生活和精神生活带来了极大伤害。这种"污染"，这种"伤害"，或间接即由成年人的怨气、怒气传递给青少年，或直接即青少年通过媒体与亲身感受，都在青少年的心灵上产生了阴影，久而久之，潜移默化，遂使青少年在思想上对主流意识和主流价值观缺乏认同感，产生疏离感乃至逆反感，其

---

① 心理学研究显示：最好的学习，是从孩子认知需要出发的学习，而最糟糕的学习是竞争需要的学习。阮梅：《中国农村的"留守"孩子》，《报告文学》2007 年第 12 期。

② 20 世纪 30 年代，日本教育家牧口常三郎提出的教育理念。

中的一些青少年便自然而然地脱离主流意识和主流价值观，走进各自信仰的宗教组织中去，在那里寻求自己的精神解脱和心灵慰藉。因此，青少年教育工作绝不仅仅是教育部门和家长的工作，而是一项全社会都必须致力奋斗的战略工程。其中，努力改革政治体制方面的某些弊端，尽快解决干部制度方面的诸多缺欠，使广大领导干部，特别是高级领导干部能够率先垂范，积极践履社会主义核心价值观，以执政为民的实际行动净化社会生态环境。如果这样，社会风气定会迅速好转，社会公平与社会正义定会得以实现。在这种充满和谐氛围的社会生态环境中，青少年教育工作也就会自然好做了。其实，搞好青少年教育工作，道理和做法都很简单，可以用一句话概括，这就是党和人民的好干部焦裕禄同志所说的"榜样的力量是无穷的"。

原载《当代青年研究》2008 年第 7 期，中国人民大学复印报刊资料
《宗教》2008 年第 4 期全文转载

附 录

关注下层民众的所思所想
——民间宗教调查琐记

为了搜求民间宗教资料，自20世纪80年代末起，我开始深入乡村，从事田野调查，至今已十有八年。现在回顾、总结一下，觉得有一些收获，诉诸笔端，与同仁分享。

一

我国真正学术意义上的民间宗教研究，始于改革开放以后的20世纪80年代初。当时，伴随着科学春天的到来，与曾被长期封禁的社会学、人类学等学科一样，民间宗教学作为宗教学的一个分支，也正式登上学术殿堂。

但是，由于民间宗教在封建社会被统治当局视为"教匪"而遭长期查禁，致使大量民间宗教资料湮没无存，即使正史、实录一类的史书对民间宗教略有记载，那也不过是封建统治者炫耀其镇压政绩的溢美之词，或是肆意攻击民间宗教的诋毁之语，这就给方兴未艾的民间宗教研究造成了一定困难。

为了改变这种状况，必须另谋他途，从民间挖掘资料。于是，我远学史学家司马迁先生，近学革命领袖毛泽东同志，走出书斋，步入社会，深入到民间宗教活动盛行的乡村，运用社会学、人类学的理论与方法从事田野调查。

　　我从事田野调查的第一个民间宗教教派，是产生于清朝初年的天地门教。记得那是 1989 年的正月上元节期间，在朋友的引荐下，我观摩了天地门教举办的"天地圣会"，这是我从未见过的民间宗教的盛大仪式。整个仪式，共有三天（正月十四、正月十五、正月十六），既热闹非常，又井然有序。特别是从周边地区赶来赴会的成千上万的信众，其精神之振奋，信仰之虔诚，顿使我大开眼界，认知乡村社会还有这么一种强大的信仰力量。因此，我立即决定，要对天地门教活动进行跟踪调查。

　　在此后的两年多时间里，我几乎是每个月都抽出三四天，走访天地门教当家师傅和一般信众。我与他们广交朋友，同吃同住，有时还与他们一起到田间干活，因而取得了他们的信任，掌握了该教派许多鲜为人知的珍贵资料，尤其是记录、整理了该教派一直口传心授的大量经文、咒语。我依据这些口碑资料，又参考某些文本资料，撰写了一篇论文《天地门教钩沉》。① 该文从天地门教源流、组织、经卷、教义、仪式、修持诸方面，首次将这支尘封已久的民间宗教教派公布于世。

　　《天地门教钩沉》发表后，我继续对该教派进行调查，从而又获得了许多口碑资料。于是，我又撰写了长篇调研报告《天地门教调查与研究》。② 该文发表后，立即得到了学术界的肯定。③ 在学界同仁的激励下，我决心将这项调查与研究进行下去。果然，功夫不负有心人。2001 年夏季，我在乡村调查时，再次从天地门教信众手中，获得了一批新的资料。其中，有一部是学界从未见过的手抄本经卷 —— 《如意宝卷》，顿使我大喜过望。经过几年时断时续的披阅研究，我撰写了一篇论文《〈如意宝卷〉解析 —— 清代天地门教经卷的重要发现》。④ 在此期间，我又发现了天地门教于 20 世纪 90 年代

---

① 濮文起：《天地门教钩沉》，《天津社会科学》1993 年第 1 期。
② 濮文起：《天地门教调查与研究》，台湾《民间宗教》第 2 辑，台北南天书局，1996 年。
③ 《中国宗教研究年鉴（1996 年）》称："更值得注意的是他（指笔者）发表在台湾《民间宗教》第 2 辑上的长篇现状调查《天地门教调查与研究》不仅是一篇佳作，而且展示了调查、研究的新的眼光与领域。"（《中国宗教研究年鉴（1996 年）》，中国社会科学出版社，1998 年，第 325 页）《宗教研究四十年》称："濮文起最见功力的是其对现实民间宗教的研究。他发表在台湾《民间宗教》的《天地门教调查与研究》，以历史学和人类学研究的方法论相结合，对历史资料进行考证，对现状活动进行考察。在近 4 万字的论文中，为学界呈现了一片人们未知的世界。"（《宗教研究四十年》，宗教文化出版社，2004 年，第 133 页）
④ 参见濮文起：《〈如意宝卷〉解析 —— 清代天地门教经卷的重要发现》，《文史哲》2006 年第 1 期。

中叶集资建造的一座公开庙宇"慈善堂"及其活动情况，并及时将这些新资料、新情况写进著作《秘密教门：中国民间秘密宗教溯源》①和论文《民间宗教的活化石 —— 活跃当代中国某些乡村社会的天地门教》②之中。

与此同时，我还对活跃于当代北方乡村社会的东大乘教、西大乘教、弘阳教（产生于明朝中末叶）、在理教（产生于清朝初年）、太上门教（产生于清朝后期）进行了田野调查，同样获得了许多口碑资料和实物资料，并将有关情况写进论文《民间宗教与社会主义和谐社会》③，还专门撰写了一篇论文《民间宗教的又一块活化石 —— 活跃在当今天津市西青区杨柳青镇的明代西大乘教》。④

通过田野调查，使我真正明白一个道理：在当代中国的民间社会，还保藏和流传着相当数量的人文学者从书本上所得不到的研究资料。如果人文学者能够主动到乡村基层做田野工作和参与观察，并同书斋研究有机地结合起来，那么肯定会使哲学社会科学研究充满活力。

二

我所从事的田野调查，可以说是比较成功的。究其原因，主要有以下几点：

首先，要有正确的态度。在整个田野调查过程中，我始终保持满腔的热情、"眼睛向下的兴趣和决心""求知的渴望"和"甘当小学生的精神"，放下学者架子，同调查对象广交朋友。因此，十八年来，我不仅与天地门教、太上门教、在理教、东大乘教、西大乘教和弘阳教的十几位当家师傅成了知心朋友，还与许多信众建立了深厚感情。每当我从城市来到他们中间，他们都把我作为自家的亲戚对待，请我坐在炕头，用当地最好的酒菜款待；然

① 濮文起：《秘密教门：中国民间秘密宗教溯源》，江苏人民出版社，2000 年。
② 濮文起：《民间宗教的活化石 —— 活跃当代中国某些乡村社会的天地门教》，《天津社会科学》2006 年第 3 期。
③ 濮文起：《民间宗教与社会主义和谐社会》，《当代宗教研究》2006 年第 1 期。
④ 濮文起：《民间宗教的又一块活化石 —— 活跃在当今天津市西青区杨柳青镇的明代西大乘教》，《当代宗教研究》2006 年第 3 期。

后，他们就向我提供我所需要的各种资料。有时，为了弄清一个问题，如教派的传承、仪式的繁简、流传的地域、经文的正误等，无论是数九寒冬，还是炎炎盛夏，他们都会为我作向导，带领我寻访别的信众或到别的村庄查访。当我回到城市后，他们也不忘与我联系。有的教派如天地门教信众还通过电话告知发现新的资料，希望我到他那里调查。对于他们的邀请，我不管手头上多忙，也要抽暇前往，决不让他们失望，其结果常常是满载而归。

其次，要有正确的方法。方法问题，正如毛泽东同志所说，是过河的桥或船的问题，"不解决桥或船的问题，过河就是一句空话"。[①] 为此，我采取了以下几种方法：

第一，事先拟定调查提纲，进入调查后，如果发现新信息、新资料，可以随机应变。我每次从事田野调查，都事先拟定调查提纲，明确此次调查重点。如调查天地门教时，这次调查重点是源流，就主要围绕源流问题，向被调查者询问；下次调查重点是教义，就主要围绕教义问题，向调查者访谈。当然，被调查者常常不会按照调查者的计划，提供所需资料，有时兴趣所致，还会谈及其他一些教派情况，偏离调查者的调查重点。这时，调查者先不要阻拦，以表示对被调查者的尊重，让被调查者尽管畅谈，以便从中捕捉新的信息，作为下次调查重点，然后瞄准机会，再将话题拉到调查重点；如果在被调查者的畅谈中，调查者发现特别需要的新资料，那就不妨立即变更调查计划，转换调查重点，请被调查者将新资料尽量说清讲明。

第二，启发、引导被调查者尽快进入调查主题。我所调查的对象，一般文化程度不高，大多是小学文化水平，年龄在 50 岁至 90 岁之间。但是，他们都有惊人的记忆力，不仅能将整段的经文一字不差地背诵下来，而且还能即兴为信众编诵琅琅上口的偈语。我从事田野调查的对象，有时是当家师傅，类似一对一的谈心对话；有时是四五位乃至七八位教内骨干，那就类似召开座谈会了。不管是一对一的谈心对话，还是四五位乃至七八位教内骨干的座谈会，在整个调查过程中，调查者的启发、引导非常重要。因为被调查者均为乡村农民，不像专家学者受过专门训练，他们的语言表达方式，往往缺乏思维逻辑，况且他们事先并不知道调查者的主旨和意图。因此，调查者

---

① 毛泽东：《关心群众生活，注意工作方法》，《毛泽东选集》合订本，人民出版社，1959 年，第 125 页。

在开始调查时，一定要围绕调查主题，启发、引导被调查者，使他们明白所谈内容，尽快进入调查主题。如此，便能收到事半功倍之效。如我在调查西大乘教时，一上来就向当家师傅和教内骨干讲清调查内容，他们明白了我的意图，就很快直奔主题。随着调查内容的拓展，我又提出新的调查内容，启发、引导他们将目前西大乘教的流传情况基本弄清。

第三，做好调查记录，及时整理成册。我在每次从事田野调查时，都准备好笔和本，随时将所调查的内容记录下来。即使是在喝酒时，一旦听到调查对象的精彩谈话，也马上做好记录，以防酒后遗忘。如有一次，我与天地门教当家师傅和几位教内骨干在一位信众家的土炕上喝酒，酒过三巡，大家都非常高兴，其中一位教内骨干突然想起一段早已被人忘却的经文，于是他即兴吟诵，我听到后，认为这段经文十分重要，立即拿出笔和本，一句一句的记录下来。正是这段经文，使我搞清了天地门教的一支重要传人。如果当时没有及时记录，很有可能就会酒后遗忘，再进行追记，也不能做到当时记录的准确、完整。我在每次田野调查后，都把调查记录及时整理成册。经文要校正，因为方言关系，每次记录的经文，包括被调查者提供的手抄本经文，都会出现错字、误字；传说要甄别，因为自我尊大几乎是所有民间宗教教派的惯用手段，只有廓清笼罩在这些传说表层上的迷雾，才能认清它们的真面目；口碑要核实，因为口碑正误混杂，既要与文本资料核实，又要与其他口碑核实，还要与经文核实，只有留正剔杂，这样的口碑才能补充文本资料之不足。

第四，边调查边研究，成果尽快面世，与学界朋友共享。我从开始田野调查时起，就抱定这样一种想法，即调查资料积累到一定程度，能够撰写一篇论文，就撰写一篇论文；能够撰写一篇调研报告，就撰写一篇调研报告；然后，投寄学术期刊发表，以便与学界朋友共享。对于调查所得资料，我也绝不独享，一旦有机会，便结集影印出版，以供学界朋友使用。如在我主编的大型民间宗教文献资料丛书《民间宝卷》①中，就有一些资料是从事田野调查时搜集、整理的。

---

① 濮文起主编：《民间宝卷》，黄山书社，2005年。

三

如果有人问我从事田野调查的最大收获是什么？我会马上回答："关注下层民众的所思所想。"这是我从事民间宗教研究、特别是从事民间宗教现实活动田野调查以来的深刻体验。中国社会的主体是生活在社会下层的广大民众，无论是中国的古代社会、近代社会，还是中国的当代社会，概莫能外。在中国古代社会和近代社会，生活在社会底层的广大民众，深受残酷的经济剥削、政治压迫和精神奴役。尽管如此，他们也有自己希求的生活目标和企羡的理想境界。但是，他们却找不到出路，只能仰望茫茫苍天，把真实的欲求移入神天世界，来取得在现实社会中不易获得的欲求补偿。

然而，作为正统宗教的佛教和道教，却不能从根本上满足下层民众的这种精神需求。特别是明中叶以后，佛教和道教不仅更加远离民众，而且已经迅速衰颓；其中，佛教日益贵族化，成为上层官僚士大夫谈禅清议的工具，而道教更为荒诞，竞相以房中术和成仙秘方直登庙堂，甘当皇帝和贵族手中的玩偶。人间的苦难和对这种苦难的叹息与抗议，很难以这些正统宗教的形式抒发出来。信仰无真空。于是，数以百计的各种名目的民间宗教教派便应运而生，成为广大下层民众寻求精神寄托和践履理想追求的最好去处。明清时代乃至民国时期，民间宗教活动为什么久盛不衰？其根本原因，就在这里。

因此，我在研究中国古代、近代民间宗教时，始终关注下层民众的所思所想，并对其抱持一种"深情哀下民""不谀亦不谤"①的情怀，既"不为积习所蔽"，也"不为时尚所惑"②，高扬的是理性旗帜，坚守的是科学精神，力求探寻的是造成民间宗教活动日趋繁盛的历史条件和诸种根源。③

同样，我在从事民间宗教现实活动的田野调查过程中，始终关注的也是下层民众的所思所想。我所调查的对象，无论是当家师傅，还是一般信众，

---

① 赵朴初：《罗竹风先生纪念辞》，《佛教文化》1997 年第 6 期。
② 乔羽话语，中央电视台"艺术人生"。
③ 濮文起：《秘密教门：中国民间秘密宗教溯源·结语：教门文化 —— 一种不能回避的传统文化》，江苏人民出版社，2000 年。

仍是生活在乡村社会的下层民众。这些人大都是善良忠厚、老实巴交的农民，他们当中，有的人在解放前，就加入了革命队伍，有的人在抗日战争时期、解放战争时期以及解放后开展的各种政治运动中，还是抗日模范、支前标兵和积极分子或乡村干部。为什么在 20 世纪 80 年代以后，他们纷纷崇信了民间宗教？带着这个问题，我在田野调查过程中，以一种"多一份良心体察，多一份感同身受"①的心情，进行了认真观察和深入思考。

80 年代以来，中国开始的改革开放，是一场深刻的社会变革，社会经济的快速转型，以及由此引起的社会生活的巨大变化，使生活在乡村社会的下层民众既感到欢欣鼓舞 —— 因为正是社会主义市场经济的推行，才使他们真正过上了温饱生活，也感到迷惑彷徨 —— 因为诸种社会不公和丑恶现象的出现，又使他们在精神上产生了信仰危机，而乡村文化教育的滞后和由此造成的乡土民众科学知识的贫乏，以及人们对命运的长期以来的非理性理解，致使他们在遇到暂时不能理解或者不能解决的社会、心理等问题时，最容易与具有深厚传统且最有吸引力的民间宗教信仰产生共鸣。因此，民间宗教在乡村社会的复活、流传和乡村社会下层民众对民间宗教的皈依、崇信，也就成为自然而然的事情了。

值得注意的是，在我从事民间宗教现实活动的调查中，发现这些民间宗教教派宣扬的教义思想虽与主流意识形态不尽和谐，但并不相对抗，且力图相适应的情况。这些民间宗教教派，在教义思想、仪式修持、组织形式等方面，虽与传统的民间宗教有一定的继承关系，但它们在宣讲教义、举行仪式等活动时，均能做到与时俱进，增添了许多当代社会生活的新内容。如天地门教在供奉的神灵中，除传统的无生老母、儒、释、道三教圣人等各种天神地祇外，还供有"中国共产党万万岁""革命烈士"牌位。又如弘阳教在重建"韩祖宫三清殿前殿"的碑记中，镌有这样的文字："兹因重建韩祖宫三清殿前殿，而四方响应，万民声援，百姓资助，弘扬弘扬，声迹复现。党的政策之英明，政府领导之伟大，亦弘扬民族文化之壮举。"此外，它们在从事宗教活动时，均明确宣示拥护中国共产党领导和社会主义制度，并能将它们的教义思想与传统民间习俗、现代社会生活巧妙地结合起来，注重发挥道

---

① 何云：《"深情哀下民"，才能"不谀亦不谤"》，《佛教文化》1997 年第 6 期。

德约束、幸福追求和终极关切的社会功能。至于一般信众，他们信仰民间宗教的目的很单纯，就是为了祈求神灵保佑风调雨顺、五谷丰登、老人孩子，无灾无病，一家平安。于是，这就给我们提出了一个重要问题，即如何正确认识这种新的社会现象、妥善解决这个新的社会问题？

现将我个人的粗浅认知，陈述如下：

民间宗教在当代中国的复活，并得到相当一部分群众的信奉，是当代中国人信仰多元化和价值趋向多元化的一种表征，是社会主义社会初级阶段的一种正常的社会现象，有其存在的理由和价值。说其存在的理由，是因为当代中国民间宗教的信众仍为中国社会中主要分布在部分农村的群众，即生活在乡村社会的下层民众，他们既然是社会主义社会的公民，就应该有信仰自由的权利；说其存在的价值，是因为在目前尚未有更好替代品的情况下，民间宗教寄托了当代中国乡村社会下层民众的所思所想，并在某种程度上规范了当代中国乡村社会下层民众的所行所为，发挥了缓解精神苦恼、心理失衡和劝人改恶从善的教化作用。

党的十六届六中全会通过的《中共中央关于构建社会主义和谐社会若干重大问题的决定》（以下简称《决定》），为妥善解决当代中国的民间宗教问题提供了强大的思想武器。《决定》指出："当前，中国社会总体上是和谐的，但也存在不少影响社会和谐的矛盾和问题。"在这些影响社会和谐的矛盾和问题中，民间宗教与主流意识形态之间的矛盾和问题是一个重要方面。对此，我们只有"更加积极主动地正视矛盾、化解矛盾，最大限度地增加和谐因素，最大限度地减少不和谐因素，不断促进社会和谐"[1]，才能妥善地解决当代中国的民间宗教问题。

四

为此，提出以下建议：

首先，应该以科学发展观为指导，以构建社会主义和谐社会为目标，进

---

[1] 《中共中央关于构建社会主义和谐社会若干重大问题的决定》。

一步解放思想，破除"本本主义"和教条主义，一切从实际出发，从生活在下层社会的广大民众的根本利益出发，从全面建设小康社会的全局出发，从新世纪新阶段的世界形势出发，对当代中国民间宗教活动进行客观的而不是主观的、鲜活的而不是僵化的审视与评价。

"不可否认的是，在我们很多人，哪怕是一些干部中间，由于传统的思维惯性使然，令他们在对宗教并无多少了解的情况下，却对宗教抱有相当偏颇的看法"。[①]葛壮先生说的这段话，是指"很多人"对佛教、道教、基督教、天主教、伊斯兰教等这些正统宗教由于"并无多少了解"而产生的偏颇看法。对于正统宗教看法的偏颇，尚且如此；对于民间宗教，"很多人"由于"并无多少了解"而产生的偏颇看法，那就应该再加一个"更"字了。

其次，鉴于此，应该对当代中国民间宗教活动进行一次调查与研究。

深入实际，进行调查研究，是中国共产党的优良传统。毛泽东同志说："没有调查，没有发言权。""民主革命阶段，要进行调查研究，社会主义革命和社会主义建设阶段，还是要进行调查研究，一万年还是要进行调查研究工作。"邓小平同志说："先作调查研究，然后才有发言权。"陈云同志说："难者在弄清情况，不在决定政策。"[②]老一辈革命家这些从实践中总结出来的精辟论述，对于开展当代中国民间宗教调查与研究同样具有重要的指导作用。

因个人力量有限，我所从事的田野调查，只限于河北、山东两省部分地区民间宗教的现实活动。尽管如此，我的调查与研究，不仅开阔了我的眼界，激活了我的学术研究，而且我相信也会对学界朋友和政界决策者具有一定的参考价值。因此，如果全国的宗教事务部门和哲学社会科学研究部门都能抽出一定的力量，投入一定的资金，对大江南北的民间宗教现实活动进行一次全面的而不是局部的、认真地而不是草率地调查，然后经过细心研究，找出当代中国民间宗教活动的特点与规律，这就有了正确认识这种新的社会现象的"发言权"，同时也就为妥善解决这个新的社会问题提供了坚实可靠的事实基础。那么，切实可行的对策，也就会随之而出了。

第三，学界应该为正确认识、妥善解决当代中国民间宗教问题做出应有

---

① 葛壮：《宗教杂记二则》，《当代宗教研究》2006 年第 3 期。

② 《毛泽东周恩来刘少奇朱德邓小平陈云论调查研究》，中央文献出版社，2006 年。

的贡献。

我本是学历史出身，从事中国民间宗教史研究、特别是从事民间宗教现实活动的调查与研究，最初只是出于好奇与兴趣。但是，随着研究工作的不断深入，使我萌生了一种使命感，即应该以马克思主义的历史唯物主义理论为指导，对历史上和现实中的民间宗教活动，从学术上给予有根有据的阐释，并以此为政府有关部门搞好社会治安的综合治理提供决策参考。为此，我曾遭到个别人的相轻、孤立、冷遇，甚至匿名诽谤。对此，我或置之不理，或嗤之以鼻。其背后支撑我对此项学术研究坚持不渝的火热情怀，就是始终萦绕头脑不散的学术理念：关注下层民众的所思所想。许多好心朋友曾多次规劝："你何必如此固执呢？！凭你的勤奋，从事史学研究，也一定会有所收获。"对此，我衷心感谢好友的关爱，除了继续坚持我的学术理念，以更多的学术成果回报社会之外，绝无选择，正如放出的箭、泼出的水。当然，无论是政界，还是学界，支持我的领导和朋友很多，正是在他们的鼓励下，使我至今能够坚持进行民间宗教学术研究，并不断有新的研究成果问世。

我向学界同仁吐露心声，绝无他意，只是热望能有更多的青年时俊投入到民间宗教研究队伍中来。从我国目前宗教学界的研究状况来看，与佛教、道教、天主教、基督教、伊斯兰教等学术研究相比，民间宗教研究至今仍是一个比较薄弱的领域。正是因为这个研究领域薄弱，才需要更多的有志之士加盟，尽快扭转这种局面。因为关注下层民众的所思所想，调动一切可以调动的积极因素，团结一切可以团结的力量，从而为中华民族的伟大复兴贡献力量，是党中央提出的构建社会主义和谐社会伟大战略目标赋予我们这一代学者的重要使命。为此，我们应该勇敢地接受这种挑战、倍加珍惜这个机遇。

原载《当代宗教研究》2007年第2期

基础·特色·应用
——我的治学心得

引　言

　　屈指算来，我自二十三岁大学毕业，忝列学术界，至今已历三十五载。现在回想起来，在三十多年的学术生涯中，自己究竟留下了多少成功足迹？又取得了哪些学术成就？说句心里话，实在不敢妄谈。但是，要说治学心得，我还是有一点的，概括起来，就是三句话——有基础才能有水平，有特色才能有地位，有应用才能有前途。

一、有基础才能有水平

　　治学犹如建房，打下什么样的基础，就会建出什么样的房。如果打下的是草房基础，要想建出高楼大厦，那只能是痴心妄想。同样的道理，治学的前提，首先就要打下坚实的基础。我认为治学基础，应该包括两个方面：一是基本理论，二是专业知识。两者相辅相成，缺一不可。

　　我是学历史出身，步入学界，最初的十几年，从事的也是史学研究，先是日本史，后是天津史。为此，我在认真学习马克思主义辩证唯物主义和历史唯物主义理论的同时，还阅读了当时能够找到的介绍世界历史和中国历史的著作，如苏联科学院编《世界通史》[1]，周一良、吴于廑主编《世界通

---

[1]　苏联科学院编：《世界通史》，生活·读书·新知三联书店，1961 年。

史》①，郭沫若著《中国史稿》②，翦伯赞主编《中国史纲要》③，范文澜著《中国通史》④ 等。在此基础上，我又浏览了从《史记》到《清史稿》的中国传统史书《二十五史》。为了搜集、整理清代天津史料，我自 1981 年至 1987 年，用去了整整六年时间，查阅了拥有 4400 多卷的《大清历朝实录》，从中辑录、整理了 180 多万字的《〈清实录〉天津史料汇编》。⑤

在此期间，我还与同仁万新平同志合作编著了一部《天津史话》⑥，与天津史专家卞僧慧先生合作点校了一部《津门诗钞》⑦、编辑了一册《老天津的年节风俗》⑧，又独自撰写了数十篇天津史方面的文章，在报刊杂志相继发表。

十几年的学习与实践，为我从 20 世纪 80 年代末起，转向从事中国民间宗教研究⑨ 打下了良好的基本理论和专业知识基础。

我国真正学术意义上的民间宗教研究，始于改革开放以后的 80 年代初。当时，伴随着科学春天的到来，与曾被长期封禁的社会学、人类学等学科一样，民间宗教作为宗教学的一个分支，也开始登上学术殿堂。

我刚踏入中国民间宗教研究领域时，并没有急于求成，而是首先将主要精力放在学习宗教学理论和宗教学知识上。在这种想法的支配下，我陆续阅读了中外学者撰写的宗教学理论著作，如陈麟书等编著《宗教学原理》⑩，赖永海编著《宗教学概论》⑪，吕大吉主编《宗教学通论》⑫，卓新平著《宗教理解》⑬，〔英〕麦克斯·缪勒著、陈观胜等译《宗教学导论》⑭，〔英〕莫里斯

---

① 周一良、吴于廑主编：《世界通史》，人民出版社，1973 年。
② 郭沫若主编：《中国史稿》，人民出版社，1962 年。
③ 翦伯赞主编：《中国史纲要》，人民出版社，1962—1966 年。
④ 范文澜：《中国通史》，人民出版社，1979 年。
⑤ 《〈清实录〉天津史料汇编》，天津古籍出版社约稿，后因故未能出版。21 世纪初，笔者将该书手稿赠送《天津通史》主编（原任天津社会科学院副院长、现任天津市哲学社会科学联合会书记）万新平研究员，作为编写《天津通史》资料。
⑥ 万新平、濮文起：《天津史话》，上海人民出版社，1986 年。
⑦ 卞僧慧、濮文起点校：《津门诗钞》，天津古籍出版社，1993 年。
⑧ 卞僧慧、濮文起编：《老天津的年节风俗》，天津古籍出版社，1992 年。
⑨ 民间宗教，又称秘密宗教、民间秘密宗教等，这是学界的说法，我国政府则称之为会道门。
⑩ 陈麟书等：《宗教学原理》，四川大学出版社，1986 年。
⑪ 赖永海：《宗教学概论》，南京大学出版社，1989 年。
⑫ 吕大吉：《宗教学通论》，中国社会科学出版社，1989 年。
⑬ 卓新平：《宗教理解》，社会科学文献出版社，1999 年。
⑭ 〔英〕麦克斯·缪勒著，陈观胜等译：《宗教学导论》，上海人民出版社，1989 年。

著、周国黎译《宗教人类学》^①，〔美〕玛丽·乔·梅多著、陈麟书等译《宗教心理学：个人生活中的宗教》^②，〔英〕约翰·希克著、何光沪译《宗教哲学》^③，〔美〕彼得·贝格尔著、高师宁译《神圣的帷幕：宗教社会学理论之要素》^④，〔英〕埃里克·J. 夏普著，吕大吉、何光沪译《比较宗教学史》^⑤ 等。与此同时，我还阅读了中国学者撰写的世界宗教史和中国宗教史著作，如黄心川等编著《世界三大宗教》^⑥、罗竹风主编《宗教通史简编》^⑦、王治心编《中国宗教思想史大纲》^⑧、王友三主编《中国宗教史》^⑨，以及中国佛教史、中国道教史等方面的著作。通过阅读这些宗教学理论著作和宗教史著作，使我了解了宗教学的基本理论和世界宗教史与中国宗教史的专业知识，为从事中国民间宗教研究打开了眼界，开拓了思路。

我步入中国民间宗教研究领域伊始，该项研究尚处于起步阶段，不仅可供借鉴的专门著作少得可怜^⑩，而且论文数量也不多，所能参考的资料，只有日本学者和中国台湾学者的论著。在此情况下，我通过朋友帮助，尽量搜集海外学者的研究成果^⑪，并从国内已出版的《清代档案史料丛编》以及农民起义、农民战争等史料中钩稽民间宗教资料。经过两年的潜心研究，我撰写的《中国民间秘密宗教》，于 1991 年由浙江人民出版社出版。这是国内第一部

---

① 〔英〕莫里斯著，周国黎译：《宗教人类学》，今日中国出版社，1992 年。
② 〔美〕玛丽·乔·梅多著，陈麟书等译：《宗教心理学：个人生活中的宗教》，四川人民出版社，1990 年。
③ 〔英〕约翰·希克著，何光沪译：《宗教哲学》，生活·读书·新知三联书店，1988 年。
④ 〔美〕彼得·贝格尔著，高师宁译：《神圣的帷幕：宗教社会学理论之要素》，上海人民出版社，1991 年。
⑤ 〔英〕埃里克·J. 夏普著，吕大吉、何光沪译：《比较宗教学史》，上海人民出版社，1988 年。
⑥ 黄心川等：《世界三大宗教》，生活·读书·新知三联书店，1979 年。
⑦ 罗竹风：《宗教通史简编》，华东师范大学出版社，1990 年。
⑧ 王治心：《中国宗教思想史大纲》，东方出版社，1996 年。
⑨ 王友三：《中国宗教史》，齐鲁书社，1991 年。
⑩ 如李世瑜：《现在华北秘密宗教》，四川大学史学系，1948 年；喻松青：《明清白莲教研究》，四川人民出版社，1987 年。
⑪ 如日本学者泽田瑞穗著《校注破邪详辩 —— 中国民间宗教结社研究资料》（道教刊行会，1972 年）；泽田瑞穗著《增补宝卷の研究》（日本国会刊行会，1975 年）；野口铁郎著《明代白莲教の研究》（雄山阁出版，1985 年）；浅井纪著《明清时代民间宗教结社の研究》（研文出版，1990 年）；中国台湾学者林万传著《先天大道系统研究》（台湾靝巨书局，1985 年）；郑志明著《无生老母信仰溯源》（台湾文史哲出版社，1985 年）；戴玄之著《中国秘密宗教与秘密会社》（台湾商务印书馆，1990 年）等。

系统阐述民间秘密宗教的专著，问世以后，立即得到好评，台北南天书局于 1996 年再版。接着，我又撰写了《民间宗教与结社》，于 1994 年由国际文化出版公司出版，台湾幼狮文化事业公司于 1995 年再版。此外，我主编的《中国民间秘密宗教辞典》，亦于 1996 年由四川辞书出版社出版。这是国内外第一部专门介绍中国民间宗教的工具书，获得第二届国家辞书奖三等奖。

在此期间，国内学界一些原来从事文史哲或其他宗教研究的学者也转向中国民间宗教研究，陆续发表、出版了一批论文、专著①，从而使中国民间宗教研究领域日趋兴盛。我在认真学习和借镜这些同仁学术成就的基础上，融合自己的研究成果，又撰写了《秘密教门：中国民间秘密宗教溯源》，于 2000 年由江苏人民出版社出版。

从 20 世纪 80 年代末到 90 年代末，我接连在《世界宗教研究》《中国文化研究》《中华文化论坛》《史学月刊》《天津社会科学》等杂志发表了数十篇学术论文，又主编了《关帝文献汇编》（10 册）②《中国历代观音文献集成》（10 册）③等多套大型文献资料类书。我之所以能够很快进入中国民间宗教研究角色，并在十年之内，发表、出版了包括专著、论文、工具书、资料书在内的系列学术成果，完全得力于自己对基本理论和专业知识的刻苦学习与努力实践。

进入 21 世纪以后，我在继续从事中国民间宗教研究的同时，又扩大了自己的宗教学研究领域。一是开展佛教文化研究，主编了《识佛丛书》第 1 辑、第 2 辑④，并撰写了多篇佛教文化研究论文⑤；二是涉足世界新兴宗教马来

---

① 如马西沙、韩秉方：《中国民间宗教史》（上海人民出版社，1992 年）；林国平：《林兆恩与三一教》（福建人民出版社，1992 年）；秦宝琦：《中国地下社会》（学苑出版社，1993 年）；邵雍：《中国会道门》（上海人民出版社，1997 年）等。

② 濮文起（笔名鲁禺）：《关帝文献汇编》（10 册），国际文化出版公司，1995 年。

③ 濮文起：《中国历代观音文献集成》（10 册），全国图书馆文献缩微复制中心，1998 年。

④ 濮文起、陈耳东主编：《识佛丛书》第 1 辑 4 册，即《佛家造像》《佛家礼仪》《佛家法器》《佛家素食》。该套丛书于 2004 年由天津人民出版社初版后，又相继于 2005 年再版、2006 年三版。濮文起、陈耳东主编：《识佛丛书》第 2 辑 3 册，即《佛家慈悲》《佛家云游》《佛家养生》，天津人民出版社，2009 年。

⑤ 濮文起：《近代僧伽教育之父 —— 倓虚》，《中国宗教》2004 年第 9 期；濮文起：《弘一与倓虚》，《世界宗教文化》2005 年第 2 期；濮文起：《传法不传座 —— 倓虚的僧伽教育理念与实践》，《佛教文化》2005 年第 4 期；濮文起：《"人间佛教"理念浅谈》，《中国宗教》2006 第 2 期；濮文

西亚创价学会研究，与马来西亚马来亚大学中文系主任苏庆华博士合作撰写了一部著作 ——《普世价值的实践：马来西亚创价学会的和平、文化与教育运动》，于 2003 年由天津社会科学院出版社出版。

二、有特色才能有地位

治学的范围是很广的，举凡宇宙空间、人类世界，自然科学、人文社会科学等等，都是学者运思驰骋的天地。那么，究竟从事何种研究，才能在学术殿堂占有一席之地？在世界进入全球化，学科分类日趋繁多的形势下，作为一名当代学者，在打下坚实的基本理论和专业知识的基础上，只有深入某一研究领域的某一方面进行钻研，才能确立自己在学界的地位。我在从事中国民间宗教学术研究过程中，始终思考并试图解决这个问题，力争走出一条属于自己的学术探索之路。

从事中国民间宗教研究，是一件相当艰难的科研工作，这主要是因为该项研究的史料极度短缺所致。

在中国宗教发展史上，佛教、道教由于封建统治者的提倡和尊崇以及经济上的大量资助，其史料的搜集、整理、保藏，可谓世界无匹；各种版本的佛藏、道藏以及分门别类的佛教、道教丛书、类书，可谓汗牛充栋。与正统的佛教、道教相比，由于民间宗教在封建社会被统治当局视为"教匪"而遭长期查禁，致使大量民间宗教资料湮没无存，即使是官修正史、实录、方志以及官方档案、文人笔记有所记载，那也不过是封建统治者炫耀其镇压政绩的赞美之词，或是肆意攻击民间宗教的诋毁之语，且支离破碎，不成系统，这就给研究者造成了极大的困难。"但是，对于认真的研究者来说，有待研究课题的艰难，正是其魅力之所在。问题越是复杂，问题的意义越是重大，就越是有更大的吸引力。"[①]

（接上页）起：《佛教的素食理念与现代生活方式》，《佛教文化》2006 年第 4 期；濮文起：《佛教的恩惠说》，《佛教文化》2006 年第 6 期；濮文起：《试说慈悲》，《佛教文化》2007 年第 2 期；濮文起：《济人利物、养性修真 —— 佛教与生态平衡》，《中国宗教》2007 年第 3 期。

① 孙昌武：《关于中国宗教思想史的研究》，《南开学报》2006 年第 5 期。

　　为了改变这种状况，除了要在大量的正史、实录、方志、档案、笔记等史籍中进行民间宗教史料的钩稽、甄别、整理之外，还必须另谋他途，从民间挖掘资料。于是，我走出书斋，深入到民间宗教活动盛行的乡村社会，运用人类学的理论与方法从事田野调查。

　　我从事田野调查的第一个民间宗教教派，是产生于清朝初年的天地门教。记得那是1989年的农历正月上元节期间，在朋友的引荐下，我观摩了河北省沧州地区天地门教举办的"天地圣会"，这是我从未见过的民间宗教的盛大仪式。整个仪式，共有三天（农历正月十四、十五、十六），既热闹非常，又井然有序。特别是从周边地区赶来赴会的成千上万的信众，其精神之振奋，信仰之虔诚，顿使我大开眼界，从而认识了乡村社会还有这么一种强大的信仰力量。因此，我立即决定，要对天地门教活动进行跟踪调查。

　　在此后的两年多时间里，我几乎是每个月都抽出三四天，走访天地门教当家师傅和一般信众。我与他们广交朋友，同吃同住，有时还与他们一起到田间干活，因而取得了他们的信任，掌握了该教派许多鲜为人知的珍贵资料，尤其是记录、整理了该教派一直口传心授的大量经文、咒语。我依据这些口碑资料，又参考某些文本资料，撰写了一篇论文《天地门教钩沉》，发表在《天津社会科学》1993年第1期。该文从天地门教源流、组织、经卷、教义、仪式、修持诸方面，首次将这支尘封已久的民间宗教教派公布于世。

　　《天地门教钩沉》发表后，我继续对该教派进行调查，从而又获得了许多口碑资料。于是，我又撰写了长篇调研报告《天地门教调查与研究》。[①]该文在台湾发表后，立即得到了宗教学界的充分肯定。《中国宗教研究年鉴》说："更值得注意的是他（指笔者）发表在台湾《民间宗教》第2辑上的长篇现状调查《天地门教调查与研究》不仅是一篇佳作，而且展示了调查、研究的新的眼光与领域。"[②]《宗教研究四十年》也说："濮文起见功力的是其对现实民间宗教的研究。他发表在台湾《民间宗教》的《天地门教

---

① 濮文起：《天地门教调查与研究》，台湾《民间宗教》第2辑，台北南天书局，1996年。

② 曹中建：《中国宗教研究年鉴（1996年）》，中国社会科学出版社，1998年，第325页。

调查与研究》，以历史学和人类学研究的方法论相结合，对历史资料进行考证，对现状活动进行考察。在近 4 万字的论文中，为学界呈现了一片人们未知的世界。"① 《中国宗教学 30 年（1978—2008）》亦说："濮文起对现实民间宗教的调查研究最为引人注目。他发表在台湾《民间宗教》的《天地门教调查与研究》，将历史学和人类学研究的方法相结合，对历史资料进行考证，对现状活动进行考察。在近四万字的论文中，为学界呈现了一片人们未知的信仰世界。"②

在学界同仁的激励下，我决心将这项调查与研究进行下去。果然，功夫不负有心人。2001 年夏，我在河北省保定地区乡村调查时，再次从天地门教信众手中，获得了一批新的资料。其中，有一部是学界从未见过的手抄本经卷——《如意宝卷》，顿使我大喜过望。经过几年时断时续地披阅研究，我撰写了一篇论文——《〈如意宝卷〉解析——清代天地门教经卷的重要发现》，在《文史哲》2006 年第 1 期发表。③ 此后，我又不断访获该教派的多部经卷，陆续撰写、发表了《〈董祖立道根源（支排记）〉读解——一部记载清代天地门教组织源流的经卷》④《〈天地宝卷探颐〉——清代天地门教经卷的又一重要发现》⑤《〈杓峪问答〉探析——清代天地门教经卷的又一重要发现》⑥ 等论文。通过发掘和研究这些经卷，既使人们对天地门教的教义思想有了进一步的认知，也使人们对天地门教为什么至今盛传不衰有了理性上的理解。

与此同时，我还对活跃于当代北方乡村社会的东大乘教、西大乘教、弘阳教（产生于明朝中末叶）、在理教（产生于清朝初年）、太上门教（产生于

---

① 中国社会科学院世界宗教研究所编：《宗教研究四十年》（中国社会科学院世界宗教研究所成立 40 周年［1964—2004］纪念文集），宗教文化出版社，2004 年，第 133 页。

② 卓新平主编：《中国宗教学 30 年（1978—2008）》，中国社会科学出版社，2008 年，第 217 页。

③ 该文发表后，立即被中国人民大学复印报刊资料《宗教》2006 年第 1 期全文转载；2008 年，获天津市第十一届社会科学优秀成果三等奖。

④ 濮文起：《〈董祖立道根源（支排记）〉读解——一部记载清代天地门教组织源流的经卷》，《浙江社会科学》2008 年第 9 期。该文发表后，被中国人民大学复印报刊资料《宗教》2008 年第 6 期全文转载。

⑤ 濮文起：《〈天地宝卷探颐〉——清代天地门教经卷的又一重要发现》，《贵州大学学报》2008 年第 6 期。

⑥ 濮文起：《〈杓峪问答〉探析——清代天地门教经卷的又一重要发现》，《南开学报》2009 年第 3 期。

清朝后期）展开田野调查，同样获得了许多口碑资料和实物资料，并撰写成文，及时发表。

通过田野调查，使我获得了大量从书本上得不到的民间宗教研究资料，特别是访获了许多流传在民间的天地门教原始资料，收到了保存历史记忆之功效，并据此撰写了两万多字的《天地门教抉原》，在著名学者黄克剑教授主编的《问道》第3辑发表①，为人们提供了一幅比较清晰的天地门教从历史发展到现实影响的生动场景。

与佛教、道教等正统宗教一样，民间宗教也有自己的经卷，称为"宝卷"，即"宝贵经卷"之意，约形成于明朝中叶。② 宝卷既是阐述民间宗教教义思想的主要载体，也是民间宗教借以传播的重要工具。因此，要想搞清民间宗教教义思想，就必须研究宝卷。我开始研究民间宗教时，便注重对宝卷的搜集、整理与研究，并重点对明末清初以来民间宗教信仰世界影响巨大的几部宝卷进行了认真解读，先后撰写、发表了《〈家谱宝卷〉表微》③《〈定劫宝卷〉管窥》④《〈弥勒尊经〉蠡测 —— 兼与马西沙教授商榷》⑤《〈三教应劫总观通书〉再探 —— 兼与李世瑜先生商榷》⑥ 等论文，围绕着这几部宝卷一脉相承的民间宗教思想进行了阐释，并为此又专门撰写、发表了一篇论文 ——《一套独具特色的宗教思想体系：中国民间宗教理论探析》⑦，系统地阐述了中国民间宗教思想体系的形成历程、主要内容及其深远影响。与此同时，我还撰写、发表了《宝卷学发凡》⑧《宝卷研究的历史价值与现代启示》⑨ 两篇论文，旨在提倡将宝卷研究作为一门学科进行建设，并将自己十几年来，在北京、天津、上海等地图书馆搜集的明末清初以来的近三百多种宝卷，以及自己田野调查访获的几十种宝卷，进行了分类整理，编成《民间宝卷》20 册，于

---

① 濮文起：《天地门教抉原》，黄克剑：《问道》第3辑，福建教育出版社，2009年。

② 濮文起：《宝卷学发凡》，《天津社会科学》1999年建院20周年纪念专号。

③ 濮文起：《〈家谱宝卷〉表微》，《世界宗教研究》1996年第3期。

④ 濮文起：《〈定劫宝卷〉管窥》，《世界宗教研究》1998年第1期。

⑤ 濮文起：《〈弥勒尊经〉蠡测 —— 兼与马西沙教授商榷》，《中华文化论坛》2004年第4期。

⑥ 濮文起：《〈三教应劫总观通书〉再探 —— 兼与李世瑜先生商榷》，《求索》2007年第4期。

⑦ 濮文起：《一套独具特色的宗教思想体系：中国民间宗教理论探析》，《求索》2005年第2期。

⑧ 濮文起：《宝卷学发凡》，《天津社会科学》，1999年建院20周年纪念专号。

⑨ 濮文起：《宝卷研究的历史价值与现代启示》，《中国文化研究》2000年冬之卷。

2005 年由黄山书社影印出版①，为学者从事宝卷研究提供了重要的学术资料。

三、有应用才能有前途

我自 20 世纪 80 年代末从事中国民间宗教研究始，便积极以自己的学术研究成果为社会稳定与国家发展提供服务。特别是党的十六届四中全会提出构建社会主义和谐社会的战略决策以来，我以马克思主义宗教理论为指导，坚持解放思想、实事求是的精神，用历史与现实相结合的研究方法，连续撰写、发表了《解释与改造：中国历史上与现实中的民间宗教问题》②《当代中国社会的民间宗教问题及其对策研究 —— 以河北省天地门教天地门教、弘阳教为例》③《民间宗教与社会主义和谐社会》④《民间宗教的活化石 —— 活跃在当代中国某些乡村社会的天地门教》⑤《民间宗教的又一块活化石 —— 活跃在天津市西青区杨柳青镇的西大乘教》⑥《民间宗教能否在促进社会和谐方面发挥作用》⑦《当代中国民间宗教活动的某些特点 —— 以河北、天津民间宗教现实活动为例》⑧ 等论文，试图用自己的学术研究成果为构建社会主义和谐社会提供决策依据或决策参考，因而得到了政府有关部门的关注与重视。他们或登门咨询 —— 我经常为政府有关部门分析国内外宗教形势，提供对策意见；或邀请合作 —— 2006 年冬，我应邀参加了河北省民族宗教事务厅承担的国

---

① 濮文起主编的《民间宝卷》，是中国社会科学院世界宗教研究所伊斯兰教研究室主任周燮藩研究员总编的《中国宗教历史文献集成》（《藏外佛经》《三洞拾遗》《东传福音》《清真大典》《民间宝卷》，总计 5 套 120 册）之一，精装影印。

② 濮文起：《解释与改造：中国历史上与现实中的民间宗教问题》，《天津社会科学》2004 年第 6 期。

③ 濮文起：《当代中国社会的民间宗教问题及其对策研究 —— 以河北省天地门教天地门教、弘阳教为例》，《当代宗教研究》2005 年第 2 期。

④ 濮文起：《民间宗教与社会主义和谐社会》，《当代宗教研究》2006 年第 1 期。

⑤ 濮文起：《民间宗教的活化石 —— 活跃在当代中国某些乡村社会的天地门教》，《天津社会科学》2006 年第 3 期。

⑥ 濮文起：《民间宗教的又一块活化石 —— 活跃在天津市西青区杨柳青镇的西大乘教》，《当代宗教研究》2006 年第 3 期。

⑦ 濮文起：《民间宗教能否在促进社会和谐方面发挥作用》，《中国民族报》2007 年 5 月 30 日。

⑧ 濮文起：《当代中国民间宗教活动的某些特点 —— 以河北、天津民间宗教现实活动为例》，《理论与现代化》2009 年第 2 期。

家社会科学基金项目"河北宗教史"的研究工作[①]，负责撰写《河北民间宗教史》，现以杀青付梓[②]；或提供资助——2007年，全国哲学社会科学规划办公室批准了我申报的国家社会科学基金重点项目"当代中国民间宗教调查与研究——以河北民间宗教现实活动为例"（批准号07AZJ001）。目前，我正在抓紧时间调查与研究，力争交上一部令人满意的著作，为构建社会主义和谐社会献计献策。

结　语

其实，我说的治学心得，并不是我的原创，而是三十多年来，自己在学习、实践古代先贤治学经验的过程中，对先贤治学精神和治学方法的一种通俗解释。所谓"有基础才能有水平"，就是先贤倡导的"厚积薄发"；所谓"有特色才能有地位"，就是先贤主张的"由博返约"；所谓"有应用才能有前途"，就是先贤追求的"经世致用"。因此，在治学方面，古代先贤为我们留下了许多宝贵的思想遗产，我们应该倍加珍惜，并加以继承和发扬，为维护学术尊严，净化中国的学术生态环境，遏制学术不端行为和学术腐败现象，繁荣和发展中国的学术事业殚精竭虑。

青年时代负笈燕园时，我就非常景仰为我们授课的诸位名师。他们的人格魅力和道德文章，成为我一生追慕与企羡的榜样与目标。因此，当大学毕业后，我便毫不犹豫地选择了治学之路，决意将自己的一生献给学术事业。

我非常赞赏这样的说法："学术乃天下之公器。"因此，我对学术始终怀有一种敬畏之心，丝毫不敢亵渎。

在学术研究中，我又非常崇尚"独立之精神，自由之思想"。为了维护学术尊严，对于来自个别人的诽谤攻击、打压封杀，不管是明枪，还是暗箭，我都无所畏惧，泰然处之，因为我推崇这样一种信仰："学术是学者的

---

① "河北宗教史"是2005年度国家社会科学基金项目，原河北省人民代表大会常务委员会常务委员、民族宗教事务厅厅长鞠志强同志主持。该项目由《河北佛教史》《河北道教史》《河北天主教史》《河北基督教史》《河北伊斯兰教史》《河北民间宗教史》组成。

② 濮文起：《河北民间宗教史》，宗教文化出版社，2011年。

生命。"怀抱这样一种信仰，并以此自励，终身践履，其所要达到的境界，正如海德格尔所说："信仰的真正的生存意义便是：信仰＝再生。"

原载王鸿江主编《脊梁——当代天津人物志文献》（二），天津社会
科学院出版社，2009年

李老与我的师生情

　　李老即著名中国民间宗教学专家李世瑜教授也。李老是业内晚生后辈对他老人家的尊称。我与李老相识于 20 世纪 80 年代中叶，至今已近二十载。如果从师承李老涉足中国民间宗教研究领域算起，也已十有五年。回顾这段岁月，从李老对我的"传道、授业、解惑"，到李老激励我敢于在学界著书立说；从李老学术思想对我的影响，到李老奖掖我勇于超越前贤，李老对我中年时代的熏陶，可以说既深且巨。时值李老八秩荣庆，我愿将这段师生情诉诸笔端，以资祝贺，以飨读者。

　　　　　　　　　　　　　一

　　我是学历史出身，20 世纪 70 年代中叶，毕业于北京大学历史系，师从周一良先生等史学大师，修习世界近代史。大学期间，受这些史学名师启迪，立志终生从事学术研究。因此，大学毕业后，便回到天津老家，被分配到天津市历史研究所工作。

　　青年时代的我，对未来充满了美好的憧憬。可是，当我来到天津市历史研究所后，方知这里没有世界近代史学科设置，而是重点搞天津史研究。与现在的年轻人不同，我二十几岁时，思想上"安土重迁"，少有"树挪死，人挪活"的择业观念，所以对领导让我搞天津史的决定，虽内心有类似"包办婚姻"的感觉，但嘴上还是答应下来，慢慢培养感情吧！这是我当时心境的真实写照。

　　个人研究兴趣的不能实现，这是我年轻时心灵上的最大苦痛。然而，我又是幸运的。当时的天津市历史研究所曾会聚了一批饱学之士，这些老先生高尚的道德情操，谨严的治学风格，使我这位刚踏入学术领域的年轻人，如沐春风，仿佛又回到母校老师身边。其中，让我永远感佩的是卞慧新先生。

卞老生于1912年，出身天津名门大家，毕业于清华大学，专治明清史，又对乡梓历史情有独钟，有《吕留良年谱》与多种天津史研究论著传世。我进入天津市历史研究所后，便在卞老膝下学步。1979年，天津社会科学院成立，原天津市历史研究所归并、改称天津社会科学院历史研究所。不久，卞老便以年近七十高龄担纲天津古代史研究室主任，我自然随从麾下。1981年，卞老做出了一个对我一生都有益处的决定：让我通读《大清历朝实录》，并从中摘录天津史料，编纂成书。从此，我天天坐在院图书馆，历时六年，终于将这部四千四百多卷的清朝官修史书读完，并从中摘录、编纂成总计180万字的《〈清实录〉天津史料汇编》，交由天津古籍出版社出版，后因故未能剞劂面世。

正是在我编纂这部史料书的过程中，卞老的一位挚友来到我和卞老合用的办公室探望卞老，他就是李世瑜先生，时在1984年春天的一个阳光明媚的下午。当时，李老给我的第一印象是：高高的身材（身高1.82米），俊秀的面孔，一副黑框眼镜架在鼻梁，两眼炯炯有神，透露出智者的光芒，举手投足，潇洒飘逸，显示出融东方儒者与西方绅士为一体的光彩神韵。于是，我立即被李老的风度所吸引。当卞老介绍引荐后，我方知面前的这位先生就是大名鼎鼎的中国民间宗教学专家李世瑜教授，正供职《历史教学》杂志社，是一位资深编审。接下来两位先生开始交谈，作为后辈的我，坐在旁边聆听。相对于卞老的虽满腹经纶，但不善言谈，李老很有口才，且幽默风趣、妙语连珠、智慧闪烁。从这时起，我开始与李老相识。此后，随着李老的不断光临，我对李老的了解也就逐步加深。特别是通过与李老旧雨新知的交流，使我对李老的传奇人生更有了进一步的认识。

1922年，李老诞生在天津西头梁家嘴。其父李公彩轩先生曾留学日本早稻田大学学习工科，是一位具有强烈爱国热忱的实业家，在20世纪30年代的天津社会颇具盛名。同时，李公彩轩先生又是一位具有近代科学精神的先进人物，对当时社会流行的各种封建迷信深恶痛绝，力主国民应有文明健康的信仰生活。在这种家庭环境生活中的李老，从小就受到良好的教育，养成了为追求真理而不怕艰险的探索精神。1941 年，李老在天津汇文中学毕业后，考入北平辅仁大学社会学系。李老之所以攻读社会学，其动力源于其父的遗愿（李公彩轩先生于 1937 年 "七七" 事变前因病逝世），即要用近代社会科学理论研究当时社会存在的各种教门问题。李老果然不负父望，在大学期间，便利用所学社会学理论与方法，深入到盛行于华北地区的一贯道、皈一道、一心天道龙华圣教会、太上门、混元门、八方道、十方道、太极神教、在理教、明明圣教会等教门内部，对它们展开了田野调查，掌握了大量口碑和宝卷、坛训等资料，其间所经历的风险与困难，局外人是无法体会到的。为了继续深造，李老于社会学本科毕业后，又考入辅仁大学研究院，师从比利时教授贺登崧先生攻读人类学。于是，李老又在贺登崧教授指导下，对流传于直隶万全县一带的黄天道等教门展开了田野调查。1948 年，李老以《现在华北秘密宗教》为题的硕士论文杀青，立即得到时任辅仁大学校长的著名历史学家陈垣教授充分肯定，奖励出版，并亲自题写书名，于是年由华西大学中国文化研究所出版面世。

1950 年，李老由北京回到天津，先是在天津教师学院教书，继之进入天津史编纂室从事研究（该室后来合并于天津市历史研究所），最后调入《历史教学》担任编辑。在整个 50 年代和 60 年代前期，李老除了完成 "八小时以内" 的教学、研究、编辑工作外，几乎将所有 "八小时以外" 的时间，都用于探索与研究民间宗教。对此，李老曾刻 "八小时以外所做" 闲章以自慰、自勉。50 年代，李老集中精力研究宝卷。这一时期，李老撰写的论文《宝卷新研》和《江浙诸省的宣卷》，先后在《文学遗产》增刊第 4 期和第 7 期上发表。与此同时，李老还将自己收藏的宝卷 285 种（版本 408 种）进行整理，又将北京、上海、河北、天津等地图书馆及私人收藏的宝卷 641 种（版本 757 种）一一过目，编成《宝卷综录》一书，于 1961 年由中华书局出版。进入 60 年代以后，由于众所周知的原因，李老的研究受到严重干扰。尽管如此，李老仍锲而不舍，一方面进行天津北郊普荫堂（弘阳教佛堂）的田野调查，一方面从事《〈家谱宝卷〉校注》一书的撰写工作。1963 年第 3 期《文史哲》发表了李老撰写的论文《青帮·天地会·白莲教》，这是李老在 60 年代公开发表的唯一的一篇研究民间宗教的文章。1966 年，"文革" 爆发，李老在劫难逃，所藏宝卷全部被抄，至今下落不明。随之，李老与其全家下放农村改造，一去就是八年。

1976 年，"文革"结束，与中国广大知识分子一样，李老也欢欣鼓舞，再度焕发学术青春。1979 年，李老撰写的论文《义和团源流试探》在《历史教学》第 2 期上发表。步入 80 年代，李老开始对顺天保明寺进行田野调查与史料搜集，而这些科研活动也均是在"八小时以外"做的。为了获得第一手资料，李老往往是利用周日休息时间，往返于京津两地，虽疲于奔波，但仍乐此不倦。其成果终以《顺天保明寺考》于 1985 年在《北京史苑》第 3 期上发表。80 年代初，李老还指导南开大学历史系学生撰写毕业论文，亲自带领学生深入乡村进行田野调查，使他老人家开辟的民间宗教研究这一绝学不绝，后继有人。

1984 年的金秋十月，即在我与李老相识半年之后，他老人家获得美国路斯基金会邀请，飞往大洋彼岸做访问学者。是时，李老已六十有二，曾刻闲章"六十二岁始脱颖而出"以自嘲。在美一年半的时间里，李老广结学界朋友，进行学术交流，又深入美国社会调查 70 个基督教教派的 160 座教堂。对此，《基督教科学箴言报》曾于 1986 年 3 月 13 日给予报道。在此期间，李老还应加拿大、英国、法国学界邀请，前往三国讲学。1986 年春，李老载誉回国。

二

1988 年，对我来说，是一个重要的人生转折点。在此之前，我已完成《〈清实录〉天津史料汇编》的编纂工作，下一步应该从事何种研究？我尚处于犹豫彷徨之中。而这时我的双亲又先后去世，特别是慈母的遽然撒手归西，对我的精神打击，至今想起仍隐隐作痛。事业与家庭的双重不顺，使我跌入人生谷底。正值此时，李老出现在我的身边。说缘分也好，说机遇也罢，总之，李老的出现，改变了我中年以后的人生旅程，这恰好又是一个春光明媚的下午。

原来，李老自 1986 年春回国后，又在《历史教学》供职两年。1988 年春，李老光荣退休。是时，李老已六十有六，本可含饴弄孙，颐养天年，但是，李老"志在千里"，申报了一项国家课题"中国近代民间宗教调查报告"，获得国家哲学社会科学基金批准，他老人家想通过课题研究的形式，培养一批有志于中国民间宗教学术研究的接班人。天津社会科学院慧眼独具，很快聘请李老为特约研究员，并任命李老为主任，组建民间宗教研究中心。从此，李老也就没有"八小时以内"和"八小时以外"的区别了，他老人家将其晚年的全部精力投入民间宗教学科建设。这一切，我事先并不知道。记得1988年5月的一天下午，我正在办公室阅读史书，李老微笑着走到我的身边，我赶忙站起来让座，李老坐下后，首先询问我正在忙什么。我马上将当时的心境和盘托出，李老听后，亲切地对我说："跟我搞民间宗教研究吧！院领导已聘我为特约研究员，组建民间宗教研究中心，如你同意，我可以向院领导推荐。"闻听李老的点拨，我既兴奋又为难。兴奋的是，李老是我心仪已久的前辈和学者，跟着这样的名师学者，定会在学术上有所建树；为难的是，我对民间宗教一窍不通，且已年近不惑，生怕从头学起，收效不大。李老知道我的这种矛盾想法，当即给予我极大地鼓励。他老人家对我说："就冲你能坚持六年把《清实录》读完，又编成180万字的《〈清实录〉天津史料汇编》的这种执着精神就行，你这个学生我收了！"于是，我成了李老的弟子，并很快由李老推荐，成为民间宗教研究中心成员。

1988年6月，民间宗教研究中心正式挂牌工作。当时，李老为了让我更快了解民间宗教，他老人家每天骑着自行车将其收藏的各种资料带到办公室，供我阅读学习，并每天坚持坐班，以便我随时请教。在李老这种精神的感召下，我像海绵一样，拼命地吸吮李老传授的民间宗教知识。李老不仅在学业上，对我尽心尽力地教授，而且还在生活上给予我无微不至的关怀。在我双亲相继去世，我与妻、子处于住房尚无着落的情况下，李老雪中送炭，慨然将他闲置的房子借我居住，从而使我渡过了一生中最艰难的时期。为了解决民间宗教中的一些问题，我常常利用儿子放学后的时间，带着儿子到李老家请教，有时李老讲到兴致处，往往忘记了晚饭时间已到。这时，李师母就会默默备好晚饭，让我们父子与他们二老一同用餐。此情此景，至今忆起，仍令我感怀不已。

1988年10月，李老带我到上海出席"中国近代会党学术研讨会"，由此结识了蔡少卿教授等名家。会议期间，浙江人民出版社的王维玲女士邀请李老加盟由蔡少卿教授主编的《中国社会史丛书》的作者队伍，负责撰写民间宗教研究专著，李老当即推荐我担当此任，并充满信心地对我说："你能写好！"在李老的激励下，我边学边干，经过一年多的努力，终于写成《中国民间秘密宗教》一书。此书写成后，李老不仅审阅了全书，而且欣然作序，并对我将来的发展寄予厚望。该书于1991年由浙江人民出版社出版后，1996年又由台北南天书局再版。

自从师承李老从事民间宗教研究以后，李老常对我说："冷板凳一定要坐，田野调查也要搞。"1998年冬，李老为了让我学习和掌握田野工作的理论和方法，亲自带我深入河北农村，调查仍有现实活动的天地门教。此后，我在李老为我开辟的这条道路上一直走下去，终将天地门教的来龙去脉基本搞清，写成《天地门教调查与研究》长篇调研报告，于1996年在台湾《民间宗教》第2辑上发表。此文发表后，《中国宗教研究年鉴（1996）》给予高度评价，称其"不仅是一篇佳作，而且展示了调查、研究的新的眼光与领域"。

1989年8月，李老在天津社会科学院领导的大力支持下，以"民间宗教研究中心"名义，在天津召开了"首届中国民间宗教学术研讨会"，来自北京、吉林、山东、河南、河北、福建、广西、湖南、天津等地的二十余名学者莅会。这是迄今为止，在中国大陆召开的唯一的一次中国民间宗教学术研讨会。与会学者宣读了学术论文，交流了学术资讯，畅谈了研究前景，从而推动了国内民间宗教学术研究向前发展。在此次研讨会期间，李老为了历练我，让我筹办、主持，使我结交了不少业内朋友，至今仍保持着友好联系。

宝卷是民间宗教的经典，研究民间宗教必须研究宝卷。1993年春，李老应山西人民出版社约请，主持编辑大型文献资料丛书《宝卷辑本》。李老为了让我尽快学习和掌握宝卷知识，带着我投入这项具有重要历史价值的文化工程。在近一年的时间里，我跟随李老奔波于京津两地，最后编成四十册的《宝卷辑本》。通过这次实践，我从李老那里学到了鉴别与诠释宝卷的理论和方法，为今后从事宝卷研究打下了良好的基础。《宝卷辑本》后因故改为《宝卷·初集》由山西人民出版社于1994年出版，尽管主编改为他人，李老也毫不介意。他老人家曾对我说："只要能为学者提供方便，我也就心满意足了。"

《宝卷辑本》编后不久，李老曾多次对我说："宝卷研究是一门学问，应该在学术界建立一门新学科，可以称作'宝卷学'。"他老人家还对我说："你应该写一篇宝卷学方面的文章。在此之前，先研究一两部有代表性的宝卷，如《家谱宝卷》《定劫宝卷》等。然后再写宝卷学方面的文章。"按照李老的要求，我先后撰写了《〈家谱宝卷〉表微》和《〈定劫宝卷〉管窥》两篇论文，相继在《世界宗教研究》1996 年第 3 期和 1998 年第 1 期上发表。接着，我又撰写了《宝卷学发凡》一文，在《天津社会科学》1999 年建院 20 周年纪念专号上发表。这三篇文章的发表，既了却了李老的心愿，也为我赢得了学术声誉，李老看后，非常欣慰，逢人就说："我有一个好学生 —— 濮文起。"

约在 90 年代中叶，李老曾对我说："如果说你是我博士生的话，经过几年的学习，现在可以说圆满毕业了。从此以后，你千万不要在我身后亦步亦趋，要大胆在学术界驰骋，一定要超过我。否则，就不是我的学生！"李老的嘱咐，对我来说，既是动力，也是压力，面对将来的学术征途，我只有加倍努力，以不负李老的培养。1994 年，国际文化出版公司出版了我的第二部专著《民间宗教与结社》。一年之后，即 1995 年，该书由台北幼狮文化事业公司再版。世纪之交的 2000 年，江苏人民出版社又出版了我的第三部专著《秘密教门：中国民间秘密宗教溯源》。最近，台北宗博出版社购买了该书版权，年内可在宝岛再版。在此期间，我还主编了《中国民间秘密宗教辞典》（四川辞书出版社，1996 年，获第二届国家辞书奖三等奖），并主编了大型文献资料书《关帝文献汇编》（10 册，国际文化出版公司，1995 年）《中国历代观音文献集成》（10 册，全国图书馆缩微复制中心，1998 年）等；与此同时，又发表论文二十余篇。每当李老看到我的新著出版或发表时，都由衷地为我高兴，勉励我戒骄戒躁，不断前进，而每届此时，我也是牢记李老教导，丝毫不敢自满、懈怠，力争为学界奉献更多的学术精品。

1988 年 6 月，我跟随李老学习时，尚是助理研究员（讲师）。1994 年，我因为研究民间宗教的业绩，晋升副研究员（副教授）。四年之后，即 1998 年，我又是因为民间宗教的研究业绩，晋升为研究员（教授）。抚今忆昔，可以这样说，如果没有李老，就不会有我学业上的今天。古人云："大恩不言谢。"李老对我学业上的培育之恩，我只能以更加优异的学术业绩回报，这也是李老所希望的。

三

从 1988 年 6 月至今，李老与我已建立了整整十五年的师生情。抛弃感情因素，以一位学者冷静、客观、理智的态度，通过对李老十五年的观察、解读，进而审视李老六十年的学术成就，这是我在这篇纪念文章中最后要说的主题。

在中外学术界，如果一个学术观点引起某一学科的划时代变化，那就可以名垂青史，让人景仰了。而李老则以他对中国民间宗教学术研究的多方面的杰出贡献，当之无愧地成为中国民间宗教学术研究史上的大家。

首先，李老是中国民间宗教学术研究的真正开拓者。在中国封建社会特别是到了封建社会晚期的明清时代，流传于下层社会的各种民间宗教，是一向被统治阶级视为"邪教""匪类"，必加痛剿而后快的。知识分子即当时的官僚士大夫阶层对这种普遍存在的社会现象往往是不屑一顾的，即使像清道光年间的黄育楩那样的地方官曾下气力搜集直隶地方流传的各种宝卷，编成《破邪详辩》一书，那也是出于为封建统治阶级效劳的目的，根本谈不上学术意义。进入 20 世纪以后，随着西方科学与民主思想在中国的传播，一些知识分子曾涉足中国民间宗教世界，撰写了一批论著，但常常是浅尝辄止，并没将其作为一门独立学问深入探索下去，因此，直到 40 年代中叶，在整个中国学界尚未出现一部研究民间宗教的专著。

1948 年，李老的《现在华北秘密宗教》一书的问世，彻底改变了这种情况，正如王庆德先生在《中国民间宗教史研究百年回顾》一文中所说："这是一部划时代的著作，它不仅提供了一个有关民国时期的最重要的文本，同时也系统实证了以人类学方式研究中国民间宗教的可能性，为后来学者续传此传统提供了切实可行的模式。"[①] 王庆德先生的评价恰如其分。从此，中国民间宗教研究开始登上学术殿堂，吸引越来越多的知识分子投身这个研究领域，而李老这部划时代著作则被业内同行尊为经典，摆在案头，以备学习使用。

---

① 王庆德：《中国民间宗教史研究百年回顾》，《文史哲》2001 年第 1 期。

其次，李老又是中国民间宗教学研究的不断进取者。《现在华北秘密宗教》的出版，使李老名声大震。但是，李老并没有居名自傲，在此后的数十年中，他老人家将其主要精力投入搜集、整理和研究宝卷之中。

业内学者均知，由于明清两代封建统治阶级的收缴和销毁，本来流传民间、且数量很大的民间宗教经卷——宝卷，到了民国时期，存留社会的数量已不多。为了抢救这部分文化遗产，李老开始了艰辛的访书、购书历程。李老的访书、购书，主要有两个途径，一是通过田野调查，从教门内部获得；二是走访南北古旧书摊、书店，沙里淘金。经过十几年的努力，到50年代末，李老已搜集宝卷285种（版本408种）。与此同时，李老从宝卷的源流与演变、宝卷的形式与内容进行了深入研究，从而提出了宝卷的真正价值在于民间宗教而不在于民间通俗文学这一真知灼见[1]，并据此率先提出宝卷的产生始于明正德说，得到越来越多的学者认同。

这里特别值得一提的是，李老几十年来对明清时代的两部重要宝卷——《家谱宝卷》和《三教应劫总观通书》的不懈探索与追寻。《家谱宝卷》是李老于1948年在北平混元门当家李抱一手中获得，系手抄本。当时，李老就认为这是一种不可多得的策动农民起义的珍贵资料。为此，李老对这部宝卷进行了历时十几年的研究，写成《〈家谱宝卷〉校注》一书。李老曾将这一研究成果借给中外许多学者利用[2]，得到业内同行的普遍赞誉。《三教应劫总观通书》是清代清茶门教的重要经卷，因其中写有反清复明词句，故一直被清政府视为洪水猛兽，多次搜缴、销毁，一般认为早已失传。1995年，李老还是通过田野调查工作方式，在山东宁津县农村访到《三教应劫总观通书》，这个发现，顿使李老大喜过望。该部宝卷亦系手抄本，且有两个版本，李老曾在2000年香港中文大学召开的"宗教学国际学术研讨会"上公布了这一重要发现，并将该部经卷复印本赠送中文大学和外国朋友，立即引起轰动。随后，李老对该部经卷进行研究，写成《〈三教应劫总观通书〉初探》一文。[3]由于李老在宝卷搜集与研究方面的突出成就，已在学界形成这样的共识——谈宝卷必谈李老，谈李老必谈宝卷，李老作为宝卷搜集与研究的先行者和建

---

[1] 李世瑜：《宝卷新研》，《文学遗产》增刊，1957年第4期。
[2] 这一研究成果，已被李老编入其所著《社会历史学文集》一书。
[3] 《台湾宗教研究通讯·李世瑜先生八秩荣庆专刊》（下）第六期。

树者，已载入中国民间宗教研究史册。

　　最后，李老还是中国民间宗教学术研究队伍不断壮大的贡献者。自 20 世纪 50 年代以来，慕名求教的外国学者，据我所知，遍及欧美、日本。李老对每一位拜访者，都是倾囊相助，不仅解疑释难，而且提供资料。如加拿大的欧大年教授，美国的苏珊·那奎因教授、焦大卫教授、裴士丹教授，英国的王斯福教授，法国的施博尔教授，俄罗斯的李福清院士，日本的泽田瑞穗教授、野口铁郎教授、佐藤公彦教授、武内房司教授等，都曾得到李老的热情帮助。至于国内的学者，李老更是倾注了极大的心血。可以这样说，在当代中国民间宗教学术界，没有受过李老指导的学者很少。特别是对青年学者，李老更是悉心指导，极力提携，寄予热望。如福建师范大学的林国平教授、广东深圳宝安区教师进修学校的王熙远教授、天津社会科学院的王兆祥副研究员等，都曾得到李老的指导提携而成为中国民间宗教学术研究专家的。

　　写到这里，我不禁想起，李老目前正以 82 岁高龄，一丝不苟地编辑自己的《社会历史学文集》。这部百万字的文集，凝聚了李老一生的学术精粹，这是李老奉献给人类的精神财富。它的出版面世，必然在学界产生巨大影响。

　　纵观李老一生，可以清楚看出：李老 20 余岁，便出道学界，至今已独步风雨 60 余载，雄文日月越百余万言；探索民间宗教，可以说是李老 60 余年学术研究的不变思路、理路和言路，或可以说，追求真理乃是李老毕生从事民间宗教研究的一贯之道。话说到此，我突然悟到：在李老六十余载的学术生涯中，不变的是学术的信念，是文章的道德，是学者的品格！改变的则是学术之方式，是学理之方法，是时代之眼光！因此，我常常自诩能拥有这样的恩师感到自豪！在此，我衷心祝愿李老健康长寿，向百岁老人目标进军！我想这个目标一定会达到的。

癸未年四月于天津社会科学院

原载《台湾宗教研究通讯·李世瑜先生八秩荣庆专刊》（下），台北兰台
出版社，2003 年

后 记

2018年仲夏，笔者从天津寓居西安不久，陕西师范大学人文社会高等研究院院长李继凯教授就热情约我编辑一部自选文集。此后，在李院长多次敦促下，笔者从已公开发表的百余篇论文中，筛选六十一篇（包括附录三篇文章），编成这部文集，以不负李院长厚望；与此同时，高研院副院长李胜振博士、高研院办公室主任王强老师与干部王伟平老师都给予笔者工作上与生活上诸多匡助，使笔者备受感动，难以忘怀。责任编辑鲍海燕精心编校，同样付出了辛勤劳动。在此，一并向诸位老师深表谢忱。

陕西师范大学人文社会科学高等研究院

2020年1月25日